Alcatraz Island

San Francisco Bay

Pacific Heights und Marina
Seiten 68–77
Stadtplan 3, 4

Fisherman's Wharf und North Beach
Seiten 78–95
Stadtplan 4, 5, 6

Pacific Heights und Marina

Fisherman's Wharf und North Beach

Civic Center

District Square

Haight-Ashbury und Mission

Chinatown und Nob Hill
Seiten 96–107
Stadtplan 4, 5

Financial District und Union Square
Seiten 108–123
Stadtplan 5, 6, 11

0 Kilometer 2
0 Meilen 1

VIS-À-VIS

SAN FRANCISCO

FISHERMANS WHARF OF SAN FRANCISCO

VIS-À-VIS

SAN FRANCISCO

Hauptautoren **Jamie Jensen und Barry Parr**

DK

London • New York • München
Melbourne • Delhi

www.dorlingkindersley.de

Produktion
Pardoe Blacker Publishing Ltd., Lingfield, Surrey, England

Texte
Jamie Jensen, Barry Parr, Dawn Douglas, Shirley Streshinsky

Fotografien Neil Lukas, Andrew McKinney

Illustrationen Arcana Studios, Dean Entwhistle, Nick Lipscombe

Kartografie
Lovell Johns Ltd, Oxford UK; Stadtplan mit freundlicher
Genehmigung von ETAK Inc. 1984–1994

Redaktion und Gestaltung
Pardoe Blacker Publishing: Alan Ross, Simon Blacker, Linda Williams,
Kelvin Barratt, Jo Bourne, Irena Hoare, Esther Labi, Molly Lodge, Nick Raven
Dorling Kindersley London: Douglas Amrine, Carolyn Ryden,
Stephen Knowlden, Mary Ann Lynch

© 1994, 2015 Dorling Kindersley Ltd., London
Titel der englischen Originalausgabe:
Eyewitness Travel Guide *San Francisco & Northern California*
Zuerst erschienen 1994 in Großbritannien
bei Dorling Kindersley Ltd., London
A Penguin Random House Company

Für die deutsche Ausgabe:
© 1995, 2015 Dorling Kindersley Verlag GmbH, München
Ein Unternehmen der Penguin Random House Group

Aktualisierte Neuauflage 2015 / 2016

Alle Rechte vorbehalten, Reproduktionen, Speicherung in Datenverarbeitungsanlagen, Wiedergabe auf elektronischen, fotomechanischen oder ähnlichen Wegen, Funk und Vortrag – auch auszugsweise – nur mit schriftlicher Genehmigung des Copyright-Inhabers.

Programmleitung Dr. Jörg Theilacker, DK Verlag
Projektleitung Stefanie Franz, DK Verlag
Projektassistenz Antonia Knittel, DK Verlag
Übersetzung S. Birle, A. Busch, C. Ehrhard
Redaktion Dr. Gabriele Rupp, München; Gerhard Bruschke, München
Schlussredaktion Philip Anton, Köln
Umschlaggestaltung Ute Berretz, München
Satz und Produktion DK Verlag, München
Druck Vivar Printing Sdn Bhd, Malaysia

ISBN 978-3-7342-0008-3
10 11 12 13 14 18 17 16 15

Dieser Reiseführer wird regelmäßig aktualisiert. Angaben wie Telefonnummern, Öffnungszeiten, Adressen, Preise und Fahrpläne können sich jedoch ändern. Der Verlag kann für fehlerhafte oder veraltete Angaben nicht haftbar gemacht werden. Für Hinweise, Verbesserungsvorschläge und Korrekturen ist der Verlag dankbar. Bitte richten Sie Ihr Schreiben an:

Dorling Kindersley Verlag GmbH
Redaktion Reiseführer
Arnulfstraße 124 • 80636 München
travel@dk-germany.de

◀ **Golden Gate Bridge** *(siehe S. 64–67)* im Nebel
◀ ◀ **Umschlag: Golden Gate Bridge,** gesehen von Marin Headlands *(siehe S. 64–67)*

Inhalt

Benutzerhinweise **6**

Zerlumpter Goldgräber in einem frühen Comic (1848)

San Francisco stellt sich vor

Themen- und Tagestouren **10**

San Francisco auf der Karte **14**

Erdbeben in San Francisco **20**

Die Geschichte San Franciscos **22**

San Francisco im Überblick **36**

Das Jahr in San Francisco **50**

Ghirardelli Sq, Fisherman's Wharf

Die Stadtteile San Franciscos

Die 49-Meilen-Rundfahrt **56**

Presidio **58**

Pacific Heights und Marina **68**

Fisherman's Wharf und North Beach **78**

Chinatown und Nob Hill **96**

Financial District und Union Square **108**

Civic Center **124**

Haight-Ashbury und Mission **132**

Palace of Fine Arts, Presidio *(siehe S. 62)*

Golden Gate Park und Land's End **144**

Abstecher **160**

Spaziergänge **172**

Nordkalifornien

Nordkalifornien im Überblick **186**

Zwei-Tages-Tour nach Carmel **188**

Mendocino in Nordkalifornien *(siehe S. 191)*

Zwei-Tages-Tour nach Mendocino **190**

Weinbaugebiet Napa Valley **192**

Lake Tahoe **198**

Yosemite National Park **202**

Zu Gast in San Francisco

Hotels **208**

Restaurants **216**

Shopping **232**

Unterhaltung **246**

San Francisco mit Kindern **262**

Grundinformationen

Praktische Hinweise **266**

Anreise **276**

Dim Sum

In San Francisco unterwegs **280**

Stadtplan **290**

Textregister **309**

Nahverkehrsnetz
Hintere Umschlaginnenseiten

Haas-Lilienthal House, Pacific Heights *(siehe S. 72)*

Benutzerhinweise

Mit diesem Reiseführer wird Ihr Besuch in San Francisco zu einem besonderen Erlebnis. Das Einleitungskapitel *San Francisco stellt sich vor* erläutert die geografische Lage, stellt das moderne San Francisco in historischen Zusammenhang und zeigt die Highlights im Veranstaltungskalender.

Das Kapitel *San Francisco im Überblick* fasst alles Sehens- und Erlebenswerte thematisch zusammen. *Die Stadtteile San Franciscos* stellt die Sehenswürdigkeiten der Stadt mit Texten, Karten, Fotos und Illustrationen vor. Das Kapitel *Nordkalifornien* beschreibt Ausflüge nach Mendocino und Carmel und gibt Informationen über das Weinbaugebiet Napa Valley, den Yosemite National Park und Lake Tahoe.

Der Abschnitt *Zu Gast in San Francisco* enthält Informationen über Hotels, Restaurants, Shopping und Unterhaltung. Die *Grundinformationen* am Ende des Buchs bieten nützlichen Tipps für Ihre Reiseplanung sowie für Ihren Aufenthalt.

Orientierung in San Francisco

San Francisco ist in diesem Reiseführer in acht Stadtteile gegliedert, die jeweils in einem eigenen Kapitel präsentiert werden. Jedes Kapitel beginnt mit einem Kurzporträt, das auf den Charakter des Viertels eingeht. Die Einleitungsseite zeigt eine Liste aller Sehenswürdigkeiten, die klar nummeriert und auf *Stadtteilkarte* eingetragen sind. Auf der nächsten Doppelseite folgt die *Detailkarte*, die das interessanteste Gebiet aus der Vogelperspektive zeigt. Zur besseren Orientierung ist jedem Stadtviertel eine eigene Farbe zugeordnet.

Die Farbcodierung erleichtert das Auffinden von Stadtteilen.

Empfohlene Restaurants finden Sie auf jeder Introseite eines Stadtteils.

Weiße Zahlen im schwarzen Kreis zeigen die Lage der Sehenswürdigkeiten. Beispiel: Golden Gate Bridge hat die Nummer ❺.

Eine Orientierungskarte zeigt die Lage des Stadtteils, in dem Sie sich befinden.

Orientierungskarte

1 Stadtteilkarte
Zum leichteren Wiederfinden sind die Sehenswürdigkeiten nummeriert. Auf der *Stadtteilkarte* finden sich auch BART-Stationen, Cable-Car-Drehscheiben und Parkplätze. Die Hauptsehenswürdigkeiten sind nach Kategorien aufgelistet – z. B. Kirchen, Museen und Sammlungen, historische Straßen und Gebäude, Shopping-Meilen, Parks und Gärten.

Sterne markieren Sehenswürdigkeiten, die Sie nicht versäumen sollten.

2 Detailkarte
Auf der *Detailkarte* sind interessante Straßen des Stadtteils aus der Vogelperspektive zu sehen. Die Sehenswürdigkeiten sind zur raschen Orientierung kurz erläutert.

Die Routenempfehlung führt durch die interessantesten Straßen eines Stadtteils.

BENUTZERHINWEISE | **7**

Die Stadtteile San Franciscos
Die farbigen Bereiche auf dieser Karte *(siehe S. 18f)* markieren die acht wichtigsten Stadtteile – alle werden im Kapitel *Die Stadtteile San Franciscos (S. 54 – 183)* vorgestellt. Diese Farbcodierung ist Ihr Wegweiser durch das Buch. Im Kapitel *San Francisco im Überblick (S. 36 – 49)* finden Sie alle Hauptsehenswürdigkeiten. Auf Überblickskarten finden Sie die besten Shopping-Meilen *(S. 232 – 245)* und Veranstaltungsorte *(S. 246 – 263)*.

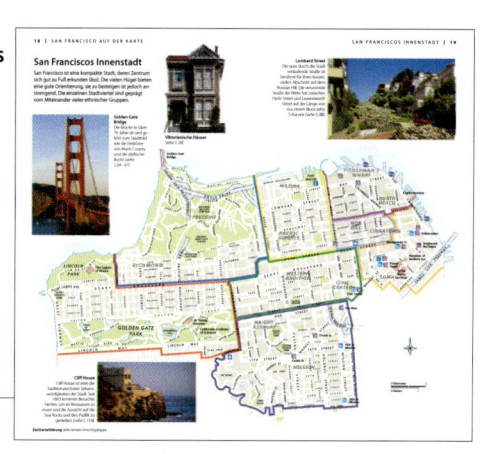

Die Fassaden von wichtigen Gebäuden sind abgebildet – zum schnellen Wiedererkennen.

Praktische Informationen erleichtern die Planung eines Besuchs. Die Verweise beziehen sich auf den *Stadtplan* der Seiten 290 – 308 sowie auf die *Karte*.

Nummern erleichtern das Wiederfinden der Sehenswürdigkeit auf der *Stadtteil-* und *Detailkarte*.

Die Infobox versorgt Sie mit allen praktischen Informationen. Erklärungen zu den verwendeten Zeichen finden Sie auf der *hinteren Umschlagklappe*.

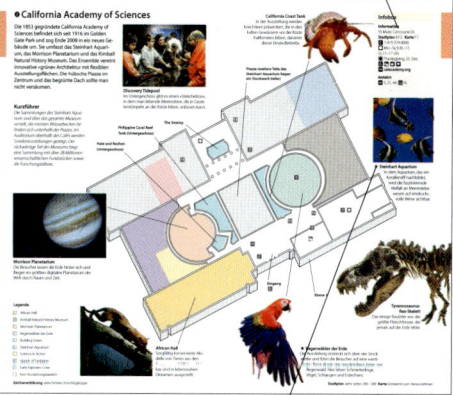

3 Detaillierte Informationen
Die Reihenfolge der Sehenswürdigkeiten entspricht der Nummerierung der *Stadtteil-* und *Detailkarte*. Praktische Informationen wie Öffnungszeiten und Telefonnummern ergänzen die Beschreibungen. Die Zeichenerklärung finden Sie auf der hinteren Umschlagklappe.

4 Hauptsehenswürdigkeiten
Den Highlights sind zwei oder mehr Doppelseiten gewidmet. Historische Gebäude werden perspektivisch gezeigt. Etagenpläne von Museen führen zu den wichtigen Kunstwerken.

Sterne kennzeichnen die wichtigsten Kunstwerke oder Ausstellungsstücke bzw. die interessantesten architektonischen Details eines Gebäudes.

Stadtplan *siehe Seiten 290 – 308.*
Karte *Extrakarte zum Herausnehmen.*

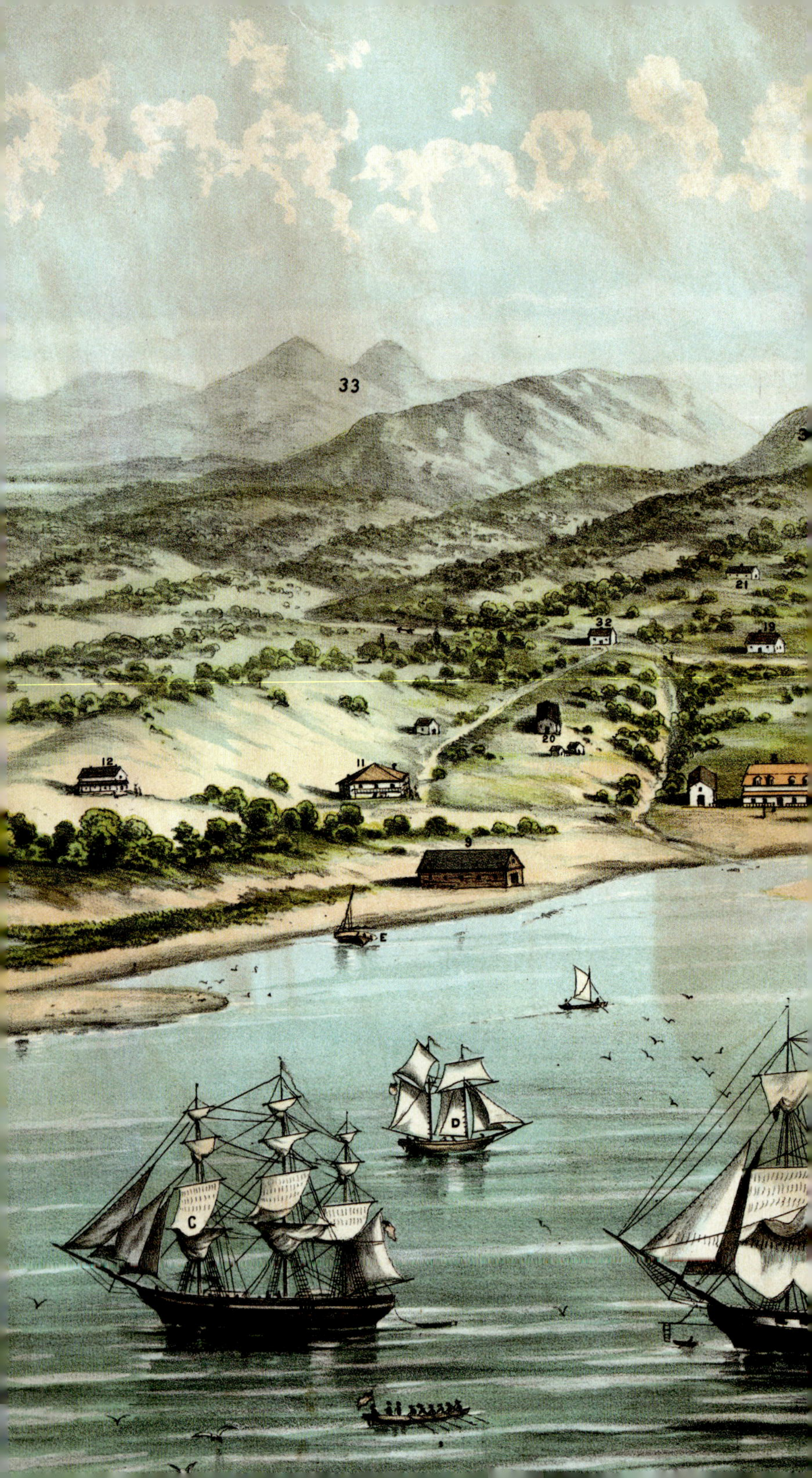
33
21
32
19
20
12
11
9
E
D
C

SAN FRANCISCO STELLT SICH VOR

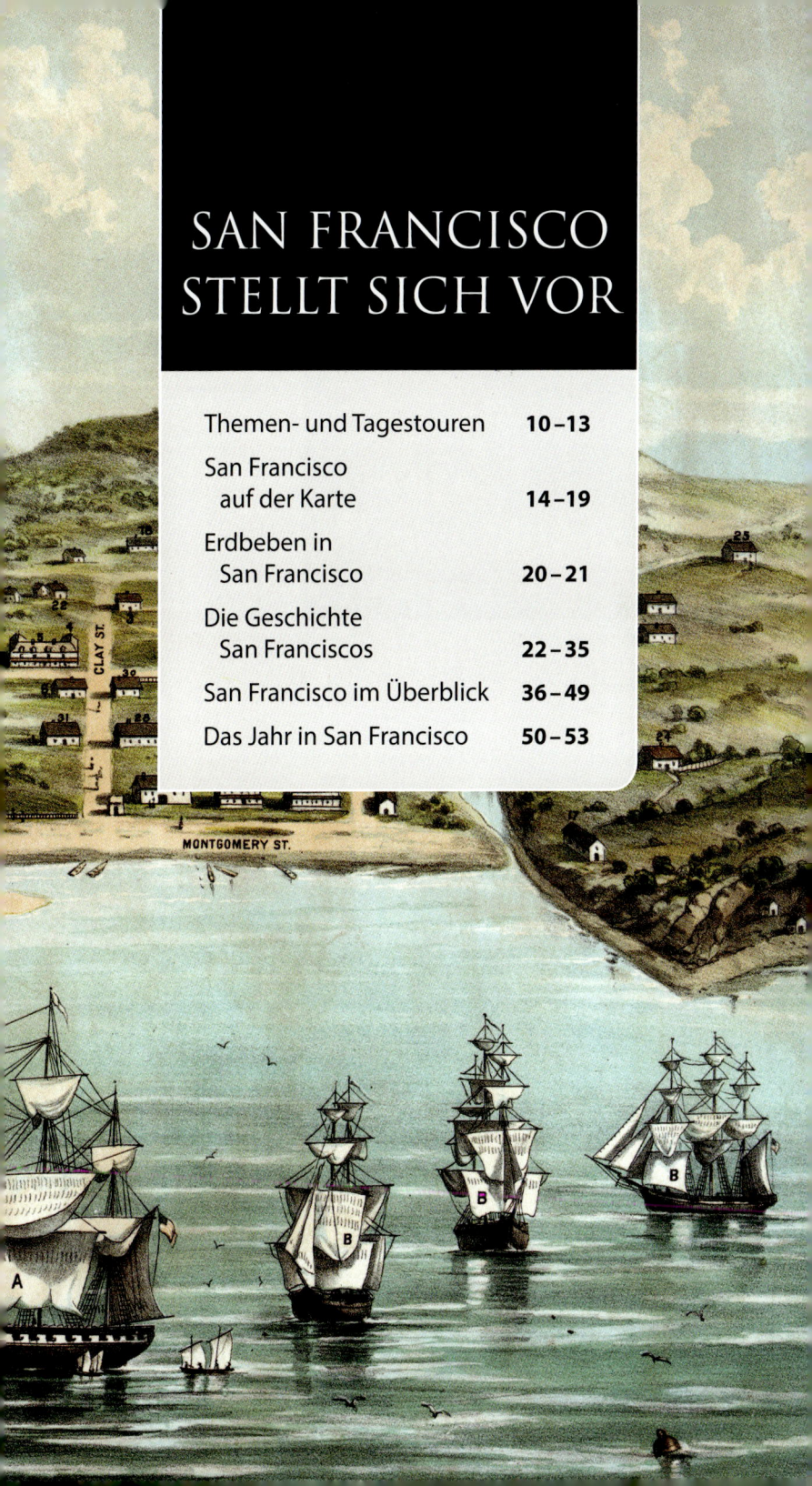

Themen- und Tagestouren	10–13
San Francisco auf der Karte	14–19
Erdbeben in San Francisco	20–21
Die Geschichte San Franciscos	22–35
San Francisco im Überblick	36–49
Das Jahr in San Francisco	50–53

Themen- und Tagestouren

San Franciscos Lage ist einfach grandios: Die Stadt erstreckt sich über grüne Hügel und wird an drei Seiten von einer malerischen Bucht umrahmt. Nehmen Sie zu Ihren Streifzügen Fotoapparat, Landkarte und stabile Schuhe mit – und schon geht es los mit der Entdeckung von spannenden Sehenswürdigkeiten, kunterbunten Stadtvierteln und einmaligen Kulturschätzen. Auf den folgenden Seiten finden Sie einige Vorschläge für Thementouren *(siehe S. 10f)*, bei denen jeder Tag unter einem ganz bestimmten Motto steht (die genannten Preisangaben enthalten Transport, Tickets und Essen), und Tagestouren *(siehe S. 12f)*, mit denen Sie keine wichtige Attraktion San Franciscos versäumen.

Rodins *Denker*, Legion of Honor *(siehe S. 158f)*

Kunst – alt und neu

Zwei Erwachsene ab 120 US-$

- **Meisterwerke im Legion of Honor**
- **Zeitgenössisches im YBCA**
- **Kunst und Tee im Asian Art Museum**
- **Shopping in Hayes Valley**

Vormittags
Starten Sie in den Tag mit exzellenten Werken europäischer Kunst der letzten Jahrhunderte im **Legion of Honor** im Lincoln Park *(siehe S. 158f)*. Fahren Sie per Muni-Tram zum **Mission District** *(siehe S. 133)* mit seinen farbenfrohen Wandbildern und sehenswerten Avantgarde-Galerien. Gegen den Hunger helfen die *tacos* in **La Corneta Taqueria** *(siehe S. 227)*.

Nachmittags
Dann geht es ins **Yerba Buena Center for the Arts** *(siehe S. 116)*, wo zeitgenössische Werke nationaler und internationaler Künstler in Wechselausstellungen gezeigt werden. Spazieren Sie anschließend zur Civic Center Plaza und ins **Asian Art Museum** *(siehe S. 128)*, eines der weltweit größten Museen asiatischer Kunst. Nach einer Erfrischung in der Cafeteria überqueren Sie den Platz und erreichen die **City Hall** *(siehe S. 129)*. Auf dem Weg nach **Hayes Valley** *(siehe S. 130)* sollten Sie die verglaste **Louise M. Davies Symphony Hall** *(siehe S. 128)* und das **War Memorial Opera House** *(siehe S. 129)* beachten. Bummeln Sie durch Boutiquen und Buchläden im Hayes Valley. Beenden Sie den Streifzug in der **Absinthe Brasserie and Bar** *(siehe S. 226)*.

Spaß für Kinder

Familie (4 Personen) ab 110 US-$

- **Spielen in den Yerba Buena Gardens**
- **Picknick**
- **Spaß in Fisherman's Wharf**
- **Schiffe am Hyde Street Pier**

Vormittags
Die Pfannkuchen in **Mel's Drive-In** *(siehe S. 227)* machen fit für den Tag. Nach einem halben Block sind Sie in den **Yerba Buena Gardens** *(siehe S. 116f)*. Dort stürzen sich die Kleinen sofort auf die erhöht gelegenen Spielplätze, Erwachsene genießen das Panorama über die Stadt. Im Bowling Center kann man ein paar Kugeln schieben. Jugendliche zieht es ins Children's Creativity Museum, wo Kunst sehr anschaulich präsentiert wird, die ganz Kleinen gehen eher zum Karussell von 1906. Zum Essen eignen sich die Cafés, oder Sie picknicken auf einer Wiese.

Nachmittags
Gehen Sie zum **Embarcadero Center** *(siehe S. 112)* und dann zum Hafen. Schneller kommt man mit den Cable Cars zu **Fisherman's Wharf** *(siehe S. 79–81)*. Am Pier 45 können Sie die Spielautomaten im Musée Méchanique mit Kleingeld füttern. Sehen Sie den Straßenkünstlern am **Pier 39** *(siehe S. 86)* zu, dort steht auch ein Karussell. Weitere Attraktionen sind die Haifische in der Underwater World, Seelöwen am Dock K und Videospiele in der Riptide Arcade. Mit dem Boot geht es vom Hyde Street Pier zum **Maritime National Historical Park** *(siehe S. 87)*.

Bungee-Jumping für Kinder in Fisherman's Wharf *(siehe S. 80f)*

◀ Ansicht von San Francisco 1846/47 (Druck, um 1873)

THEMEN- UND TAGESTOUREN | 11

Häuserzeile am Ocean Beach, einem breiten Sandstreifen *(siehe S. 155)*

Ein Tag im Freien

Zwei Erwachsene ab 100 US-$
- Aussicht vom Ocean Beach
- Golden Gate Park
- Spaziergang über die Golden Gate Bridge
- Schokoladenträume
- Cable Car auf den Nob Hill

Vormittags
Für ein Frühstück eignet sich das Beach Chalet (1000 Great Highway) am **Ocean Beach** *(siehe S. 155)*. Dort können Sie auch Wandbilder bestaunen. Begeben Sie sich in den **Golden Gate Park** *(siehe S. 146f)* mit seinen Grünanlagen und Seen und dann zum **Conservatory of Flowers** *(siehe S. 154)*, ein viktorianisches Glashaus mit exotischer Flora. Nach einem Bummel durch den **Japanese Tea Garden** *(siehe S. 149)* rudern Sie eine Runde oder besichtigen den Botanischen Garten **Strybing Arboretum** *(siehe S. 154)*. Haben Sie Lust auf Sushi? Exzellente gibt es im Restaurant **Ebisu** *(siehe S. 225)*.

Nachmittags
Windig, aber unvergesslich – ein Spaziergang über die **Golden Gate Bridge** *(siehe S. 64–67)*. Nach der Rückkehr auf die Südseite gehen Sie unter der Brücke hindurch zum **Fort Point** *(siehe S. 62)* und dann zum **Crissy Field** *(siehe S. 62)*, um Windsurfern zuzusehen. Im **Warming Hut Café** gibt es Heißgetränke. Junggebliebene können ihren Spieltrieb im Exploratorium im **Palace of Fine Arts** *(siehe S. 62)* befriedigen. Am **Ghirardelli Square** *(siehe S. 87)* locken Läden, Lokale und eine Schokoladenfabrik. Mit der Cable Car fahren Sie für einen Spaziergang auf den **Nob Hill** *(siehe S. 103)*. In **Chinatown** *(siehe S. 96–102)* können Sie in vielen Lokalen essen.

Am Wasser

Zwei Erwachsene ab 100 US-$
- Spielstätte der Giants
- Essen mit Meerblick
- Spaziergang im Levi's Plaza Park
- Bootsfahrt in der Bucht oder Besuch von Alcatraz

Vormittags
Nach einem Kaffee im **Caffè Roma** *(siehe S. 230)* geht es in den **AT&T Park** *(siehe S. 260)*, das Stadion der San Francisco Giants. Schlendern Sie einmal um das gesamte Stadion und genießen Sie das Ambiente. Spezialitäten auf dem Markt am **Ferry Building** *(siehe S. 114)* sind u.a. Käse, seltene Tees, Gebäck und eine Vielzahl frischer lokaler Produkte. Einen Besuch lohnt auch das **Embarcadero Center** *(siehe S. 112)* gegenüber, ein hoch aufragender Komplex mit Läden und Restaurants, von denen sich einige auf Dachterrassen befinden. Von hier geht es direkt zum Wasser, wo Sie auf Fischer treffen. Man kann auf einer Bank sitzen und die Boote vorbeifahren sehen oder die **Transamerica Pyramid** *(siehe S. 113)* in der Skyline suchen. Dann gehen Sie zur **Levi's Plaza** *(siehe S. 93)*, einem Platz, von dem aus man die alten Häuser auf dem Telegraph Hill mit dem **Coit Tower** *(siehe S. 92f)* erkennt. Burger plus Meerblick gibt es im **Fog City** *(siehe S. 224)*.

Nachmittags
Zu Fuß auf dem Pier 41 oder mit der historischen Trolley-Linie geht es zu **Fisherman's Wharf** *(siehe S. 80f)*. Die Boote der Blue & Gold Fleet bieten Fahrten durch die Bucht an. Sie können auch die Gefängnisinsel **Alcatraz** *(siehe S. 82–85)* ansteuern. Zurück an Land bietet sich ein Besuch von **Madame Tussaud's** *(siehe S. 86)* an. Den Sonnenuntergang am Hafen genießt man am besten vom **Fort Mason** *(siehe S. 74f)*.

Fog City Diner *(siehe S. 224)*

Die »Painted Ladies« der Steiner Street in der Nähe des Alamo Square

Zwei Tage in San Francisco

- Mit dem Fahrrad über die Golden Gate Bridge
- Erkunden Sie die Treffs der Beatniks am North Beach
- Entdecken Sie das historische Hippie-Viertel Haight-Ashbury

Erster Tag

Vormittags Zum Sightseeing können Sie auch Räder mieten *(siehe S. 281)*. Von **Fisherman's Wharf** *(siehe S. 80f)* fahren Sie durch **Fort Mason** *(siehe S. 74f)* und über die **Golden Gate Bridge** *(siehe S. 64–67)* nach **Sausalito** *(siehe S. 163)*. Nehmen Sie sich Zeit zur Erkundung des ehemaligen Fischerstädtchens. Zurück geht es mit der Fähre. Lunch oder Kaffee gibt es im **Ferry Building** *(siehe S. 114)*.

Nachmittags In **North Beach** *(siehe S. 88f)* besuchen Sie das **North Beach Beat Museum** *(siehe S. 89)* mit seiner Sammlung aus der Beat Generation. Nach dem Erklimmen der **Vallejo Street Stairway** *(siehe S. 89)* geht es hoch zum **Coit Tower** *(siehe S. 92f)* mit großartigem Blick. Sehenswert sind die Wandmalereien im Eingangsbereich. Der Tag klingt aus mit einem Ausflug zur Gefängnisinsel **Alcatraz** *(siehe S. 82–85)*.

Zweiter Tag

Vormittags Beginnen Sie den Tag im **Civic Center** *(siehe S. 124–131)* unter der Kuppel der **City Hall** *(siehe S. 129)* und im **Hayes Valley** *(siehe S. 130)*, einem der hippsten Shopping-Viertel. Weiter geht's zum **Alamo Square** *(siehe S. 131)* und den »Painted Ladies«, einer Reihe viktorianischer Häuser. Durch den **Golden Gate Park Panhandle** *(siehe S. 136)* spazieren Sie zum früheren »Flower Power«-Viertel **Haight-Ashbury** *(siehe S. 134f)*. Zeit für Lunch.

Nachmittags Genießen Sie die Attraktionen des **Golden Gate Park** *(siehe S. 144–159)*. Die **California Academy of Sciences** *(siehe S. 152f)* ist nicht weniger sehenswert wie der **Japanese Tea Garden** *(siehe S. 149)* mit Steingärten und Bonsais. Verbringen Sie den Abend östlich der Dolores Street im **Mission District** *(siehe S. 132–143)*.

Drei Tage in San Francisco

- Fahrt mit der altehrwürdigen Linie F zum MOMA
- Mit der Fähre zur Gefängnisinsel Alcatraz
- Über die Vallejo Street Stairway zum Coit Tower und Telegraph Hill

Erster Tag

Vormittags Frühstücken Sie in **Fisherman's Wharf** *(siehe S. 80f)* und beobachten Sie an **Pier 39** *(siehe S. 86)* die Seelöwen. Fahren Sie mit der alten **Linie F** *(siehe S. 282f)* zu den **Union Square Shops** *(siehe S. 118)*. Der Museum District rund um das **San Francisco Museum of Modern Art** *(siehe S. 120–123)* zeigt Kunst von Cartoons bis zu Werken von Jeff Koons. Essen Sie im **Ferry Building** *(siehe S. 114)*.

Nachmittags Nehmen Sie eine Fähre nach **Alcatraz** *(siehe S. 82–85)* für eine Gefängnisführung mit Audioguide. Lassen Sie den Tag in **Chinatown** *(siehe S. 98f)* ausklingen.

Zweiter Tag

Vormittags Viele Sehenswürdigkeiten sind mit dem Rad zu erreichen, das Sie an **Fisherman's Wharf** *(siehe S. 80f)* mieten können. Fahren Sie über **Fort Mason** *(siehe S. 74f)* und Crissy Field über die **Golden Gate Bridge** *(siehe S. 64–67)* zum ehemaligen Fischerstädtchen **Sausalito** *(Siehe S. 163)*. Zurück nach San Francisco nehmen Sie die Fähre.

Coit Tower auf dem Telegraph Hill ist ein guter Aussichtspunkt

Nachmittags Gehen Sie nach **North Beach** *(siehe S. 88f)* und besuchen Sie das **North Beach Beat Museum** *(siehe S. 89)*. Erklimmen Sie die **Vallejo Street Stairway** *(siehe S. 89)* und den **Coit Tower** *(siehe S. 92f)* für großartige Aussicht. Weiter geht's zum **Washington Square** *(siehe S. 92)* und zur **Saints Peter and Paul Church** *(siehe S. 92)*, die auch als »Marzipan-Kirche« bezeichnet wird.

Dritter Tag

Vormittags Beginnen Sie Ihren Tag bei der **City Hall** *(siehe S. 129)* im **Civic Center** *(siehe S. 124–131)*. Bummeln Sie durch **Hayes Valley** *(siehe S. 130)*, zum **Alamo Square** *(siehe S. 131)* und den schönen »Painted Ladies«.

Durch den **Golden Gate Park Panhandle** *(siehe S. 136)* geht es ins lebendige **Haight-Ashbury** *(siehe S. 134f)*. Besuchen Sie im **Golden Gate Park** *(siehe S. 144–155)* die **California Academy of Sciences** *(siehe S. 152f)* und den **Japanese Tea Garden** *(siehe S. 149)*.

Nachmittags Der Park endet am Ocean Beach. Richtung Norden liegt **Land's End** *(siehe S. 159)*. Besuchen Sie dort das **Cliff House** *(siehe S. 159)* für einen Blick durch die Camera obscura oder zum Dinner in einem der Restaurants.

Fünf Tage in San Francisco

- Besuch der Attraktionen im Golden Gate Park
- Fahren Sie mit der Cable Car zum Nob Hill
- Weinprobe im Napa Wine Country

Erster Tag
Vormittags Mieten Sie in **Fisherman's Wharf** *(siehe S. 80f)* ein Rad und fahren Sie über **Fort Mason** *(siehe S. 74f)* zur **Golden Gate Bridge** *(siehe S. 64–67)*. Beobachten Sie auf der Fahrt nach **Sausalito** *(siehe S. 163)* Delfine. Zurück geht es mit der Fähre. Lunch gibt es im **Ferry Building** *(siehe S. 114)*.

Nachmittags Besteigen Sie den **Coit Tower** *(siehe S. 92f)*, bevor Sie die **Saints Peter and Paul Church** *(siehe S. 92)* in der Nähe des Parks am **Washington Square** *(siehe S. 92)* besuchen. Gehen Sie nach **North Beach** *(siehe S. 88f)* und besuchen Sie das **North Beach Beat Museum** *(siehe S. 89)*.

Zweiter Tag
Vormittags Besuchen Sie die **City Hall** *(siehe S. 129)* im **Civic Center** *(siehe S. 124–131)* und bummeln Sie dann durch **Hayes Valley** *(siehe S. 130)* mit vielen Läden. Sehen Sie sich am **Alamo Square** *(siehe S. 131)* die »Painted Ladies« an. Durch den **Golden Gate Park Panhandle** *(siehe S. 136)* geht es nach **Haight-Ashbury** *(siehe S. 134f)*.

Nachmittags Besuchen Sie das **Yerba Buena Center for the Arts** *(siehe S. 116)*. Beenden Sie den Tag mit Shopping am **Union Square** *(siehe S. 118)*. Besuchen Sie unbedingt **Gump's** *(siehe S. 118)*.

Dritter Tag
Vormittags Starten Sie früh in den **Golden Gate Park** *(siehe S. 144–155)* mit seinen vielen Attraktionen. Besuchen Sie die **California Academy of Sciences** *(siehe S. 152f)* und das **de Young Museum** *(siehe S. 149)* mit seiner einzigartigen Kunstsammlung.

Nachmittags Picknicken Sie am **Ocean Beach** *(siehe S. 155)*. Richtung Norden geht es zum **Land's End** *(siehe S. 159)* und zum **Cliff House** *(siehe S. 159)* mit einer Camera obscura. Besuchen Sie am Abend das prächtige **Castro Theatre** *(siehe S. 138)* im Schwulenviertel mit vielen Bars.

Vierter Tag
Vormittags Die Bay Area erstreckt sich über die Stadtgrenzen hinaus. Nach nur einer Stunde Fahrt erreicht man das **Napa Wine Country** *(siehe S. 192–195)*. Frühstücken Sie in **Russian Hill** *(siehe S. 182f)*, bevor Sie die **Golden Gate Bridge** *(siehe S. 64–67)* Richtung Napa überqueren. Besuchen Sie das Weingut **Clos Pegase** *(siehe S. 192)*, das sich auf Cabernet, Merlot und Petite Syrah spezialisiert hat.

Die große Kuppel der City Hall im Civic Center von San Francisco

Nachmittags Weiter Richtung Norden erreichen Sie **Calistoga** *(siehe S. 195)* mit seinen heißen Quellen. Genießen Sie den Nachmittag in einem der Spas.

Fünfter Tag
Vormittags Frühstücken Sie an **Fisherman's Wharf** *(siehe S. 80f)* und beobachten Sie an **Pier 39** *(siehe S. 86)* die Seelöwen. Danach geht es zur Besichtigung des alten U-Boots **USS *Pampanito*** *(siehe S. 86)*.

Nachmittags Fahren Sie mit der Fähre zur Gefängnisinsel **Alcatraz** *(siehe S. 82–85)* und nehmen Sie an einer Führung teil. Danach erkunden Sie **Chinatown** *(siehe S. 98f)* und fahren mit San Franciscos berühmter Cable Car zum **Nob Hill** *(siehe S. 103)*. Besuchen Sie die majestätische **Grace Cathedral** *(siehe S. 105)* und beenden Sie den Tag mit einem Dinner in dem fantastischen Restaurant Top of the Mark im **Mark Hopkins InterContinental Hotel** *(siehe S. 104)*.

Reifende Weintrauben in einem Weingut in Napa Valley

San Francisco auf der Karte

San Francisco ist mit rund 840 000 Einwohnern auf 122 Quadratkilometer Fläche nach New York die am dichtesten besiedelte Stadt der USA. Ihre Lage an der Spitze einer hügeligen Halbinsel an der Westküste Nordamerikas mit Blick auf den Pazifik macht sie zu einer der schönsten Städte der Welt. Drei Flughäfen bieten nationale und internationale Flüge. Es gibt gut ausgebaute Straßen sowie Zugverbindungen zur Ostküste und nach Kanada.

Legende
- Interstate Highway
- U.S. bzw. State Highway
- Eisenbahn (Amtrak)
- Staatsgrenze
- Bundesstaatsgrenze

Großraum San Francisco
Siehe nächste Seite
SAN FRANCISCO
Oakland
San Jose
Palo Alto
Santa Rosa
Napa
Calistoga
Sacramento
Auburn
Lake Tahoe
Carson City
NEVADA
KALIFORNIEN
Stockton
Modesto
Merced
San Joaquin
Yosemite National Park
Fresno
Visalia
Coalinga
Salinas
Monterey
Santa Cruz
Pazifischer Ozean
0 Kilometer 80
0 Meilen 50
Hudson Bay
Churchill
Nelson
MANITOBA
ONTARIO
Winnipeg
Winnipeg
Lake Superior
MINNESOTA
WISCONSIN
Minneapolis
St Paul
Minneapolis-St Paul
Sioux Falls
Lake Michigan
MICHIGAN
Lake Huron
Lester B Pearson
Toronto
Lake Ontario
Hamilton
Buffalo
Detroit Metropolitan
Detroit
Milwaukee
Lake Erie
NEW YORK
VT
NH
Logan
Boston
MA
CT
RI
New York
JFK
PENNSYLVANIA
Cleveland
Philadelphia
NJ
Philadelphia
Des Moines
IOWA
Mississippi
Chicago
Chicago-O'Hare
Omaha
ILLINOIS
INDIANA
OHIO
Pittsburgh
Pittsburgh
Baltimore
DE
Indianapolis
Indianapolis
Washington Dulles
Washington, DC
MD
Kansas City
Lambert-St Louis
St Louis
Cincinnati
WEST VIRGINIA
VIRGINIA
Ohio
Louisville
KENTUCKY
MISSOURI
Nashville
TENNESSEE
Tennessee
NORTH CAROLINA
Charlotte-Douglas
Charlotte
OMA
Oklahoma City
Arkansas
Little Rock
Memphis
SOUTH CAROLINA
ARKANSAS
Atlanta
Hartsfield-Jackson
Birmingham
ALABAMA
GEORGIA
Atlantischer Ozean
Dallas
Jackson
Montgomery
Savannah
Red
MISSISSIPPI
Alabama
Jacksonville
Jacksonville
LOUISIANA
Tallahassee
Houston
New Orleans
New Orleans
Houston
Orlando
Orlando
FLORIDA
Corpus Christi
Bahamas
Miami
Miami
0 Kilometer 500
0 Meilen 300

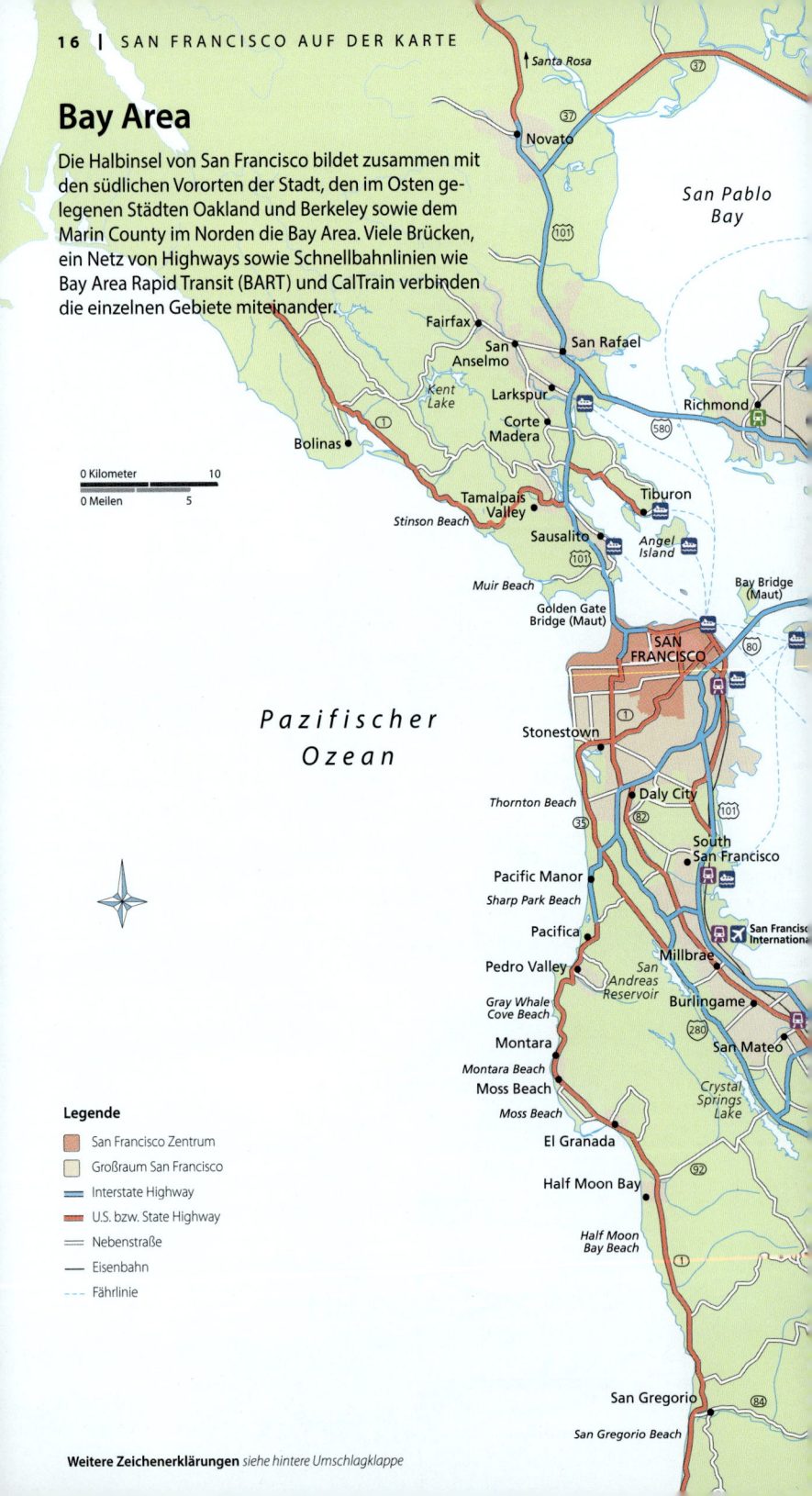

Bay Area

Die Halbinsel von San Francisco bildet zusammen mit den südlichen Vororten der Stadt, den im Osten gelegenen Städten Oakland und Berkeley sowie dem Marin County im Norden die Bay Area. Viele Brücken, ein Netz von Highways sowie Schnellbahnlinien wie Bay Area Rapid Transit (BART) und CalTrain verbinden die einzelnen Gebiete miteinander.

Legende
- San Francisco Zentrum
- Großraum San Francisco
- Interstate Highway
- U.S. bzw. State Highway
- Nebenstraße
- Eisenbahn
- Fährlinie

Weitere Zeichenerklärungen *siehe hintere Umschlagklappe*

BAY AREA | 17

San Franciscos Innenstadt

San Francisco ist eine kompakte Stadt, deren Zentrum sich gut zu Fuß erkunden lässt. Die vielen Hügel bieten eine gute Orientierung, sie zu besteigen ist jedoch anstrengend. Die einzelnen Stadtviertel sind geprägt vom Miteinander vieler ethnischer Gruppen.

Golden Gate Bridge
Die Brücke ist über 70 Jahre alt und gehört zum Stadtbild wie die Felsküste von Marin County und die idyllische Bucht *(siehe S. 64–67)*.

Viktorianische Häuser
Siehe S. 76f.

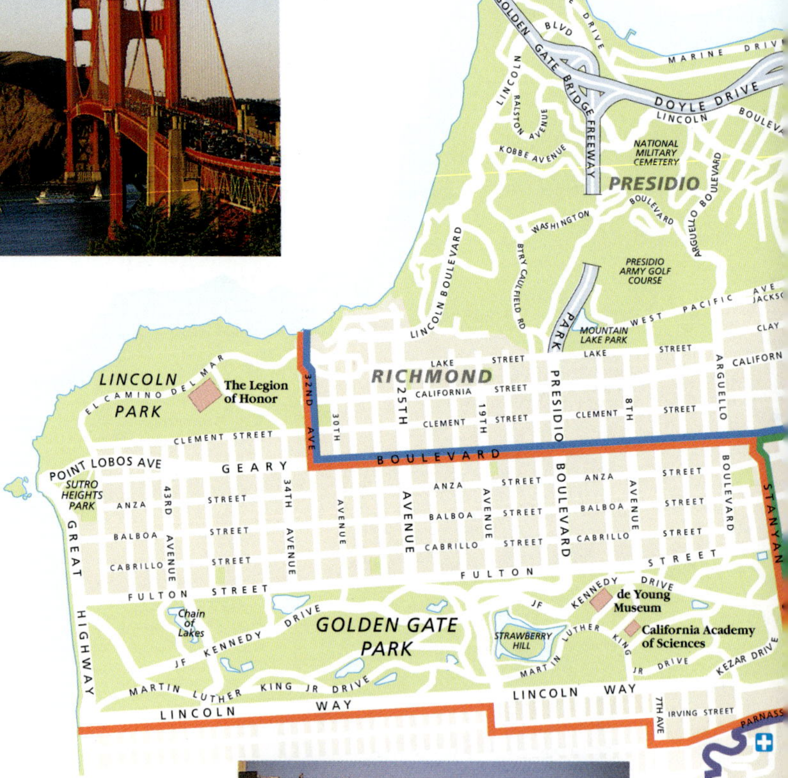

Cliff House
Cliff House ist eine der traditionsreichsten Sehenswürdigkeiten der Stadt. Seit 1863 kommen Besucher hierher, um im Restaurant zu essen und die Aussicht auf die Seal Rocks und den Pazifik zu genießen *(siehe S. 159)*.

Zeichenerklärung *siehe hintere Umschlagklappe*

SAN FRANCISCOS INNENSTADT | 19

Lombard Street
Die quer durch die Stadt verlaufende Straße ist berühmt für ihren kurzen, steilen Abschnitt auf dem Russian Hill. Die »krummste Straße der Welt« hat zwischen Hyde Street und Leavenworth Street auf der Länge von nur einem Block zehn S-Kurven *(siehe S. 88)*.

Erdbeben in San Francisco

San Francisco liegt am San-Andreas-Graben und ist ständig von Erdbeben bedroht. Das Loma-Prieta-Erdbeben vom 17. Oktober 1989 wurde nach der Region in den Santa Cruz Mountains benannt, die dem Epizentrum am nächsten lag – es war das schlimmste Beben seit 1906 *(siehe S. 30f)*. Viele Gebäude wurden daraufhin verstärkt, um Beben standzuhalten. Schutzräume wie der im Moscone Center *(siehe S. 116f)* wurden zu Notfallzentralen erweitert. Hotels haben Evakuierungspläne, im Telefonbuch gibt es vier Seiten Tipps für den Notfall.

Das Erdbeben von 1989 erreichte die Stärke 7,1 auf der Richterskala. Bei einigen Häusern, die im Marina District auf aufgefülltem Gelände standen, wurde das Fundament zerstört.

Pazifische Platte trifft auf Nordamerikanische Platte
Der San-Andreas-Graben ist das Ergebnis von Spannungen, die durch den Zusammenprall zweier Erdplatten entstanden, der Pazifischen und der Nordamerikanischen Platte.

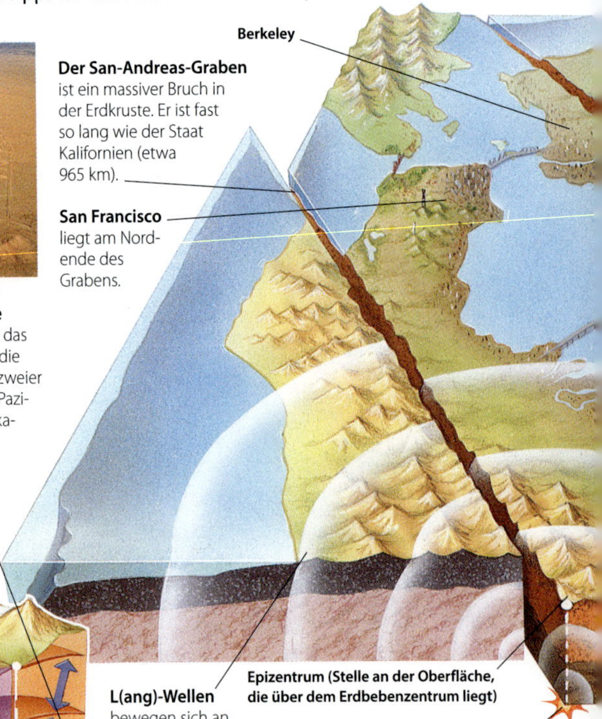

Der San-Andreas-Graben ist ein massiver Bruch in der Erdkruste. Er ist fast so lang wie der Staat Kalifornien (etwa 965 km).

San Francisco liegt am Nordende des Grabens.

Berkeley

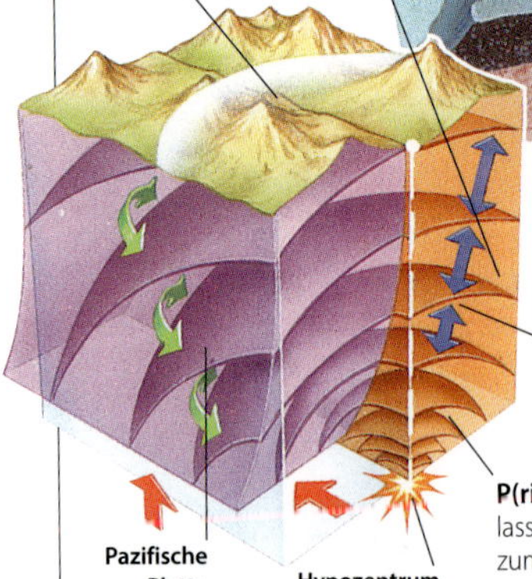

San-Andreas-Graben
Nordamerikanische Platte
Pazifische Platte
Hypozentrum

Epizentrum (Stelle an der Oberfläche, die über dem Erdbebenzentrum liegt)
Hypozentrum (Zentrum des Bebens)

L(ang)-Wellen bewegen sich an der Oberfläche.

S(ekundär)-Wellen erschüttern den Erdmantel.

P(rimär)-Wellen lassen die Erde bis zum Kern beben.

P-Wellen   S-Wellen   L-Wellen

Die Vibrationen eines Erdbebens bewegen sich wie Wellen durch die Erdkruste. Aus den Abständen zwischen P- und S-Wellen schließen Wissenschaftler auf die Entfernung des Epizentrums.

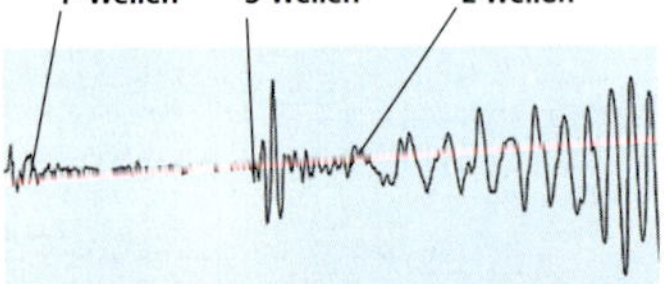

Das Seismogramm stellt die Intensität der Erschütterung grafisch dar. Der Seismograf überträgt Wellenbewegungen über einen Hebelvorgang auf einen Schreibmechanismus, der die Bewegungen aufzeichnet.

ERDBEBEN IN SAN FRANCISCO

Wissenschaftler beobachten die Bewegungen des San-Andreas-Grabens mithilfe von Laserstrahlen und einem Netzwerk von Reflektoren. Dieses System registriert Verschiebungen von weniger als 0,6 Millimeter über eine Länge von sechs Kilometern und dient zur Vorhersage von Erdbeben.

Die Hügel und Bergketten an der Küste der Bay Area entstanden durch Krustenbewegungen, die das Land zusammenpressten und anhoben.

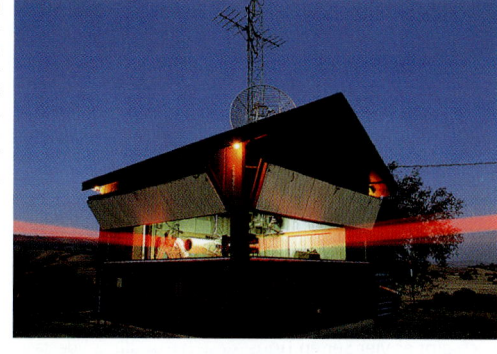

Hayward-Graben

In Oakland kamen 42 Menschen ums Leben, als beim Erdbeben 1989 Teile einer Highway-Brücke einstürzten. 44 Betonteile von je 600 Tonnen fielen auf die Autos.

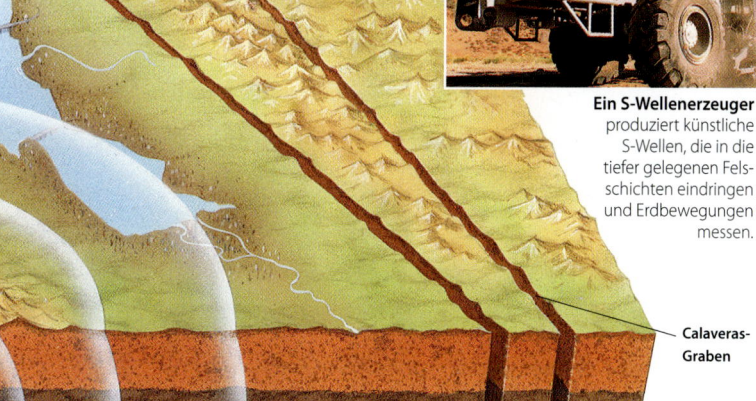

Ein S-Wellenerzeuger produziert künstliche S-Wellen, die in die tiefer gelegenen Felsschichten eindringen und Erdbewegungen messen.

Calaveras-Graben

1769 Als erste Europäer erleben die Teilnehmer der Portolá-Expedition ein Erdbeben in Kalifornien

1872 Ein Erdbeben verwüstet Lone Pine und hebt die Sierra Nevada um vier Meter an

1857 Stärkere und schwächere Beben in der Bay Area

1890 Schwere Erschütterungen

1989 Loma-Prieta-Erdbeben in der Stadt und der Bay Area. 67 Todesopfer, 1000 Obdachlose, schlimmstes Beben seit 1906

1957 Starke Beben in Bay Area

| 1750 | 1800 | 1850 | 1900 | 1950 |

1865 Das erste große Beben trifft die Stadt am 9. Oktober, ein zweites folgt am 23. Oktober

Don Gaspar de Portolá

1868 Starke Stöße im Hayward-Graben

Folgen des Erdbebens 1906

1977 Acht Erschütterungen

1906 Schlimmstes Erdbeben mit dreitägigem Feuer, bei dem die Stadt großteils zerstört wird. 3000 Tote, 250 000 Obdachlose; zwei Tage lang 52 kleinere Beben

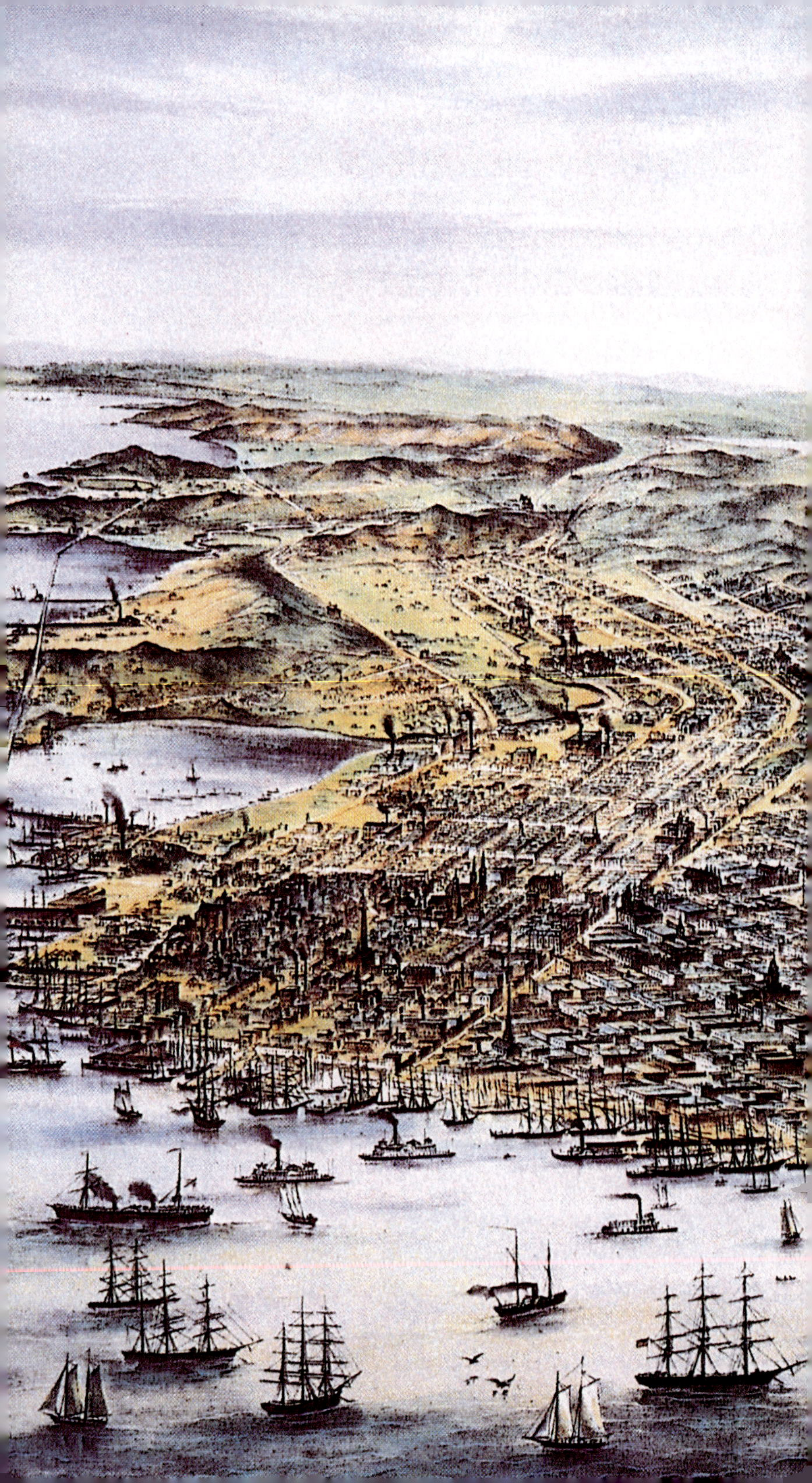

Die Geschichte San Franciscos

Die Stadt entstand um eine im Jahr 1776 von Spaniern errichtete Festung. Mitte des 19. Jahrhunderts setzte im Zuge des Goldrauschs eine Blütezeit ein, San Francisco entwickelte sich zu einer »Boomtown« an der Westküste der USA. Vom schweren Erdbeben des Jahres 1906 erholte sich die Stadt rasch. Seit den 1920er Jahren ist San Francisco eine Metropole, in der internationale Trends gesetzt werden. Dies ist auch eine Folge der toleranten, weltoffenen Mentalität der Bewohner.

San Francisco blieb erstaunlich lange Zeit *terra incognita*. Nur wenige frühe Entdecker, darunter der Portugiese João Cabrilho und der Engländer Sir Francis Drake, segelten im 16. Jahrhundert an der kalifornischen Küste entlang. Doch alle fuhren am Golden Gate vorbei, ohne die Bucht dahinter zu entdecken. Erst 1769 betraten die ersten Europäer das Gebiet, das später San Francisco heißen sollte. Es wurde von den Spaniern kolonisiert, die Missionen und *presidios* (Festungen) bauten. Als Mexiko 1821 seine Unabhängigkeit von Spanien erklärte, ging das Gebiet von San Francisco in mexikanischen Besitz über.

Eine Stadt wird Weltstadt

Im Jahr 1848 erlebte die Stadt einen enormen Wachstumsschub: In Sutter's Mill, am Fuß der Sierra Nevada nahe Sacramento, war Gold gefunden worden. Hunderttausende von Goldsuchern aus aller Welt strömten nach Kalifornien und leiteten den Goldrausch von 1849 ein (die Goldsucher hießen deshalb auch 49er). Etwa gleichzeitig wurde die Westküste US-Territorium.

Erdbeben und Wiederaufbau

Durch die Bevölkerungszunahme dehnte sich die Stadt nach Westen über die ganze Halbinsel aus. Wegen der steilen Hügel wurden die Cable Cars erfunden. Häuserblocks im ornamentierten viktorianischen Stil entstanden. Das Erdbeben im Jahr 1906 zerstörte zwar einen Großteil dieser Gebäude, doch sie wurden rasch wiederaufgebaut. Trotz vieler Rückschläge hat San Francisco seinen speziellen Charakter und seine anscheinend nie versiegende Energie bewahrt. Auf den folgenden Seiten werden bedeutende Perioden der Stadtgeschichte dargestellt.

Telegraph Hill und North Beach zur Zeit des Goldrauschs
◀ Südansicht der Stadt mit der Market Street, die vom Zentrum zum Hafen verläuft (Druck, 1873)

Anfänge

Die ersten Bewohner der San Francisco Bay waren Indianer. Zu den größten Stämmen gehörten die Miwok im Norden und die Ohlonen im Süden. Um 1550 erkundeten europäische Schiffe die Küste. Doch Kontakt zu Ureinwohnern gab es erst, als Sir Francis Drake vor Point Reyes ankerte und das Gebiet für Elizabeth I beanspruchte. Die Bucht blieb bis 1769 unentdeckt. 1776 bauten die Spanier eine Festung *(presidio)* und eine Mission, die nach dem Gründer des Franziskanerordens Franz von Assisi (San Francisco de Asis) benannt wurde.

Ausdehnung der Stadt
- Heute
- 1800
- Landnahme ab 1800

Tcholovoni-Indianer
Verschiedene Stämme, darunter die hier abgebildeten Tcholovoni, siedelten in kleinen Dörfern an der San Francisco Bay und lebten von der Jagd.

Spanische Missionare bekehrten Indianer zum Christentum. Die Ureinwohner mussten in Hütten leben und Zwangsarbeit verrichten.

Gürtel waren mit Federn und Muscheln verziert.

Drake landet bei Point Reyes (1579)
Vermutlich ging Drake in der heute nach ihm benannten Drake's Bay an Land. Miwok-Indianer begrüßten ihn.

---

10 000 v. Chr. Die ersten Indianer siedeln in der Bay Area

1542 Der portugiesische Entdecker João Cabrilho sichtet die Farallon Islands vor der Küste San Franciscos

1602 Sebastian Vizcaíno besucht Point Reyes. Obwohl auch er die San Francisco Bay nicht findet, führen seine Berichte dazu, dass eine spätere Expedition die Bucht entdeckt

| 10 000 v. Chr. | 1550 n. Chr. | 1600 | 1650 |

João Cabrilho (gest. 1543)

1579 Sir Francis Drake landet bei Point Reyes, um sein Schiff zu reparieren

1595 Das spanische Handelsschiff *San Augustín* sinkt vor Point Reyes

Eine Karte von 1666 zeigt Kalifornien als Insel

ANFÄNGE | 25

Kule-Loklo-Indianer
Ein Wandgemälde von Anton Refregier im Foyer des Rincon Center zeigt diese einstigen Bewohner der Bay Area *(siehe S. 115)*.

Anfänge
Indianische Werkzeuge sind in der California Academy of Sciences *(siehe S. 152f)* zu besichtigen. Oakland Museum *(siehe S. 168f)* und Mission Dolores *(siehe S. 139)* zeigen Sammlungen mit Artefakten aus der Missionszeit.

Missionsstationen
Unter der Leitung von Pater Narciso Duran entwickelte sich die Mission San José zur größten und wohlhabendsten der Bay Area.

Männliche Tänzer bemalten ihre Körper mit roter, schwarzer und weißer Farbe.

Der Speer war ein wichtiges Utensil beim Tanz.

Die Ikone des hl. Petrus aus dem 17. Jahrhundert ist im Oakland Museum (S. 168f) zu sehen.

Tanz in der Mission Dolores
Der russische Künstler Ludovic Choris (1795–1828) malte 1816 die tanzenden Indianer vor der Mission Dolores. Die geschmückten Männer tanzten immer sonntags für die Missionare.

1701 Pater Kino überquert den Colorado und beweist damit, dass Baja California eine Halbinsel ist

Portolá-Expedition 1769

1776 Juan Bautista De Anza führt die erste Siedlergruppe über Land nach San Francisco (Ankunft 28. März)

1816 Der Naturforscher Adelbert von Chamisso kritisiert bei einem Besuch der Bucht die Ausrottung der Indianer

1700 | **1750** | **1800**

1769 Eine Expedition unter Gaspar de Portolá entdeckt auf dem Landweg die Bucht

1775 Das spanische Schiff *San Carlos* unter Kapitän Juan Manuel de Ayala läuft als erstes in die San Francisco Bay ein

1797 Gründung Mission San José

Indianer beim Spiel

Goldrausch

Nach der Trennung von Spanien im Jahr 1821 öffnete Mexiko Kalifornien für den Außenhandel. Walfänger und Handelsschiffe ankerten in der San Francisco Bay, die Siedlung wuchs. Doch erst die Entdeckung von Gold am Fuß der Sierra Nevada 1848 und die Annexion Kaliforniens durch die USA brachten den Aufschwung. Innerhalb von zwei Jahren verwandelten rund 100 000 Goldsucher San Francisco in eine wilde »Boomtown«.

Ausdehnung der Stadt
Heute 1853

Vallejo-Pokal
Der Pokal zeugt vom fürstlichen Leben General Vallejos, des letzten mexikanischen Gouverneurs Kaliforniens.

Sam Brannan gründete 1847 die erste Zeitung der Stadt.

Die USA erobern San Francisco
Am 9. Juli 1846 übernahm das amerikanische Kriegsschiff USS *Portsmouth* die Kontrolle über die Bucht. 70 Matrosen gingen an Land und hissten auf dem Hauptplatz die US-Flagge.

Feuerwehrleute ziehen eine Spritze

Glücksspiel
Nur eine Karte bedeutete oft Gewinn oder Verlust – eines Vermögens oder eines Lebens.

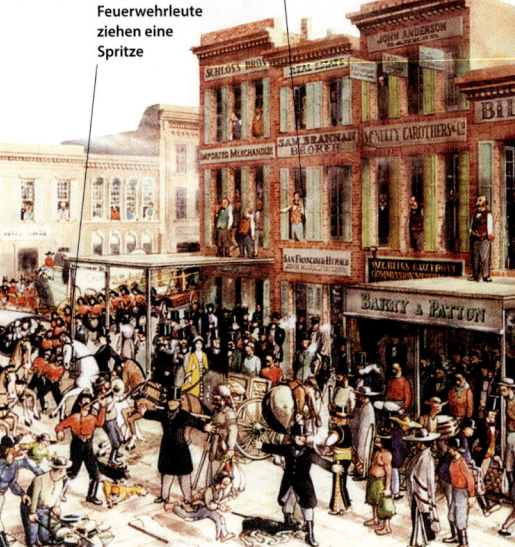

1820 Walfänger nutzen Sausalito als Ausgangspunkt für ihre Fahrten

1823 Gründung der Mission San Francisco de Solano in Sonoma

1828 Der Pelztierjäger Jedediah Smith erreicht Presidio, er hat als erster Weißer das zerklüftete Küstengebirge überquert

1834 Missionen schließen, ihr Besitz wird unter mexikanischen Landeigner aufgeteilt

1820

1830

1822 Die mexikanische Revolution beendet die spanische Herrschaft in Kalifornien

Richardsons handgezeichnete Karte von Yerba Buena (San Francisco) von 1835

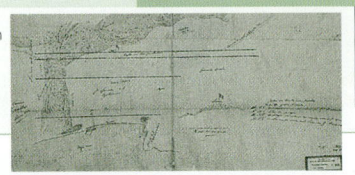

1835 William Richardson gründet Yerba Buena, das spätere San Francisco

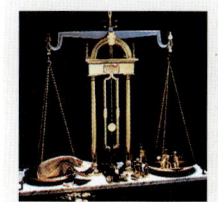

GOLDRAUSCH | **27**

Exponate des Goldrauschs

Zeugnisse aus jener stürmischen Zeit, die einen bedeutenden Einschnitt in der Geschichte San Franciscos und Kaliforniens markiert, finden Sie im Wells Fargo History Museum *(siehe S. 112)* und im Oakland Museum *(siehe S. 168f)*.

Goldwaage von Wells Fargo

Zerlumpter Goldsucher
Ein erschöpfter »Glücksritter« auf dem Weg zu den Minen. Viele kehrten mit leeren Händen zurück.

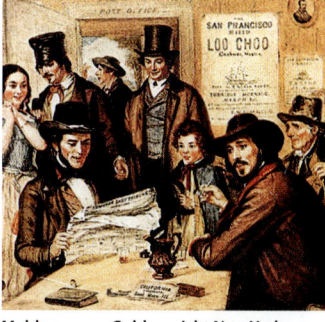

Varieté-Theater waren in der aufstrebenden Stadt sehr beliebt.

Mitarbeiter von Wells Fargo

Große Schiffe brachten Goldsucher aus aller Welt in die Stadt.

Meldung vom Gold erreicht New York
Präsident James Polk bestätigte am 5. Dezember 1848 die Goldfunde. Dies lockte Zehntausende in den Westen.

Goldwäscher
Über 100 000 »Forty-Niners« kamen 1849 durch San Francisco. In mühevoller Arbeit wuschen sie das Gold aus den Flüssen des Sacramento Valley und der Sierra Nevada.

Montgomery Street 1852
Direkt im Geschäftszentrum ließ Wells Fargo, dessen Kutschen Fracht und Passagiere zu den Minen brachten, 1852 das erste Backsteingebäude der Stadt errichten.

1836 Juan Batista Alvarado marschiert in Monterey ein und erklärt Kalifornien zum »souveränen Staat« in der mexikanischen Republik

1846 Im April Bear-Flag-Revolte unter Führung des Entdeckers John Fremont, im Mai erobern die US-Truppen Monterey, im Juli Yerba Buena

1851 Der Klipper *Flying Cloud* segelt in 89 Tagen von New York nach San Francisco

1840

1850

John Fremont (1813–1890)

1847 Die Siedlung Yerba Buena wird offiziell in San Francisco umbenannt. Es gibt mittlerweile 200 Gebäude und 800 Einwohner

1848 John Marshall entdeckt am Fuß der Sierra Nevada Gold – und löst so den Goldrausch von 1849 aus

Viktorianische Zeit

Am schnellsten wuchs die Stadt in der zweiten Hälfte des 19. Jahrhunderts. Einige Einwohner machten riesige Vermögen mit Silberminen in Comstock Lode (Nevada) oder mit der transkontinentalen Eisenbahn, die 1869 bis San Franciso fuhr. Saloons und Bordelle schossen an der Barbary Coast wie Pilze aus dem Boden. Die Reichen hingegen bauten ihre Villen auf dem Nob Hill. Die Stadt dehnte sich aus, die Straßen säumten prunkvolle viktorianische Häuser, und um die Jahrhundertwende war San Francisco mit 300 000 Einwohnern die größte Stadt westlich von Chicago.

Ausdehnung der Stadt
Heute | 1870

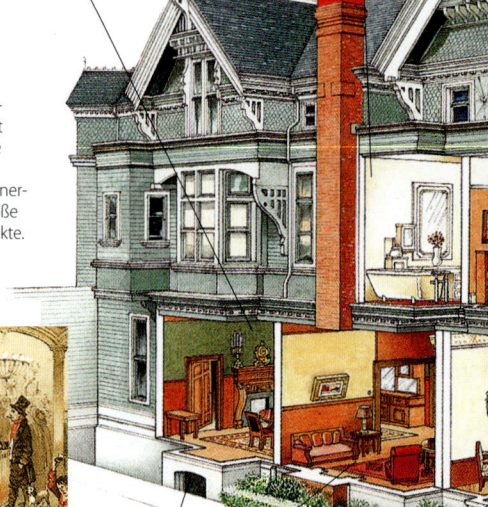

Bad mit originaler Badewanne und Fliesen

Im Esszimmer speiste man mit der Familie und mit Gästen.

Samowar
Die silberne Teemaschine erhielt der kalifornische Senator Edward Baker 1860 als Anerkennung für große Wirtschaftsprojekte.

Barbary Coast Saloon
Glücksspiel und Prostitution waren weitverbreitet. Betrunkene wurden häufig zum Marinedienst gezwungen.

Esszimmer im Untergeschoss

Der zweite Salon diente als privates Wohnzimmer.

Dieser Salon war Empfangszimmer.

1856 Die Kriminalitätsrate steigt. Mitglieder von »Bürgerwehren« hängen vier Männer

1862 Erste Telegrafenverbindung zwischen New York und San Francisco

1869 Fertigstellung der transkontinentalen Eisenbahn, die berüchtigten »Big Four« (die Großen Vier) machen ein Vermögen mit ihr

1873 Levi Strauss lässt die Herstellung von Nietenjeans patentieren *(siehe S. 137)*

1850 | **1860** | **1870**

»Kaiser« Norton (gest. 1880)

1854 Der Exzentriker Joshua Norton erklärt sich zum Kaiser der Vereinigten Staaten und Protektor von Mexiko. Er gibt eine eigene Währung heraus

1863 In Sacramento beginnen die Arbeiten für die Central Pacific Railroad; Tausende von Chinesen werden dafür angeheuert

1873 Die erste Cable Car wird in der Clay Street getestet

VIKTORIANISCHE ZEIT | 29

Union Pacific Railroad
1869 trafen sich die Bautrupps der Central Pacific und der Union Pacific am Promontory Point, Utah – die transkontinentale Strecke war fertig.

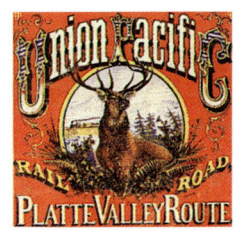

Haas-Lilienthal House
Der Kolonialwarengroßhändler William Haas ließ das exklusive Haus 1886 im Queen-Anne-Stil bauen. Damals war es in den Vororten eines von vielen. Heute ist es ein Museum, das zeigt, wie reiche Familien zu jener Zeit lebten.

Viktorianische Zeit
In ganz San Francisco findet man viktorianische Gebäude. Allerdings sind nur das Haas-Lilienthal House *(siehe S. 72)* und das Octagon House *(siehe S. 75)* öffentlich zugänglich. Im Jackson Square Historical District *(siehe S. 112)* ist zu sehen, was von dem einst berüchtigten Barbary-Coast-Viertel übrig blieb.

Neugotischer Vogelkäfig aus dem 19. Jahrhundert im Oakland Museum (S. 168f)

Sutro Baths
Das öffentliche Bad, das bis in die 1960er Jahre erhalten blieb, wurde 1896 vom Ex-Bürgermeister und Philanthropen Adolph Sutro gebaut.

Das Wohnzimmer war früher das Schlafzimmer des Hausherrn.

Comstock Lode Silver
1859 bis 1885 wurde in den Minen von Nevada Silber für 400 Millionen US-Dollar gefördert.

Überdachter Vorbau

Eingangshalle mit viktorianischem Ecksofa

1886 10 000 Gewerkschaftsmitglieder beteiligen sich an der größten Gewerkschaftsdemonstration San Franciscos

1896 Adolph Sutro eröffnet das größte öffentliche Bad der Welt nördlich von Cliff House

1901 Der korrupte Abe Ruef »regiert« die Stadt

1880

1900

1887 Der schottische Gärtner John McLaren wird als Verwalter des Golden Gate Park eingestellt. Er behält den Posten 50 Jahre lang *(siehe S. 148)*

1899 Frank Norris schreibt den naturalistischen Klassiker *McTeague* (Gier nach Gold)

1900 Bau von Fisherman's Wharf

Adolph Sutro (1830–1898)

Erdbeben und Brand von 1906

Das Erdbeben, welches San Francisco am 18. April 1906 um 5 Uhr morgens erschütterte, verursachte eine der schlimmsten Katastrophen in der Geschichte der USA. Es war um ein Vielfaches stärker als alle früheren und brachte Hunderte von Gebäuden zum Einsturz – das Zentrum stand in Flammen. Über 15 Quadratkilometer brannten nieder. Die Zahl der Todesopfer schwankte zwischen (offiziellen) 700 und (vermutlichen) 3000 Menschen. Etwa 250 000 Menschen wurden obdachlos. Da viele Hausbesitzer eine Feuerversicherung hatten, konnte die Stadt rasch wiederaufgebaut werden. Ende des Jahrzehnts hatte sich die Lage normalisiert.

Ausdehnung der Stadt
- Heute
- 1906

In der Powell Street fuhren die Cable Cars nach zwei Jahren wieder. Die übrigen Strecken wurden bis 1915 nur teilweise repariert.

Leben in Zelten
Im Sommer 1906 lebten über 100 000 Einwohner der Stadt in Notunterkünften.

Das Ferry Building wurde durch Feuerwehrboote gerettet, die es mit Wasser aus der Bucht bespritzten.

Chinatown brannte völlig ab.

Der Geist von San Francisco
Cartoonisten erfassten schnell die komische Seite der Situation. Selbst über die Wasserknappheit machten sie sich lustig.

1905 Der Architekt Daniel Burnham legt radikale Pläne zum Umbau des Stadtzentrums vor

Burnham-Plan

1906 Erdbeben und drei Tage Feuersbrunst legen die Stadt in Schutt und Asche, die Nachbeben dauern zwei Tage

1907 Das Fairmont Hotel eröffnet genau ein Jahr nach dem Erdbeben wieder

Fairmont Hotel

1907 Abe »Boss« Ruef bekennt sich der Erpressung für schuldig

1909 Jack London schreibt *Martin Eden*, eine schonungslose Autobiografie

Jack London (1876–1916)

ERDBEBEN UND BRAND VON 1906 | **31**

Suppenküche am Union Square
Die amerikanische Armee übernahm die Versorgung der zahlreichen Opfer, die ihre Familien, ihre Häuser und ihr Hab und Gut verloren hatten.

Erdbeben von 1906

Exponate der Katastrophe sind in der ganzen Stadt zu sehen, darunter auch in vielen Museen. Schaukästen gibt es auch im Foyer des historischen Palace Hotel (Informationen unter: www.sfmuseum.org).

Der South of Market District, ein aufgeschüttetes Viertel, war mit am stärksten zerstört.

Das Fairmont Hotel brannte aus, beim Neubau blieb die Originalfassade erhalten.

Das Flood-Mansion-Gebäude war eine Ruine; heute residiert hier der Pacific Union Club.

Teller und Tassen, die Hitze und Feuer schmolzen, gehören zu den Erdbeben-Exponaten im Oakland Museum *(S. 168f)*.

Ausmaß der Zerstörung

Mit einer Geschwindigkeit von 11 000 Kilometern pro Stunde erreichte das Beben die Stadt. Geborstene Gasleitungen lösten Brände aus, die in nur drei Tagen 28 000 Gebäude im Wert von 400 Millionen US-Dollar zerstörten.

Obdachlos
Viele retteten, was sie konnten, und verließen die Stadt für immer.

Nob Hill mit seinen Holzhäusern brannte lichterloh.

Aufräumarbeiten
Sobald die Flammen gelöscht waren, riss man die Ruinen ab und begann mit dem Wiederaufbau.

Bürgermeister »Sunny Jim« Rolph (1869–1948)

Entwurf zur Gestaltung der Panama-Pazifik-Ausstellung

1913 Letzte Pferdebahn stellt den Betrieb ein

1914 Eröffnung des Stockton Street Tunnel

1910	1911	1912	1913	1914

1911 »Sunny Jim« Rolph wird zum Bürgermeister gewählt, er bleibt bis 1930 im Amt

1912 San Francisco wird offiziell zum Veranstaltungsort der Panama-Pazifik-Ausstellung von 1915 erklärt

1913 Kongress befürwortet nach Kontroversen einen Damm, der das Hetch Hetchy Valley überflutet (240 km östlich der Stadt)

Goldene Zwanziger

Weder der Erste Weltkrieg noch die Prohibition konnten die Energie der wiederaufgebauten Stadt bremsen. In den 1920er Jahren entstanden u. a. Theater und Museen. Auch die Depression wirkte sich hier nicht so schlimm aus wie im Rest der USA. Viele städtische Bauwerke (z. B. der Coit Tower und die beiden Bay-Brücken) entstanden in dieser Zeit. Im Zweiten Weltkrieg wurde die Industrialisierung durch den Bau von Werften in Richmond und Sausalito gefördert. Fort Mason war die Basis für Pazifikeinsätze. Über 1,5 Millionen Soldaten gingen hier an Bord.

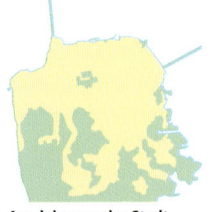

Ausdehnung der Stadt
- Heute
- 1920

Tower of Jewels, besetzt mit 102 000 Glas-»Edelsteinen«

Der Palace of Fine Arts – das einzige noch existierende Gebäude

Panama-Pazifik-Ausstellung von 1915
San Francisco richtete die Ausstellung aus, um die Wiedergeburt der Stadt nach 1906 und die Fertigstellung des Panamakanals zu feiern. In zehn Monaten kamen 20 Millionen Besucher (siehe S. 72).

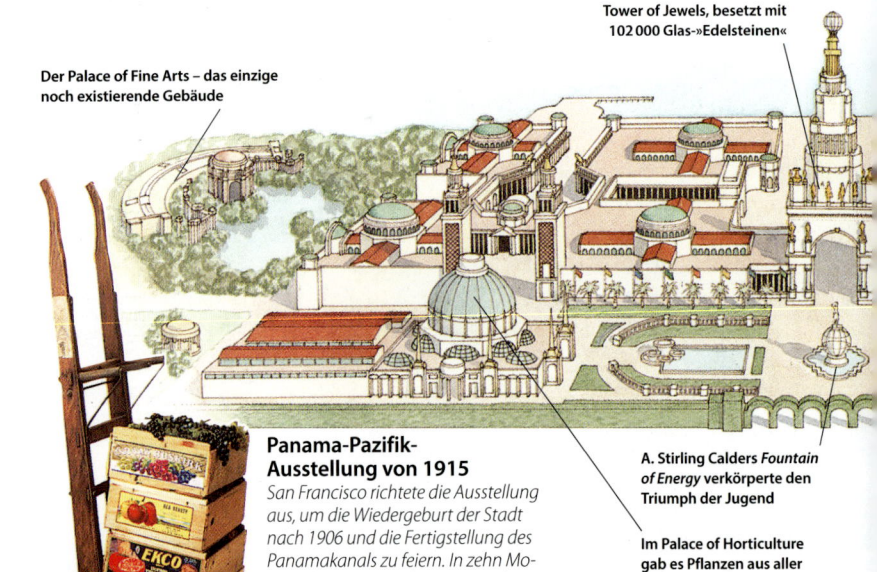

A. Stirling Calders *Fountain of Energy* verkörperte den Triumph der Jugend

Im Palace of Horticulture gab es Pflanzen aus aller Welt

Reiche Ernten
Kalifornische Farmen hatten in den 1920er Jahren die höchsten Erträge der USA.

King Oliver's Creole Band
King Olivers Jazzband traf den Geist der Zeit. Sie wurde die erfolgreichste Combo des Jahrzehnts.

Panama-Pazifik-Erinnerungsmedaille

1917 Eröffnung Crissy-Field-Flugplatz

1921 Eröffnung des de Young Museum

1924 Eröffnung des California Palace of the Legion of Honor

1929 Börsenkrach löst Wirtschaftskrise aus

1915 — **1920** — **1925** — **1930**

1917 Eröffnung der Main Public Library im Civic Center

1915 Panama-Pazifik-Ausstellung (20. Feb – 4. Dez)

1920 Beginn der Prohibition

1923 Präsident Warren G. Harding stirbt im Palace Hotel

1924 Erstes Luftpostflugzeug landet auf dem Crissy-Field-Flugplatz

1927 Eröffnung des Flugplatzes Mills Field (heute: San Francisco International Airport)

1933 Ende der Prohibition

GOLDENE ZWANZIGER | 33

Anflug einer Pan American Clipper
Die San Francisco Bay war Ausgangspunkt für Flüge über den Pazifik.

Prohibition
Die Prohibition wurde nicht sehr ernst genommen, doch Alkohol wurde nur im Geheimen konsumiert.

Goldene Zwanziger

Der Palace of Fine Arts *(siehe S. 62)* ist der einzige noch existente Orginalbau der Panama-Pazifik-Ausstellung. In der Old United States Mint *(siehe S. 119)* und im History Room der New Main Library *(siehe S. 127)* sind Ausstellungen zu den 1920er Jahren zu sehen.

Eintrittskarte für die Weltausstellung auf Treasure Island

In der Festival Hall, dem Musikzentrum, hatten 3500 Besucher Platz.

McLaren's Hedge, die grüne Grenze des Geländes

»Blutiger Donnerstag«
Am 5. Juli 1934 wurden zwei Hafenarbeiter bei einem organisierten Streik von der Polizei erschossen.

Werft in Sausalito
Während des Zweiten Weltkriegs lief in dieser Werft täglich ein Schiff vom Stapel.

Hetch-Hetchy-Damm

1934 Eröffnung des Hetch-Hetchy-Damms, dreitägiger Streik aus Solidarität mit den Hafenarbeitern

1936 Eröffnung der Bay Bridge. Ankunft von Pan American Clippers

1937 Eröffnung der Golden Gate Bridge

1939 Zweiter Weltkrieg in Europa. Eröffnung der Weltausstellung auf Treasure Island

1941 Japan überfällt Pearl Harbor

1942 Beginn der Internierung von japanischstämmigen Amerikanern

1945 Ende des Zweiten Weltkriegs

1945 UN-Friedenskonferenz (25. Apr – 25. Juni) in San Francisco zur Gründung der Vereinten Nationen

1935   1940   1945

Unterzeichnung der »Charta der Vereinten Nationen« von 1945

Nach dem Zweiten Weltkrieg

Seit 1945 hat San Francisco gute und schlechte Zeiten gesehen. 1945 wurden hier die Vereinten Nationen gegründet. In den 1950ern war die Stadt Heimat der Beatniks und in der Flower-Power-Zeit Schauplatz von »Love-ins«. Gleichzeitig fanden Antikriegs- und Bürgerrechtsdemonstrationen statt. Besonders getroffen wurde die Gegend durch Aids, Obdachlosigkeit und das Erdbeben von 1989.

1969 Die Organisation Indians of All Tribes (IAT) besetzt Alcatraz, um ihre Anliegen öffentlich zu machen

1969 San Franciscos Blues- und Soulstar Janis Joplin hat Alkohol- und Drogenprobleme. 1970 stirbt sie an einer Überdosis Heroin

1970 Jahre Huey Newton (rechts), Führer der in Oakland beheimateten Black-Panther-Bewegung, findet in den unruhigen 1960er und 1970er Jahren viele Anhänger an den Universitäten

1978 Bürgermeister Moscone wird in der City Hall von Ex-Polizist Dan White getötet, der zuvor den homosexuellen Politiker Harvey Milk ermordet hatte

Neal Cassady und Jack Kerouac

1950s Mit Jack Kerouac, Neal Cassady und Allen Ginsberg als Wortführern entsteht in den 1950er Jahren die »Beat«-Bewegung mit dem Ruf nach Nonkonformismus und dem Ideal der freien Liebe

George Moscone

| 1945 | 1950 | 1955 | 1960 | 1965 | 1970 | 1975 | 1980 |

15. August 1945 Das Ende des Zweiten Weltkriegs wird in San Francisco stürmisch gefeiert. Tausende von Soldaten passieren bei ihrer Rückkehr das Golden Gate

1954 Der San Francisco International Airport wird auf dem Gelände des Mills-Field-Flugplatzes eröffnet

1965 Der Bau des Drachentors (Dragon Gateway) auf der Grant Avenue beginnt

1973 Die Transamerica Pyramid wird fertiggestellt. Das Bauwerk ist reichlich umstritten

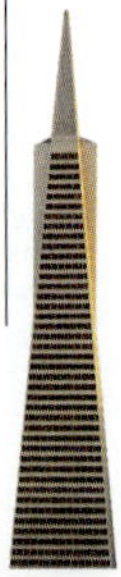

1958 Das Baseballteam der New York Giants wechselt nach San Francisco und bringt so Profis der Major League an die Westküste

1951 Sechs Jahre nach der japanischen Kapitulation unterzeichnen die USA und Japan im War Memorial Opera House den Friedensvertrag

Willie Mays von den San Francisco Giants

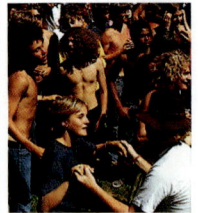

1967 Ein »Be-in« lockt 25 000 Hippies für einen Tag mit Musik und Spaß in den Golden Gate Park. Zum Monterey Jazz Festival kommen u. a. Jimi Hendrix, Otis Redding und The Who

NACH DEM ZWEITEN WELTKRIEG | 35

1992 Bei Waldbränden in den Oakland Hills sterben 26 Menschen, 3000 Häuser werden zerstört

1995 Der Candlestick Park wird in 3Com Park umbenannt

2000 Eröffnungsspiel der Giants im neuen Pacific Bell Park (jetzt AT&T Park)

2002 Der 3Com Park wird wieder in Candlestick Park umbenannt

2007 Erdbebenwellen erreichen die Stärke 4,2 auf der Richterskala

2010 Die San Francisco Giants gewinnen die World Series – das erste Mal seit ihrem Umzug nach San Francisco 1958. Im Jahr 2012 holen Sie erneut den Titel

2011 Edwin M. Lee von der Demokratischen Partei wird der erste asiatischstämmige Bürgermeister der Stadt

1985	1990	1995	2000	2005	2010	2015	2020
1985	1990	1995	2000	2005	2010	2015	2020

1994 Das Militärgelände von Presidio wird an den National Park Service übergeben

2006 Nancy Pelosi, eine Kongressabgeordnete aus San Francisco, ist die erste Frau, die im Amt des Sprechers des Repräsentantenhauses gewählt wird

2008 Eröffnung des Contemporary Jewish Museum von Daniel Libeskind

2013 Das Verbot der Homo-Ehe in Kalifornien wird aufgehoben

2016 Super Bowl 50 (50. Endspiel) im Levi's Stadium

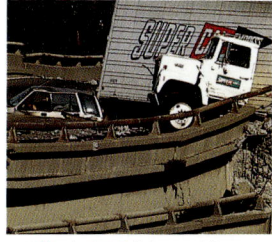

1989 Ein schweres Erdbeben erschüttert San Francisco. Highway-Brücken brechen zusammen und begraben Autos unter sich, 67 Menschen sterben

1999 Nach 15 Jahren als Sprecher des kalifornischen Parlaments leistet der Demokrat Willie Brown als erster Schwarzer den Eid für das Bürgermeisteramt in San Francisco

PARKING
Courtly Art of the ANCIENT MAYA
Van Ness Ave California
& Marke
Streets

San Francisco im Überblick

Mehr als 200 Sehenswürdigkeiten werden im Kapitel *Die Stadtteile San Franciscos* beschrieben – von den quirligen Straßen Chinatowns bis zur Oase des Golden Gate Park, von viktorianischen Häusern bis zu den Wolkenkratzern im Zentrum. Die folgenden zwölf Seiten geben Ihnen einen Überblick über San Franciscos Highlights. Extraseiten führen durch die Museen und erläutern die Architektur sowie die verschiedenen Kulturen, die die Stadt prägen. Auf dieser Seite sind die Sehenswürdigkeiten abgebildet, die Sie auf keinen Fall versäumen sollten.

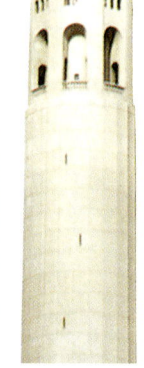

San Franciscos Hauptsehenswürdigkeiten

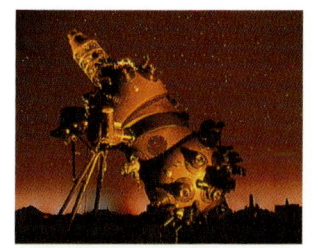

California Academy of Sciences
Seite 152f

Ghirardelli Square
Seite 87

Coit Tower
Seite 92f

Golden Gate Bridge
Seiten 64–67

Golden Gate Park
Seiten 144–155

Grant Avenue
Seite 101

Union Square
Seite 118

Cable Cars
Seite 106f

Alcatraz Island
Seiten 82–85

Japan Center
Seite 130

◀ Cable Car *(siehe S. 106f)* auf der California Street bei Nacht

Highlights: Museen und Sammlungen

San Franciscos Angebot an Museen und Sammlungen umfasst Museen wie de Young und Legion of Honor ebenso wie die modernen Kunstsammlungen im SF Museum of Modern Art oder im Yerba Buena Center for the Arts. Zudem gibt es hochinteressante Wissenschaftsmuseen wie das Exploratorium oder die California Academy of Sciences. Andere Museen wiederum beschäftigen sich intensiv mit der Geschichte der Stadt. Weitere Informationen finden Sie auf den Seiten 40f.

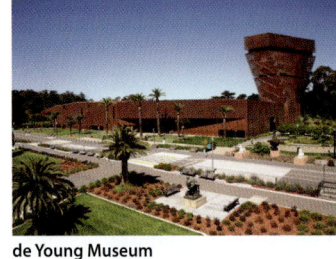

de Young Museum
Das Museum – eines der interessantesten der Stadt – zeigt Sammlungen mit Kunstwerken aus Nord-, Mittel- und Südamerika sowie aus Ozeanien und Afrika. Hinzu kommen Textilien, Fotos und Kunsthandwerk.

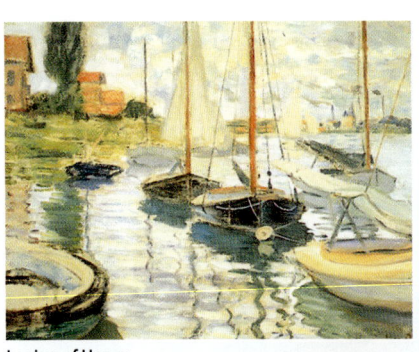

Legion of Honor
Monets *Segelboot auf der Seine* (um 1874) ist Teil der Sammlung europäischer Kunst vom Mittelalter bis zum 19. Jahrhundert.

Presidio

Golden Gate Park und Land's End

Haight-Ashbury und Mission

0 Kilometer 2
0 Meilen 1

California Academy of Sciences
Das Museum wurde sensibel der Umgebung des Golden Gate Park angepasst. Es umfasst Aquarium, Planetarium und ein naturhistorisches Museum.

MUSEEN UND SAMMLUNGEN | **39**

Chinese Historical Society
Der herrliche Drachenkopf befindet sich in einem der kleinsten Museen der Stadt. Die einzigartige Sammlung der Chinesischen Historischen Gesellschaft dokumentiert die Geschichte der chinesischen Gemeinden in Kalifornien.

Fort Mason
Muto von Mimmo Paladino (1985) befindet sich in einer der Ethno-Sammlungen.

Wells Fargo History Museum
Das kleine Museum dokumentiert u. a. mit dieser Kutsche aus Bronze von M. Casper (1984) die bewegte Geschichte Kaliforniens seit dem Goldrausch.

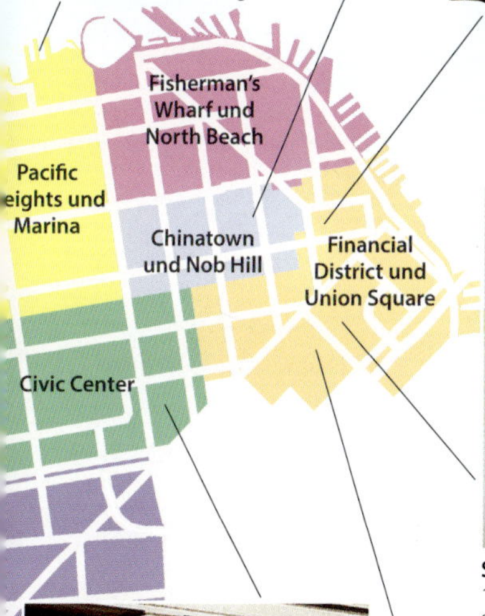

Fisherman's Wharf und North Beach

Pacific Heights und Marina

Chinatown und Nob Hill

Financial District und Union Square

Civic Center

San Francisco Museum of Modern Art
1995 zog das hoch angesehene Museum in die vom Schweizer Architekten Mario Botta entworfenen neuen Räumlichkeiten. Bis 2016 wird es umfassend renoviert.

Yerba Buena Center for the Arts
Die Kunstgalerie in den Yerba Buena Gardens zeigt Arbeiten zeitgenössischer Künstler in Wechselausstellungen.

Asian Art Museum
Das Museum ist im Civic Center, einem schön renovierten Beaux-Arts-Gebäude von 1917, untergebracht.

Überblick: Museen und Sammlungen

San Francisco besitzt viele renommierte Sammlungen zu Malerei, Bildhauerei, Fotografie, Kunsthandwerk und Design. Eine Reihe ehrgeiziger Projekte, etwa der Neubau des SF Museum of Modern Art und die Renovierung des Legion of Honor, zeigt, dass die Stadt auch in Zukunft ihrer Rolle als Kunstzentrum der Westküste gerecht werden will. Eine weitere Stärke der Bay Area liegt in ihren herausragenden technischen und wissenschaftlichen Museen.

Johannes der Täufer (ca. 1660) von Mattia Preti, Legion of Honor

Malerei und Bildhauerei

Zwei bedeutende Kunstmuseen, das **Legion of Honor** und das **de Young**, verfügen über hervorragende Sammlungen europäischer und amerikanischer Malerei und Bildhauerei. Zu den Schwerpunkten im Legion of Honor zählt die französische Kunst des späten 19. und des frühen 20. Jahrhunderts mit Werken von Pierre-Auguste Renoir, Claude Monet und Edgar Degas sowie mehr als 70 Skulpturen von Auguste Rodin. Die berühmte Sammlung grafischer Arbeiten der Achenbach Foundation ist ebenfalls hier zu sehen.

Das **Asian Art Museum**, einst im Golden Gate Park gelegen, ist nun dauerhaft im Civic Center (Old Main Library) untergebracht. Hier sind fernöstliche Malerei, Bildhauerei und kostbare Jadearbeiten ausgestellt.

Das dynamischste der Kunstmuseen San Franciscos ist das **SF Museum of Modern Art** mit Bildern und Skulpturen aus dem 20. Jahrhundert. Derzeit wird es umfassend renoviert. Die Wiedereröffnung ist für 2016 geplant. Bis dahin werden einige der Exponate in Ausstellungen an verschiedenen Orten der Stadt zu sehen sein. Nähere Informationen finden Sie auf der Webseite des SF Museums of Modern Art (www.sfmoma.org).

Auch das **Yerba Buena Center for the Arts** ist einen Besuch wert. Hier sind Werke zeitgenössischer Künstler in Wechselausstellungen zu bewundern. Dies gilt ebenso für die **John Berggruen Gallery**, in der ältere etablierte und jüngere aufstrebende Künstler präsentiert werden.

Außerhalb der Stadt liegt das Cantor Arts Center der **Stanford University**, das Rodin-Skulpturen zeigt. Auch das **Berkeley Art Museum** und das **Oakland Museum** besitzen kostbare Sammlungen, die einen Besuch lohnen.

M, eine Skulptur von Fletcher Benton auf dem Außengelände des Oakland Museum

Design

In vielen der großen und angesehenen Museen in und um San Francisco gibt es interessante Sammlungen zu den Themen Design und Kunstgewerbe. Eine große Zahl von Architekturmodellen und Bauzeichnungen ist im **SF Museum of Modern Art** zu finden.

Die beste Sammlung amerikanischer Möbel aus der Prä- und Postkolonialzeit bietet das **Oakland Museum**.

Im **Octagon House**, einem ausgefallenen Beispiel viktorianischer Baukunst *(siehe S. 76f)*, findet sich eine kleine Möbelsammlung.

Die **California Historical Society** *(siehe S. 115)* gibt Ihnen einen guten Überblick über Möbel und Inneneinrichtung. Sie besitzt zudem eine der größten Sammlungen ganz Kaliforniens an Drucken und Fotografien aus dem 19. Jahrhundert.

Fotografie und Drucke

Mehrere Museen der Stadt präsentieren hervorragende Fotosammlungen. Das **SF Museum of Modern Art** zeigt Sehenswertes von den ersten Daguerrotypien bis hin klassischen Bildern moderner Fotokünstler wie Helen Levitt, Robert Frank und Richard Avedon.

Im **Oakland Museum** gibt es in Wechselausstellungen Werke von Fotografen der Bay Area zu sehen, etwa von Imogen Cunningham oder Ansel Adams. Ausgestellt ist auch eine große Sammlung dokumentarischer Fotos, etwa von Dorothea Lange. Ganz ausgezeichnet sind die Bestände von **Fraenkel** und **SF Camerawork**. Wer sich für Drucke interessiert, wird bei der gut 100 000 Werke umfassenden Sammlung der Achenbach Foundation of Graphic Arts im **Legion of Honor** fündig.

MUSEEN UND SAMMLUNGEN | 41

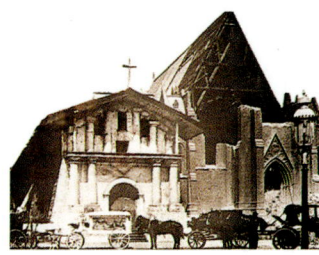

Nach dem Erdbeben (Foto, 1906), Museum der Mission Dolores

Stadt- und Regionalgeschichte

Kein Museum in San Francisco ist ausschließlich der Stadtgeschichte gewidmet, doch es gibt Sammlungen, die verschiedene Aspekte abdecken. Das Museum der **Mission Dolores** informiert über die Stadtgründung. Im **Wells Fargo History Museum** gibt es Exponate zum Goldrausch. Wer sich für die militärische Geschichte interessiert, sollte das Museum des **Presidio Officer's Club** aufsuchen. Die **California Historical Society** ist eine Fundgrube für historisch Interessierte.

Sehenswert sind auch das Museum der **Chinese Historical Society of America** und das African American Historical and Cultural Society Museum von **Fort Mason**, die der Geschichte der vielen Ethnien der Stadt gewidmet sind.

Wissenschaft und Technik

Eines der besten interaktiven Technikmuseen ist das **Exploratorium** – mit Hunderten von Exponaten, die den wissenschaftlichen Hintergrund alltäglicher Ereignisse veranschaulichen. Das Exploratorium ist eines der beliebtesten Museen und für Kinder sehr spannend.

Auch die Lawrence Hall of Science in der **UC Berkeley** weckt Interesse an der Technik. Im Süden der Stadt, in San José, vergrößert sich das **Tech Museum of Innovation** ständig. Dort erfährt man alles über Computer, die ja im nahen Silicon Valley hergestellt werden. Auch hier gibt es Exponate »zum Anfassen«.

Naturgeschichte

Über eine große naturgeschichtliche Sammlung verfügt die **California Academy of Sciences**. Dazu gehören Ausstellungen über die Evolution, die Tektonik (mit einer vibrierenden Plattform, die Erdbeben simuliert), Edelsteine und Mineralien. Hier gibt es auch ein Planetarium und ein »Fischkarussell«, wo Besucher eine Rampe überqueren, die von Becken mit Haien und anderen Meerestieren umgeben ist. Im **Oakland Museum** ist den Ökosystemen Kaliforniens eine ganze Etage gewidmet. Sie sind in realistischen Dioramen rekonstruiert.

Tintenfisch im Oakland Museum

Kunst anderer Kulturen

Die Kunst der Ureinwohner ist im Hearst Museum of Anthropology in der **UC Berkeley** zu bestaunen. Ausstellungen werden mit immer neuen Exponaten aus der museumseigenen Sammlung bestückt.

Das **Contemporary Jewish Museum** widmet sich den Aspekten des Judentums in Ausstellungen und Installationen.

Fort Mason bietet Kunst vieler Kulturen: Werke von amerikanischen und anderen Künstlern sind im Mexican Museum und im San Francisco Craft and Folk Art Museum zu sehen. Italoamerikanische Kunst des 20. Jahrhunderts zeigt das Museo Italo Americano.

Bibliotheken

San Francisco verfügt über mehrere große öffentliche Bibliotheken. Die **Main Library** hat eine Spezialsammlung mit Büchern und Fotografien zur Geschichte der Stadt. Die beiden großen Universitäten der Bay Area, **Berkeley** und **Stanford**, besitzen ebenfalls umfangreiche Bibliotheken sowie historische Sammlungen.

Wandfries (1940–45) von Alfredo R. Martínez, Mexican Museum

Museen und Sammlungen

Asian Art Museum S. 128
   Stadtplan 4 F5.
California Academy of
   Sciences S. 152f **Stadtplan** 4 F5.
California Historical Society S. 115
Chinese Historical Society of
   America S. 102
Contemporary Jewish Museum
   S. 115
de Young Museum S. 149
   Stadtplan 8 F2.
Exploratorium S. 94f
Fort Mason S. 74f
Fraenkel Gallery
   49 Geary St. **Stadtplan** 5 C5.
John Berggruen Gallery
   228 Grant Avenue.
   Stadtplan 5 C4.
Legion of Honor S. 158f
   Stadtplan 4 F5.
Mission Dolores S. 139
Oakland Museum S. 168f
Octagon House S. 75
Presidio Officer's Club S. 62
SF Camerawork
   657 Mission St. **Stadtplan** 6 D5.
San Francisco Museum of Modern
   Art S. 120–123
Stanford University S. 171
Tech Museum of Innovation S. 170
UC Berkeley S. 164
Wells Fargo History Museum S. 112
Yerba Buena Center for the Arts
   S. 116f

Stadtplan *siehe Seiten 290–308*

Multikulturelles San Francisco

Rund die Hälfte von San Franciscos Einwohnern ist im Ausland geboren oder Amerikaner der ersten Generation. Spanische und mexikanische Pioniere legten im 18. und frühen 19. Jahrhundert die Grundlagen für die heutige Stadt. Der Goldrausch *(siehe S. 26f)* zog Glücksritter aus aller Welt an. Wer blieb, gründete neue Gemeinden. Einige, etwa die italienische oder die chinesische, haben ihre Traditionen bewahrt.

Waffenruhe in El Salvador – Thema eines Wandbilds im Mission District

Lateinamerikaner

An jeder Straßenecke stolpert man über das hispanische Erbe der Stadt. Schließlich war das Gebiet um San Francisco lange Zeit Teil des spanisch besetzten Amerika, später Mexikos. Nach der Annexion durch die Amerikaner 1846 *(siehe S. 26f)* wurden die mexikanischen Landbesitzer von Goldsuchern und Siedlern vertrieben. Dennoch blieben viele in der Bay Area. Seither liegt der Anteil der Amerikaner spanischer Abstammung bei etwa zwölf Prozent der Einwohner.

Wenn man im Mission District entlang den *taquerias* (Imbissstuben) und *mercados* (Geschäfte) bummelt, fühlt man sich, als sei man in Mexiko.

Chinesen

Zur Zeit des Goldrauschs flohen Mitte des 19. Jahrhunderts etwa 25 000 Chinesen vor den Konflikten in ihrer Heimat, um in den kalifornischen Minen zu arbeiten. Seither hat sich ein beachtlicher Anteil in San Francisco gehalten. Eine zweite Gruppe von Einwanderern, fast alle aus Kanton, kam um 1860 zum Bau der Eisenbahn. Nur knapp zehn Jahre später waren die Chinesen die größte Gruppe unter den Minderheiten. Ungefähr 40 000 von ihnen lebten in ärmlichen Behausungen in und um Chinatown. Das Verhältnis von Männern zu Frauen betrug 20 zu eins. In den folgenden Jahrzehnten sank die Zahl der Chinesen aufgrund von Einwanderungsbeschränkungen. In den 1960er Jahren lockerte Präsident Kennedy die Bestimmungen. Mao-Gegner, die in Hongkong lebten, erhielten die Erlaubnis zur Einreise. Heute leben ungefähr 100 000 Chinesen in der Stadt – insgesamt liegt der Anteil asiatischstämmiger Einwohner bei 30 Prozent. Chinatown *(siehe S. 98–102)* ist das am dichtesten besiedelte Gebiet der Stadt und Herz der chinesischen Gemeinde. Banken, Schulen und Zeitungen tragen zum Autonomiecharakter bei, der noch so stark ist wie bei den ersten Immigranten.

Iren

Anfang des 19. Jahrhunderts kamen Tausende Iren nach San Francisco. Viele arbeiteten auf den großen Löffelbaggern, mit denen Teile der Bucht aufgefüllt wurden. Andere gingen zu Polizei und Feuerwehr. Gegen Ende des 19. Jahrhunderts hatten einige irische Gewerkschaftsführer großen Einfluss gewonnen. Es gibt keinen abgrenzbaren Stadtteil mit irischstämmiger Bevölkerung, doch im Sunset und Richmond District wimmelt es von irischen Kneipen. Die Parade am St. Patrick's Day *(siehe S. 50)* lockt immer noch sehr viele Besucher an.

Italiener

Die ersten Italiener in San Francisco lebten vom Fischfang. Im blühenden North Beach wohnen die Nachkommen der süditalienischen Fischer, die Anfang des 19. Jahrhunderts hierherkamen. Die ersten Einwanderer dieser Gegend stammten aus Genua, der Geburtsstadt von

Einwohnerin chinesischer Abstammung in San Francisco

MULTIKULTURELLES SAN FRANCISCO | 43

Christoph Kolumbus. Nach ihm wurde die Hauptstraße von North Beach benannt.

Um 1900 waren die Sizilianer zur stärksten Kraft im Viertel geworden. In den 1940er Jahren stellten Italiener die größte Minderheit der Stadt. Allein 60 000 lebten und arbeiteten in und um North Beach. Die Nachkommen der Familien, denen die Fischerboote in Fisherman's Wharf gehört hatten, eröffneten hier Geschäfte. Nach dem Zweiten Weltkrieg florierten ihre Firmen, viele Familien zogen in den 1950er und 1960er Jahren in die Vorstädte. Sie kommen aber immer gern nach »Little Italy« zurück, um die italienischen Cafés und Restaurants zu besuchen.

Schild an einem russischen Geschäft im Richmond District

Süßkartoffeln und Yams an einem afrokaribischen Straßenstand

Afroamerikaner

Schwarze Amerikaner spielten in der Geschichte der Stadt eine wichtige Rolle. Allerdings ist die afroamerikanische Gemeinde relativ jung. Nur knapp 5000 Afroamerikaner lebten in den 1930er Jahren hier. Während des Zweiten Weltkriegs jedoch kamen Tausende, um in den Werften und Fabriken zu arbeiten. Der schwarze Bevölkerungsanteil verzehnfachte sich. Einige übernahmen die Wohnungen der internierten japanischstämmigen Amerikaner, andere zogen in die Werftarbeiter-Unterkünfte in Hunters Point.

Russen

Die ersten Trapper und Pelzhändler aus Russland kamen Anfang des 19. Jahrhunderts in die Bay Area. Russian Hill wurde nach einer Gruppe sibirischer Seeleute benannt, die hier beerdigt worden sein soll. Für kurze Zeit gab es eine russische Kolonie bei Fort Ross *(siehe S. 190f)*, etwa 160 Kilometer nördlich der Stadt. Schon seit 1921 erscheinen für die mittlerweile 25 000 Russen, die im Richmond District rund um die orthodoxe Kathedrale wohnen *(siehe S. 63)*, jede Woche fünf Ausgaben der *Russian Times*.

Japaner

Während des Immobilienbooms der 1980er Jahre waren Japaner intensiv am Bau und Kauf von Bürogebäuden und Hotels beteiligt. Sonst ist von der 15 000 Mitglieder großen japanischen Gemeinde wenig zu bemerken. Nur das Japan Center *(siehe S. 130)* am Geary Boulevard dient als Treffpunkt zum Einkaufen und als Veranstaltungszentrum. In den 1930er Jahren erstreckte sich dieses Gebiet über 40 Häuserblocks. Während des Zweiten Weltkriegs wurden die Japaner in Lagern interniert. Nach dem Krieg kehrten sie in die Bay Area zurück, doch die Gemeinde umfasst mittlerweile nur noch ganze sechs Häuserblocks.

Weitere Kulturen

Es gibt in der Stadt noch andere ethnische Gruppen, doch ihre Wohn- und Lebensbereiche lassen sich nicht klar abgrenzen. Verglichen mit Los Angeles oder New York ist die jüdische Gemeinde in San Francisco sehr klein, obwohl Juden die Geschichte der Stadt beeinflusst haben. In Tenderloin haben sich neben Vietnamesen und Kambodschanern weitere kleine fernöstliche Gruppen niedergelassen. Eine beachtliche Anzahl Koreaner und Thailänder sind über die ganze Stadt verstreut.

Auch Inder und Pakistanis haben sich in der Bay Area angesiedelt. Man trifft sie in Berkeley und im Silicon Valley, dem Herz der Computerindustrie der South Bay.

Ein koban (Stand) der Polizei in Japantown

Schwule in San Francisco

Die Schwulen- und Lesbenszene in San Francisco beeinflusste die Homosexuellen-Bewegung überall in der Welt. Die Stadt war von jeher Anziehungspunkt für Schwule. Erfolge bezüglich ihrer gesellschaftlichen Akzeptanz hatten weltweit Auswirkungen. Die Schwulenbewegung ist heute vielfältiger als je zuvor. Entsprechend ist sie über die ganze Stadt verteilt und nicht mehr nur auf das Castro-Viertel *(siehe S. 138)* beschränkt. Das war nicht immer so – bis zur breiten Akzeptanz von Schwulen in der Bevölkerung war es ein weiter Weg.

Das 1933 eröffnete Black Cat Café in der Montgomery Street

Anfänge: 1849 – 1960

Der Goldrausch brachte ab 1849 jede Menge Abenteurer in die Bay Area. Auch durch die Zuwanderung jener Zeit entwickelte sich ein – im Vergleich zu anderen Städten der USA – ungezwungener Lebensstil, in dem Freizügigkeit eine große Rolle spielte. Mit der Zeit kamen viele Menschen hierher, die den konservativen Wertvorstellungen ihrer Herkunftsorte entfliehen wollten. Anfang des 20. Jahrhunderts trug die Stadt daher auch den Spitznamen »Sodom am Meer«.

Im Zweiten Weltkrieg stieg der Anteil Schwuler an der Bevölkerung San Franciscos rapide an. In der Stadt wurden Truppen zusammengezogen, die von hier aus zu Einsätzen geschickt wurden. Schwule Soldaten verkehrten in entsprechenden Bars. Doch das wurde sanktioniert. Viele riskierten dabei die unehrenhafte Entlassung aus der Armee.

In den 1950er Jahren begann ein neues Zeitalter, das Selbstbewusstsein der Schwulenbewegung stieg. Mehrere »homophile« Organisationen entstanden, die für juristische Gleichbehandlung von homosexuellen und heterosexuellen Menschen eintraten. Zu den bedeutendsten dieser Gruppen gehörte die Mattachine Society, die in den Schwulen eine unterdrückte Minderheit sah. Auch von den Daughters of Bilitis, der ersten politisch aktiven Lesben-Organisation in den USA, gingen wichtige Impulse aus.

Organisation: 1960er und 1970er Jahre

In den 1960er Jahren standen Polizei-Razzien in Treffpunkten der Schwulen auf der Tagesordnung. Die unter Arrest genommenen wurden häufig öffentlich zur Schau gestellt. 1961 kam José Sarria, der im Black Cat Café als Transvestit auftrat, in die Schlagzeilen, als er sich für einen Posten bei der Stadtverwaltung bewarb. Obwohl die Kandidatur scheiterte, ermunterte er Schwule, sich in der Öffentlichkeit zu ihrer Neigung zu bekennen. Mit der Tavern Guild entstand bald die erste schwule Vereinigung auf Geschäftsebene.

Teilnehmer am Council on Religion and the Homosexual (CRH) wurden belästigt, die Intervention der American Civil Liberties Union verschaffte den Schwulen Unterstützung von offizieller Seite.

Zentrale Bedeutung hatten 1969 die Aufstände nach einer Razzia im New Yorker Stonewall Inn. Nun ging es den Schwulen nicht mehr nur um bloße Akzeptanz, die neuen Schlagworte lauteten »Befreiung« und »Stolz«. Die Schwu-

Die schrille Gay Pride Parade hat einen festen Platz im Veranstaltungskalender

1948 Alfred Kinseys Publikation *Sexual Behaviour in the Human Male* wird veröffentlicht	**1955** Bildung der Daughters of Bilitis, der ersten Lesbengruppe in den USA	**1970** Erste Gay Pride Parade (»Gay-In«) **1974** Erstes Straßenfest im Castro-Viertel	**2002** Eröffnung des ersten Schwulenzentrums	**2008** Der California Supreme Court erkennt die Homo-Ehe an, doch ein Volksentscheid hebt dies wieder auf
1930　　**1940**	**1950**　　**1960**	**1970**　　**1980**	**1990**　　**2000**	**2010**　　**2020**
1930s Eröffnung der ersten Schwulenlokale, darunter Black Cat Café und die Lesbenbar Mona's	**1964** Im Artikel *Homosexuality in America* des Magazins *Life* wird San Francisco als »Schwulen-Metropole« bezeichnet	**1981** Erster Fall von Aids **1969** Polizei-Razzia im Stonewall Inn in New York, die folgenden Krawalle sind der Beginn der Schwulenbewegung	**2004** Bürgermeister Newsom erlaubt gleichgeschlechtliche Ehen	**2012** Ein kalifornisches Gericht erklärt Verbot der Home-Ehe für verfassungswidrig

len forderten nicht nur Gleichbehandlung, sondern setzten zunehmend auf die Anerkennung ihrer Veranstaltungen und ihrer geschäftlichen Netzwerke.

Politischen Einfluss gewann die Bewegung mit der Etablierung des Castro-Viertels als Schwulen-Hochburg. 1977 wurde Harvey Milk als erster Schwuler in die Stadtverwaltung gewählt. Doch ein Jahr später wurden er und Bürgermeister George Moscone von Dan White erschossen. Dessen milde Bestrafung führte zu Aufständen, die als »White Night« in die Geschichte der Stadt eingingen.

Im Zeichen von Aids: 1980er Jahre

Nach den mühsam errungenen Erfolgen der vergangenen Jahrzehnte wurde die Schwulenszene von einer Krankheit betroffen, die sich zum Fiasko ausweitete. 1981 wurde erstmals bei einem Patienten Aids diagnostiziert, eine Krankheit, die das Immunsystem zerstört. Vor allem unter homosexuellen Männern breitete sich Aids rasch aus, offiziellen Schätzungen zufolge erkrankte rund die Hälfte aller Schwulen in San Francisco daran.

Doch man setzte sich offensiv mit der Krankheit auseinander. Schnell wurden Aufklärungskampagnen gestartet, in denen die Risikogruppen auch über entsprechende Maßnahmen zur Vorbeugung informiert wurden. San Francisco entwickelte sich zur Hochburg im Kampf gegen Aids. Deshalb entstanden auch die San Francisco AIDS Foundation und das Center for AIDS Prevention Studies hier.

Die San Francisco AIDS Foundation – heute AIDS Emergency Fund (AEF) – entstand 1982

Zu den zentralen Forderungen zählt das Recht auf Homo-Ehe

Entspannung: 1990er Jahre bis heute

Seit den 1990er Jahren verzeichnet die Schwulenbewegung wichtige Erfolge im juristischen Bereich. Gesetze wurden erlassen, die die Rechte Homosexueller stärken. Übergriffe gegen sie werden härter geahndet, immer mehr Schwule und Lesben werden in wichtige politische Ämter gewählt.

Die Auseinandersetzung mit der Immunschwächekrankheit Aids stärkte den Zusammenhalt unter den Homosexuellen in San Francisco. Doch nicht nur angesichts der zahlreichen Opfer, die die Krankheit forderte, definiert sich die schwule Szene neu. Es gibt immer mehr junge Menschen, die in einem toleranteren Klima aufwuchsen, als dies früher der Fall war. Gleichgeschlechtliche Liebe wird schon seit langer Zeit nicht mehr tabuisiert, sondern thematisiert.

Ein Vorreiter in Sachen Gleichbehandlung war Bürgermeister Gavin Newsom, der gleichgeschlechtliche Ehen legalisieren wollte. Etwa 3000 Paare wurden im Februar 2004 in der City Hall getraut. Diese Regelung wurde zwar 2009 durch einen Volksentscheid gekippt, doch 2013 wurde das Verbot der Homo-Ehe in Kalifornien erneut aufgehoben.

Feste und Festivals

AIDS Candlelight Vigil
Mai, meist am 3. So.
AIDS Walk San Francisco
Juli, variabel. 1-415-615-9255.
Castro Street Fair
Oktober, meist am 1. So.
1-415-841-1824.
Folsom Street Fair
September, meist am letzten So.
1-415-777-3247.
Letzte und wichtigste Veranstaltung der Leather Week – nicht nur für Lederfetischisten.
Gay Pride Month
Juni, verschiedene Events, u. a. Dyke March (letzter Sa im Monat).
Gay Pride Parade
Juni, letzter So im Monat.
1-415-864-0831. sfpride.org
Halloween
31. Okt. Party auf Market und Castro Street. **Stadtplan** 10 D2.
Home for the Holidays
24. Dez. Weihnachtskonzert des SF Gay Men's Chorus im Castro Theatre *(siehe S. 138).*
Pink Saturday
Juni, Sa vor dem Pride March (Männer und Frauen). Lesbische Pride Parade mit Party im Castro.
SF International Lesbian and Gay Film Festival
Juni, meist zehn Tage vor dem Gay Pride Day. 1-415-703-8650.
Up Your Alley Fair
Juli, letzter So. 1-415-777-3247.
Straßenfest in SoMa
Stadtplan 11 A2.

Nützliche Nummern

Betty's List (Online-Liste)
1-415-503-1375.
bettyslist.com
GLBT Historical Society
657 Mission St. **Stadtplan** 6 D4.
1-415-777-5455.
HIV Nightline
1-415-434-2437.
James C. Hormel
Gay and Lesbian Center
100 Larkin St. **Stadtplan** 11 A1.
1 415 557 4400.
SF City Clinic
356 7th St. **Stadtplan** 11 B2.
1-415-487-5500.
SF LGBT Community Center
1800 Market St. **Stadtplan** 10 E1.
1-415-865-5555.
Sex Information Hotline
1-415-989-7374.
Suicide Prevention Hotline
1-415-781-0500 oder
1-800-273-2437.

Stadtplan *siehe Seiten 290 – 308*

Highlights: Architektur

Spezielle Highlights der Architektur San Franciscos sind selten. Es ist der Gesamteindruck, der den Charakter der Stadt ausmacht. Bemerkenswert ist die große Bandbreite der Baustile, von rustikalen Häusern im Arts-and-Crafts-Stil bis zu imposanten viktorianischen Villen. Geschäftsgebäude spiegeln die ganze Skala von Beaux Arts bis Postmoderne wider. Diese Karte zeigt interessante Gebäude. Einen Überblick erhalten Sie auf den Seiten 48f.

Octagon House
Achteckige Häuser kamen um 1850 in Mode. Ihre Räume waren sehr hell und galten daher als besonders angenehm.

Haas-Lilienthal House
Das große Anwesen ist ein typisches Haus der oberen Mittelklasse aus den späten 1880er Jahren im Queen-Anne-Stil.

Pacific Heights und Marina

Presidio

Civic Center

Golden Gate Park und Land's End

Haight-Ashbury und Mission

Rathaus
Die City Hall ist wie viele öffentliche Gebäude ein Beispiel des klassischen Beaux-Arts-Stils.

Goslinsky House
Der romantisch-rustikale Arts-and-Crafts-Stil war in San Francisco um 1900 beliebt.

ARCHITEKTUR | **47**

Hotaling Building (1866)
Das Gebäude am Jackson Square war das größte der Häuser aus der Zeit des Goldrauschs, die dem Erdbeben von 1906 standhielten. Früher gab es hier ein Warenhaus und eine Whisky-Brennerei.

Coit Tower (1934)
Die flötenartige Säule auf dem Telegraph Hill ist ein Wahrzeichen der Stadt.

Old St. Mary's Cathedral
Zwischen den Pagoden Chinatowns steht diese gotische Kirche, deren Backsteinmauern noch aus der Zeit des Goldrauschs stammen.

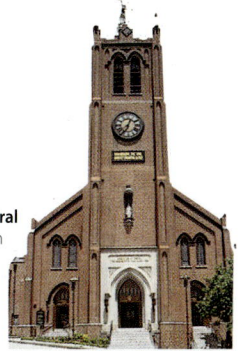

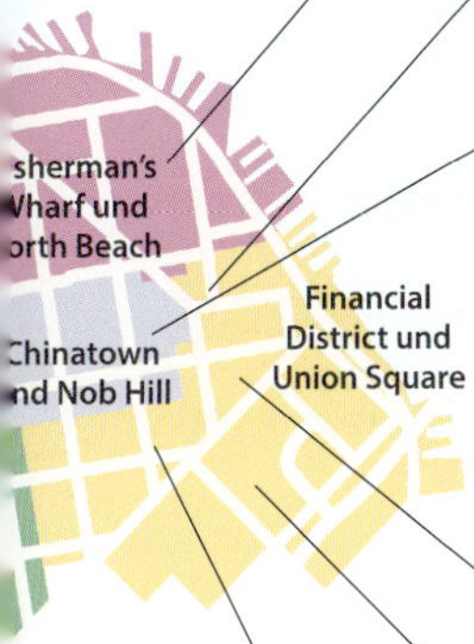

Fisherman's Wharf und North Beach

Chinatown und Nob Hill

Financial District und Union Square

Hallidie Building
Es wurde 1917 von dem überaus produktiven Architekten Willis Polk gebaut und war das erste Gebäude der Welt mit einer Glasfassade. Der kunstvoll gearbeitete Dachsims besteht aus Gusseisen.

Union Square
Bevor Frank Lloyd Wright 1959 das Guggenheim-Museum in New York erbaute, experimentierte er 1948 bei diesem kleinen Geschäft am Union Square bereits mit spiralförmigen Rampen.

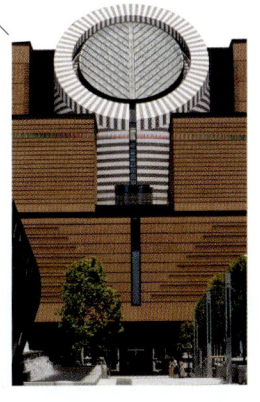

MOMA
Das San Francisco Museum of Modern Art wurde 1995 für 60 Millionen Dollar erbaut.

Überblick: Architektur

Aus der Zeit der Missionsstationen und des Goldrauschs sind nur wenige Gebäude erhalten. Viele viktorianische Häuser wurden durch das Erdbeben und den Brand von 1906 zerstört. Doch die Stadt wurde wiederaufgebaut. Neoklassizistische Gebäude im Beaux-Arts-Stil galten als Zeichen des Aufstiegs. In den 1930er Jahren kündeten Bürotürme im Financial District von der wirtschaftlichen Bedeutung. Fortschritte im Hochbau und steigende Immobilienpreise in den 1960er Jahren lösten den Bau von Wolkenkratzern aus.

Missionsstationen
Zwischen 1776 und 1823 setzten spanische Missionare die Indianer ein, um sieben Missionen und drei *presidios* (Festungen) in der Bay Area zu bauen. Typisch für die Missionsarchitektur sind dicke Ziegelwände, rote Ziegeldächer und Bogengänge, die um Innenhöfe herumführen. Die **Mission Dolores** ist das älteste Gebäude in San Francisco. Die Missionsstation in **Carmel** ist eines der am besten erhaltenen Beispiele dieser Architektur.

Goldrausch
Auf dem Höhepunkt des Goldrauschs wurden provisorische Gebäude errichtet, doch als sich die Bewohner dauerhaft niederließen, bauten sie mit feuerfesten Ziegeln. Die am besten erhaltenen Häuser findet man im **Jackson Square Historical District**. Besonders sehenswert sind das Hotaling Building (1860) mit gusseisernen Stützpfeilern und feuerfesten Fensterläden sowie drei überaus interessante Gebäude (1850–1860) im Block 700 der Montgomery Street.

Viktorianischer Stil
Besonders typisch für die Stadtarchitektur sind die reich verzierten viktorianischen Häuser *(siehe S. 76f.)*. Überall findet sich noch ihr charakteristischer Fachwerkstil, doch nur zwei Beispiele können besichtigt werden: das **Haas-Lilienthal House** und das **Octagon House**.

Ebenfalls sehenswert sind die fotogenen Häuser an der Ostseite des **Alamo Square** und die gut erhaltenen Arbeiterhäuser der **Cottage Row**. **Clarke's Folly**, ein 1892 im Queen-Anne-Stil erbautes »Landhaus«, liegt nun mitten in der Stadt.

Arts-and-Crafts-Stil
Nach der Jahrhundertwende kam ein rustikalerer Stil in Mode, der von Großbritannien beeinflusst war. Architekten verwendeten Rotholz und unbehauene Steine und ließen sich von japanischen Vorbildern inspirieren. Ein ganzer Block mit solchen Häusern umgibt Bernard Maybecks **Goslinsky House** in Pacific Heights. Seine **Church of Christ, Scientist** jenseits der Bucht in Berkeley ist ein besonders schönes Exemplar.

Mark Hopkins' viktorianische Villa auf dem Nob Hill wurde 1906 durch den Brand zerstört, der auf das Erdbeben folgte

Sakralbauten
Die architektonische Vielfalt der Stadt ist an den Kirchen sichtbar. Die erste weiße Missionskirche war noch sehr schlicht. Bei den späteren Kirchen findet sich eine Fülle an Stilen von gotischen Mischformen bis zum Barock. Viele berühmte Kirchen wurden in der eklektizistischen viktorianischen Ära des späten 19. Jahrhunderts erbaut. Ihre Stile spiegeln die Traditionen der Länder wider, aus denen die Gemeindemitglieder kamen.

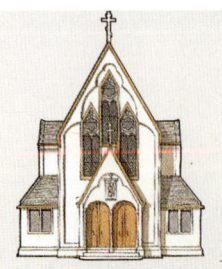

St. Stephen's Episcopal Church (Deutsche Renaissance)

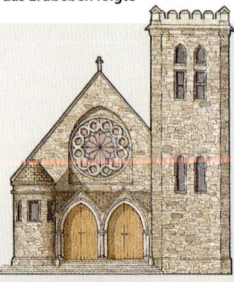

First Unitarian Church (Neogotik)

ARCHITEKTUR | 49

Beaux-Arts-Stil, Palace of Fine Arts

Beaux Arts

Nach dem Erdbeben von 1906 errichteten San Franciscos Architekten große Gebäude im neoklassizistischen Stil der Pariser École des Beaux-Arts. Mit üppigen Kolonnaden, Skulpturen und Ziergiebeln wollte die Stadt dem Rest der Welt zeigen, dass sie der Zerstörung entkommen war. Bernard Maybecks **Palace of Fine Arts** ist wohl das perfekteste Beispiel für den Beaux-Arts-Stil. Er wurde 1915 als Zentrum der Panama-Pazifik-Ausstellung gebaut und als Beitrag der Stadt zur Kunst der Architektur begrüßt.

Weitere beeindruckende Gebäude an der Civic Center Plaza sind: die **City Hall** (Arthur Brown, 1915), die alte **Main Library**, jetzt das **Asian Art Museum** (George Kelham, 1915), das **War Memorial Opera House**, das **Veterans Building** (beide von Arthur Brown, 1932) sowie das älteste Gebäude im Civic Center, das **Bill Graham Civic Auditorium** (John Galen Howard, 1915).

Geschäftsgebäude

Architektonisch bedeutend sind zwei Bürobauten von Willis Polk: das **Hallidie Building** (1917), das erste Gebäude der Welt mit Glasfassade, und die **Merchant's Exchange** (1906).

Als Art-déco-Gebäude mit einer Lobby aus rotem Marmor und Aluminium präsentiert sich Timothy Pfluegers **450 Sutter Street** (1929).

Das **Union Square Frank Lloyd Wright Building** (Xanadu Gallery) wurde 1949 von Wright erbaut. Der Innenraum windet sich zu einem Zwischengeschoss hoch. Die Fassade wird von einem tunnelartigen Eingang unterbrochen.

Auch die **Transamerica Pyramid** (265 m; William Pereira, 1972) ist ein gutes Beispiel für Büroarchitektur.

Reich verzierte Art-déco-Lobby, 450 Sutter Street

Moderne Architektur

Zu den interessantesten Projekten moderner Architektur gehören zweifellos das **Yerba Buena Center for the Arts** (entworfen von Fumihiko Maki, 1993) und das **SF Museum of Modern Art** (Mario Botta, 1994). Das vielfach ausgezeichnete **SFJAZZ Center** (Mark Cavagnero Associates, 2013) überzeugt vor allem durch seine transparente Struktur.

Die originelle Fassade des San Francisco Museum of Modern Art

Architektur

450 Sutter St. **Stadtplan** 5 B4.
Alamo Square *S. 131*
Asian Art Museum *S. 128*
Bill Graham Civic Auditorium *S. 128*
Carmel Mission *S. 189*
Center for the Arts *S. 116f*
Church of Christ, Scientist
   2619 Dwight Way, Berkeley.
City Hall *S. 129*
Clarke's Folly *S. 141*
Contemporary Jewish Museum
   S. 115
Cottage Row *S. 130*
First Unitarian Church
   1187 Franklin St. **Stadtplan** 4 F4.
Goslinsky House
   3233 Pacific Ave. **Stadtplan** 3 C3.
Haas-Lilienthal House *S. 72*
Hallidie Building
   130–150 Sutter St. **Stadtplan** 5 C4.
Jackson Sq Historical District *S. 112*
Merchant's Exchange *S. 114*
Mission Dolores *S. 139*
Notre-Dame des Victoires, 564–566
   Bush Street. **Stadtplan** 5 C4.
Octagon House *S. 75*
Palace of Fine Arts *S. 62*
St. Boniface Church, 133 Golden
   Gate Ave. **Stadtplan** 11 A1.
St. Paulus Lutheran Church
   999 Eddy St. **Stadtplan** 4 F5.
St. Stephen's Episcopal Church
   858–864 Fulton St. **Stadtplan** 4 E5.
SFJAZZ Center
   201 Franklin St. **Stadtplan** 4 F5
SF Museum of Modern Art
   S. 120–123
Transamerica Pyramid *S. 113*
Union Sq FL Wright Bldg *S. 47*
Veterans Building *S. 129*
War Memorial Opera House *S. 129*

St. Paulus (Gotik)   **St. Boniface (Romanik)**   **Notre-Dame des Victoires (byzantinisch-romanisch)**

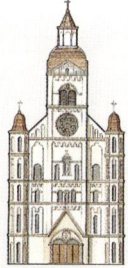

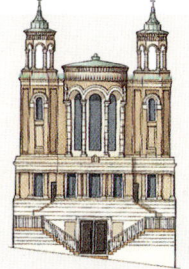

Stadtplan *siehe Seiten 290–308*

Das Jahr in San Francisco

San Francisco erwacht im Frühjahr aus dem Winterschlaf. Die ersten grünen Blätter zeigen sich an den Bäumen, und die letzten Grauwale machen sich entlang der Küste auf den Weg nach Norden. Im Mai und Juni ist es oft warm, in der Bay kann man schon Windsurfer sehen. Im August breiten sich Morgennebel vom Meer her über die Stadt aus, doch im September kehrt das Sommerwetter zurück. Gegen Jahresende werden die Nächte kühl und klar, am Mount Diablo fällt gelegentlich Schnee. Auf den folgenden Seiten finden Sie die wichtigsten Ereignisse des Jahres in San Francisco.

Frühling

Der Frühling ist die richtige Jahreszeit, um Parkspaziergänge zu machen oder die vom nächtlichen Regen gewaschenen Straßen im Zentrum zu durchstreifen. Im April blühen die ersten Blumen in den Parks, nördlich und südlich der Golden Gate Bridge wachsen Wildblumen. Im Mai beteiligen sich Tausende am Bay to Breakers Run.

März
St. Patrick's Day Parade *(So um den 17. März)*: Umzug auf der Market Street mit Gelagen in den Bars.
California Music Awards *(Anfang – Mitte März)*: Ortsansässige Musiker werden von ihren Fans mit speziellen Preisen, »Bammies«, geehrt.

Ostern
Easter-Sunrise-Gottesdienst. Tausende Gläubige versammeln sich in der Morgendämmerung vor dem großen Kreuz auf dem Mount Davidson, dem höchsten Hügel der Stadt.

April
Cherry Blossom Festival *(Mitte – Ende Apr)*: Das Kirschblütenfest lockt Tänzer, Trommler, Künstler und Handwerker aus der ganzen Bay Area an. Es findet im Japan Center *(siehe S. 130)* statt und ist mit farbenfrohen Darbietungen und einem Festumzug verbunden.
San Francisco International Film Festival *(Ende Apr – Anfang Mai)*: zwei Wochen im Kabuki *(siehe S. 250)* und anderen Kinos. Es werden in- und ausländische Filme und zahlreiche amerikanische Erstaufführungen gezeigt.
Wildflower Walks. Freiwillige bieten sich als Führer durch die Naturgebiete von San Francisco an. Führungen werden vom Visitor Center der Marin Headlands *(siehe S. 176f)* vermittelt.
Eröffnung der Baseballsaison *(Ende Apr – Anfang Mai)*: Die Sportfans können ab jetzt wieder ihre Baseballstars im AT&T Park oder O.co Coliseum bestaunen.

Schillernde Karnevalskostüme im Mission District in San Francisco *(Mai)*

Mai
Bay to Breakers Run *(Ende Mai)*: teils ernsthaftes, teils verrücktes Rennen in Kostümen, über 12,5 Kilometer vom Ferry Building zum Ocean Beach *(siehe S. 155)*.
Cinco de Mayo *(Anfang Mai)*: populäres mexikanisches Volksfest mit Karneval im Civic Center und Veranstaltungen im Mission District.
Carnaval SF *(letztes Wochenende)*: lateinamerikanisch-karibisches Fest mit Salsa und Reggae im Mission District.

Farbenfrohe traditionelle Trachten beim japanischen Kirschblütenfest *(Apr)*

Beim Bay to Breakers Run *(Mai)*

DAS JAHR IN SAN FRANCISCO: FRÜHLING UND SOMMER | 51

Durchschnittliche monatliche Sonnentage

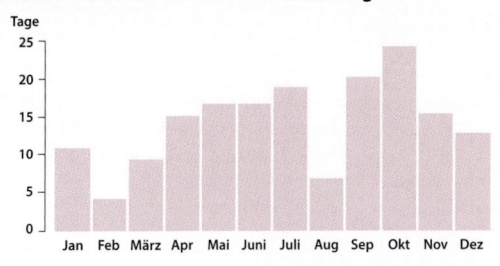

Sonnenschein
Die sonnigsten Monate in San Francisco sind September und Oktober. Im Hochsommer ist es fast überall in der Bay Area wärmer und sonniger als in der Stadt. Im Napa Valley *(siehe S. 192–195)* und in den anderen Tälern ist es im Sommer brütend heiß und trocken.

Sommer
Mark Twain soll gesagt haben, dass der kälteste Winter, den er je erlebt habe, der Sommer in San Francisco gewesen sei. Im Juni und Juli wimmelt die Stadt von Besuchern, die sich oft darüber beschweren, dass die Kälte ihren ansonsten schönen Aufenthalt beeinträchtigt.

Golden Gate Bridge im Nebel

Nebel in der Stadt
Im Sommer ist Nebel am Nachmittag und Abend nicht ungewöhnlich. Er bildet sich weit draußen über dem Meer und zieht dann durch das Golden Gate. Teile der Stadt werden in kalte, feuchte Wolken gehüllt. Häufig ist der Nebel so dicht, dass die Temperatur innerhalb von wenigen Stunden um 10 °C sinken kann.

Juni
North Beach Festival *(Mitte Juni)*: Kunstgewerbe, Bands und Essensstände im italienischen Viertel in der Grant Avenue, Green Street und auf dem Washington Square.
Juneteenth *(Ende Juni)*: afroamerikanisches Kulturfest mit Jazz und Blues am Lake Merritt in Oakland *(siehe S. 166f)*.
Haight Street Fair *(Sa oder So Ende Juni)*: Straßenfest in der Haight Street mit Essensständen und Musikgruppen.
Lesbian and Gay Pride Day *(So Ende Juni)*: die größte Festivität San Franciscos. Über 300 000 Menschen kommen jährlich zur Parade der Schwulen und Lesben in der Market Street und den entsprechenden Festlichkeiten im Civic Center.

Juli
Feuerwerk zum 4. Juli. Pyrotechnisches Spektakel zur Feier des amerikanischen Unabhängigkeitstags am Ufer der Crissy Field National Recreation Area *(siehe S. 62)* und an der Golden Gate Bridge.

AT & T Park ist die Spielstätte des Baseballteams der Giants

San Francisco Marathon *(Ende Juli)*: Start: Golden Gate Bridge.

August
Baseball *(Apr – Sep)*: Die San Francisco Giants (AT & T Park) und die Oakland Athletics (O.co Coliseum) spielen den ganzen Sommer über *(siehe S. 260)*. Am Spieltag gibt es meist noch genügend Restkarten.
San Francisco Playwright Festival *(letzte Woche im Juli bis 1. Woche im Aug)*: Fort Mason Center *(siehe S. 74f)*. Lesungen, Workshops und Aufführungen neuer Werke. Das Publikum kann in diversen Gesprächsveranstaltungen mit den beteiligten Künstlern über die Aufführungen diskutieren.

Lesben- und Schwulenparade auf dem Weg zum Civic Center *(Juni)*

Durchschnittliche monatliche Temperaturen

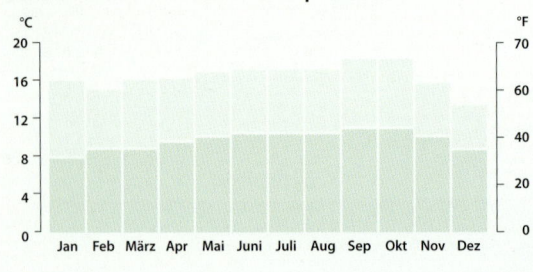

Temperaturen
Die Grafik zeigt die durchschnittliche monatliche Höchst- bzw. Tiefsttemperatur. In San Francisco und der Bay Area ist das Klima das ganze Jahr über mild. Nur selten werden Temperaturen unter 4 °C oder über 21 °C gemessen.

Herbst

San Franciscos Bewohner erobern sich im September ihre Stadt wieder von den Besuchern zurück. Viele Festivals und Kulturveranstaltungen finden in Parks und Straßen statt. Gleichzeitig beginnt die Football-, Opern- und Konzertsaison.

September

49ers und Raiders Football *(Saisonbeginn im Sep)*: verschiedene Arenen. Die Saison dauert bis Dezember/Januar, falls eines der Teams in die Play-offs kommt *(siehe S. 260)*.
San Francisco Opera Opening Night. Die glamouröse Galaveranstaltung eröffnet die Opernsaison der Stadt von September bis Dezember. Der traditionelle Ball findet im War Memorial Opera House *(siehe S. 252)* statt.
Fringe Festival *(Anfang – Mitte Sep)*: Theaterfestival mit Vorstellungen alternativer bis ausgefallener Stücke.
Valley of the Moon Vintage Festival *(Ende Sep)*: Sonoma. Ältestes Weinfest Kaliforniens auf der Sonoma Plaza.
Monterey Jazz Festival *(Ende Sep)*: Diverse Veranstaltungen mit Jazzgrößen *(siehe S. 254)*.
Folsom Street Fair *(letzter So)*: Wohltätigkeitsveranstaltung der Schwulen- und Lesbenszene, zwischen 11th und 17th Street. Es gibt u.a. Musik, Theater und Tanz. Alle Erlöse gehen an entsprechende Einrichtungen und Hilfsorganisationen.

Oktober

Castro Street Fair *(1. So)*: Straßenfest. Eine der größten und ältesten Veranstaltungen der Stadt *(siehe S. 138)*.
Fleet Week *(Anfang Okt)*: Fest der US-Marine. Die Flotte nimmt Aufstellung an der Golden Gate Bridge. Ausstellungen, Ansprachen und Musik.
SF Litquake *(Anfang Okt)*: Einwöchiges Literaturfestival mit Lesungen berühmter Schriftsteller der Bay Area und Diskursen.
Columbus Day Parade *(So um den 12. Okt)*: Festzug auf der Columbus Avenue von North Beach nach Fisherman's Wharf.
Shakespeare in the Park *(Wochenenden nach dem Labor Day)*: Gratis-Aufführungen im Golden Gate Park. Auf der Liberty Meadow wird ein Open-Air-Theater errichtet.
Halloween *(31. Okt)*: In dieser Herbstnacht feiern Tausende von Menschen ausgelassen in Kostümen und treffen sich auf der Market und der Castro Street zum Zechen (was mittlerweile nicht mehr verboten ist).

Footballspieler der 49ers

Columbus Day Parade (Okt)

November

Día de los Muertos *(Tag der Toten, 2. Nov)*: Mexikanisches Totengedenken mit nächtlichem Umzug durch den Mission District. Kostüme, Tanz und Essen.
The Big Game *(3. Sa)*: Großes universitäres Football-Ereignis. Die California Bears spielen im Memorial Stadium gegen die Stanford Cardinals *(siehe S. 260)*.
International Auto Show *(Ende Nov)*: im Moscone Center *(siehe S. 116f)*.

Mexikanischer Tag der Toten (2. Nov)

Durchschnittliche monatliche Niederschläge

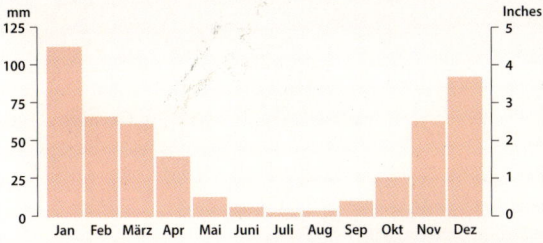

Niederschläge

In San Francisco gibt es jährlich bis zu 1200 Millimeter Niederschlag. Am häufigsten regnet es von November bis März, manchmal auch tagelang ohne Unterbrechung. Oft gibt es regelrechte Wolkenbrüche. Relativ trocken ist es von Mai bis September.

Winter

Am Tag nach dem Erntedankfest beginnt die Weihnachtszeit. Der Baum am Union Square wird beleuchtet, und in den Schaufenstern von Gump's *(siehe S. 118)* sitzen niedliche Haustiere. Die Grauwale machen sich auf den Weg von Alaska nach Mexiko.

Dezember

Christmas Displays. Weihnachtsschaufenster am Union Square *(siehe S. 118)*.
Der Nussknacker *(3. Wochenende)*: Aufführung des San Francisco Ballet im War Memorial Opera House *(siehe S. 252)*.
Sing-It-Yourself Messiah *(Anfang Dez)*: Unter der Leitung verschiedener Dirigenten singt das Publikum selbst.
Sing for your Life *(30. und 31. Dez)*: 24-Stunden-Singen, Grace Cathedral *(siehe S. 105)*.

Der Drache als Glückssymbol: chinesisches Neujahr in Chinatown (Feb)

Januar

Neujahrsschwimmen im Aquatic Park *(siehe S. 174f)*.
Russian Orthodox Christmas *(7. und 8. Jan)*: Gottesdienst in der Holy Virgin Cathedral *(siehe S. 63)*.
Grauwalwanderung *(Jan – Apr)*: Walbeobachtung an der Küste *(siehe S. 260)*.

Februar

Black History Month. Veranstaltungen der Afroamerikaner in der ganzen Stadt.
Chinese New Year Parade *(Anfang Feb)*: Festumzug mit einem bunten Drachen durch den Financial District und durch Chinatown *(siehe S. 96 – 102 und 108 – 123)*.

Feiertage

New Year's Day *(1. Jan)*
Martin Luther King Day *(3. Mo im Jan)*
Presidents Day *(3. Mo im Feb)*
Memorial Day *(letzter Mo im Mai)*
Independence Day *(4. Juli)*
Labor Day *(1. Mo im Sep)*
Columbus Day *(2. Mo im Okt)*
Election Day *(1. Di im Nov)*
Veterans Day *(11. Nov)*
Thanksgiving Day *(4. Do im Nov)*
Christmas Day *(25. Dez)*

Weihnachtsbaum und Dekoration bei Neiman Marcus

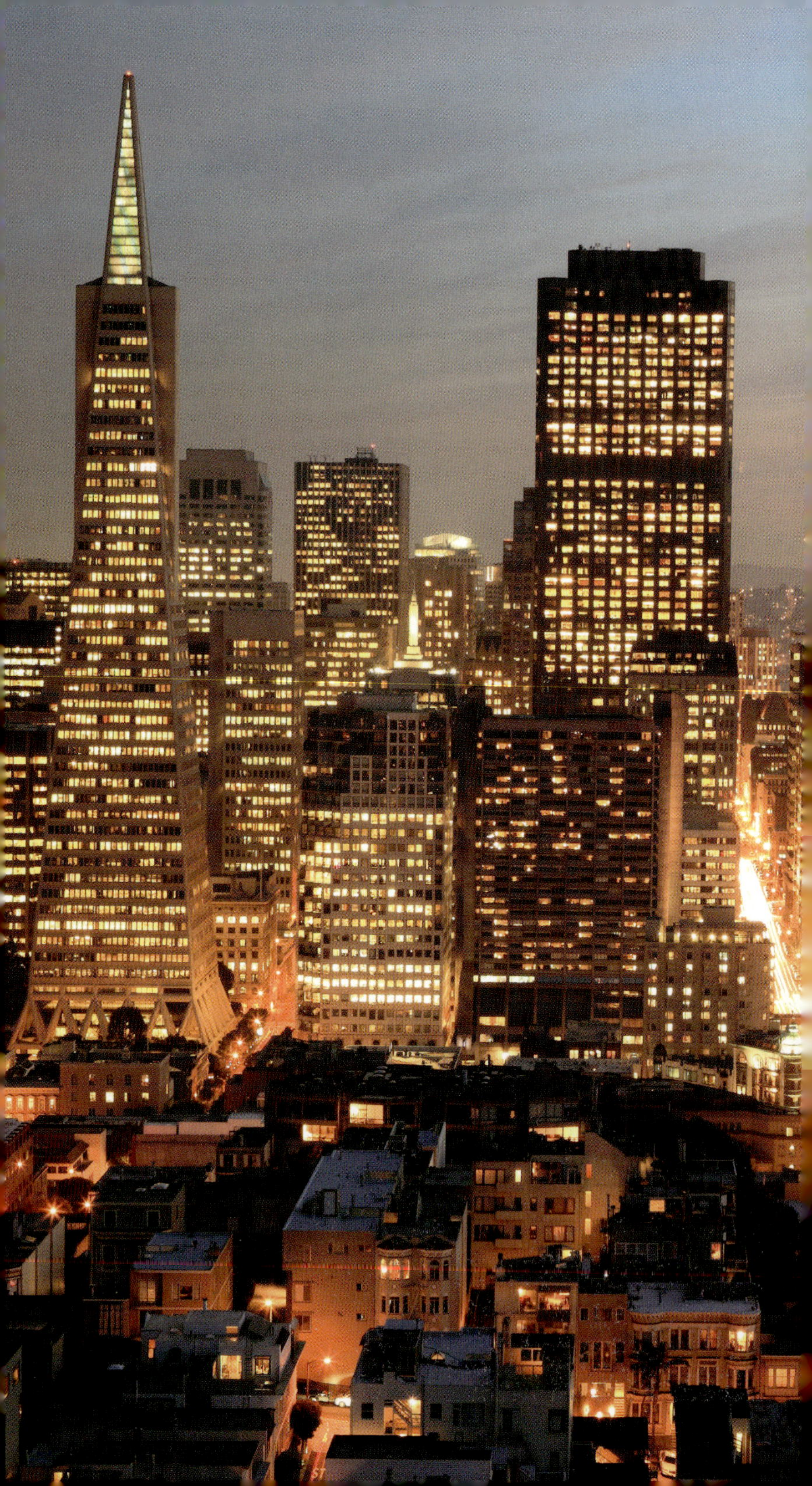

DIE STADTTEILE SAN FRANCISCOS

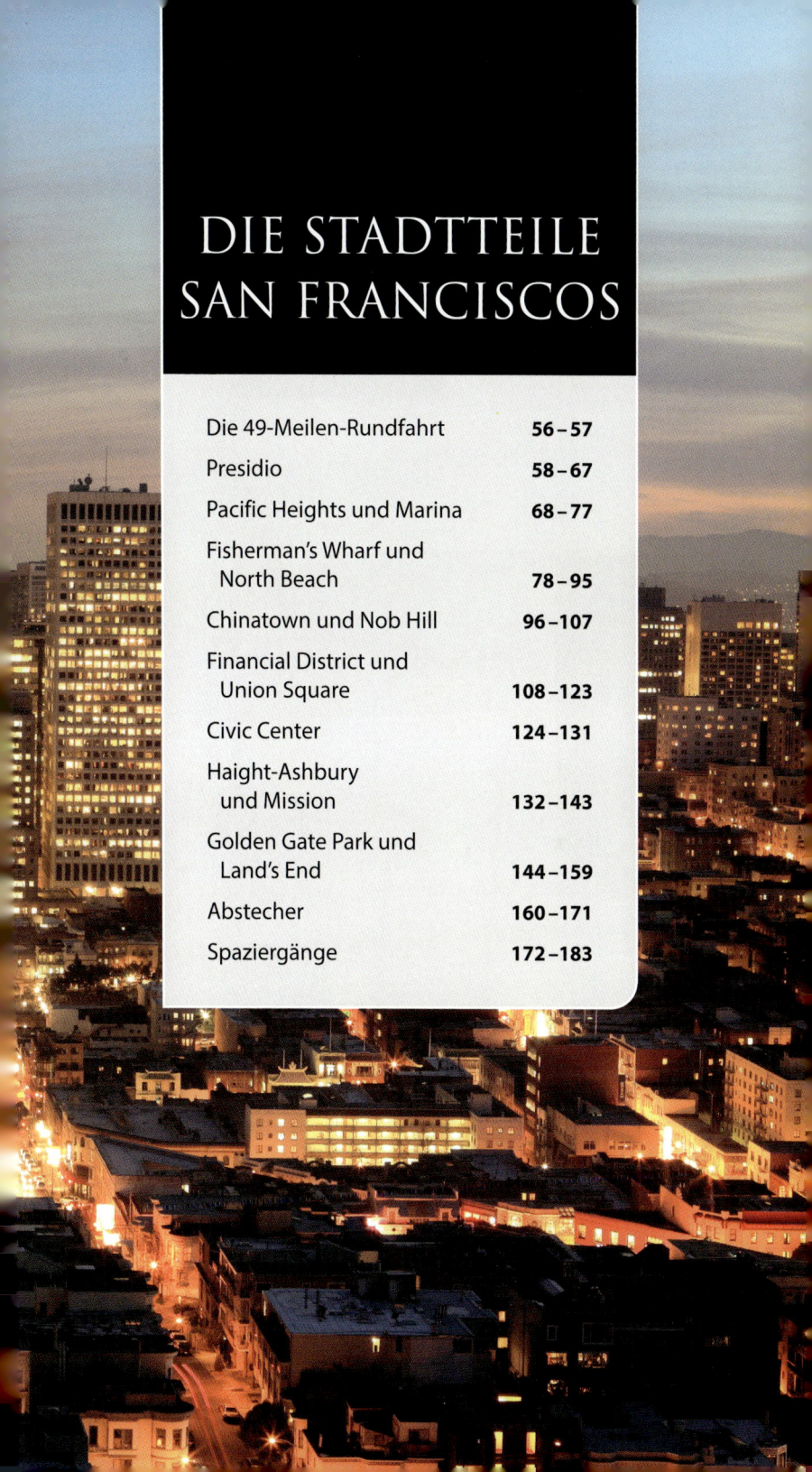

Die 49-Meilen-Rundfahrt	56–57
Presidio	58–67
Pacific Heights und Marina	68–77
Fisherman's Wharf und North Beach	78–95
Chinatown und Nob Hill	96–107
Financial District und Union Square	108–123
Civic Center	124–131
Haight-Ashbury und Mission	132–143
Golden Gate Park und Land's End	144–159
Abstecher	160–171
Spaziergänge	172–183

Die 49-Meilen-Rundfahrt

Die schöne Rundstrecke hat eine Länge von 49 Meilen (79 km) – daher der Name. Sie verbindet faszinierende Viertel und die wichtigsten Sehenswürdigkeiten miteinander. Leidenschaftlichen Autofahrern vermittelt sie einen guten Eindruck von der Stadt. Die Strecke ist ausgeschildert – orientieren Sie sich an den Hinweisschildern mit der Seemöwe. Einige Schilder werden von Pflanzen oder Gebäuden verdeckt. Für diese Rundfahrt sollten Sie einen Tag einplanen.

㉘ **Marina Green**
Von hier hat man einen schönen Blick auf die Golden Gate Bridge – ideal zum Fotografieren.

㉙ **The Palace of Fine Arts** befindet sich nahe dem Eingang zum bewaldeten Presidio.

⑨ **Stow Lake**
Auf der Insel des malerischen Sees gibt es einen chinesischen Pavillon und einen Wasserfall. Man kann Boote mieten.

⑧ **San Francisco Zoo and Gardens** gehören zu den besten Tierparks der USA – mit der Hearst Grizzly Gulch und dem Primatenforschungszentrum.

⑬ **Twin Peaks**
Von beiden Hügeln hat man einen fantastischen Blick auf die Stadt und die Bucht.

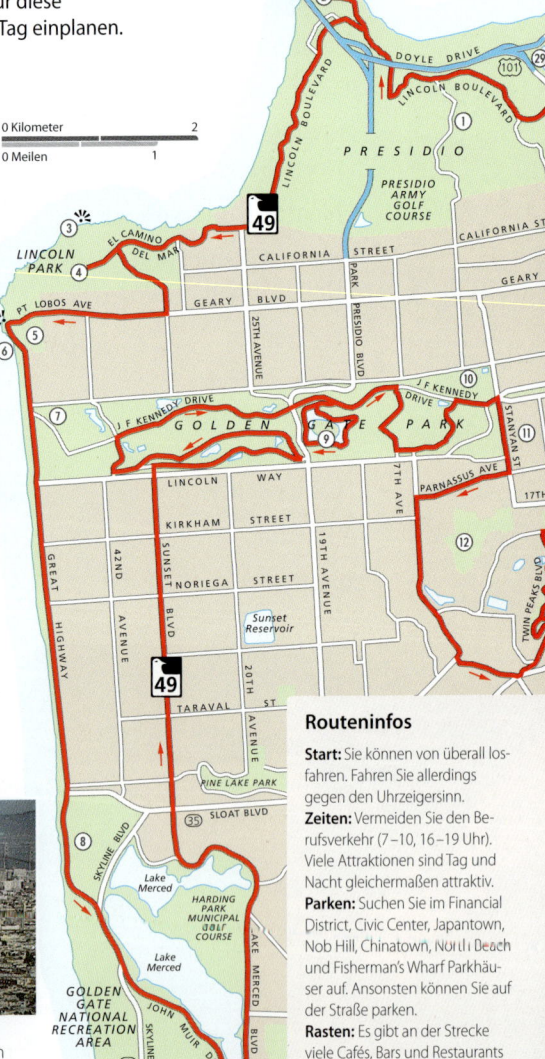

◀ Die Skyline von San Francisco bei Nacht

Routeninfos

Start: Sie können von überall losfahren. Fahren Sie allerdings gegen den Uhrzeigersinn.
Zeiten: Vermeiden Sie den Berufsverkehr (7–10, 16–19 Uhr). Viele Attraktionen sind Tag und Nacht gleichermaßen attraktiv.
Parken: Suchen Sie im Financial District, Civic Center, Japantown, Nob Hill, Chinatown, North Beach und Fisherman's Wharf Parkhäuser auf. Ansonsten können Sie auf der Straße parken.
Rasten: Es gibt an der Strecke viele Cafés, Bars und Restaurants *(siehe S. 216–231)*.

DIE 49-MEILEN-RUNDFAHRT | **57**

⑱ **Civic Center** ist das Behörden- und Verwaltungszentrum der Stadt. Mittelpunkt ist ein rechteckiger Platz, der von Beaux-Arts-Gebäuden umgeben ist.

㉖ **Maritime National Historical Parks' Visitor Center** besitzt eine schöne Sammlung von Schiffsmodellen, Fotografien und Andenken. Am nahen Hyde Street Pier liegen Museumsschiffe.

㉕ **Coit Tower**
Der Turm auf dem Telegraph Hill über North Beach bietet eine Aussichtsplattform und großartige Wandmalereien.

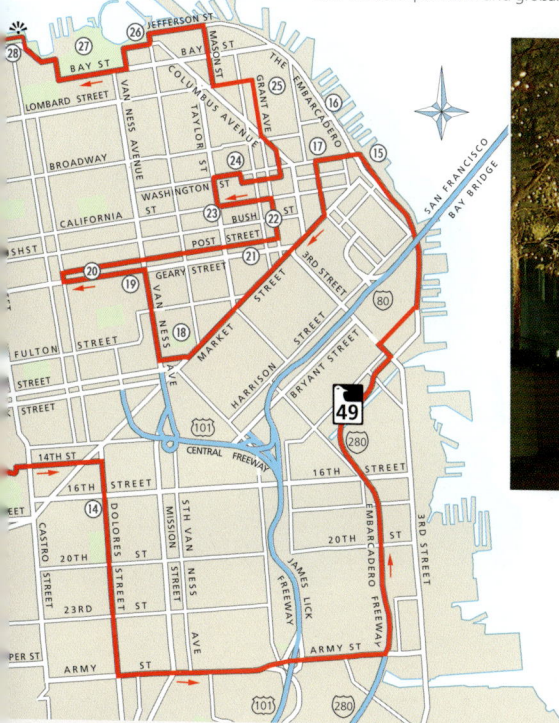

⑮ **Ferry Building**
Das Gebäude mit dem markanten, 70 Meter hohen Turm überstand das Erdbeben von 1906.

Legende
- 49-Meilen-Rundfahrt
- Aussichtspunkt

Grant Avenue in San Franciscos Chinatown *(siehe S. 101)*

Sehenswürdigkeiten

① Presidio *S. 62*
② Fort Point *S. 62*
③ Land's End *S. 159*
④ Legion of Honor *S. 158f*
⑤ Sutro Heights Park *S. 159*
⑥ Cliff House *S. 159*
⑦ Queen Wilhelmina Tulip Garden *S. 155*
⑧ San Francisco Zoo and Gardens *S. 162*
⑨ Stow Lake *S. 154*
⑩ Conservatory of Flowers *S. 154*
⑪ Haight Street *S. 136*
⑫ Sutro Tower *S. 141*
⑬ Twin Peaks *S. 141*
⑭ Mission Dolores *S. 139*
⑮ Ferry Building *S. 114*
⑯ Exploratorium *S. 94f*
⑰ Embarcadero Center *S. 112*
⑱ Civic Center *S. 126f*
⑲ St. Mary's Cathedral *S. 130*
⑳ Japan Center *S. 130*
㉑ Union Square *S. 118*
㉒ Chinatown Gateway *S. 100*
㉓ Grace Cathedral *S. 105*
㉔ Cable Car Museum *S. 105*
㉕ Coit Tower *S. 92f*
㉖ Maritime National Historical Parks' Visitor's Center *S. 87*
㉗ Fort Mason *S. 74f*
㉘ Marina Green *S. 75*
㉙ Palace of Fine Arts *S. 62*

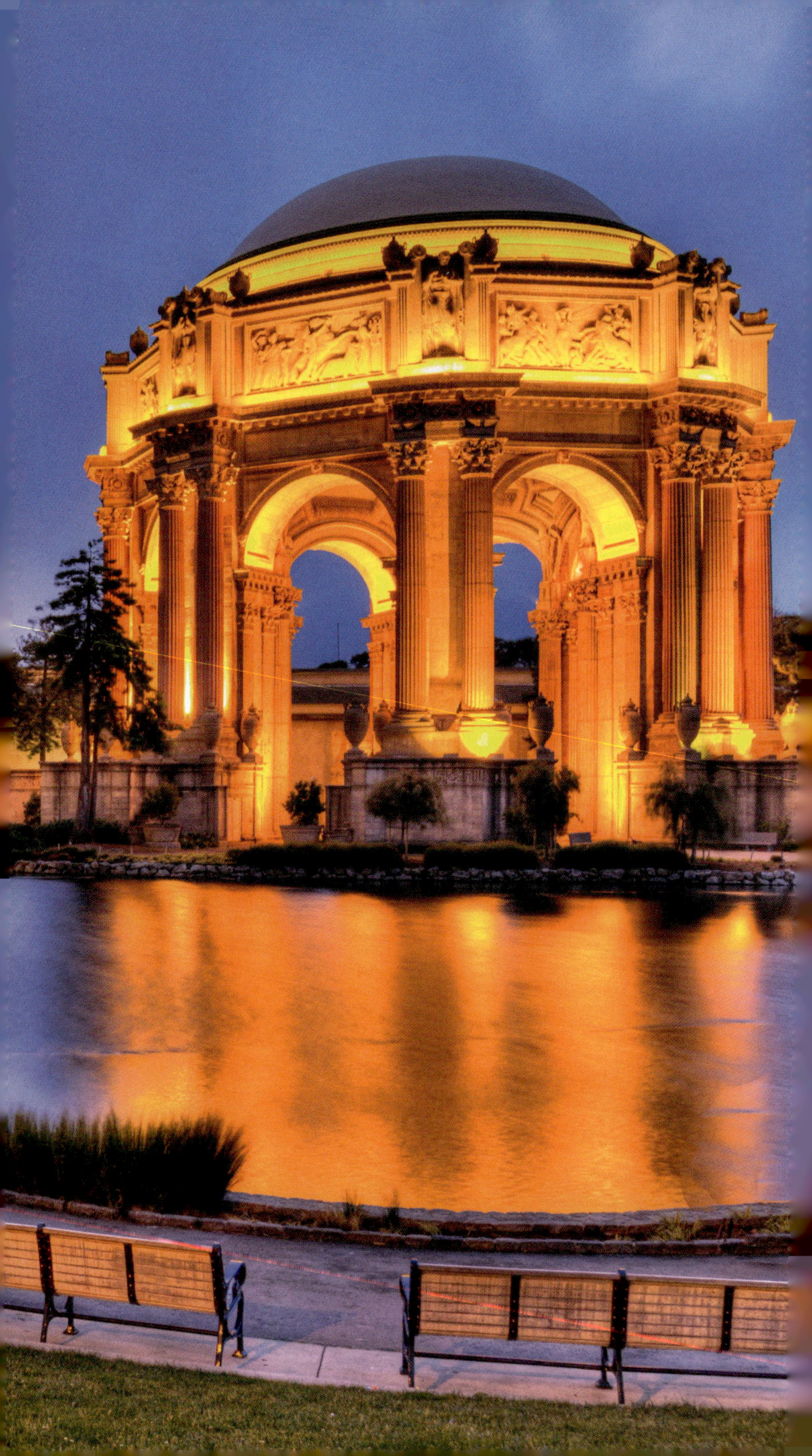

DIE STADTTEILE SAN FRANCISCOS | 59

Presidio

Die attraktive Parkanlage bietet eine grandiose Aussicht auf die San Francisco Bay und die Golden Gate Bridge. Presidio wurde im Jahr 1776 als spanischer Außenposten angelegt und diente lange Zeit als Militärstützpunkt. 1994 ging das Areal in den Besitz des National Park Service über und ist nun ein Ort mit den unterschiedlichsten Attraktionen. Besucher kommen hierher wegen der sehenswerten Museen, der guten Restaurants und der vielfältigen Veranstaltungen – oder einfach, um im Wald spazieren zu gehen und zu picknicken. In diesem Paradies für seltene Vogelarten gedeiht eine reiche Pflanzenwelt. Durch den Park gelangt man zum Baker Beach. Im Osten liegt der Palace of Fine Arts.

Sehenswürdigkeiten auf einen Blick

Historische Straßen und Gebäude
1. Palace of Fine Arts
3. Presidio Officers' Club
5. *Golden Gate Bridge S. 64–67*
8. Clement Street

Museen und Sammlungen
2. The Walt Disney Family Museum
4. Fort Point und Crissy Field

Kirchen und Tempel
7. Holy Virgin Cathedral
9. Temple Emanu-El

Strand
6. Baker Beach

Restaurants
siehe S. 224–227
1. Aziza
2. Burma Superstar
3. Gaspare's Pizza House & Italian Restaurant
4. King of Thai
5. Liverpool Lil's
6. Pizzetta 211
7. The Presidio Social Club
8. The Warming Hut

Stadtplan *1–2, 3*

◀ Der beeindruckende Palace of Fine Arts *(siehe S. 62)*

Zeichenerklärung *siehe hintere Umschlagklappe*

Tour durch Presidio

Die üppige Vegetation des Presidio täuscht über seine militärische Vergangenheit hinweg. Durch seine Lage spielte das Gebiet eine Schlüsselrolle für das Wachstum der Stadt. Es wurde schon frühgeschichtlich besiedelt. Überreste wie Kasernen erinnern an seine Vorgeschichte. Das Netz von Rad- und Wanderwegen umfasst 39 Kilometer. Ein kostenloser Shuttle-Bus hält an 40 Stellen. Von der Nordostecke aus überspannt die Golden Gate Bridge die Bucht.

❹ **Fort Point**
Die massive Festung schützte das Golden Gate im Bürgerkrieg 1861–65. Heute ist sie Nationaldenkmal.

Golden Gate Bridge Visitor Gift Center

Gulf of the Farallones National Marine Sanctuary Visitor Center

❺ ★ **Golden Gate Bridge**
Die Brücke von 1937 hat eine Hauptstützweite von 1280 Meter.

Der Marine Drive führt palmengesäumt am Meer entlang.

Beginn des Küstenwegs

Lobos Creek ist ein schmaler Fluss, der den Presidio mit Trinkwasser versorgt.

❻ **Baker Beach**
Der schönste und beliebteste Strand San Franciscos liegt an der Westecke des Presidio.

Der Tierfriedhof wurde ursprünglich nur für die Wachhunde der Armee benutzt. Seit 1945 werden hier Haustiere begraben.

TOUR DURCH PRESIDIO | 61

Zur Orientierung
Siehe Stadtplan 2, 3

❹ **Crissy Field** wurde 1915 dem Marschland für die Panama-Pazifik-Ausstellung abgetrotzt. 1919–36 wurde es als Flugplatz genutzt. Heute ist es Erholungsgebiet.

Captured Cannon
Die Kanone (19. Jh.) aus dem Spanisch-Amerikanischen Krieg blieb erhalten.

Auf dem San Francisco National Cemetery sind rund 30 000 amerikanische Soldaten bestattet.

Walt Disney Family Museum

Der Öko-Pfad beginnt am Inspiration Point beim Arguello Gate.

Golfplatz

Der Exerzierplatz wurde 1776 angelegt. Um ihn herum stehen Kasernen von 1890 sowie Offiziersquartiere und Unterkünfte aus dem Spanisch-Amerikanischen Krieg.

Mountain Lake wird von einer Quelle gespeist. Die einstige Festung wurde 1776 in der Nähe errichtet.

❶ **Palace of Fine Arts**
Der als römische Ruine angelegte Bau entstand 1915 für die Panama-Pazifik-Ausstellung.

❸ **Presidio Officers' Club**
Der Club entstand auf den Überresten des alten spanischen *presidio* und ist Schauplatz diverser Veranstaltungen.

❶ Palace of Fine Arts

3601 Lyon St, Marina District.
Stadtplan 3 C2. **Karte** H2. 1-415-567-6642. nur für Veranstaltungen.
22, 29, 30 43 45 47 49.

Der Palace of Fine Arts ist der einzige erhaltene Bau aus einer Reihe von Monumentalbauten für die Panama-Pazifik-Ausstellung im Jahr 1915 *(siehe S. 32f)*. Da nicht vorgesehen war, dass das Gebäude nach der Ausstellung stehen bleibt, verfiel es mit der Zeit. Nach einer umfassenden Renovierung dient es heute als Zentrum für Kunstveranstaltungen, darunter Theater, Musik und Tanz.

❷ The Walt Disney Family Museum

104 Montgomery Street. **Stadtplan** 3 A2. **Karte** G3. 1-415-345-6800.
28L, 43. Mi – Mo 10 – 18 Uhr.
1. Jan, Thanksgiving, 25. Dez.
W waltdisney.org

Das 2009 eröffnete Museum dokumentiert Leben und Werk Walt Disneys (1901–1966). Zehn interaktive Abteilungen zeigen Filmausschnitte, Storyboards und Drehbücher, die Disneys einzigartige Karriere beleuchten. Zu sehen ist Hollywoods erster Zeichentrickfilm in Spielfilmlänge und frühe Skizzen zu Mickey Mouse. Daneben finden sich Memorabilien wie private Fotos und Filme.

❸ Presidio Officers' Club

50 Moraga Ave. **Stadtplan** 3 A2. **Karte** G3. 29, 43.

Der Offiziersclub wurde im spanischen Missionsstil *(siehe S. 48)* gebaut. Er befindet sich an der Südwestecke der Plaza de Armas und überblickt den Exerzierplatz bei den Kasernen. Beim Bau in den 1930er Jahren wurden die Adobe-Reste der spanischen Mission (18. Jh.) verwendet. Der Club ist Bühne für Veranstaltungen, u. a. Ausstellungen zur Geschichte Kaliforniens.

Das Crissy Field Warming Hut Bookstore and Café war ein Armeegebäude

❹ Fort Point und Crissy Field

Marine Drive. **Stadtplan** 2 E1. **Karte** E1. 1-415-556-1693.
Do – Di 10 – 17 Uhr (Winter: nur Fr – So). teilweise.

Die Festung wurde 1861 von der US-Armee fertiggestellt. Sie sollte die San Francisco Bay schützen und die Schiffe verteidigen, die mit dem Gold der kalifornischen Minen beladen waren. Fort Point ist unter den vielen Festungen an der Küste die berühmteste. Sie ist ein klassisches Beispiel für die Backsteinbauweise vor dem Bürgerkrieg. Doch sie war schnell veraltet: Die drei Meter dicken Wände hätten modernen Waffen nie standgehalten. 1900 wurde sie aufgelöst.

Backsteingewölbe sind in San Francisco sehr ungewöhnlich, da es Holz im Überfluss gab und deshalb Holzkonstruktionen den Vorrang hatten. Vielleicht hat dieser Umstand die Festung beim Erdbeben von 1906 gerettet *(siehe S. 30f)*.

Beinahe wäre die Festung in den 1930er Jahren dem Bau der Golden Gate Bridge zum Opfer gefallen, doch sie überstand auch dies und ist heute ein beliebter Aussichtspunkt für den Blick auf die Brücke. Die Mitarbeiter des Nationalparks bieten Führungen an.

Crissy Field war früher Marschland. Nach 200 Jahren als Militärgebiet wurde es in einen Erholungs- und Themenpark umgewandelt. Das Crissy Field Center bietet ein attraktives Programm, darunter auch viele Aktivitäten für Kinder.

❺ Golden Gate Bridge

Siehe S. 64 – 67.

❻ Baker Beach

Stadtplan 2 D4. **Karte** D3 – 4.
tägl. Sonnenauf- bis -untergang.

Er ist der größte und beliebteste Strand der Stadt und wird von Sonnenanbetern überschwemmt. Wegen des kalten Wassers und der starken Strömungen ist Baker Beach als Badestrand nicht geeignet, doch man kann hier gut spazieren gehen oder angeln. Auf den Klippen gibt es Kiefern- und Zypressenwälder sowie eine Geschützstellung von 1904: Battery Chamberlin.

Jeweils am ersten Wochenende im Monat führen Parkmitarbeiter die »verschwindende Kanone« vor, die hinter einer dicken Mauer abgesenkt und wieder heraufgeholt werden kann.

Golden Gate Bridge von Baker Beach

❼ Holy Virgin Cathedral

6210 Geary Blvd. **Stadtplan** 8 D1. **Karte** D5. 📞 1-415-221-3255. 🚌 2, 29, 38, 38L. 🕐 tägl. 8, 18 Uhr. 🌐 sfsobor.com

Goldglänzende Zwiebeltürme krönen die russisch-orthodoxe Kathedrale der Heiligen Jungfrau, die der russischen Exilgemeinde gehört. Sie ist ein markanter Orientierungspunkt im Richmond District. Die Anfang der 1960er Jahre gebaute Kirche ist nur während der Gottesdienste geöffnet. Im Gegensatz zu anderen Riten müssen hier die Besucher während der Messe stehen. Es gibt keine Stühle oder Bänke.

Die Kathedrale und die russischen Geschäfte, darunter auch das Restaurant Russian Renaissance, liegen im Zentrum von San Franciscos russischem Viertel *(siehe S. 43)*. Das seit 1820 stetig wachsende Areal hatte vor allem nach der Russischen Revolution von 1917 und nochmals in den späten 1950er und 1980er Jahren großen Zulauf.

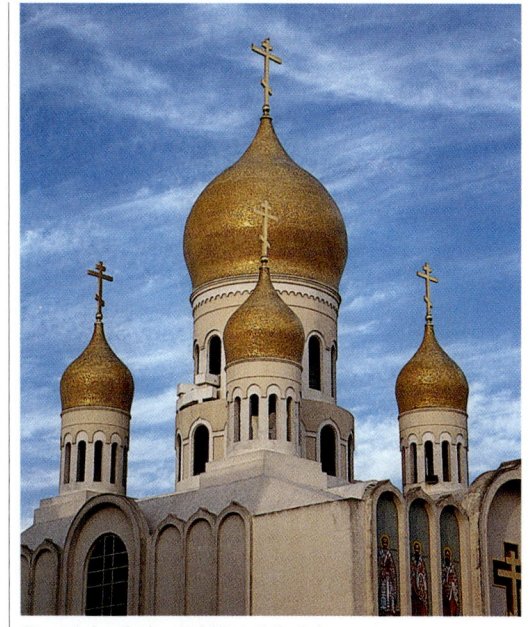

Die russisch-orthodoxe Holy Virgin Cathedral

❽ Clement Street

Stadtplan 1 C5. **Karte** C5. 🚌 2, 29, 44.

Die Clement Street ist die lebhafte Hauptstraße der ansonsten eher gemütlichen Richmond District. Hier gibt es Buchhandlungen und kleine Boutiquen. Beliebte Treffpunkte sind die vielen Kneipen, Fast-Food-Cafés und Spezialitätenrestaurants. Die Kundschaft besteht überwiegend aus Einheimischen. Clement Street ist von New Chinatown umgeben, in dem ein Drittel der chinesischen Bevölkerung San Franciscos wohnt. Deshalb findet man hier auch eine Reihe der besten chinesischen Restaurants der Stadt, wobei meist südostasiatisch gekocht wird. Gleichwohl ist das Viertel für seine abwechslungsreiche Küche bekannt, denn es gibt nicht nur asiatische, sondern auch peruanische, russische und französische Restaurants. Die Clement Street führt vom Arguello Boulevard zu den nordöstlichen Querstraßen, den »Avenues«. Die Straße endet nahe dem Legion of Honor *(siehe S. 158f)*.

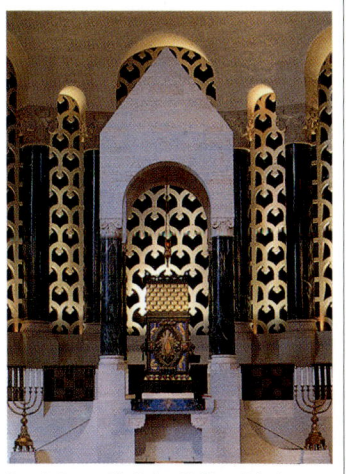

Temple Emanu-El mit dem Heiligen Schrein

❾ Temple Emanu-El

Lake St und Arguello Blvd. **Stadtplan** 3 A4. **Karte** G4. 📞 1-415-751-2535. 🚌 1, 1BX, 2, 33. 🚻 nur nach Anmeldung. ♿ 🌐 emanuelsf.org

Nach dem Ersten Weltkrieg zogen Hunderte Juden aus Russland und anderen Ländern Osteuropas nach Richmond und errichteten hier ihre Gotteshäuser, die immer noch Wahrzeichen der jüdischen Gemeinde San Franciscos sind. Zu ihnen gehört auch die Synagoge Emanu-El, deren Kuppel an Istanbuls Hagia Sophia (6. Jh.) erinnert. Der majestätische Bau wurde im Jahr 1925 für die älteste jüdische Gemeinde der Stadt, die seit 1850 hier lebte, gebaut. Der Architekt Arthur Brown entwarf auch das Rathaus *(siehe S. 129)*. Emanu-El ist eine eigenartige kalifornische Mischung aus Missionsstil *(siehe S. 48)*, byzantinischen Ornamenten, romanischen Arkaden und roter Ziegelkuppel. Der Innenraum des Gebäudes fasst gut 2000 Gläubige und wirkt besonders schön, wenn die Sonne durch die erdfarbenen Bleiglasfenster fällt.

❺ Golden Gate Bridge

Die Brücke ist nach dem natürlichen Eingang zur San Francisco Bay benannt, dem John Fremont 1844 den Namen »Golden Gate« gab: Die Golden Gate Bridge verbindet seit 1937 die Stadt mit Marin County. Das Wahrzeichen mit der atemberaubenden Aussicht hat sechs Fahrbahnen und einen Fußweg. Der Bau ist die neuntgrößte von nur einem Spannbogen getragene Brücke. Bei ihrem Bau war sie die weltweit längste Hängebrücke.

Taucher
Für das Fundament des Südpfeilers sprengten Taucher mit Dynamit sechs Meter tiefe Löcher in den Meeresboden.

Fundamente
Der Bau der Fundamente war eine sehr aufwendige Arbeit. Der Südpfeiler wurde 345 Meter vor der Küste 30 Meter tief ins offene Meer versenkt.

Außerdem

① **Die Länge** der Brücke beträgt 2,7 Kilometer. Die Spannweite des Zentralteils liegt bei 1280 Meter.

② **Die Fahrbahn** liegt 67 Meter über dem in der Mitte 97 Meter tiefen Meer.

Betonmantel
Beim Bau wurde der Südpfeiler mit einem Betonmantel vor den Gezeiten geschützt. Dann wurde Wasser abgepumpt, um ein wasserdichtes »Schließfach« zu schaffen.

GOLDEN GATE BRIDGE | 65

Infobox

Information
Stadtplan 2 E1. **Karte** E1.
📞 1-415-921-5858.
🚌 🚶 ⏰ tägl. Sonnenauf- bis -untergang. ♿ Aussichtsareal.
🌐 goldengate.org

Anfahrt
🚌 2, 28, 76. **Fußgänger/Radfahrer** tägl. östlicher Fußweg. Zeiten variieren.
🅿 **Toll Plaza** nur für Autos in Südrichtung (6 $ Maut pro Auto).

Fahrbahn
Die stahlverstärkte Betonfahrbahn wurde von den Türmen aus zur Mitte hin gebaut, damit der Zug auf die Stahlseile gleichmäßig verteilt war.

Bau der Türme
Die Zwillingsstahltürme sind hohl und ragen 227 Meter in die Höhe.

Nietenfang
Ein Arbeiter erhitzte die Nieten und warf sie einem zweiten zu, der sie im Eimer auffing. Zwei weitere Arbeiter befestigten die Stahlteile mit den heißen Nieten.

Joseph B. Strauss
Der Bauingenieur Joseph B. Strauss aus Chicago gilt offiziell als Planer der Brücke. Er wurde dabei von Charles Ellis unterstützt. Irving F. Morrow war beratender Architekt.

Januar 1933 Beginn der Verankerungen der Pfeiler mitsamt dem Gerüst

November 1933 Die Arbeit am Nordturm beginnt

Januar 1935 Der San-Francisco-Pfeiler ist fertig

Juni 1935 Fertigstellung der Türme

August 1935 Erste Stahlkabel werden gezogen

Juni 1936 Die Stahlseile sind gespannt, Fahrbahnbau beginnt

Mai 1937 Einweihung

1933 — **1934** — **1935** — **1936** — **1937**

Februar 1933 Beginn der Bodenarbeiten

Dezember 1933 Ein Schiff zerstört Teile des Gerüsts

Mai 1934 Der Marin Tower ist vollendet

Richtfest auf dem Marin Tower

Oktober 1935 Erstes Stahlseil über dem Golden Gate

März 1936 Letztes Seil der Hängekonstruktion

April 1937 Fahrbahn ist fertig und letzte Niete gesetzt

Stadtplan *siehe Seiten 290–308* **Karte** *Extrakarte zum Herausnehmen*

Einweihung der Brücke

Die Golden Gate Bridge, deren Bau viele für unmöglich hielten, wurde nicht nur termingerecht fertig, sondern kostete sogar weniger als geplant. Joseph B. Strauss hatte zur Zeit der Großen Depression eine breite finanzielle Unterstützung für sein 35 Millionen Dollar teures Projekt gefunden. Zur Eröffnung erklangen alle Glocken und Sirenen in San Francisco und im Marin County.

Erste Überquerung
Am 28. Mai 1937 um 9.30 Uhr wurde die Brücke eröffnet. Ein Konvoi schwarzer Limousinen überquerte sie.

Menschenmassen am Einweihungstag
Schon am 27. Mai 1937 wurde die Brücke für Fußgänger geöffnet. Ein großes Polizeiaufgebot hielt 18 000 Menschen an den Schranken zurück.

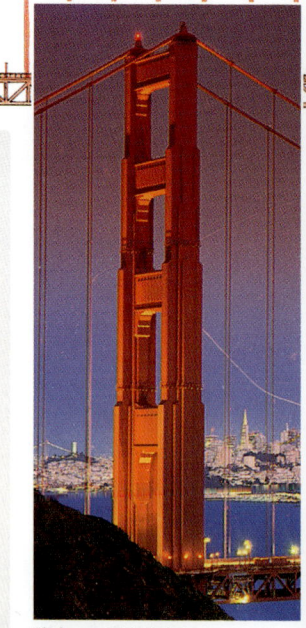

Zahlen und Fakten

- Gut 40 Millionen Fahrzeuge überqueren jährlich die Brücke, pro Tag sind es etwa 112 000.
- Die Originalfarbe hielt, von Ausbesserungen abgesehen, 27 Jahre lang. Von 1965 bis 1995 entfernten Arbeiter die alte Farbe und trugen einen haltbareren Anstrich auf.
- Die zwei großen Seile sind über einen Meter dick und aus 129 000 Kilometern Stahldraht – genug, um die Erde am Äquator dreimal zu umwickeln.
- Der Beton, der in die Pfeiler und Verankerungen der Brücke gegossen wurde, würde ausreichen, um einen 1,5 Meter breiten Bürgersteig von San Francisco nach New York zu bauen (4000 Kilometer).
- Die Brücke wurde so konstruiert, dass sie Windgeschwindigkeiten von 160 Stundenkilometern aushält.
- Jeder Pfeiler muss nicht nur einer Tidenströmung von 97 Stundenkilometern standhalten, sondern auch einen Stahlturm mit 22 000 Tonnen Gewicht stützen.

Arbeiter beim Brückenanstrich

Blick vom Vista Point
Von der Marin-County-Seite aus hat man den besten Blick auf Brücke und Stadt.

GOLDEN GATE BRIDGE: EINWEIHUNG | 67

Goldene Niete
Am 28. April 1937 schlug Joseph B. Strauss im Mittelteil der Brücke eine goldene Niete ein. Präsident Roosevelt leitete die Zeremonie per Telegrafie vom Weißen Haus aus ein.

Brückenzoll
Bis zu 600 Autos pro Stunde passieren in der Rush Hour die Mautstelle.

Golden Gate
Die Beleuchtung der Brücke, die schon der Architekt vorgesehen hatte, wurde 1987 installiert. Die Türme scheinen in der Dunkelheit zu verschwinden, was ihre große Höhe akzentuiert.

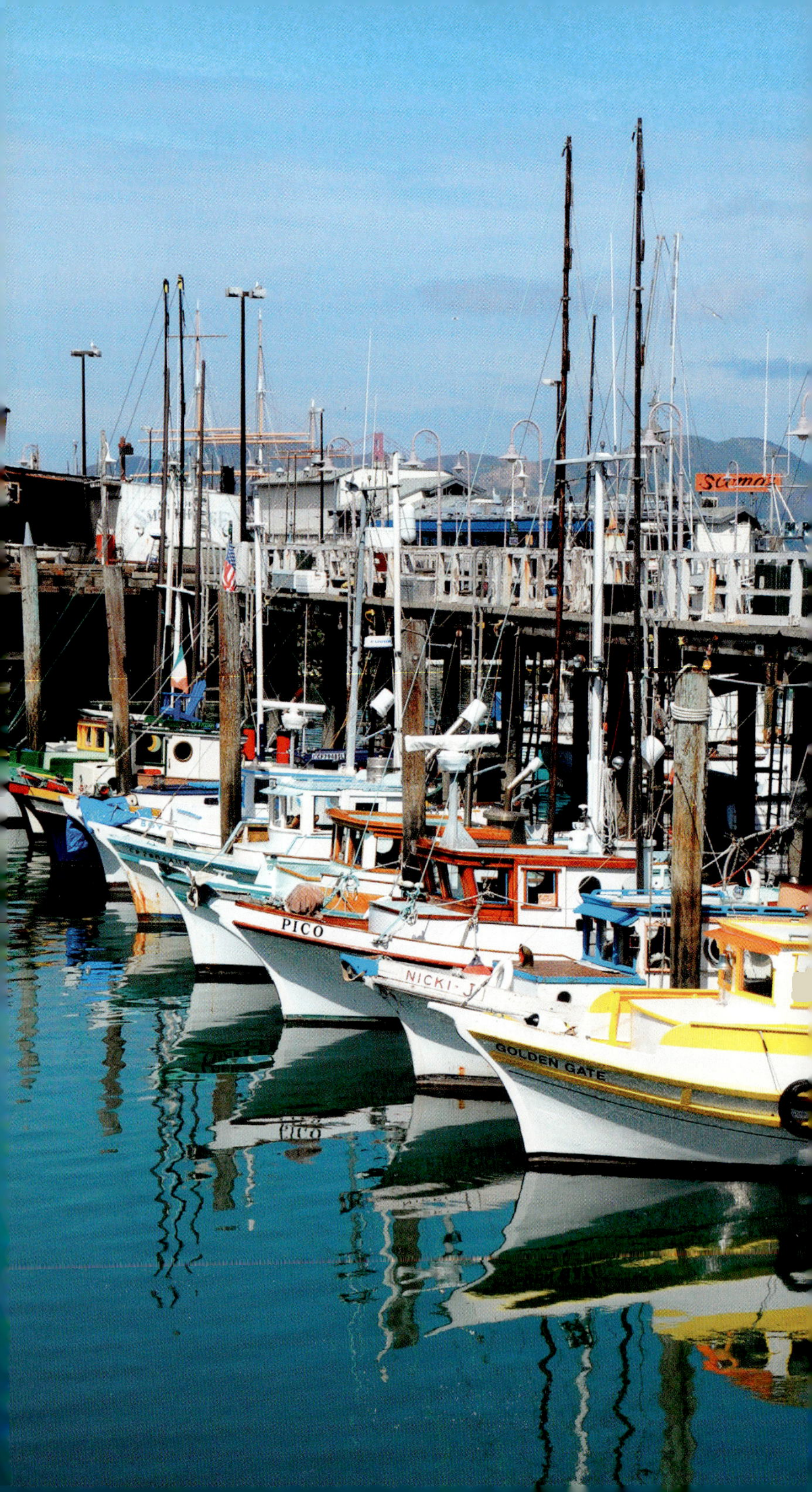
PICO
NICKI-J
GOLDEN GATE

Pacific Heights und Marina

Pacific Heights ist ein wohlhabendes Viertel, das sich rund 100 Meter über die Stadt erhebt. Die Gegend wurde um 1880 erschlossen, nachdem es durch die Cable Cars eine Verbindung zum Zentrum gab. Wegen des fantastischen Ausblicks wurde das Areal zur beliebten Wohngegend. Entlang den Alleen stehen viktorianische Häuser. Die meisten sind in Privatbesitz und für Besucher nicht zugänglich, nur das im Queen-Anne-Stil errichtete Haas-Lilienthal House kann besichtigt werden. Alle Häuser wurden auf dem Marschland gebaut, das für die Panama-Pazifik-Ausstellung trockengelegt wurde *(siehe S. 72)*. Pacific Heights vermittelt das Ambiente eines mondänen Seebads mit eleganten Geschäften, gut besuchten Cafés und zwei angesehenen Yachtclubs.

Sehenswürdigkeiten auf einen Blick

Historische Straßen und Gebäude
1. Haas-Lilienthal House
2. Spreckels Mansion
6. Convent of the Sacred Heart
7. Trinity Episcopal Church
8. Cow Hollow
11. Octagon House
14. Wave Organ
15. Fort Mason

Parks und Gärten
3. Lafayette Park
4. Alta Plaza
13. Marina Green

Kirchen und Tempel
9. Church of St. Mary the Virgin
10. Vedanta Temple

Shopping-Meilen
5. Fillmore Street
12. Chestnut Street

Restaurants *siehe S. 226f*
1. Balboa Café
2. Betelnut
3. Brazen Head
4. Greens
5. La Mediterranee
6. Mel's Drive-In

Stadtplan *3–4*

◀ Bunte Segelboote an einem Dock bei der Marina

Zeichenerklärung *siehe hintere Umschlagklappe*

Im Detail: Pacific Heights

Die Häuser zwischen Alta Plaza und Lafayette Park bilden das Herz von Pacific Heights. Die ruhigen Straßen werden von Apartmenthäusern und Luxusvillen gesäumt. Einige stammen aus dem 19. Jahrhundert, andere wurden nach dem Brand von 1906 gebaut *(siehe S. 30f)*. Im Norden des Viertels fallen die Straßen steil zum Marina District ab. Von hier aus bietet sich eine schöne Aussicht auf die Bucht. Beide Parks sind ideal für Spaziergänge. Danach kann man in einer der Bars, einem Café oder Restaurant in der Fillmore Street relaxen.

Der Blick von der Alta Plaza geht nach Norden die hügelige Pierce Street hinab und umfasst den Marina District – eine Aussicht, die zum Fotografieren verlockt.

Washington Street im Osten der Alta Plaza besitzt einen ganzen Block an viktorianischen Häusern in verschiedenen Stilen.

❹ ★ **Alta Plaza**
In dem um 1850 angelegten Park gibt es Spiel- und Tennisplätze mit Aussicht.

Bus 12

In der Webster Street stehen einige denkmalgeschützte Reihenhäuser. Sie wurden 1878 für die kaufkräftige Mittelschicht errichtet.

0 Meter 100
0 Yards 100

Legende

— Routenempfehlung

PACIFIC HEIGHTS | 71

② ★ Spreckels Mansion
Der beeindruckende Kalksteinbau hatte eine französische Barockvilla zum Vorbild. Seit 1990 wohnt hier die Bestsellerautorin Danielle Steel.

2004 Gough Street ist eines der kunstvolleren viktorianischen Häuser (1889).

Zur Orientierung
Siehe Stadtplan 3 – 4

Busse 47, 76

③ Lafayette Park
Der Park bietet einen schönen Blick auf die umliegenden viktorianischen Häuser.

2151 Sacramento Street
ist eine Villa im französischen Stil. Eine Tafel erinnert an den Besuch des Schriftstellers Sir Arthur Conan Doyle im Jahr 1923.

① Haas-Lilienthal House
Das mit viktorianischem Mobiliar eingerichtete Haus ist Sitz der Architectural Heritage Foundation.

Stadtplan siehe Seiten 290 – 308 **Karte** Extrakarte zum Herausnehmen

72 | PACIFIC HEIGHTS UND MARINA

❶ Haas-Lilienthal House

2007 Franklin St. **Stadtplan** 4 E3.
Karte L3. 1-415-441-3000.
1, 12, 19, 27, 47, 49, 76X, 90.
Mi–Sa 12–15, So 11–16 Uhr.
w sfheritage.org

Das Haus im Queen-Anne-Stil *(siehe S. 77)* wurde 1886 für den Kaufmann William Haas gebaut. Seine Tochter, Alice Lilienthal, lebte hier bis 1972. Per Schenkung kam es zur Foundation for San Francisco's Architectural Heritage. Es ist das einzige Privathaus jener Zeit, das als Museum zugänglich ist. Das Haus mit Holzgiebeln, Rundtürmchen und Verzierungen ist noch mit dem Originalmobiliar bestückt und ein anschauliches Beispiel für ein viktorianisches Wohnhaus des gehobenen Bürgertums.

Eine Fotoausstellung dokumentiert die Baugeschichte und zeigt, dass sich das Haus im Vergleich zu einigen der beim Brand von 1906 *(siehe S. 30f)* zerstörten Gebäude recht bescheiden ausnimmt.

Haas-Lilienthal House von 1886 im Queen-Anne-Stil

❷ Spreckels Mansion

2080 Washington St. **Stadtplan** 4 E3.
Karte L3. 1, 10, 47, 49. ● für Besucher.

Die imposante Beaux-Arts-Villa *(siehe S. 49)* dominiert die Nordseite des Lafayette Park. Das »Parthenon des Westens« genannte Gebäude wurde 1912 für die extravagante Alma de Bretteville Spreckels und ihren Mann Adolph, einen »Zuckerkönig« aus den Zeiten des Goldrauschs *(siehe S. 26f)*, gebaut. Heute ist es in Privatbesitz. Es nimmt einen ganzen Block der Octavia Street ein, die im Stil der kurvenreichen Lombard Street *(siehe S. 88)* gestaltet ist.

Der Architekt George Applegarth entwarf 1916 auch das Legion of Honor *(siehe S. 158f)*, das die Spreckels 1924 der Stadt schenkten.

Das beeindruckende Spreckels Mansion am Lafayette Park

❸ Lafayette Park

Stadtplan 4 E3. **Karte** L4.
1, 10, 12, 47, 49.

Der Lafayette Park mit seinen Kiefern und Eukalyptusbäumen ist einer der schönsten Parks der Stadt. Er täuscht jedoch über die turbulente Vergangenheit hinweg. Wie Alta Plaza und Alamo Square wurde er 1855 als öffentlicher

Panama-Pazifik-Ausstellung (1915)

Mit einer gigantischen Ausstellung *(siehe S. 32f)* feierte die Stadt ihre Wiederauferstehung nach dem Erdbeben von 1906. Ein weiterer offizieller Anlass war die Eröffnung des Panamakanals. Das Ausstellungsgelände sollte das größte der Welt werden. Ein Besucher beschrieb es als »Miniatur-Konstantinopel«. Das Bauland für die Messehallen und Pavillons wurde der Bucht abgetrotzt. Heute gehört das Gelände zum Marina District. Die Ausstellungsgebäude wurden von allen US-Bundesstaaten und 25 Nationen gestiftet und auf einem Gelände von 1,6 Kilometer Länge aufgebaut. Viele der Bauten orientierten sich an architektonischen Meisterwerken wie türkischen Moscheen oder buddhistischen Tempeln in Kyoto. Der Tower of Jewels im Zentrum des Geländes war mit Glasperlen übersät. Zum Palace of Fine Arts *(siehe S. 62)*, dem einzigen heute noch erhaltenen Gebäude, fuhren die Besucher in Gondeln über eine Lagune.

Ferry Buildung zur Zeit der Ausstellung

Blick auf das Gelände der Panama-Pazifik-Ausstellung

PACIFIC HEIGHTS UND MARINA | **73**

städtischer Grund ausgewiesen. Doch einige Bürger, darunter auch ein städtischer Rechtsanwalt, beanspruchten das Areal und bauten hier Häuser. Das größte thronte bis 1936 direkt auf dem Gipfel. Der Hausherr weigerte sich umzuziehen. Nachdem ihm die Stadt ein Ausweichgelände in der Gough Street angeboten hatte, wurde das Haus abgerissen. Steile Stufen führen jetzt zum Aussichtspunkt des Parks. In den umliegenden Straßen stehen wahre Paläste. Schöne Gebäude findet man auf dem Broadway, in der Jackson Street und Pacific Avenue (in Ost-West-Richtung) sowie in der Gough, Octavia und Laguna Street (in Nord-Süd-Richtung).

❹ Alta Plaza

Stadtplan 4 D3. **Karte** K4.
🚌 1, 3, 10, 12, 22, 24.

Alta Plaza ist ein wunderschön angelegter Stadtpark im Zentrum von Pacific Heights. Hier sucht die urbane Elite Erholung. Eine verwinkelte Treppe führt von der Clay Street zur Südseite des Parks hinauf, von wo aus man eine grandiose Aussicht hat. Vielleicht kommt Ihnen die Treppe bekannt vor: Barbra Streisand fuhr in dem Film *Is' was, Doc?* hier hinunter. Im Park gibt es Spiel- und Tennisplätze. Von der Nordseite blickt man auf einige Villen, darunter auf das von Willis Polk 1894 erbaute Gibbs House in der Jackson Street Nr. 2622.

❺ Fillmore Street

Stadtplan 4 D4. **Karte** K4.
🚌 1, 2, 3, 22, 24.

Die Fillmore Street überstand das Erdbeben von 1906 *(siehe S. 30f)* fast unbeschadet und wurde deshalb einige Zeit zum Verwaltungszentrum der Stadt. Behörden wurden in Läden, Wohnungen und Kirchen untergebracht.
  Heute erstreckt sich hier die Shopping-Meile von Pacific Heights – von der Jackson Street bis nach Japantown

Entspannen im Stadtpark Alta Plaza

(siehe S. 130) rund um die Bush Street – mit Buchläden, Restaurants, Cafés und Boutiquen.

❻ Convent of the Sacred Heart

2222 Broadway. **Stadtplan** 4 D3.
Karte K3. 📞 1-415-563-2900. 🚌 3, 10, 22, 24, 41, 45. ⬤ für Besucher. ♿
🌐 sacredsf.org

Die neoklassizistische Villa wurde von den Architekten Bliss und Faville für James Leary Flood, den Sohn des Comstock-Minen-Magnaten, entworfen *(siehe S. 104)* und 1915 fertiggestellt. Mit ihren harmonischen Proportionen und der Marmorfassade (mit Marmor aus Tennessee) ist sie eine der schönsten Villen von Pacific Heights. Seit 1939 beherbergt das Gebäude eine der ältesten Privatschulen Kaliforniens.

❼ Trinity Episcopal Church

1668 Bush St. **Stadtplan** 4 D4. **Karte** L4. 📞 1-415-775-1117. 🚌 1, 2, 3, 10, 10X, 19, 22, 38, 49, 70, 80, 90.
🌐 sftrinity.org

Die imposante Konstruktion lehnt sich an die der Durham Cathedral in Nordengland an, die zweifellos eines der besten Beispiele für normannischen Rundbogenstil ist. 1999 feierte die älteste Episkopalkirche am Pazifik ihren 150. Geburtstag. Ihre Bleiglasfenster stammen von einem Schüler von John LaFarge, dem Malerfürsten der New Yorker Kunstszene im späten 19. Jahrhundert. Der Hochaltar besitzt ein 100 Jahre altes, juwelenbesetztes Kreuz, das der Kirche am Trinitatis-Sonntag von einer Frau aus der Gemeinde geschenkt wurde. Die Kirche ist auch Heimstätte des San Francisco Bach Choir.

❽ Cow Hollow

Stadtplan 4 D2. **Karte** KL3.
🚌 22, 41, 43, 45.

Die Shopping-Meile entlang der Union Street erhielt ihren Namen im 19. Jahrhundert, als hier noch Milchkühe grasten. Dann wurde das Areal Bauland. In den 1950er Jahren wurde die Gegend chic. Die alten Geschäfte wurden von Edelboutiquen, Antiquitätenläden und Galerien abgelöst. Die restaurierten Gebäude (19. Jh.), in denen viele der Läden untergebracht sind, geben dem Viertel einen altmodischen Anstrich, der oft im Kontrast zum Warenangebot steht.

Blick von der Fillmore Street über Cow Hollow

Stadtplan *siehe Seiten 290 – 308* **Karte** *Extrakarte zum Herausnehmen*

❾ Church of St. Mary the Virgin

2325 Union St. **Stadtplan** 4 D3. **Karte** K3. 1-415-921-3665. 22, 41, 45. Mo–Fr 9–17 Uhr. So 8, 9, 11, 17.30 Uhr. während Messen.
w smvsf.org

Am westlichen Ende der belebten Shopping-Meile der Union Street steht diese rustikale, schindelgedeckte Kirche, die an die ländliche Vergangenheit von Cow Hollow *(siehe S. 73)* erinnert.

Eine der Quellen, die das Milchvieh einst mit Wasser versorgten, sprudelt noch heute – versteckt vor Blicken hinter dem originalen Friedhofstor.

Der kleine, schlichte Bau ist ein frühes Beispiel des Arts-and-Crafts-Stils *(siehe S. 48)*, der später bei den bekannteren Kirchen der Bay Area aufkam. Unter dem steil abfallenden Dach sind die Wände mit Schindeln verkleidet. Hierzu wurden Redwoodhölzer auf den Holzrahmen des Gebäudes in einander überlappenden Reihen genagelt. Ein Teil der Kirche wurde in den 1950er Jahren umgebaut. Dabei wurde der einstige Eingang in der Steiner Street auf die gegenüberliegende Seite des Gebäudes verlegt.

❿ Vedanta Temple

2963 Webster St. **Stadtplan** 4 D2. **Karte** K3. 1-415-922-2323. 22, 41, 45. für Besucher außer bei Messen. Fr 7.30 Uhr.
w sfvedanta.org

Eines der ungewöhnlichsten Bauwerke der Bay Area ist dieser Tempel von 1905 – eine Kombination der verschiedensten dekorativen Stile. Das Dach ist von rostroten Zwiebeltürmen gekrönt, wie sie für russisch-orthodoxe Kirchen typisch sind. Es besitzt einen zinnenbewehrten Turm, der an europäische Burgen erinnert, und eine oktogonale hinduistische Tempelkuppel. Hinzu kommen reich verzierte maurische Torbögen, mittelalterliche Brüstungen und Elemente des Queen-Anne-Stils. Der Architekt Joseph A. Leonard arbeitete eng mit dem Geistlichen der hiesigen Vedanta-Gemeinschaft, Swami Trigunatitananda, zusammen.

Vedanta ist die höchste der sechs Schulen des Hinduismus. Das Gebäude soll das Vedanta-Prinzip symbolisieren, das in den verschiedenen Religionen nur unterschiedliche Wege zu ein und demselben Gott sieht. Der Tempel ist ein Kloster, doch schon allein die Außenansicht ist einen Besuch wert.

Üppiges Dekor am Vedanta Temple

⓯ Fort Mason

Stadtplan 4 E1. **Karte** L2. 1-415-345-7500. 22, 28, 30, 43. teilweise. **w** fortmason.org
Siehe **Spaziergänge** *S. 174f.*

Fort Mason spiegelt die Militärgeschichte San Franciscos wider. Die in den 1850er Jahren errichteten privaten Gebäude wurden während des Amerikanischen Bürgerkriegs (1861–65) von der US-Regierung konfisziert. Das Fort diente bis in die 1890er Jahre als Gefechtsstand der Armee und beherbergte 1906 Erdbeben-Flüchtlinge *(siehe S. 30)*. Im Zweiten Weltkrieg war Fort Mason Einschiffungsort für 1,6 Millionen Soldaten.

Seit 1972 wird das Fort nicht mehr militärisch genutzt. Dennoch wohnt noch Armeepersonal in einigen der weiß gestrichenen Häuser. Andere Gebäude sind auch für die Öffentlichkeit zugänglich. Dazu gehören die erhaltenen Kaser-

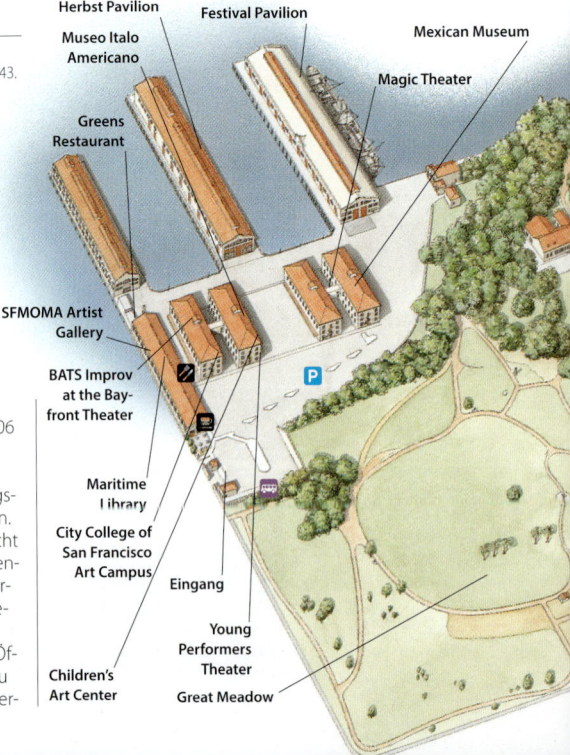

- Herbst Pavilion
- Museo Italo Americano
- Festival Pavilion
- Mexican Museum
- Magic Theater
- Greens Restaurant
- SFMOMA Artist Gallery
- BATS Improv at the Bayfront Theater
- Maritime Library
- City College of San Francisco Art Campus
- Eingang
- Children's Art Center
- Young Performers Theater
- Great Meadow

PACIFIC HEIGHTS UND MARINA | **75**

⓫ Octagon House

2645 Gough St. **Stadtplan** 4 E2. **Karte** L3. 1-415-441-7512. 10, 41, 45, 47, 49, 70, 80, 90, 101. 12–15 Uhr am 2. So und am 2. und 4. Do, außer Jan. **Spende**. teilweise. **w** nscda.com

Das 1861 erbaute Haus ist nach seinem achteckigen Kuppeldach benannt. Es birgt eine Sammlung kunsthandwerklicher Gegenstände und historischer Dokumente ab der Kolonialzeit. Zu sehen sind u. a. Möbel, Gemälde, Revolutions-Spielkarten und 54 der 56 Unterschriften der Unterzeichner der Unabhängigkeitserklärung.

⓬ Chestnut Street

Stadtplan 3 C2. **Karte** JK2. 22, 28, 30, 43.

Die Straße ist das Herz des Marina District mit einer bunten Mischung aus Kinos, Märkten, Cafés und Restaurants. Der Geschäftsbereich konzentriert sich auf den Streifen von der Fillmore Street nach Westen bis zur Divisadero Street. Danach wird die Straße eher zur Wohngegend.

⓭ Marina Green

Stadtplan 4 D1. **Karte** JK2. 22, 28, 30.

Der lange, schmale Grünstreifen führt durch den Marina District und wird gern genutzt, um Drachen steigen zu lassen oder Picknicks zu veranstalten. Besonders beliebt ist der Ort am 4. Juli, denn von hier aus kann man das größte Feuerwerk der Stadt sehr gut sehen (siehe S. 51). Die Uferwege werden von Radfahrern, Joggern und Skatern genutzt. Die Golden Gate Promenade führt vom Westende bis nach Fort Point. Am Ostende der Promenade liegt die Wellenorgel.

⓮ Wave Organ

Stadtplan 4 D1. **Karte** J1. 30.

An der Spitze des Damms, der den Marina District schützt, finden Sie ein sonderbares Musikinstrument, das von den Wissenschaftlern des Exploratoriums (siehe S. 94f) gebaut wurde. Die Wave Organ (Wellenorgel) besteht aus Unterwasserpfeifen, die je nach Gezeiten Töne produzieren. Lauschen kann man dieser »Musik« mittels Hörrohren. Diese sind in ein Mini-Open-Air-Theater integriert, das auch eine schöne Sicht auf Pacific Heights bietet.

Wellenorgel in der Hafenmole

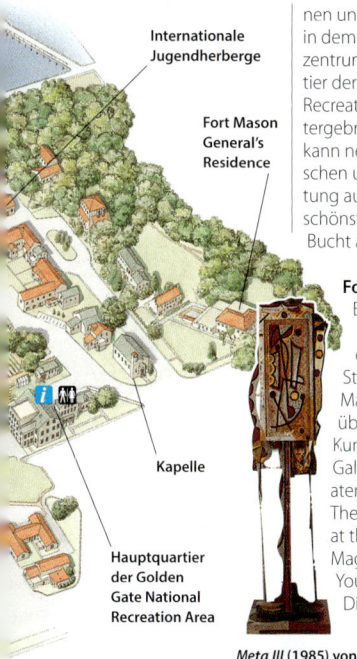

Internationale Jugendherberge

Fort Mason General's Residence

Kapelle

Hauptquartier der Golden Gate National Recreation Area

Meta III (1985) von Italo Scanga, Museo Italo Americano

nen und das alte Krankenhaus, in dem heute das Besucherzentrum und das Hauptquartier der Golden Gate National Recreation Area (GGNRA) untergebracht sind. Fort Mason kann neben seiner historischen und kulturellen Bedeutung auch noch mit einer der schönsten Aussichten auf die Bucht aufwarten.

Fort Mason Center

Ein Teil des Forts wird von einem der führenden Kulturzentren der Stadt belegt. Zum Fort Mason Center gehören über 25 kulturelle und Kunsteinrichtungen mit Galerien, Museen und Theatern, darunter das Cowell Theater, das BATS Improv at the Bayfront Theater, das Magic Theatre und das Young Performers Theatre. Die SFMOMA Artist Gallery verkauft oder verleiht Kunstwerke von nordkalifornischen Künstlern. Italienische und italoamerikanische Künstler stellen im Museo Italo Americano aus. Die Maritime Library besitzt Bücher zur Seefahrtsgeschichte. Das Maritime Museum (wird derzeit renoviert, Infos: 1-415-561-7100) befindet sich in Fisherman's Wharf (siehe S. 87). In dem Komplex kann man auch sehr gut essen, etwa bei Greens, einem der besten vegetarischen Restaurants der Stadt (siehe S. 226).

Im Fort Mason Center finden das ganze Jahr über Veranstaltungen statt.

Die SS Balclutha am Hyde Street Pier beim Maritime Museum

Stadtplan siehe Seiten 290 – 308 **Karte** Extrakarte zum Herausnehmen

Viktorianische Häuser

Trotz Erdbeben, Brand und Modernisierungen – es säumen noch Tausende dekorativer Häuser aus dem späten 19. Jahrhundert die Straßen der Stadt. In vielen Wohngegenden sind sie sogar in der Mehrzahl. Viktorianische Häuser ähneln sich alle aufgrund der Holzrahmen-Bauweise und der in Massenproduktion hergestellten Ornamente. Die meisten wurden nach dem gleichen Grundriss auf kleinen Grundstücken errichtet. Sie unterscheiden sich allerdings durch ihre Fassaden. In San Francisco lassen sich vier Hauptstile unterscheiden, wobei viele Häuser zwei oder mehr Stile kombinieren.

Queen-Anne-Stil: Detail eines Tors am Chateau Tivoli

Neogotik (1850–80)

Diese Häuser sind leicht zu erkennen. Sie haben Spitzbogen über den Fenstern und manchmal auch über den Türen. Charakteristisch sind geneigte Giebeldächer, verzierte Randeinfassungen (mit Spitzbogenmotiven) und Veranden, die über die ganze Hausbreite führen. Die kleineren, einfacheren Häuser dieses Typs sind gewöhnlich weiß, lebhafte Farben sind Kennzeichen späterer Stile.

1111 Oak Street ist eines der ältesten neogotischen Häuser und hat einen ungewöhnlich großen Vorgarten.

Das Spitzdach verläuft oft parallel zur Fassade und ermöglicht so den Einbau von Dachfenstern.

Ein Giebeldach mit verzierten Randeinfassungen ist das deutlichste Kennzeichen der Neogotik.

Neogotisches Portal mit Kreuzverstrebung, 1978 Filbert Street

Auf die großen Veranden führt eine zentrale, breite Treppe.

Die Balustraden der Veranda verraten die Herkunft des Stils aus dem Süden der USA.

Italienisierter Stil (1850–85)

Häuser im italienisierten Stil waren in San Francisco beliebter als sonstwo in den USA, da ihre kompakte Form gut zu der dichten Bebauung der Grundstücke passte. Charakteristisch für diesen Stil ist der hohe Sims, meist mit verzierten Stützbalken, der selbst bescheidenen Häusern das Flair eines Palasts verleiht. Typisch sind auch die Verzierungen an Türen und Fenstern.

1913 Sacramento Street hat eine Fassade im italienisierten Stil und ahmt ein Renaissance-Palais nach. Die Holzverkleidung soll wie Stein wirken.

Ein hoher Sims mit Stützbalken verbirgt die Dachschräge.

Eindrucksvolles Portal im italienisierten Stil

Dekorative Bogen befinden sich über symmetrischen Fenstern.

Neoklassizistische Eingänge, auch mit verzierten Portalen, sind typisch für den italienisierten Stil.

VIKTORIANISCHE HÄUSER | 77

Stick-Stil (1860–90)

Er ist wohl der vorherrschende Stil bei den viktorianischen Häusern. Der bisweilen nach dem Londoner Möbeldesigner Charles Eastlake auch »Stick-Eastlake« genannte Baustil sollte zu einer »ehrlichen« Architektur führen. Die vertikalen Linien werden sowohl durch den Holzrahmen als auch durch die Ornamente betont. Erkerfenster, falsche Giebel und rechte Winkel sind typisch.

1715–1717 Capp Street ist beispielhaft für den Stick-Eastlake-Stil: Die schlichte Fassade wird durch Verzierungen aufgelockert.

2931 Pierce Street: Giebeldach mit Stick-Fenstern

Weiße Zierleisten bilden oft dekorative Schnüre, die die Grundstruktur eines Stick-Hauses betonen.

Dekorative Giebel mit Sonnenmotiven findet man an Fensterrahmen und Portalen.

Hauseingänge werden von einem einzelnen Vorbau geschützt.

Queen-Anne-Stil (1875–1905)

Der Name bezieht sich nicht auf eine konkrete historische Periode, sondern wurde von dem Architekten Richard Shaw geprägt. Queen-Anne-Häuser kombinieren beliebig viele dekorative Stilelemente, sind aber an ihren Türmen und den großflächigen Vertäfelungen zu erkennen. Bei den meisten Häusern sieht man auch Drechslerarbeiten an Balustraden, Veranden und Dachkanten.

Palladianische Fenster im Giebel täuschen ein zusätzliches Stockwerk vor.

818 Steiner Street: Queen-Anne-Giebel mit Zierpaneelen

1015 Steiner Street: Queen-Anne-Türmchen mit Blätterknauf an der Spitze

Runde, quadratische und mehreckige Türme oder Türmchen sind typisch für Häuser im Queen-Anne-Stil.

Ziergiebel mit Zierfenstern haben oft dekorative Paneele.

Rundfenster sind kein Kennzeichen für den Queen-Anne-Stil, doch viele der Häuser haben Anleihen bei anderen Stilen gemacht.

Eine asymmetrische Fassade und eklektizistische Verzierungen wie bei 850 Steiner Street sind typisch für ein Queen-Anne-Haus. Oft wurden sie mit leuchtenden Farben betont.

Viktorianische Häuser

1715–1717 Capp St. **Stadtplan** 10 F4
Chateau Tivoli, 1057 Steiner St. **Stadtplan** 4 D4
1978 Filbert St. **Stadtplan** 4 D2
1111 Oak St. **Stadtplan** 9 C1
2931 Pierce St. **Stadtplan** 4 D3
1913 Sacramento St. **Stadtplan** 4 E3
818 Steiner St. **Stadtplan** 4 D5
850 Steiner St. **Stadtplan** 4 D5
1015 Steiner St. **Stadtplan** 4 D5
2527–2531 Washington St. **Stadtplan** 4 D3
Alamo Square *S. 131*
Clarke's Folly *S. 141*
Haas-Lilienthal House *S. 72*
Liberty Street. **Stadtplan** 10 E3
Masonic Avenue. **Stadtplan** 3 C4
Octagon House *S. 75*
Spreckels Mansion *S. 72*

Stadtplan *siehe Seiten 290–308*

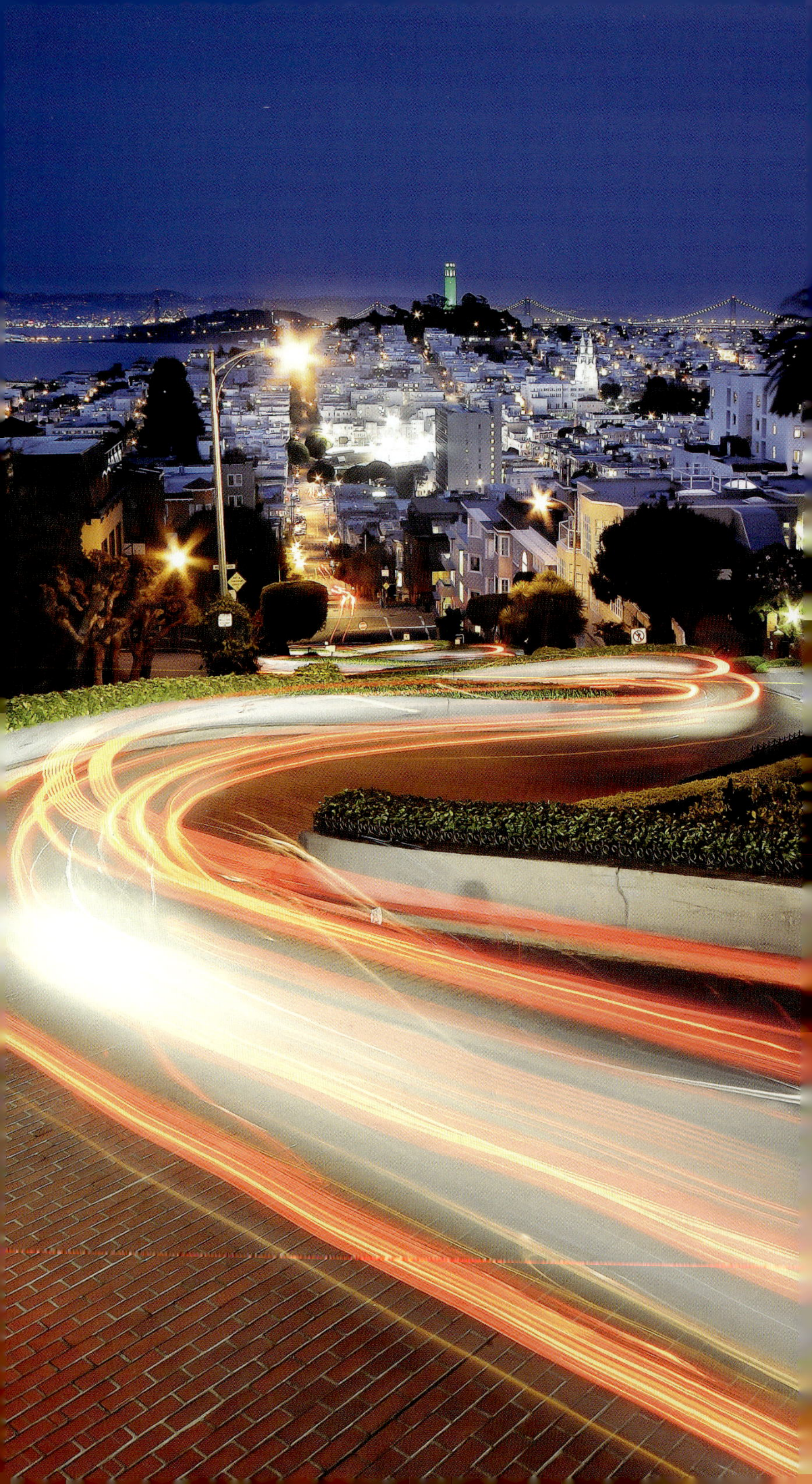

DIE STADTTEILE SAN FRANCISCOS | 79

Fisherman's Wharf und North Beach

Fischer aus Genua und Sizilien ließen sich im 19. Jahrhundert in Fisherman's Wharf nieder und begründeten dort San Franciscos Fischindustrie. Seit den 1950er Jahren lebt das Viertel zunehmend vom Tourismus, obwohl die Fischerboote noch immer frühmorgens den Hafen verlassen. Weiter südlich liegt das lebende North Beach, auch als »Little Italy« bekannt, mit seinen vielen Feinkostläden, Bäckereien, Restaurants und Cafés, von wo aus man das Straßenleben gut beobachten kann. Hier wohnen meist italienisch- und chinesischstämmige Familien sowie Schriftsteller und Bohemiens – u. a. lebte hier auch Jack Kerouac *(siehe S. 34)* und fand Inspirationen für seine Bücher.

Sehenswürdigkeiten auf einen Blick

Historische Straßen und Gebäude
1. *Alcatraz Island S. 82–85*
2. Pier 39
9. Lombard Street
11. Vallejo Street Stairway
18. Filbert Steps
19. Greenwich Steps
20. Upper Montgomery Street

Denkmal
17. Coit Tower

Kirche
15. Saints Peter and Paul Church

Club
12. Club Fugazi

Parks und Gärten
14. Washington Square
16. Bocce Ball Courts
21. Levi's Plaza

Einkaufszentren
6. The Cannery
7. Ghirardelli Square

Museen und Sammlungen
3. USS *Pampanito*
4. Madame Tussaud's
5. Ripley's Believe It Or Not! Museum
8. San Francisco Maritime National Historical Park Visitors' Center
10. San Francisco Art Institute
13. North Beach Beat Museum
22. Exploratorium

Restaurants
Siehe S. 224
1. Buena Vista Café
2. Boudin
3. Caffè Greco
4. Caffe Sport
5. Fog City
6. Franchino
7. Gary Danko
8. The House
9. Scoma's
10. The Stinking Rose

Stadtplan 4, 5–6

◀ Blick auf die Stadt von der Lombard Street *(siehe S. 88)*   Zeichenerklärung *siehe hintere Umschlagklappe*

Im Detail: Fisherman's Wharf

Die italienischen Seafood-Restaurants haben den Fischfang als Haupteinnahmequelle von Fisherman's Wharf abgelöst. Die in San Francisco beliebten Taschenkrebse (Dungeness crabs) werden von November bis Juni in Lokalen und an Straßenständen verkauft. Außer kulinarischen Spezialitäten bietet das Viertel Läden, Museen und einige besondere Attraktionen.

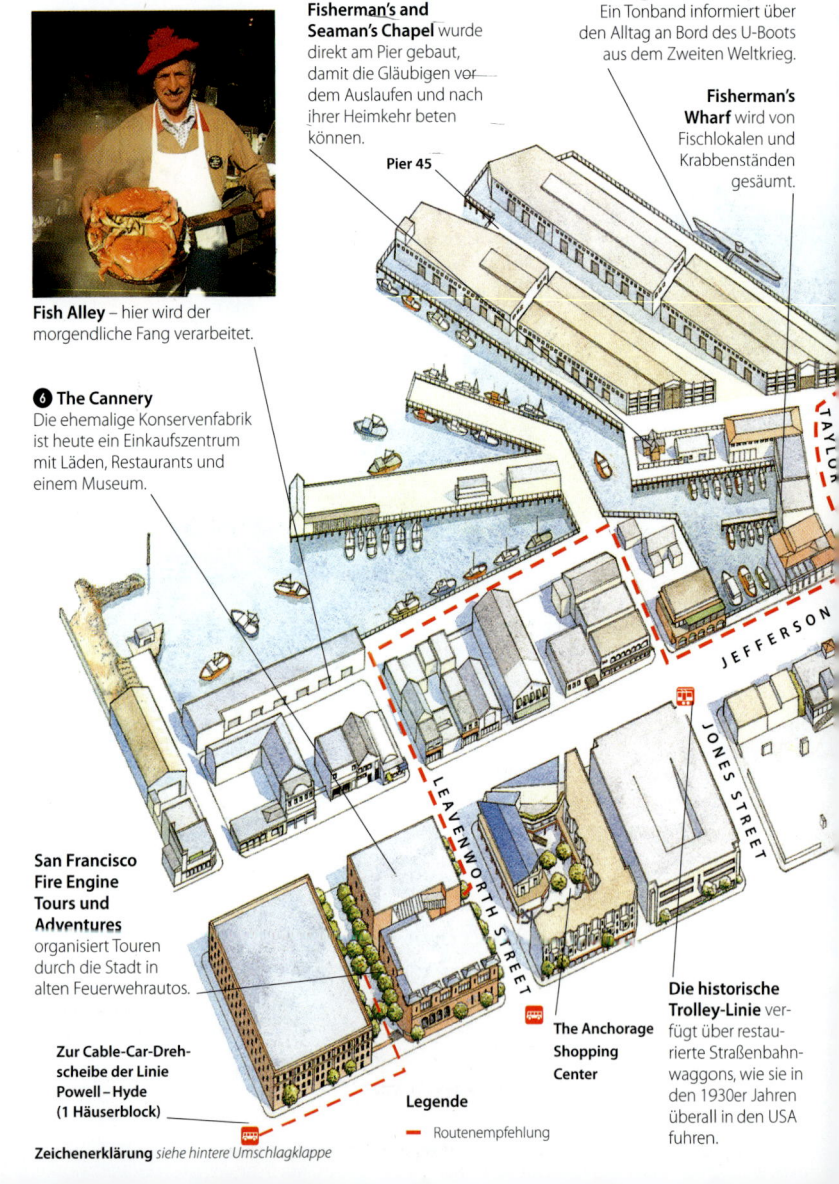

❸ ★ USS *Pampanito* Ein Tonband informiert über den Alltag an Bord des U-Boots aus dem Zweiten Weltkrieg.

Fisherman's and Seaman's Chapel wurde direkt am Pier gebaut, damit die Gläubigen vor dem Auslaufen und nach ihrer Heimkehr beten können.

Fisherman's Wharf wird von Fischlokalen und Krabbenständen gesäumt.

Pier 45

Fish Alley – hier wird der morgendliche Fang verarbeitet.

❻ The Cannery Die ehemalige Konservenfabrik ist heute ein Einkaufszentrum mit Läden, Restaurants und einem Museum.

TAYLOR

JEFFERSON

JONES STREET

LEAVENWORTH STREET

San Francisco Fire Engine Tours und Adventures organisiert Touren durch die Stadt in alten Feuerwehrautos.

Die historische Trolley-Linie verfügt über restaurierte Straßenbahnwaggons, wie sie in den 1930er Jahren überall in den USA fuhren.

The Anchorage Shopping Center

Zur Cable-Car-Drehscheibe der Linie Powell – Hyde (1 Häuserblock)

Legende
— Routenempfehlung

Zeichenerklärung *siehe hintere Umschlagklappe*

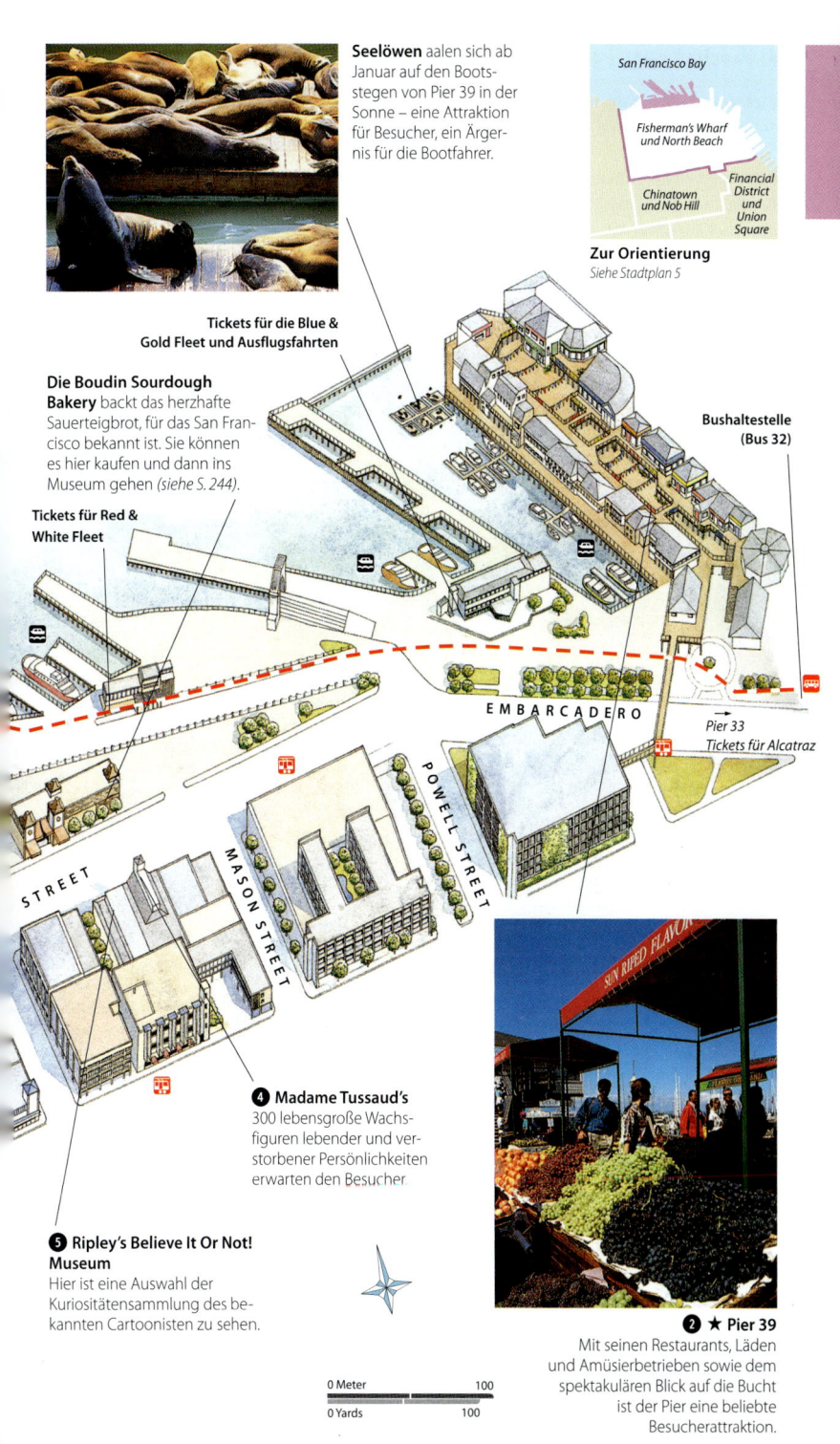

FISHERMAN'S WHARF | **81**

Seelöwen aalen sich ab Januar auf den Bootsstegen von Pier 39 in der Sonne – eine Attraktion für Besucher, ein Ärgernis für die Bootfahrer.

San Francisco Bay

Fisherman's Wharf und North Beach

Chinatown und Nob Hill

Financial District und Union Square

Zur Orientierung
Siehe Stadtplan 5

Tickets für die Blue & Gold Fleet und Ausflugsfahrten

Die Boudin Sourdough Bakery backt das herzhafte Sauerteigbrot, für das San Francisco bekannt ist. Sie können es hier kaufen und dann ins Museum gehen *(siehe S. 244)*.

Bushaltestelle (Bus 32)

Tickets für Red & White Fleet

EMBARCADERO

Pier 33
Tickets für Alcatraz

POWELL STREET

MASON STREET

STREET

❹ **Madame Tussaud's**
300 lebensgroße Wachsfiguren lebender und verstorbener Persönlichkeiten erwarten den Besucher.

❺ **Ripley's Believe It Or Not! Museum**
Hier ist eine Auswahl der Kuriositätensammlung des bekannten Cartoonisten zu sehen.

0 Meter 100
0 Yards 100

❷ ★ **Pier 39**
Mit seinen Restaurants, Läden und Amüsierbetrieben sowie dem spektakulären Blick auf die Bucht ist der Pier eine beliebte Besucherattraktion.

Stadtplan *siehe Seiten 290 – 308* **Karte** *Extrakarte zum Herausnehmen*

❶ Alcatraz Island

Alcatraz ist das spanische Wort für Pelikan und eine Reminiszenz an die ersten Bewohner der felsigen, steil abfallenden Insel, fünf Kilometer östlich vom Golden Gate. 1859 errichtete die US-Armee hier eine Festung, die die San Francisco Bay bis 1907 schützte. Dann wurde die Festung zum Militärgefängnis. Von 1934 bis 1963 diente es als Hochsicherheitsgefängnis. Bis 1969 stand es leer. Dann wurde die Insel von Mitgliedern der Indians of All Tribes (IAT) besetzt *(siehe S. 34)*. Die Gruppe wurde 1971 vertrieben. Heute gehört Alcatraz zum Erholungsgebiet Golden Gate National Recreation Area.

★ Zellentrakt
Der Zellentrakt enthält vier frei stehende Zellenblöcke. Keine Zelle hat eine Außenwand. Der verliesartige Grundriss des »Big House« (Großes Haus) – so nannten die Insassen den Hauptblock – entspricht dem Originalgrundriss der alten Militärfestung.

Leuchtturm
Der 1854 in Betrieb genommene Leuchtturm von Alcatraz war der erste seiner Art an der amerikanischen Pazifikküste. 1909 wurde er durch den noch heute erhaltenen Bau ersetzt.

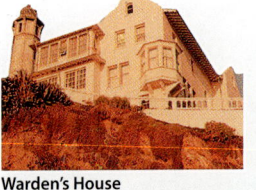

Warden's House
Das Haus erlitt während der Besetzung durch die IAT größere Brandschäden.

Außerdem

① **Agave Trail**

② **Die Wohnungen der Aufseher** befanden sich hier.

③ **Exerzierplatz** (saisonal geöffnet).

④ **Metalldetektoren** kontrollierten die Gefangenen auf dem Weg vom und zum Speisesaal und Gefängnishof. Das im Cell House aufgestellte Gerät ist eine Requisite aus dem Film *Flucht von Alcatraz*.

⑤ **Die Militärleichenhalle** ist nicht öffentlich zugänglich.

⑥ **Wasserturm**

⑦ **Das Offizierscasino** stammt noch aus der Festungszeit von Alcatraz. Während der Gefängnisphase diente es als Erholungsraum.

⑧ **Elektrizitätsversorgung**

⑨ **Der Militärschlafsaal** wurde 1933 für die Aufseher des Militärgefängnisses gebaut.

⑩ **Sally Port** stammt aus dem Jahr 1857. Das Wachhaus verfügt über eine Zugbrücke und einen Trockengraben.

⑪ **Der Ausstellungsbereich** ist in einer alten Kaserne hinter der Anlegestelle untergebracht. Es gibt einen Informationsschalter, eine Buchhandlung, Exponate und eine Multimedia-Show.

⑫ **Kasernen**

ALCATRAZ ISLAND | **83**

Infobox

Information
Stadtplan 6 F1. 1-415-981-7625 (Tickets und Fahrpläne). **Nachttouren** Do – Mo. 1-415-561-4900. tägl. 1. Jan, Thanksg., 25. Dez. teilweise. **Visitor Center** Filme. Kaufen Sie Tickets im Voraus (v.a. im Sommer).
W nps.gov/alcatraz
W alcatrazcruises.com

Anfahrt
von Pier 33.

Alcatraz von der Fähre aus gesehen
»The Rock« war ursprünglich blanker Fels.
Die Erde für die Gärten kam von Angel Island.

★ Gefängnishof
Mahlzeiten und Spaziergänge auf dem Gefängnishof – Schauplatz vieler Spielfilme – waren die Höhepunkte im Tagesablauf der Gefangenen.

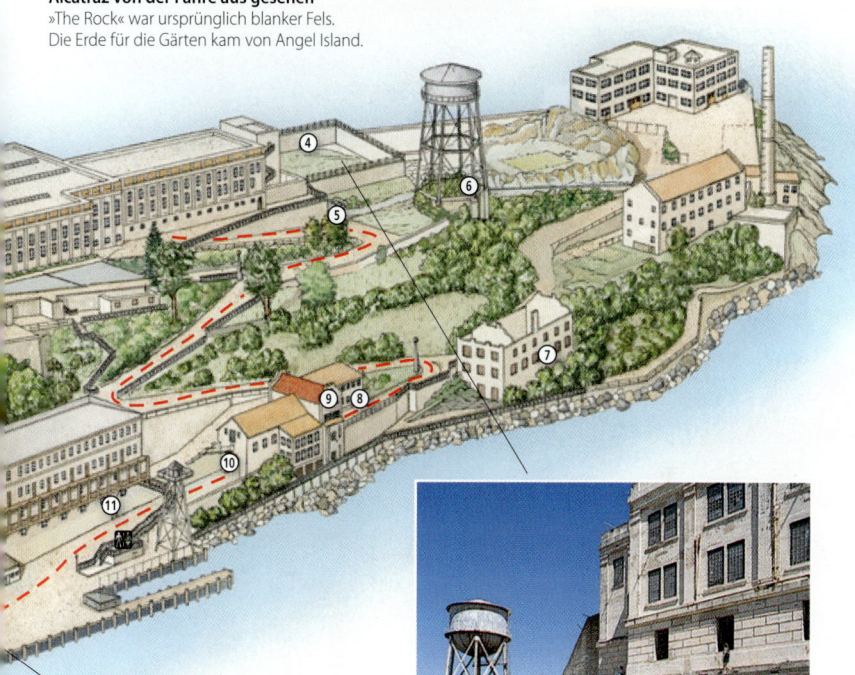

Alcatraz Pier
Besucher legen an diesem Pier gegenüber den Kasernen an. Auch die meisten Gefangenen kamen hier in der Nähe an.

Legende

— Routenempfehlung

| 0 Meter | 75 |
| 0 Yards | 75 |

Zeichenerklärung *siehe hintere Umschlagklappe*

Alcatraz: Gefängnis

Das Hochsicherheitsgefängnis auf der Insel Alcatraz wurde von der US-Armee »The Rock« (Felsen) genannt. Durchschnittlich waren hier 264 Kriminelle untergebracht, die wegen Ungehorsams in einem anderen Gefängnis der USA nach Alcatraz strafversetzt wurden. Die strenge Disziplin in diesem Gefängnis wurde mit harten Strafen durchgesetzt: Isolierzelle, Verlust der Privilegien, Freizeitentzug, Bibliotheksverbot oder keine Besuchserlaubnis.

Block D
In den Einzelzellen in Block D mussten die Gefangenen endlose Stunden der Langeweile ertragen.

Broadway
Dem Gang, der Block C von Block B trennte, gaben die Gefangenen den Namen der New Yorker Straße.

Kontrollraum
Hier wurde das elektrische Sicherheitssystem kontrolliert. Der Raum konnte einer Belagerung standhalten.

Eingang zum Haupttrakt

Außerdem

① Büro des Direktors
② Besucherraum
③ Bibliothek, aus der sich Gefangene Bücher ausleihen konnten.
④ Sportplatz
⑤ Küche
⑥ Krankenstation über dem Speisesaal
⑦ Bäckerei und Vorratsräume
⑧ Friseur

Zellen
Die Gefangenen verbrachten täglich 16 bis 23 Stunden in ihren Zellen, die nur eine Schlafstelle und eine Toilette enthielten. Die meisten Zellen maßen 1,5 mal 2,7 Meter.

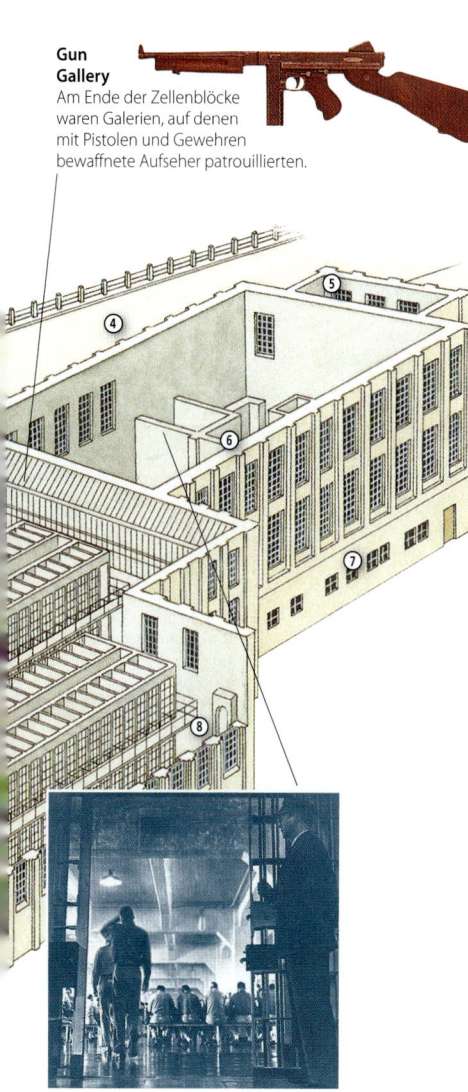

ALCATRAZ: GEFÄNGNIS | **85**

Gun Gallery
Am Ende der Zellenblöcke waren Galerien, auf denen mit Pistolen und Gewehren bewaffnete Aufseher patrouillierten.

Berühmte Insassen

Al Capone
Al »Scarface« (Narbengesicht) Capone wurde 1934 wegen Steuerhinterziehung eingesperrt. Die meiste Zeit verbrachte er in einer Isolierzelle der Krankenstation. Er verließ das Gefängnis in psychisch labilem Zustand.

Robert Stroud
Seine gesamte Gefangenschaft (17 Jahre) auf »The Rock« verbrachte Stroud in Einzelhaft. Trotz gegenteiliger Darstellung in dem Film *Der Gefangene von Alcatraz* (1962) durfte er keine Vögel in seiner Zelle halten.

Carnes, Thompson und Shockley
Im Mai 1946 überwältigten Gefangene unter der Führung von Clarence Carnes, Marion Thompson und Sam Shockley die Wärter und entwaffneten sie. Es gelang ihnen jedoch nicht, aus dem Zellentrakt auszubrechen. Drei Insassen und zwei Wärter wurden getötet. Carnes erhielt zusätzlich lebenslänglich, Shockley und Thompson wurden als Anführer des Aufstands im Gefängnis San Quentin hingerichtet.

Anglin Brothers
John und Clarence Anglin und Frank Morris kratzten sich durch die Rückwände ihrer Zellen, tarnten die Öffnung mit Wellpappe, legten Gipsköpfe in ihre Betten und bauten ein Floß, um zu entkommen. Sie wurden nie gefasst. Ihre Flucht lieferte die Vorlage zu dem Film *Flucht von Alcatraz* (1979).

George Kelly
»Maschinengewehr« Kelly war einer der gefürchtetsten Insassen auf dem Felsen. Er saß 17 Jahre wegen Entführung und Erpressung ab.

Speisesaal
Die Gefangenen bekamen gutes Essen – auch um Meutereien zu verhindern. Schauen Sie sich den am Kücheneingang aufgehängten Speiseplan an.

1775 Der spanische Entdecker Juan de Ayala nennt die Insel nach den dort lebenden Pelikanen Alcatraz

1850 Fertigstellung von Fort Alcatraz, 100 Kanonen und 300 Mann Besatzung

1909 Militärgefangene bauen den Zellentrakt

1972 Alcatraz wird Nationalpark

1962 Frank Morris und die Brüder Anglin entkommen

1848 John Fremont kauft Alcatraz

1850 Präsident Fillmore erklärt Alcatraz zum Militärgebiet

1857 Bau von Sally Port

1854 Erster Pazifik-Leuchtturm

1934 Der Staat macht aus Alcatraz ein Zivilgefängnis

1963 Gefängnisschließung

1969–71 Besetzung der Insel durch Indians of All Tribes

John Fremont

Sally Port

❷ Pier 39

Stadtplan 5 B1. Karte N1. 🚌 4, 18, 24, 27, 38, 47. 🚋 F. 🚃 Powell–Hyde. ⛴ SF Bay Ferry. *Siehe* **Shopping** *S. 233.* 🌐 pier39.com

Die Landungsbrücke von 1905 wurde 1978 in einen Vergnügungspark umgewandelt, der einem malerischen Fischerdorf nachempfunden ist. Auf zwei Ebenen sind Andenkenläden und Spezialitätengeschäfte untergebracht. Die Darbietungen der Straßenkünstler und Attraktionen wie das Karussell, die Spiele in der Riptide Arcade, der Turbo Ride und das Aquarium of the Bay mit mehr als 20 000 Lebewesen sind bei Familien beliebt.

San Francisco Experience ist eine Multimedia-Show, die durch die Stadtgeschichte führt und dabei u. a. das chinesische Neujahrsfest, die Nebelstimmungen der Stadt und ein Erdbeben zeigt.

❸ USS *Pampanito*

Pier 45. **Stadtplan** 4 F1. **Karte** M1. 📞 1-415-775-1943. 🚌 4, 18, 24, 27, 38, 47. 🚋 F. 🚃 Powell–Hyde. ⛴ SF Bay Ferry. 🕐 tägl. 9–18 Uhr (Sommer: bis 20 Uhr). 🌐 maritime.org

Das U-Boot überstand im Zweiten Weltkrieg einige schwere Gefechte im Pazifk, versenkte dabei sechs gegnerische Schiffe und beschädigte zahlreiche andere schwer. Tragischerweise waren an Bord zweier versenkter Schiffe britische und australische Kriegsgefangene. 73 Männer konnten gerettet und sicher in die USA gebracht werden. Besucher können das ganze Schiff besichtigen – die Torpedokammer, die Küche und die Offiziersquartiere. Bei einem Einsatz waren zehn Offiziere und 70 Mann Besatzung an Bord.

Zweistöckiges venezianisches Karussell auf Pier 39

Torpedokammer der USS *Pampanito*

❹ Madame Tussaud's

145 Jefferson St. **Stadtplan** 5 B1. **Karte** M1. 🚌 4, 18, 24, 27, 38, 47. 🚋 F. 🚃 Powell–Hyde. 🕐 tägl. 9–21 Uhr. 🌐 madametussauds.com/sanfrancisco

Diese Niederlassung des weltberühmten Wachsfigurenkabinetts ist eine von zwei in Kalifornien. Besucher erleben hier eine Vielzahl lebensgroß dargestellter Figuren aus verschiedenen Bereichen (u. a. Politik und Geschichte, Sport und Showbusiness). Darüber hinaus umfasst der Komplex auch San Francisco Dungeon, eine gruselige Zeitreise durch die Geschichte der Stadt, bei der vor allem dunkle Kapitel im Vordergrund stehen. Performances und Spezialeffekte runden das wahrlich besondere Erlebnis ab.

❺ Ripley's Believe It Or Not! Museum

175 Jefferson St. **Stadtplan** 4 F1. **Karte** M1. 📞 1-415-202-9850. 🚌 4, 18, 24, 27, 38, 47. 🚋 F. 🚃 Powell–Hyde. 🕐 So–Do 10–22, Fr, Sa 10–23 Uhr (Mitte Juni – Labor Day: So–Do 9–23, Fr, Sa 9–24 Uhr). 🌐 ripleysf.com

Der kalifornische Illustrator Robert I. Ripley wurde durch seine Cartoonserie »Ripley's Believe It Or Not!« bekannt. Der Sammler liebte Kuriositäten. Unter den 350 Exponaten sind ein Kalb mit zwei Köpfen, ein Cable-Car-Nachbau aus

FISHERMAN'S WHARF UND NORTH BEACH | 87

275 000 Streichhölzern und das Bild eines Mannes mit zwei Pupillen pro Auge. Verlieren Sie sich im Marvellous Mirror Maze. Auch einige Cartoons von Ripley sind ausgestellt.

❻ The Cannery

2801 Leavenworth St. **Karte** M1. **Stadtplan** 4 F1. 🚍 4, 18, 24, 27, 30, 38, 47. 🚋 F. 🚠 Powell–Hyde. *Siehe* **Shopping** *S. 233.*

Die Obstkonservenfabrik wurde 1909 gebaut und in den 1960er Jahren renoviert. Das Gebäude enthält heute Galerien, Einkaufspassagen und Innenhöfe mit Restaurants und Fachgeschäften für Kleidung, Sammlerpuppen und indianisches Kunsthandwerk.

In der Cannery war auch das Museum of the City of San Francisco untergebracht, das wegen eines Brands jedoch geschlossen werden musste. Die Exponate waren einige Zeit in der City Hall *(siehe S. 129)* und am Pier 45 zu sehen. Später änderte die Kulturstätte ihr Konzept und fungiert nun als virtuelles Museum, in dem der Museumsgründer und Stadtarchivar Gladys Hansen neben Objekten auch Forschungsergebnisse präsentiert (Infos unter: www.sfmuseum.org).

❼ Ghirardelli Square

900 North Point St. **Stadtplan** 4 F1. **Karte** L2. 🚍 4, 18, 24, 27, 30, 38, 47. 🚋 F. 🚠 Powell–Hyde. *Siehe* **Shopping** *S. 233.*

Die frühere Schokoladenfabrik und Wollweberei ist die am schönsten umgebaute Fabrik der Stadt. Hier bilden die alten roten Backsteingebäude mit der modernen Architektur eine gelungene Einheit. Das Markenzeichen der Fabrik, der Ghirardelli-Glockenturm, und die Originalleuchtschrift auf dem Dach blieben erhalten.

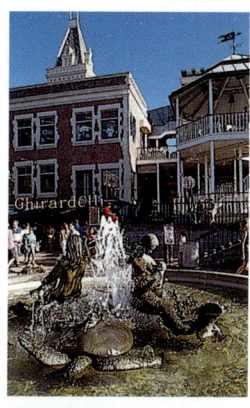

Ghirardelli Square

Das Gebäude beherbergt noch Geräte und Maschinen zur Herstellung von Schokolade. Die Schokoladenriegel, die man hier verkauft, werden jedoch heute in San Leandro produziert. Die luftige, farbenfrohe Fountain Plaza ist bei Tag und Nacht ein beliebter Treffpunkt für alle, die hier einkaufen.

❽ San Francisco Maritime National Historical Park Visitors' Center

900 Beach St. **Stadtplan** 4 F1. **Karte** L2. 🚍 4, 10, 18, 19, 24, 27, 30, 38, 47. 🚋 F. 🚠 Powell–Hyde. **Museum** ☎ 1-415-561-7100. 🔓 Erdgeschoss: 10–17 Uhr. **Hyde Street Pier** ☎ 1-415-561-7169. 🔓 tägl. 9.30–17 Uhr (Juni–Aug: bis 17.30 Uhr). ⬤ 1. Jan, Thanksgiving, 25. Dez. 🅿 Pier. ♿ nur Pier und Museum. 🚶 *Siehe* **Spaziergänge** *S. 174f.* **Visitors' Center** 499 Jefferson Street. ☎ 1-415-447-5000. 🔓 tägl. 9.30–17 Uhr. 🌐 maritime.org

Das Gebäude von 1939, in das 1951 das Maritime Museum einzog, ähnelt einem Ozeandampfer. Zurzeit ist es wegen Renovierung teilweise geschlossen.

Ganz in der Nähe am Hyde Street Pier liegt eine der weltweit größten Sammlungen alter Schiffe. Darunter ist auch die *C. A. Thayer*, ein Dreimastschoner von 1895, der Holz transportierte und später zum Fischfang eingesetzt wurde (bis 1950). Am Pier liegt zudem die *Eureka*, eine 2320 Tonnen schwere Fähre mit Schaufelradantrieb. Sie wurde 1890 gebaut und beförderte Züge zwischen dem Pier und den Bezirken nördlich von San Francisco. Mit einem Fassungsvermögen von rund 120 Autos und 2300 Passagieren war sie die größte Fähre ihrer Zeit.

Hyde Street Pier

Balclutha
Das 1886 gebaute Schiff ist der Star des Hyde Street Pier. Es verkehrte zwischen Großbritannien und Kalifornien und transportierte Weizen und Kohle.

Großmast

Besanmast

Halbdeck

Fockmast

Klüverbaum

Stadtplan *siehe Seiten 290–308* **Karte** *Extrakarte zum Herausnehmen*

FISHERMAN'S WHARF UND NORTH BEACH

Autos im steilen und kurvenreichen Abschnitt der Lombard Street

❾ Lombard Street

Stadtplan 5 A2. **Karte** LM2. 🚌 45. 🚋 Powell–Hyde.

Mit 27 Prozent Gefälle erwies sich die Lombard Street als zu steil für Fahrzeuge. In den 1920er Jahren wurde der Abschnitt nahe dem Gipfel von Russian Hill neu gestaltet und durch acht Kurven entschärft. Die »krummste Straße der Welt« genannte Einbahnstraße kann nur bergab befahren werden. Für Fußgänger gibt es Treppen – oder die Cable Car.

❿ San Francisco Art Institute

800 Chestnut St. **Stadtplan** 4 F2. **Karte** M2. 📞 1-415-771-7020. 🚌 30, 45, 91. 🚋 Powell–Hyde, Powell–Mason. **Diego Rivera Gallery** ⬜ Mo–Sa 9–17 Uhr. ⬛ Feiertage. **Walter and McBean Galleries** ⬜ Mi–Sa 11–18 Uhr (Di bis 19 Uhr). ♿ teilweise. 📷 📱 🌐 **sfai.edu**

San Franciscos Kunstakademie wurde 1871 gegründet und war früher in der Holzvilla untergebracht, die für die Familie

Spaziergang durch North Beach (30 Min.)

Ursprünglich waren es chilenische, später italienische Einwanderer, die ein reges Nachtleben nach North Beach brachten. Die Atmosphäre in den Cafés hat schon immer Bohemiens und Künstler angezogen, vor allem die Beatniks der 1950er Jahre *(siehe S. 34)*.

Zentrum der Beat Generation

Starten Sie beim City Lights Bookstore ① an der Ecke Broadway und Columbus Avenue. Die Buchhandlung gehörte dem Dichter Lawrence Ferlinghetti und war die erste in den USA, die nur Taschenbücher verkaufte.

Jack Kerouac, ein Freund Ferlinghettis, prägte die Bezeichnung »Beat«. Später sprachen alle von »Beatnik«.

Einer der Lieblingsplätze der Beatniks war das Vesuvio Café ②, südlich von City Lights, auf der anderen Seite der Jack Kerouac Alley. Der walisische Dichter Dylan Thomas war Stammgast in dieser Kneipe. Gehen Sie vom Vesuvio nach Süden in Richtung Pacific Avenue und wechseln Sie die Straßenseite. Spazieren Sie zum Broadway zurück und erholen Sie sich im Tosca ③ – einer Bar mit Wandbildern toskanischer Landschaften. Die Musikbox spielt italienische Opernarien. In der Adler Alley Nr. 12 befindet sich Specs' ④, eine Bar voller Andenken an die Beatnik-Ära. Gehen Sie dann zur Columbus Avenue zurück und rechts auf den Broadway. Diesem folgen Sie bis zur Kearny Street.

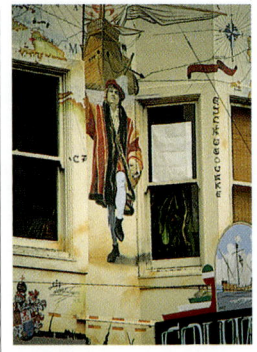

Jack Kerouac

Columbus Café ⑩

The Strip

Dieser Abschnitt des Broadway wird als »Strip« ⑤ bezeichnet und ist hinlänglich als »Pornomeile« bekannt. An der Ecke Broadway und Grant Avenue finden Sie den ehemaligen Condor Club ⑥. In diesem Establissement wurde 1964 die erste Oben-ohne-Show der Stadt vorgeführt.

FISHERMAN'S WHARF UND NORTH BEACH | 89

von Mark Hopkins auf dem Nob Hill gebaut worden war *(siehe S. 104)* und 1906 abbrannte *(siehe S. 30f)*. Heute ist sie ein Bau im spanischen Kolonialstil (1926) – mit Kreuzgängen und Brunnen.

Links vom Haupteingang befindet sich die Diego Rivera Gallery, benannt nach dem mexikanischen Maler *(siehe S. 142f)*. In den Walter and McBean Galleries finden die Hauptausstellungen statt. Hier gibt es auch zeitgenössische Fotografie und Filmvorführungen.

Entertainer, Club Fugazi

Vallejo Street Stairway

Mason St und Jones St. **Stadtplan** 5 B3. **Karte** MN3. 30, 45 Powell–Mason.

Der steile Aufstieg von Little Italy zum südlichen Gipfel des Russian Hill bietet die beste Aussicht auf Telegraph Hill, North Beach und die umgebende Bucht. Die Treppe im Verlauf der Vallejo Street erstreckt sich zwischen der Mason Street und der Jones Street. Noch weiter oben, über der Taylor Street, gibt es ein Labyrinth von Gassen mit viktorianischen Häusern *(siehe S. 76f)*. Auf dem Bergrücken erstreckt sich eines der wenigen Wohngebiete, das 1906 nicht abbrannte *(siehe S. 30f)*.

Club Fugazi

678 Green St. **Stadtplan** 5 B3. **Karte** N3. 1-415-421-4222. 8AX, 8BX, 8X, 10, 12, 30, 39, 41, 45, 91. Powell – Mason. Mi – So. Siehe **Unterhaltung** *S. 251*.

Der Club in dem 1912 erbauten Gemeindehaus ist Bühne für das Musikcabaret *Beach Blanket Babylon (siehe S. 251)*.

Die Show ist wegen ihrer frechen Songs mit aktueller Zeitkritik berüchtigt. Sie läuft seit über 20 Jahren – ein Klassiker.

North Beach Beat Museum

540 Broadway. **Stadtplan** 5 B3. **Karte** N3. 1-800-KEROUAC (1-415-537-6822 oder 1-415-399-9626). 8AX, 8BX, 8X, 10, 12, 30, 39, 41, 45, 91. tägl. 10 –19 Uhr (Sa bis 20 Uhr). Feiertage. thebeatmuseum.org

Das Museum zeigt Memorabilien von Künstlern der Beat Generation, die in den 1950er Jahren in San Francisco lebten: u.a. Fotos, Bücher, Plattencover und Briefe. Ein Highlight der Sammlung ist eines der seltenen Exemplare von Allen Ginsbergs 1956 erschienenem Buch *Howl and Other Poems*. Das Museum organisiert auch Veranstaltungen, die mit der Beat-Kultur in Verbindung stehen. Im Museumsshop werden Bücher, Videos, T-Shirts und Poster verkauft.

Obere Grant Avenue
Biegen Sie rechts in die Grant Avenue ein. Hier befindet sich der Saloon ⑦ mit einer Theke von 1861. An der Ecke Vallejo Street liegt das *Caffè Trieste* ⑧, das älteste Kaffeehaus San Franciscos und seit 1956 Treffpunkt der Intellektuellen und Künstler. Als integraler Teil italoamerikanischer Kultur gibt es hier samstagnachmittags Live-Opern. Gehen Sie auf der Grant Avenue nach Norden, an Maggie McGarry's Pub ⑨ vorbei. Der frühere Beatnik-Treffpunkt Coffee Gallery ist heute ein Bluesclub. Wenn Sie links in die Green Street einbiegen, sehen Sie die Wandbilder des Columbus Cafés ⑩. Gehen Sie weiter bis zur Columbus Avenue und – vorbei an vielen italienischen Cafés – zurück zum Ausgangspunkt.

Vesuvio, ein beliebtes Beat-Café ②

Routeninfos

Start: Ecke Broadway und Columbus Avenue.
Länge: 1,5 km.
Anfahrt: Muni-Bus 41 fährt die Columbus Avenue entlang.
Rasten: Alle erwähnten Bars und Cafés sind einen Besuch wert. Hier können Sie etwas trinken und die Atmosphäre genießen. Kinder dürfen meist nicht mit.

Legende
••• Routenempfehlung

0 Meter 200
0 Yards 200

Stadtplan *siehe Seiten 290 – 308* **Karte** *Extrakarte zum Herausnehmen*

Im Detail: Telegraph Hill

Telegraph Hill wurde nach dem Signalturm benannt, der 1850 hier errichtet wurde, um Händler über die Ankunft von Schiffen zu unterrichten. An der Ostseite fällt der Hügel abrupt ab, weil Felsstücke für den Straßenbau herausgesprengt wurden. Die Wege auf dieser Seite des Hügels sind steil und von Gärten gesäumt. Die Westseite grenzt an Little Italy, das Gebiet um den Washington Square. Früher lebten auf dem Telegraph Hill Einwanderer und Künstler, denen die Aussicht gefiel. Heute sind die pastellfarbenen Schindelhäuser sehr begehrt und machen Telegraph Hill zu einem der beliebtesten Wohnviertel.

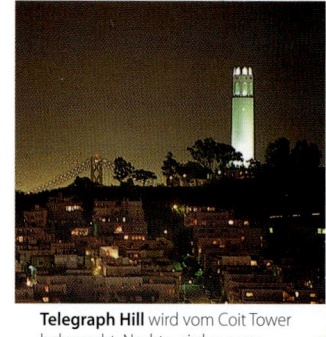

Telegraph Hill wird vom Coit Tower beherrscht. Nachts wird er angestrahlt und ist von vielen Stellen der Stadt aus zu sehen.

Die Christoph-Kolumbus-Statue wurde 1957 aufgestellt.

Die Statue von Benjamin Franklin steht auf einer »Zeitkapsel« von 1979, die Jeans, ein Gedicht und eine Aufnahme der Hoodoo Rhythm Devils enthält.

Bushaltestelle (Bus 39)

❶❹ Washington Square
Der kleine Park im Herzen von Little Italy wird von der Saints Peter and Paul Church dominiert, die auch als »Italienische Kathedrale« bezeichnet wird.

❶❺ ★ Saints Peter and Paul Church
Die reich verzierte, neogotische Kirche wurde 1924 geweiht. Sie besitzt ein sehenswertes Jesusbild

TELEGRAPH HILL | **91**

17 ★ Coit Tower
Die Wandbilder im Inneren wurden 1933 von Künstlern im Rahmen eines Förderprogramms unter Präsident Roosevelt gemalt.

Bushaltestelle (Bus 39)

19 Greenwich Steps
Die Treppe bietet einen interessanten Kontrast zu den Filbert Steps.

San Francisco Bay

Fisherman's Wharf und North Beach

Chinatown und Nob Hill

Zur Orientierung
Siehe Stadtplan 5

Napier Lane, eine ruhige Gasse mit Häuschen aus dem 19. Jahrhundert, ist die letzte holzgepflasterte Gasse der Stadt.

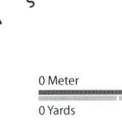

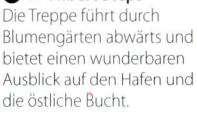

Legende
— Routenempfehlung

0 Meter 100
0 Yards 100

18 ★ Filbert Steps
Die Treppe führt durch Blumengärten abwärts und bietet einen wunderbaren Ausblick auf den Hafen und die östliche Bucht.

1360 Montgomery Street – das Gebäude besitzt eine Art-déco-Darstellung von Atlas.

Stadtplan *siehe Seiten 290–308* **Karte** *Extrakarte zum Herausnehmen*

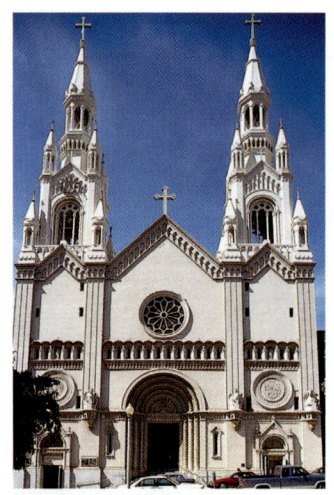

Fassade der Saints Peter and Paul Church

⓮ Washington Square

Stadtplan 5 B2. **Karte** N2.
🚌 30, 39, 41, 45.

Der Platz besteht aus einer einfachen Rasenfläche, ist von Bänken und Bäumen umgeben und liegt gegenüber der Kirche Saints Peter and Paul. Das fast mediterrane Flair passt zum »Dorfplatz« von Little Italy, auch wenn die italienische Gemeinde in dieser Gegend heute nicht mehr so präsent ist wie zur Zeit der Anlage des Platzes 1955. In der Mitte steht eine Statue von Benjamin Franklin. Eine 1979 unter der Statue vergrabene Zeitkapsel – 2079 soll sie geöffnet werden – enthält angeblich eine Jeans, eine Musikaufnahme und ein Gedicht von Lawrence Ferlinghetti, dem berühmten Beat-Dichter *(siehe S. 88)*.

⓯ Saints Peter and Paul Church

666 Filbert St. **Stadtplan** 5 B2. **Karte** N2. 📞 1-415-421-0809. 🚌 30, 39, 41, 45. 🕐 tägl. 7.30–16 Uhr (Feiertage bis 13 Uhr). ✝ So 7.30, 8.45, 13, 17 Uhr; So 11.45 Uhr italienische Messe mit Chor. ♿

Die große Kirche, die auch als »Italienische Kathedrale« bekannt ist, liegt im Herzen von North Beach. Für viele Italiener, die zum ersten Mal in die Stadt kommen, ist sie eine willkommene Zuflucht. Hier wurde der Baseballstar Joe Di Maggio 1957 nach seiner Hochzeit mit Marilyn Monroe fotografiert, obwohl die Trauung woanders stattgefunden hatte.

Den Bau entwarf Charles Fantoni. Die Fassade ist im italienisierten Stil gestaltet. Im Inneren finden sich viele Säulen und ein reich verzierter Altar. Statuen und Mosaike werden von Bleiglasfenstern erhellt. Die Beton- und Stahlkonstruktion mit den hohen Zwillingstürmen wurde 1924 fertiggestellt.

Cecil B. DeMille filmte die Arbeit an den Fundamenten der Kirche und benutzte die Aufnahmen für seinen Film *The Ten Commandments (Die Zehn Gebote)* von 1923. In ihm wird der Bau des Tempels in Jerusalem gezeigt.

Die Kirche ist auch unter dem Namen »Fischerkirche« bekannt, da viele Italiener früher vom Fischfang lebten. Im Oktober findet ein Gottesdienst zum Segen der Flotte statt (Gottesdienste auf Englisch, Italienisch und Chinesisch).

⓰ Bocce Ball Courts

Lombard St und Mason St, North Beach Playground. **Stadtplan** 5 B2. **Karte** N2. 📞 1-415-831-5500. 🚌 30, 39, 41. 🚋 Day-Taylor. 🕐 Mo–Sa Sonnenauf- bis -untergang. ♿

Ende des 19. und Anfang des 20. Jahrhunderts kamen viele italienische Einwanderer nach San Francisco. Seit jener Zeit haben sie einen beachtlichen Einfluss in der Stadt. Sie brachten nicht nur ihre Küche, Bräuche und Religion, sondern auch ihre Spiele in die neue Heimat mit. Dazu gehört das Kugelspiel Boccia. An den meisten Nachmittagen finden in einer Ecke des öffentlichen North Beach Playground Bocciaspiele statt. Dabei versuchen vier Teilnehmer (oder Teams), ihre hölzernen Spielkugeln auf einem Sandplatz möglichst nahe an die Zielkugel heranzubringen, um sie ganz leicht zu »küssen« *(bocce)*. Wer mit seiner Kugel am nächsten liegt, hat gewonnen. Zuschauer sind immer willkommen.

⓱ Coit Tower

1 Telegraph Hill Blvd. **Stadtplan** 5 C2. **Karte** N2. 📞 1-415-249-0995. 🚌 39. 🕐 tägl. 10–18.30 Uhr. 🏛 Turm. ♿

Der Turm wurde 1933 auf dem Gipfel des 87 Meter hohen Telegraph Hill von dem Geld gebaut, das Lillie Hitchcock Coit, eine exzentrische Millionärin und Philanthropin, der Stadt vererbt hatte. Den 63 Meter hohen Turm aus verstärktem Beton soll der Architekt Arthur Brown von der Spitze einer Feuerwehrspritze nachempfunden haben. Nachts wird er angestrahlt und ist fast vom ganzen Ostteil der Stadt aus zu sehen. Von der Aussichtsplattform hat man einen fantastischen Rundblick über die nördliche Bucht.

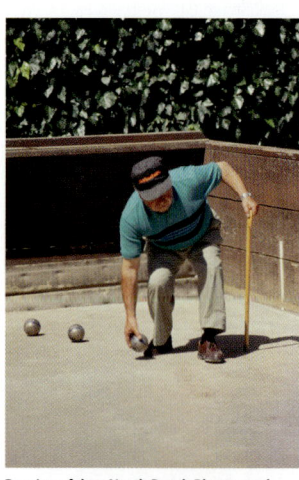

Boccia auf dem North Beach Playground

FISHERMAN'S WHARF UND NORTH BEACH | **93**

Blick auf den Coit Tower auf dem Gipfel des Telegraph Hill

Die Wandmalereien im Eingangsbereich des Turms sind besonders interessant *(siehe S. 142)*. Sie entstanden im Rahmen eines Arbeitsbeschaffungsprogramms für Künstler während der Depression *(siehe S. 32f)*. 25 Künstler schufen hier Fresken mit Motiven aus dem Alltagsleben. Abgebildet sind Szenen aus den Straßen des Financial District (mit einem Raubüberfall), aus Fabriken, Werften und von den Weizenfeldern des Central Valley. Wer genau hinsieht, entdeckt einen echten Lichtschalter, der geschickt in ein Bild integriert ist, einen Autounfall, eine arme Einwandererfamilie in einem Lager am Fluss, Zeitungsschlagzeilen und Buchtitel. In dem Gemälde spiegelt sich die Hoffnungslosigkeit der Zeit ebenso wider wie ihr Sinn für Humor. Themen wie die Probleme der Arbeiter oder die soziale Ungerechtigkeit werden aufgegriffen. In den Figuren haben die Künstler sich und ihren Freunden ein Denkmal gesetzt. Auch Colonel Brady, der Verwalter des Turms, ist in diesem Werk verewigt. Wegen der politischen Aussage der Fresken kam es zu kontroversen öffentlichen Diskussionen, weshalb sich die Einweihung verzögerte.

⓲ Filbert Steps

Stadtplan 5 C2. **Karte** N2. 🚌 39.

Auf der Ostseite fällt der Telegraph Hill stark ab. Entsprechend steil sind die aus Beton, Backstein und Holz bestehenden Stufen, die man vom Telegraph Hill Boulevard hinuntergeht – vorbei am üppigen Grün von Fuchsien, Rhododendron und Brombeeren.

⓳ Greenwich Steps

Stadtplan 5 C2. **Karte** N2. 🚌 39.

Die Treppe liegt in etwa parallel zu den Filbert Steps. Von ihren Stufen aus hat man – umgeben von der Blütenpracht der Gärten – eine schöne Sicht. Gehen Sie eine Treppe hinauf und die andere wieder hinunter. Das ist ein schöner Spaziergang durch den Osten von Telegraph Hill.

⓴ Upper Montgomery Street

Stadtplan 5 C2. **Karte** N2. 🚌 39.

Bis 1931, als das in Telegraph Hill liegende Ende der Montgomery Street gepflastert wurde, lebten hier vor allem Arbeiterfamilien, aber auch Schriftsteller und Künstler, die die günstigen Mieten, die großartige Aussicht und die Abgeschiedenheit schätzten. Heute ist die Gegend mit ihren schönen Spazierwegen ein begehrtes Wohnviertel sowie Ziel vieler Besucher.

Die Treppe führt von der Filbert Street auf den Telegraph Hill

㉑ Levi's Plaza

Stadtplan 5 C2. **Karte** P2.

An diesem Platz liegt die Hauptverwaltung des Jeansherstellers Levi Strauss *(siehe S. 137)*. Der Bau wurde im Jahr 1982 von Lawrence Halprin entworfen und sollte die Firmengeschichte mit darstellen. Auf dem Platz erinnern daher Granitblöcke und ein künstlicher Bach an die Schluchten der Sierra Nevada und die dort lebenden Minenarbeiter, die als Erste Hosen aus dem strapazierfähigen Stoff trugen. Mit dem Telegraph Hill im Hintergrund wird der Eindruck von einem Gebirge verstärkt.

Hauptverwaltung von Levi Strauss & Co., Levi's Plaza

Stadtplan *siehe Seiten 290–308* **Karte** *Extrakarte zum Herausnehmen*

⓶ Exploratorium

Seit 1969 begeistert das Wissenschaftsmuseum Besucher jeden Alters mit seinen kreativen Exponaten. Das Museum arbeitet mit interaktiven Darstellungen und ermuntert zu spielerischem Lernen, um die Neugierde der Besucher anzuregen und ihnen Wissenswertes über viele Themen zu vermitteln. Erfahren Sie, wie Reflexe funktionieren, wie bestimmte Gene von Eltern an Kinder weitervererbt werden und untersuchen Sie Mikroorganismen und ihre Biotope in der Bay Area. Auf dem Areal, das dreimal so groß ist wie das alte im Palace of Fine Arts, gibt es auch Ausstellungen im Freien. Die gläserne Bay Observatory Gallery zeigt Exponate zur San Francisco Bay und zum Stadtbild.

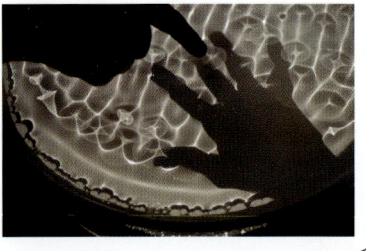

Tropfenkammer
Besucher sehen die einzigartigen Formen und Muster, die in der rotierenden Kammer entstehen, wenn Lichtstrahlen durch Glyzerintröpchen scheinen.

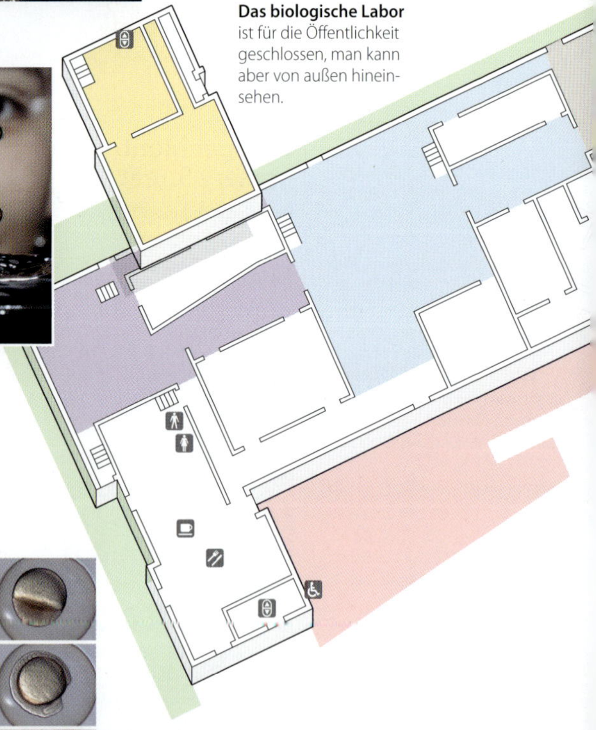

»All Eyes on Me«
Hier wird durch ein Mosaik kleiner Spiegel das Auge des Betrachters vielfach gespiegelt.

Das biologische Labor
ist für die Öffentlichkeit geschlossen, man kann aber von außen hineinsehen.

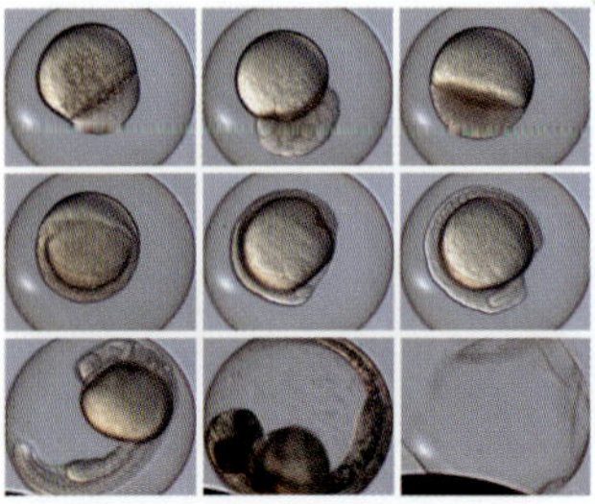

Wassertropfen
Hier erfährt man, was passiert, wenn man bei hochempfindlichen Aufnahmen Blitzlicht benutzt.

Zebrafisch
Unter einem Mikroskop in der East Gallery kann man die unterschiedlichen Entwicklungsstadien eines Zebrafisch-Embryos nachvollziehen.

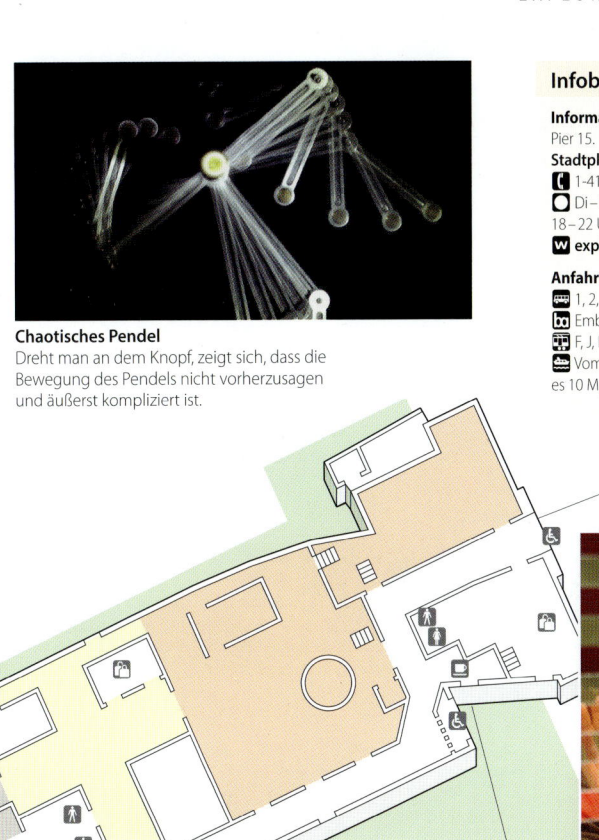

EXPLORATORIUM | 95

Chaotisches Pendel
Dreht man an dem Knopf, zeigt sich, dass die Bewegung des Pendels nicht vorherzusagen und äußerst kompliziert ist.

Infobox

Information
Pier 15.
Stadtplan 6 D2. **Karte** P2.
1-415-528-4444.
Di–So 10–17 Uhr (Do auch 18–22 Uhr, nur Erwachsene).
exploratorium.edu/visit

Anfahrt
1, 2, 6, 10, 12, 14, 21, 31, 38, 41.
Embarcadero.
F, J, K, L, M, T, N.
Vom Terminal der Fähre sind es 10 Min. zu Fuß.

Eingang

Haupteingang

Die Nase des Vaters
Zwei Besucher können sich von der Gegenseite eines speziellen Spiegels ansehen und ein zusammengesetztes Bild ihrer selbst sehen – eine interessante Erfahrung über Vererbung.

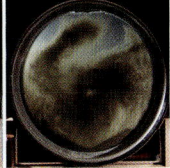

Fenster zur Bay
Mittels drehender Scheiben, die mit Wasser der Bay, Schlamm und Sand gefüllt sind, erfahren Besucher mehr über die Bewegungen und Charakteristika von Sedimenten.

Legende
- East Gallery
- Bay Observatory/Terrasse
- Central Gallery
- West Gallery
- South Gallery
- Ausstellungsbereich im Freien
- Öffentliche Plaza
- Eingangsbereich

Kurzführer
An die Hauptausstellungsfläche des Exploratoriums sind vier Ausstellungsbereiche angeschlossen. In der Central Gallery geht es um Sehen und Hören, in der West Gallery um menschliche Phänomene und in der East Gallery um lebende Systeme. In der South Gallery (auch Tinkering Studio™) können Besucher ihre eigenen Exponate bauen. Im Außenbereich wird das lokale Wetter untersucht. Im Bay Observatory hat man einen wunderbaren Blick über die Bay. Es gibt zwei Essbereiche: im Westen das Seismic Joint Café auf der Plaza und das SeaGlass Restaurant am Observatorium.

Stadtplan siehe Seiten 290–308 **Karte** Extrakarte zum Herausnehmen

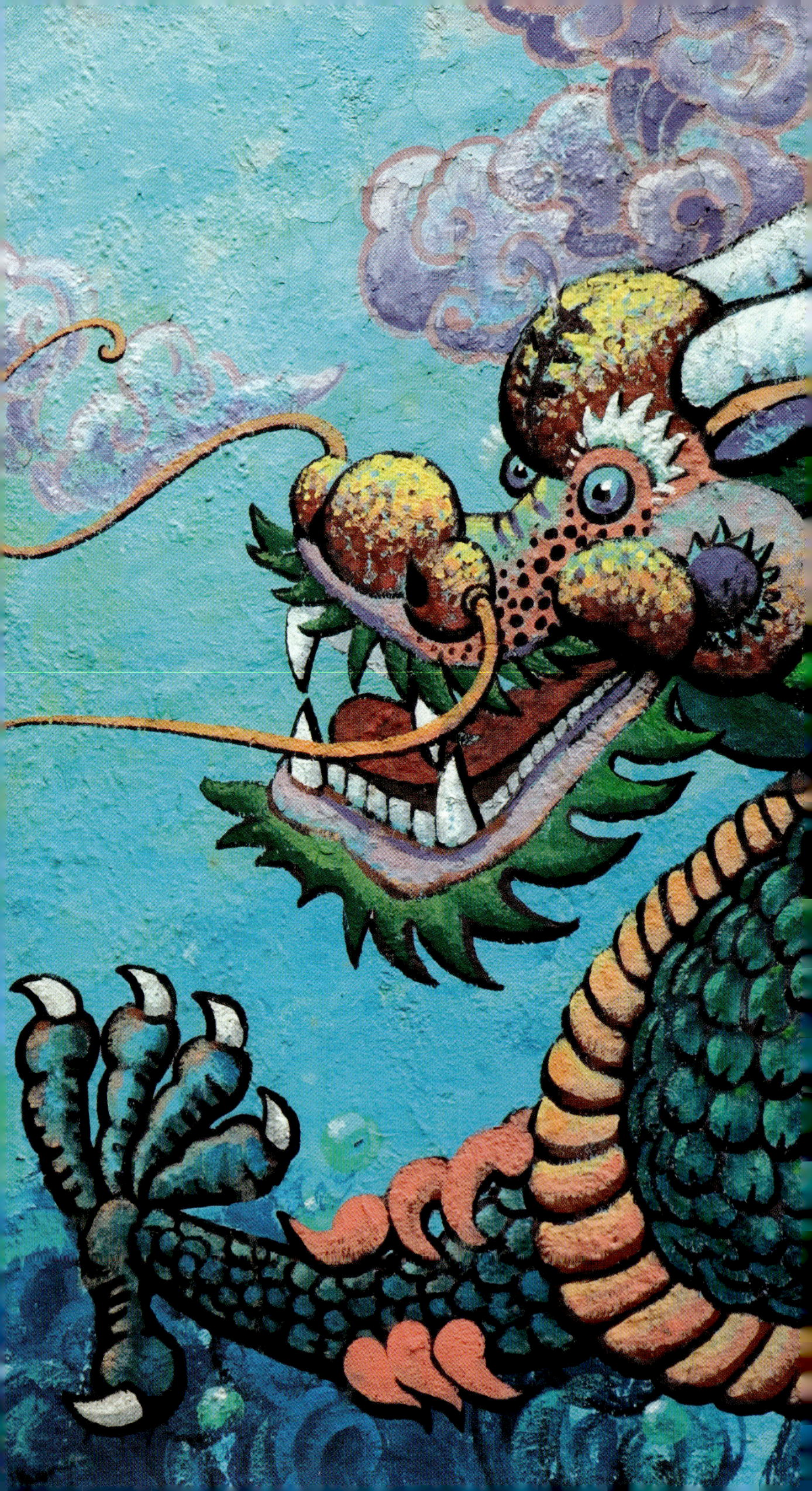

Chinatown und Nob Hill

Mitte des 19. Jahrhunderts ließen sich die ersten Chinesen in der Stockton Street und Umgebung nieder. Auch wenn Architektur und Gewohnheiten heute eher amerikanische Züge tragen, ist die Atmosphäre doch grundlegend anders. Das dicht bevölkerte Viertel mit den bunten Fassaden, Märkten, Tempeln und einzigartigen Restaurants hat sich zu einer Stadt in der Stadt entwickelt – und ist einer der größten Anziehungspunkte für Besucher.

Nob Hill ist San Franciscos bekanntester Hügel – mit den Cable Cars, Luxushotels und einer schönen Aussicht. Im späten 19. Jahrhundert wohnten hier die »Großen Vier«, die die erste transkontinentale Eisenbahn finanzierten. Von ihren riesigen Villen auf dem Hügel überstand nur eine das Erdbeben und den Brand von 1906 *(siehe S. 30f)*. Die heutigen Hotels erinnern allerdings noch immer an die Opulenz und den Glanz der Viktorianischen Ära.

Sehenswürdigkeiten auf einen Blick

Historische Straßen und Gebäude
1 Chinatown Gateway
5 Golden Gate Fortune Cookies
6 Chinatown Alleys
7 Grant Avenue
8 East West Bank
14 The Pacific-Union Club

Historische Hotels
12 Mark Hopkins Inter-Continental Hotel
13 Fairmont Hotel

Museen und Sammlungen
10 Pacific Heritage Museum
11 Chinese Historical Society of America
15 Cable Car Museum

Kirchen und Tempel
2 Old St. Mary's Cathedral
3 Kong Chow Temple
4 Tin How Temple
16 Grace Cathedral

Platz
9 Portsmouth Square

Restaurants
siehe S. 222f
1 Acquerello
2 Golden Star Vietnamese
3 Great Eastern
4 Henry's Hunan
5 House of Naking
6 Nob Hill Café
7 R&G Lounge
8 Swan Oyster Depot

Stadtplan *4, 5*

◀ Buntes Wandgemälde eines chinesischen Drachens, Chinatown   **Zeichenerklärung** *siehe hintere Umschlagklappe*

Im Detail: Chinatown

Das touristische Chinatown liegt in der Grant Avenue. Hier gibt es mit Drachen verzierte Laternenpfähle, chinesische Dächer und Eisenwarengeschäfte, die bis unters Dach vollgestopft sind. Die Einheimischen kaufen eher in der Stockton Street ein, wo Gemüse und Fisch am frischesten sind und aus den Kisten auf dem Bürgersteig quellen. In den Gassen dazwischen finden Sie traditionelle Tempel, Läden und familiengeführte Restaurants.

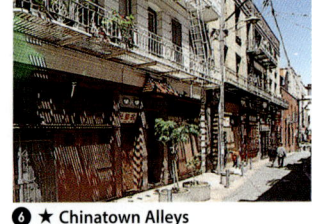

❻ ★ Chinatown Alleys
In diesen Gassen fühlt man sich in den Fernen Osten versetzt.

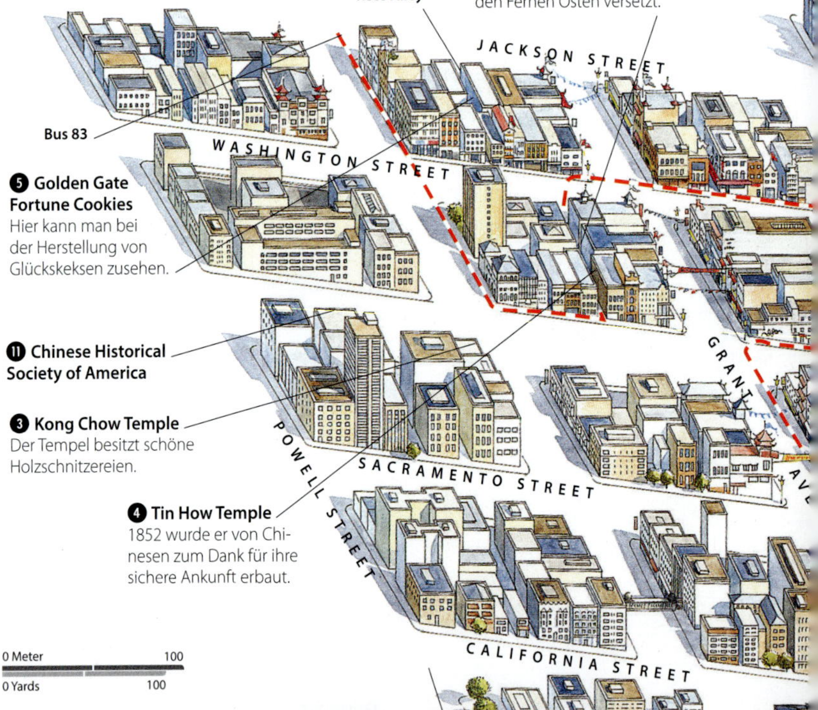

Ross Alley

Bus 83

❺ Golden Gate Fortune Cookies
Hier kann man bei der Herstellung von Glückskeksen zusehen.

⓫ Chinese Historical Society of America

❸ Kong Chow Temple
Der Tempel besitzt schöne Holzschnitzereien.

❹ Tin How Temple
1852 wurde er von Chinesen zum Dank für ihre sichere Ankunft erbaut.

❽ East West Bank
Von 1909 bis 1946 war hier die Telefonvermittlung von Chinatown.

Cable Cars sind fester Bestandteil des geschäftigen Treibens auf den Straßen des Viertels. Jede der drei Linien führt nach Chinatown.

… CHINATOWN | **99**

9 Portsmouth Square
Der Platz wurde 1839 als Dorfplatz von Yerba Buena angelegt. Heute trifft man sich hier, um Karten oder Mah-Jongg zu spielen.

7 ★ Grant Avenue
Von 1830 bis 1840 war sie die Hauptstraße von Yerba Buena. Jetzt ist die Grant Avenue das Geschäftszentrum von Chinatown.

Zur Orientierung
Siehe Stadtplan 5

Legende
— Routenempfehlung

Im Chinese Cultural Center
gibt es eine Kunstgalerie und ein Geschäft mit Kunsthandwerk. Das Zentrum selbst veranstaltet Vorträge und Seminare.

10 Pacific Heritage Museum
Das kleine Museum mit asiatischer Kunst ist in einem eleganten Gebäude nahe der East West Bank untergebracht.

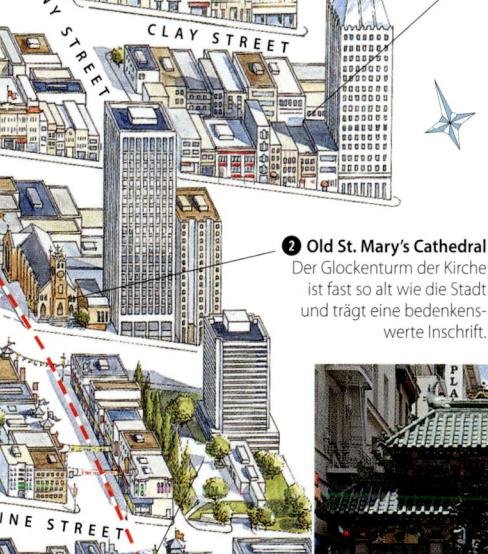

2 Old St. Mary's Cathedral
Der Glockenturm der Kirche ist fast so alt wie die Stadt und trägt eine bedenkenswerte Inschrift.

St. Mary's Square
ist eine Oase der Ruhe.

Busse 31, 38

1 ★ Chinatown Gateway
Das »Drachentor« steht am Südeingang von Chinatown.

Stadtplan *siehe Seiten 290 – 308* **Karte** *Extrakarte zum Herausnehmen*

❶ Chinatown Gateway

Grant Ave, Ecke Bush St. **Stadtplan** 5 C4. **Karte** U2. 🚌 2, 3, 30, 45.

Das verzierte Tor wurde von Clayton Lee entworfen und überspannt den Eingang zu Chinatowns Hauptattraktion, der Grant Avenue. Es wurde 1970 eingeweiht und knüpft an die Tradition chinesischer Zeremonialtore an. Die Dächer über den drei Torbogen sind mit grünen Ziegeln gedeckt und mit Tierfiguren aus Keramik verziert, u. a. mit zwei Drachen und zwei Karpfen. Dorftore wurden in China oft von reichen Familien in Auftrag gegeben, um ihr Ansehen zu steigern. Die Namen der Stifter stehen dann auf dem Torbogen. Das »Drachentor« wurde vom Chinatown Cultural Development Committee errichtet. Das Material stiftete die Republik Taiwan.

Das Tor wird von zwei Löwen bewacht, die gemäß einer alten Sage ihre Jungen mit den Krallen säugen. Wenn Sie durch das Tor gehen, werden Sie auf einige der elegantesten Läden Chinatowns stoßen. Sie können hier Antiquitäten, bisweilen Seidenkleider und Edelsteine kaufen – das Preisniveau ist jedoch ziemlich hoch.

❷ Old St. Mary's Cathedral

660 California St. **Stadtplan** 5 C4. **Karte** U2. 📞 1-415-288-3800. 🚌 1, 2, 3, 8X, 8BX, 30, 45, 81X. 🚋 California St, Powell–Hyde, Powell–Mason. ✝ Mo–Fr 7.30, 12.05 Uhr, Sa 12.05, 17 Uhr, So 8, 9.15, 11.15 Uhr. 📷 🌐 oldsaintmarys.org

Die Kirche war das erste katholische Gotteshaus der Stadt und hatte 1854–91 eine irische Gemeinde, bis die St. Mary's Church in der Van Ness Avenue gebaut wurde. Da es in Kalifornien kein geeignetes Baumaterial gab, wurden die Steine von der Ostküste hierhergebracht.

Eingang zur Old St. Mary's Cathedral

Der Granit für die Fundamente stammt sogar aus China. Der Glockenturm trägt die Inschrift »Son, observe the time and fly from evil«. Angeblich waren damit Besucher eines Bordells gemeint, das sich gegenüber befand. Die Kirche wurde zweimal durch Brände beschädigt. Außenwände und Fundamente blieben erhalten. Der Innenraum und die Bleiglasfenster wurden 1909 vollendet.

❸ Kong Chow Temple

3. Stock, 855 Stockton St. **Stadtplan** 5 B4. **Karte** T2. 📞 1-415-788-1339. 🚌 1, 2, 3, 8X, 10, 12, 30, 45. 🚋 California St, Powell–Hyde, Powell–Mason. ⏰ tägl. 10–16 Uhr. **Spende.** 🚫📷 ♿

Vom obersten Stockwerk des Postgebäudes blickt der Kong Chow Temple auf Chinatown und den Financial District hinab. Obwohl dieses Gebäude erst 1977 errichtet wurde, sind die Altäre und Statuen des Tempels vielleicht die ältesten chinesischen Heiligtümer in den USA. Ein Altar wurde in Guangzhou (Kanton) geschnitzt und im 19. Jahrhundert nach San Francisco gebracht. Im Hauptschrein steht eine Holzschnitzerei aus dem 19. Jahrhundert, die Kuan Di darstellt, einen Gott der in den Schreinen kantonesischer Städte häufig anzutreffen ist.

Auch in Chinatown blickt sein markantes Gesicht von den taoistischen Schreinen vieler Restaurants. Der Gott Kuan Di wird oft mit einem großen Schwert in der einen und einem Buch in der anderen Hand abgebildet. Damit wird seine Hingabe sowohl an die Kampfkunst wie an die Schönen Künste symbolisiert.

Chinesische Holzschnitzkunst: Gott Kuan Di im Kong Chow Temple

CHINATOWN UND NOB HILL | 101

Zum Tin How Temple von 1852 muss man drei Stockwerke hoch

❹ Tin How Temple

Oberster Stock, 125 Waverly Pl. **Stadtplan** 5 C3. **Karte** U1. 1-415-986-2520. 1, 8X, 10, 12, 30, 41, 45. California St, Powell – Hyde, Powell – Mason. tägl. 10 – 16 Uhr. **Spende**.

Der ungewöhnliche Bau (1852) ist der älteste chinesische Tempel in den USA. Er ist Tin How (Tien Hau) gewidmet, der Himmelskönigin und Beschützerin der Seefahrer und Gäste. Um den Tempel zu erreichen, muss man drei steile Holztreppen erklimmen. Der kleine Raum ist vom Rauch der Opfergaben erfüllt. Hunderte goldener und roter Laternen sind aufgehängt. Für die schummrige Beleuchtung sorgen rote Glühbirnen und brennende Dochte, die in Öl schwimmen. Vor dem Altar mit Tin Hows Holzstatue liegen Früchte als Opfergaben.

❺ Golden Gate Fortune Cookies

56 Ross Alley. **Stadtplan** 5 C3. **Karte** U1. 1-415-781-3956. 1, 8X, 10, 12, 30, 30X, 41, 45. California St, Powell – Hyde, Powell – Mason. tägl. 8 – 18.30 Uhr.

Es gibt zwar noch andere Glückskeks-Bäckereien in und um San Francisco, doch diese hat sich am längsten behauptet (seit 1962). Praktischerweise liegt sie in Chinatown. Der Teig wird in Formen gegossen und dann auf einem Förderband gebacken. Danach werden die »Glücksstreifen« (Papierstreifen mit Sprüchen) hineingelegt und die Kekse gefaltet und geschlossen.

Kurioserweise sind die Glückskekse in China selbst völlig unbekannt. Sie stammen vielmehr aus dem Jahr 1909 und sind eine Erfindung von Makota Hagiwara, dem damaligen Chefgärtner des Japanese Tea Garden *(siehe S. 149)*.

❻ Chinatown Alleys

Stadtplan 5 B3. **Karte** T1. 1, 30, 45.

Die Gassen Chinatowns liegen in dem belebten Gebiet zwischen Grant Avenue und Stockton Street. Die vier engen Gassen kreuzen die Washington Street im Abstand von je einem halben Block. Die größte davon ist die Waverley Street, die »Straße der bemalten Balkone«. Woher der Name stammt, sehen Sie gleich auf den ersten Blick.

In den Gassen gibt es viele alte Gebäude mit traditionellen Geschäften und Restaurants sowie altmodischen Kräuterläden mit Schlangenwein, Seepferdchen, Elchgeweihen und anderen exotischen Waren im Schaufenster. Kleine Restaurants, manche davon im Untergeschoss, servieren köstliche, preiswerte Mahlzeiten.

Herstellung von Glückskeksen

❼ Grant Avenue

Stadtplan 5 C4. **Karte** U2 – 3. 1, 30, 45. California St.

Die heutige Hauptattraktion Chinatowns war einst die Hauptstraße von Yerba Buena, dem Dorf, aus dem sich San Francisco entwickelt hat. Eine Tafel am Haus Nr. 823 weist auf den Platz hin, an dem William A. Richardson und seine mexikanische Frau am 25. Juni 1835 ihre erste »Behausung« – ein Leinenzelt – errichteten. Vier Monate später war es bereits durch ein Holzhaus ersetzt worden, im folgenden Jahr stand hier ein Haus aus Adobe-Ziegeln, das Casa Grande genannt wurde.

Die Straße erhielt zunächst den Namen Calle de la Fundación (Gründungsstraße). 1885 wurde sie schließlich zu Ehren des Bürgerkriegsgenerals und US-Präsidenten Ulysses S. Grant, der im gleichen Jahr starb, umbenannt.

Der Gott für ein langes Leben, Grant Avenue

Stadtplan *siehe Seiten 290 – 308* **Karte** *Extrakarte zum Herausnehmen*

❽ East West Bank

743 Washington St. **Stadtplan** 5 C3. **Karte** U1. 1-421-5215. 1, 30, 45. Mo–Do 9–17, Fr 9–18, Sa 9–16 Uhr.

Bevor die Bank in den 1950er Jahren in das Gebäude zog, war hier die Telefonvermittlung untergebracht. Das Haus wurde 1909 an der Stelle errichtet, an der Sam Brannan die erste Zeitung Kaliforniens druckte. Der dreistufige Turm ist nach dem Vorbild einer Pagode mit hochgeschwungenen Dachkanten und Dachziegeln aus Keramik gebaut und das markanteste Beispiel chinesisch beeinflusster Architektur der Gegend.

Die hier tätigen Telefonistinnen beherrschten Kantonesisch sowie vier chinesische Dialekte. Eines der alten Telefonbücher ist im Museum der Chinese Historical Society in der Clay Street zu sehen.

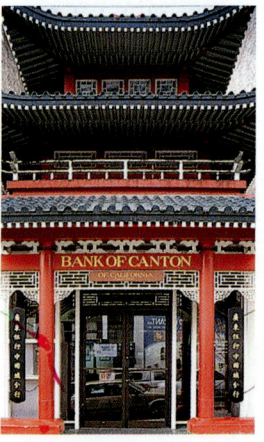

Chinesische Fassade der East West Bank, früher Bank of Canton

❾ Portsmouth Square

Stadtplan 5 C3. **Karte** U1. 1, 41.

Der traditionsreiche Platz wurde 1839 als Zentrum des kleinen Dorfs Yerba Buena angelegt. Am 9. Juli 1846, nicht einmal einen Monat, nachdem amerikanische Rebellen in Sonoma Kaliforniens Unabhängigkeit von Mexiko erklärt hat-

Portsmouth Square

ten, kamen hier Marinesoldaten an Land. Sie hissten die amerikanische Flagge und erklärten den Hafen zum Territorium der USA *(siehe S. 26f)*. Zwei Jahre später, am 12. Mai 1848, verbreitete Sam Brannan hier die Nachricht über Goldfunde in der Sierra Nevada *(siehe S. 26f)*. In den nächsten 20 Jahren war der Platz Zentrum einer ständig expandierenden Stadt. In den 1860er Jahren verlagerte sich das Geschäftszentrum nach Südosten. Heute ist Portsmouth Square (oder Plaza) der gesellschaftliche Mittelpunkt von Chinatown. Morgens trifft man sich hier zum Tai Chi, nachmittags und abends zum Schach- oder Kartenspiel.

❿ Pacific Heritage Museum

608 Commercial St. **Stadtplan** 5 C3. **Karte** U1–2. 1-415-399-1124. 1, 41. Di–Sa 10–16 Uhr außer an Feiertagen.

Das elegante Museum mit Wechselausstellungen asiatischer Kunst besteht aus zwei Gebäuden. Auf den Fundamenten von San Franciscos erster Münze baute William Appleton Potter 1875–77 eine Zweigstelle des US-Schatzamts. In die alten Münzgewölbe kann man durch einen Ausschnitt im Fußboden sehen oder mit dem Aufzug hinunterfahren. 1984 entwarfen die Architekten Skidmore, Owings und Merrill den 17-stöckigen Hauptsitz der Bank of Canton (heute East West Bank) und setzten ihn auf das bestehende Gebäude auf. Die Originalfassade im Erdgeschoss wurde integriert.

⓫ Chinese Historical Society of America

965 Clay St. **Stadtplan** 5 B3. **Karte** T2. 1-415-391-1188. Powell-Clay. 1, 30, 45. Di–Fr 12–17, Sa 11–16 Uhr. Feiertage. außer 1. Di im Monat. **w** chsa.org

Die 1963 gegründete Gesellschaft gehört zu den ältesten und größten in den USA. Sie fördert Studien zur amerikanisch-chinesischen Geschichte. Gezeigt werden u. a. die Daniel-Ching-Sammlung, ein zeremonielles Drachenkostüm und eine »Tigergabel«. Dieser Triton wurde bei Kämpfen während der Tong-Kriege (Ende 19. Jh.) eingesetzt, als rivalisierende Familien in San Francisco um die Kontrolle über Glücksspiel und Prostitution kämpften. Andere Ausstellungsstücke dokumentieren den Alltag der chinesischen Einwanderer.

Chinesen trugen enorm zur Entwicklung Kaliforniens bei. Sie bauten u. a. die Westhälfte der transkontinentalen Eisenbahn und Dämme im Delta des Sacramento River. Die CHSA fördert Studien zur »Oral History« und ein »Zurück zu den Wurzeln«-Projekt und bietet außerdem monatliche Diskussionsrunden.

Drachenkopf, Chinese Historical Society of America

CHINATOWN UND NOB HILL | **103**

Im Detail: Nob Hill

Von den Hügeln des Stadtzentrums ist der Nob Hill mit 103 Metern der höchste. Seine steilen Hänge waren für Kutschen kaum zu bewältigen, sodass vornehme Bürger das Viertel bis zur Eröffnung der Cable-Car-Linie 1878 mieden. Erst dann bauten reiche »(S)Nobs« hier ihre Häuser. Obwohl die Prachtvillen beim Erdbeben und Brand von 1906 vernichtet wurden *(siehe S. 30f)*, gibt es heute noch Luxushotels, die die Wohlhabenden anlocken.

Zur Orientierung
Siehe Stadtplan 5

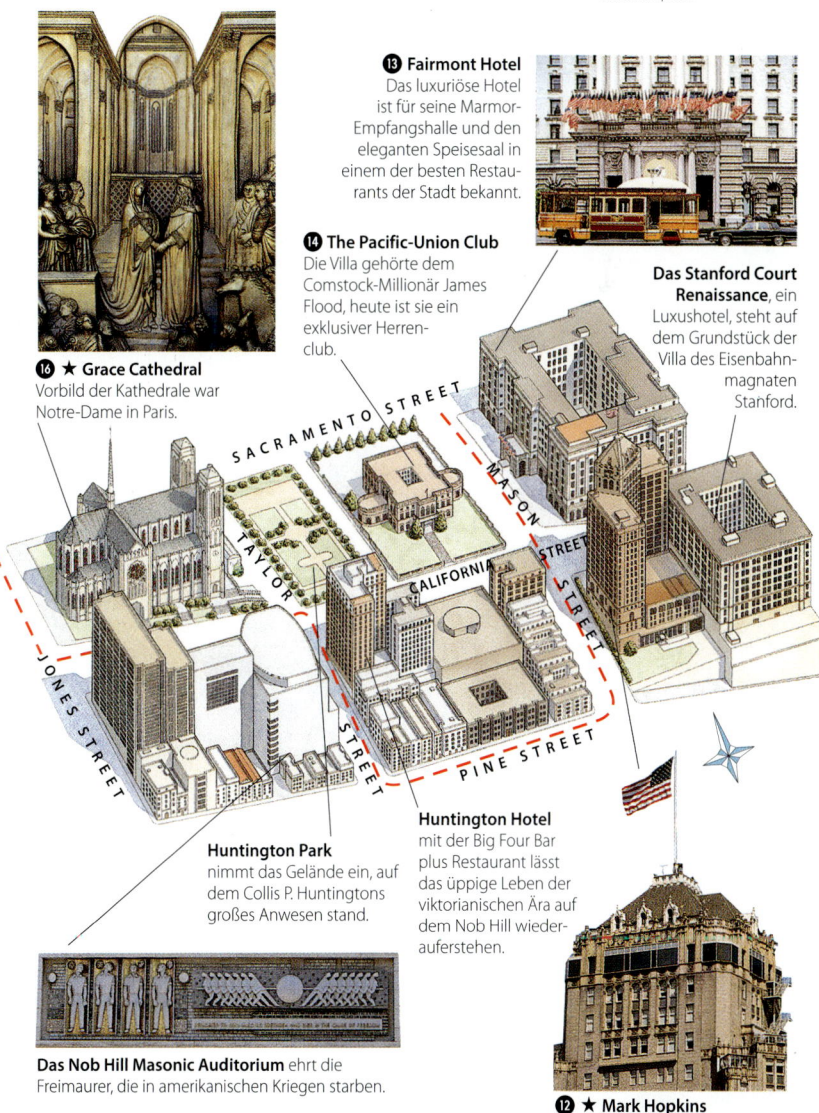

⓭ Fairmont Hotel
Das luxuriöse Hotel ist für seine Marmor-Empfangshalle und den eleganten Speisesaal in einem der besten Restaurants der Stadt bekannt.

⓮ The Pacific-Union Club
Die Villa gehörte dem Comstock-Millionär James Flood, heute ist sie ein exklusiver Herrenclub.

Das Stanford Court Renaissance, ein Luxushotel, steht auf dem Grundstück der Villa des Eisenbahnmagnaten Stanford.

⓰ ★ Grace Cathedral
Vorbild der Kathedrale war Notre-Dame in Paris.

Huntington Park
nimmt das Gelände ein, auf dem Collis P. Huntingtons großes Anwesen stand.

Huntington Hotel
mit der Big Four Bar plus Restaurant lässt das üppige Leben der viktorianischen Ära auf dem Nob Hill wiederauferstehen.

Das Nob Hill Masonic Auditorium ehrt die Freimaurer, die in amerikanischen Kriegen starben.

⓬ ★ Mark Hopkins InterContinental Hotel
Von der berühmten Bar im Penthouse hat man eine fantastische Aussicht.

0 Meter 150
0 Yards 150

Legende
— Routenempfehlung

Stadtplan *siehe Seiten 290 – 308* **Karte** *Extrakarte zum Herausnehmen*

CHINATOWN UND NOB HILL

⓬ Mark Hopkins InterContinental Hotel

999 California St. **Stadtplan** 5 B4. **Karte** T2. ☎ 1-415-392-3434. 🚌 1. 🚋 California St, Powell–Mason, Powell–Hyde. *Siehe* **Hotels** *S. 215.* 🌐 **markhopkins.net**

Auf Anregung seiner Frau Mary ließ Mark Hopkins *(siehe unten)* eine grandiose Holzvilla bauen, deren üppige Verzierungen alle anderen Gebäude von Nob Hill in den Schatten stellten. Nach dem Tod von Mary Hopkins wurde das San Francisco Art Institute in der Villa untergebracht. Sie brannte 1906 *(siehe S. 30f)* ab, nur die Granitmauern blieben stehen. Der heutige 25-stöckige Bau mit einer Flagge, die man in ganz San Francisco sehen kann, wurde im Jahr 1925 von den Architekten Weeks und Day erbaut. Top of the Mark, die Bar mit den Glaswänden im 18. Stock, ist eine der beliebtesten der Stadt. Die Soldaten des Zweiten Weltkriegs tranken hier vor der Abreise auf »ihre« Stadt.

Eingang des Mark Hopkins InterContinental Hotel

⓭ Fairmont Hotel

950 Mason St. **Stadtplan** 5 B4. **Karte** T2. ☎ 1-415-772-5000. 🚌 1. 🚋 California St, Powell–Mason, Powell–Hyde. *Siehe* **Hotels** *S. 215.* 🌐 **fairmont.com**

Das Beaux-Art-Gebäude von Theresa Fair Oelrichs wurde am Vorabend des Erdbebens von 1906 *(siehe S. 30f)* fertiggestellt und stand nur zwei Tage lang, bevor es abbrannte. Julia Morgan ließ es mit der Original-Terrakottafassade wieder aufbauen. Das Hotel konnte nur ein Jahr nach dem verheerenden Brand öffnen. Nach dem Zweiten Weltkrieg fanden hier Gründungssitzungen der Vereinten Nationen statt.

Mit dem Glasaufzug fährt man zur Fairmont Crown, dem höchsten Aussichtspunkt der Stadt. Genießen Sie einen Cocktail im Tonga Room bzw. in der Hurricane Bar.

⓮ The Pacific-Union Club

1000 California St. **Stadtplan** 5 B4. **Karte** T2. ☎ 1-415-775-1234. 🚌 1. 🚋 California St, Powell–Mason, Powell–Hyde. ⬤ für Besucher.

Das Stadthaus wurde 1885 von Augustus Laver für »Bonanza King« James Flood erbaut. Nur die braune Sandsteinfassade im italienisierten Stil überstand den Brand von 1906 *(siehe S. 30f)*. Die Historie des Pacific-Union Club, eines Herrenclubs, reicht bis in die Zeit des Goldrauschs *(siehe S. 26f)*.

Die »Nobs« von Nob Hill

»Nob« (feiner Pinkel) war noch einer der freundlicheren Namen für die skrupellosen Unternehmer, die während der Besiedlung des amerikanischen Westens in kürzester Zeit ein Vermögen anhäuften. Viele der »Nobs« von Nob Hill hatten Spitznamen, die darauf anspielten, wie sie zu ihrem Vermögen gekommen waren. »Bonanza King« James Flood etwa schloss

Mark Hopkins (1814–1878)

sich mit den irischen Einwanderern James Fair, John Mackay und William O'Brien zusammen. Sie erwarben 1872 die Mehrheit an einigen verfallenen Comstock-Minen, bohrten neue Schächte und trafen auf eine »Bonanza« – eine reiche Silberader. Flood kehrte als Millionär nach San Francisco zurück und ließ sich auf dem Nob Hill nieder. Gegenüber besaß James Fair ein Grundstück. Die Flood Villa (heute The Pacific-Union Club) gibt es noch. Das Fairmont Hotel, das auf Fairs Grundstück steht, wurde nach seinem Tod von seiner Tochter gebaut *(siehe oben)*.

Die »Big Four«

Weitere Bewohner von Nob Hill waren die »Big Four« (die großen Vier): Leland Stanford, Mark Hopkins, Charles Crocker und

»Bonanza King«

Collis P. Huntington. Dieses pfiffige Quartett war der Hauptinvestor des Baus der transkontinentalen Eisenbahn. Ihr größtes Unternehmen, die Central Pacific Railroad (später Southern Pacific), wurde sehr reich und bedeutend. Grund dafür waren nicht zuletzt die großzügigen Landzuweisungen des US-Kongresses, der den Eisenbahnbau und damit die Erschließung des Landes fördern wollte. Bestechung und Korruption machten die Vier später allerdings zu den meistgehassten Männern im Amerika des 19. Jahrhunderts. Daher stammt auch ihr anderer, weitverbreiteter Spitzname: »Robber Barons« (Raubritter). Alle vier ließen sich große Villen auf dem Nob Hill bauen, die 1906 durch Erdbeben und Brand zerstört wurden.

CHINATOWN UND NOB HILL | 105

⓯ Cable Car Museum

1201 Mason St. **Stadtplan** 5 B3. **Karte** T1. 📞 1-415-474-1887. 🚌 1, 12, 30, 45, 83. 🚋 Powell–Mason, Powell–Hyde. 🕘 tägl. 10–18 Uhr (Okt–März: bis 17 Uhr). ⬤ 1. Jan, Thanksgiving, 25. Dez. ♿ nur Zwischengeschoss. 🌐 cablecarmuseum.org

Der Ziegelbau von 1909 ist sowohl ein Museum als auch das Maschinenzentrum der Cable Cars *(siehe S. 106f)*. Im Erdgeschoss sind die Maschinen und Räder verankert, die die Stahlkabel unter der Straße über ein System von Rollen und Führungskanälen ziehen. Ihre Funktionsweise können Sie vom Zwischengeschoss aus beobachten. Eine Treppe tiefer ist es möglich, einen Blick unter die Straße zu werfen. Es gibt auch eine alte Cable Car.

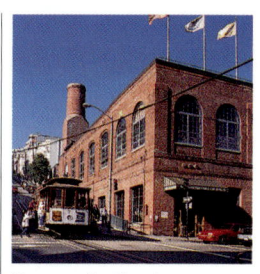

Eingang zu San Franciscos Cable Car Museum

⓰ Grace Cathedral

1100 California St. **Stadtplan** 5 B4. **Karte** S2. 📞 1-415-749-6300. 🚌 1. 🚋 California St. 🕘 tägl. 8–18 Uhr (So bis 19 Uhr). ✝ So 8.30, 18 Uhr; Choralandacht: Do 17.15, So 15 Uhr; Eucharestiefeier mit Chor: So 11 Uhr. ♿ 🅿 tägl. (Zeiten der Website entnehmen). 🌐 gracecathedral.org

Grace Cathedral ist die drittgrößte Episkopalkirche in den USA. Sie wurde von Lewis P. Hobart entworfen und steht auf dem Gelände der ehemaligen Charles-Crocker-Villa *(siehe S. 104)*. Die Vorarbeiten begannen im Februar 1927, der Bau im September 1928. Fertiggestellt wurde die Grace Cathedral allerdings erst im Jahr 1964. Trotz moderner Bauweise orientiert sich der Bau am Vorbild der Pariser Notre-Dame. Das Innere ist überreich mit Marmor und Bleiglas ausgestattet. Die traditionellen Fenster stammen von Charles Connick, der sich von den blauen Fenstern der Kathedrale von Chartres inspirieren ließ. Die große Rosette besteht aus 2,5 Zentimeter dickem Facettenglas. Andere Fenster wurden u. a. von Henry Willet entworfen. Bemerkenswert sind das katalanische Kruzifix aus dem 13. Jahrhundert und eine Brüsseler Tapisserie aus Seide und Gold aus dem 16. Jahrhundert. Die Hauptportale sind den »Paradiestüren«, die von Lorenzo Ghiberti für das Baptisterium in Florenz entworfen wurden, nachgebildet.

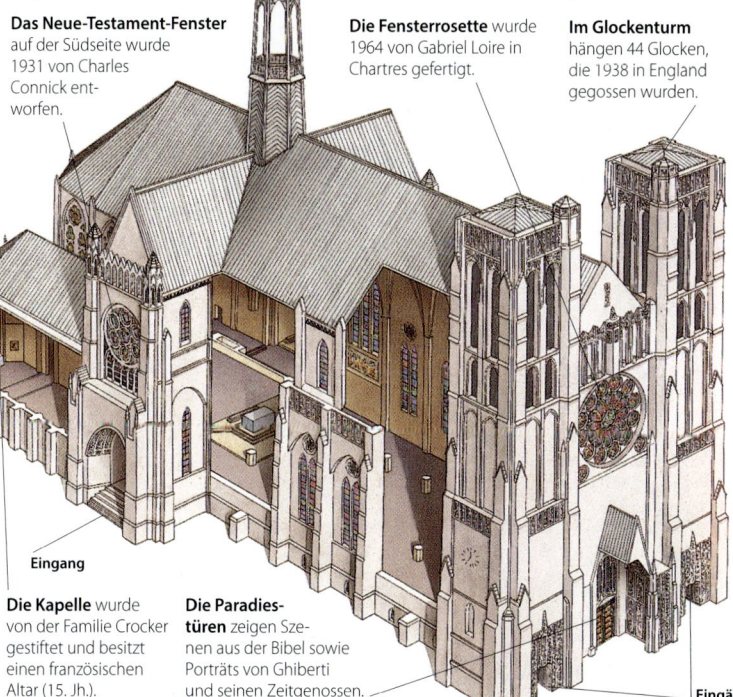

Detail eines Bleiglasfensters

Das Neue-Testament-Fenster auf der Südseite wurde 1931 von Charles Connick entworfen.

Die Fensterrosette wurde 1964 von Gabriel Loire in Chartres gefertigt.

Im Glockenturm hängen 44 Glocken, die 1938 in England gegossen wurden.

Eingang

Die Kapelle wurde von der Familie Crocker gestiftet und besitzt einen französischen Altar (15. Jh.).

Die Paradiestüren zeigen Szenen aus der Bibel sowie Porträts von Ghiberti und seinen Zeitgenossen.

Eingänge

Stadtplan *siehe Seiten 290–308* **Karte** *Extrakarte zum Herausnehmen*

Cable Cars

Die Cable Cars nahmen 1873 den Betrieb auf, den ersten Wagen fuhr ihr Erfinder Andrew Hallidie. Er hatte die Idee zu dem neuen Transportsystem, als er den schweren Unfall einer Pferdetram beobachtete: Sie war eine glatte steile Hügelstraße hinuntergerutscht und hatte die Pferde mitgerissen. 1889 gab es bereits acht Cable-Car-Linien. Vor dem Erdbeben von 1906 *(siehe S. 30f)* waren über 600 Cable Cars in Betrieb. Doch nach der Erfindung des Verbrennungsmotors galten sie als altmodisch. 1947 wollte man sie durch Busse ersetzen. Ein Sturm öffentlicher Empörung führte dazu, dass die heutigen drei Linien (25 km Strecke) erhalten blieben.

Der Cable Car Barn dient als Maschinenzentrum und Garage für die drei Cable-Car-Linien und ist zugleich Museum *(siehe S. 105)*.

Außerdem

① Signalglocke
② Sandkiste
③ Greiferhebel
④ Seilgreifer und Schienenbremse
⑤ Notbremse
⑥ Radbackenbremse
⑦ Stahlseil
⑧ Bremsklotz
⑨ Bremsbacke

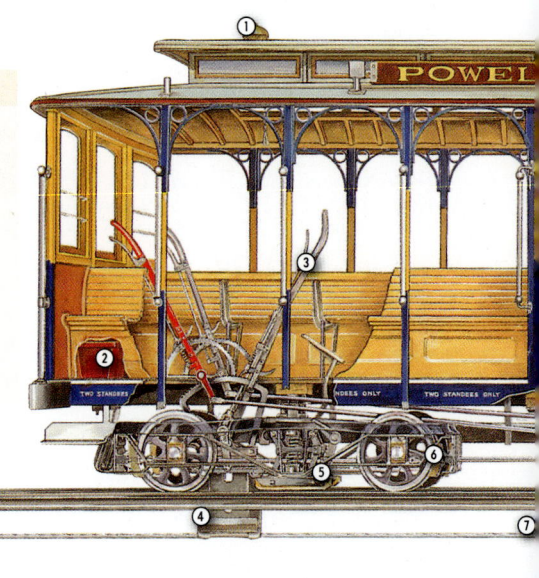

Funktion von Cable Cars

Motorwinden im Maschinenzentrum (Cable Car Barn) halten Stahlseile in Kanälen unter den Straßen in Dauerbewegung. Wenn der Gripman (Fahrer) den Greiferhebel bedient, klammert sich der Greifer durch eine Rille in der Straße an das Stahlseil und zieht so den Wagen (mit einer Geschwindigkeit von 15,5 km/h). Um anzuhalten, lässt der Fahrer den Hebel los und betätigt die Bremse. An Straßenecken, an denen das Kabel über eine Rolle läuft, ist besonderes Geschick erforderlich, damit die Cable Cars im Leerlauf über die Rolle fahren können.

Greifmechanismus

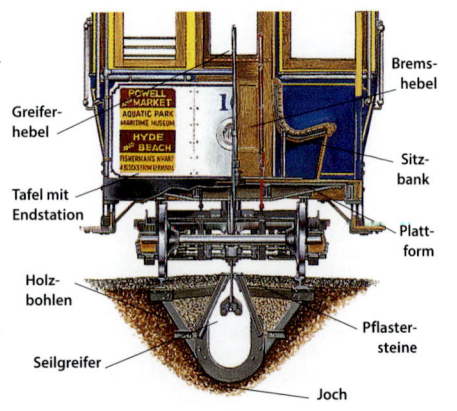

Greiferhebel
Tafel mit Endstation
Bremshebel
Sitzbank
Plattform
Holzbohlen
Pflastersteine
Seilgreifer
Joch

CABLE CARS | **107**

Hatch House hieß das vierstöckige Gebäude, das 1913 komplett verschoben werden musste. Herbert Hatch gelang es, mit Winden und Hebevorrichtungen das Haus über die Schienen zu manövrieren, ohne den Fahrbetrieb zu stören.

Cable-Car-Fest – es wurde 1984 zum Abschluss der zweijährigen Restaurierungsarbeiten gefeiert. Das gesamte Schienensystem und alle Waggons waren überholt worden.

Der Cable-Car-Signalglockenwettbewerb wird jedes Jahr im Juli am Union Square veranstaltet. Dann demonstrieren die Schaffner die Bandbreite ihrer Klingelzeichen.

Die erste Cable Car, die am 2. August 1873 von Hallidie in der Clay Street getestet wurde, war bis 1993 im Cable Car Museum zu sehen *(siehe S. 105)*. Seit seiner Erfindung ist das Transportsystem fast unverändert in Betrieb.

Die Restaurierung der Cable Cars geschieht unter besonderer Berücksichtigung der historischen Details.

Andrew Smith Hallidie

Andrew Smith (1836–1900) nahm später den Namen seines Onkels an. Nach einer Mechanikerlehre zog er 1852 nach San Francisco und gründete eine Firma, die Drahtseile herstellte. Im Jahr 1873 testete er die ersten Cable Cars. Das profitable Projekt ermöglichte die Erschließung der Hügel der Stadt.

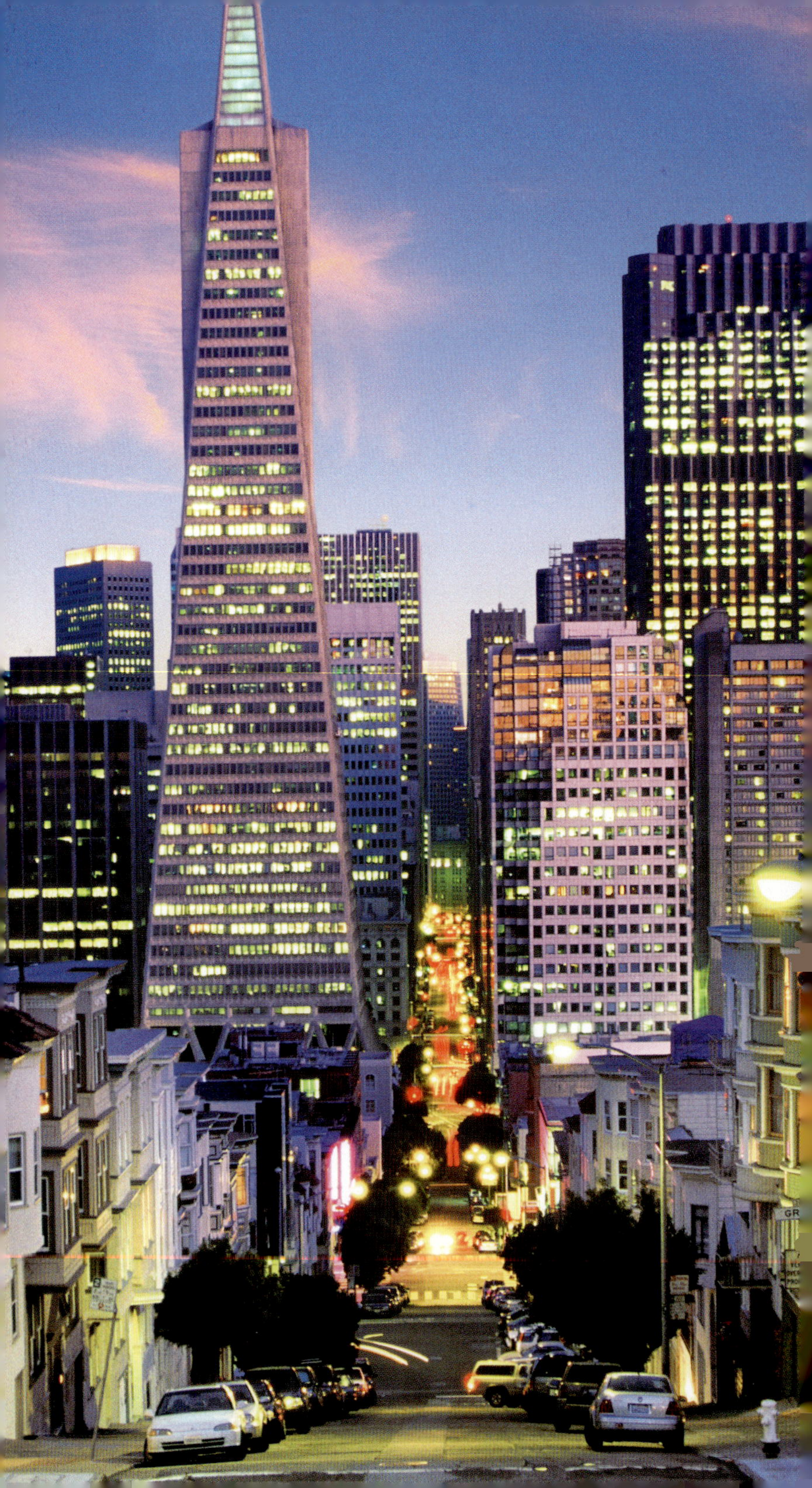

Financial District und Union Square

Die Montgomery Street, die heute im Herzen des Financial District liegt, war früher eine Straße mit vielen kleinen Läden, in denen die Goldsucher ihren Goldstaub wiegen ließen. Sie verläuft entlang der einstigen Uferlinie der Yerba-Buena-Bucht, die zur Zeit des Goldrauschs *(siehe S. 26f)* aufgefüllt wurde.

Heute stehen hier Bankhäuser aus den 1920er Jahren im Schatten von hochmodernen Hochhäusern aus Glas und Beton. Die Straßen wimmeln von Büroangestellten. Der Union Square liegt in der Mitte des Einkaufsviertels der Stadt und verfügt über zahlreiche exklusive Geschäfte.

Sehenswürdigkeiten auf einen Blick

Historische Straßen und Gebäude
- 2 Jackson Square Historical District
- 6 Union Bank of California
- 7 Merchant's Exchange
- 8 Pacific Coast Stock Exchange
- 10 Ferry Building
- 11 California Historical Society
- 23 Powell Street Cable Car Turntable
- 25 Old United States Mint

Museen und Sammlungen
- 3 Wells Fargo History Museum
- 12 Museum of the African Diaspora
- 14 Contemporary Jewish Museum
- 16 SF Museum of Modern Art S. 120–123

Moderne Architektur
- 1 Embarcadero Center
- 4 555 California
- 5 Transamerica Pyramid
- 7 Rincon Center
- 15 Yerba Buena Gardens S. 116f

Information
- 26 San Francisco Visitor Information Center

Läden
- 18 Crocker Galleria
- 19 Gump's
- 22 Union Square Shops
- 24 Westfield San Francisco Centre

Hotel
- 17 Palace Hotel

Theater
- 21 Theater District

Park
- 9 Justin Herman Plaza
- 20 Union Square

Restaurants *siehe S. 222–228*
1. 5A5 Streak Lounge
2. 21st Amendment
3. Bouche
4. Boulevard
5. Chutney
6. Delancey Street Restaurant
7. Farallon
8. Fleur de Lys
9. Gaylord India
10. Globe
11. The Grove
12. Hi Drive
13. Kokkari Estiatorio
14. Kuleto's
15. Michael Mina
16. One Market
17. Osha Thai
18. Press Club
19. Salt House
20. Sam's Grill and Seafood Restaurant
21. South Park Café
22. Tadich Grill
23. Yank Sing

Stadtplan 5–6, 11

0 Meter 300
0 Yards 300

◀ San Francisco in der Dämmerung

Zeichenerklärung *s. hintere Umschlagklappe*

Im Detail: Financial District

Das Herz von San Franciscos Wirtschaft schlägt im Financial District, einem der führenden Wirtschaftszentren der USA. Es reicht vom modernen Embarcadero Center bis zur gesetzten Montgomery Street, die auch »Wall Street des Westens« genannt wird. Alle wichtigen Banken, Wertpapierhändler, Börsen- und Anwaltsbüros haben sich in diesem Viertel niedergelassen. Früher war der Jackson Square Historical District das geschäftliche Zentrum.

❶ ★ Embarcadero Center
Das Zentrum beherbergt Läden und Büros. Auf den ersten drei Stockwerken finden Sie die Einkaufspassagen.

Hotaling Place ist eine kleine Allee, die zum Jackson Square Historical District führt und schöne Antiquitätenläden hat.

❷ Jackson Square Historical District
Das Viertel erinnert an die Zeit des Goldrauschs.

Das Golden Era Building wurde zur Zeit des Goldrauschs gebaut. Hier residierte die Zeitung *Golden Era*, für die Mark Twain schrieb.

❺ ★ Transamerica Pyramid
Seit der Fertigstellung 1972 ist sie mit 265 Metern das höchste Gebäude der Stadt.

❻ Union Bank of California
Das Foyer bewachen zwei Steinlöwen, die von Arthur Putnam geschaffen wurden.

❸ Wells Fargo History Museum
Im Museum, das sich mit den Themen Transport und Banken beschäftigt, erinnert eine originale Postkutsche an die Zeit des »Wilden Westens«.

❹ 555 California
Der frühere Hauptsitz der Bank of America war bis 1972 der höchste Bau.

❼ Merchant's Exchange
Wandbilder zeigen Szenen der Schifffahrtsgeschichte.

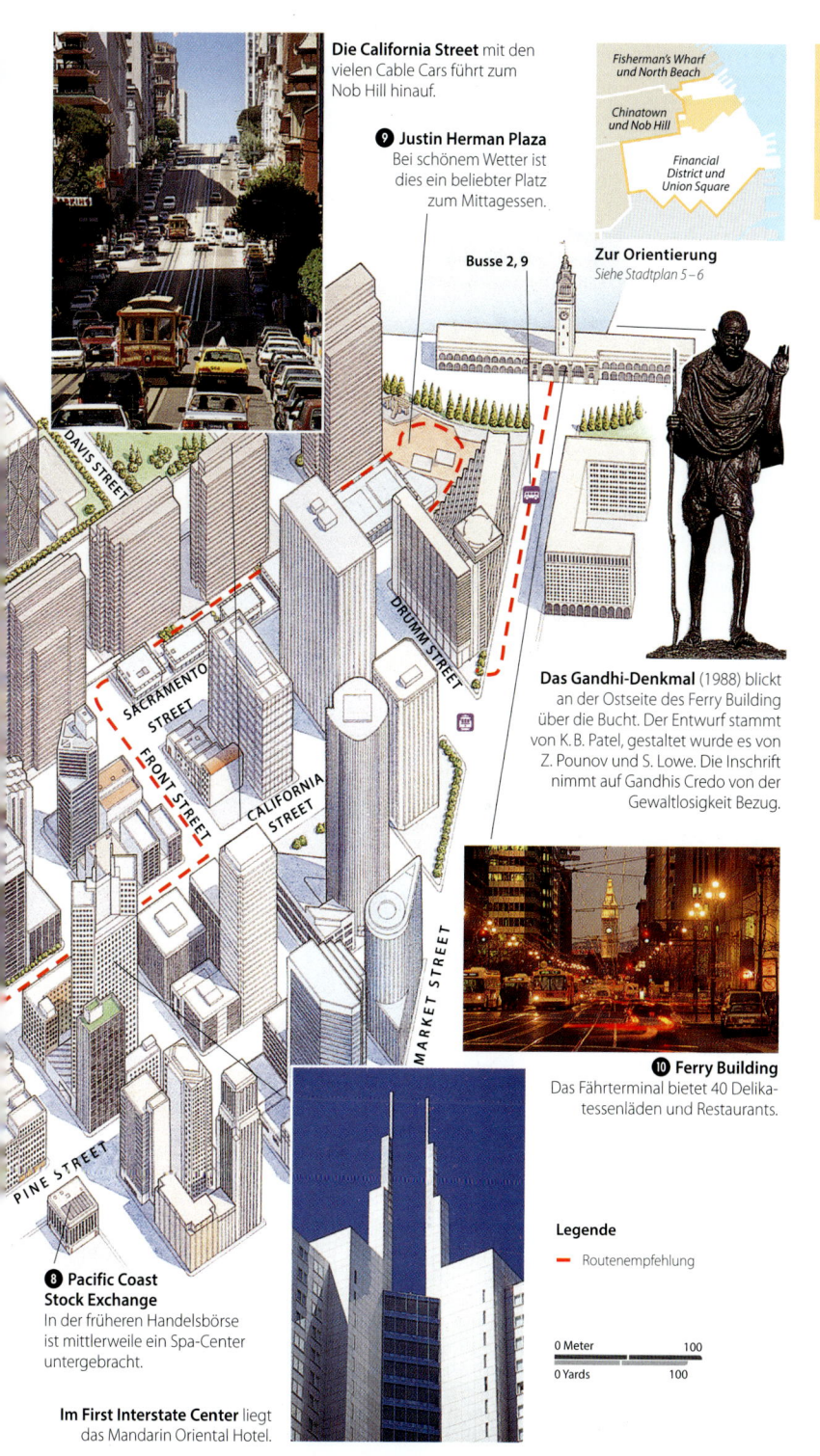

FINANCIAL DISTRICT | 111

Die California Street mit den vielen Cable Cars führt zum Nob Hill hinauf.

❾ Justin Herman Plaza
Bei schönem Wetter ist dies ein beliebter Platz zum Mittagessen.

Busse 2, 9

Zur Orientierung
Siehe Stadtplan 5 – 6

Fisherman's Wharf und North Beach
Chinatown und Nob Hill
Financial District und Union Square

Das Gandhi-Denkmal (1988) blickt an der Ostseite des Ferry Building über die Bucht. Der Entwurf stammt von K. B. Patel, gestaltet wurde es von Z. Pounov und S. Lowe. Die Inschrift nimmt auf Gandhis Credo von der Gewaltlosigkeit Bezug.

❿ Ferry Building
Das Fährterminal bietet 40 Delikatessenläden und Restaurants.

❽ Pacific Coast Stock Exchange
In der früheren Handelsbörse ist mittlerweile ein Spa-Center untergebracht.

Im First Interstate Center liegt das Mandarin Oriental Hotel.

Legende
— Routenempfehlung

0 Meter 100
0 Yards 100

Stadtplan siehe Seiten 290 – 308 **Karte** Extrakarte zum Herausnehmen

FINANCIAL DISTRICT UND UNION SQUARE

❶ Embarcadero Center

Stadtplan 6 D3. **Karte** P3. 1, 32, 41. J, K, L, M, N. California St. *Siehe* **Shopping** S. 233.

Nach zehn Jahren Bauzeit wurde im Jahr 1981 das größte Stadterneuerungsprojekt von San Francisco fertiggestellt. Das Embarcadero Center erstreckt sich von der Justin Herman Plaza bis zur Battery Street. Vier Türme überragen mit 35 bzw. 40 Stockwerken die Plätze und Fußgängerbrücken.

Das eindrucksvollste Innenleben hat das Hyatt Regency Hotel mit einem 17 Stockwerke hohen Atrium. In seiner Mitte steht die riesige Plastik *Eclipse* von Charles Perry. Gläserne Aufzüge schweben auf und nieder. In dem Hotel gibt es zudem noch einige Läden sowie ein Kino, das eine erstaunliche Auswahl an ausländischen Filmen und Independent-Produktionen zeigt.

Atrium des Hyatt Regency Hotels im Embarcadero Center

Hotaling Place am Jackson Square

❷ Jackson Square Historical District

Stadtplan 5 C3. **Karte** N3. 12, 41, 83.

Hier gibt es viele historische Gebäude mit Backstein-, Gusseisen- und Granitfassaden. Von 1850 bis 1910 war das Viertel für seine Spielhöllen und Bordelle berüchtigt und als Barbary Coast (Barbaren-, Ganovenküste) verschrien *(siehe S. 28f)*. Das Hippodrome (555 Pacific Street) war früher ein Theater, seine anzüglichen Reliefs erinnern an das einstige Programm. Nun sind in der Gegend Anwaltsbüros, Galerien und Antiquitätengeschäfte eingezogen – vor allem in der Jackson, Gold und Montgomery Street sowie am Hotaling Place.

❸ Wells Fargo History Museum

420 Montgomery St. **Stadtplan** 5 C4. **Karte** P3. 1-415-396-2619. 1, 3, 10, 41. California St. Montgomery. Mo–Fr 9–17 Uhr. Feiertage. wellsfargohistory.com

Die New Yorker Bank Wells Fargo & Co. eröffnete 1852 eine Zweigstelle in San Francisco und entwickelte sich zur größten Bank- und Transportgesellschaft im Westen. Die Firma transportierte Menschen und Waren von der Ost- zur Westküste sowie zwischen Minencamps und den Städten Kaliforniens. Sie brachte das Gold von der West- an die Ostküste und beförderte Post. Wells Fargo stellte Briefkästen auf. Kuriere sortierten die Post unterwegs. Auch bei der Postzustellung mit dem Pony Express spielte die Firma eine Rolle.

Die Postkutschen, von denen eine hier zu sehen ist *(siehe S. 110)*, waren wegen der mutigen Kutscher legendär – und wegen der Banditen, die sie ausraubten. Die bekannteste dieser Gestalten war der Räuber Black Bart, der nach Überfällen Gedichte hinterlegte. 1875–83 raubte er auf einsamen Wegen zwischen Calaveras County und der Grenze von Oregon Postkutschen aus. Schließlich vergaß er bei einem Überfall ein Taschentuch mit einem Wäschezeichen, das ihn als Bergbauingenieur Charles Boles auswies. Museumsbesucher erfahren weiterhin, wie es sich anfühlte, tagelang in einer Postkutsche zu sitzen. Sie können sich auch das auf Tonband gesprochene Tagebuch des Einwanderers Francis Brockle-hurst anhören. Zu den Exponaten zählen auch alte Pony-Express-Post, Fotos, frühe Schecks, Waffen sowie Goldnuggets.

Black Bart, der dichtende Bandit

FINANCIAL DISTRICT UND UNION SQUARE | 113

❹ 555 California

555 California St. **Stadtplan** 5 C4. **Karte** P3. 📞 1-415-392-1697. 🚌 1, 41. 🚋 California St. 🚇 Montgomery.

Das Gebäude aus rotem Granit war früher die Zentrale der Bank of America. Die 52 Stockwerke wurden im Jahr 1969 fertiggestellt. Zu dieser Zeit war 555 California der höchste Wolkenkratzer der Stadt. Von oben hat man auch heute noch einen unvergleichlichen Ausblick auf San Francisco.

Die Bank of America wurde ursprünglich als Bank of Italy von A. P. Giannini in San José gegründet. Im frühen 20. Jahrhundert gewann sie viele Einwanderer als Kunden und investierte in Farmland und kleine Städte. Beim Brand von 1906 *(siehe S. 30f)* rettete Giannini persönlich die Einlagen und brachte sie in Obstkisten versteckt in Sicherheit. So hatte die Bank genügend Kapital, um in den Wiederaufbau San Franciscos zu investieren.

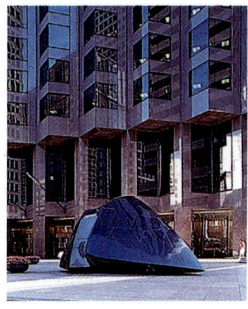

Transcendence (1967) – Skulptur von Nagari vor 555 California

❺ Transamerica Pyramid

600 Montgomery St. **Stadtplan** 5 C3. **Karte** P3. 🚌 1, 10, 12, 30, 41. ⬤ für Besucher. ♿ 🌐 transamerica.com

Markantes Erkennungsmerkmal des 48-stöckigen Bauwerks ist die Spitze. Mit 265 Metern ist es das höchste Gebäude der Stadt und eines ihrer Wahrzeichen. Nach der Eröffnung 1972 wurde es heftig kritisiert, doch dann als Teil der Skyline akzeptiert. Seit dem 11. September 2001 ist es nicht mehr öffentlich zugänglich, in der Lobby gibt es jedoch ein Informationszentrum.

Die Pyramide wurde von William Pereira & Associates entworfen und ist Arbeitsplatz von rund 1500 Büroangestellten. Der Wolkenkratzer steht an der Stelle des 1853 errichteten Montgomery Block, seinerzeit das größte Gebäude westlich des Mississippi. Im Untergeschoss war der Exchange Saloon untergebracht, in dem sich Mark Twain häufig aufhielt. In den 1860er Jahren mieteten sich Künstler im Montgomery Block ein. In der Merchant Street gegenüber dem Bauwerk erinnert eine Tafel an die einstige Pony-Express-Station.

Die Spitze ist hohl und erhebt sich 64 Meter über das oberste Stockwerk. Nachts wird sie erleuchtet und verbreitet ein warmes gelbes Licht.

Vertikale Flügel
Die Gebäudeflügel steigen vertikal von der Mitte des Erdgeschosses auf und gehen über den sich verjüngenden Rahmen hinaus. Der Ostflügel hat 18 Aufzüge, der Westflügel einen Rauchabzugsschacht und Nottreppen.

Schutz vor Erdbeben
Die Pyramide ist mit weißer Quarzmasse beschichtet, die auf jedem Stock mit Rundstahl fixiert ist. Die Zwischenräume der Paneele ermöglichen bei Erdbeben Seitwärtsbewegungen.

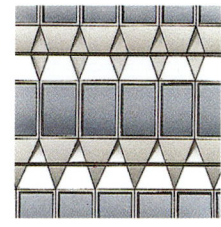

3678 Fenster beschäftigen Fensterputzer einen ganzen Monat lang.

Aussicht
Die oberen Büroräume bieten einen traumhaften 360-Grad-Panoramablick über die Stadt und die Bucht.

Form
Das Gebäude läuft spitz zu und wirft so weniger Schatten als ein konventioneller Bau.

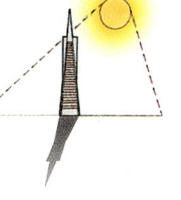

Die Fundamente stehen auf einem Stahlbetonsockel (15,5 m tief im Boden eingelassen), der bei Erschütterungen mitschwingt.

Stadtplan *siehe Seiten 290–308* **Karte** *Extrakarte zum Herausnehmen*

Klassizistische Fassade der Union Bank of California

❻ Union Bank of California

400 California St. **Stadtplan** 5 C4. **Karte** V2. 1-415-765-0400. 1, 2, 10, 12, 41. California St.

William Ralston und Darius Mills gründeten die Bank 1864. Ralston, als der Mann, »der San Francisco erbaute«, bekannt, hatte erfolgreich in die Comstock-Minen *(siehe S. 29)* investiert. Mit seinem Privatvermögen finanzierte er Projekte in San Francisco, etwa die Wasserversorgungsgesellschaft oder das Palace Hotel *(siehe S. 115)*. Ralstons Imperium brach während der Wirtschaftskrise der 1870er Jahre zusammen.

Das heutige Bankgebäude mit seinen Säulenkolonnaden wurde 1908 fertiggestellt. Im Basement befinden sich Läden, Restaurants und kleinere Galerien mit Kunsthandwerk und Fotografien.

❼ Merchant's Exchange

465 California St. **Stadtplan** 5 C4. **Karte** U2. 1-415-421-7730. 1, 3, 10,12, 41. Montgomery. Mo–Fr 9–17 Uhr, Sa, So nach Anmeldung. Feiertage. **w** mxbuilding.com

Das Gebäude wurde 1903 von William Polk entworfen und beim Brand von 1906 kaum beschädigt. Das Innere birgt Gemälde mit Seefahrtsszenen von William Coulter. Lange Zeit war die Merchant's Exchange die Heimstatt des »Commercial Club«. Damals hielten Wachen im Turm Ausschau nach den einlaufenden Schiffen aus Übersee. Der Julia Morgan Ballroom ist ein Prunksaal.

❽ Pacific Coast Stock Exchange

301 Pine St. **Stadtplan** 5 C4. **Karte** V2. 3, 41. für Besucher.

Hier befand sich einst die zweitgrößte Effektenbörse Amerikas. Sie wurde 1882 gegründet und zog in das Gebäude ein, das ursprünglich dem Schatzamt der USA gehörte und 1930 von Miller und Pflueger umgebaut wurde. Die riesigen Granitfiguren am Eingang wurden 1930 von Ralph Stackpole geschaffen.

Da sich der Ablauf des Börsenhandels im Lauf der Zeit änderte, wurden die Räumlichkeiten zu einem Fitness-Club umgewandelt.

❾ Justin Herman Plaza

Stadtplan 6 D3. **Karte** W1. viele Buslinien. J, K, L, M, N. California St.

Der Platz ist zur Mittagszeit immer mit Menschen überfüllt, die aus dem nahen Embarcadero Center kommen. Bekannt ist er wegen des avantgardistischen Vaillancourt-Brunnens, ein Werk des kanadischen Künstlers Armand Vaillancourt von 1971. Viele finden den Brunnen hässlich, vor allem wenn er bei Wasserknappheit im Sommer abgestellt wird. Ansonsten erweist er sich als gutes Beispiel für Gebrauchskunst: Man darf auf ihm herumklettern und in Becken und Wassersäulen planschen.

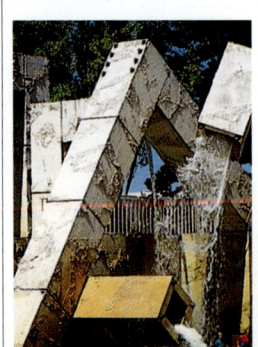

Der Vaillancourt-Brunnen auf der Justin Herman Plaza

Uhrturm des Ferry Building

❿ Ferry Building

Embarcadero, Ecke Market St. **Stadtplan** 6 E3. **Karte** W1. viele Busse. F, J, K, L, M, N. California St.

Das Gebäude (1896–1903) überstand den Brand von 1906 *(siehe S. 30f)*, weil Boote Wasser aus der Bucht pumpten und das Feuer löschen konnten. Der 71 Meter hohe Uhrturm ist dem Turm der Kathedrale von Sevilla nachempfunden. In den frühen 1930er Jahren passierten jährlich über 50 Millionen Menschen das Gebäude. Nun sind hier Delikatessenläden mit frischen Waren sowie Restaurants und Imbissstände untergebracht. Dienstags und samstags findet vor dem Gebäude ein Bauernmarkt statt.

Nach der Einweihung der Bay Bridge 1936 verlor das Ferry Building seine Bedeutung als Tor nach San Francisco. Heute gibt es nur noch wenige Fähren nach Larkspur und Sausalito, Marin County *(siehe S. 163)*, sowie nach Alameda und Oakland, East Bay *(siehe S. 166–169)*.

⓫ California Historical Society

678 Mission St. **Stadtplan** 6 D5. **Karte** P4. 1-415-357-1848. 9, 30, 45. J, K, L, M, N, T. Montgomery. Bibliothek: Mi – Fr 12 – 17 Uhr. Museum: Di – So 12 – 17 Uhr.
californiahistoricalsociety.org

Die 1871 gegründete historische Gesellschaft Kaliforniens mit Bibliothek, Ausstellungsräumen und Buchladen widmet sich u. a. der Entstehung und Geschichte San Franciscos. Sie besitzt über 900 Gemälde und Aquarelle von amerikanischen Künstlern, eine Fotosammlung, Manuskripte und alte Karten sowie dekorative Kunst und eine sehenswerte Kostümsammlung.

Da der Ausstellungsbereich relativ klein ist, werden die Exponate regelmäßig ausgetauscht.

Wandbild im Rincon Annex: Entdeckung San Franciscos durch die Spanier

Angler am Pier 7

⓬ Museum of the African Diaspora

685 Mission St. **Stadtplan** 5 C5. **Karte** P4. 1-415-358-7200. 14, 30, 45. J, K, L, M, N, T. Mi – Sa 11–18, So 12–17 Uhr. Feiertage.
moadsf.org

Hier werden afrikanische Musik und Traditionen sowie die Geschichte des Sklavenhandels präsentiert. Es gibt auch interaktive Ausstellungen und Workshops.

⓭ Rincon Center

Stadtplan 6 B4. **Karte** Q4. 14. Siehe **Shopping** S. 233.

Das mehrstöckige Shopping-Center mit hohem Atrium wurde im Jahr 1989 an das alte Rincon Annex Post Office Building angebaut. Es ist für seine Wandbilder von Anton Refregier zur Geschichte Nordkaliforniens bekannt.

⓮ Contemporary Jewish Museum

736 Mission St. **Stadtplan** 5 C5. **Karte** P4. 1-415-655-7800. 14, 30, 45. J, K, L, M, N, T. Fr – Mi 11–17, Do 11 – 20 Uhr. jüdische Feiertage, 1. Jan, 4. Juli, Thanksgiving.
thecjm.org

Das Museum kooperiert mit internationalen Institutionen, um Kunst, Fotografien und Installationen zum Thema »Judentum« zu zeigen.

⓯ Yerba Buena Gardens

Siehe S. 116 f.

⓰ SF Museum of Modern Art

Siehe S. 120 – 123.

⓱ Palace Hotel

2 New Montgomery St. **Stadtplan** 5 C4. **Karte** P4. 1-415-512-1111. 7, 9, 21, 31, 45, 71. J, K, L, M, N, T. Siehe **Hotels** S. 215.

Das erste Palace Hotel wurde 1875 von William Ralston, einem bekannten Finanzier, eröffnet. Das damals luxuriöseste Hotel der Stadt empfing viele Reiche und Prominente. Zu den Stammgästen gehörten Sarah Bernhardt, Oscar Wilde und Rudyard Kipling. Der gefeierte Tenor Enrico Caruso war gerade Gast, als das Hotel beim Erdbeben von 1906 in Flammen aufging. Kurz darauf wurde es unter dem Architekten George Kelham wiederaufgebaut und 1909 wiedereröffnet.

Luxuriöser Speisesaal: Garden Court im Palace Hotel

⓯ Yerba Buena Gardens

Der Bau des Moscone Center, des größten Konferenzzentrums in San Francisco, gab den Anstoß zu ehrgeizigen Planungen für Yerba Buena Gardens. Neue Wohnungen, Hotels, Museen, Läden, Restaurants und Gärten wurden gebaut und erfüllen dieses Stadtviertel nun mit neuem Leben. Im Sommer finden in der Parkanlage Events von Weltklasse und Open-Air-Veranstaltungen statt.

★ Yerba Buena Center for the Arts
Attraktiv sind die Ausstellungen, das Forum und ein Kino für zeitgenössische Filme.

Esplanade Gardens
Besucher können hier spazieren gehen oder im Sommer die kostenlosen Events genießen.

Außerdem

① **Das Children's Creativity Museum**, früher Zeum, ist Lieblingsziel Kinder jeden Alters. Es will Jugendliche und Künstler für Kunst- und Technologieprojekte zusammenbringen – von Flugzeugkonstruktionen, Robotern und Architektur bis zur Bildhauerei.

② **Das Martin Luther King Jr. Memorial** archiviert Friedensreden in mehreren Sprachen.

③ **Östlicher Garten**

④ **Nordeingang des Moscone Center**

⑤ **Südeingang des Moscone Center**

⑥ **Der Garten für die Kinder** ist so gestaltet, dass er zu fantasievollem Spiel anregt.

⑦ **Der Esplanade Ballroom** ist einer von vielen Konferenzsälen San Franciscos. Hier finden große Tagungen und Symposien statt.

⑧ **Eislaufhalle**

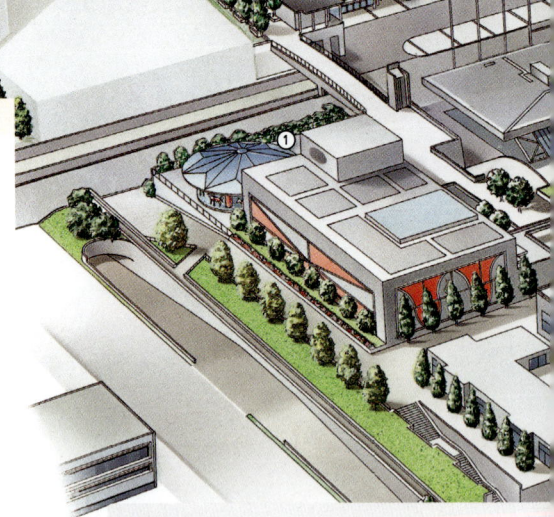

Moscone Center

Die unterirdische Halle des Centers kommt ohne Stützsäulen aus, obwohl sie das Children's Center zu tragen hat. Der Ingenieur T.Y. Lin entwickelte dafür eine Konstruktion, bei der die Fundamente von allen acht Stützbogen unterirdisch mit Kabeln verbunden sind. So erhielten die Bogen ihre starke Belastbarkeit.

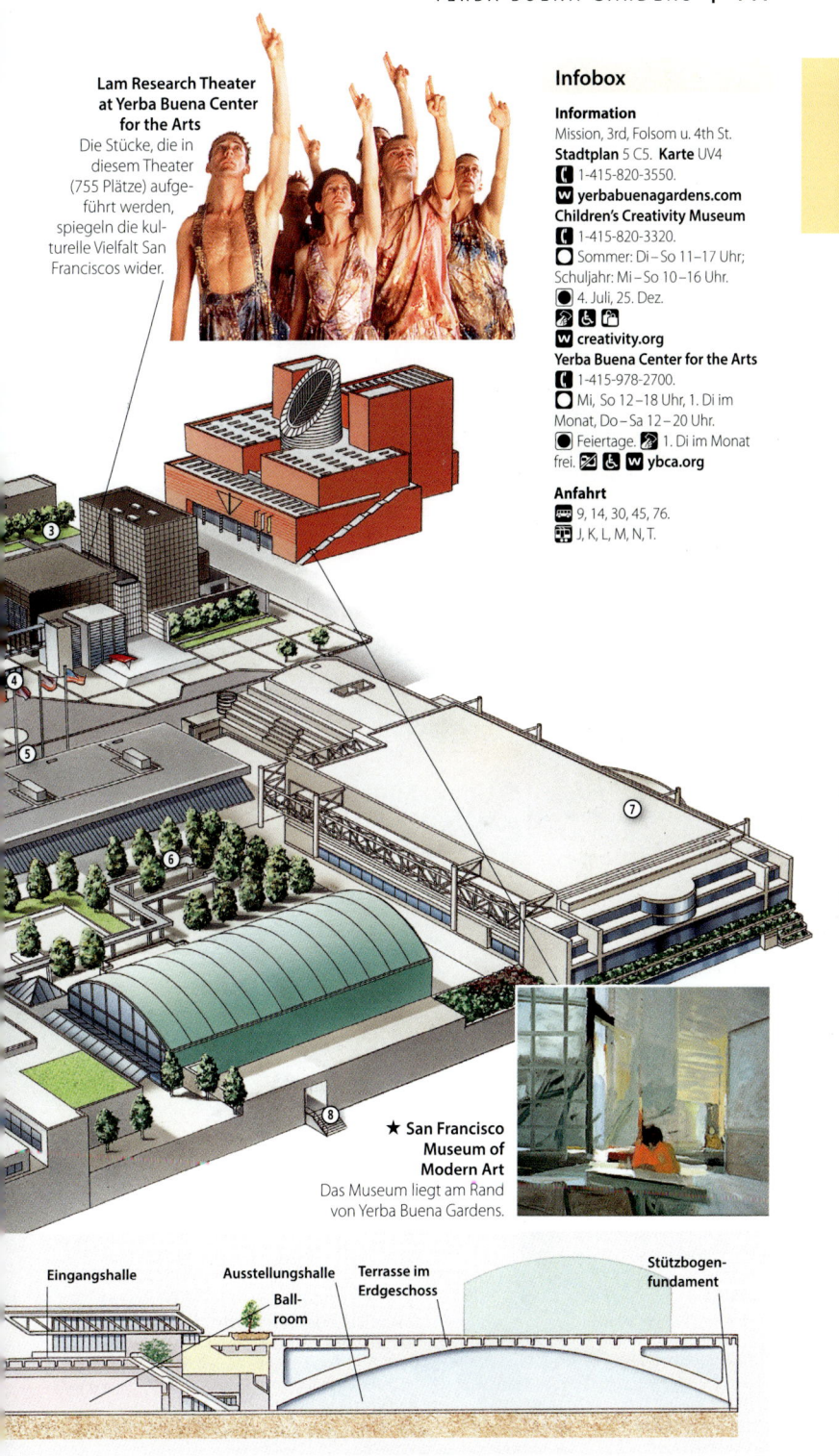

YERBA BUENA GARDENS | 117

Lam Research Theater at Yerba Buena Center for the Arts
Die Stücke, die in diesem Theater (755 Plätze) aufgeführt werden, spiegeln die kulturelle Vielfalt San Franciscos wider.

Infobox

Information
Mission, 3rd, Folsom u. 4th St.
Stadtplan 5 C5. **Karte** UV4
1-415-820-3550.
yerbabuenagardens.com
Children's Creativity Museum
1-415-820-3320.
Sommer: Di – So 11–17 Uhr; Schuljahr: Mi – So 10–16 Uhr.
4. Juli, 25. Dez.
creativity.org
Yerba Buena Center for the Arts
1-415-978-2700.
Mi, So 12–18 Uhr, 1. Di im Monat, Do – Sa 12 – 20 Uhr.
Feiertage. 1. Di im Monat frei. ybca.org

Anfahrt
9, 14, 30, 45, 76.
J, K, L, M, N, T.

★ **San Francisco Museum of Modern Art**
Das Museum liegt am Rand von Yerba Buena Gardens.

Eingangshalle Ausstellungshalle Terrasse im Erdgeschoss Stützbogenfundament
Ballroom

Stadtplan *siehe Seiten 290 – 308* **Karte** *Extrakarte zum Herausnehmen*

FINANCIAL DISTRICT UND UNION SQUARE

Zentrale Plaza der Crocker Galleria

⓲ Crocker Galleria

Zwischen Post, Kearny, Sutter und Montgomery St. **Stadtplan** 5 C4. **Karte** U3. 📞 1-415-393-1500. 🚌 2, 3. 🚋 J, K, L, M, N, T. *Siehe* **Shopping** *S. 233.*

Die Crocker Galleria wurde 1982 von den Architekten Skidmore, Owings und Merrill in Anlehnung an die Galleria Vittorio Emanuele in Mailand gebaut. Über der zentralen Plaza wölbt sich ein Glasdach. Auf den drei Etagen finden sich ca. 50 Läden europäischer und amerikanischer Designer sowie Restaurants.

⓳ Gump's

135 Post St. **Stadtplan** 5 C4. **Karte** U3. 📞 1-415-982-1616. 🚌 2, 3, 4, 30, 38, 45. 🚋 J, K, L, M, N, T. 🚡 Powell–Mason, Powell–Hyde. 🕐 Mo–Sa 10–18, So 12–17 Uhr. ♿ *Siehe* **Shopping** *S. 237.*

Das von deutschen Einwanderern – ehemaligen Spiegel- und Rahmenhändlern – 1861 gegründete, bodenständige Kaufhaus ist in San Francisco eine Institution: Viele Hochzeitspaare lassen hier ihre Geschenkwünsche registrieren. Mit berühmten Namen wie Baccarat, Steuben und Lalique bietet Gump's die größte Auswahl an feinem Porzellan und Kristallglas in den USA. Das Haus ist auch für seine Orientabteilung, Möbel und die Kunstabteilung bekannt. Vor allem asiatische Kunst wird gepflegt, die Jade-Sammlung genießt Weltruf. Gump's transportierte 1949 den großen Bronze-Buddha, der im Japanese Tea Garden zu sehen ist *(siehe S. 149).* Mit seinem exklusiven Flair zieht Gump's alles an, was Geld und Namen hat. Seine ausgefallenen Schaufensterdekorationen, die regelmäßig wechseln, sind legendär.

⓴ Union Square

Stadtplan 5 C5. **Karte** TU3. 🚌 2, 3, 30, 38, 45. 🚋 J, K, L, M, N, T. 🚡 Powell–Mason, Powell–Hyde.

Der Name des Platzes leitet sich von den großen Kundgebungen ab, die hier während des Bürgerkriegs (1861–65) stattfanden. Sie begeisterten die Bevölkerung für die Sache des Nordens und beschleunigten den Kriegsbeitritt Kaliforniens auf Seiten der Union. Der Platz liegt im Herzen des Shopping-Viertels und grenzt an den Theater District. An seiner Westseite befindet sich das berühmte Westin St. Francis Hotel, in seiner Mitte thront auf einer 27 Meter hohen Säule eine Siegesstatue. Das Monument erinnert an den Sieg von Admiral Dewey im Spanisch-Amerikanischen Krieg von 1898 in der Bucht von Manila.

Siegessäule am Union Square

㉑ Theater District

Stadtplan 5 B5. **Karte** S3–4. 🚌 2, 3, 38. 🚡 Powell–Mason, Powell–Hyde. 🚋 J, K, L, M, N, T. *Siehe* **Unterhaltung** *S. 250f.*

Um den Union Square sind in gerade einmal sechs Straßenblocks gleich mehrere Theater konzentriert. Die beiden größten liegen am Geary Boulevard im Westen des Platzes: das 1922 erbaute Curran Theater und das Geary Theater von 1909 – heute Heimat des American Conservatory Theater (ACT). Seit den Tagen des Goldrauschs *(siehe S. 26f)* blüht in San Francisco das Theater. Große Bühnen- und Opernstars zog es in die Stadt. Die Tänzerin Isadora Duncan, Wegbereiterin des Modern Dance, wurde hier in der Taylor Street Nr. 501 geboren.

San Franciscos berühmte Kaufhäuser am Union Square

㉒ Union Square Shops

Stadtplan 5 C5. **Karte** TU3. 🚌 2, 3, 30, 38, 45. 🚡 Powell–Mason, Powell–Hyde. 🚋 J, K, L, M, N, T. *Siehe* **Shopping** *S. 233.*

Hier sind viele Kaufhäuser vertreten: Macy's, Saks Fifth Avenue, Neiman Marcus und Gump's *(siehe S. 232f).* Hinzu kommen große Hotels, Antiquariate und Boutiquen. Das Union Square Frank Lloyd Wright Building (140 Maiden Lane) ist der Vorläufer des Guggenheim Museum in New York.

FINANCIAL DISTRICT UND UNION SQUARE | 119

❷❸ Powell Street Cable Car Turntable

Hallidie Plaza, Powell St und Market St. **Stadtplan** 5 C5. **Karte** T4. viele Busse. J, K, L, M, N, T. Powell – Mason, Powell – Hyde.

Die interessantesten Cable-Car-Linien (Powell – Hyde und Powell – Mason) beginnen und beenden ihre Fahrten nach Nob Hill, Chinatown und Fisherman's Wharf an der Ecke Powell Street und Market Street. Anders als die Wagen der California-Street-Linie, die mit Führerständen an beiden Enden ausgestattet sind, haben die Wagen der Powell-Street-Linie nur einen Führerstand. Deshalb gibt es an beiden Streckenenden einen Turntable, also eine Drehscheibe. Wenn die Fahrgäste ausgestiegen sind, wenden Fahrer und Schaffner den Wagen mit Körperkraft. Gäste, die in die andere Richtung fahren wollen, warten inmitten der Menge von Musikern, Kauflustigen, Besuchern und Büroangestellten.

Powell Street Cable Car Turntable – Fahrer und Schaffner beim Wenden

❷❹ Westfield San Francisco Centre

Market St und Powell St. **Stadtplan** 5 C5. **Karte** U4. 1-415-512-6776. 5, 7, 9, 14, 21, 71. J, K, L, M, N. Powell –Mason, Powell – Hyde. tägl. 10 – 20.30 Uhr (So bis 19 Uhr). Siehe **Shopping** S. 233.
westfield.com

Im 1988 eröffneten Einkaufszentrum kommt man auf halbrunden Rolltreppen zu den neun Etagen der Mall, deren elegante Läden um ein hohes Atrium angeordnet sind. An schönen Tagen wird die Kuppel in 45 Meter Höhe geöffnet. Vom Basement gelangt man direkt zur Powell Street Station. Das Modehaus Nordstrom ist der größte Mieter: Es belegt die oberen fünf Stockwerke. Die Eingänge zu Bloomingdales – mit einer klassischen Rotunde – befinden sich auf den unteren Etagen.

❷❺ Old United States Mint

Fifth St und Mission St. **Stadtplan** 5 C5. **Karte** U4. 14, 14L, 26, 27. J, K, L, M, N, T. für Besucher.

Eine der drei Münzstätten von San Francisco, die Old Mint, war von 1973 bis 1994 ein Museum. Die letzten Münzen waren schon 1937 geprägt worden. A. B. Mullet erbaute das klassizistische Gebäude zwischen 1869 und 1874. Es wurde mit eisernen Fensterläden und einbruchsicheren Kellergewölben ausgestattet und zählt zu den wenigen Bauwerken, die Erdbeben und Brand von 1906 *(siehe S. 30f)* überstanden haben. Es ist geplant, die Old United States Mint demnächst wieder in ein Museum umzuwandeln.

❷❻ San Francisco Visitor Information Center

Powell St, Ecke Market St, Untergeschoss Hallidie Plaza. **Stadtplan** 5 B5. **Karte** T4. 1-415-391-2000. 1-415-391-2001. viele Busse. J, K, L, M, N, T. Powell – Mason, Powell – Hyde. Mo – Fr 9 –17, Sa, So 9 –15 Uhr. So (Nov – Apr). teilweise. sanfrancisco.travel

Hier gibt es Infos über Stadttouren, Ausflüge, Festivals, Restaurants, Unterkunft, Nachtleben und Shopping-Möglichkeiten. Mehrsprachige Karten und Broschüren stehen in großer Auswahl zur Verfügung, die Mitarbeiter geben mehrsprachig Auskunft. Sie erhalten auch telefonisch Informationen oder können Tipps vom Tonband abhören.

Old Mint: eine einbruchsichere »Granite Lady«

Stadtplan *siehe Seiten 290 – 308* **Karte** *Extrakarte zum Herausnehmen*

/ **San Francisco Museum of Modern Art**

Das Museum (Gründung 1935) brachte San Francisco den Ruf als führendes Zentrum moderner Kunst ein. 1995 zog es in sein derzeitiges Quartier um. Kern des vom Schweizer Architekten Mario Botta entworfenen modernistischen Gebäudes ist der 38 Meter hohe zylindrische Lichtturm, der Tageslicht ins Atrium lässt. Auf mehr als 4600 Quadratmetern Ausstellungsfläche sind über 23 000 Kunstwerke untergebracht. Darüber hinaus sind Sonderausstellungen von Kunst aus der ganzen Welt zu sehen. Das Museum wird derzeit umfassend renoviert. Die Wiedereröffnung ist für 2016 geplant.

Les Valeurs personelles
Der belgische Surrealist René Magritte schuf das Gemälde 1952. Es zeigt sein großes Thema: die befremdliche Anordnung von Alltagsgegenständen in einem realistischen Ambiente.

Kurzführer

Museumsshop, Café und Veranstaltungsräume liegen im Erdgeschoss. Im ersten Stock befinden sich das Koret Visitor Education Center und die Dauerausstellung des Museums mit Gemälden, Skulpturen, Architektur und Design. Fotografie gibt es im zweiten, Medienkunst, Sonderausstellungen und einen Skulpturengarten im dritten Stock. Im vierten Stock und im Dachgarten ist Gegenwartskunst zu sehen. Während der Renovierung ist das Museum nicht zugänglich. Den Shop finden Sie bis 2016 in der Yerba Buena Lane.

★ No. 14, 1960
Das Ölgemälde stammt von Mark Rothko, einem abstrakten Expressionisten. Es zählt zu den bekanntesten Werken des Künstlers.

Four on a Bench
Die polnische Künstlerin Magdalena Abakanowicz schuf die Skulptur (1980–90) aus Jute, Harz und Holz.

Der 38 Meter hohe zylindrische Lichtturm

Erster Stock

Auditorium

Erdgeschoss

Haupteingang

Nottreppe

Legende

- Gemälde und Skulpturen
- Architektur und Design
- Fotografie und Grafik
- Medienkunst
- Koret Visitor Education Center
- Sonderausstellungen
- Kein Ausstellungsbereich

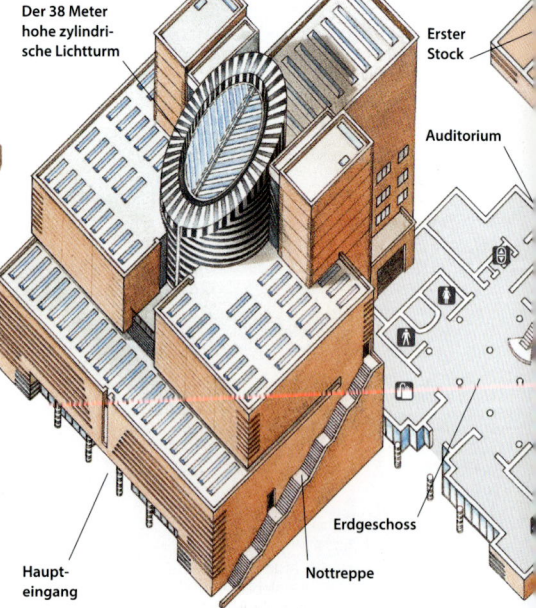

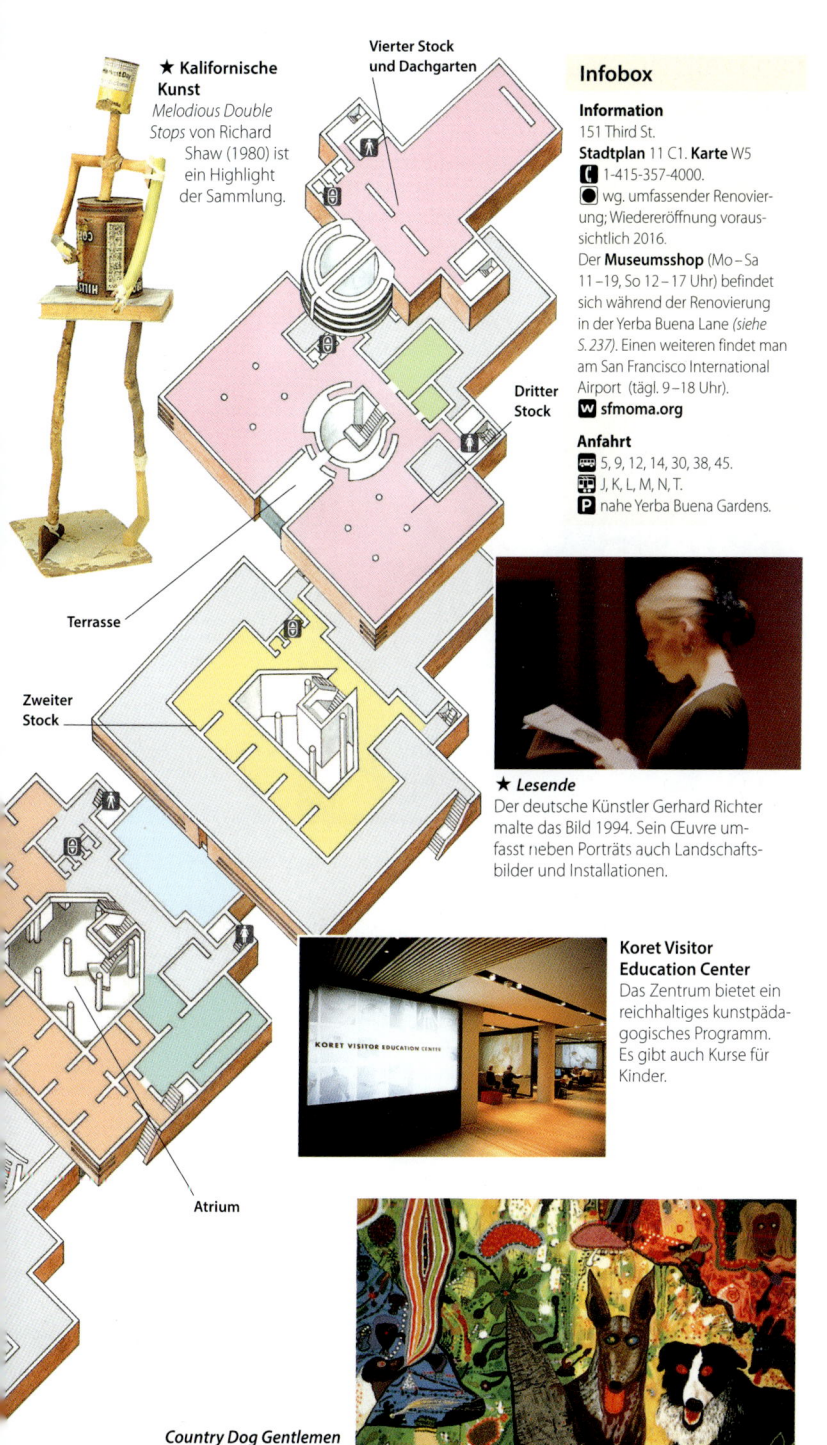

SAN FRANCISCO MUSEUM OF MODERN ART | 121

★ **Kalifornische Kunst**
Melodious Double Stops von Richard Shaw (1980) ist ein Highlight der Sammlung.

Vierter Stock und Dachgarten

Dritter Stock

Terrasse

Zweiter Stock

Atrium

Infobox

Information
151 Third St.
Stadtplan 11 C1. **Karte** W5
1-415-357-4000.
wg. umfassender Renovierung; Wiedereröffnung voraussichtlich 2016.
Der **Museumsshop** (Mo–Sa 11–19, So 12–17 Uhr) befindet sich während der Renovierung in der Yerba Buena Lane *(siehe S. 237)*. Einen weiteren findet man am San Francisco International Airport (tägl. 9–18 Uhr).
sfmoma.org

Anfahrt
5, 9, 12, 14, 30, 38, 45.
J, K, L, M, N, T.
nahe Yerba Buena Gardens.

★ *Lesende*
Der deutsche Künstler Gerhard Richter malte das Bild 1994. Sein Œuvre umfasst neben Porträts auch Landschaftsbilder und Installationen.

Koret Visitor Education Center
Das Zentrum bietet ein reichhaltiges kunstpädagogisches Programm. Es gibt auch Kurse für Kinder.

Country Dog Gentlemen
Roy De Forest aus der Bay Area malte das Fantasiebild einer von Tieren behüteten Welt 1972.

Stadtplan *siehe Seiten 290–308* **Karte** *Extrakarte zum Herausnehmen*

San Francisco Museum of Modern Art: Sammlungen

Das San Francisco Museum of Modern Art ist nicht nur ein Hort der amerikanischen Kunstgeschichte, sondern auch ein Quell der Inspiration und Ermutigung für die heimischen Künstler. Der Schwerpunkt liegt bei den amerikanischen abstrakten Expressionisten, der kalifornischen Kunst und den zahlreichen Künstlern der Bay Area, von denen das Museum Tausende von Werken besitzt.

Doch auch die internationalen Gemäldesammlungen des Museum of Modern Art sind berühmt, darunter etwa die zum Fauvismus, zum deutschen Expressionismus und zum Surrealismus.

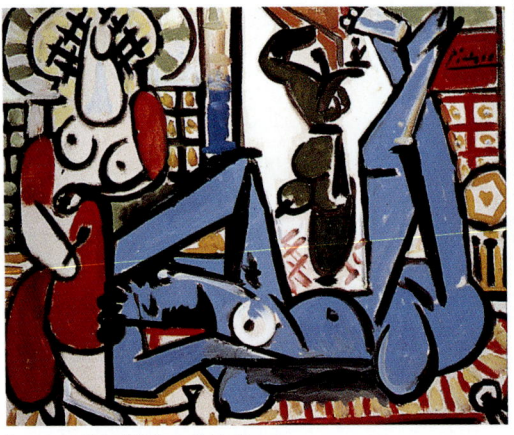

Frauen von Algier (1955) von Pablo Picasso

Gemälde und Skulpturen

Zum festen Bestand des Museums gehören etwa 6000 Gemälde, Skulpturen und Grafiken. Wichtige Künstler und Schulen der europäischen, nordamerikanischen und lateinamerikanischen Malerei sind vertreten. Gemälde und Plastiken von 1900 bis 1960 befinden sich im zweiten Stock. Malerei, Grafik und Bildhauerei nach 1960 werden im fünften Stock präsentiert.

Der amerikanische abstrakte Expressionismus ist mit Philip Guston, Willem de Kooning, Franz Kline, Joan Mitchell und Jackson Pollock bestens vertreten. Pollocks *Guardians of the Secret* ist ein Meisterwerk dieser Kunstrichtung.

Separate Räume sind den Gemälden von Clyfford Still vorbehalten, der Mitte des 20. Jahrhunderts an der California School of Fine Arts lehrte – dem heutigen San Francisco Art Institute *(siehe S. 88f)*. 1975 stiftete Clyfford Still dem Museum 28 seiner Gemälde.

Weitere hier vertretene prominente nord- und lateinamerikanische Künstler sind Stuart Davis, Marsden Hartley, Frida Kahlo, Wilfredo Lam, Georgia O'Keeffe, Rufino Tamayo und Joaquin Torres-Garcia. Eines der eindrucksvollsten Bilder des Museums ist das Ölbild *Der Blumenträger* (1935) von Diego Rivera (1886–1957). Der mexikanische Maler ist vor allem für seine Wandmalereien berühmt *(siehe S. 142f)*.

Spezielle Ausstellungsräume sind zudem der Anderson Collection of American Pop Art mit Werken von Jasper Johns, Robert Rauschenberg, Andy Warhol und anderen Künstlern gewidmet.

Auch die Kunst der europäischen Moderne ist mit bekannten Gemälden von Hans Arp, Max Beckmann, Constantin Brâncuși, Georges Braque, André Derain, Franz Marc und Pablo Picasso vertreten.

Für die große Sammlung von Bildern des gebürtigen Schweizers Paul Klee (1879–1940) und die Werke des berühmten französischen Fauvisten Henri Matisse (1869–1954) gibt es eigene Ausstellungsräume. Die *Frau mit Hut* von Henri Matisse ist wohl das bekannteste Gemälde des Museums.

Unter den Stilrichtungen des 20. Jahrhunderts ist auch der Surrealismus mit Werken von Salvador Dalí, Max Ernst und Yves Tanguy vertreten.

Architektur und Design

Die Abteilung für Architektur und Design wurde 1983 gegründet. Ihre Aufgabe ist es, die Sammlung von historischen und zeitgenössischen Architekturzeichnungen,

92 Chaise (1992) von **Holt Hinshaw Pfau Jones**

Modellen sowie Designer-Objekten auszubauen und ihren Einfluss auf die moderne Kunst darzustellen. Beim gegenwärtigen Bestand von über 4000 Exponaten liegt der Akzent auf den Bereichen Architektur, Möbel-, Industrie- und Grafik-Design.

In den Räumen im ersten Stock finden sich Skizzen, Entwürfe, Drucke und Architekturmodelle von bekannten Namen. Zu ihnen zählt auch der berühmte Architekt Bernard Maybeck, der einige der schönsten Bauwerke der Bay Area geschaffen hat, beispielsweise den Palace of Fine Arts *(siehe S. 62)*.

Weitere bekannte, hier vertretene Architekten aus der Bay Area sind Timothy Pflueger, William Wurster, William Turnbull und Willis Polk, der Erbauer des Hallidie Building *(siehe S. 47)*, sowie das kalifornische Designerteam Charles und Ray Eames.

Auch die Arbeiten von Fumihiko Maki, F. Lloyd Wright und Frank Gehry sind Teil der Dauerausstellung des Museums, das in regelmäßiger Folge Design- sowie Architekturvorlesungen veranstaltet.

Medienkunst

Die Abteilung für Medienkunst wurde 1987 im dritten Stock eingerichtet. Sie hat die Aufgabe, die Kunst des bewegten Bildes – also Video, Film, Bildprojektion, elektronische Kunst und neue Medien – zu sammeln, zu dokumentieren und auszustellen. Die Räumlichkeiten sind mit der modernsten Technik ausgestattet, um fotografische, Multiimage- und Multimedia-Arbeiten, Film, Video sowie interaktive Medienkunst adäquat präsentieren zu können.

Die stetig wachsende Medienkust-Sammlung des Museums umfasst Arbeiten von

Michael Jackson and Bubbles (1988) von Jeff Koons

Nam June Paik, Don Graham, Peter Campus, Joan Jonas, Bill Viola, Doug Hall und Mary Lucier.

Fotografie

Ein Archivbestand von mehr als 12 000 Fotografien gestattet einen umfassenden historischen Überblick über diese Kunstrichtung. Im zweiten Stock des Museums finden regelmäßig wechselnde Fotoausstellungen statt. Zur Sammlung moderner amerikanischer Meister gehören Berenice Abbott, Walker Evans, Edward Steichen und Alfred Stieglitz. Besondere Aufmerksamkeit gilt den kalifornischen Fotografen John Gutmann, Imogen Cunningham und Ansel Adams. Auch Sammlungsbestände aus Japan, Lateinamerika und Europa sind vorhanden, darunter die deutsche Avant-

Graphite to Taste (1989) von Gail Fredell

garde der 1920er sowie europäische Surrealisten der 1930er Jahre.

Kalifornische Kunst

Räume im ersten und vierten Stock zeigen die Werke kalifornischer Künstler. Von der besonderen Atmosphäre ihrer Heimat inspiriert, schufen sie einen eigenen Westküsten-Stil. Zu den bedeutendsten gegenständlichen Malern der Bay Area zählen Elmer Bishoff, Joan Brown, David Park und Richard Diebenkorn, der mit einer umfangreichen Sammlung vertreten ist.

Collage- und Assemblage-Arbeiten von Bruce Connor, William T. Wiley und Jess aus dem Mission District sind ebenfalls vertreten. Die Verwendung von Schrott, Filzstiften und sonstigen Alltagsgegenständen für Kunstwerke machen diesen Kunststil der Westküste unverwechselbar.

Zeitgenössische Kunst und Veranstaltungen

Ein Teil der Ausstellungsfläche im zweiten und dritten Stock ist Sonderausstellungen vorbehalten. Hier werden Schenkungen, Neuerwerbungen und auch ungefähr zehn Ausstellungen pro Jahr gezeigt. Die häufig wechselnden Ausstellungen zur Gegenwartskunst ergänzen die Sammlungen des Museums und tragen viel dazu bei, die gegenwärtige Kunstszene zu ermutigen und zu fördern.

Cave, Tsankawee, Mexico (1988), Fotografie von Linda Connor

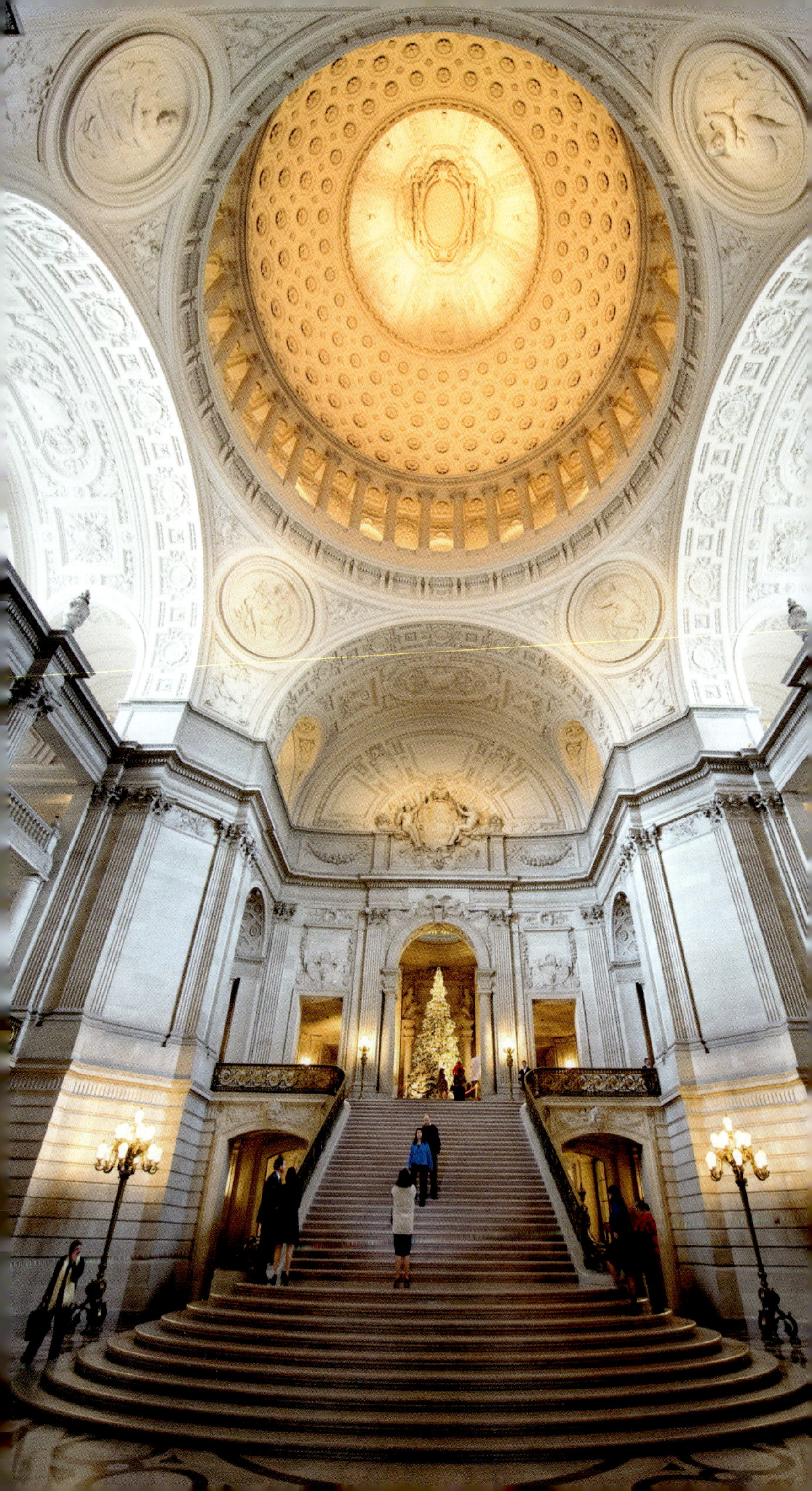

Civic Center

Civic Center Plaza ist das Herz des Verwaltungszentrums von San Francisco. Hier sind einige der bedeutendsten Bauwerke versammelt. Auf das Areal mit seinen Regierungsbauten und dem Kunstkomplex sind die Bürger stolz. Nachdem das alte Rathaus beim Erdbeben von 1906 *(siehe S. 30f)* zerstört worden war, wurde hier ein kommunales Zentrum errichtet, das der wachsenden Bedeutung San Franciscos als Welthafen besser gerecht werden sollte. Nach seiner Wahl zum Bürgermeister im Jahr 1911 stellte sich »Sunny Jim« Rolph *(siehe S. 31)* der Herausforderung des Wiederaufbaus. Er räumte dem Bau des Civic Center höchste Priorität ein. Schon ein Jahr später, 1912, war die Finanzierung gesichert. 1987 wurden die Gebäude – Musterbeispiele für den Beaux-Arts-Stil *(siehe S. 49)* – unter Denkmalschutz gestellt. Sie bilden das wohl kühnste Stadtzentrum der USA und sind auf jeden Fall eine Besichtigung wert. Die Fulton Street führt zum nahen Alamo Square, an dem schöne, spätviktorianische Häuser stehen.

Sehenswürdigkeiten auf einen Blick

Historische Straßen und Gebäude
- ❷ Bill Graham Civic Auditorium
- ❻ Veterans Building
- ❼ City Hall
- ⓫ Cottage Row
- ⓭ Alamo Square
- ⓮ University of San Francisco

Shopping-Meile
- ⓬ Hayes Valley

Moderne Architektur
- ❿ Japan Center

Theater und Konzerthallen
- ❹ Louise M. Davies Symphony Hall
- ❺ War Memorial Opera House
- ❽ Great American Music Hall

Museen und Sammlungen
- ❶ Asian Art Museum
- ❸ San Francisco Arts Commission Gallery

Kirche
- ❾ St. Mary's Cathedral

Restaurants *siehe S. 222–228*
1. Absinthe Brasserie and Bar
2. Ananda Fuara
3. AsiaSF
4. Dosa
5. Gussie's Chicken and Waffles
6. Herbivore
7. Jardinière
8. Lers Ros Thai
9. Mifune
10. NOPA
11. Saigon Sandwich
12. Stacks
13. Tommy's Joynt

Stadtplan 3–4, 5, 9–10, 11

◀ Besucher steigen die Treppen zur City Hall *(siehe S. 129)* hoch   Zeichenerklärung *siehe hintere Umschlagklappe*

Im Detail: Civic Center

San Franciscos wichtigster öffentlicher Platz wurde meisterhaft geplant und gestaltet. Seine Beaux-Arts-Architektur *(siehe S. 49)* mit der eindrucksvollen Kuppel der City Hall zeugt von der Energie, mit der man nach 1906 *(siehe S. 30f)* an den Wiederaufbau ging. Zuerst entstand das Civic Auditorium anlässlich der Panama-Pazifik-Ausstellung von 1915 *(siehe S. 72)*. Es folgten City Hall, Bibliothek und der War-Memorial-Arts-Komplex.

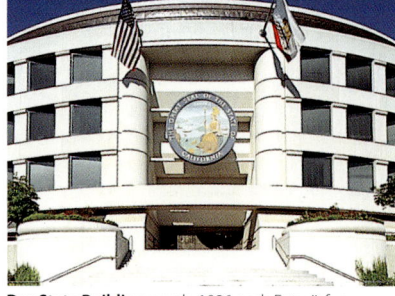

Das State Building wurde 1986 nach Entwürfen von Skidmore, Owings und Merrill vollendet. Der Bau nimmt die Rundungen der einen Block entfernten Davies Symphony Hall auf.

❸ **San Francisco Arts Commission Gallery** befindet sich auch hier.

❻ **Veterans Building**
Neben dem Herbst Theatre sind hier einige Veteranenverbände untergebracht.

❺ ★ **War Memorial Opera House**
Im eleganten Rahmen präsentiert sich das renommierte Opern- und Ballett-Ensemble der Stadt.

❹ **Louise M. Davies Symphony Hall**
Hier ist das 1911 gegründete Symphonieorchester zu Hause. Die üppig ausgestattete Konzerthalle wurde 1981 nach Plänen von Skidmore, Owings und Merrill fertiggestellt.

Legende

— Routenempfehlung

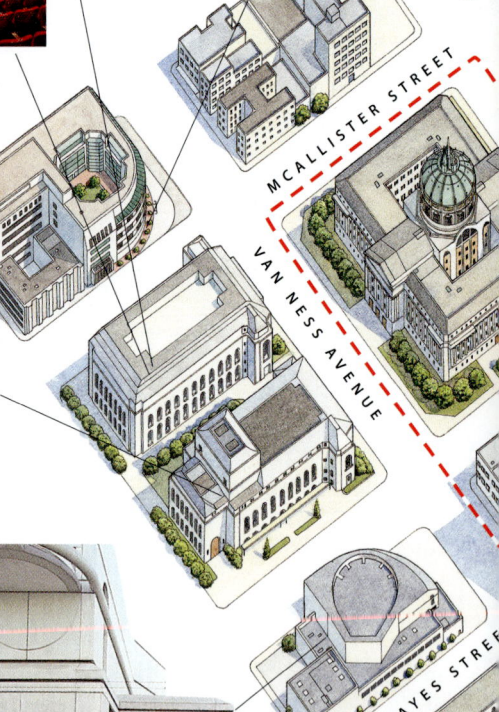

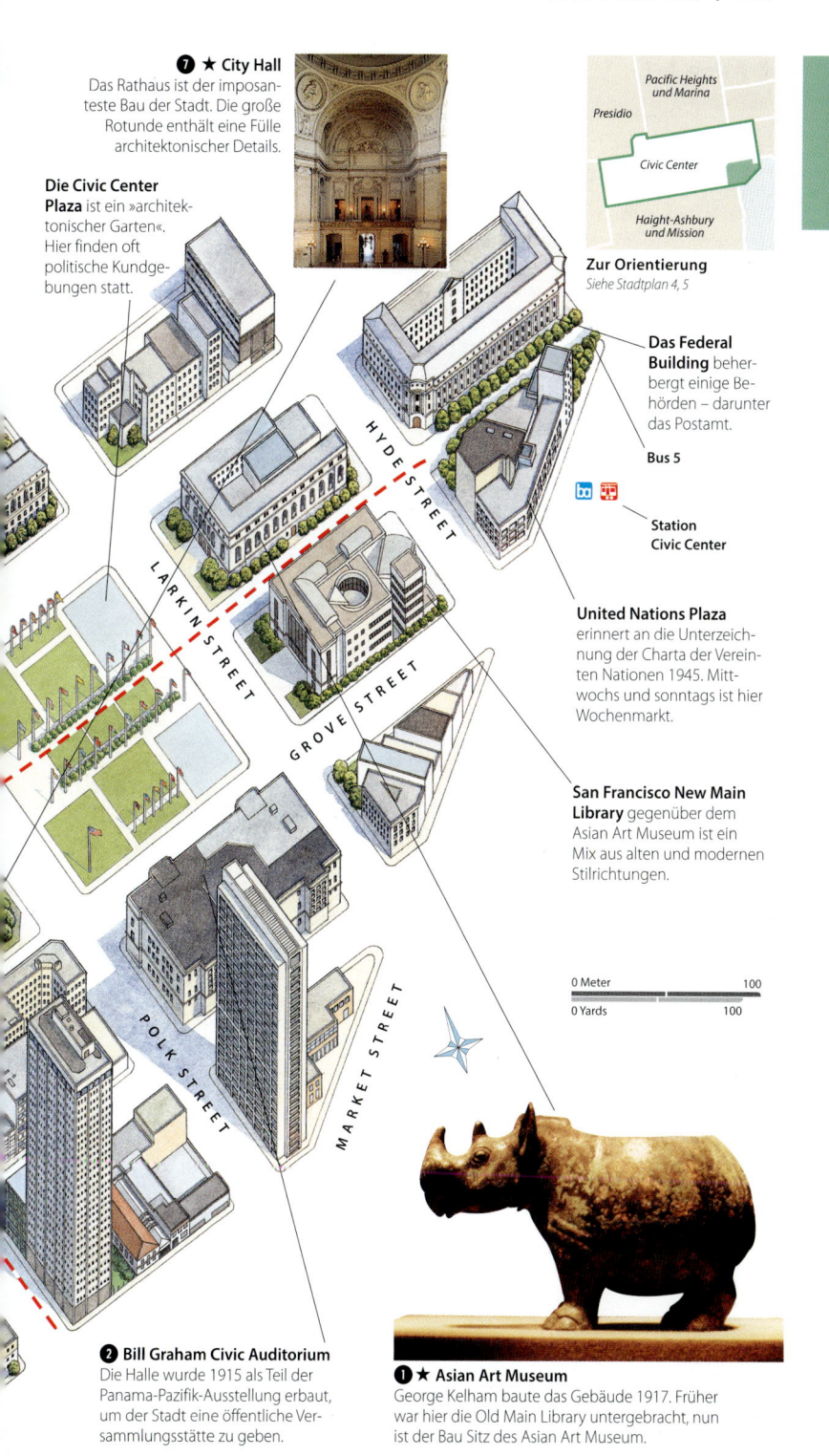

CIVIC CENTER | **127**

❼ ★ City Hall
Das Rathaus ist der imposanteste Bau der Stadt. Die große Rotunde enthält eine Fülle architektonischer Details.

Die Civic Center Plaza ist ein »architektonischer Garten«. Hier finden oft politische Kundgebungen statt.

Zur Orientierung
Siehe Stadtplan 4, 5

Das Federal Building beherbergt einige Behörden – darunter das Postamt.

Bus 5

Station Civic Center

United Nations Plaza erinnert an die Unterzeichnung der Charta der Vereinten Nationen 1945. Mittwochs und sonntags ist hier Wochenmarkt.

San Francisco New Main Library gegenüber dem Asian Art Museum ist ein Mix aus alten und modernen Stilrichtungen.

0 Meter 100
0 Yards 100

❷ Bill Graham Civic Auditorium
Die Halle wurde 1915 als Teil der Panama-Pazifik-Ausstellung erbaut, um der Stadt eine öffentliche Versammlungsstätte zu geben.

❶ ★ Asian Art Museum
George Kelham baute das Gebäude 1917. Früher war hier die Old Main Library untergebracht, nun ist der Bau Sitz des Asian Art Museum.

Stadtplan *siehe Seiten 290–308* **Karte** *Extrakarte zum Herausnehmen*

❶ Asian Art Museum

200 Larkin St. **Stadtplan** 4 F5. **Karte** S5. 📞 1-415-581-3500. 🚌 5, 19, 21, 31, 47, 49. 🚋 F, J, K, L, M, N, T. 🚇 Civic Center. ⏰ Di–So 10–17 Uhr (Do bis 21 Uhr). ⛔ Feiertage. 🎫 1. Di im Monat frei. ♿ 📷 🏛 📖
🌐 asianart.org

Das Asian Art Museum liegt an der Civic Center Plaza gegenüber dem Rathaus. Das Museumsgebäude ist eines der schönsten Beispiele des Beaux-Arts-Stils in San Francisco. Die frühere Main Library von 1917 wurde 2001 im Rahmen einer Sanierung zum größten asiatischen Museum außerhalb Asiens umgebaut.

Das Museum besitzt etwa 17 000 Exponate, die 6000 Jahre Geschichte umfassen und verschiedene Kulturen und Länder Asiens repräsentieren. Unter den Exponaten ist ein vergoldeter Bronze-Buddha, eines der ältesten chinesischen Buddha-Bildnisse weltweit. Zudem gibt es Veranstaltungsräume, eine Bibliothek, ein »Anfass-Zentrum«, interaktive Exponate für Kinder und kunstpädagogische Programme.

Das Museum hat ein hübsches Terrassencafé mit Blick auf das Civic Center.

Die große Treppe im Asian Art Museum

Ausstellungsraum in der San Francisco Arts Commission Gallery

❷ Bill Graham Civic Auditorium

99 Grove St. **Stadtplan** 4 F5. **Karte** S5. 📞 1-415-624-8900. 🚌 5, 7, 19, 21, 47, 49, 71. 🚋 J, K, L, M, N, T. 🚇 Civic Center. ⏰ während Vorführungen.
🌐 billgrahamcivic.com

Das Gebäude wurde von John Galen Howard im Beaux-Arts-Stil *(siehe S. 49)* entworfen und 1915 als Teil der Panama-Pazifik-Ausstellung *(siehe S. 32f)* eröffnet. Das Civic Auditorium ist eine der bekanntesten Aufführungsstätten der Stadt. Es wurde vom französischen Pianisten und Komponisten Camille Saint-Saëns eingeweiht. Im Zug des Baubooms nach dem Erdbeben von 1906 *(siehe S. 30f)* wurde das Gebäude zur gleichen Zeit wie die City Hall errichtet. Wie die benachbarte Brooks Exhibit Hall steht es unterhalb der Civic Center Plaza. Heute bietet das Auditorium 7000 Sitzplätze und ist das wichtigste Konferenzzentrum der Stadt. Zu Ehren des lokalen Rock-Promoters und Impresarios Bill Graham *(siehe S. 131)* taufte man es 1964 um. Graham spielte gegen Ende der 1960er Jahre zur Flower-Power-Zeit eine zentrale Rolle bei der Entwicklung und der Vermarktung des psychedelischen Sounds von San Francisco.

❸ San Francisco Arts Commission Gallery

401 Van Ness Ave. **Stadtplan** 4 F5. **Karte** R5. 📞 1-415-554-6080. 🚌 5, 19, 21, 47, 49. 🚋 J, K, L, M, N, T. 🚇 Civic Center. ⏰ Mi–Sa 12–17 Uhr (spätere Öffnungszeiten tel. erfragen). ♿ 🌐 sfartscommission.org/gallery

Die städtische Kunstgalerie im Veterans Building *(siehe S. 129)* zeigt Gemälde, Plastiken und Multimedia-Arbeiten einheimischer Künstler am Anfang ihrer Karriere. Am früheren Standort der Galerie (155 Grove St) befindet sich mittlerweile die Galerie View 155.

Louise M. Davies Symphony Hall

❹ Louise M. Davies Symphony Hall

201 Van Ness Ave. **Stadtplan** 4 F5. **Karte** R5. 📞 1-415-552-8000. 🚌 21, 47, 49. 🚋 J, K, L, M, N, T. 🚇 Civic Center. ♿ 📷 1-415-552-8338. *Siehe* **Unterhaltung** *S. 252*. 🌐 sfsymphony.org

Die Bürger von San Francisco lieben und hassen die halbrunde, glasverkleidete Konzerthalle, die 1980 von Skidmore, Owings und Merrill erbaut wurde. Sie trägt den Namen der Mäzenin, die fünf der 35 Millionen Dollar Baukosten gespendet hat. Hier ist das San Francisco Symphony Orchestra beheimatet. Doch es gastieren auch oft auswärtige Musiker.

Die Akustik des Gebäudes enttäuschte zunächst, doch nach mehrjährigen Verhandlungen wurden moderne Anlagen installiert. Zudem wurde die Innenausstattung verändert. Die Wände wurden neu modelliert, um den Klang besser zu reflektieren. Nun ist das Hörerlebnis ungetrübt.

CIVIC CENTER | 129

Vordereingang des War Memorial Opera House von 1932

❺ War Memorial Opera House

301 Van Ness Ave. **Stadtplan** 4 F5. **Karte** R5. 1-415-621-6600. 5, 21, 47, 49. J, K, L, M, N, T. Civic Center. 1-415-861-4008. sfwmpac.org

Das von Arthur Brown erbaute und 1932 eröffnete Haus ist dem Andenken an die im Ersten Weltkrieg Gefallenen gewidmet. 1951 wurde hier der Friedensvertrag zwischen den USA und Japan unterzeichnet. Damit war der Zweite Weltkrieg offiziell beendet. Das Gebäude beherbergt heute San Francisco Opera und San Francisco Ballet *(siehe S. 252)*.

❻ Veterans Building

401 Van Ness Ave. **Stadtplan** 4 F5. **Karte** R5. 1-415-621-6600. **Herbst Theater** 1-415-392-4400. 5, 19, 21, 47, 49. J, K, L, M, N, T. Mo–Fr 8–17 Uhr (nach Voranmeldung). teilweise. 1-415-552-8338. sfwmpac.org

Wie sein fast identisches Pendant, das War Memorial Opera House, wurde dieser Mehrzweckbau von Arthur Brown entworfen und 1932 zu Ehren der Soldaten des Ersten Weltkrieges errichtet. Außer einer Ausstellung alter Waffen sind militärische Memorabilien zu sehen. Der Bau beherbergt auch das Herbst Theatre. Wegen der guten Akustik des Saals (928 Sitzplätze) finden hier auch klassische Konzerte statt. Im Theater wurde 1945 die UN-Charta unterzeichnet.

❼ City Hall

400 Van Ness Ave. **Stadtplan** 4 F5. **Karte** R5. 1-415-554-4000. 5, 8, 19, 21, 26, 47, 49. J, K, L, M, N, T. Mo–Fr 8–17 Uhr. 1-415-554-6023. sfgov.org

Das Rathaus von San Francisco wurde im Jahr 1915 gerade noch rechtzeitig zur Panama-Pazifik-Ausstellung *(siehe S. 32f)* fertig. Der Architekt Arthur Brown (1874–1957) erbaute es auf dem Höhepunkt seiner Karriere. Die hochbarocke Kuppel ist der des Petersdoms in Rom nachgebildet. Die für die Öffentlichkeit zugängliche Kuppel ist übrigens höher als das Kapitol in Washington, DC.

Das überaus eindrucksvolle Bauwerk mitten im Civic Center ist ein großartiges Beispiel für den Beaux-Arts-Stil *(siehe S. 49)*. Allegorische Figuren, die an den Mitte des 19. Jahrhunderts einsetzenden Goldrausch der Stadt erinnern, schmücken den Giebel über dem Haupteingang in der Polk Street. Durch ihn gelangt man in die mit Marmor ausgelegte elegante Rotunde.

❽ Great American Music Hall

859 O'Farrell St. **Stadtplan** 4 F4. **Karte** S4. 1-415-885-0750. 2, 3, 19, 38, 47, 49. musichallsf.com

Anzeige über der Great American Music Hall

Als die Great American Music Hall 1907 erbaut wurde, war sie als Bühne für derbe Volksstücke gedacht. Doch dann verkam sie zum Bordell. Mit ihrer reichen Innenausstattung, den hohen Marmorsäulen und den kunstvoll mit Goldstuck verzierten Balkonen hat sie sich seitdem zu einer exzellenten Bühne gemausert.

Die Music Hall ist der älteste Nachtclub in San Francisco und als Szene-Treff überall in den USA bekannt. Das Spektrum reicht von Blues, Jazz und Folk bis Rock'n'Roll. Bekannte Künstler wie etwa Carmen McCrae, B.B. King, Duke Ellington, Grateful Dead und Van Morrison feierten hier Auftritte. Von fast jedem Tisch aus hat man einen guten Blick.

Beaux-Arts-Stil: die imposante Fassade der City Hall im Herzen des Civic Center von San Francisco

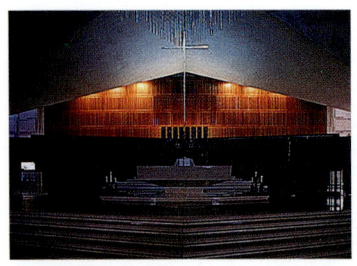

Altar in St. Mary's Cathedral

❾ St. Mary's Cathedral

1111 Gough St. **Stadtplan** 4 E4. **Karte** L5. 1-415-567-2020. 2, 3, 31, 38. Mo–Fr 8.30–16.30, Sa, So 9–18.30 Uhr. Mo–Fr 6.45, 8, 12.10, Sa 6.45, 8, 17.30, So 7.30, 9, 11, 13 (spanisch) Uhr. während Messen. stmarycathedralsf.org

Die Kirche auf dem Cathedral Hill ist eines der auffälligsten Gebäude von San Francisco. Der ultramoderne Bau (1971) stammt von dem Architekten Pietro Belluschi und dem Ingenieur Pier Luigi Nervi. Das vierteilige, gewölbte Paraboldach erhebt sich wie ein Segelschiff – Spötter meinen, es ähnele eher einem gigantischen Mixer. Die 60 Meter hohe Betonkonstruktion, welche die kreuzförmige, die vier Elemente darstellende Bleiglasdecke stützt, scheint fast schwerelos über den 2500 Plätzen des Kirchenschiffs zu schweben. Ein Baldachin aus Aluminiumstäben funkelt über dem Altar.

❿ Japan Center

Post St und Buchanan St. **Stadtplan** 4 E4. **Karte** L5. 1-415-567-4573. 2, 3, 38. Mo–Sa 10–20, So 11–19 Uhr (Restaurant ist länger geöffnet). 1. Jan, Thanksgiving, 25. Dez. sfjapantown.org

Das Japan Center war in den 1960er Jahren Teil eines Bauprojekts, um den Fillmore District wiederzubeleben. Ganze Blocks mit viktorianischer Bausubstanz mussten dem Geary Expressway und dem großen Einkaufszentrum des Japan Center weichen. Im Herzen des Komplexes liegt der Peace Pagoda Garden, überragt von einer fünfstufigen Betonpagode. Beim Kirschblütenfest im April *(siehe S. 50)* treten hier z. B. Daiko-Trommler auf. Zu beiden Seiten des Gartens finden sich Japan-Läden, Restaurants und das Sundance Kabuki *(siehe S. 250)*, eines der besten Kinos der Stadt. Das Viertel ist seit über 80 Jahren Mittelpunkt der japanischen Gemeinde. Authentische Japan-Läden gibt es in der Post Street, wo auch eine Stahlplastik von Ruth Asawa steht.

⓫ Cottage Row

Stadtplan 4 D4. **Karte** K4. 2, 3, 22, 38.

Die Holzhäuser des Sträßchens wurden 1882 während des Pacific-Heights-Baubooms errichtet. Mit ihren schlichten Fronten zählen sie zu den wenigen erhaltenen Resten proletarischer Wohnkultur. Für San Francisco untypisch sind die Häuser hier aneinandergebaut – wie Reihenhäuser in Europa oder an der Ostküste. Das Fehlen jeglicher Verzierung und die Lage an einer früher düsteren und engen *back alley* weisen auf den niedrigen sozialen Status der einstigen Bewohner hin. Durch die Initiative von Justin Herman entgingen die Häuser während der Sanierung in den 1960er Jahren dem Abriss. Herman gab den Bewohnern Kredite zur Renovierung. Die Häuser sind heute fast alle wiederhergestellt und gruppieren sich um einen kleinen Park.

Holzhäuser in der Cottage Row

⓬ Hayes Valley

Stadtplan 4 E5. **Karte** L6. 21, 22.

Westlich der City Hall haben sich die Häuserblocks an der Hayes Street nach dem Loma-Prieta-Erdbeben im Jahr 1989 *(siehe S. 20f)* zu einer beliebten Shopping-Meile entwickelt. Der durch das Beben beschädigte Highway 101, der Hayes Valley von den wohlhabenden Besuchern des Civic Center getrennt hatte, wurde abgetragen. Einige Restaurants, Cafés und Lokale, so etwa der Hayes Street Grill, befanden sich bereits zwischen den Möbel- und Trödelläden.

Die neu hinzugekommenen Galerien, Kunstgewerbe- und Design-Shops sowie Boutiquen in Hayes Valley haben die Gegend bereichert.

Japan Center in der Abenddämmerung

CIVIC CENTER | 131

⓭ Alamo Square

Stadtplan 4 D5. **Karte** K6. 🚌 21, 22.

An der Ostseite des begrünten Platzes befinden sich die meistfotografierten und farbenprächtigsten viktorianischen Häuser der Stadt. Der Platz liegt 68 Meter oberhalb des Civic Center und bietet eine herrliche Aussicht auf die City Hall und den Financial District. Er wurde gleichzeitig mit den Plätzen von Pacific Heights *(siehe S. 70f)* angelegt, doch erst später, dann aber schneller bebaut. Spekulanten errichteten hier fast identische Häuser in großer Zahl.

Die 1895 im Queen-Anne-Stil *(siehe S. 77)* erbauten »Six Sisters« in der Steiner Street Nr. 710–720 sind dafür ein gutes Beispiel. Man sieht sie auf vielen Postkarten. Wegen der zahlreichen »Victorians« wurde das Areal unter Denkmalschutz gestellt.

St. Ignatius Church auf dem Campus der University of San Francisco

⓮ University of San Francisco

2130 Fulton St. **Stadtplan** 3 B5. **Karte** H6. 📞 1-415-422-5555. 🚌 5, 21, 33, 43. 🌐 usfca.edu

Die University of San Francisco (USF) wurde 1855 als St. Ignatius College von den Jesuiten Anthony Maraschi, Joseph Bixio und Michael Accolti gegründet. Sie ist zwar heute überkonfessionell und für Studenten beiderlei Geschlechts zugänglich, wird aber immer noch von Jesuiten geleitet. Das Wahrzeichen des Campus ist die St. Ignatius Church aus dem Jahr 1914. Ihre Zwillingstürme sind vom ganzen Westteil San Franciscos aus zu sehen. Der Campus und das benachbarte Wohnviertel befinden sich auf dem Boden des ehemals größten Friedhofs von San Francisco – auf und um den Lone Mountain.

Sounds der Sixties in San Francisco

Zur Zeit der Flower-Power-Bewegung in den späten 1960er Jahren und vor allem im »Summer of Love« 1967 *(siehe S. 34)* strömten junge Leute von überall in den USA nach San Francisco. Sie kamen nicht nur, um »sich anzutörnen und auszusteigen«, sondern auch um Musik zu hören. In einer vitalen Musikszene bildeten sich Gruppen wie Janis Joplins Big Brother and the Holding Company, Jefferson Airplane und Grateful Dead. Ihr Nährboden waren Clubs wie der Avalon Ballroom und das Fillmore Auditorium, die noch heute existieren.

Hippies auf einem »psychedelischen« Bus

Janis Joplin (1943–1970) – eine Ikone des Blues und Rock

Wichtige Musiktreffs

Der Avalon Ballroom, heute das Regency II Theater, Van Ness Avenue, war der erste und bedeutendste »Musikschuppen«. Er wurde von Chet Helms und dem Kollektiv Family Dog betrieben und warb als Erster mit den bunten »psychedelischen« Postern von Grafikern wie Stanley Mouse und Alton Kelly.

Das Fillmore Auditorium vor dem Japan Center *(siehe S. 130)* war früher ein Gemeindesaal. 1965 übernahm es der Rock-Impresario Bill Graham, nach dem das Civic Auditorium *(siehe S. 128)* benannt ist. Er brachte Miles Davis und Grateful Dead zusammen, verpflichtete Jimi Hendrix und The Who. Das Fillmore wurde beim Erdbeben von 1989 beschädigt, aber 1994 wiedereröffnet. Graham gründete auch die Clubs Winterland und Fillmore East. Bei seinem Tod 1992 galt er als erfolgreichster Rock-Promoter der USA.

Stadtplan *siehe Seiten 290–308* **Karte** *Extrakarte zum Herausnehmen*

ASHB

Haight-Ashbury und Mission

Haight-Ashbury liegt nördlich der Twin Peaks, den beiden 274 Meter hohen Hügeln. In den spätviktorianischen Häusern *(siehe S. 76f)* wohnt heute eine wohlhabende Mittelschicht. In den 1960er Jahren war dies der Stadtteil der Hippies *(siehe S. 131)*. Der Castro District weiter östlich ist Zentrum der Schwulengemeinde von San Francisco. Das in den 1970er Jahren für seinen Hedonismus bekannte Viertel ist heute ruhiger, obwohl es in den Cafés noch immer lebhaft zugeht. Der Mission District wurde einst von spanischen Mönchen besiedelt *(siehe S. 24)*. Heute wohnen hier viele Hispanier.

Sehenswürdigkeiten auf einen Blick

Historische Straßen und Gebäude
- 2 Haight-Ashbury
- 3 (Richard) Spreckels Mansion
- 5 Lower Haight Neighborhood
- 9 Castro Street
- 11 Dolores Street
- 15 Noe Valley
- 16 Clarke's Folly

Kirche
- 10 Mission Dolores

Wahrzeichen
- 19 Sutro Tower

Parks und Gärten
- 1 Golden Gate Park Panhandle
- 4 Buena Vista Park
- 6 Corona Heights Park und Randall Museum
- 12 Dolores Park
- 17 Twin Peaks
- 18 Vulcan Street Steps

Museen und Sammlungen
- 8 GLBT History Museum
- 13 Mission Cultural Center for the Latino Arts
- 14 Carnaval Mural

Kino
- 7 Castro Theatre

Restaurants siehe S. 222–229
1. Alembic
2. Amasia Hide's Sushi Bar
3. Axum Café
4. El Castillito
5. Cha Cha Cha
6. Chow
7. La Corneta Taqueria
8. Farina
9. Gracias Madre
10. Indian Oven
11. Limon Rotisserie
12. Lovejoy's Tea Room
13. Magnolia Gastropub & Brewery
14. Memphis Minnie's BBQ Joint
15. Mission Cheese
16. Mission Chinese Food
17. The Monk's Kettle
18. Pancho Villa Taqueria
19. Pork Store Café
20. Plow
21. Range
22. Rhea's Deli and Market
23. Rosamunde Sausage Grill
24. Schmidt's
25. Slow Club
26. SoMa StrEat Food Park
27. Squat and Gobble
28. Sunflower
29. Tartine Bakery
30. Thep Phanom Thai Cuisine
31. Truly Mediterranean
32. Zazie
33. Zuni Café

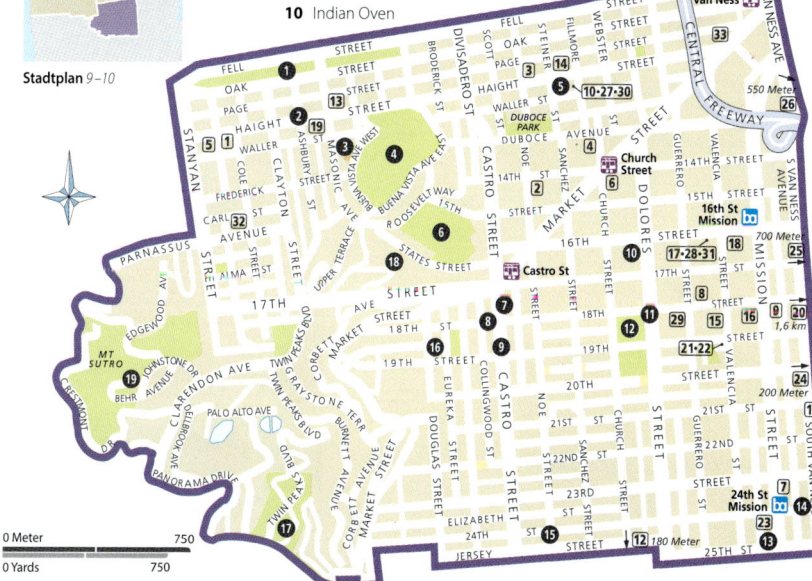

Stadtplan 9–10

◀ Riesige Beine in Netzstrümpfen, Piedmont Boutique *(siehe S. 239)*   Zeichenerklärung *s. hintere Umschlagklappe*

Im Detail: Haight-Ashbury

Haight-Ashbury erstreckt sich vom Buena Vista bis zum Golden Gate Park. In den 1880er Jahren war es ein Zufluchtsort vor dem Lärm des Zentrums und entwickelte sich zum Wohngebiet. Zwischen 1930 und 1960 wandelte sich der Vorort der Mittelschicht grundlegend: Er wurde Zentrum der Flower-Power-Bewegung, in dem Hippies in einer Klinik kostenlos behandelt wurden. Noch heute ist es ein unkonventionelles Viertel mit multikulturellem Flair, schönen Buch- und Plattenläden und gemütlichen Cafés.

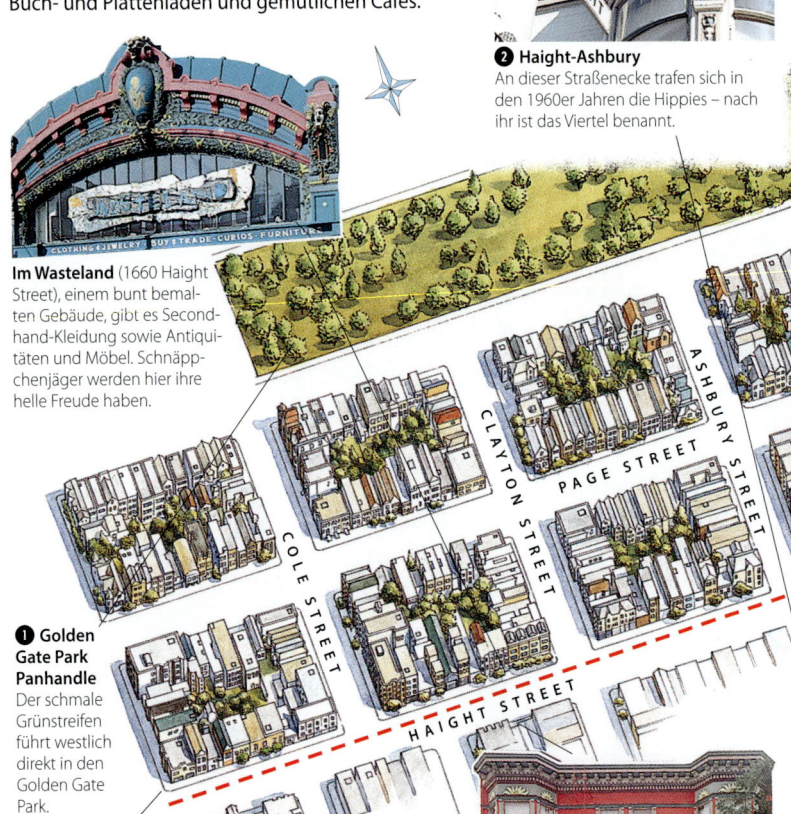

❷ Haight-Ashbury
An dieser Straßenecke trafen sich in den 1960er Jahren die Hippies – nach ihr ist das Viertel benannt.

Im Wasteland (1660 Haight Street), einem bunt bemalten Gebäude, gibt es Secondhand-Kleidung sowie Antiquitäten und Möbel. Schnäppchenjäger werden hier ihre helle Freude haben.

❶ Golden Gate Park Panhandle
Der schmale Grünstreifen führt westlich direkt in den Golden Gate Park.

Busse 7, 33

Im Cha Cha Cha, einem der buntesten Restaurants der Stadt, gibt es lateinamerikanische Snacks in großer Auswahl *(siehe S. 225)*.

Das Red Victorian Bed & Breakfast ist ein Relikt aus Hippie-Zeiten. Später hielt das New Age hier Einzug – mit Bio-Kost und Esoterik *(siehe S. 214)*.

HAIGHT-ASHBURY | 135

1220 Masonic Avenue
lautet die Adresse eines der vielen prächtigen viktorianischen Häuser am Steilhang südlich der Haight Street.

Civic Center

Haight-Ashbury und Mission

Zur Orientierung
Siehe Stadtplan 9

❸ ★ **(Richard) Spreckels Mansion**
Die schöne Villa (737 Buena Vista Avenue) wurde 1897 erbaut.

0 Meter 100
0 Yards 100

❹ ★ **Buena Vista Park**
Durch das Grün der alten Parkbäume blickt man weit über die Stadt.

Legende
— Routenempfehlung

Bus 37

Stadtplan *siehe Seiten 290–308* **Karte** *Extrakarte zum Herausnehmen*

❶ Golden Gate Park Panhandle

Stadtplan 9 C1. **Karte** HJ6.
5, 6, 21, 31, 43, 66, 71. N.

Der Grünstreifen – einen Block breit, acht Blocks lang – bildet als östliche Verlängerung den »Pfannenstiel« der rechteckigen »Pfanne« des Golden Gate Park *(siehe S. 144–159)*. Hier wurden die Sanddünen, die den Westen der Stadt überzogen, zuerst begrünt. Die Eukalyptusbäume des Panhandle sind mit die ältesten und größten der Stadt. Die Kutschen- und Reitwege wurden um 1870 angelegt, die »High Society« kam zu Fuß oder zu Pferd hierher. Am Rand des Parks entstanden Stadtvillen, von denen noch viele erhalten sind. 1906 bot der Park den Familien Zuflucht, die das Erdbeben *(siehe S. 30)* obdachlos gemacht hatte. Heute sind die alten Wege von Joggern und Radfahrern bevölkert.

Mit dem Panhandle sind Erinnerungen an die »Blumenkinder« der 1960er Jahre *(siehe S. 131)* verknüpft, als Musikgruppen aus Haight-Ashbury hier spontan Konzerte gaben.

Blick über Haight-Ashbury und Panhandle

❷ Haight-Ashbury

Stadtplan 9 C1. **Karte** HJ6–7.
6, 33, 37, 43, 66, 71. N.

Das Viertel, das nach der Straßenkreuzung von Haight und Ashbury Street benannt ist, bietet große »Victorians«, alternative Buchläden, Cafés und hippe Modeläden. Nachdem der Golden Gate Park angelegt war *(siehe S. 148)* und nach Eröffnung des großen Vergnügungsparks »The Chutes« wurde das Areal in den 1890er Jahren rasch als Vorort der Mittelschicht erschlossen – daher die vielen schönen Häuser im Queen-Anne-Stil *(siehe S. 77)*. Das Viertel überstand Erdbeben und Brand von 1906 *(siehe S. 30f)*, erlebte allerdings nur einen kurzen Aufschwung, dem eine lange Phase des Niedergangs folgte.

Nachdem 1928 der Straßenbahntunnel unter dem Buena Vista Park fertig war, begann der Auszug der Mittelschicht in die Vororte des Sunset. Der Niedergang setzte sich nach dem Zweiten Weltkrieg fort, als die viktorianischen Häuser in Apartments unterteilt wurden und die niedrigen Mieten ein neues Publikum anlockten. In den 1960er Jahren kamen Bohemiens ins Viertel. Es wurde zum Nährboden einer Subkultur. Zur damaligen Hippie-Szene gehörte auch die Musik von Grateful Dead. Bis 1967 blieb das Viertel ruhig. Doch dann lockte der »Summer of Love« *(siehe S. 131)* etwa 75 000 junge Leute auf der Suche nach freier Liebe, Musik und Drogen an – das Viertel wurde zum Brennpunkt der Jugendkultur.

Die für Richard Spreckels erbaute Villa

Noch heute gibt es dieses Flair in Haight-Ashbury, aber leider auch Kriminalität und Drogenprobleme. Dennoch wird man zwischen Cafés und Klamottenläden eine Stimmung spüren, wie es sie nur in San Francisco gibt.

❸ (Richard) Spreckels Mansion

737 Buena Vista West. **Stadtplan** 9 C2. **Karte** J7. 6, 37, 43, 66, 71.
● für Besucher.

Das Haus darf man nicht mit dem größeren Spreckels Mansion an der Washington Street *(siehe S. 72)* verwechseln, auch wenn hier ebenfalls der Millionär und »Zuckerkönig« Claus Spreckels seine Hand im Spiel hatte, der es für seinen Neffen Richard erbauen ließ. Die vornehme, 1897 im Queen-Anne-Stil *(siehe S. 77)* erbaute Villa ist ein typisches Beispiel für die spätviktorianischen Häuser in Haight-Ashbury. Früher war sie ein Tonstudio, dann ein Gästehaus – nun wird sie wieder privat bewohnt. Zu den einstigen Gästen zählten die Schriftsteller Ambrose Bierce und Jack London, der hier 1906 *Wolfsblut* schrieb.

Die Villa liegt beim Buena Vista Park. In der Nähe gibt es weitere viktorianische Häuser. Eines von ihnen (1450 Ma-

Das Cha Cha Cha in der Haight Street

sonic Street) hebt sich mit seinem Zwiebelturm von all den anderen exzentrischen Häusern, die seit den 1890er Jahren in Haight-Ashbury gebaut wurden, ab.

❹ Buena Vista Park

Stadtplan 9 C1. **Karte** J7.
6, 37, 43, 66, 71.

Der im Jahr 1894 angelegte Park reicht bis in 174 Meter Höhe. Ein Geflecht von Pfaden schlängelt sich von der Haight Street den Hügel hinauf, wo Bäume den Blick auf die Bucht einrahmen. Viele der Pfade sind mittlerweile überwachsen und erodiert, es führt jedoch auch eine geteerte Straße von der Buena Vista Avenue zum höchsten Punkt. Nachts sollte man den Park allerdings meiden.

❺ Lower Haight Neighborhood

Stadtplan 10 D1. **Karte** K6.
6, 22, 66, 71. K, L, M, N, T.

Auf halbem Weg zwischen City Hall und Haight-Ashbury stößt man auf dieses Viertel am Südrand des Fillmore District. Kunstgalerien und Boutiquen, darunter »Used Rubber USA«, ein Laden, der Kleidung und Accessoires aus Recycling-Gummi anbietet, haben sich seit Mitte der 1980er Jahre angesiedelt. Sie folgten den Cafés, Bars und Restaurants, die hier bereits existierten und eine unkonventionelle Kundschaft von (Lebens-)Künstlern bedienten. Gemeinsam haben sie Lower Haight zu einem der interessantesten Viertel von San Francisco gemacht. Wie am Alamo Square (siehe S. 131) gibt es auch hier Dutzende von »Victorians« (siehe S. 76f), die in der zweiten Hälfte des 19. Jahrhunderts gebaut wurden. Dazu zählen auch Holzhäuser (»Cottages«) wie das Nightingale House (201 Buchanan Street) aus den 1880er Jahren. Allerdings haben die vielen Sozialbauten aus den 1950er Jahren bisher verhindert, dass sich das Viertel zum Nobelwohnort gewandelt hat. Nachts sollte man in dieser Gegend vorsichtig sein.

Levi Strauss und seine Jeans

Zur Zeit des Goldrauschs (siehe S. 26f) wurden sie erstmals in San Francisco hergestellt – seitdem haben Bluejeans ihren Siegeszug um die ganze Welt angetreten. Einer der führenden Hersteller ist Levi Strauss & Co. Die Erfolgsstory begann, als Levi Strauss aus dem fränkischen Buttenheim 1853 New York verließ, um in San Francisco eine Niederlassung der Tuchfirma seiner Familie zu gründen. In den 1860er Jahren begann er damit, Arbeitshosen aus blauem Segeltuch zu fertigen und sie direkt an die Bergleute zu verkaufen. Als die Firma um 1870 dazu überging, die stark beanspruchten Nahtstellen der Hosen mit Metallnieten zu verstärken, stieg die Nachfrage. Das Unternehmen expandierte und zog Anfang des 20. Jahrhunderts in den Mission District (250 Valencia Street) um, wo es bis 2002 residierte. Levi's Jeans werden heute weltweit produziert und getragen. Die Firma, die Levi Strauss gegründet hat, ist noch immer im Besitz seiner Nachfahren.

Zwei Bergleute der Last Chance Mine in ihren Levi's (1882)

❻ Corona Heights und Randall Museum

Stadtplan 9 D2. **Karte** K7.
1-415-554-9600. 24, 37.
Randall Museum Animal Room
199 Museum Way. Di–Sa 10–17 Uhr. Feiertage. teilweise.
randallmuseum.org

Corona Heights Park ist ein staubiger Felshügel, an dessen Flanke sich ein Kindermuseum befindet. Das Randall Museum besitzt eine Menagerie mit Waschbären, Eulen, Schlangen und anderen Tieren – die meisten lassen sich streicheln. Zu dem kann man viele Exponate anfassen. Kinder klettern auch gern auf den Felsen im Park herum. Für die Herstellung von Ziegeln wurde Corona Heights im 19. Jahrhundert ausgehöhlt. Das Areal wurde später nie bepflanzt, deshalb hat man vom Gipfel aus freie Sicht auf die Stadt, die East Bay und die gewundenen Straßen von Twin Peaks.

Blick von Corona Heights über den Mission District

Stadtplan siehe Seiten 290–308 **Karte** Extrakarte zum Herausnehmen

Ein traumhafter Filmpalast alten Stils: das Castro Theatre

❼ Castro Theatre

429 Castro St. **Stadtplan** 10 D2. **Karte** K8. 📞 1-415-621-6120. 🚌 24, 33, 35, 37. 🚊 F, K, L, M, T. *Siehe* **Unterhaltung** S. 250. 🌐 thecastrotheatre.com

Die hell erleuchtete Neonfassade des 1922 errichteten Castro Theatre ist eines der Wahrzeichen der Castro Street. Das Kino ist der prächtigste und besterhaltene Filmpalast in San Francisco – und einer der ersten Bauten des Architekten Timothy Pflueger. Allein die herrliche Wurlitzer-Orgel, die zwischen den Vorstellungen aus dem Boden aufsteigt, ist den Eintrittspreis wert. Eine besondere Attraktion ist die Decke im Zuschauersaal. Sie ist aus Gips gegossen und bildet das Innere eines großen Zelts ab – komplett mit Bändern und Seilen. Das 1400 Besucher fassende Kino zeigt meist Filmklassiker. Hier findet jedes Jahr im Juni das Gay and Lesbian Film Festival statt.

❽ GLBT History Museum

4127 18th St. **Stadtplan** 10 D3. **Karte** K8. 📞 1-415-621-1107. 🚌 24, 33, 35, 37. 🚊 K, T, F, L, M, S. ⏰ Mo – Sa 11 – 19 Uhr, So 12 – 17 Uhr. ⛔ Di (Herbst und Winter). 🌐 glbthistory.org

Das ist das erste Museum, das sich in großem Stil ausschließlich der Geschichte der Befreiung der Schwulen, Lesben, Bisexuellen und Transgender in den Vereinigten Staaten widmet. Das Museum feiert 100 Jahre homosexueller Geschichte in San Francisco mit dynamischen und überraschenden Ausstellungen und Programmen. Entdecken Sie Schätze aus den Archiven der GLBT Historical Society, die die faszinierenden Geschichten dieser pulsierenden Gemeinschaft widerspiegeln.

Ausstellungsraum im GLBT History Museum

❾ Castro Street

Stadtplan 10 D2. **Karte** K7. 🚌 24, 33, 35, 37. 🚊 F, K, L, M, T.

Das hügelige Viertel um die Castro Street, zwischen Twin Peaks und Mission District, ist das Zentrum der Schwulen- und Lesbengemeinde San Franciscos. Die »Gayest Four Corners of the World«, die Kreuzung von Castro und 18th Street, wurden in den 1970er Jahren zum Dreh- und Angelpunkt der Szene. Homosexuelle der Flower-Power-Generation zogen in das frühere Arbeiterviertel ein. Sie restaurierten alte viktorianische Häuser und gründeten Geschäfte wie den Buchladen *A Different Light* (489 Castro Street). Sie eröffneten auch Schwulenkneipen, etwa das *Twin Peaks* (Ecke Castro/17th St). Während sich woanders die Gäste in Bars eher »versteckten«, wurden im *Twin Peaks* große Fenster eingebaut. Obwohl das Viertel mit seinen vielen Läden und Restaurants alle Besucher San Franciscos anzieht, ist es durch sein Bekenntnis zur Homosexualität vor allem zu einem Pilgerziel für Schwule und Lesben geworden. Für sie symbolisiert es eine Freiheit, die nicht überall auf der Welt zu finden ist.

Harvey Milk (1930 – 1978), der erste offen schwule Politiker San Franciscos, galt als »Bürgermeister« der Castro Street, bevor er am 28. November 1978 von einem Ex-Polizisten ermordet wurde, der auch Bürgermeister George Moscone (1929 – 1978) umbrachte. Der Mörder erhielt eine »milde« Strafe, was zu einem Aufruhr in der Stadt führte. An Harvey Milk erinnern eine Gedenktafel vor der Muni-Tramhaltestelle Market Street sowie eine jährliche Lichterprozession von der Castro Street zur City Hall.

Blick die Castro Street hinunter

❿ Mission Dolores

16th St und Dolores St. **Stadtplan** 10 E2. **Karte** L7. 📞 1-415-621-8203. 🚌 22. 🚊 J. 🕘 tägl. 9–16 Uhr (Mai–Okt: bis 17 Uhr). ⛔ Thanksgiving, 25. Dez. 📷 ♿ 🏛
🌐 missiondolores.org

Die Mission Dolores von 1791 ist das älteste Gebäude San Franciscos. Das Relikt der spanisch-kolonialen und missionsgeschichtlichen Vergangenheit der Stadt *(siehe S. 24f)* wurde von dem Franziskanermönch Junipero Serra gegründet. Ihr offizieller Name lautet Mission des hl. Franziskus von Assisi. Der Name Dolores weist auf die Laguna de los Dolores (Lagune unserer Schmerzensmutter) hin, einen einst von Insekten wimmelnden Sumpf. Der Bau wirkt im Vergleich zu anderen Missionen bescheiden, doch die 1,2 Meter dicken Mauern haben die Jahre überstanden. Malereien von Indianern schmücken die Decke. Es gibt einen schönen Barockaltar. Im Museum sind historische Exponate ausgestellt *(siehe S. 41)*. Die Gottesdienste finden meist in der 1918 erbauten neuen Basilika statt.

Heiligenfigur in der Mission Dolores

Auf dem Friedhof erinnert eine Statue an das Massengrab von 5000 Indianern, die bei Masernepidemien (1804, 1826) starben. Sie wurde gestohlen, aber 1993 zurückgegeben. Auf ihrem Sockel steht: »Zum frommen Gedenken an unsere treuen Indianer«. Hier wurde eine bekannte Szene von Alfred Hitchcocks *Vertigo* gedreht.

Die Statue von Junipero Serra, dem Gründer der Mission, ist die Kopie einer Arbeit des einheimischen Bildhauers Arthur Putnam.

Die Fliesenwand wurde von Guillermo Granizo geschaffen.

Museum

Das bemalte und vergoldete Altarbild wurde 1797 aus Mexiko importiert.

Die Deckengemälde gehen auf Entwürfe der Ohlone zurück und sind mit Pflanzenfarben gemalt.

Eingang für Rollstuhlfahrer

Der Missionsfriedhof war früher viel größer und dehnte sich über mehrere Straßen aus. Die ältesten hölzernen Grabkreuze sind verwittert, doch zwei neuere Kreuze ehren zwei Indianer, die hier getauft, verheiratet und beerdigt wurden.

Statue der hl. Rita

Eingang und Souvenirshop

An der Front befinden sich vier Säulen mit drei Nischen für Glocken. Auf den Glocken stehen Namen und Daten.

Stadtplan *siehe Seiten 290–308* **Karte** *Extrakarte zum Herausnehmen*

Skulptur zur Erinnerung an den Spanisch-Amerikanischen Krieg

⓫ Dolores Street

Stadtplan 10 E2. **Karte** L7–8.
🚌 22, 33, 48. 🚋 J.

Mit ihren gepflegten, spätviktorianischen Häusern *(siehe S. 76f)* und den Palmen in der Mitte wirkt die Dolores Street attraktiv. Der Boulevard ist 24 Blocks lang, verläuft parallel zur Mission Street und bildet die westliche Grenze des Mission District. Er beginnt an der Market Street, wo die US Mint das Denkmal für die Soldaten des Spanisch-Amerikanischen Kriegs überblickt. In der Dolores Street liegen die Mission High School mit ihren für den Missionsstil typischen weißen Mauern und einem roten Ziegeldach und die historische Mission Dolores *(siehe S. 139)*. Die Straße endet beim noblen Noe Valley.

⓬ Dolores Park

Stadtplan 10 E3. **Karte** L8.
🚌 22, 33. 🚋 J.

Bis 1905 befand sich hier der größte jüdische Friedhof San Franciscos. Daraus wurde der Dolores Park, eine der wenigen großen Freiflächen im Mission District, begrenzt von Dolores, Church, 18th und 20th Street und mit guten Blick auf das Zentrum.

Tagsüber sind im Park Tennisspieler, Sonnenanbeter und Hundehalter, abends treffen sich hier Drogenhändler. Im Süden und Westen werden die Straßen über dem Park so steil, dass manche in Fußgängertreppen übergehen. Hier stehen einige der schönsten viktorianischen Häuser, vor allem in der Liberty Street.

⓭ Mission Cultural Center for the Latino Arts

2868 Mission St. **Stadtplan** 10 F4. **Karte** M9. 📞 1-415-821-1155 (Veranstaltungen: 1-415-643-5001; Box Office: 1-415-643-2785). 🚌 12, 14, 26, 27, 48, 49. 🚋 J. 🚇 24th St. **Galerie** ⏰ Di–Sa 10–17 Uhr.
♿ 🌐 missionculturalcenter.org

Vor allem die lateinamerikanische Bevölkerung des Viertels besucht das Kulturzentrum. Hier gibt es Kurse für alle Altersgruppen, Aufführungen und Ausstellungen. Das Center organisiert den Umzug und die Events zum Tag der Toten im November *(siehe S. 52)*.

⓮ Carnaval Mural

24th St und South Van Ness Ave. **Stadtplan** 10 F4. **Karte** M9. 🚌 12, 14, 27, 48, 49, 67. 🚋 J. 🚇 24th St.

Das farbenfrohe Wandbild ist eines von vielen, die an den Mauern des Mission District prangen. Es feiert die Menschen, die sich hier im Spätfrühling zum Karneval zusammenfinden *(siehe S. 50)*.

Es gibt geführte Besichtigungen zu weiteren, teils politischen Wandmalereien. Die Bilder in der Balmy Street *(siehe S. 142f)*, nahe Treat und Harrison Street, bilden eine Open-Air-Galerie.

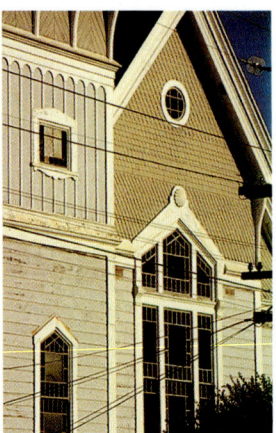

Noe Valley Ministry

⓯ Noe Valley

Stadtplan 10 DE4. **Karte** K10.
🚌 24, 35, 48. 🚋 J.

Die Bewohner von Noe Valley nennen ihr Viertel »Noewhere Valley« – wohl um Besucher abzuschrecken. Hier leben jüngere Gutverdienende. Benannt ist der Stadtteil nach seinem früheren Besitzer und letzten Bürgermeister des mexikanischen Yerba Buena, José Noe. Nachdem die Cable-Car-Linie für die Castro Street fertiggestellt war, wurde das Gebiet um 1880 bebaut.

Wie in viele andere Arbeiterviertel zogen auch hier in den 1970er Jahren Besserverdienende ein; Heute bietet das Viertel eine attraktive Mischung von Boutiquen, Bars und Restaurants. Die Noe Valley Ministry (1021 Sanchez Street) ist eine Presbyterianer-Kirche aus den späten 1880er Jahren, die im »Stick Style« *(siehe S. 77)*

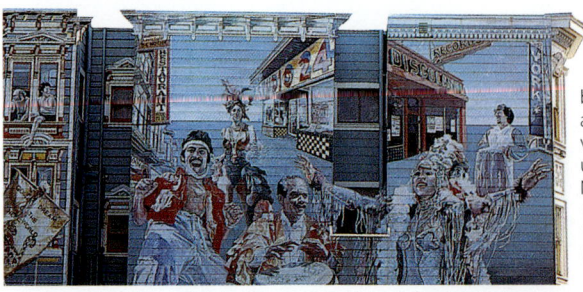

Carnaval Mural (Ausschnitt) – eines von vielen farbenfrohen Wandbildern

erbaut wurde. Seit den 1970er Jahren dient sie als Gemeindezentrum.

⓰ Clarke's Folly

250 Douglass St. **Stadtplan** 10 D3. **Karte** K8. 33, 35, 37. ⬤ für Besucher.

Das weiße Marmorhaus war einst von einem großen Grundstück umgeben. Alfred Clarke, auch Nobby genannt, ließ es 1892 bauen, als er noch Mitglied des Committee of Vigilance der Polizei von San Francisco war. Das Haus soll 100 000 Dollar gekostet haben, damals viel Geld. Obwohl es heute in Apartments aufgeteilt ist, bleibt es mit seinen Türmchen und dem Dekor ein exzellentes Beispiel für die Architektur der viktorianischen Zeit.

⓱ Twin Peaks

Stadtplan 9 C4. **Karte** HJ9. 33, 36, 37.

Die Spanier nannten die beiden Hügel El Pecho de la Chola – »Busen des Indianermädchens«. Von den grünen Steilhängen in der Nähe des Gipfels genießt man eine unvergleichliche Aussicht auf San Francisco.

Der Twin Peaks Boulevard umkreist beide Gipfel. Beim Aussichtspunkt gibt es genügend Parkplätze. Wenn Sie zu Fuß nach oben steigen, erleben Sie –

Blick von den Twin Peaks auf die Stadt und den Twin Peaks Boulevard

oberhalb des Aussichtspunkts – ein 360-Grad-Panorama. In den Wohngebieten weiter unten am Hang hört das ansonsten strenge Schachbrettmuster des geradlinigen Straßennetzes auf: Die kurvigen Straßen folgen den Gegebenheiten der Hügel.

⓲ Vulcan Street Steps

Vulcan St. **Stadtplan** 9 C2. **Karte** J7–8. 37.

Außer einer kleinen Figur von »Mr. Spock« auf einem Briefkasten gibt es keine Beziehung zwischen der TV-Kultserie *Star Trek* und diesen fast ländlichen Häusern zwischen Ord und Levant Street. Wie bei den Filbert Steps am Telegraph Hill *(siehe S. 93)* fühlt man sich hier meilenweit vom geschäftigen Treiben des unterhalb gelegenen Castro District entfernt. Die kleinen Gärten der Häuser wuchern über die Ränder der Stufen, die Kronen der Kiefern dämpfen den Lärm der Stadt. Die Aussicht auf den Mission District und die weitere Umgebung ist großartig.

⓳ Sutro Tower

Stadtplan 9 B3. **Karte** H8. 36, 37. ⬤ für Besucher.

Wie ein Roboter ragt der 290 Meter hohe Sutro Tower in den Himmel. Er ist nach dem Philanthropen, Landbesitzer und Bürgermeister Adolph Sutro (1830–1898) benannt und trägt die Antennen der meisten Fernseh- und Radiosender der Stadt. Trotz der zunehmenden Verkabelung der Haushalte ist der 1973 erbaute Sendeturm noch in Gebrauch. Man sieht ihn von der ganzen Bay Area aus, manchmal scheint es, als schwebe er über den Sommernebeln. Nördlich des Turms stehen die Eukalyptushaine, die Sutro in den 1880er Jahren gepflanzt hat. Sie reichen hinunter bis zum medizinischen Zentrum der University of California, einem der angesehensten Lehrkrankenhäuser der USA.

Viktorianische Türmchen und Dekor: Nobby Clarke's Folly

Stadtplan *siehe Seiten 290–308* **Karte** *Extrakarte zum Herausnehmen*

Wandbilder (Murals)

San Francisco ist stolz auf seinen Ruf als Weltstadt mit vielseitigem Kulturleben. Diese Kreativität spiegelt sich in den farbenfrohen Wandbildern *(murals)* der einzelnen Viertel. Viele wurden in den 1930er Jahren gemalt, noch mehr in den 1970er Jahren. Einige von ihnen entstanden spontan, andere waren Auftragsarbeiten. Zu den besten gehört *Carnaval Mural (siehe S. 140)* in der 24th Street im Mission District.

Law Office 503, Dolores/Ecke 18th Street

Gestern und heute

Beispiele historischer Wandmalerei in San Francisco sind im Coit Tower zu sehen. Die Bilder entstanden während der Depression der 1930er Jahre und wurden durch New-Deal-Programme von Präsident Roosevelt finanziert. Es sind Zeitdokumente. Viele einheimische Künstler waren beteiligt und behandelten Themen wie z. B. den Kampf der Arbeiter oder den natürlichen Reichtum Kaliforniens. Seither sind viele moderne Wandbilder entstanden. Bemerkenswert sind diejenigen des Precita Eyes Mural Arts Studio.

Die Naturschätze Kaliforniens, Ausschnitt eines Wandbilds im Coit Tower

Das Wandbild im Coit Tower zeigt den Alltag während der Zeit der Depression

Precita Eyes Mural Arts Studio ist eine städtische Organisation, die sich der Förderung von Wandbildern verschrieben hat. Sie bezuschusst u. a. neue Wandbilder von etablierten Künstlern und bietet Touren zu Wandbildern in San Francisco an.

Mosaik-Wandbild (2007), Precita Eyes, Hillcrest School

Balloon Journey, Precita Eyes

Dieses Wandbild (2007) stammt von Studenten von AYPAL (Asian Pacific Islander Youth Promoting Advocacy and Leadership) in Zusammenarbeit mit Precita Eyes. Die Organisation veranstaltet Workshops mit Jugendlichen in den Stadtvierteln, aus denen zwischen 15 und 30 neue Wandbilder pro Jahr hervorgehen. Besucher können Beispiele in der gesamten Bay Area sehen.

Stop the Violence, 1212 Broadway #400, Oakland

WANDBILDER (MURALS) | 143

Das Leben von heute

Nach wie vor ist das Leben in der Großstadt ein wichtiges Thema auf den Wandbildern von San Francisco. Vor allem im Mission District wird jeder Aspekt des Alltags an den Mauern von Restaurants, Bankfilialen und Schulen veranschaulicht. Es sind Szenen aus Familie, Gemeinde und Politik sowie Abbildungen von Menschen bei der Arbeit und in der Freizeit. Im Mission District zählt man etwa 200 Wandbilder, von denen viele in den 1970er Jahren entstanden, als die Stadtverwaltung junge Leute damit beauftragte, Kunst für den öffentlichen Raum zu schaffen.

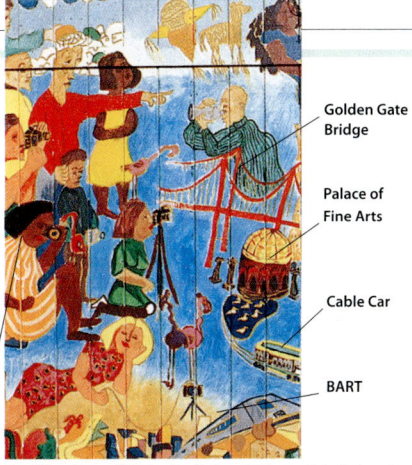

- Golden Gate Bridge
- Palace of Fine Arts
- Cable Car
- BART
- Touristen

Das Wandgemälde in der Balmy Street zeigt die touristischen Sehenswürdigkeiten der Stadt. Kinder, Künstler und städtische Angestellte aus dem Viertel begannen in den 1970er Jahren, die kleine Straße im Mission District mit lebendigen Wandbildern zu schmücken.

Die »Wand des Lernens« in der Franklin Street

Positively Fourth Street, ein halb verwittertes Wandbild bei Fort Mason

Multikulturelle Stadt

Auf den Wandbildern der von den ethnischen Gruppen geprägten Viertel wird der multikulturelle Charakter der Stadt lebendig. In Chinatown erinnern chinesisch-amerikanische Künstler an die »alte Heimat«. Im Mission District stellen die – auch politischen – Werke den Kampf und die Erfolge der lateinamerikanischen Bevölkerung dar.

- Mexikanisch-amerikanische Tänzerin
- Indianischer Trommler
- Afroamerikanische Maracaspielerin
- Kaukasischer Bassist

Wandbild in der Washington Street über China

Das multikulturelle San Francisco ist Thema des Bilds in der Park Branch Library in Haight-Ashbury.

Wandbilder (Murals)

Balmy Street. **Stadtplan** 11 A5
Clarion Alley. **Stadtplan** 10 F2
Coit Tower S. 92f
Dolores/18th St. **Stadtplan** 10 E3
Fort Mason S. 74f
Franklin Street. **Stadtplan** 4 E1
Oakland S. 166f
Park Branch Library
  1833 Page St. **Stadtplan** 9 B1
Precita Eyes Mural Arts Studio
  348 Precita Ave. **Stadtplan** 10 F5
Washington St. **Stadtplan** 11 A2

Stadtplan *siehe Seiten 290–308*

Golden Gate Park und Land's End

Der fantastische Golden Gate Park dehnt sich südlich des Richmond District aus – ein Meisterwerk der Landschaftsarchitektur, das in den 1890er Jahren aus einer Sandwüste geschaffen wurde. Alles wurde genau geplant. Bäume wurden dort angepflanzt, wo sie später den besten Windschutz boten. Durch die Auswahl der Büsche und Sträucher steht immer etwas in Blüte. Zu den vielen Attraktionen des Parks gehören die sich dahinschlängelnden Wege, Sportanlagen von einem Bogenschieß- bis zu einem Golfplatz und drei große Museen. Weitere Grünflächen liegen nördlich und westlich des Richmond District, sie werden durch den Coastal Trail miteinander verbunden. Hier ragt der Schauplatz zahlreicher Schiffsbrüche, das schroffe Land's End, hinaus ins Meer.

Sehenswürdigkeiten auf einen Blick

Museen und Sammlungen
- ❷ *California Academy of Sciences* S. 152f
- ❹ *de Young Fine Arts Museum of SF*
- ⓰ *Legion of Honor*

Parks und Gärten
- ❶ Shakespeare Garden
- ❸ Japanese Tea Garden
- ❻ Children's Playground
- ❽ Conservatory of Flowers
- ❾ Strybing Arboretum
- ❿ Stow Lake
- ⓫ Polo Fields
- ⓬ Buffalo Paddock
- ⓭ Queen Wilhelmina Tulip Garden
- ⓮ Ocean Beach
- ⓯ Seal Rocks
- ⓱ Lincoln Park
- ⓲ Land's End

Historische Gebäude
- ❺ McLaren Lodge
- ❼ Columbarium
- ⓳ Cliff House

☐ **Restaurants**
siehe S. 224f
1. Beach Chalet Brewery
2. Cliff House
3. Crepvine
4. Ebisu
5. The Moss Room
6. San Tung Chinese Restaurant
7. Ton Kiang

Stadtplan *1, 3, 7–8, 9*

Zeichenerklärung siehe hintere Umschlagklappe

GOLDEN GATE PARK UND LAND'S END | **145**

Rote Pagode im Japanischen Garten, Golden Gate Park

Im Detail: Golden Gate Park

Der Golden Gate Park ist einer der größten Stadtparks der Welt. Er reicht vom Pazifischen Ozean bis ins Zentrum von San Francisco. In dieser Oase der Natur, einer Zufluchtsstätte vor dem Lärm der Stadt, gibt es ein breites Angebot an sportlichen und kulturellen Aktivitäten. Der Parkabschnitt um den Music Concourse mit seinen Brunnen, Platanen und Bänken ist am beliebtesten und vielseitigsten. Im Spreckels Temple of Music kann man sonntags kostenlos Konzerte hören. Zu beiden Seiten des Concourse stehen zwei Museen. Der Japanische Garten und der Shakespeare Garden sind weitere Attraktionen.

❹ ★ de Young Fine Arts Museum of SF
Das hochinteressante Museum zeigt Exponate aus aller Welt, darunter dieses Möbelstück (1780) aus Mahagoni.

Der Große Buddha ist fast drei Meter hoch – und wohl der größte außerhalb Asiens.

❸ Japanese Tea Garden
Der wunderbare Garten mit den exotischen Pflanzen ist eines der Glanzlichter des Parks.

Verdis Büste ist ein Zeugnis der Opernbegeisterung der Bewohner San Franciscos.

Der Spreckels Temple of Music bietet seit 1899 kostenlose Sonntagskonzerte.

Die Brücke im Japanese Tea Garden (»Mondbrücke«) ist steil aufgewölbt und spiegelt sich im Wasser als vollkommene Rundung.

| 0 Meter | 80 |
| 0 Yards | 80 |

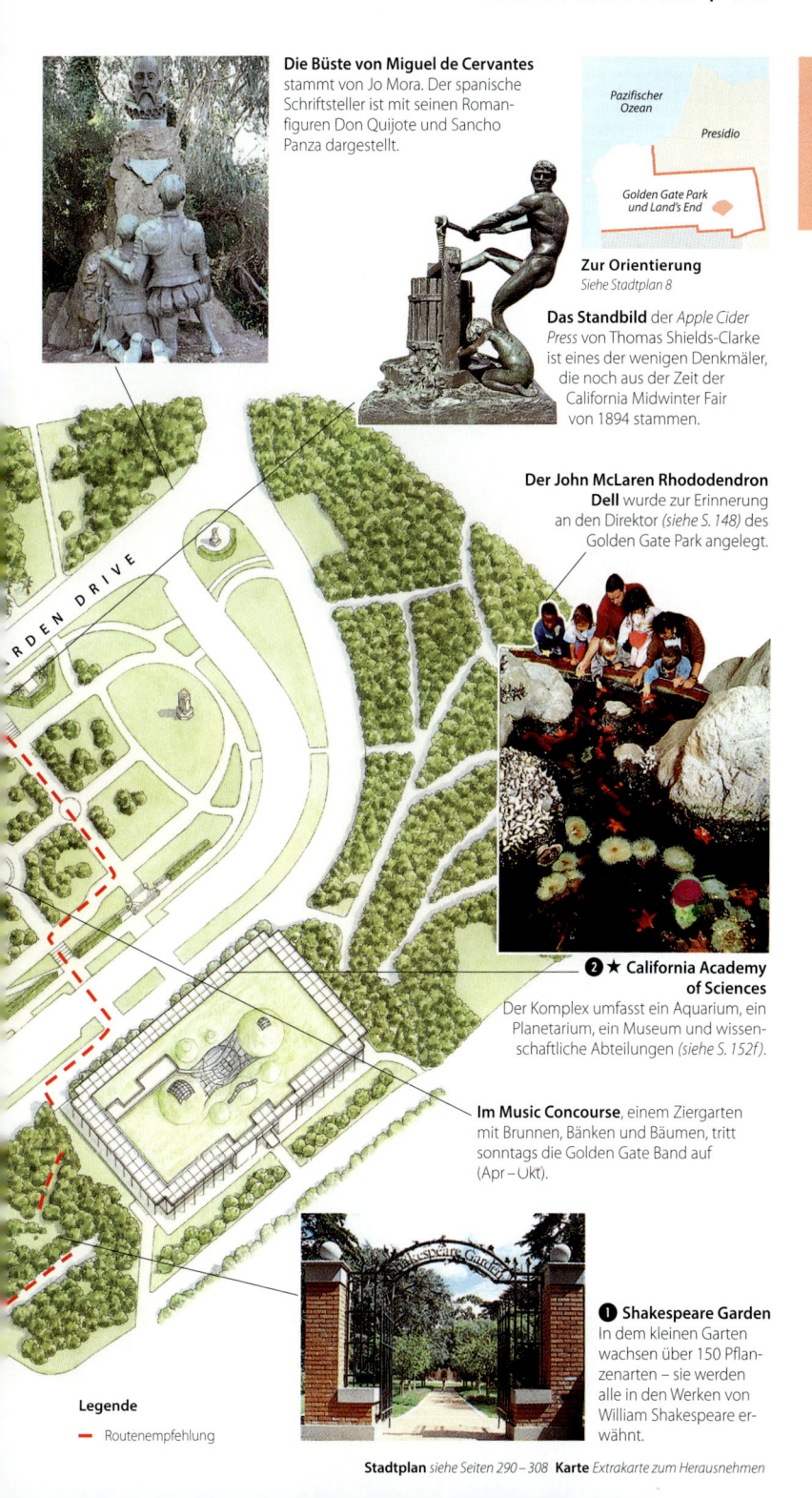

GOLDEN GATE PARK | 147

Die Büste von Miguel de Cervantes stammt von Jo Mora. Der spanische Schriftsteller ist mit seinen Romanfiguren Don Quijote und Sancho Panza dargestellt.

Zur Orientierung
Siehe Stadtplan 8

Das Standbild der *Apple Cider Press* von Thomas Shields-Clarke ist eines der wenigen Denkmäler, die noch aus der Zeit der California Midwinter Fair von 1894 stammen.

Der John McLaren Rhododendron Dell wurde zur Erinnerung an den Direktor *(siehe S. 148)* des Golden Gate Park angelegt.

❷ ★ **California Academy of Sciences**
Der Komplex umfasst ein Aquarium, ein Planetarium, ein Museum und wissenschaftliche Abteilungen *(siehe S. 152f)*.

Im Music Concourse, einem Ziergarten mit Brunnen, Bänken und Bäumen, tritt sonntags die Golden Gate Band auf (Apr – Okt).

❶ **Shakespeare Garden**
In dem kleinen Garten wachsen über 150 Pflanzenarten – sie werden alle in den Werken von William Shakespeare erwähnt.

Legende
— Routenempfehlung

Stadtplan *siehe Seiten 290 – 308* **Karte** *Extrakarte zum Herausnehmen*

Golden Gate Park: Entstehung

Als San Francisco in den 1860er Jahren zu Wohlstand gelangte, wollten seine Bürger die Annehmlichkeiten, die andere Städte schon boten. So forderten sie 1865 in einer Bittschrift auch einen Stadtpark. In New York war gerade der Central Park von Frederick Law Olmsted geschaffen worden. H. P. Coon, der Bürgermeister von San Francisco, holte sich bei Olmsted Rat, was man mit einem Stück Land anfangen konnte, das die Stadt kürzlich erworben hatte. Das westlich am Pazifischen Ozean gelegene Terrain hieß damals »Outside Lands«.

John McLaren

Landerschließung

Die Stadtplaner wandten sich an den Landvermesser und Ingenieur William Hammond Hall. Dieser hatte bereits Dünen in den Outside Lands mit Erfolg kultiviert. 1870 wandte er seine Methoden auf den Golden Gate Park an. 1871 wurde er zum Direktor des Parks berufen. Er begann im Ostteil des Geländes mit den Arbeiten, legte dort Wege an und versuchte, eine scheinbar natürliche Landschaft zu schaffen. Der Park wurde bald populär.

Radfahrer im Golden Gate Park

Der Plan scheitert

So beliebt der Park von Anfang an war – fast hätte politische Korruption ihn verhindert. In den 1870er Jahren unterschlugen Stadtbeamte Mittel, sodass der Etat wiederholt gekürzt werden musste. Hall wurde 1876 zu Unrecht der Bestechlichkeit beschuldigt und trat unter Protest zurück. Der Park verwilderte, doch nach zehn Jahren bat man Hall erneut, die Verwaltung zu übernehmen. Dieser ernannte 1887 den Schotten John McLaren zum Direktor. Beide waren sich darin einig, dass ein Park natürlich angelegt werden sollte. McLaren pflanzte Tausende von Bäumen, Blumen und Sträuchern mit dem Ziel, dass jeden Monat einige von ihnen blühen sollten. Zudem importierte er exotische Pflanzen – und diese gediehen unter seiner Pflege trotz des kargen Bodens und nebeligen Klimas prächtig. McLaren widmete sich sein ganzes Leben dem Park und kämpfte gegen jeden Bauunternehmer, der im Parkgelände bauen wollte. Er starb nach 53-jähriger Tätigkeit mit 93 Jahren.

Der Park im Wandel

Die Visionen von McLaren und Hall bestimmen noch immer das Erscheinungsbild des Parks, doch entgegen ihren Plänen finden sich heute Gebäude über das Areal verstreut. McLarens größte Niederlage – die California Midwinter Fair von 1894 auf dem heutigen Music Concourse – wurde sogar ein großer Erfolg. Das Vordringen der Stadt in den Park setzte sich im 20. Jahrhundert fort. Für die meisten Einwohner San Franciscos ist er allerdings eine friedliche Oase geblieben.

Ansicht der California Midwinter Fair von 1894 im Golden Gate Park

GOLDEN GATE PARK | **149**

Texttafeln im Shakespeare Garden

❶ Shakespeare Garden

Music Concourse, Golden Gate Park. **Stadtplan** 8 F2. **Karte** F7. 44.

In dem Gärtchen wurden all die Pflanzen versammelt, die in den Werken William Shakespeares vorkommen. Die entsprechenden Textpassagen sind auf Tafeln an der Mauer im rückwärtigen Teil des Gartens nachzulesen.

❷ California Academy of Sciences

Siehe S. 152f.

❸ Japanese Tea Garden

Music Concourse, Golden Gate Park. **Stadtplan** 8 F2. **Karte** F7. 1-415-752-4227. 44. tägl. 9–18 Uhr (Nov–Feb: bis 16.45 Uhr).
japaneseteagardensf.com

Der vom Kunsthändler George Turner Marsh für die California Midwinter Fair von 1894 *(siehe S. 148)* angelegte Garten entwickelte sich schnell zu einer Attraktion des Golden Gate Park. Besonders eindrucksvoll ist er im April während der Kirschblüte. Ein Labyrinth von Pfaden durchzieht ihn, gesäumt von gestutzten japanischen Bäumen, Sträuchern und Blumen. Die »Mondbrücke« spiegelt sich malerisch in einem der vielen dekorativen Teiche.

❹ de Young Fine Arts Museum of SF

50 Hagiwara Drive, Golden Gate Park. **Stadtplan** 8 F2. **Karte** F6. 1-415-750-3600. 5, 21, 44. N. Di–So 9.30–17.15 Uhr (Apr–Nov: Fr bis 20.45 Uhr). Thanksgiving, 25. Dez. 1. Di im Monat frei.
famsf.org

Das 1895 gegründete de Young zählt zu den besten Museen der Stadt. 1989 erlitt das Gebäude schwere Erdbebenschäden. Der alte Bau war nicht mehr zu retten, der Neubau öffnete 2005 seine Tore. Das Museum birgt Sammlungen amerikanischer Kunst mit mehr als 1000 Gemälden. Hinzu kommen präkolumbische Exponate und Kunstwerke aus Afrika und Ozeanien.

❺ McLaren Lodge

Kreuzung Stanyan St und Fell St auf der Ostseite des Parks. **Stadtplan** 9 B1. **Karte** H6. 1-415-831-2700. Mo–Fr 8–17 Uhr. Feiertage. 7, 21.

Die Sandsteinvilla wurde 1896 von Edward Swain gebaut. Hier lebte John McLaren, Direktor des Golden Gate Park, mit seiner Familie bis zu seinem Tod 1943. Jeden Dezember wird die hohe Zypresse vor dem Haus zu seinen Ehren mit Lämpchen verziert. Die Villa ist heute Verwaltungssitz für die Parks der Stadt und bietet Infos und Kartenmaterial.

Eingang zum Japanese Tea Garden

❻ Children's Playground

Kezar Drive, nahe First Ave. **Stadtplan** 9 A1. **Karte** GH7. 5, 71. N. Kein Zutritt für Erwachsene, außer mit Kindern.

Dies ist der älteste öffentliche Kinderspielplatz in den USA, der als Vorbild vieler weiterer diente. 1978 wurde er umgestaltet und mit Sandkasten, Schaukeln, Rutschbahnen und Klettergerüsten versehen. In einem neoklassizistischen Gebäude von 1892 dreht sich ein Herschell-Spillman-Karussell, hier können die Kinder auf bunt bemalten Tieren reiten.

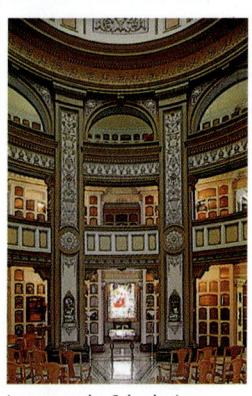

Innenraum des Columbarium

❼ Columbarium

1 Loraine Court. **Stadtplan** 3 B5. **Karte** G5. 1-415-752-7891. 33, 38. Mo–Fr 9–17, Sa, So 10–15 Uhr. 1. Jan, Thanksgiving, 25. Dez. nur im Erdgeschoss.

Das von der Neptune Society unterhaltene Columbarium ist das einzige Relikt des alten Lone Mountain Cemetery. Dieser Friedhof bedeckte einst eine große Fläche im Richmond District. 1914 wurden die meisten Gräber nach Colma verlegt. Die reich verzierten Urnen in den Nischen und Truhen des Columbarium, eines neoklassizistischen Rundbaus, bergen noch die Asche von rund 6000 Toten. 1979 wurde die Anlage umfassend restauriert. Um die Kuppel verlaufen schmale Galerien, die eine bemerkenswerte Akustik besitzen.

Blick vom Lincoln Park auf die Golden Gate Bridge *(siehe S. 64–67)*

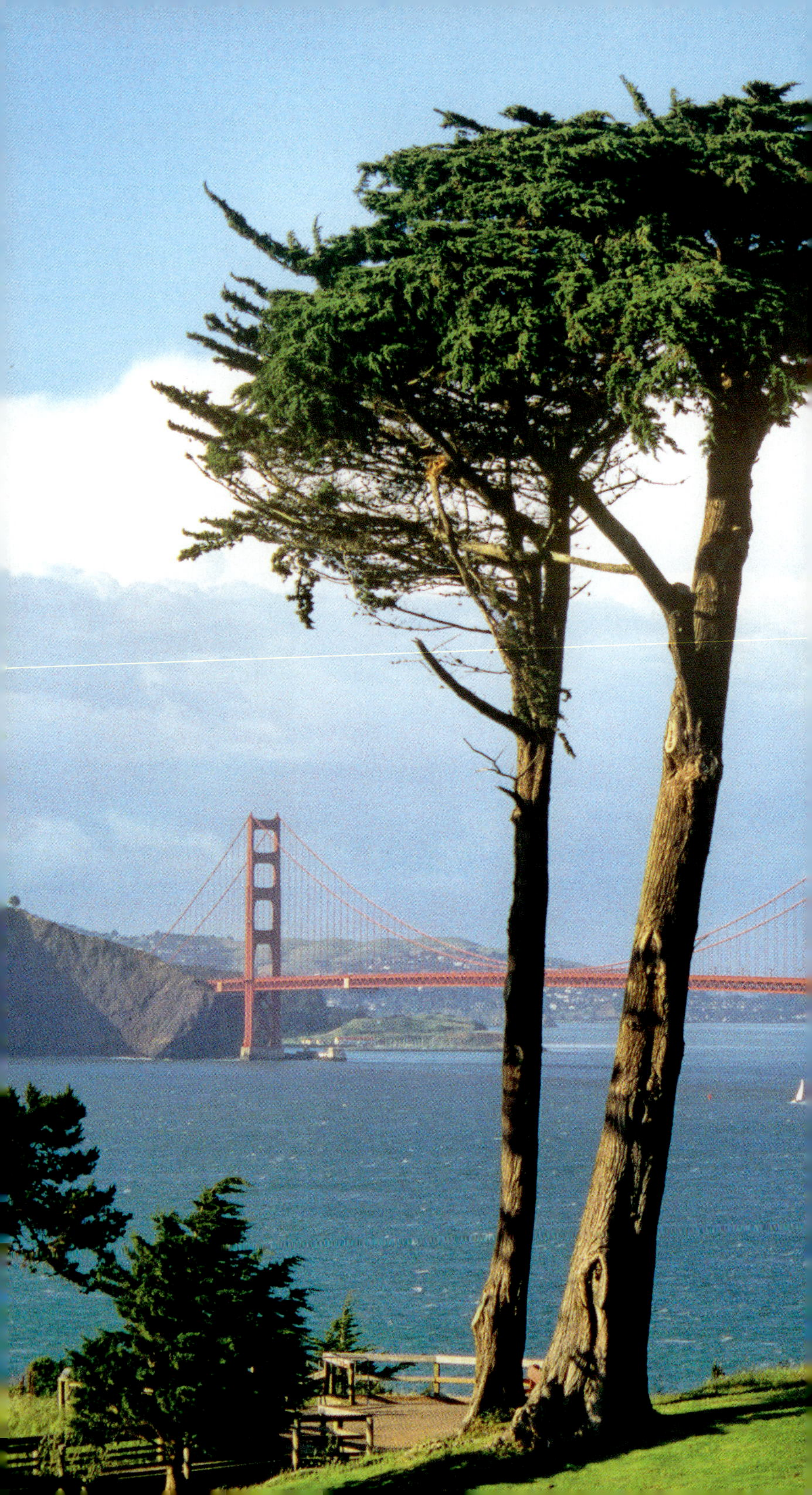

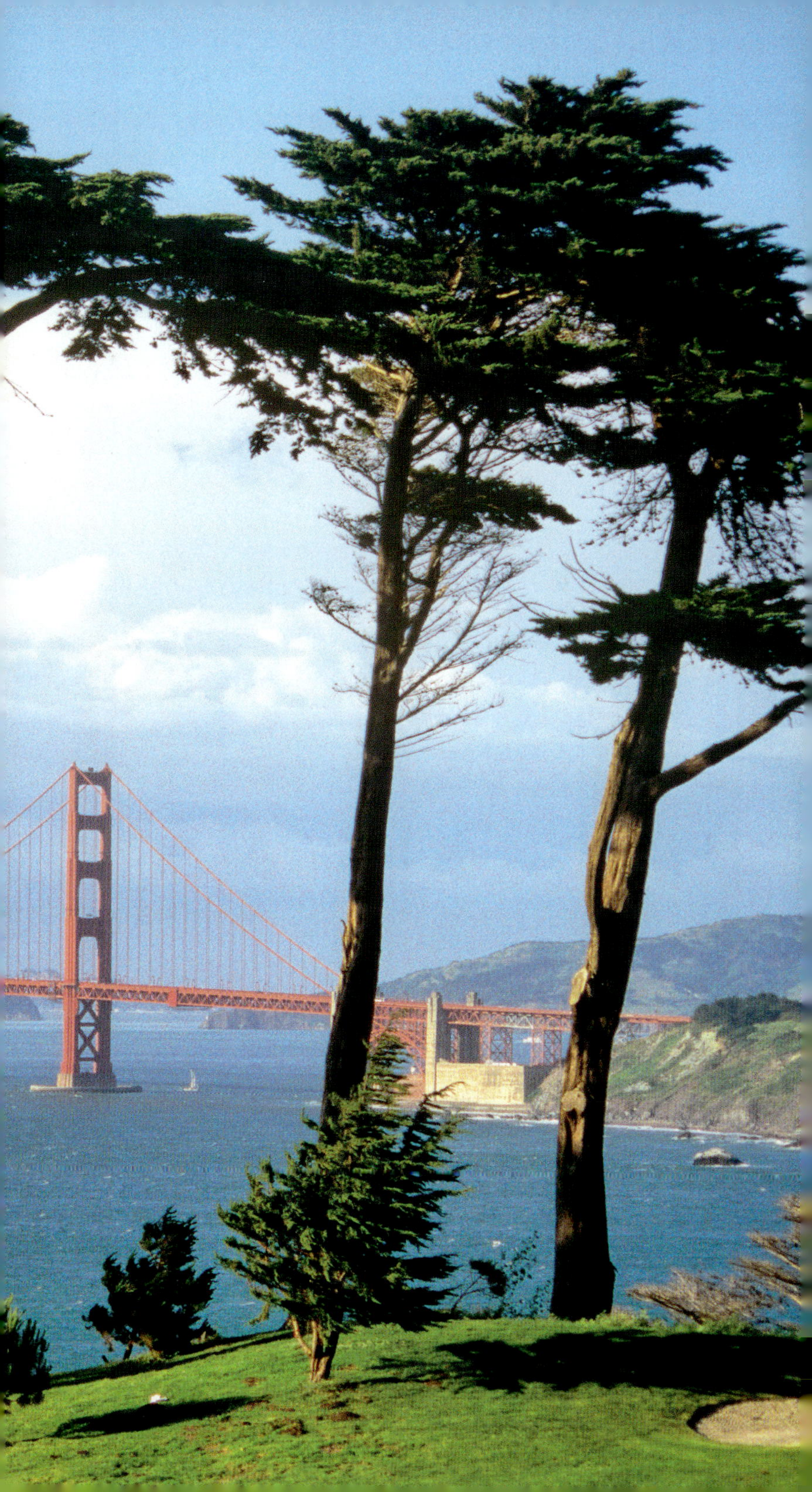

❷ California Academy of Sciences

Die 1853 gegründete California Academy of Sciences befindet sich seit 1916 im Golden Gate Park und zog Ende 2008 in ein neues Gebäude um. Sie umfasst das Steinhart Aquarium, das Morrison Planetarium und das Kimball Natural History Museum. Das Ensemble vereint innovative »grüne« Architektur mit flexiblen Ausstellungsflächen. Die hübsche Piazza im Zentrum und das begrünte Dach sollte man nicht versäumen.

Discovery Tidepool
Im Untergeschoss gibt es einen »Streichelzoo«, in dem man lebende Meerestiere, die in Gezeitentümpeln an der Küste leben, anfassen kann.

Kurzführer

Die Sammlungen des Steinhart Aquarium sind über das gesamte Museum verteilt, die meisten Wasserbecken befinden sich unterhalb der Piazza. Im Auditorium oberhalb des Cafés werden Sonderausstellungen gezeigt. Der rückwärtige Teil des Museums birgt eine Sammlung mit über 28 Millionen wissenschaftlichen Fundstücken sowie die Forschungslabore.

The Swamp

Philippine Coral Reef Tank (Untergeschoss)

Haie und Rochen (Untergeschoss)

Morrison Planetarium
Die Besucher lassen die Erde hinter sich und fliegen im größten digitalen Planetarium der Welt durch Raum und Zeit.

Legende

- African Hall
- Kimball Natural History Museum
- Morrison Planetarium
- Regenwälder der Erde
- Building Green
- Steinhart Aquarium
- Science in Action
- Islands of Evolution
- Early Explorers Cove
- Kein Ausstellungsbereich

African Hall
Sorgfältig konservierte Modelle von Tieren aus den Steppen und Wäldern Afrikas sind in lebensnahen Dioramen ausgestellt.

Zeichenerklärung *siehe hintere Umschlagklappe*

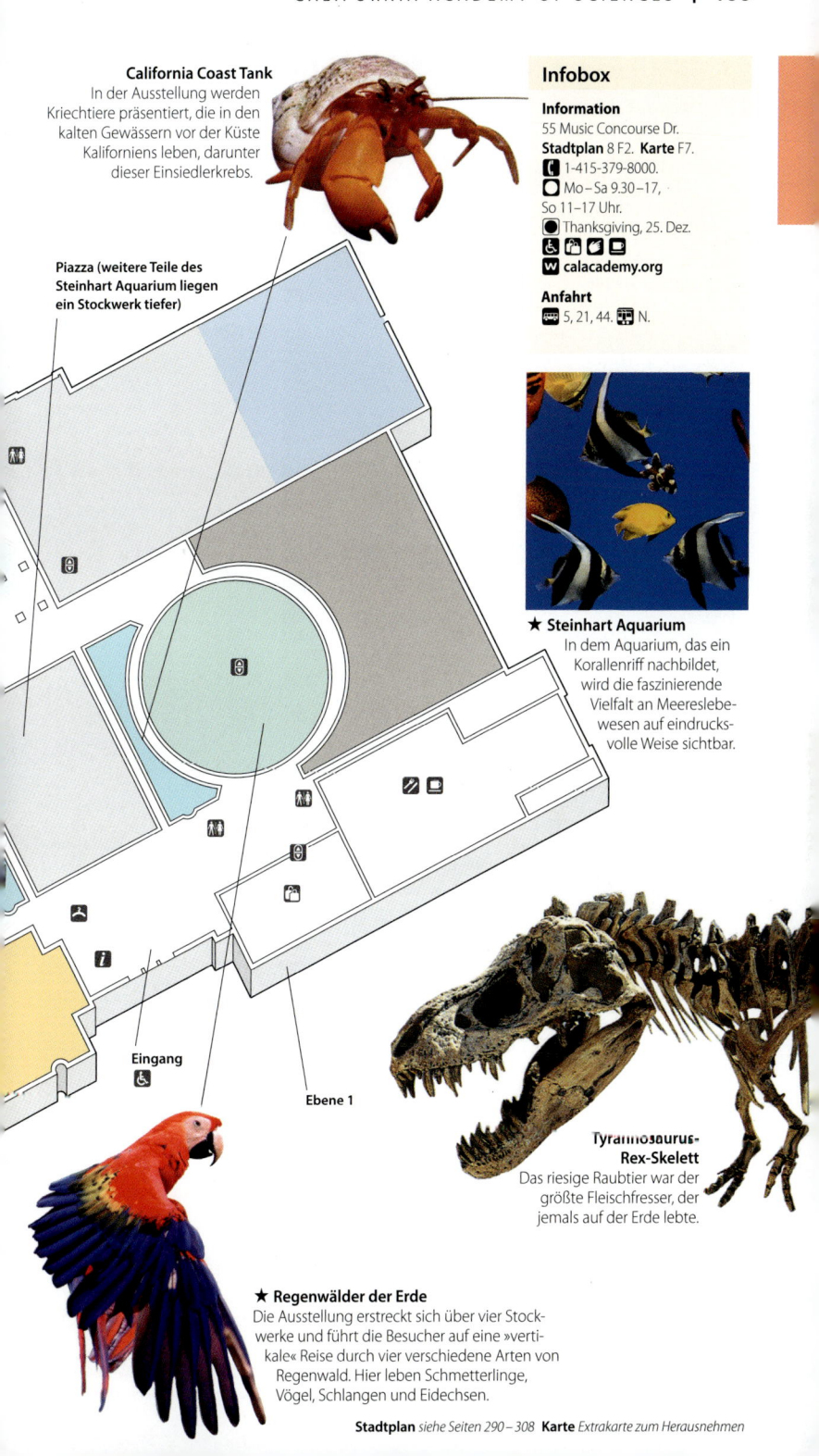

CALIFORNIA ACADEMY OF SCIENCES | 153

California Coast Tank
In der Ausstellung werden Kriechtiere präsentiert, die in den kalten Gewässern vor der Küste Kaliforniens leben, darunter dieser Einsiedlerkrebs.

Piazza (weitere Teile des Steinhart Aquarium liegen ein Stockwerk tiefer)

Infobox

Information
55 Music Concourse Dr.
Stadtplan 8 F2. **Karte** F7.
1-415-379-8000.
Mo–Sa 9.30–17,
So 11–17 Uhr.
Thanksgiving, 25. Dez.

w calacademy.org

Anfahrt
5, 21, 44. N.

★ **Steinhart Aquarium**
In dem Aquarium, das ein Korallenriff nachbildet, wird die faszinierende Vielfalt an Meereslebewesen auf eindrucksvolle Weise sichtbar.

Eingang

Ebene 1

Tyrannosaurus-Rex-Skelett
Das riesige Raubtier war der größte Fleischfresser, der jemals auf der Erde lebte.

★ **Regenwälder der Erde**
Die Ausstellung erstreckt sich über vier Stockwerke und führt die Besucher auf eine »vertikale« Reise durch vier verschiedene Arten von Regenwald. Hier leben Schmetterlinge, Vögel, Schlangen und Eidechsen.

Stadtplan *siehe Seiten 290–308* **Karte** *Extrakarte zum Herausnehmen*

Glashaus des Conservatory of Flowers

❽ Conservatory of Flowers

John F. Kennedy Drive, Golden Gate Park. **Stadtplan** 9 A1. **Karte** G6.
☎ 1-415-666-7001. 🚌 5, 33, 44.
N. Di–So 10–16.30 Uhr.
1. Di im Monat frei.
conservatoryofflowers.org

Das ornamentierte gläserne Gewächshaus war das älteste Gebäude im Golden Gate Park – mit Farnen, Palmen und Orchideen. 1995 zerstörte ein Hurrikan weite Teile der Anlage. 2003 wurde sie wiedereröffnet.

❾ Strybing Arboretum

9th Ave, nahe Lincoln Way, Golden Gate Park. **Stadtplan** 8 F2. **Karte** F7.
☎ 1-415-661-1316. 🚌 44, 71. N.
tägl. 7.30–18 Uhr (Herbst und Winter: bis 17 Uhr). tägl. 13.30 Uhr.
sfbotanicalgarden.org

Im Strybing Arboretum gibt es 75 000 Arten von Pflanzen, Bäumen und Sträuchern aus verschiedenen Ländern. Es finden sich mexikanische, afrikanische, südamerikanische und australische Gärten sowie einer mit den Pflanzen Kaliforniens.

Im Mond-Garten wachsen ostasiatische Pflanzen ganz natürlich – nicht wie im strengen Japanese Tea Garden *(siehe S. 149)*. Apotheken- und Küchenkräuter gedeihen im Garten der Düfte, der für blinde Pflanzenfreunde gedacht ist. Hier sind Geschmacks-, Geruchs- und Tastsinn wichtig, die Pflanzennamen stehen in Blindenschrift dabei. In einem anderen Teil des Parks befinden sich kalifornische Redwoods. Ein kleiner Fluss lässt Flora und Atmosphäre eines nordkalifornischen Küstenwalds entstehen. Auch ein Nebelwald ist vorhanden – mit den Pflanzen der Berge Mittelamerikas. Erstaunlich ist, dass die Pflanzen im Nebelklima Kaliforniens so gut gedeihen. Das Arboretum hat einen Laden, in dem Samen und Bücher verkauft werden. Die Helen Crocker Russel Library of Horticulture ist zugänglich. Im Sommer findet eine Blumenschau statt.

❿ Stow Lake

Stow Lake Drive, Golden Gate Park.
Stadtplan 8 E2. **Karte** E7. 🚌 28, 29, 44. **Bootsverleih** ☎ 1-415-386-2531.

Der künstliche See wurde im Jahr 1895 so um den Strawberry Hill angelegt, dass aus dem Gipfel eine Insel im See wurde. Sie ist durch zwei Steinbrücken mit dem »Festland« verbunden. Die Rundform des Stow Lake lädt geradezu zu einer Ruderrundfahrt vom Bootshaus aus ein, doch man kann auch gemächlich dahintreiben. Der chinesische Mond-Pavillon am Inselufer ist ein Geschenk von San Franciscos Partnerstadt Taipeh. Der rot-grüne Pavillon wurde in rund 6000 Teilen nach San Francisco verschifft und hier wieder zusammengebaut.

Der Millionär Collis P. Huntington *(siehe S. 104)* stiftete das Geld für den Bau des Stausees und des Wasserfalls, der sich in den Stow Lake ergießt. Die nach ihm benannten Huntington Falls sind die Attraktion des Parks.

Mond-Pavillon am Stow Lake

Stadtplan siehe Seiten 290–308 **Karte** *Extrakarte zum Herausnehmen*

GOLDEN GATE PARK UND LAND'S END | 155

Queen Wilhelmina Tulip Garden mit der holländischen Windmühle

⓫ Polo Fields

John F. Kennedy Drive, Golden Gate Park. **Stadtplan** 7 C2. **Karte** C7.
🚌 5, 29.

Im Stadion der Polo Fields im offenen Westteil des Golden Gate Park trifft man heute eher Jogger als Polo-Pferde. Allerdings kann man im nahen Reiterhof Pferde mieten und so die Reitwege des Parks und das Bercut Equitation Field erkunden. Für Angler gibt es einen Fischteich in der Nähe.

Auf den Grünflächen der Old Speedway Meadows östlich des Stadions fanden in den späten 1960er Jahren u. a. legendäre Rockkonzerte mit Bands wie Grateful Dead und Jefferson Airplane statt. Im Frühjahr 1967 kamen Tausende zu einem großen »Be-in« – eines der vielen Ereignisse, die zum »Summer of Love« *(siehe S. 34)* führten.

⓬ Buffalo Paddock

John F. Kennedy Drive, Golden Gate Park. **Stadtplan** 7 C2. **Karte** C7.
🚌 5, 29.

Die »Buffalos«, die auf dieser Koppel weiden, sind die größten Landtiere Nordamerikas. Mit seinen kurzen Hörnern und dem gewölbten Rücken ist der amerikanische Bison das Symbol der amerikanischen Ebenen. Die hiesige Koppel wurde 1892 angelegt, als die Bisons vor der Ausrottung standen. 1902 tauschte William Cody alias »Buffalo Bill« einen seiner Bullen gegen einen aus der Herde des Golden Gate Park ein. Beide Parteien meinten, ein aggressives Tier losgeworden zu sein. Doch als Cody mit seinem Bullen ins Lager zurückkehrte, übersprang dieser einen hohen Zaun und entkam. Wie die Zeitung *San Francisco Call* berichtete, waren 80 Männer damit beschäftigt, ihn einzufangen.

⓭ Queen Wilhelmina Tulip Garden

Stadtplan 7 A2. **Karte** AB7. 🚌 5, 18. **Windmühle** ♿

Die holländische Windmühle wurde 1903 im Nordwesten des Parks errichtet. Früher förderte sie Grundwasser aus einer unterirdischen Quelle, heute ist sie stillgelegt. Ihr Gegenstück, die Murphy-Windmühle, wurde 1905 im Südwesten des Parks errichtet. Benannt ist der Tulpengarten nach der holländischen Königin Wilhelmina. Der Holländische Zwiebelzüchter-Verband stiftet jährlich die Tulpenzwiebeln.

⓮ Ocean Beach

Stadtplan 7 A1–5. **Karte** A6–8.
🚌 5, 18, 31, 38, 71. 🚊 L, N.

Der größte Teil am Westrand San Franciscos ist ein breiter Sandstreifen. Vom Cliff House aus sieht er verlockend aus, doch das Wasser ist zu kalt für Schwimmer und wegen der Strömungen zu gefährlich. Windsurfer in Neoprenanzügen lassen sich allerdings nicht abschrecken. Oft weht eine steife Brise, oder es herrscht Nebel. An den seltenen heißen Tagen kann man sonnenbaden.

⓯ Seal Rocks

Stadtplan 7 A1. **Karte** A6. ⬤ für Besucher. Einsehbar von Ocean Beach, Cliff House oder Sutro Heights Park.
🚌 18, 38.

Nehmen Sie ein Fernglas mit, wenn Sie Seelöwen und Vögel beobachten wollen. Nachts kann man vom Strand oder vom Cliff House ihre Rufe hören – bei Nebel recht unheimlich. An schönen Tagen sind die 51 Kilometer vor der Küste gelegenen Farallon Islands zu sehen. Auch hier leben Seelöwen, ihr Brutplatz steht seit 1907 unter Naturschutz.

Blick vom Ocean Beach auf die Seal Rocks

Brücke im Japanese Tea Garden *(siehe S. 149)* **im Golden Gate Park** ▶

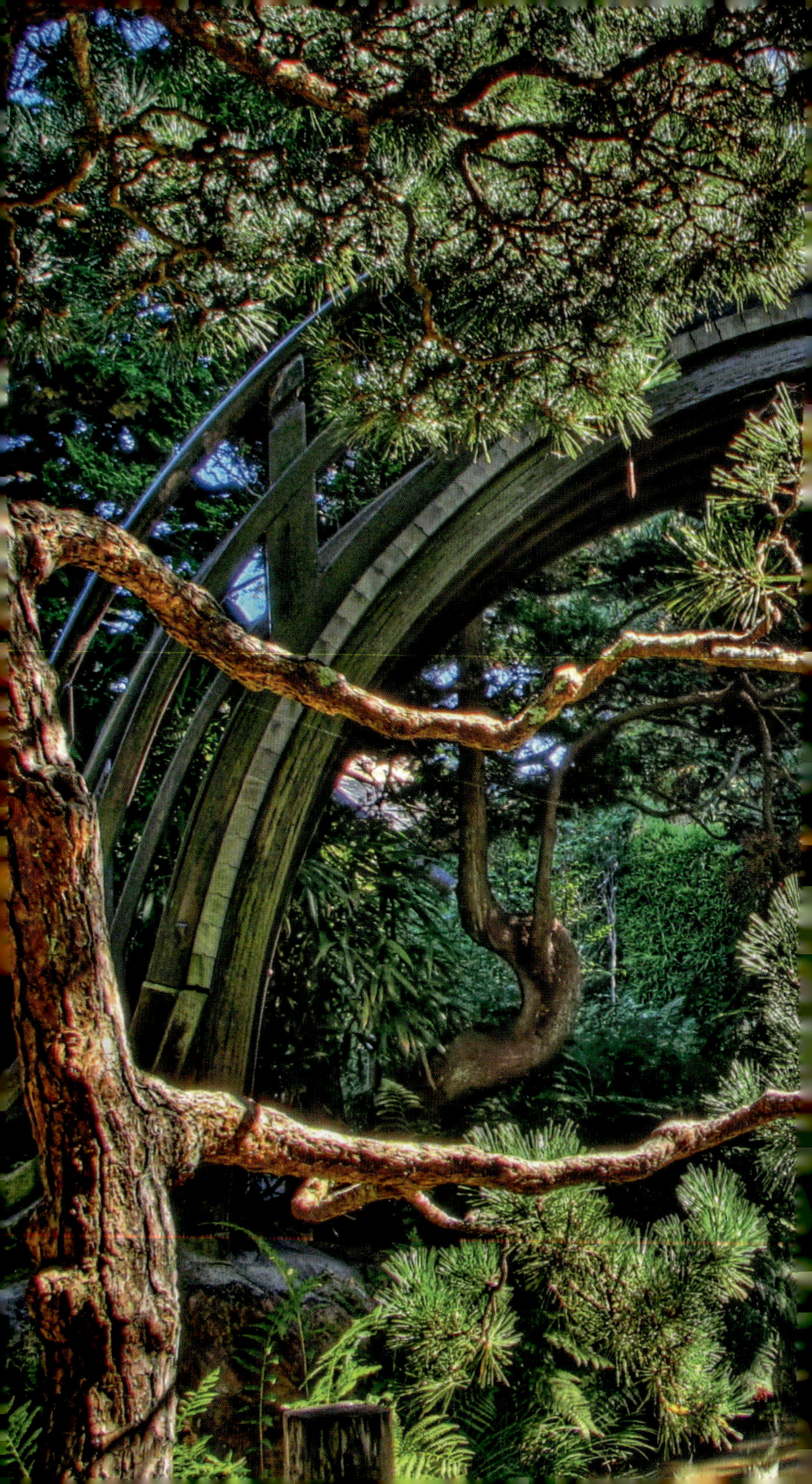

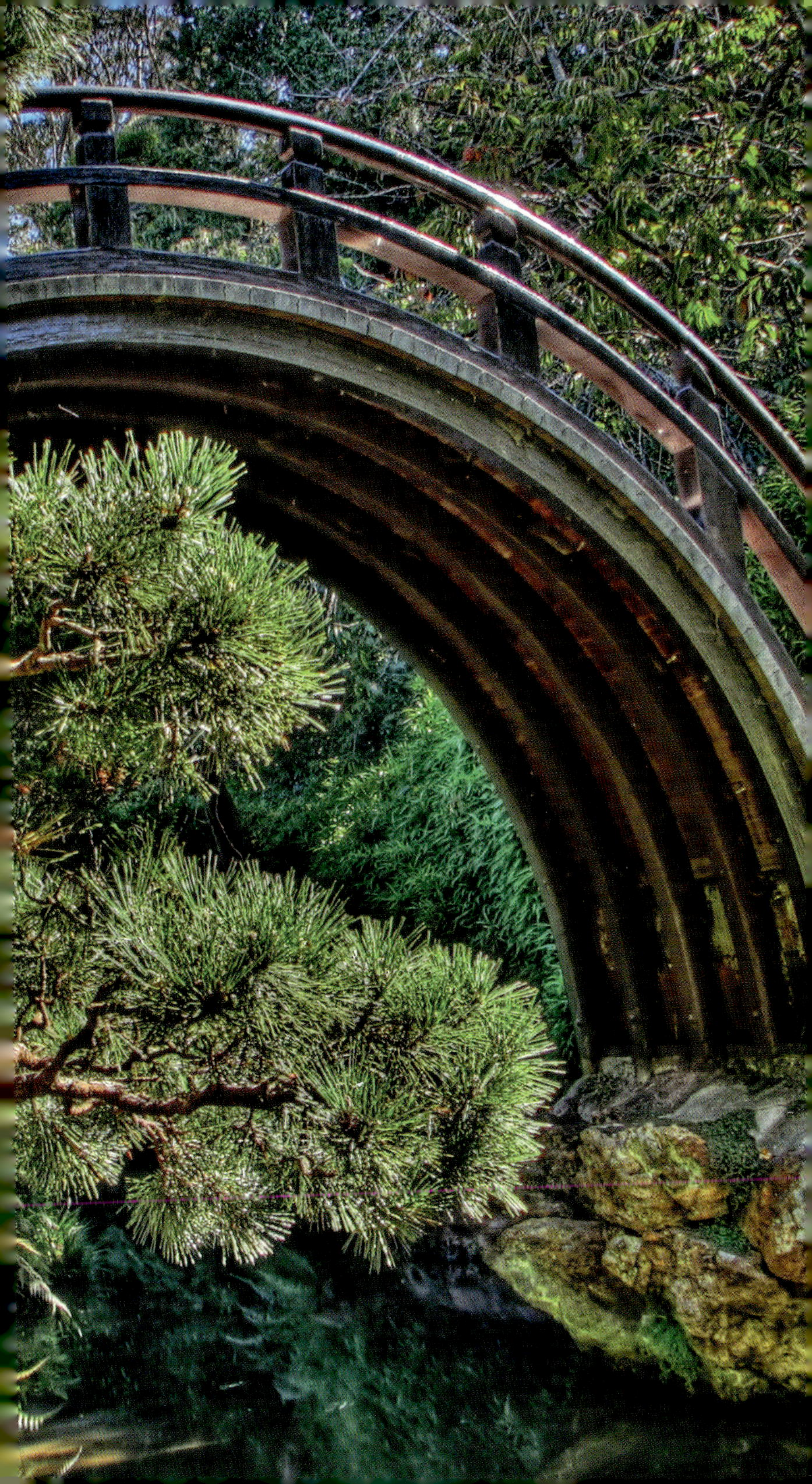

Legion of Honor

Alma de Bretteville Spreckels ließ das Museum in den 1920er Jahren nach dem Vorbild des Palais der Pariser Ehrenlegion zum Gedenken an die Gefallenen des Ersten Weltkriegs erbauen – und um französische Kunst in Kalifornien populär zu machen. Das von George Applegarth gestaltete Beaux-Arts-Gebäude zeigt europäische Kunst der letzten 800 Jahre, darunter Gemälde von Künstlern wie Monet, Rubens und Rembrandt sowie über 70 Skulpturen von Rodin.

★ *Der Denker*
Der Original-Bronzeguss von Rodins *Le Penseur* (1904) steht in der Kolonnade des Ehrenhofs.

★ *Seerosen*
Das Bild stammt aus der berühmten Serie (1914–17) von Claude Monet.

Florence Gould Theater

Hl. Wenzel
Die Figurine (um 1732) ist nach einem Modell von Johann Gottlieb Kirchner gestaltet.

Treppe nach unten

Kurzführer
Die Dauerausstellung hat 19 Abteilungen im Erdgeschoss mit chronologischer Anordnung – vom Mittelalter (links vom Haupteingang) bis zum 20. Jahrhundert. Sonderausstellungen finden unten statt.

Legende
- Dauerausstellung
- Achenbach Foundation Library
- Porzellanabteilung
- Theatermuseum
- Sonderausstellungen
- Kein Ausstellungsbereich

LEGION OF HONOR | 159

Infobox

Information
Lincoln Park, 100 34th Ave Ecke Clement St. **Stadtplan** 1 B5. **Karte** BC5. 1-415-750-3600, 1-415-863-3330.
Di–So 9.30–17.15 Uhr. Zugang zur Achenbach Collection nur nach Voranmeldung; informieren Sie sich telefonisch. Thanksgiving, 25. Dez. 1. Di im Monat frei.
Vorträge und Filme.
legionofhonor.org

Anfahrt
1, 18, 38, 38L.

Blick vom Golfplatz im Lincoln Park auf die Golden Gate Bridge

Alte Frau
Georges de la Tour malte diese Studie um 1618.

Eingang

Der Impresario
Bei dem Porträt (um 1877) wählte Degas einen ungewöhnlichen Aus- und Anschnitt, um die Größe der Person zu demonstrieren.

⓱ Lincoln Park

Stadtplan 1 B5. **Karte** A–C4–5. 18.

Der schöne Park oberhalb des Golden Gate bildet das Setting für den Legion-of-Honor-Bau. Das Land gehörte ursprünglich zum Golden Gate Cemetery, dessen Gräber nach der Nationalität der Toten angeordnet waren. Als der Friedhof Anfang des 20. Jahrhunderts aufgelassen wurde, schuf John McLaren *(siehe S. 148)* den Park.

Heute gibt es hier einen Golfplatz sowie gepflegte Spazierwege. Der Ausblick vom Golfplatz auf die Stadt ist grandios.

⓲ Land's End

Stadtplan 1 B5. **Karte** B4. 18, 38.

Seine schroffen Klippen und die Zypressenhaine machen Land's End zum rauesten Areal der Stadt. Man erreicht es zu Fuß über den Coastal Trail – entweder vom Museum Legion of Honor oder vom Point-Lobos-Parkplatz (Sutro Heights Park) aus. Der Coastal Trail endet bei einem Aussichtspunkt mit Blick auf das Golden Gate. In der Ferne kann man den Mile-Rock-Leuchtturm sehen.

Verlassen Sie nicht den Coastal Trail. Sie riskieren, dass Ihnen von der hereinkommenden Flut der Weg abgeschnitten wird (Infos über Gezeiten gibt es beim Visitor Center des National Parks Service, Tel. 1-415-556-8642).

⓳ Cliff House

1090 Point Lobos. **Stadtplan** 7 A1. **Karte** A6. 1-415-386-3330 (Visitor Center). 18, 38. tägl. **Camera obscura** 1-415-750-0415. tägl. 11–17 Uhr.
cliffhouse.com
giantcamera.com

Das heutige Gebäude (1909) ist das dritte an dieser Stelle. Sein Vorgänger, ein achtstöckiger »gotischer« Bau, brannte 1907 nieder. Es gehörte dem Unternehmer Adolph Sutro. Sein Grundstück oberhalb des Cliff House bildet nun den Sutro Heights Park. Im oberen Bereich befinden sich mehrere Restaurants, in denen freitagabends Live-Jazz gespielt wird, und drei Aussichtsplattformen mit wunderbarem Panoramablick. Die Camera obscura residiert im unteren Bereich.

Blick von Land's End auf den Mile-Rock-Leuchtturm

Stadtplan *siehe Seiten 290–308* **Karte** *Extrakarte zum Herausnehmen*

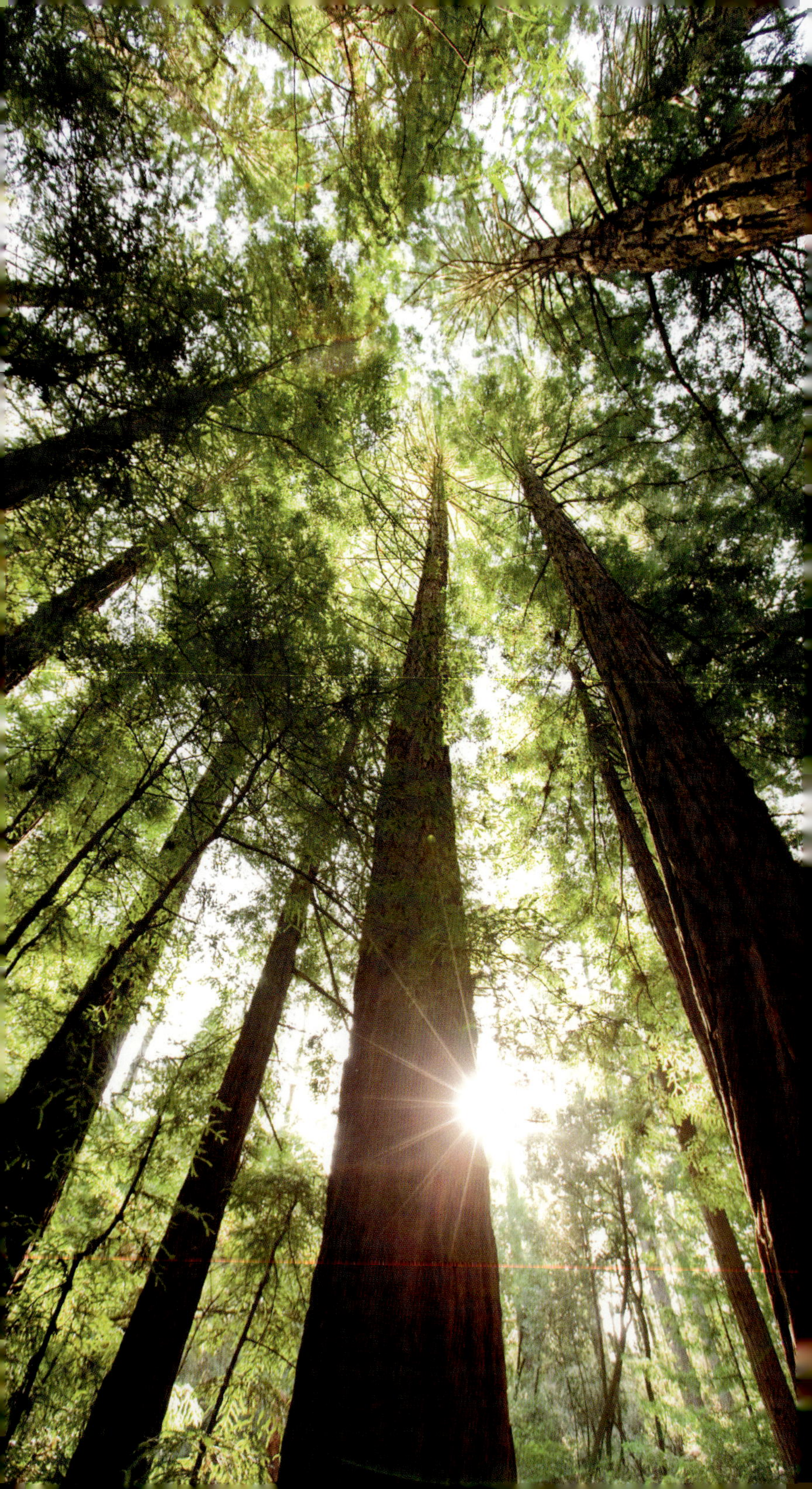

Abstecher

Der Größe nach ist San Francisco das kleinste der neun Countys rund um die Bucht. Die einstigen Sommerfrischen sind heute ausgedehnte Vororte oder eigenständige Städte. Im Norden der Golden Gate Bridge liegt Marin County. Es bietet eine wilde Küste, Redwood-Wälder und vom Mount Tamalpais aus eine spektakuläre Aussicht auf die Bay Area. Die Ortschaften haben ihren dörflichen Charakter bewahrt und machen das Marin County zu einem idealen Ausflugsziel für stadtmüde Besucher. An der East Bay sind das Museum und der Hafen von Oakland sowie die Gärten und der Campus der berühmten University of California in Berkeley sehr beliebte Ziele. Der Zoo im Süden von San Francisco ist insbesondere für kleine Besucher spannend.

Sehenswürdigkeiten auf einen Blick

Museen und Sammlungen
- ⓭ Lawrence Hall of Science
- ⓰ Magnes Collection of Jewish Art and Life
- ㉓ *Oakland Museum of California S. 168f*

Parks und Gärten
- ❶ San Francisco Zoo and Gardens
- ❹ Muir Woods and Beach
- ❺ Mount Tamalpais
- ❽ Angel Island
- ❾ Tilden Park
- ⓮ University Botanical Garden

Tempel
- ⓳ Mormon Temple

Läden, Märkte und Restaurants
- ❿ Fourth Street
- ⓫ Gourmet Ghetto
- ⓯ Telegraph Avenue

- ⓲ Rockridge
- ㉒ Jack London Square
- ㉕ Oakland Chinatown

Historische Straßen und Gebäude
- ⓬ University of California at Berkeley
- ⓱ Claremont Resort and Spa
- ⓴ Bay Bridge
- ㉔ Old Oakland

Historische Orte
- ❻ Sausalito
- ❼ Tiburon

See
- ㉑ Lake Merritt

Strände
- ❷ Point Reyes National Seashore
- ❸ Stinson Beach

Legende
- San Francisco Zentrum
- Großraum San Francisco
- Interstate Highway
- U. S. bzw. State Highway
- Nebenstraße

Zeichenerklärung
siehe hintere Umschlagklappe

0 Kilometer 10
0 Meilen 10

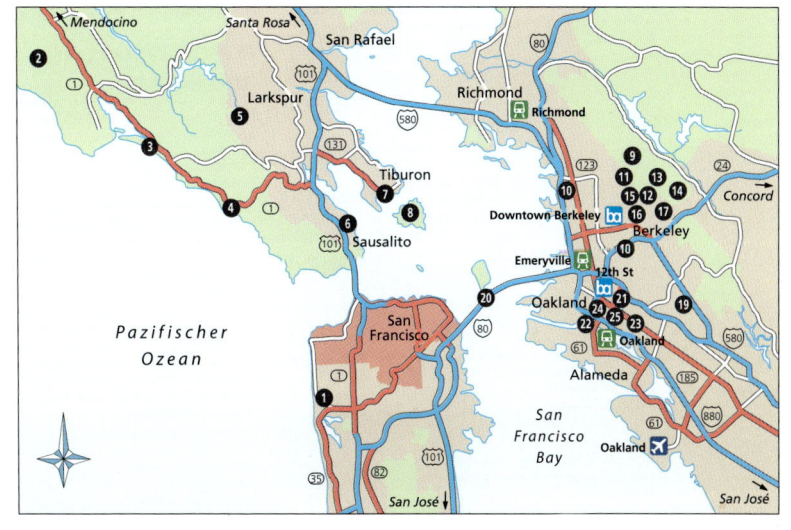

◀ **Blick durch sonnenbeschienene Bäume, Muir Woods** *(siehe S. 162f)*

Orang-Utan, San Francisco Zoo and Gardens

❶ San Francisco Zoo and Gardens

Sloat Blvd, Ecke 45th Ave. 1-415-753-7080. 18, 23. L. tägl. 10–17 Uhr (Nov – März: bis 16 Uhr). sfzoo.org

Der Zoo liegt in der Südwestecke der Stadt zwischen Pazifik und Lake Merced. Er beherbergt über 1000 Arten, von denen 30 als gefährdet gelten, u.a. Schneeleoparden, bengalische Tiger und Jaguare. Im Primate Discovery Center leben 15 Arten von Primaten, darunter Affen, Lemuren und Makaken.

Eines der Highlights ist das Koala Crossing, das wie eine Station im australischen Busch gestaltet ist. Der Otter River mit Wasserfällen ist dem Lebensraum des nordamerikanischen Flussotters nachempfunden. Gorilla World ist eines der weltweit größten Freigehege für Gorillas.

Täglich um 14 Uhr (außer montags) werden im Löwenhaus die Wildkatzen gefüttert. Nebenan liegt der Streichelzoo, in dem man Haustiere anfassen und füttern darf – ein großer Spaß für Kinder.

❷ Point Reyes National Seashore

U.S. Highway 1 nach Olema; folgen Sie den Schildern nach Point Reyes National Seashore. Golden Gate Transitbusse 10, 80, 101 zum San Rafael Center, dann West Marin Stage 68.

Die wilde Halbinsel Point Reyes ist ein Paradies für Wildtiere, darunter eine Herde seltener Tule-Wapitis. Zudem gibt es hier Rinder- und Milchfarmen sowie drei kleine Orte: Olema, Point Reyes Station und Inverness.

Die Halbinsel liegt westlich des San-Andreas-Grabens, der das Beben von 1906 *(siehe S. 30f)* verursachte. Beim Visitor Center Bear Valley am Earthquake Trail zeigt ein versetzter Zaun, wie sich die Halbinsel um volle sechs Meter nach Norden verschob.

Sir Francis Drake soll 1579 in Drake's Bay geankert haben *(siehe S. 24f)*. Er nannte sie Nova Albion und erwarb sie für England.

Im Besucherzentrum erhalten Sie Gezeitenpläne und Karten. Von Dezember bis Mitte März kann man Wale beobachten.

❸ Stinson Beach

U.S. 101 N zum Highway 1, dann weiter nach Stinson Beach. Stinson Beach Park, 1-415-868-0942. Golden Gate Transitbus 10, dann West Marin Stage 61. tägl. 7 Uhr bis eine Stunde nach Sonnenuntergang.

Seit Anfang des 20. Jahrhunderts ist Stinson Beach ein beliebter Urlaubsort. Die ersten Gäste kamen mit der Fähre von San Francisco und wurden von Pferdefuhrwerken abgeholt. In der ganzen Region ist der lange weiße Sandstrand ideal zum Sonnen und Schwimmen. Auch Surfen ist gut möglich. Im nahen Dorf gibt es gute Buchläden, Restaurants und ein kleines Lebensmittelgeschäft.

Riesige Redwoods in den Muir Woods

❹ Muir Woods and Beach

U.S. 101 N, Ausfahrt Highway 1; dann entweder auf dem Panoramic Highway Richtung Muir Woods oder bleiben Sie auf dem Highway 1 bis zur Ausfahrt Muir Beach. Keine öffentlichen Verkehrsmittel. Gray Line Tours, 1-415-401-1860.

Am Fuß des Mount Tamalpais liegt das Muir Woods National Monument. Hier stehen Restbestände der Küsten-Redwoods – der älteste ist mindestens 1000 Jahre alt. Die Baumriesen bedeckten einst die Küstenzone Kaliforniens. Der Wald wurde nach John Muir benannt, einem Naturforscher (19. Jh.), der als einer der

Milchfarm auf der malerischen Halbinsel Point Reyes

ABSTECHER | 163

Die hübsche Hauptstraße von Tiburon

Ersten den Amerikanern die Notwendigkeit des Naturschutzes nahebrachte.

Auf der Fahrt zum bei Badegästen und Picknickern beliebten Muir Beach kommt man am Pelican Inn vorbei. Der besondere Stolz des englischen, im Stil des 16. Jahrhunderts erbauten Gasthauses sind die englische Küche und die herzliche Gastfreundschaft.

An Wochenenden ist der Strand oft überfüllt. Wer sich aber nicht scheut, eine Meile oder weiter zu laufen, findet auch ein ruhiges Plätzchen.

❺ Mount Tamalpais

U.S. 101 N, Ausfahrt Highway 1, dann zum Panoramic Highway. Mount Tamalpais State Park, 1-415-388-2070. Golden Gate Transitbus 10 nach Marin City, dann West Marin Stage 61. tägl. 7 Uhr bis Sonnenuntergang. **Mountain Theater** East Ridgecrest. **Vorstellungen** Mai – Juni: So 14 Uhr außer am Memorial Day. **Reservierungen** 1-415-383-1100. mountainplay.org

Das Naturschutzgebiet des Mount Tamalpais State Park bietet ein Wegenetz, dessen Pfade sich durch Redwood-Haine schlängeln. Es gibt Picknick- und Zeltplätze sowie Wiesen, auf denen man Drachen steigen lassen kann. Mount Tamalpais (784 m) ist der höchste Berg der Bay Area, auf seinen Hängen wurde das Mountainbike konzipiert. Im Mountain Theater, einem natürlichen Amphitheater, kann man Musicals und Theaterstücke sehen.

❻ Sausalito

U.S. 101 N, erste Ausfahrt nach der Golden Gate Bridge Richtung Bridgeway. Golden Gate Transitbusse 10, 70, 80. vom Ferry Building oder Pier 43½. **Bay Model Visitor Center** 1-415-332-3871. Apr – Sep: Di – Fr 9 –16, Sa, So, Feiertage 10 – 17 Uhr; Okt – März: Di – Sa 9 –16 Uhr. 4. Juli.

An den steilen Hängen des einstigen Fischerdorfs liegen viktorianische Häuschen. Am Ufer der kleinen Stadt verläuft die Bridgeway Avenue, eine Promenade für Wochenendbesucher, die Restaurants, Boutiquen und die schöne Aussicht genießen. Village Fair ist ein Ladenkomplex in einem alten Lagerhaus. Das Bay Model (2100 Bridgeway) demonstriert die Gezeiten und Strömungen in der Bucht.

Schwimmende Häuser in Sausalito

❼ Tiburon

U.S. 101 N, Ausfahrt Tiburon Blvd. Golden Gate Transitbus 8. von Pier 43½.

In der Hauptstraße der schicken Küstenstadt haben sich die Läden und Restaurants in »Archen« niedergelassen – Hausbooten aus der Wende zum 20. Jahrhundert, die an Land festgemacht und renoviert wurden. Nun liegen sie nebeneinander in der »Ark Row«. Tiburon ist ruhiger als Sausalito: In den Grünanlagen am Meer kann man spazieren gehen und den Blick schweifen lassen.

Blick vom Küstenort Tiburon auf Angel Island

❽ Angel Island

von Pier 43½ und von Tiburon. State Park, 1-415-435-1915. angelisland.org

Angel Island erreicht man mit der Fähre von Tiburon oder San Francisco aus. Die Schiffe legen in Ayala Cove an, wo eine Rasenzone mit Picknicktischen die Besucher erwartet. Die dicht bewaldete Insel, die von Wanderwegen durchzogen ist, reicht bis 237 Meter über den Meeresspiegel. In einer verlassenen Militärgarnison waren einst Einwanderer aus Asien untergebracht, im Zweiten Weltkrieg diente sie der Internierung von Kriegsgefangenen. Autos sind hier verboten.

Berkeley

Karussell im Tilden Park

❾ Tilden Park

📞 1-510-544-2747. 🚌 Berkeley, dann AC Transitbus 67. **Park** 🕐 tägl. 5–22 Uhr. **Mini-Dampfeisenbahn** 📞 1-510-548-6100. 🕐 Sommer: tägl. 11–17 Uhr. **Karussell** 📞 1-510-524-6773. 🕐 Sommer: tägl. 11–17 Uhr; Winter: Sa, So 11–18 Uhr. **Botanischer Garten** 📞 1-510-544-3169. 🕐 tägl. 8.30–17 Uhr (Juni–Sep: bis 17.30 Uhr). ♿ teilweise. 🌐 ebparks.org

Der weitgehend naturbelassene Park bietet die unterschiedlichsten Attraktionen. Er ist für seinen zauberhaften Botanischen Garten bekannt, der die große Vielfalt von Kaliforniens Flora widerspiegelt. Von Almwiesen herab schlendert man durch einen hübschen Redwood-Hain zu den Kakteengärten der Wüste. Es gibt auch Parkführungen.

Bei Kindern beliebt sind Karussell, Miniatur-Bauernhof und Mini-Dampfeisenbahn.

❿ Fourth Street

🚌 AC Transit Z. 🚌 Berkeley, dann AC Transitbusse 51, 65.

Die vornehme bürgerliche Enklave nördlich der University Avenue ist ein Beispiel für die Handwerkskunst und den guten Geschmack Berkeleys. Hier gibt es alles – von handgeschöpftem Papier über Möbel bis hin zu biologisch angebautem Salat und Designer-Gartenwerkzeug. Einige renommierte Restaurants ergänzen das Angebot.

⓫ Gourmet Ghetto

Upper Shattuck Ave. 🚌 Berkeley, dann AC Transitbusse 7, 18, 49.

Das Viertel im Norden Berkeleys wurde zum Feinschmeckertreff, als Alice Waters hier 1971 ihr Chez Panisse eröffnete. Berühmt wurde das Restaurant in der Shattuck Avenue durch die Verwendung von frischen, heimischen Produkten, die auf französische Art zubereitet wurden. Inzwischen hat die sogenannte California Cuisine viele Nachahmer gefunden. Auch die zahlreichen Spezialitätenmärkte und Cafés in der Nachbarschaft machen dem Spitznamen des Viertels Ehre.

⓬ University of California at Berkeley

📞 1-510-642-6000. 🚌 Berkeley. 🚌 AC Transitbusse 1, 7, 18, 40, 49, 51, 52, 65. **Hearst Museum of Anthropology** 📞 1-510-642-3682. 🕐 Mi–Sa 10–16.30, So 12–16 Uhr. ⬤ Feiertage. **Berkeley Art Museum** 📞 1-510-642-0808. 🕐 Mi–So 11–17 Uhr (Fr bis 21 Uhr). ⬤ Feiertage. 🌐 berkeley.edu

Es heißt zwar, der Ruf der University of California at Berkeley als Keimzelle von alternativen Bewegungen habe ihre akademische Bedeutung zeitweilig übertroffen. Doch Berkeley war und ist eine der größten und angesehensten Unis der Welt. Das 1868 als utopisches »Athen des Pazifiks« gegründete Berkeley zählt derzeit acht Nobelpreisträger zu seinen Lehrkräften. Der Campus *(siehe S. 178f)* wurde von Frederick Law Olmsted an beiden Ausläufern des Strawberry Creek angelegt und später vom Architekten David Farquharson aus San Francisco umgestaltet. Heute studieren hier rund 35 000 Studenten. Zudem gibt es Museen und Baudenkmäler – darunter das Berkeley Art Museum *(siehe S. 40)*, das Hearst Museum of Anthropology und den Sather Tower (Campanile).

Sather Tower (1914)

⓭ Lawrence Hall of Science

Centennial Drive, Berkeley. 📞 1-510-642-5132. 🚌 Berkeley, dann AC Transitbus 65. 🚐 vom Mining Circle, UC Berkeley (außer Sa und So). 🕐 tägl. 10–17 Uhr. ♿ 🌐 lawrencehallofscience.org

In dem faszinierenden Museum wird Wissenschaft bei Workshops zum Vergnügen. Objekte zum Anfassen erlauben es jungen Besuchern, die Wirkung von Lasern zu studieren oder ein Hologramm zu manipulieren. Man kann ein Dinosaurierskelett zusammenbauen, eine Schlange füttern, Sternbahnen im Planetarium nachzeichnen oder sich seine Chancen beim Würfelspiel ausrechnen. Neben dem mechanischen Modell eines Dinosauriers gibt es Wechselausstellungen.

Von der Terrasse des Museums reicht der Blick weit über die nördliche Bay Area bis zu den Farallon Islands im Westen.

Modell der DNA, Lawrence Hall of Science

ABSTECHER | 165

⓮ University Botanical Garden

200 Centennial Dr, Berkeley. 1-510-643-2755. vom Mining Circle, UC Berkeley Hills (außer Sa, So und Feiertage). tägl. 9–17 Uhr. Feiertage, 1. Di im Monat. 1. Do im Monat frei. teilweise.

Im mediterranen Klima des Strawberry Canyon gedeihen über 12 000 Pflanzenarten aus aller Welt. Sie sind thematisch geordnet und durch Pfade verbunden. Sehr schön sind die asiatischen, afrikanischen, südamerikanischen, europäischen und kalifornischen Gärten. Auch der chinesische Kräutergarten, die Orchideen, Kakteen sowie die fleischfressenden Pflanzen sind sehenswert.

⓯ Telegraph Avenue

Berkeley. AC Transitbus 1.

Berkeleys faszinierendste Straße verläuft zwischen Dwight Way und Universität. In der Telegraph Avenue liegen so viele Buchhandlungen wie sonst nirgends im Land. Dazu kommen Cafés und Imbiss-Restaurants. Hier war der Mittelpunkt der Studentenproteste der 1960er Jahre. Auch heute drängen sich hier Studenten. Straßenverkäufer, Musiker, Demonstranten und Exzentriker ergänzen die Szene.

⓰ Magnes Collection of Jewish Art and Life

Bancroft Library, University of CA Berkeley, 2121 Allston Way, Berkeley. 1-510-643-2526. Rockridge, dann AC Transitbus 51. Ashby, dann AC Transitbus 6. Di – Fr 11–16 Uhr, Sa, So nur bei Veranstaltungen. jüdische Feiertage. mit Voranmeldung. mit Voranmeldung. magnes.org

Dies ist die größte historische Sammlung zur jüdischen Kultur in Kalifornien. Sie enthält Kunstschätze aus Europa und Indien sowie Gemälde von Marc Chagall und Max Liebermann. Auch Zeugnisse der Nazi-Zeit, darunter eine angebrannte Thora-Rolle, die aus einer deutschen Synagoge gerettet wurde, sind zu sehen.

Vorträge, Filmvorführungen sowie Sonderausstellungen ergänzen das Angebot. Das Museum betreibt eine Forschungsbibliothek.

Jüdisches Kultgewand, Magnes Collection of Jewish Art and Life

⓱ Claremont Resort und Spa

41 Tunnel Rd (Ashby, Ecke Domingo Ave), Berkeley. 1-510-843-3000. Rockridge, dann AC Transitbusse B, 49. claremontresort.com

Die Hügel von Berkeley bilden die Kulisse zu dem Fachwerk-Märchenschloss. Die Bauarbeiten daran dauerten von 1906 bis 1915. In den ersten Jahren fand das Hotel wenig Anklang. Ein Grund dafür war ein Gesetz, das den Alkoholausschank im Umkreis einer Meile um den Campus verbot. Ein findiger Student stellte jedoch 1937 beim Nachmessen fest, dass diese Grenze mitten durch das Gebäude lief. Daraufhin richtete man in einer Ecke des Hotels, außerhalb des Alkohol-Bannkreises, die Terrace Bar ein, die heute als The Paragon bekannt ist.

Das Claremont Resort ist eines der feudalsten Hotels der Bay Area – genießen Sie die Aussicht bei einem Drink.

Blick auf das Claremont Resort and Spa in Berkeley

Gourmet-Shops in der Rockridge Market Hall

Oakland

⓲ Rockridge

Rockridge.

Das grüne Wohnviertel mit seinen großen Häusern und Blumengärten verlockt zum Shopping im Geschäftsviertel an der College Avenue. Hier gibt viele Läden und Cafés mit Tischen im Freien.

⓳ Mormon Temple

4770 Lincoln Ave, Oakland. 1-510-531-1475 (Visitors' Center). Fruitvale, dann AC Transitbus 46. tägl. 9–21 Uhr. **Tempel** tel. beim Visitor Center erfragen. außer Visitor Center. ab Visitor Center.

Der eine von nur zwei Mormonentempeln in Nordkalifornien heißt eigentlich Oakland Temple of the Church of Jesus Christ of the Latter Day Saints und wurde im Jahr 1963 auf einem Hügel errichtet. Nachts wird er angestrahlt und ist so von Oakland und San Francisco aus gut zu sehen. Der mächtige Stufenturm ist von vier kleinen Türmen umgeben, die alle mit weißem Granit verkleidet und von glitzernden Goldpyramiden gekrönt sind.

Vom Tempel blickt man über die ganze Bay Area. Das Besucherzentrum bietet Führungen an, die mit Multimedia-Shows die Glaubensgrundsätze der Mormonen erläutern.

⓴ Lake Merritt

12th oder 19th Street, dann AC Transitbusse 11, 12, 57, 58, 805

Der See entstand im Jahr 1869, als man ein Salzwassergezeitenbecken ausbaggerte, eindeichte und teilweise aufstaute. Heute sind Lake Merritt und der ihn umgebende Park eine blaue und grüne Oase im Herzen von Oakland. Das Gelände wurde 1870 zum ersten staatlichen Tierreservat der USA erklärt. Noch immer kommen die Zugvögel in Scharen hierher. Bei zwei Bootshäusern am West- und Nordufer kann man sich Ruderboote ausleihen. Jogger und Radler können den See auf einem fünf Kilometer langen Weg umrunden. Im

Die zentrale Zikkurat des Mormonentempels

㉑ Bay Bridge

Stadtplan 6 E4.

Die San Francisco–Oakland Bay Bridge wurde von Charles H. Purcell entworfen. Sie ist aus zwei Teilbrücken, die sich auf Yerba Buena Island mitten in der Bucht treffen, zusammengesetzt und misst von Ufer zu Ufer 7,2 Kilometer. Ihre Fertigstellung im Jahr 1936 leitete den Niedergang der Fährschifffahrt in der San Francisco Bay ein. In den 1950er Jahren entfernte man die Gleise, um für die 250 000 Fahrzeuge, die nun täglich die Brücke passieren, den Weg frei zu machen. Der Verkehr verläuft fünfspurig auf zwei Ebenen – auf der oberen in Richtung San Francisco, auf der unteren nach Oakland.

Der östliche Brückenteil ruht auf über 20 Pfeilern und steigt von der Mautstelle in Oakland bis Yerba Buena Island auf 58 Meter Höhe über der Bucht an. 1989 löste sich beim Loma-Prieta-Erdbeben an der Nahtstelle zwischen der Ostbrücke und der Zufahrtsrampe von Oakland ein 15 Meter lan-

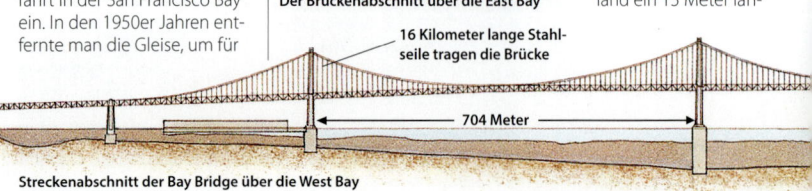

Der Brückenabschnitt über die East Bay

16 Kilometer lange Stahlseile tragen die Brücke

704 Meter

Streckenabschnitt der Bay Bridge über die West Bay

ABSTECHER | 167

Lakeside Park am Nordufer gibt es Blumengärten, ein Vogelhaus und ein »Märchenland« für Kinder.

㉒ Jack London Square

🚌 nach Oakland. 🚇 12th Street, dann AC Transitbusse 58, 72, 88.

Jack London, der Autor des Buchs *Ruf der Wildnis*, wuchs um 1880 in Oakland auf und war häufig an den Kais des Oakland Estuary zu finden. Zu dieser einladenden Promenade mit ihren Geschäften und den Restaurants, wo man bei schönem Wetter draußen sitzen kann, gelangt man per Auto oder Fähre. Von den Kais fahren auch Ausflugsboote ab.

Nur noch wenig ist von der rauen Atmosphäre des Hafenviertels, wie sie Jack London schildert, zu spüren. Doch man kann seiner Spur noch bis zu Heinold's First and Last Chance (1883), einer Kneipe aus den Resten eines Walfängerschiffs, verfolgen. Die Yukon-Hütte, die Jack London zur Zeit des Goldrauschs von 1898 bewohnt haben soll, liegt am Hafen.

㉓ Oakland Museum of California

Siehe S. 168f.

Blick von Oakland über den Lake Merritt

㉔ Old Oakland

🚇 12th Street. Farmers' Market.
☎ 1-510-745-7100. 🕐 Fr 8–14 Uhr.

Die beiden quadratischen Straßenblocks – die auch als »Victorian Row« bekannt sind – besitzen Holz-Ziegel-Gebäude, die zwischen 1860 und 1880 errichtet und im Lauf der 1980er Jahre renoviert wurden. Inzwischen sind hier Restaurants, Läden und Kunstgalerien untergebracht. Auf dem freitäglichen Farmers' Market gibt es neben frischem Gemüse auch Imbisse aller Art.

Abends strömen die Menschen zur Pacific Coast Brewing Company in der Washington Street. Nicht versäumen sollte man Rattos, ein über 100 Jahre altes italienisches Deli und Restaurant (827 Washington Street): Freitag- und Samstagabend führen Personal und Gastsänger »Pasta Operas« auf.

㉕ Oakland Chinatown

🚇 12th Street oder Lake Merritt.

Die zweitgrößte Chinatown der Bay Area hieße besser »Asiatown«, denn ihre Bevölkerungsmehrheit aus Kanton wird durch Einwanderer aus Korea und Ländern Südostasiens ergänzt. Sie zieht weit weniger Besucher an als die Chinatown von San Francisco. Deshalb bekommt man in den Restaurants herzhaftes und preiswertes asiatisches Essen.

---

ges Teilstück. Der Abschnitt von Oakland bis Yerba Buena Island wurde von 2002 bis 2013 umgebaut, um ihn erdbebensicherer zu machen. Die neue Hängebrücke hat nur einen Turm über die Schifffahrtsstraße, was einen schönen Blick zulässt.

Auf Yerba Buena geht die Brücke in einen 23 Meter hohen und 17 Meter breiten Tunnel über und taucht beim West-Bay-Brückenabschnitt wieder auf. Hier treffen sich die Brückenteile auf dem zentralen Verankerungspfeiler, der tiefer als der irgendeiner anderen Brücke ins Wasser versenkt wurde. 1939 bis 1940 wurde auf Treasure Island mit der Weltausstellung auch per Bau der Brücke gefeiert (siehe S. 32f.). Heute gibt es auf der Insel Parks und Wohnanlagen.

Plan der Weltausstellung 1939/40

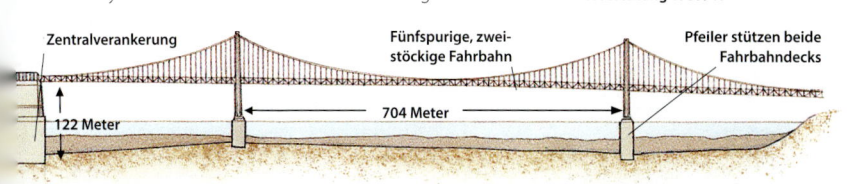

Zentralverankerung | Fünfspurige, zweistöckige Fahrbahn | Pfeiler stützen beide Fahrbahndecks

122 Meter — 704 Meter

Stadtplan siehe Seiten 290–308

Oakland Museum of California

Dies ist das einzige Museum Kaliforniens, das sich ausschließlich dem Bundesstaat, seiner Geschichte und seiner Kultur widmet. Das ansprechend terrassierte und mit Innenhöfen und Gärten versehene Gebäude wurde 1969 von dem Architekten Kevin Roche erbaut. Die naturgeschichtliche Abteilung zeigt mehr als 2000 in Kalifornien heimische Spezies. Die Gallery of California History besitzt eine große Sammlung kalifornischer Kunstwerke, die Gallery of California Art präsentiert frühe Ölgemälde von Yosemite und San Francisco. Auf der Website des Museums finden Sie Infos zu aktuellen Ausstellungen.

Coming to California
Die Gallery of California dokumentiert früheres und aktuelles Alltagsleben in Kalifornien.

Dach und Gärten

Gallery of California Art
Die Abteilung moderner Kunst präsentiert u. a. *Ocean Park No. 107* von Richard Diebenkorn (1978).

Die Great Hall
wird für Sonderausstellungen genutzt.

Ebene 2

Ebene 3

Kultexponate
Diese Harley-Davidson ist nur eines der fesselnden Exponate der Gallery of California Art.

OAKLAND MUSEUM OF CALIFORNIA | 169

Legende zu den Museumsebenen

- [ ] Gallery of California Art
- [ ] Gallery of California History
- [ ] Gallery of California Natural Sciences

Infobox

Information
1000 Oak St, Oakland.
1-510-318-8400.
Mi, Do 11–17, Fr 11–21, Sa, So 10–18 Uhr. Mo, Di, 1. Jan, 4. Juli, Thanksgiving, 25. Dez. 1. So frei.
museumca.org

Anfahrt
Lake Merritt

California Mud Wagon
Das Mehrzweck-Fahrzeug wurde Mitte des 19. Jahrhunderts für die Bedürfnisse auf dem Land entwickelt und konnte vom Ackerwagen in eine respektable Kutsche verwandelt werden.

Forces of Change
Anhand von Bildern, Plakaten und Dioramen werden die politischen Veränderungen der 1960er und 1970er Jahre gezeigt.

Ebene 1

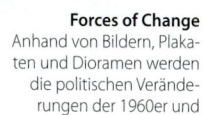

In den Skulpturengärten,
die beliebt für Picknicks sind, finden Freiluftfestivals statt.

★ Naturgeschichte
In dieser Abteilung findet man mehr als 2000 verschiedene heimische Arten und sieben Haupthabitate.

Kurzführer
Der Haupteingang zum Oakland Museum liegt in der Oak Street. Tickets bekommt man auf Ebene 2, wo sich auch die Gallery of California History, das Blue Oak Café, der OMCA Store und die Great Hall für Sonderausstellungen befinden. Die Gallery of California Natural Sciences liegt auf Ebene 1, die Gallery of California Art auf Ebene 3.

Abstecher in den Süden

Das südlich der Bay gelegene Santa Clara County wurde in den 1960er Jahren durch Silicon Valley berühmt. Es lohnt sich, das Gebiet zu erkunden. San José besitzt faszinierende Museen, auf dem Landsitz Filoli kann man Herrenhaus und Garten besichtigen. Stanford University und Pescadero haben eine interessante Architektur und Geschichte.

Das Winchester Mystery House

Sehenswürdigkeiten auf einen Blick

Museen und Sammlungen

1. The Winchester Mystery House
2. Rosicrucian Egyptian Museum und Planetarium
3. The Tech Museum of Innovation
4. Children's Discovery Museum
5. History Museum of San José
8. Stanford University

Historische Orte

6. Filoli
7. Pescadero

Legende

- San Francisco Zentrum
- Großraum San Francisco
- Interstate Highway
- U. S. bzw. State Highway
- Nebenstraße
- Eisenbahn

❶ The Winchester Mystery House

525 South Winchester Blvd, zwischen Stevens Creek Blvd und I-280, San José. 1-408-247-2101. Santa Clara, dann Santa Clara Transportation Agency-Bus 32 oder 34 zu Franklin St und Monroe St; dann Bus 60. tägl. 8–19 Uhr. 25. Dez. winchestermysteryhouse.com

Als Sarah Winchester, die Erbin des Vermögens von Winchester Rifle, 1884 mit dem Hausbau begann, wurde ihr prophezeit, dass sie sterben würde, wenn sie zu bauen aufhörte. Sie beschäftigte die Handwerker daher 38 Jahre lang, bis sie 82-jährig starb. So entstand ein bizarrer Komplex mit 160 Zimmern. Faszinierend sind Treppen, die ins Nichts führen, und Fenster im Boden. Das Haus enthält ein Waffenmuseum mit einer Sammlung von Winchester-Gewehren.

Vorplatz des Rosicrucian Egyptian Museum

❷ Rosicrucian Egyptian Museum und Planetarium

Naglee, Ecke Park Ave, San José. 1-408-947-3635. Santa Clara, dann Santa Clara Transportation Agency-Bus 32 oder 34 zu Franklin St, dann Bus 81. Mi–Fr 9–17, Sa, So 10–18 Uhr. Feiertage. egyptianmuseum.org

Das dem Amun-Tempel im ägyptischen Karnak nachgebaute Museum präsentiert ägyptische, babylonische, assyrische und sumerische Artefakte. Zu sehen sind u. a. Begräbnisboote und Modelle, Mumien von Menschen und Tieren, koptische Textilien, Keramik, Schmuck sowie ein vollständiges Grab.

❸ The Tech Museum of Innovation

201 South Market St nahe Park Ave, San José. 1-408-294-TECH. San José, dann Light Rail zu Convention Center. tägl. 10–17 Uhr. 25. Dez. thetech.org

Das Tech ist ein farbenfrohes Technikmuseum mit verschiedenen Themenbereichen, darunter Biowissenschaften, Energie und Kommunikation. Zahlreiche Exponate dürfen hier angefasst werden. Man kann seinen eigenen Film drehen oder Animationstricks testen. Es gibt zudem ein Imax®-Filmtheater, in dem es freitag- und samstagabends Vorführungen gibt.

❹ Children's Discovery Museum

180 Woz Way, San José. 1-408-298-5437. Arena oder Tamien, dann Light Rail nach Technology. Di–Sa 10–17, So 12–17 Uhr (Jun–Aug: auch Mo). cdm.org

Ein kurzer Spaziergang führt vom San José Convention Center zu diesem Museum, in dem Kinder u. a. in einem Feuerwehrauto spielen dürfen. Ganz Mutige können durch mehrere Ebenen eines Labyrinths kriechen, um so Dreidimensionalität zu erfahren, oder sich in speziellen Räumen mit dem Phänomen »Rhythmus« beschäftigen. Bei der Ausstellung »Waterways« kann der kreative Nachwuchs Brunnen aus magnetischen Halbröhren bauen.

Bei Kindern beliebt: das Children's Discovery Museum

❺ History Museum of San José

1650 Senter Rd, San José. 1-408-287-2290. Cahill, dann Bus 64 zu 1st und Santa Clara St, dann Bus 73 von der 2nd St. Mo–Fr 8.30–17 Uhr. wichtige Feiertage. historysanjose.org

Das Open-Air-Museum im Kelley Park zeigt das San José vom Anfang des 20. Jahrhunderts. Über 20 Häuser und Läden wurden im Originalzustand wiederhergestellt und sind um einen Platz gruppiert. Zu ihnen zählen eine Feuerwache, eine Eisdiele mit »Soda Fountain«, eine Tankstelle sowie ein historischer Trolleybus, der auf dem Gelände des Museums herumfährt.

❻ Filoli

Canada Rd, nahe Edgewood Rd, Woodside. 1-650-364-8300. Di–Sa 10–15.30, So 11–15.30 Uhr (letzter Einlass 14.30 Uhr). Feiertage. Feb–Nov nach Voranmeldung. filoli.org

Die luxuriös eingerichtete Filoli-Villa wurde im Jahr 1915 für William Bourne II. gebaut, den Besitzer der Empire Gold Mine. Der elegante Bau mit 43 Zimmern ist von einem großen Garten und Grundstück umgeben, wo Führungen veranstaltet werden. »Filoli« ist ein Initialwort aus »Fight, love, live« – ein Hinweis auf Bournes Sympathie für den irischen Freiheitskampf.

❼ Pescadero

Daly City, dann SamTrans-Linien 17, IC oder IL zur Half Moon Bay, dann 96C (nur wochentags).

Das Dorf mit seinen vielen Holzhäusern besitzt nicht nur Antiquitäten- und Souvenirläden, sondern auch eines der besten Restaurants der südlichen Halbinsel: Duarte's Tavern. Auf der Phipps Ranch haben Familien ihren Spaß. Der Pigeon-Point-Leuchtturm liegt 13 Kilometer südlich.

❽ Stanford University

Palo Alto. 1-650-723-2560. Palo Alto, dann Santa Clara Transitbus 35. Details tel. erfragen. stanford.edu

Die von Eisenbahnmogul Stanford (siehe S. 104) nach dem Tod seines einzigen Sohns erbaute und 1891 eröffnete Stanford University ist eine der besten Privatuniversitäten des Landes mit ca. 15 000 Studenten. Zentrum des Campus ist der Main Quaid (Kolleghof). Sehenswert sind u. a. Memorial Church, Hoover Tower und das Leland Stanford Jr. Museum, in dem der »Golden Spike« zu sehen ist. Damit wurde 1869 der Bau der transkontinentalen Eisenbahn beendet. Das Museum of Art besitzt eindrucksvolle Gemälde sowie Skulpturen von Rodin, u. a. *Höllentore* und *Adam und Eva*.

Die Memorial Church auf dem Gelände der Stanford University, Palo Alto

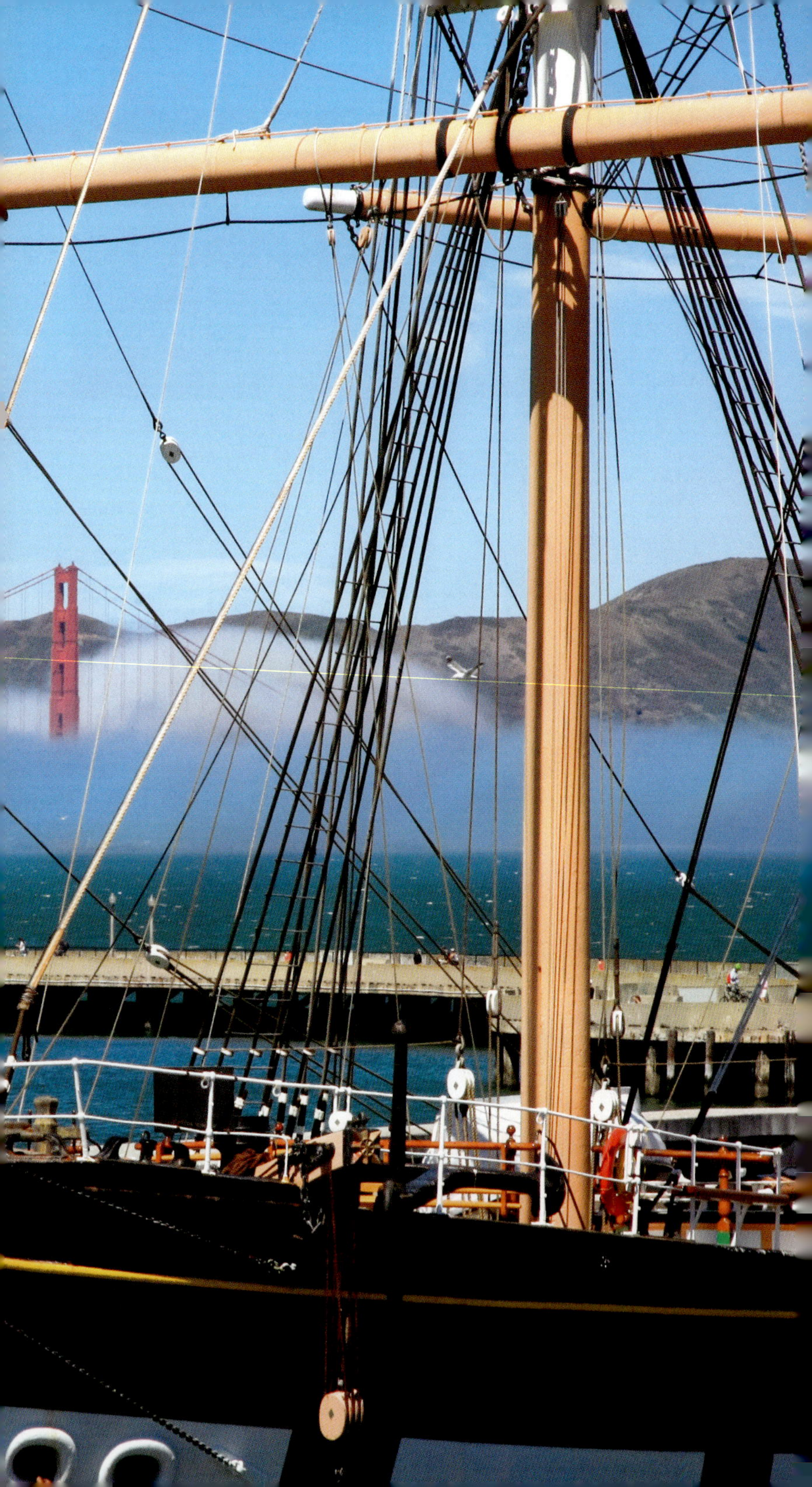

Spaziergänge

Die fünf Spaziergänge bieten Einblicke in die kulturelle und geografische Vielfalt der Bay Area sowie manch schöne Aussicht. Der Spaziergang im Aquatic Park führt entlang der nördlichen Küstenlinie vom Hyde Street Pier *(siehe S. 87)* mit seinen Segelschiffen und dem historischen Flair zum Fort Mason *(siehe S. 74f)*, einer früheren Festung, die nun Kulturzentrum ist. Die Marin Headlands liegen nur eine halbe Autostunde entfernt. Hier taucht man in eine andere Welt ein, in eine noch unberührte, sanft hügelige Landschaft, von der Klippen zum Meer hinabstürzen. Der dritte Spaziergang führt in die akademische Welt von Berkeley *(siehe S. 164f)* an der East Bay. Der Spaziergang durch das SoMa-Viertel leitet Sie zu trendigen Galerien und Cafés, derjenige am Russian Hill verläuft durch Parks und Gärten. Auf den *Detailkarten* zu den Stadtteilen sind weitere Rundgänge markiert und im Kapitel *Die Stadtteile San Franciscos* beschrieben. Hinweise zu geführten Touren finden Sie auf Seite 281.

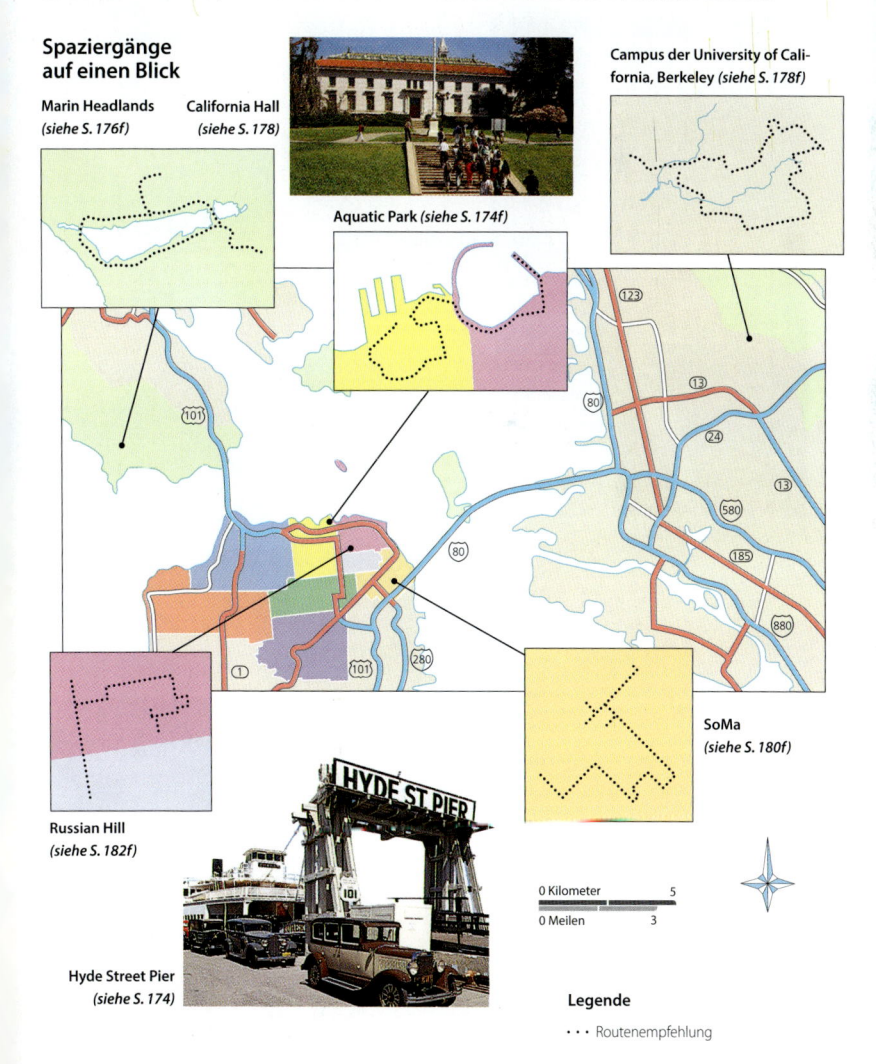

Spaziergänge auf einen Blick

Marin Headlands *(siehe S. 176f)*

California Hall *(siehe S. 178)*

Aquatic Park *(siehe S. 174f)*

Campus der University of California, Berkeley *(siehe S. 178f)*

SoMa *(siehe S. 180f)*

Russian Hill *(siehe S. 182f)*

Hyde Street Pier *(siehe S. 174)*

0 Kilometer 5
0 Meilen 3

Legende

• • • Routenempfehlung

◀ Der Schoner *C. A. Thayer* von 1895 liegt am Hyde Street Pier *(siehe S. 174)*

Spaziergang im Aquatic Park (1:30 Std.)

Der am Nordufer gelegene Aquatic Park befindet sich nahe bei Fort Mason. Beide lassen die Vergangenheit von San Francisco als Hafenstadt lebendig werden. Nur Fußgänger, Radfahrer und Inlineskater bevölkern die begrünten Wege. Der Rundgang führt zu historischen Schiffen, Badeclubs aus der Depressionszeit, Hütten aus den Tagen des Goldrauschs und Militärbauten der Kolonialzeit. Wenn Sie das kalte Wasser der Bay nicht scheuen, können Sie baden, Krabben angeln, an einem kleinen Strand paddeln, die Aussicht genießen oder ein Picknick machen. Weitere Einzelheiten siehe Seiten 74f, 80f und 86f.

Marina Green und Fort Mason

Schiffe vor Anker im Aquatic Park

Hyde Street Pier
Startpunkt ist das seeseitige Ende des Hyde Street Pier ①. Bis 1938, als ihn die Eröffnung der Golden Gate Bridge überflüssig machte, war der Pier Mittelpunkt des geschäftigen Treibens am Nordufer der Stadt. Heute gehört er zum San Francisco Maritime National Historical Park und ist der Ankerplatz für dessen historische Schiffe *(siehe S. 87)*. Zu diesen gehört das dampfgetriebene Fahrschiff *Eureka* ②, das 1890 gebaut und vor einigen Jahren restauriert wurde. Es ist voll mit alten Autos und Gebrauchsgegenständen von 1941, dem Jahr, als es seinen letzten Dienst versah. Gehen Sie vom landseitigen Ende des Piers, wo sich ein Buchladen des National Park Service ③ befindet, am Ufer entlang nach Westen. An der Cable-Car-Drehscheibe gehen Sie links vorbei. Im Victorian Park ④ führen Gaukler ihre Kunststücke vor. Am Sandstrand rechts befinden sich zwei weiße Schindelhäuser ⑤: Sie gehören zu den Schwimm- und Ruderclubs von South End and Dolphin (19. Jh.).

Aquatic Park
Gehen Sie weiter Richtung Westen zur Golden Gate Promenade. Sie folgt der Trasse der alten Belt-Line-Bahn, die früher entlang dem Embarcadero die Kais und Lagerhäuser von China Basin und Potrero Hill mit Fort Mason und Presidio verband. Links liegt ein großes Gebäude namens Casino ⑥, das 1939 als öffentliche Badeanstalt gegründet wurde. Seit 1951 ist es Zweigstelle des Maritime National Historical Park Visitors' Center *(siehe S. 87)* für die Westküste. Wegen Renovierung ist das Gebäude derzeit geschlossen, allerdings ist der Bau architektonisch interessant.

Westlich gibt es ein Hinweisschild »Aquatic Park«. Dahinter liegen Boccia-Plätze. Das Bootshaus ⑦ rechts nutzen die Sea Scouts, die hier das Seefahrerhandwerk erlernen sollen. Gehen Sie weiter am Ufer entlang

⑧ **Bootsbauer bei der Arbeit am Hyde Street Pier**

AQUATIC PARK | 175

zum Betonpier ⑧, der den Aquatic Park im Westen begrenzt. Hier wird geangelt, hauptsächlich nach Krabben. In dem im Missionsstil erbau-

Legende

••• Routenempfehlung

0 Meter 250
0 Yards 250

⑦ **Bootshaus der Sea Scouts**

Wohnungen. Folgen Sie der Funston Street, vorbei an der Jugendherberge, und biegen Sie rechts in die Franklin Street. Hier gibt es einige interessante Gebäude, etwa links das Haus des Generals von Fort Mason. Biegen Sie an der Kapelle rechts ab, um zum Hauptquartier der Golden Gate National Recreation Area (GGNRA) ⑪ zu gelangen. Hier, wo einst die Flüchtlinge des Erdbebens von 1906 kampierten, bis sie wieder in Häuser ziehen konnten, erstrecken sich die grünen Kuppen der Great Meadow ⑫ nach Westen. Auf der Wiese steht ein Standbild des Kongressabgeordneten Phillip Burton, der sich um die GGNRA verdient machte. Steigen Sie von der Great Meadow die schmalen Stufen zum Fort Mason Center *(siehe S. 74f)* hinunter. Gehen Sie dann in Richtung Norden zu den Piers ⑬ bis zum Building D. Dort können Sie das Mexican Museum besichtigen oder die Exponate des Outdoor Exploratorium, das die Geschichte dieses Küstenabschnitts und das Ökosystem des Areals erläutert.

ten Haus am Ende des Piers ist ein Pumpwerk für Notfälle untergebracht.

Fort Mason

Westlich vom Aquatic Park steigt die Golden Gate Promenade an, führt um Black Point herum und bietet Aussichten auf Alcatraz und Angel Island. An den Hängen sieht man Zypressenhaine und Terrassen ⑨ mit den Über-

⑫ **Phillip Burton, Great Meadow**

resten von Artilleriestellungen (spätes 19. Jh.). Gehen Sie nun auf der Golden Gate Promenade bis zu deren höchstem Punkt, biegen Sie dann links zur Frontseite des Youth Hostel ⑩ ab – einem der wenigen schmucken Holzbauten, die öffentlich zugänglich sind. Die meisten der Gebäude stammen noch aus den 1850er Jahren und dienen heute als

Routeninfos

Start: Seeseitiges Ende des Hyde Street Pier.
Länge: 2,5 km.
Anfahrt: Die nördliche Cable-Car-Drehscheibe der Linie Powell – Hyde in der Beach Street liegt nahe dem Hyde Street Pier. Muni-Bus 19 fährt zur Beach Street und Polk Street.
Rasten: Das Buena Vista Café nahe der Cable-Car-Drehscheibe wimmelt von Gästen, die das gute Frühstück und den exzellenten Kaffee schätzen (auch der Irish Coffee ist berühmt). Greens Restaurant *(siehe S. 226)* im Building A des Fort Mason Center gilt als bestes vegetarisches Restaurant in San Francisco. Es wird von Zen-Buddhisten geführt. Am Südende von Building C befindet sich der Readers Café and Bookstore, in dem am Donnerstag Lyriklesungen stattfinden.

Zeichenerklärung siehe hintere Umschlagklappe

Spaziergang in den Marin Headlands (1:30 Std.)

Mit ihrem Nordende liegt die Golden Gate Bridge in den grünen Hügeln der Marin Headlands. Die unberührte Landschaft der windgepeitschten Bergrücken, geschützten Täler und einsamen Strände, die einst zur Verteidigung genutzt wurde, ist heute Teil der ausgedehnten Golden Gate National Recreation Area. An mehreren Stellen gibt es traumhafte Ausblicke auf San Francisco und auf den Pazifik. Im Herbst kann man Adler am Hawk Hill vorbeiziehen sehen.

Ausflug in die Marin Headlands

③ **Rodeo Beach**

Vom Visitor Center bis zum Rodeo Beach

Verweilen Sie ein wenig im Visitor Center ① mit seinem spitzen Turm, bevor Sie mit Ihrem Rundgang beginnen. Dies war einmal die überkonfessionelle Kapelle für Fort Barry. Nach dem Umbau besitzt das einstige Fort nun ein Museum, ein Informationszentrum und eine auf Vogelbücher spezialisierte Buchhandlung. Sie können hier die Geschichte der Marin Headlands studieren und eine Hütte der Miwok-Indianer sehen. Die Wanderung, die Sie um die Rodeo Lagoon ② herumführen wird, beginnt an der westlichen, seeseitigen Parkplatzeinfahrt. Nehmen Sie den Pfad links in Richtung Meer. In diesem Abschnitt ist der Weg dicht gesäumt von Bäumen und Sträuchern, u. a. von giftigem Lacksumach, vor dem man sich hüten sollte. Am Rand der Lagune zeigen sich braune Pelikane, schneeweiße Silberreiher und Wildenten. Nach 15 Minuten erreichen Sie den Sandstrand

Legende

••• Routenempfehlung

② **Rodeo Lagoon**

MARINE HEADLANDS | 177

Seehund im Marine Mammal Center

hen Sie daran vorbei, bis links eine Straße abzweigt, die steil zum Marine Mammal Center ⑦ hinaufführt. Während des Kalten Kriegs bestand hier eine Raketenabwehrstation, heute kümmert man sich um kranke oder verletzte Meeressäugetiere. Seelöwen, Seehunde und auch Elefantenrobben werden untersucht und gepflegt, bis sie sich wieder

① Visitor Center

sondern auf dem Fußweg daneben. Vor dem Ende des Geländers zweigt ein Pfad ⑨ rechts ins dichte Gestrüpp ab. Wandern Sie von dort hügelaufwärts, bis ein paar Stufen Sie wieder auf dem Weg zum Parkplatz des Visitor Center zurückführen. Gehen Sie über den Parkplatz und über die Field Road zu dem dreistöckigen Holzgebäude hinauf, das um die Jahrhundertwende gebaut wurde. Es wird im National Historic Registry geführt – als ehemaliges Offiziershauptquartier, Krankenhaus und Raketenkommandozentrale. Heute ist es das Golden Gate Hostel ⑩. Die Marin Headlands bieten noch

des Rodeo Beach ③, von wo aus Sie Bird Island ④ sehen können. Der Strand ist meist leer. Mitunter kommen Schulklassen, um das Ökosystem zu studieren. Die Kurse werden vom Headlands Institute veranstaltet, das sich in den ehemaligen Kasernen in der Nähe einquartiert hat.

Von den Kasernen bis zum California Marine Mammal Center

Vom Strand geht es wieder landeinwärts. Nachdem Sie nahe der Spitze der Lagune eine hölzerne Fußgängerbrücke ⑤ überquert haben, stoßen Sie auf Kasernen ⑥, in denen Büros untergebracht sind: das Headlands District Office, das Golden Gate Raptor Observatory und ein Energie- und Versorgungszentrum. Ge-

erholt haben. Sie können den Tierärzten bei der Arbeit zuschauen und die Säuger – viele davon sind verwaiste Jungtiere – betrachten. Zudem gibt es hier Schaukästen zum Ökosystem des Meers.

Von der Lagune zum Golden Gate Hostel

Gehen Sie wieder bergab zur Asphaltstraße, die an der Lagune ⑧ entlangführt. Neben der Straße verläuft ein Wanderweg. Sie müssen ein Schutzgeländer übersteigen, um hinzukommen. Kurz vor der Brücke sollten Sie haltmachen. Von hier aus können Sie die Wasservögel beobachten: Sie tummeln sich zuhauf in der Brackwasserlagune mit dem hohen Schilf. Überqueren Sie die Brücke nicht auf der Straße,

Wegmarkierung

Horse Trail

Bike Trail

längere und anspruchsvollere Wanderungen. Der Wolf Ridge oder der Bobcat Trail beispielsweise sind beliebte Routen.

Routeninfos

Start: Besucherzentrum im Fort Barry.
Länge: 3 km.
Anfahrt: Von San Francisco mit Muni-Bus 76 ab Kreuzung Sutter und Sansome Street (fährt nur an Sonn- und Feiertagen).
☏ 1-415-673-6864 (Muni). Wenn Sie mit dem Auto zu den Marin Headlands fahren, nehmen Sie nach der Golden Gate Bridge die Ausfahrt Alexander Avenue. Biegen Sie unter dem Freeway in Richtung Headlands und Fort Barry ab.
Rasten: Es gibt zwar Wasser in den Marin Headlands, aber keine sonstigen Erfrischungen. Sie sollten daher einen Picknickkorb mitbringen. Auspacken können Sie ihn an den vielen Tischen am Wegesrand oder an den Stränden.

Zeichenerklärung siehe hintere Umschlagklappe

Spaziergang über den Campus der University of California at Berkeley (1:30 Std.)

Auf dem Rundgang lernen Sie einen Teil von Berkeley kennen: den Campus der University of California. Sie werfen einen Blick auf das geistige, kulturelle und soziale Leben der Universitätsstadt *(siehe S. 164f)*.

Hearst Mining Building ⑨, in dem Erzproben und Bilder aus alten Bergbauzeiten zu besichtigen sind. Kehren Sie zum University Drive zurück, biegen Sie links ab und gehen Sie dann zum Hearst Greek Theater ⑩.

Studenten vor der Wheeler Hall

⑤ Esplanade beim Sather Tower

Vom Westeingang bis zum Sather Tower

Von der University Avenue ① aus überqueren Sie die Oxford Street und passieren das Valley Life Sciences Building ② auf dem University Drive. An der Nordgabelung des Strawberry Creek sehen Sie die Wellman Hall. Sie biegen rechts ab und lassen die California Hall ③ rechts liegen. Gehen Sie links in die Cross Campus Road ④. Rechts steht die Wheeler Hall und vor Ihnen der für sein Glockenspiel bekannte Sather Tower (94 m), der »Campanile« ⑤. John Galen Howard baute ihn 1914 nach dem Vorbild des Campanile in Venedig. Besuchen Sie die Doe Library ⑥ und die A. F. Morrison Memorial Library ⑦ im Nordflügel. In der Bancroft Library ist die Tafel aufbewahrt, mit der Sir Francis Drake Kalifornien für Elizabeth I in Besitz genommen haben soll *(siehe S. 24)*. Kehren Sie zum Sather Tower zurück (Mo–Sa 10–15.30 Uhr). South Hall ⑧, das älteste Gebäude des Campus, liegt Ihnen gegenüber.

Vom Hearst Mining Building bis zum Greek Theater

Gehen Sie nach Norden an der LeConte Hall vorbei, dann zum Mining Circle. Hier finden Sie das 1907 von Howard erbaute

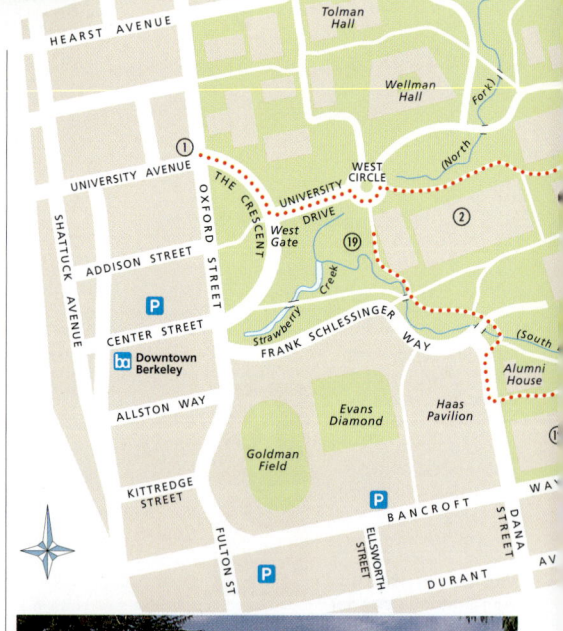

Die Wellman Hall auf dem Campus der University of California

UNIVERSITY OF CALIFORNIA AT BERKELEY | 179

⑰ Musiker auf der unteren Sproul Plaza

nach rechts, dann scharf nach links. Werfen Sie hier einen Blick auf die Hertz Hall ⑬ und folgen Sie dann der Diagonale, die an der Wurster Hall vorbei zur Kroeber Hall führt. Hier befindet sich das Hearst Museum of Anthropology. Über den Bancroft Way kommen Sie zum Caffè Strada ⑭, anschließend zum Berkeley Art Museum ⑮ und zur Telegraph Avenue ⑯. Der dortige Universitätseingang führt auf die Sproul Plaza ⑰, in deren unterem Teil

⑤ Sather Tower

die Zellerbach Symphony Hall ⑱ liegt. Passieren Sie das Alumni House mit Blick auf den Haas Pavilion und biegen Sie dann rechts ab. Überqueren Sie die Südgabelung des Strawberry Creek an der Bay Tree Bridge und halten Sie sich danach links. Dort stehen die höchsten Eukalyptusbäume der Welt ⑲. Der Weg endet nahe dem Ausgangspunkt.

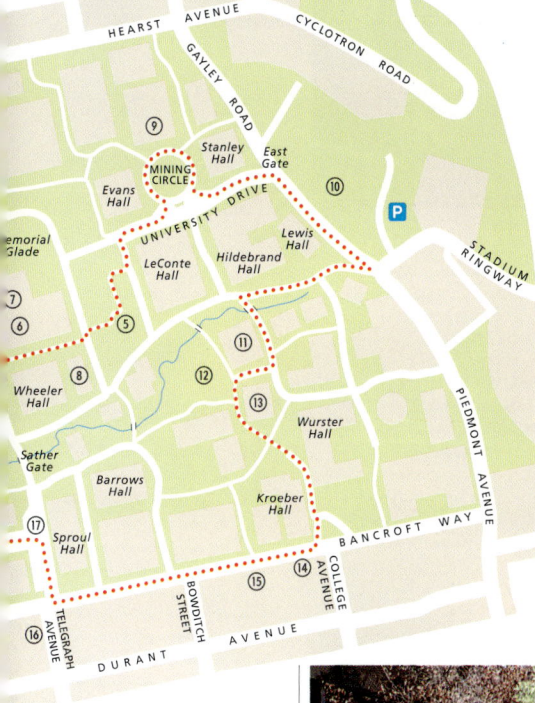

Legende

••• Routenempfehlung

Routeninfos

Start: West Gate an der Ecke University Avenue und Oxford Street.
Länge: 4 km.
Anfahrt: San Francisco–Oakland Bay Bridge, Highway 80 North, Ausfahrt University Avenue. Mit BART: Station Berkeley.
Rasten: Caffè Strada am Bancroft Way ist immer voller Studenten, die Cappuccino trinken. Wenige Schritte weiter, im Berkeley Art Museum, liegt der Remedy Coffee Shop, von dem aus man in den Skulpturengarten sehen kann. Vielleicht mögen Sie in den Buchläden in der Telegraph Avenue stöbern oder einen der Imbissstände am Eingang zur Sproul Plaza testen. Sie könnten einen »Smoothie«, ein mexikanisches oder griechisches Gericht probieren. In der unteren Sproul Plaza der Universität befinden sich weitere Cafés. Weitere Infos unter
Ⓦ visitberkeley.com

Vom Faculty Club bis zum Eukalyptushain

Gehen Sie auf der Gayley Road, die einer Erdbebenspalte folgt, entlang, bis ein Fußweg zur Lewis Hall und zur Hildebrand Hall abzweigt. Biegen Sie dort rechts ein, dann geht es links über eine Fußgängerbrücke. Der Weg führt nun zwischen einem Blockhaus und dem von B. Maybeck entworfenen Faculty Club ⑪ von 1903 hindurch. Faculty Glade ⑫ ist ein sehr beliebter Picknickplatz. Der Weg führt nun im Bogen

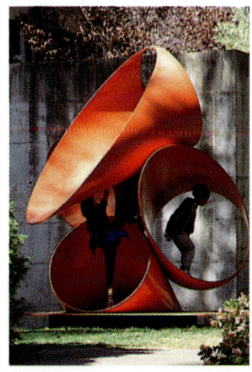

⑮ *Within* (1969) von A. Lieberman im Berkeley Art Museum

Zeichenerklärung siehe hintere Umschlagklappe

Spaziergang durch South of Market (1:30 Std.)

South of Market (SoMa) – einst ein schmuddeliges Viertel mit Fabriken und Lagerhallen – erlebte eine komplette Umgestaltung. Wo früher Produktionsstätten vorherrschten, entstand im Rahmen eines Stadterneuerungsprojekts ein anziehendes Viertel. In der Gegend um das Moscone Center haben sich Museen und Sammlungen, Luxushotels und interessante Läden angesiedelt. Auf dem Spaziergang entdecken Sie Spuren der Vergangenheit der Gegend wie auch eindrucksvolle Beispiele der architektonischen Trends des 21. Jahrhunderts.

SFMOMA wird derzeit umfassend renoviert und soll 2016 wiedereröffnen. Doch auch die Außenansicht sollte man sich nicht entgehen lassen. Zu beiden Seiten des SFMOMA befinden sich Wolkenkratzer mit Hotels wie St. Regis und W San Francisco. Beim St. Regis ist in einem Gebäude von 2000 das Museum of the African Diaspora (MOAD) untergebracht, dessen

Wolkenkratzer dominieren die Skyline von SoMa

Mission Street
Starten Sie an der St. Patrick's Church ①, einem Ziegelbau von 1851. Gegenüber liegen die einladenden Yerba Buena Gardens sowie alte und neue Gebäude, die die Vielfalt des Viertels dokumentieren. In nordöstlicher Richtung kommen Sie zum Contemporary Jewish Museum ② *(siehe S. 115)*, das in einem umgebauten Umspannwerk liegt. Das Design stammt vom Architekten Daniel Libeskind. Gehen Sie zur California Historical Society ③ *(siehe S. 115)* weiter, wo die Geschichte Kaliforniens anhand von Kunstwerken und Fotografien präsentiert wird – hier lohnt sich ein nochmaliger Besuch, um in den Manuskripten der Bibliothek zu schmökern oder an einer Führung teilzunehmen. Im Cartoon Art Museum ④ erwarten Sie Ausstellungen zu legendären Comic-Helden. Je nach Ausstellung sieht man etwa Werke von Charles Schultz, dem Erfinder der »Peanuts«, oder von Comic-Zeichnerinnen. Biegen Sie nun in die 2nd Street ein, links liegt die Alexander Book Company ⑤, die von außen wenig anziehend wirkt. Im Inneren verbergen sich jedoch auf den drei Stockwerken jede Menge Schätze.

SFMOMA
Zurück auf der Mission Street folgen Sie dieser bis zur 3rd Street. Schon von Weitem sehen Sie den zylindrischen Lichtturm des San Francisco Museum of Modern Art ⑥ *(siehe S. 120–123)*, einem der architektonischen Highlights der Stadt. Architekt Mario Botta beschrieb diesen Turm als »Auge der Stadt«. Das

⑥ SF Museum of Modern Art, ein Meisterwerk der Architektur

Sammlungen sich mit rituellen Feierlichkeiten, Sklaverei, Kunst und den Ursprüngen der Menschheit beschäftigen. Im W Hotel sollten Sie sich das »Wohnzimmer« ansehen – die achteckige, dreistöckige Lobby. Hier können Sie einen Drink oder einen Kaffee zu sich nehmen.

Yerba Buena Gardens bis Old United States Mint
Überqueren Sie die 3rd Street und betreten Sie das Gelände der Yerba Buena Gardens ⑦ *(siehe S. 116f)*. Wandeln Sie

SOUTH OF MARKET | 181

⑩ Fassade der Old United States Mint in der Mission Street

unter Platanen um die blumengeschmückten Anlagen. Am Martin Luther King Memorial Waterfall können Sie Zitate aus Kings »Ich habe einen Traum«-Rede lesen. Gehen Sie dann die 3rd Street hinunter bis zur Harrison Street, in die Sie rechts einbiegen. Dann geht es noch einmal rechts bis zur Kreuzung mit der Bonifacio Street, wo Sie die Alice Street Community Gardens ⑧ passieren. Einige Rentner und Behinderte aus der Nachbarschaft kümmern sich um die Anlage und führen Sie gern herum. Das neun Stockwerke hohe Wandbild hinter den Blumenbeeten ist sehenswert. Anschließend geht es zum Society of California Pioneers Museum ⑨ in der 4th Street. Es wurde 1985 gegründet und beherbergt neben einem Museum auch eine Bibliothek. Die Sammlung präsentiert Gemälde aus dem 19. Jahrhundert mit Motiven vom Yosemite National Park *(siehe S. 202 – 205)*, der Sierra Nevada und anderen Landschaften sowie Artefakte aus der Zeit des Goldrauschs. Der Howard Street folgen Sie nach links und biegen dann rechts in die 5th Street ein. An der Ecke Mission Street kommen Sie zur »Granite Lady«, der Old United States Mint ⑩ *(siehe S. 119)*, in der u. a. mit Gold aus Kalifornien Münzen geprägt wurden.

Legende

····· Routenempfehlung

⑦ Yerba Buena Gardens, eine elegante Oase der Ruhe

Routeninfos

Start: St. Patrick's Church an der Mission Street zwischen 3rd und 4th St.
Länge: 0,8 km.
Anfahrt: Mit BART oder den Muni-Metro-Linien F, J, K, L, M, N und T zur Station Powell Street.
Rasten: Das Einkehren ist hier günstiger als in der Gegend um den Union Square oder am Hafen, doch in teuren Hotels wie dem St. Regis kann eine Tasse Kaffee durchaus fünf Dollar kosten. Leichte Mahlzeiten gibt es z. B. in The Grove in Yerba Buena. Die Yerba Buena Gardens eignen sich für ein Picknick. Oder Sie gehen zum AMC Metreon 16 *(siehe S. 251)*, das diverse Lokale und Cafés bietet.

Zeichenerklärung siehe hintere Umschlagklappe

Spaziergang am Russian Hill (1:30 Std.)

Grünanlagen und Häuser, die mehrere Erdbeben überstanden, belohnen den Besucher des Russian Hill für die Anstrengung des Aufstiegs auf den Hügel, den man über Treppen und von Bäumen gesäumte Gassen erreicht. Am Russian Hill geht es recht ruhig zu, beim Spaziergang entlang den gepflegten Häusern fühlt man sich fast allein. Genießen Sie die schöne Aussicht, das Vogelgezwitscher, die üppig bepflanzten Gärten und beim Abstieg die an Europa erinnernden Boutiquen und Cafés.

Wilder zu Gast waren, und nebenan (Nr. 1013) sein eigenes, sechsstöckiges Haus. Nach dem Erdbeben wurde Polk zum leitenden Architekten der Panama-Pazifik-Ausstellung von 1915 ernannt, die aus Anlass der Eröffnung des Panamakanals und zur Feier des Wiederaufbaus von San Francisco nach dem Erdbeben von 1906 veranstaltet wurde *(siehe S. 72)*. Unterhalb seines Hauses konzipierte er die im Zickzack verlaufenden Treppen an der Vallejo Street, die als »Rampen«

Am Russian Hill stehen noch einige alte Häuser

Russian Hill Place

Beginnen Sie den Spaziergang Ecke Jones und Vallejo Street am Beaux-Arts-Geländer ①, das 1915 von Willis Polk gestaltet wurde, einem der maßgeblichen Architekten beim Wiederaufbau nach dem Erdbeben von 1906 *(siehe S. 30f)*. Bevor Sie sich zur Treppe wenden, achten Sie auf die Häuser im Mission-Revival-Stil mit ihren fantasievollen Balkonen, Bogenfenstern und Dächern aus spanischen Fliesen. Nun geht es die Treppe hoch zum Russian Hill Place ②, von dem aus man die Rückseiten und Gärten dieser Häuser bewundern kann. Nr. 6 wurde Ende des 19. Jahrhunderts im damals für die Bay Area typischen Stil erbaut. In der Vallejo Street stehen noch viele Häuser und Blocks, die zwischen 1888 und den 1940er Jahren errichtet wurden.

Von der Florence Street bis zum Coolbrith Park

Biegen Sie rechts in die kurze Florence Street ③ ein, an deren Ende Sie über die Dächer bis zum Nob Hill blicken können. Der früher »Snob Hill« genannte Hügel glänzt noch immer mit Villen und Grandhotels aus dem 19. Jahrhundert. Auch die Türme der Grace Cathedral sind zu sehen. 40 Florence Street entstand 1850 und ist eines der ältesten Häuser auf dem Hügel. Die Straße säumen auch Gebäude im Pueblo-Mission-Revival-Stil. Zurück auf der Vallejo Street – der Prachtstraße am Russian Hill – erwarten Sie zwei Giebelhäuser mit steilen Dächern (Nr. 1013–1019) ④. Hier, nur wenige Schritte von den »Pfefferkuchenhäusern« aus der viktorianischen Zeit entfernt, baute Polk 1892 ein Haus (Nr. 1019) für einen Kunden, bei dem u. a. Robert Louis Stevenson und Laura Ingalls

④ *Die Vallejo Street führt auf den Gipfel des Russian Hill*

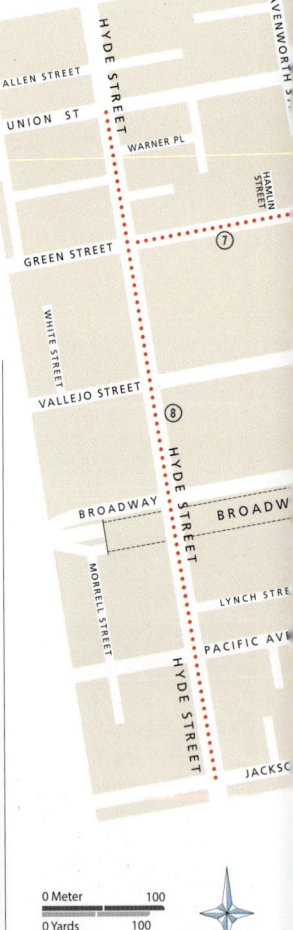

Legende

····· Routenempfehlung

Zeichenerklärung siehe hintere Umschlagklappe

RUSSIAN HILL | 183

bekannt wurden. Die Treppen werden entlang der gesamten Strecke von Gärten gesäumt, in denen vor allem Hortensien, Azaleen und Magnolien unter einem Dach aus Kiefern und Zypressen üppig gedeihen. Eine Sitzbank eignet sich für eine Verschnaufpause. Ecke Taylor und Vallejo Street queren Sie die Straße und betreten den Coolbrith Park ⑤. Von hier sehen Sie die Inseln der Bucht, den North Beach, die Bay Bridge und Teile des Financial District.

verziert. Biegen Sie links in die Leavenworth Street – der Block zwischen Hyde und Leavenworth Street heißt auch »Paris Block« ⑦, eine Hommage an das Haus Nr. 1050, das auch in der französischen Metropole stehen könnte. Einige Gebäude in diesem Block sind im National Register of Historic Places eingetragen, darunter auch Nr. 1857, das extravagante Freusier Octagon House mit Mansardendach und Kuppel.

⑥ Kurze Entspannungspause in der Macondray Lane

Street zahlreiche Cafés und kleine Läden befinden ⑧. Liebhabern des französischen Stils werden vor allem das gemütliche Cocotte (Nr. 1521), die netten Boutiquen und die charmanten Antiquitätenläden gefallen. Nachdem Sie sich ausreichend auf der Hyde Street umgesehen haben, kommen Sie mit einem Bus zurück zum Ausgangspunkt.

Routeninfos

Start: Steintreppe an der Ecke von Jones und Vallejo Street.
Länge: 1,2 km.
Anfahrt: Mit der Cable-Car-Linie Hyde–Powell oder der Muni-Linie 45 bis zur Vallejo Street, von dort zwei Blocks nach Osten.
Rasten: An der Hyde Street bietet das Frascati (Nr. 1901) seinen Gästen europäische Küche mit Klassikern wie Paella oder Coq au Vin in gemütlicher Atmosphäre. Trendiger geht es in der Bacchus Wine & Sake Bar (Nr. 1954) zu, in deren Ledersesseln es sich ein überwiegend junges Publikum bequem macht.

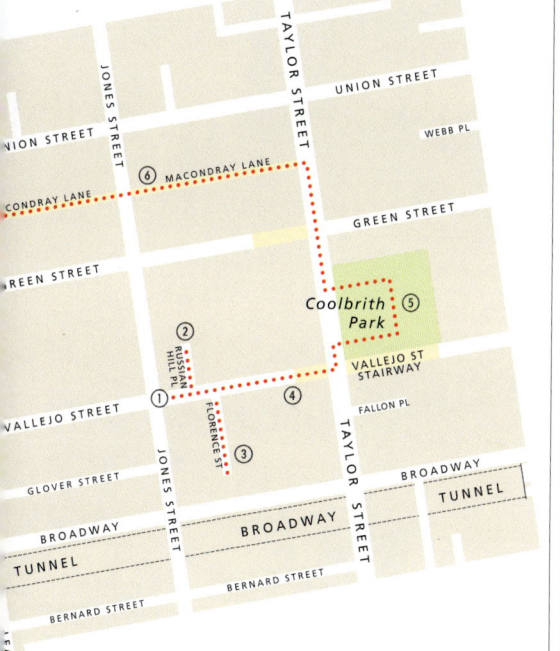

Macondray Lane

Folgen Sie der Taylor Street einen Block nach Norden. Links geht es über eine knarrende Holzbrücke und durch dichte Vegetation in die Macondray Lane ⑥. Den Weg säumen einige edwardianische Häuser mit ihren typischen Schindeln sowie rustikale Landhäuser, die von blühenden Gärten umgeben sind. Die Straße ist auch als Drehort mehrerer Fernsehproduktionen bekannt. Die Häuser Nr. 5–17 überstanden das große Erdbeben von 1906 und sind heute über den Eingängen mit Steingirlanden

Hyde Street

Gehen Sie nun auf der Green Street nach Westen bis zur Hyde Street, an der sich zwischen Jackson und Union

Die Hyde Street säumen Boutiquen, Cafés und Antiquitätenläden

Das schöne Yosemite Valley im Yosemite National Park *(siehe S. 202 – 205)* ▶

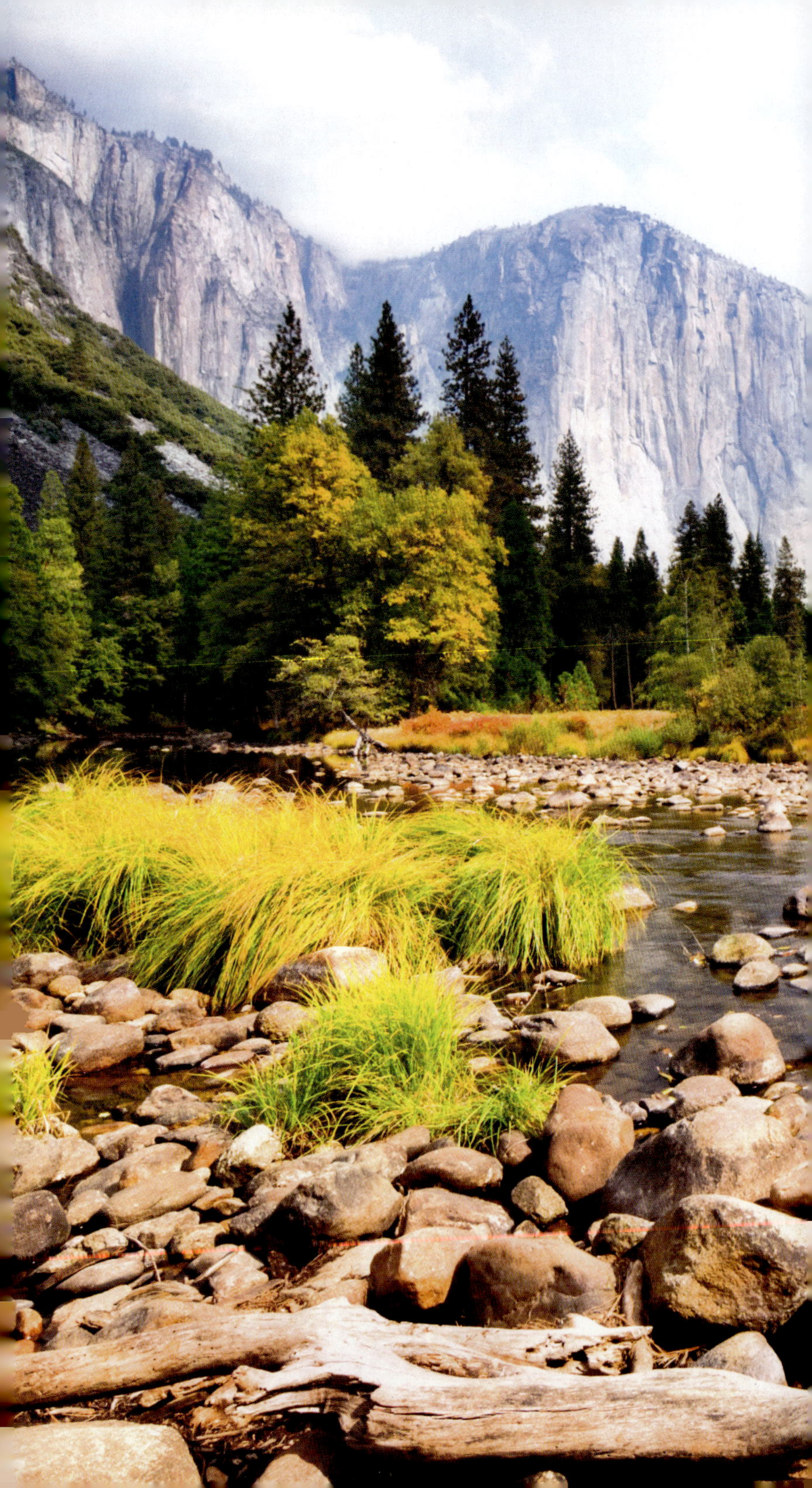

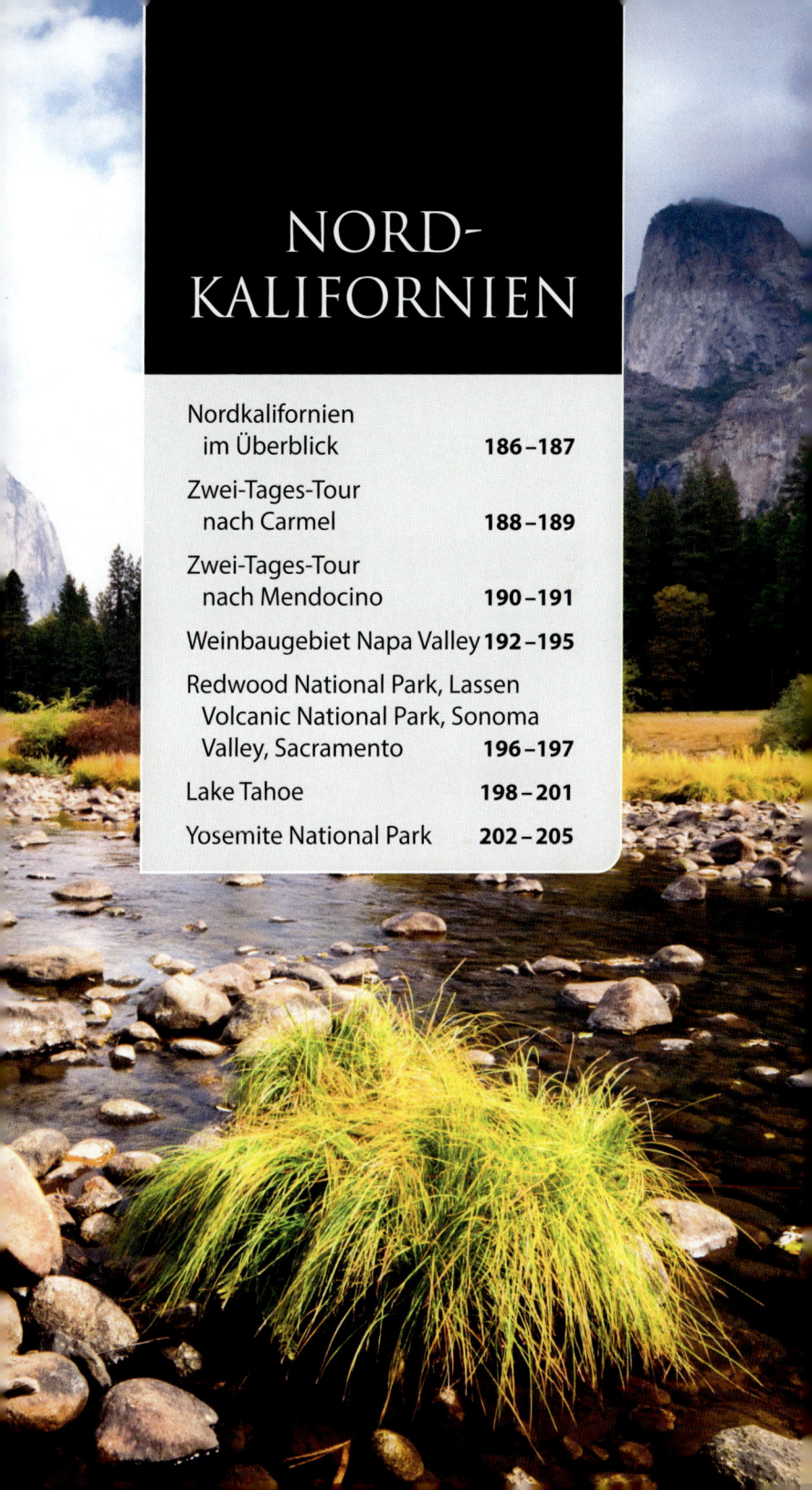

NORD-KALIFORNIEN

Nordkalifornien im Überblick	186–187
Zwei-Tages-Tour nach Carmel	188–189
Zwei-Tages-Tour nach Mendocino	190–191
Weinbaugebiet Napa Valley	192–195
Redwood National Park, Lassen Volcanic National Park, Sonoma Valley, Sacramento	196–197
Lake Tahoe	198–201
Yosemite National Park	202–205

Überblick: Nordkalifornien

San Francisco liegt am Rand einer landschaftlich abwechslungsreichen Region. Den Tälern der Coastal Ranges, ein ideales Weinanbaugebiet, verdankt Kalifornien eine Vielzahl renommierter Weine. Die breite Küste mit ihren Stränden lädt zum Entspannen oder zu vogelkundlichen Exkursionen ein. Es gibt faszinierende Städte. Auf den Bergen der Sierra Nevada kann man Ski laufen oder wandern – alles nur wenige Stunden von San Francisco entfernt. Die Ausflüge auf den Seiten 188–205 geben einen Eindruck von den vielfältigen Attraktionen Nordkaliforniens.

Blick von Norden über den Lake Tahoe

Sehenswürdigkeiten auf einen Blick

1. Carmel
2. Mendocino
3. Weinbaugebiet Napa Valley
4. Redwood National Park
5. Lassen Volcanic National Park
6. Sonoma Valley
7. Sacramento
8. Lake Tahoe
9. Yosemite National Park

Herbstlicher Eichenwald im Yosemite Valley

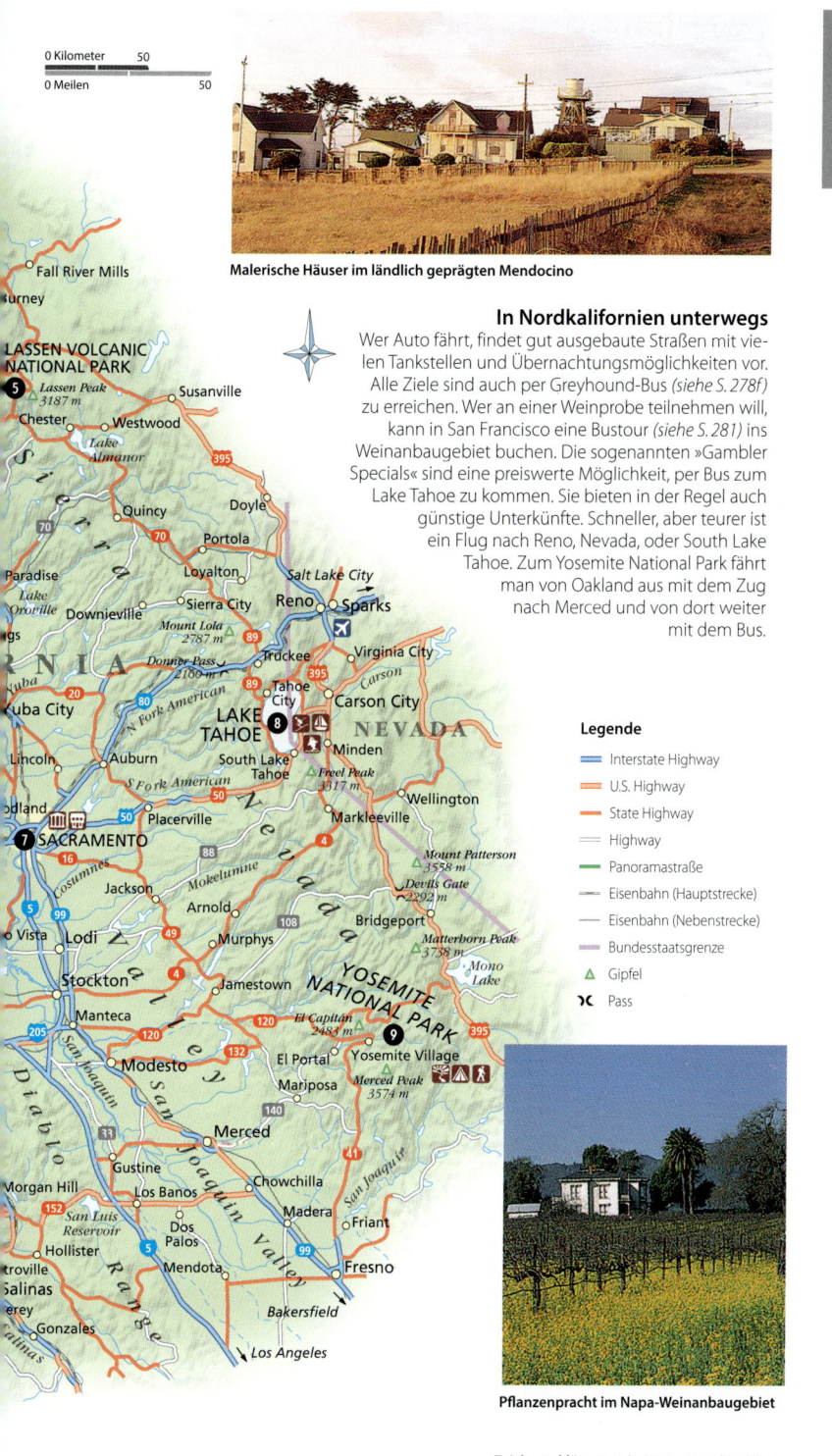

NORDKALIFORNIEN | **187**

Malerische Häuser im ländlich geprägten Mendocino

In Nordkalifornien unterwegs

Wer Auto fährt, findet gut ausgebaute Straßen mit vielen Tankstellen und Übernachtungsmöglichkeiten vor. Alle Ziele sind auch per Greyhound-Bus *(siehe S. 278f)* zu erreichen. Wer an einer Weinprobe teilnehmen will, kann in San Francisco eine Bustour *(siehe S. 281)* ins Weinanbaugebiet buchen. Die sogenannten »Gambler Specials« sind eine preiswerte Möglichkeit, per Bus zum Lake Tahoe zu kommen. Sie bieten in der Regel auch günstige Unterkünfte. Schneller, aber teurer ist ein Flug nach Reno, Nevada, oder South Lake Tahoe. Zum Yosemite National Park fährt man von Oakland aus mit dem Zug nach Merced und von dort weiter mit dem Bus.

Legende

— Interstate Highway
— U.S. Highway
— State Highway
— Highway
— Panoramastraße
— Eisenbahn (Hauptstrecke)
— Eisenbahn (Nebenstrecke)
— Bundesstaatsgrenze
△ Gipfel
✕ Pass

Pflanzenpracht im Napa-Weinanbaugebiet

Zeichenerklärung *siehe hintere Umschlagklappe*

❶ Zwei-Tages-Tour nach Carmel

Klippen und Höhlen, Strände, Leuchttürme, Parks und alte Städtchen – all dies bietet der Highway 1 zwischen San Francisco und Carmel. Die Region blickt auf eine bewegte Vergangenheit zurück, v. a. Monterey, die alte Hauptstadt von Spanisch-Kalifornien. Der Küstenort Carmel ist seit dem Anfang des 20. Jahrhunderts eine Künstlerkolonie. Hier kann man Carmel Mission besuchen, wo Pater Junipero Serra *(siehe S. 139)* begraben liegt.

Von San Francisco bis Santa Cruz

Verlassen Sie San Francisco über Pacifica, wo sich der Highway 1 zu einer zweispurigen Straße verengt. Von Sharp Park bietet sich ein Fußmarsch zur zwei Kilometer entfernten Sweeny Ridge ① an, von wo aus die spanische Expedition unter Gaspar de Portolá 1769 die Bucht von San Francisco *(siehe S. 24f)* erblickte. Wegen der starken Strömungen und des kalten Wassers des Pazifiks zieht es nur wenige zu den Stränden von Gray Whale Cove ② und Montara. Bei Ebbe werden Felsbecken sichtbar, die vom Fitzgerald Marine Preserve bis Pillar Point im Süden reichen. Die Fischfangflotte legt noch immer im nahen Princeton ③ an. In der Half Moon Bay ④ findet im Oktober das Pumpkin Festival (Kürbisfest) statt. Princetons Hauptstraße besitzt noch den Charme der alten Küstenstadt. Viele portugiesische und italienische Einwanderer haben sich hier niedergelassen. In Pigeon Point ⑤, unmittelbar südlich von Pescadero *(siehe S. 171)*, steht ein Leuchtturm von 1872. Er ist geschlossen, doch das Gelände ist zugänglich. Von hier aus führen Nebenstraßen zu den Santa Cruz Mountains. Auf dem Highway 1 erreicht man 32 Kilometer nördlich von

④ Pumpkin Festival in der Half Moon Bay

Santa Cruz den Año Nuevo State Park ⑥. Wenn Sie sich frühzeitig anmelden, führt Sie ein Ranger auf einem fünf Kilometer langen Rundweg zum Strand mit einer See-Elefanten-Kolonie.

Von Santa Cruz bis Monterey

Santa Cruz am Nordende der Monterey Bay bietet einige schöne Badestrände. Auch wenn die Sandsteinbrücke des Natural Bridges State Beach ⑦ längst versunken ist, kann man hier gefahrlos baden. Der Boardwalk ⑧ von Santa Cruz ist ein etwa ein Kilometer langer Vergnügungspark am Strand. Die Big-Dipper-Achterbahn begeistert die Fahrgäste seit 1923.

Von Santa Cruz führt der Highway 45 Kilometer an der Bucht entlang bis Monterey. Auf halbem Weg, in Moss Landing ⑨, liegt das Meeresforschungsinstitut der University of California, wo man etwas über Flora und Fauna der Region erfahren kann.

Von Monterey bis Pacific Grove

Monterey ⑩, die erste Hauptstadt Kaliforniens, wurde im Jahr 1770 von den Spaniern gegründet. Im Zentrum sind noch viele spanische, mexika-

⑤ Blick auf den Leuchtturm von Pigeon Point

ZWEI-TAGES-TOUR NACH CARMEL | 189

⑩ Fisherman's Wharf, Monterey

Routeninfos

Entfernung von San Francisco: 220 km.
Fahrtdauer: etwa 4 Stunden ohne Zwischenstopps.
Rückfahrt nach San Francisco: Von Monterey führt ein Zubringer zum U.S. 101. Über San José erreicht man San Francisco in zweieinhalb Stunden.
Reisezeit: Beste Reisezeit sind September und Oktober. Dann ist der Himmel klar und die Temperatur liegt bei 21 °C.
Hotels und Restaurants: In Santa Cruz, Monterey, Carmel, Pacific Grove und Pebble Beach gibt es Hotels, Motels und B&Bs. Municipal Wharf in Santa Cruz bietet Snackbars. In Monterey findet man in der Cannery Row und Fisherman's Wharf viele Lokale. Carmel besitzt ebenfalls viele Restaurants.
Information: Monterey Peninsula Chamber of Commerce and Visitors Bureau, 30 Ragsdale Drive, Suite 200, Monterey.
📞 1-831-648-5360.
🌐 mpcc.com
County Convention and Visitors Bureau, 401 El Camino El Estero, Monterey. 📞 1-888-221-1010.
🌐 seemonterey.com
Carmel Chamber of Commerce.
🌐 carmelcalifornia.org

nische und frühe amerikanische Häuser erhalten. Es gibt überall kostenlose Stadtpläne mit den Sehenswürdigkeiten, etwa dem Haus von Robert Louis Stevenson und Colton Hall, wo die erste Verfassung Kaliforniens entstand.

In seinen Romanen *Cannery Row (Straße der Ölsardinen)* und *Tortilla Flat* beschrieb John Steinbeck das Fischerdorf Monterey in den 1940er Jahren als Ansammlung von Bordellen und Konservenfabriken. Das sehenswerte Monterey Bay Aquarium liegt auf dem Areal einer alten Konservenfabrik und zeigt die einzigartige Lebenswelt der Bucht. Am Rand der Halbinsel Monterey befindet sich Pacific Grove ⑪, wo im Herbst unzählige Schmetterlinge in den Bäumen hängen. Hier beginnt der 17-Mile-Drive ⑫, der an den Golfplätzen von Pebble Beach und Spyglass Hill vorbeiführt.

Er endet in Carmel ⑬, einem Städtchen mit malerischen Gassen. Carmel geht auf eine Künstlerkolonie aus dem frühen 20. Jahrhundert zurück und bietet mehr als 80 Kunstgalerien. Viele der Häuser, die an alte französische Gebäude erinnern, wurden von Künstlern entworfen. Die Straßen mit ihren hübschen Innenhöfen und den zahlreichen Kunsthandwerksläden laden zum Flanieren ein. Junipero Serra, der Gründer der Missionen, ist in der Mission von Carmel, einer der schönsten Kirchen Kaliforniens, begraben.

⑬ Die Mission von Carmel aus dem Jahr 1771

Zeichenerklärung siehe hintere Umschlagklappe

Legende
— Routenempfehlung
= Hauptstraße
— Fluss

❷ Zwei-Tages-Tour nach Mendocino

Die Fahrt führt durch unberührte Landschaft nach Mendocino – einem Holzfällerdorf, das sich in den 1950er Jahren zur Künstlerkolonie entwickelte. Das Städtchen wurde so gut restauriert, dass es nun unter Denkmalschutz steht. Im Landesinneren gibt es Täler mit Redwood-Wäldern, die man mit dem »Skunk Train« besichtigen kann, der von Fort Bragg aus, 16 Kilometer nördlich von Mendocino, verkehrt.

Redwoods – mächtige Urwaldriesen

Von Western Marin bis zur Bodega Bay

Fahren Sie über die Golden Gate Bridge nach Norden, dann auf dem U.S. 101 durchs südliche Marin County *(siehe S. 162f)*. In Mill Valley biegen Sie westlich auf den Highway 1 ab, der die 450 Meter hohe Steilküste hinaufführt und durch Stinson Beach der Uferlinie folgt. In Point Reyes Station ① können Sie nach links abbiegen und einen Abstecher zur Point Reyes National Seashore *(siehe S. 162)* machen. Der Highway 1 führt an der Tomales Bay ② mit den größten Austernbänken Kaliforniens entlang. Hinter der Bucht verläuft die Straße landeinwärts und durchquert 50 Kilometer lang das westliche Marin County. Im Ort Bodega Bay ③, wo Alfred Hitchcock 1962 *Die Vögel* drehte, kommen Sie zurück zur Küste.

Vom Russian River bis zum Fort Ross

Nördlich von Bodega Bay folgt der Highway 1 der Pazifikküste. In Jenner ④, wo es einen breiten Strand gibt, mündet der Russian River ins Meer. Flussaufwärts liegt Guerneville, die bedeutendste Stadt der Region. Die Straße windet sich in Serpentinen den steilen Jenner Grade hinauf, wo Sie anhalten und die Aussicht auf den Pazifik genießen sollten. Auf einer windgepeitschten Landzunge, 19 Kilometer nördlich von Jenner, befindet sich der Fort Ross State Historic Park ⑤, ein restauriertes Fort, das 1812–41 ein Handelsposten russischer Pelztierjäger war. Das Haus des

Johnson's Beach in Guerneville am Russian River

Legende

— Routenempfehlung
— Andere Straße
— Fluss

ZWEI-TAGES-TOUR NACH MENDOCINO | 191

Ein »Skunk Train« auf der Fahrt durch Redwood-Wälder

Routeninfos

Entfernung von San Francisco: Mendocino ist ca. 275 Kilometer von San Francisco entfernt, wobei die Länge der Tour je nach gewählter Strecke variiert.

Fahrtdauer: Die Hinfahrt – reine Fahrtzeit zu allen beschriebenen Punkten, aber ohne Stopps – dauert zwischen zehn und zwölf Stunden.

Rückfahrt nach San Francisco: Highway 1 in Richtung Süden nach Navarro River, dann Highway 128 nach Cloverdale, von hier aus den U.S. Highway 101 nach Süden.

Reisezeit: Hauptreisezeit ist der Sommer. Im Herbst ist das Wetter am schönsten mit sonnigen Tagen und schönen Sonnenuntergängen. Der Winter ist mild, aber nass. An der Küste sind dann oft Grauwale zu sehen. Im Frühling sind die Hügel von blühenden Wildblumen überzogen.

Hotels und Restaurants: Es gibt viele Lokale, Hotels und Campingplätze. Fort Bragg, Little River, Manchester, Jenner, Hopland und Boonville eignen sich als Zwischenstationen. In Mendocino finden Sie nette B&Bs.

Information: Visit Mendocino County, 120 South Franklin Street, Fort Bragg. 1-866-466-3636.
w visitmendocino.com
w mendocinocoast.com

letzten russischen Kommandanten, Alexander Ročev, ist noch original erhalten. Andere Gebäude wurden rekonstruiert. Das Glanzstück ist die russisch-orthodoxe Kapelle aus Redwood-Hölzern (1824). Das Freilichtmuseum mit Besucherzentrum ist täglich geöffnet (10–16.30 Uhr).

Hinter Fort Ross verläuft der Highway 1 weiter an der Küste entlang und durch mehrere State Parks, darunter das Kruse Rhododendron Reserve ⑥. Besonders schön ist es dort im April und Mai, wenn die Sträucher blühen. Doch mit seinen Landzungen und Höhlen ist der zerklüftete Küstenstreifen zu jeder Jahreszeit sehenswert.

Von Point Arena bis zum Manchester State Beach

Durch Felder und Zypressenhaine führt die Straße weiter nach Point Arena ⑦. Hier können Sie die 147 Stufen des alten Leuchtturms hinaufsteigen. Bei Point Arena verläuft der acht Kilometer lange Manchester State Beach ⑧. Von hier aus können Sie einen dreistündigen Abstecher zu den nordkalifornischen Brauereien machen. Zu den besten Bieren gehören das Red Tail Ale der Mendocino Brewing in Hopland ⑨ am U.S. 101 und das Boont Amber, das in Boonville ⑩ im Anderson Valley hergestellt wird. Beide Brauereien haben auch ein Pub dabei. Fünf Kilometer südlich von Mendocino am Highway 1 liegt der Van Damme State Park ⑪, ein Redwood-Forst mit schönen Wanderwegen. Etwas weiter nördlich befindet sich der Mendocino Headlands State Park ⑫, der eine weitere Ausdehnung der Stadt verhindert. Mendocino selbst ⑬ liegt westlich des Highways. Trotz des stärker werdenden Besucherstroms hat die Stadt ihren Charme bewahrt und ist noch immer eine relativ unkommerzielle Künstlerkolonie. Hier können Sie sich in Antiquitätenläden und Galerien umsehen oder einfach die Schönheit der Umgebung genießen.

Häuser aus dem 19. Jahrhundert in Mendocino ⑬

Zeichenerklärung *siehe hintere Umschlagklappe*

❸ Weinbaugebiet Napa Valley

Das schmale Napa Valley mit seinen sanften Hügeln ist das Herz des kalifornischen Weinanbaus. Hier befinden sich über 400 Weingüter, von denen einige seit dem 19. Jahrhundert bestehen. Viele Winzer bieten Besichtigungstouren mit Weinproben an. Jeder Talabschnitt hat charakteristische Weine *(siehe S. 220f)*. Die Schönheit der Region kann man vom Fesselballon, Fahrrad oder Zug aus bewundern. Weitere Attraktionen des Napa Valley sind Museen, Kunstgalerien und die heißen Quellen von Calistoga.

Schild in Napa Valley
Das Schild heißt Besucher des Weinanbaugebiets willkommen.

Clos Pegase Winery
Die Kellerei befindet sich in einem preisgekrönten postmodernen Gebäude und bietet kostenlose Besichtigungstouren.

Außerdem

① **Silverado Vineyards**

② **Trefethen Vineyards**

③ **Hess Collection** bietet nicht nur gute Weine, sondern auch Kunstwerke.

④ **Domain Chandon** produziert hervorragenden Sekt.

⑤ **Robert Mondavi Winery** setzt neueste Technologie in einem alten Gebäude im Missionsstil ein.

⑥ **Inglenook Estate** existiert seit 1879. Die Besichtigung beginnt in der alten Kellerei – heute der Verkostungsraum.

⑦ **Beaulieu Vineyard** erinnert an ein Château.

⑧ **Beringer Vineyards** gibt es schon seit 1876.

⑨ **Schramsberg Vineyards**

⑩ **Old Faithful**, ein Geysir, stößt etwa alle 30 Minuten heißes Wasser und Dampf aus.

⑪ **Frog's Leap Winery**

⑫ **Duckhorn Vineyards**

⑬ **Mumm Napa Valley** ist für seinen klassischen Sekt bekannt.

⑭ **Clos du Val** – klein, aber mit erstklassigen Weinen.

⑮ **Der Silverado Trail** bietet einen herrlichen Blick auf die Weinberge.

Napa Valley Wine Train
In dem Luxuszug werden während der dreistündigen Tour erlesene Speisen und Weine serviert. Manche Reisende genießen auch nur die Zugfahrt.

Legende
— Straße
~ Fluss
▨ Weinberg
▬ Eisenbahn
••• Silverado Trail

WEINBAUGEBIET NAPA VALLEY | 193

Sterling Vineyard
Die griechisch anmutende Kellerei auf einer Felskuppe oberhalb der Weinberge erreicht man per Gondel. Der Rundgang ist ausgeschildert. Besucher sind also an keinen festen Zeitplan gebunden.

V. Sattui Vineyard
Hier reift der Wein in französischen Eichenfässern.

V. Sattui Winery
Das Weingut gehört zu den renommiertesten Kaliforniens (Besichtigung nach Vereinbarung).

Nachhaltiger Weinanbau
Um die besten Anbaumethoden zu gewährleisten, haben die Weinbauern im Napa Valley unter dem Namen Napa Green ein freiwilliges Programm aufgelegt. Bisher werden mehr als 61 000 Morgen Land dementsprechend bewirtschaftet, fast 35 000 sind zertifiziert. Ein Zertifikat wird erteilt, wenn alle Bewirtschaftungs- und Produktionskriterien erfüllt werden.

Gesunde Weinreben im genau beobachteten Napa Valley

Routeninfos

Entfernung von San Francisco: 89 km.

Fahrtdauer: ca. 1 Stunde bis nach Napa.

Anreise: Mit dem Auto auf dem U.S. 101 nach Norden, dann Highway 37 nach Vallejo, von dort auf dem Highway 29 nach Napa. Highway 29 führt durch das Tal nach Calistoga. Diverse Busunternehmen bieten Touren an (teils mit Mittagessen).

Reisezeit: Im Frühjahr sind die Weinberge von blühendem gelbem Senf übersät. Zur Weinlese im September und Oktober färbt sich das Weinlaub golden und rot. Im regnerischen Winter werden die Weinstöcke beschnitten und der neue Wein in Flaschen abgefüllt.

Hotels und Restaurants: Informationen finden Sie unter
W visitnapavalley.com
Information: Napa Valley Welcome Center, 600 Main St, Napa. 1-707-226-5813.

Überblick: Weinbaugebiet Napa Valley

Das Napa Valley ist bekannt für unverwechselbare Weine, schöne Weingüter, Kunstsammlungen, Wellness-Einrichtungen und Kunsthandwerk. Mit der Teilnahme an Weinproben und der Besichtigung der Kellereien kann man hier einen ganzen Tag zubringen. Die morgendliche Fahrt in einem Heißluftballon, eine Schlammbehandlung und der Besuch einiger Kunstsammlungen füllen einen weiteren Tag. Früher machten den Winzern eine Reblausplage und die Prohibition schwer zu schaffen. 1976 siegten Château Montelena Chardonnay und Stag's Leap Cabernet Sauvignon bei einer Blindverkostung in Paris. Diese Erfolge erhöhten das Ansehen des Weinanbaugebiets.

Weinprobe in einer der zahlreichen Kellereien

Weinproben

napavintners.com/wineries

Im Napa Valley gibt es viele Kellereien, die Weinproben anbieten, bei denen die neuesten Tropfen kredenzt werden. Bei einigen reicht es, einfach vorbeizukommen, bei anderen ist eine Voranmeldung erforderlich. Bei den Proben erfährt man, was genau den typischen Charakter eines Weins ausmacht. Einige Kellereien bieten vor der Weinprobe Führungen durch das Weingut an. Dafür wird bisweilen eine Gebühr verlangt. Bekannt sind z. B. Führungen und Proben der Robert Mondavi Winery. Auch Grgich Hills Cellars, Château Montelena Winery, Heitz Wine Cellars, Duckhorn Vineyards, Rutherford Hills, Franciscan Oakville Estates, V. Sattui Winery, Beaulieu Vineyard und Stag's Leap präsentieren einen unverwechselbaren Tropfen. Schaumweine gibt es u. a. bei Mumm Cuvée Napa, Domaine Chandon und Domaine Carneros.

Museen und Kunstgalerien

Weingüter sind der ideale Ort für Kunstgalerien und Museen, viele Besucher schätzen die Kombination aus Gaumenfreuden und Kunstgenuss.

Regisseur Francis Ford Coppola wandelte die seit 1879 betriebene Inglenook Winery in die Niebaum-Coppola Estate Winery (seit 2006 Rubincon Estate) um, wo der Filmemacher ein Museum für Cineasten betreibt. Die Hess Collection zeigt die Privatsammlung europäischer und amerikanischer Malerei und Bildhauerei ihres Inhabers Donald Hess. Ausgestellt sind Werke u. a. von Robert Motherwell und Frank Stella. Das Besucherzentrum in der Artesa Winery präsentiert Glas- und Metallarbeiten sowie Bilder von Gordon Huether.

Clos Pegase umfasst auch einen Skulpturengarten, Peju Province' Sammlung zeitgenössischer Kunst wird in der Liana Gallery gezeigt. Wechselausstellungen mit Fotokunst gibt es bei Mumm. Die Private Collection Gallery stellt Arbeiten von Fotografen wie Ansel Adams vor. Rund 2000 Arbeiten vieler Künstler aus der San Francisco Bay Area werden im Di Rosa Preserve präsentiert. Zum schönen Anwesen gehören u. a. ein See, eine Glaskapelle und Gärten.

Architektur

Im Napa Valley gibt es auch einige bemerkenswerte Bauwerke. Auf dem Gelände der Beringer Vineyards in St. Helena, der ältesten ununterbrochen betriebenen Kellerei der Gegend, steht das Rhine House. Bleiglasfenster und Holzpaneele zählen zu den auffallendsten Stilelementen des Hauses.

Das weiß getünchte, an griechischen Vorbildern orientierte Anwesen der Sterling Vineyards in Calistoga liegt prachtvoll auf einem Hügel. Robert Mondavi Winery hingegen besitzt mit Tierstatuen von Beniamino Bufano Elemente des Missionsstils.

Michael Graves entwarf das Anwesen der Clos Pegase Winery, das im Stil der Postmoderne errichtet wurde. Einige Kellereien wie Domaine Carneros haben den Charakter eines französischen Châteaus. 2004 versah Darioush Khaledi den Silverado Trail mit einer Säulenreihe, die zu seiner Darioush

Das Rhine House in den Beringer Vineyards

Heißluftballon über einem Weingut in Napa Valley

Winery führt. Beim Bau des Anwesens war die antike persische Stadt Persepolis Vorbild.

Mit Ballon, Fahrrad und Zug unterwegs

Napa Valley Wine Train, 1275 McKinstry St, Napa, CA 94559. **Reservierungen** 1-707-253-2111. winetrain.com

Mit einem Heißluft- oder Fesselballon über ein Weingut? Nichts Besonderes – der Himmel über Napa Valley ist mit Ballons in allen Farben gesprenkelt. Die Ballons schweben meist hoch über den Anwesen, können aber auch fast auf Höhe der Reben fliegen. Der Morgennebel verleiht einer Fahrt etwas Skurriles, die Wärme der Ballons scheint die Schwaden zu vertreiben. Der Flug über Weinstöcke und die im Frühling gelb blühenden Senffelder ist ein Erlebnis. Nach der Landung erwartet die Teilnehmer ein Gläschen des jüngsten Jahrgangs, bei einigen Weingütern auch ein Gourmet-Frühstück.

Radfahrer können das überwiegend flache Tal ohne größere Anstrengung befahren. An der östlichen Talseite führt der Silverado Trail zwischen Napa und Calistoga an über 30 Kellereien vorbei. Im Sommer kann es nachmittags sehr heiß werden. Clevere starten früh, um den vor allem in Ferienzeiten und an Wochenenden starken Verkehr zu meiden.

Eine Fahrt mit dem Napa Valley Wine Train von Napa nach St. Helena und zurück dauert etwa drei Stunden. Die Zugfahrt umfasst Mittag- oder Abendessen, das an Bord zubereitet und in den 1915–17 erbauten und restaurierten Pullman Dining and Lounge Cars serviert wird. Bei Spezialtouren wird für Führungen in Weingütern wie Domaine Chandon, Castello di Amorosa oder Grgich Hills gehalten. An der Station McKinstry werden vor der Abfahrt des Zugs Weinseminare veranstaltet.

Im Champagne Vista Dome wird bei Vollmond ein fünfgängiges Moonlight Escape Dinner serviert.

Spas

Informationen über Spas unter visitnapavalley.com

Calistoga am Nordrand des Napa Valley ist buchstäblich ein heißes Pflaster, denn in der Gegend brodelt es gewaltig unter der Erde. Vulkanischer Schlamm und heiße Quellen waren schon vor Tausenden von Jahren die Basis für den Betrieb von Kur- und Heilbädern. Die meisten Spas befinden sich entlang der Lincoln Avenue und der Washington Street, den Hauptstraßen Calistogas.

Schlammbehandlungen dienen u.a. der Entspannung und der Entgiftung. Die Gäste legen sich in eine Wanne, die mit braunem Schlamm gefüllt ist, der aus Torf, Lehm und mineralhaltigem Wasser der nahe gelegenen Quellen gemischt wird. Zur Behandlung in einem Spa gehört auch ein Bad in den heißen Becken. In den meisten Spas werden auch Anwendungen angeboten, die in Europa zu den Standardbehandlungen zählen. Man kann in den Einrichtungen oft auch übernachten.

Shopping

Eine Weinprobe ist ideal, um die Weine der Region kennenzulernen. Erfahrene Weintrinker wissen, dass sie die Tropfen in den Kellereien oft günstiger erstehen als in Läden. Beim Verkauf beachten die Weingüter die gesetzlichen Bestimmungen, z. B. die Zollvorschriften. Einige Kellereien bieten auch Geschenkeläden, die alles Mögliche führen – von Kochbüchern bis zu mit dem Namen des Weinguts verzierten Korkenziehern. Auch Nahrungsmittel, die ein Picknick zum Genuss machen, werden angeboten.

In der Oakville Grocery am Highway 29 gibt es neben Weinen aus der Region auch Gewürze und Olivenöl, Sie erhalten hier aber auch Sandwiches mit Wurst und Käse aus heimischer Produktion. Dean & DeLuca aus New York hat eine Niederlassung in St. Helena mit Frischwaren aus dem Napa Valley sowie 1400 Weinen aus Kalifornien. The V Marketplace bietet Kleidung, Geschenkartikel, Weinproben sowie einige Kunstgalerien. Auch Artists of the Valley, eine Galerie der Napa Valley Art Association in St. Helena, lohnt einen Besuch.

Der beliebte Napa Valley Wine Train

❹ Redwood National Park

Visitor Center 1111 Second St, Crescent City. 1-707-464-6101. Arcata bis Crescent City: 125 km. Beste Route: Hwy 101.
w redwood.national-park.com

Einige der weltweit größten ursprünglichen Redwood-Wälder stehen in dem Nationalpark unter Naturschutz. Das rund 23 500 Hektar große Areal zieht sich entlang der Pazifikküste und umfasst viele einzelne Schutzgebiete. Man kann es im Rahmen eines Tagesausflugs mit dem Auto erkunden. Hat man zwei Tage Zeit, kann man ein wenig in den Wäldern wandern und die Stille und Erhabenheit inmitten der Baumriesen genießen. Bei den Wanderungen sieht man mit etwas Glück Roosevelt-Wapitis.

Die Parkverwaltung ist in **Crescent City**. Ein paar Kilometer nördlich davon befindet sich der 3720 Hektar große Jedediah Smith Redwoods State Park, in dem sich einige der größten Küsten-Redwoods erheben. Das Gelände wurde nach dem Pelztierjäger Jedediah Smith benannt, dem ersten Weißen, der die USA durchquerte. Es verfügt über sehr gut ausgestattete Zeltplätze. Südlich von Crescent City erstrecken sich die **Trees of Mystery** mit ihren eindrucksvollen Baumriesen. Die Hauptattraktion des Nationalparks ist der mit 112 Metern größte Baum der Welt im **Tall Trees Grove**. Südlich davon liegt der fünf Kilometer lange Süßwassersee Big Lagoon im **Humboldt Lagoons State Park**. Vom Patrick's Point State Park im Süden aus kann man im Winter die Grauwalwanderung sehen.

Redwood-Riesen

Lassen Volcanic National Park

❺ Lassen Volcanic National Park

Chester, Red Bluff. **Visitor Center** 1-530-595-4480.
tägl. w nps.gov/lavo

Vor der Eruption des Mount St. Helens 1980 im US-Bundesstaat Washington war der Lassen Peak (3187 m) der letzte Vulkan, der auf dem Festland der USA ausgebrochen war. Zwischen 1914 und 1917 verwüsteten etwa 300 Eruptionen rund 40 000 Hektar Land.

Lassen Peak gilt noch immer als aktiv. An seinen Flanken sieht man Spuren der jüngsten geologischen Prozesse. Auf dem Bumpass Hell – einem Weg, der nach einem Bergführer im 19. Jahrhundert benannt ist – geht es zu einer Kette von dampfenden, nach Schwefel riechenden Wasserbecken, die durch die Erdwärme erhitzt werden. Im Sommer können Besucher die Strecke durch den Nationalpark befahren, die sich bis zum 2590 Meter hoch gelegenen Summit Lake windet. Die Straße führt zum **Loomis Museum**. Sie durchquert dabei die Devastated Area, einen kahlen Landstrich aus vulkanischen Schlammströmen, der am Manzanita Lake endet.

🏛 Loomis Museum

Lassen Park Rd, Nordeingang.
1-530-595-4444. Ende Mai– Ende Sep; informieren Sie sich tel.

❻ Sonoma Valley

8600. 90 Broadway u. W Napa St, Sonoma Plaza. 453 1st St E, 1-707-996-1090. Valley of the Moon Vintage Festival (Ende Sep).

Im malerischen, sichelförmigen Sonoma Valley belegen Weingüter eine Fläche von etwa 2400 Hektar. Unten im Tal befindet sich das Städtchen Sonoma. Es blickt auf eine bewegte Geschichte zurück, denn hier nahmen am 14. Juni 1846 30 bewaffnete Bauern den mexikanischen General Mariano Vallejo und seine Männer gefangen. Die Aktion war Ausdruck ihres Protests, dass Landbesitz den Mexikanern vorbehalten war. Sie übernahmen die Kontrolle über Sonoma, erklärten Kalifornien zur unabhängigen Republik und hissten ihre Flagge mit einem Grizzlybären als Motiv. Obwohl die Republik mit der Angliederung Kaliforniens an die Vereinigten Staaten aufgelöst wurde, wurde das Bärensymbol 1911 auch für die offizielle Flagge des Staats verwendet.

Größte Attraktion Sonomas sind die weltberühmten Kellereien und die sorgfältig gepflegten historischen Stätten um den spanisches Ambiente verströmenden Hauptplatz. In vielen Adobe-Häusern sind Weinläden, Boutiquen und Restaurants untergebracht. Östlich des Platzes steht die restaurierte **Mission San Francisco Solano de Sonoma**. Die 1823 von Frater José Altimira gegründete Mission war die letzte der 21 historischen Franziskanermissionen in Kalifornien.

NORDKALIFORNIEN | 197

Die Adobe-Kapelle wurde 1840 auf Anweisung von General Vallejo errichtet. Eine kurze Autofahrt nach Norden führt zum **Jack London State Historic Park**. Zu Beginn des 20. Jahrhunderts ließ sich London, Autor von u. a. *Der Ruf der Wildnis* und *Der Seewolf*, in dem 325 Hektar großen Areal nieder. Auf dem Gelände stehen unheimlich wirkende Ruinen vom Wolf House, Londons Traumhaus, das kurz vor Fertigstellung aus ungeklärten Gründen niederbrannte. Nach dem Tod des Autors baute seine Frau Charmian Kittredge auf dem Gelände das House of Happy Walls (heute Museum).

Mission San Francisco Solano de Sonoma
114 E Spain St. 1-707-938-9560.
tägl. 10–17 Uhr.

Jack London State Historic Park
London Ranch Rd, Glen Ellen.
1-707-938-5216. **Park u. Museum**
März–Nov: tägl. 9.30–17 Uhr.
Cottage Do–Mo 12–16 Uhr.
nur Museum.

Weinkellereien im Sonoma Valley

Sonoma Valley bietet eine besondere Kombination von Bodenbeschaffenheit, Sonnenscheindauer und Niederschlägen, die für den Weinanbau perfekt ist. 1824 pflanzte Frater José Altimira die ersten Trauben, um Wein für die Messen in der Mission San Francisco Solano de Sonoma zu produzieren. 1834 tat es ihm General Vallejo gleich, der den Wein an Händler in San Francisco verkaufte. Der ungarische Graf Agoston Haraszthy baute 1857 europäische Weinsorten an. Sein Weingut, die Buena Vista Winery, ist das älteste in Kalifornien. Hier werden Weine von erlesener Qualität produziert.

Wappen der Sebastiani Vineyards

Das Tal umfasst die Weinanbaugebiete Sonoma Valley, Carneros und Sonoma Mountain. Das Mikroklima variiert leicht, sodass unterschiedliche Rebsorten gedeihen. Heute gibt es im Sonoma Valley 50 Weingüter, die jährlich Millionen Kisten Wein produzieren. Zu den bekanntesten zählen Sebastiani Vineyards, St. Francis Winery, Gundlach-Bundschu Winery und Château St. Jean. Sie alle bieten Touren an.

Weingut im Sonoma Valley

❼ Sacramento

30, 31, 32. Old Sacramento Visitor Center: 1002 2nd St, Old Sacramento. 1-916-442-7644. tägl. 10–17 Uhr. **w** oldsacramento.com

Die 1839 von John Sutter gegründete Stadt ist Kaliforniens Hauptstadt. In Old Sacramento sind noch viele alte Gebäude erhalten. Die meisten von ihnen wurden in den 1850er Jahren erbaut, als die Stadt Versorgungszentrum für die Bergarbeiter war. Die Transcontinental Railroad und der Pony Express endeten hier, Boote brachten die Reisenden weiter nach San Francisco. Das **California State Railroad Museum** am Nordrand der Altstadt zeigt einige restaurierte Loks. Etwas abseits der Altstadt erstreckt sich ein Landschaftspark mit dem State Capitol. Sutter's Fort im Osten ist die restaurierte erste Siedlung der Stadt.

California State Railroad Museum
111 I St. 1-916-445-6645. tägl. 10–17 Uhr (Sommer: Do bis 20 Uhr).
1. Jan, Thanksgiving, 25. Dez.

California State Capitol

Das im Stil des Klassizismus errichtete Bauwerk wurde 1874 vollendet. Es ist Amtssitz des Gouverneurs und des Senats des Bundesstaats Kalifornien. Im State Capitol ist auch ein Museum untergebracht, das Geschichte und Kultur des Staats dokumentiert.

Die Rotunde wurde 1975 im Originalstil restauriert.

Originale Fassadenelemente von 1860

Eingang

Zu den Historic Offices im Erdgeschoss gehören auch Regierungsbüros, die trotz diverser Umbauten ihr früheres Ambiente bewahrten.

⑧ Lake Tahoe

Lake Tahoe, eines der schönsten Gewässer der Welt, liegt in einem alpinen Becken an der Grenze zu Nevada. Der von bewaldeten Bergen umgebene See hat eine Uferlänge von 116 Kilometern. Das herrliche Ambiente veranlasste Mark Twain, der hier in den 1860er Jahren einen Sommer verbrachte, Tahoe als das »zweifellos schönste Bild, das die Erde zu bieten hat«, zu charakterisieren. Heute ist Tahoe ein Urlaubsparadies mit Ski- und Wandermöglichkeiten, Ferienhäusern direkt am See, Spielcasinos und Sommerevents, z. B. einem bekannten Golfturnier.

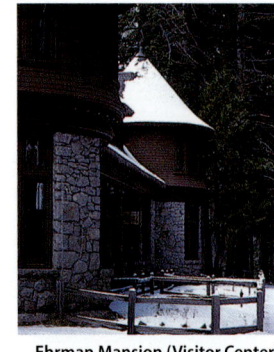

Ehrman Mansion (Visitor Center)
Der Sommersitz wurde 1903 erbaut. Im Sommer werden hier Touren angeboten.

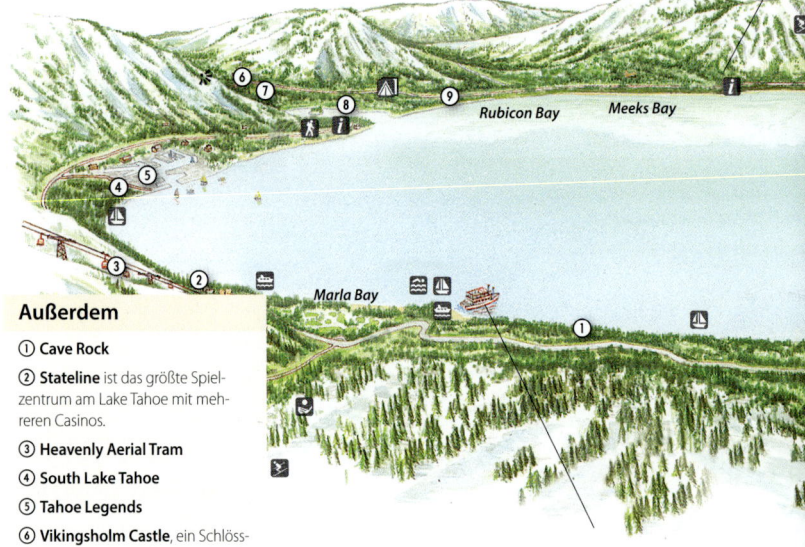

Rubicon Bay

Meeks Bay

Marla Bay

Außerdem

① **Cave Rock**

② **Stateline** ist das größte Spielzentrum am Lake Tahoe mit mehreren Casinos.

③ **Heavenly Aerial Tram**

④ **South Lake Tahoe**

⑤ **Tahoe Legends**

⑥ **Vikingsholm Castle**, ein Schlösschen im skandinavischen Stil (1929), kann im Sommer besichtigt werden.

⑦ **Emerald Bay State Park** Die waldreiche, abgeschiedene Wildnis mit Granitfelsen und Wasserfällen zählt zu den Naturwundern Kaliforniens.

⑧ **US Forest Service Visitor Center**

⑨ **DL Bliss State Park**

⑩ **Homewood** ist ein beliebtes Skigebiet, das zu jeder Jahreszeit eine tolle Aussicht bietet.

⑪ **Picknickgelände Kaspian**

⑫ **Tahoe City** ist das Einkaufs- und Unterhaltungszentrum am Nordufer.

⑬ **Stateline Point**

⑭ **Incline Village** ist ein kleiner, mondäner Skiort.

⑮ **Lake Tahoe State Park**

Zephyr Cove und MS *Dixie*
Viele Besucher genießen eine Rundfahrt mit dem Raddampfer. Die MS *Dixie* macht von Zephyr Cove aus regelmäßig Touren.

Skifahren am Lake Tahoe

Die Berge um den Lake Tahoe sind für ihre Skigebiete bekannt. Dazu gehören Alpine Meadows und Squaw Valley, wo 1960 die Olympischen Winterspiele stattfanden. Das Gebiet ist ein Paradies für Abfahrts- und Langläufer, mit kilometerlangen Loipen durch Kiefernwälder und offenes Gelände sowie steilen Abfahrten mit herrlichem Ausblick auf den See. Es gibt Tiefschneebereiche, schwierige Pisten für Könner und leichte Abfahrten für Anfänger. Am Wochenende empfiehlt es sich, die ruhigeren Skigebiete auf der zu Nevada gehörenden Seite des Sees aufzusuchen.

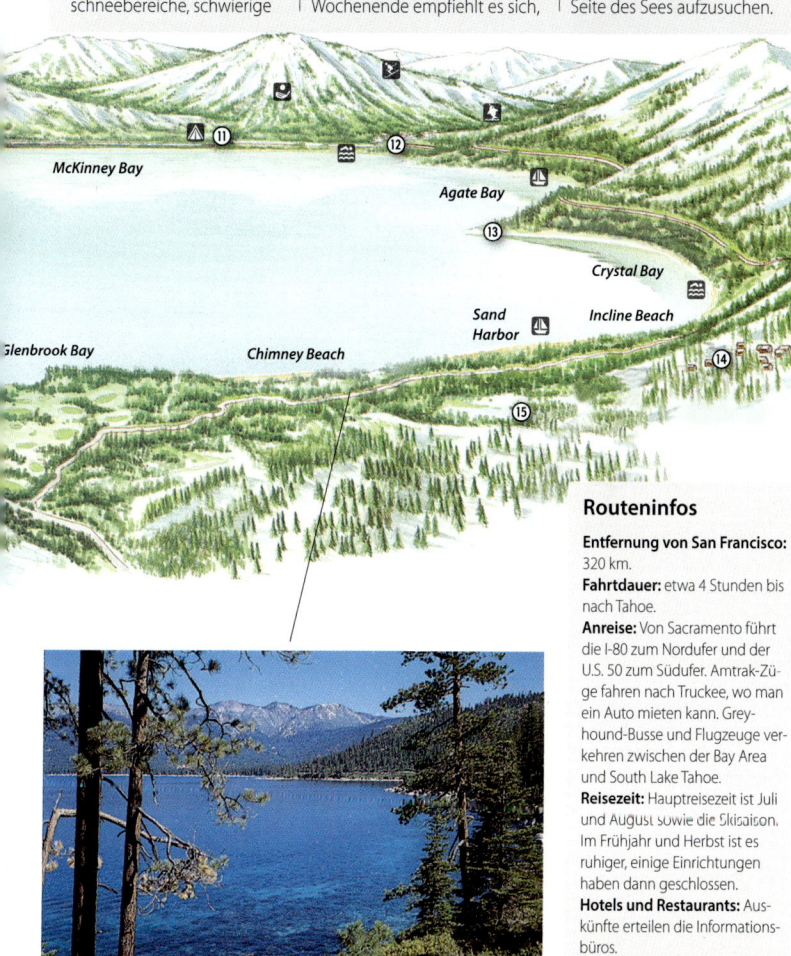

Blick auf die Skipisten am Lake Tahoe

Sommer am Ostufer des Sees
Das wilde Ufer in Nevada ist bei Radfahrern und Wanderern beliebt. Zudem gibt es schöne Sandstrände.

Routeninfos

Entfernung von San Francisco: 320 km.
Fahrtdauer: etwa 4 Stunden bis nach Tahoe.
Anreise: Von Sacramento führt die I-80 zum Nordufer und der U.S. 50 zum Südufer. Amtrak-Züge fahren nach Truckee, wo man ein Auto mieten kann. Greyhound-Busse und Flugzeuge verkehren zwischen der Bay Area und South Lake Tahoe.
Reisezeit: Hauptreisezeit ist Juli und August sowie die Skisaison. Im Frühjahr und Herbst ist es ruhiger, einige Einrichtungen haben dann geschlossen.
Hotels und Restaurants: Auskünfte erteilen die Informationsbüros.
Information: Lake Tahoe Visitors Authority, South Lake Tahoe.
1-800-288-2463.
North Lake Tahoe Visitors Bureau.
1-888-434-1262.
gotahoenorth.com

Zeichenerklärung siehe hintere Umschlagklappe

Überblick: Lake Tahoe

Sein alpiner Charakter, seine Schönheit und Größe heben den Lake Tahoe von anderen Seen in den USA ab. Manche vergleichen den See, durch den die Grenze zu Nevada verläuft, sogar mit dem russischen Baikalsee. Nicht nur Wassersportler kommen hierher – die Umgebung des Lake Tahoe bietet auch Wanderern und Radfahrern ideale Bedingungen. Von der Uferstraße, für deren Bau rund 20 Jahre ins Land gingen, hat man fantastische Ausblicke. Die prächtigen Villen sind Sommersitze reicher Kalifornier.

Eröffnung der Winterspiele 1960

Die Uferregionen bieten ein dichtes Netz von Wanderwegen

Tahoe Rim Trail

📞 1-775-298-0012.
🌐 tahoerimtrail.org

Wanderer, Mountainbiker und Reiter tummeln sich an den Ufern des Sees, um den der 266 Kilometer lange Tahoe Rim Trail (TRT) verläuft. Die Route ist je nach Schneeverhältnissen meist von Juni bis Oktober durchgehend zugänglich. Von diesem Weg aus bieten sich einige der schönsten Ausblicke über den Lake Tahoe. Der Wechsel von Kiefern- und Espenbeständen, hoch aufragenden Granitfelsen, mit Wildblumen übersäten Wiesen sowie Wasserläufen gibt jedem Abschnitt des Trails seinen eigenen Charakter. Die Wanderwege sind gut ausgeschildert, doch Wanderer sollten über Trittsicherheit und gute Kondition verfügen. Der TRT ist von nahezu allen Parkplätzen aus zugänglich. Einen Vorgeschmack auf die gesamte Wegstrecke bietet der rund zwei Kilometer lange Abschnitt Tahoe Meadows Interpretive Trail im Norden. Am schwierigsten ist der Abschnitt im Westen zwischen Echo Lake bis Barker Pass.

Sportangebot

Das Angebot an Wassersportarten für den Lake Tahoe reicht vom Angeln über Bootsfahrten bis zu Wasserski. Eine Herausforderung für Angler ist der Fang einer Mackinaw-Forelle (Seeforelle), die sich häufig in Tiefen von mehr als 100 Metern aufhält. Wesentlich einfacher ist der Fang von Regenbogenforellen oder von Kokanee-Lachsen (Unterart der Rotlachse). Viele Motorboote – manche davon mit Wasserskifahrern im Schlepptau – rasen über den See. Die zum Teil starken Winde, die von den Bergketten der Umgebung wehen, ziehen viele Kitesurfer an. Eine Fahrt mit Kanu oder Kajak ist weniger spektakulär, aber ideal, um zu einigen Höhlen am Ufer zu gelangen. Den Schnorchlern kommt hier die Klarheit des Wassers zugute, Taucher können Unterwasserwälder entdecken.

Squaw Valley

14 Kilometer nordwestlich von Tahoe City. 📞 1-530-583-6985.
🌐 squaw.com

Als Austragungsort für die Olympischen Winterspiele im Jahr 1960 wurde der Wintersportort Squaw Valley weltbekannt. Der Ausbau zum Sportzentrum begann 1949 mit dem ersten Sessellift, in der Folgezeit kamen immer weitere moderne Einrichtungen hinzu. Zu Beginn der Winterspiele schneite es gerade noch rechtzeitig, um die Wettbewerbe austragen zu können.

Am Ortseingang brennt noch immer das Olympische Feuer. Heute umfasst der Wintersportort über 30 Skilifte, zahlreiche Hotels und Restaurants sowie Shopping-Möglichkeiten. Skifahrer und Snowboarder kommen in großer Zahl, schließlich sind die Bedingungen exzellent. In High Camp (ca. 2500 m) befinden sich das Olympic Winter Games Museum, der ganzjährig geöffnete Olympic Ice Pavilion für Eisläufer, eine Kletterwand und ein Pool. Hier starten auch geführte Wanderungen durch die Bergwelt der Umgebung.

Das klare Wasser des Sees macht Kajakfahren zum Vergnügen

Blick vom Eagle Falls Trail über die grandiose Emerald Bay

Stateline

Dem Umstand, dass Stateline zum Bundesstaat Nevada gehört, verdankt die Stadt ihre Bedeutung als Zentrum des Glücksspiels in der Region um den Lake Tahoe. Viele Hotels in Stateline verfügen über Casinos. In den 1860er Jahren kamen viele Bergarbeiter hierher, um in den Minen der Umgebung Silber abzubauen. Auch der Pony Express machte halt. 1873 wurde am Südrand des Sees der Grenzverlauf zwischen Kalifornien und Nevada festgelegt. Beachten Sie bei einem Hotelaufenthalt: Von den Zimmern mit Blick nach Westen (Kalifornien) sieht man die Berge besser.

Emerald Bay

35 Kilometer südlich von Tahoe City. 1-530-541-3030 / 1-530-525-7232. Die beste Postkartenansicht vom Lake Tahoe bietet diese Bucht mit ihrem smaragdgrünen Wasser und dem kleinen Fannette Island im Zentrum. Die Bucht ist Teil des gleichnamigen State Park. Die von Gletschern ausgeschürfte Emerald Bay wurde 1969 zum National Natural Landmark erklärt. Auf dem unter Schutz stehenden Abschnitt des Sees sieht man viele Kajakfahrer, die das ruhige Wasser schätzen. Taucher zieht es zu einem Unterwasserwald und mehreren Schiffswracks. Fannette Island besteht aus einem Gesteinsblock, der dem Gletschereis widerstand. Auf der kleinen Insel befinden sich Überreste eines Teehauses. Die auch vom Highway 89 sichtbaren Eagle Falls stürzen in Kaskaden 152 Meter in die Tiefe bis nach Vikingsholm. Besucher können ihnen entlang dem Eagle Falls Trail folgen.

Vikingsholm Castle

Emerald Bay St Pk. 1-530-525-9530. Mitte Juni – Labor Day. vikingsholm.org
Eine Dachterrasse mit Wildblumen, Holzbalken mit Drachenmotiven, Kamine in den Schlafzimmern und bunt bemalte Möbel – das Ambiente in dem 1929 fertiggestellten Gebäude könnte direkt aus Skandinavien importiert sein. Für den Bau ihres Sommerhauses an der Emerald Bay ließ sich Lora Josephine Knight bei einem Besuch in Nordeuropa inspirieren. Etwa 200 einheimische Handwerker waren an dem Bau von Vikingholm Castle, einem aus Holz und Granit gefertigten Anwesen, beteiligt.

Ehrman Mansion

Sugar Point Pine St Pk. 1-530-525-7982 (Führungen: 1-530-525-7232). Juli – Labor Day. Memorial Day – Ende Sep: tägl. 10 – 15 Uhr.
Der Bankier Isaias W. Hellman ließ sich 1903 in den Bergen am Lake Tahoe eine Sommerresidenz bauen. Dafür verpflichtete er den Archtitekten William Danforth Bliss, der das etwa 4000 Quadratmeter große Landhaus im rustikalen Queen-Anne-Stil gestaltete. Ehrman Mansion, von der Familie des Bauherrn nur Pine Lodge genannt, besitzt auf drei Stockwerken holzgetäfelte Wände und große Fenster. Von der Veranda aus hat man einen wunderschönen Blick auf den See. In dem von Kiefernbeständen des Sugar Pine Point State Park umrahmten Anwesen wurden Teile von Francis Ford Coppolas *Der Pate – Teil II* gedreht. Bei Führungen im Sommer trägt das Personal Kostüme.

Lake Tahoe in Zahlen

Vor mehr als zwei Millionen Jahren entstand durch tektonische Bewegungen ein Becken, in dessen südlichem Teil sich das Niederschlagswasser zu einem See sammelte. An den Seiten falteten sich Berge auf. Der See wurde durch das Material vulkanischer Ausbrüche am Nordufer abgedämmt. Eiszeitliche Gletscher überformten Tal und See. Die mittlere Tiefe des Lake Tahoe liegt bei etwa 300, die maximale bei 500 Metern. Er ist 35 Kilometer lang und bis zu 19 Kilometer breit. Das 497 Quadratkilometer große Gewässer gehört mit etwa 1900 Meter Höhe zu den höchstgelegenen Seen der USA. Das blaugrüne Wasser ist auffallend klar.

Blick auf den See im Winter

Yosemite National Park

Große Teile des Nationalparks, einer Wildnis aus Nadelwäldern, Bergwiesen und Granitfelsen, lassen sich nur zu Fuß oder Pferd erreichen. Das imposante Yosemite Valley hingegen hat ein Straßennetz von 320 Kilometern. Hohe Felsen, Wasserfälle, gigantische Bäume, Canyons, Berge und Täler – der Yosemite National Park bietet eine Fülle an Naturschönheit. Bei einem Brand im Sommer 2013 fielen mehr als 900 Quadratkilometer Wald- und Buschgebiet den Flammen zum Opfer.

Upper Yosemite Fall
In zwei mächtigen Wasserfällen stürzt der Yosemite Creek 739 Meter in die Tiefe.

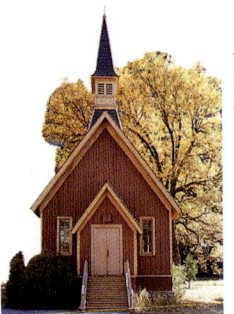

Yosemite Chapel (1879)
Die Holzkirche ist das einzige Relikt des alten Dorfs.

Außerdem

① **Sentinel Dome** erreicht man über die Glacier Point Road.
② **Sentinel Rock**
③ **Fahrradverleih**
④ **Lower Yosemite Fall**
⑤ **Yosemite Village**
⑥ **Yosemite Museum**
⑦ **Hinter dem Valley Visitor Center** kann man ein typisches Lager der Ureinwohner besichtigen.
⑧ **Das Ahwahnee Hotel** machen rustikale Architektur, elegantes Interieur und spektakuläre Aussicht zu einer Attraktion des Nationalparks.
⑨ **North Dome**
⑩ **Washington Column**
⑪ **Quarter Domes**
⑫ **Tenaya Canyon**
⑬ **Mirror Lake**
⑭ **Tenaya Creek**
⑮ **Liberty Cap**
⑯ **Nevada Fall**
⑰ **Merced River**
⑱ **Camp Curry**
⑲ **Schlittschuhbahn**
⑳ **Staircase Falls**

Blick vom Glacier Point
Der 975 Meter hohe Glacier Point bietet einen schönen Blick auf den Tenaya Canyon.

YOSEMITE NATIONAL PARK | 203

Jenseits des Tals

Von Mai bis Oktober kann man mit Bussen nach Mariposa Grove (56 km südlich des Yosemite Valley) fahren. Hier steht der »Grizzly Giant«, der älteste Mammutbaum des Parks. Nordöstlich liegt Tuolumne Meadows, die größte alpine Wiese der Sierra, wo man oft Bären sehen kann.

Gigantischer Mammutbaum

Half Dome im Herbst
Ein Pfad führt zu dem Felsen hinauf, der sich über das bewaldete Tal erhebt.

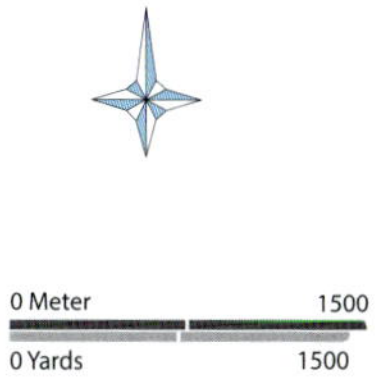

0 Meter 1500
0 Yards 1500

Routeninfos

Entfernung von San Francisco: 312 km.
Fahrtdauer: 5 Stunden.
Anreise: Von Stockton aus ist Hwy 120 die schnellste Strecke. Hwy 140 (All-Weather Highway) ist hübscher und im Winter empfehlenswert. Ins Yosemite Valley kann man auch Busfahrten buchen. Ein Mietwagen ist sinnvoll.
Reisezeit: Die Wasserfälle führen Mai, Juni am meisten Wasser. Hauptreisezeit ist Juni – Aug. Im Sep, Okt gibt es weniger Besucher. Nov – Apr sind viele Straßen aufgrund von Schnee gesperrt. Schneeketten sind nötig.
Hotels und Restaurants: Es gibt Campingplätze und Hütten. Hotels haben gute Restaurants.
Information: Valley Visitor Center, Yosemite Village.
📞 1-209-372-0299.
🌐 nps.gov/yose
📞 1-209-372-0200 (Park-, Wetter- und Verkehrsinformationen).

Legende
= Straße
ᴗᴗᴗ Radweg
••• Routenempfehlung
— Fußweg
~ Fluss

Vernal Fall
Der Wasserfall des Merced River ergießt sich 97 Meter tief in den Canyon.

Zeichenerklärung siehe hintere Umschlagklappe

Überblick: Yosemite National Park

Der Yosemite National Park bietet auf einer Fläche von 3030 Quadratkilometern einige der imposantesten Felsformationen der Welt. Jedes Jahr kommen Millionen von Besuchern hierher und genießen die Aussicht auf die Szenerie, die durch Gletscher geformt wurde. Jede Jahreszeit bietet andere Eindrücke, vom Anschwellen der Wasserfälle im Frühling bis zur herbstlichen Farbenpracht der Blätter. Im Sommer ist der Andrang am größten, im Winter sind einige Straßen gesperrt. Der Herbst bietet milde Temperaturen – und weniger Andrang. Bustouren, Wanderungen und Radwege haben alle ein Ziel: Sie führen von einem spektakulären Panorama zum nächsten.

Der Upper Yosemite Fall stürzt eindrucksvoll in die Tiefe

Half Dome
Östlicher Rand des Yosemite Valley.
tägl.

Die Silhouette des Half Dome ist mittlerweile eines der Symbole des Parks. Die gebogene Felsformation gipfelt in einer Spitze, an der auf der anderen Seite ein Steilabfall beginnt. Nach Meinung von Geologen hat der Half Dome nicht etwa die Hälfte, sondern noch rund drei Viertel seiner Originalgröße. Vor gut 15 000 Jahren strömten Gletscher von der Gipfelregion ins Tal und brachten viel Gesteinsmaterial mit. Vom 2695 Meter hohen Gipfel blickt man über weite Teile des Tals. Für den 14 Kilometer langen Weg von Happy Isles bis zum Gipfel benötigt man bis zu zwölf Stunden.

Yosemite Falls
Im Norden des Yosemite Valley.
tägl.

Die Yosemite Falls sind die höchsten Wasserfälle in Nordamerika und ergießen sich in zwei Fällen, Upper Yosemite und Lower Yosemite Fall, rund 740 Meter in die Tiefe. Das Rauschen der Fälle, die zu den eindrucksvollsten Naturphänomenen im Nationalpark gehören, ist mehrere Kilometer weit zu hören.

Das obere Ende des Upper Yosemite Fall, des viel höheren der beiden Wasserfälle, kann über einen elf Kilometer langen Rundweg erreicht werden. Der Lower Fall ist einfacher zugänglich, der Weg zum oberen Ende beginnt nahe der Yosemite Lodge.

Wie die anderen Wasserfälle im Nationalpark führen auch diese von März bis Juni am meisten Wasser. Dann nämlich speist das Schmelzwasser die Fälle. Im September hingegen können sie völlig versiegen.

Vernal und Nevada Falls
Östlicher Rand des Yosemite Valley.
tägl.

Eine beliebte Halbtageswanderung verläuft über den Mist Trail, der zu beiden Wasserfällen führt. Auf dem elf Kilometer langen Weg kommt man zunächst zum 95 Meter hohen Vernal Fall, dessen Wasser bis zum Weg spritzt (Regenschutz mitnehmen!). Die letzten drei Kilometer zum oberen Ende des Nevada Fall, der 180 Meter in die Tiefe stürzt, sind recht anstrengend. Hier trifft der Mist Trail auf den John Muir Trail, der um den Half Dome nach Süden zum Gipfel des Mount Whitney verläuft.

Der steile El Capitán – eine Herausforderung für Extremkletterer

YOSEMITE NATIONAL PARK | 205

🌲 Glacier Point
Glacier Point Rd. ⬤ Mai – Okt: tägl.

Den schönsten Blick über das Yosemite Valley hat man vom Glacier Point, einem 980 Meter über dem Talboden gelegenen Aussichtspunkt. Von hier aus sieht man die meisten Wasserfälle und weitere Naturphänomene des Tals. Am beeindruckendsten ist sicher der Half Dome. Der Blick schweift auch über viele weitere Gipfel und – je nach Jahreszeit – blühende Wiesen.

Glacier Point ist nur im Sommer zugänglich. Die Zufahrtsstraße ist im Winter beim Badger Pass gesperrt, dort wurde 1935 ein Wintersportzentrum angelegt. Eine weitere schöne Route ist der Four Mile Trail, der am westlichen Rand des Tals beginnt. Im Sommer können Wanderer einen Teil der Strecke zum Glacier Point mit dem Bus zurücklegen.

🌲 Mariposa Grove
Visitors' Center Hwy 41, South Entrance. ⬤ Mitte Mai – Okt: tägl.

Am südlichen Ende des Tals befindet sich dieses schöne Wäldchen. Es war eines der Areale, die mit der Einrichtung des Nationalparks geschützt werden sollten. Über 500 riesige Sequoias (Mammutbäume) ragen hier in die Höhe, einige von ihnen sind rund 3000 Jahre alt, 75 Meter hoch und haben einen Durchmesser von mehr als neun Metern. Wanderwege sowie eine acht Kilometer lange Bahnstrecke durchziehen den Mariposa Grove.

Vom Tunnel View blickt man über das Yosemite Valley

🌲 Tunnel View
Hwy 41 über das Yosemite Valley. ⬤ tägl.

Viele der schönsten Motive des Parks kann man am westlichen Ende des Tals von diesem Aussichtspunkt am Highway 41 aus erkennen. Trotz des Namens, der vom Highway-Tunnel zur Glacier Point Road abgeleitet ist, bietet sich ein Blick auf El Capitán links, Bridalveil Fall rechts und den Half Dome in der Mitte.

🌲 El Capitán
Nordwestlicher Rand des Yosemite Valley. ⬤ tägl.

Majestätisch erhebt sich die Granitwand des El Capitán über das Yosemite Valley. Die Ehrfurcht einflößende Wand ist eine der großen Herausforderungen für Extremkletterer, die für den Aufstieg in der Regel mehrere Tage benötigen. Wer es gemütlicher mag, kann von einer Wiese im Tal die Bergsteiger mit einem Fernglas beobachten. Der Monolith erhielt seinen Namen von US-Soldaten, die 1851 als erste Weiße das Yosemite Valley durchquerten und von der Wand fasziniert waren.

🌲 Tuolumne Meadows
Hwy 120, Tioga Rd.
⬤ Juni – Sep: tägl.

Die beste Jahreszeit für einen Besuch des Tals ist der Sommer, wenn der Schnee geschmolzen ist und die Wiesen in Blütenpracht stehen. Es ist eine faszinierende Erfahrung, auf diesen Wiesen entlang dem Tuolumne River zu wandern. Die Tuolumne Meadows sind auch ein geeigneter Ausgangspunkt für Wanderer, da hier einige Wege zu Berggipfeln starten.

Auf den Wiesen des Yosemite Valley grasen Maultierhirsche

🏨 Ahwahnee Hotel
Yosemite Valley. ☎ 1-209-372-1407.
⬤ tägl.

Das Ahwahnee Hotel fügt sich wunderbar in die Ansammlung der Naturschönheiten ein. Das Gebäude wurde 1927 für die stolze Summe von 1,5 Millionen Dollar erbaut. Der Architekt Gilbert Stanley Underwood verwendete für das Haus Granitblöcke und Holzbalken. Damit schuf er rustikale Eleganz im Einklang mit der Umgebung. Das Innere des Hotels ist ebenfalls ansprechend gestaltet, mit vielen Elementen, die auf die indianische Kultur zurückgehen. Das Hotelrestaurant ist für hohe Qualität bekannt.

Gigantische Sequoias im Mariposa Grove

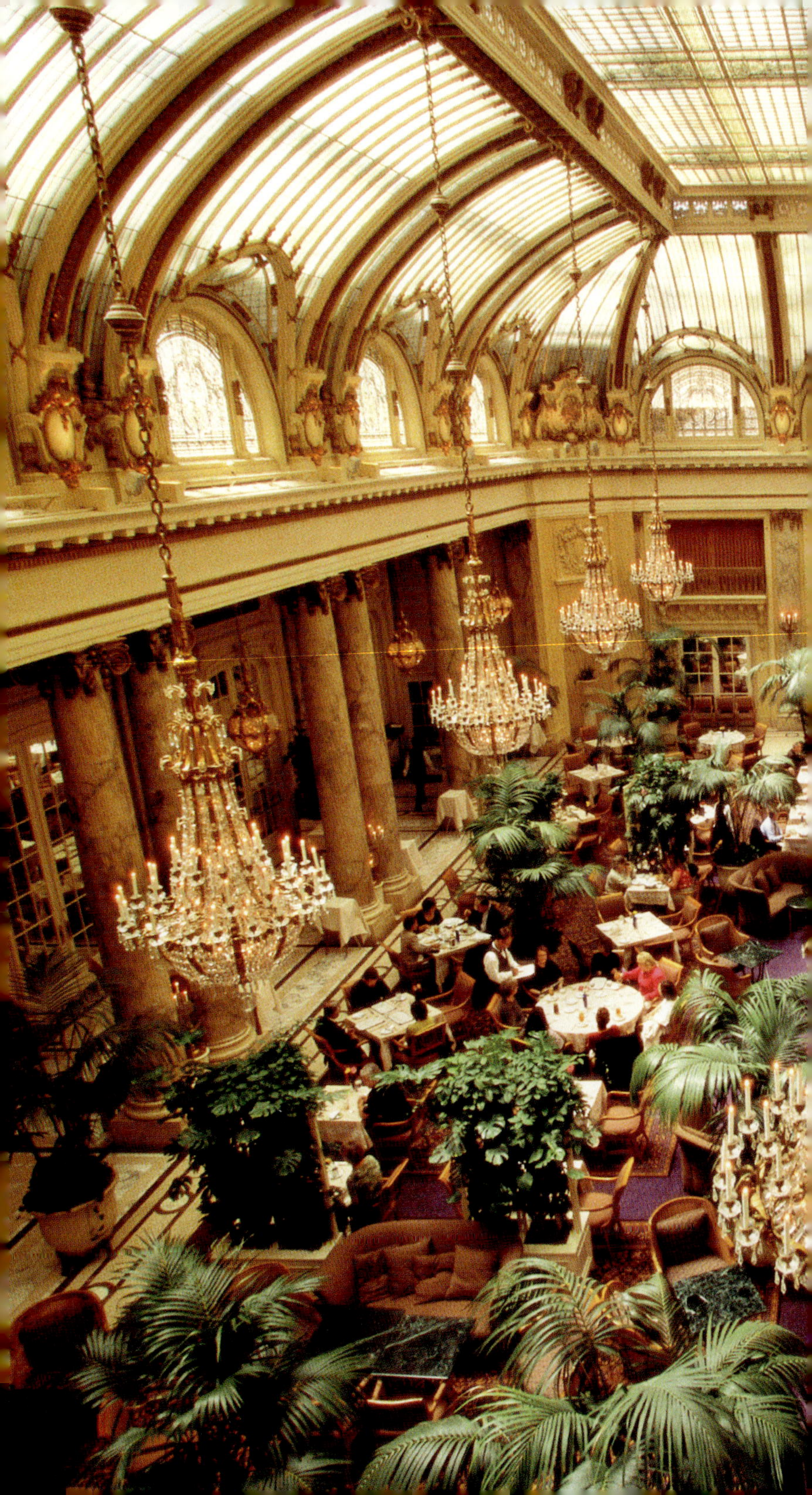

ZU GAST IN SAN FRANCISCO

Hotels	**208–215**
Restaurants	**216–231**
Shopping	**232–245**
Unterhaltung	**246–261**
San Francisco mit Kindern	**262–263**

Hotels

San Francisco bietet eine große Auswahl an Übernachtungsmöglichkeiten, das Angebot reicht von einfach ausgestatteten Jugendherbergen bis hin zu Luxushotels. Es gibt über 33 000 Hotelzimmer in der Stadt, sodass sich für jeden Geldbeutel etwas Passendes finden sollte. Die Spitzenhotels bieten im internationalen Vergleich hohe Qualität und zählen zu den besten der Welt. Für Reisende mit begrenztem Budget gibt es preiswerte und komfortable Jugendherbergen und Motels. Oder man steigt in einem B & B ab. Sie sind in der Regel kleiner als Hotels, doch bisweilen üppig ausgestattet. Vielleicht buchen Sie ein Boutique-Hotel oder entscheiden sich für ein umweltfreundliches Hotel, die immer beliebter werden. Im Folgenden finden Sie Unterkünfte aller Preisklassen. Das Hotelverzeichnis *(siehe S. 212 – 215)* soll Ihnen die Auswahl Ihrer Unterkunft erleichtern.

Hotelsuche
Die meisten Hotels befinden sich in der Gegend rund um den Union Square, nur wenige Gehminuten vom Financial District und dem Moscone Center entfernt. Der nahe gelegene Nob Hill, wo viele Spitzenhotels liegen, ist ruhiger, während man im Bereich von Fisherman's Wharf eine Reihe von Hotels und Motels findet, die für Familien geeignet sind. Außerhalb der Innenstadt, am Rand des Financial District und entlang der Lombard Street im Marina District, gibt es viele Motels der mittleren Preiskategorie. Bed and Breakfasts sind über die gesamte Stadt verteilt. Sie liegen häufig in ruhigen Gegenden.

Hotelpreise
Gemessen an Komfort und Service sind die Hotelpreise in San Francisco eher moderat, etwa im Vergleich zu Europa oder New York. Eine Übernachtung kostet 160 bis 180 US-Dollar, wobei der Preis je nach Zeit und Ort variiert (Näheres zu Sonderkonditionen finden Sie unter *Preisnachlässe, siehe S. 210*). Einzelzimmer sind kaum billiger als Doppelzimmer. Die meisten Hotels berechnen zehn bis 15 US-Dollar pro Nacht für jede Person, die zusätzlich in einem Doppelzimmer übernachtet. Informationen zu Reisen mit Kindern finden Sie auf Seite 210.

Hotelketten
In den Häusern einer Hotelkette kann man sich auf guten Service, adäquate Preise und modernen Komfort verlassen. In San Francisco sind Westin, Hilton, Sheraton, Marriott, Ramada, Hyatt und Holiday Inn vertreten. Einige der Unternehmen betreiben mehr als ein Hotel und haben ein Flagship-Haus. Alle haben Websites bzw. kostenlose Telefonnummern für Informationen.

B & Bs
Eine Alternative zu den großen Hotels im Zentrum sind Bed-and-Breakfast-Unterkünfte, die sich oft in Stadthäusern aus

Die opulente Ausstattung im Chateau Tivoli *(siehe S. 212)*

dem 19. Jahrhundert befinden. In San Francisco heißen sie auch Bed-and-Breakfast-»Inns«. Es gibt sie nur hier. Sie reichen von Häusern im Landhausstil bis hin zu Herrenhäusern. Man darf sie nicht mit Bed-and-Breakfast-Quartieren europäischen Stils verwechseln, wo Privatleute in ihren eigenen Wohnhäusern Zimmer mit Frühstück vermieten. Einige »Inns« sind luxuriös und können in Bezug auf Komfort durchaus mit den besten Hotels der Stadt konkurrieren. Sie sind unterschiedlich groß (von einigen wenigen bis zu über 30 Zimmern). Ihre Atmosphäre und das Interieur sind meist behaglicher als in einem Hotel. Die Preise schließen das Frühstück ein, nachmittags bekommt man häufig ein Glas Wein gereicht.

Versteckte Preisaufschläge
Die Zimmerpreise werden in der Regel ohne die Hotelsteuer in Höhe von 14 Prozent angegeben. Umsatzsteuer wird nicht erhoben. Dafür sind die

»Room of the Dons« im Mark Hopkins InterContinental *(siehe S. 215)*

◀ Garden Court im Palace Hotel *(siehe S. 215)*

Telefongebühren in Hotels oft sehr hoch. Ortsgespräche – auch gebührenfreie Telefonate – können bis zu einem US-Dollar kosten. Ferngespräche sind bis zu fünfmal teurer als von einem Privatanschluss. Es empfiehlt sich, das öffentliche Telefon in der Hotelhalle zu benutzen. Auch WLAN-Gebühren betragen meist 15 US-Dollar pro Tag – fragen Sie nach, bevor Sie online gehen. Versendung und Empfang von Fax-Mitteilungen kosten etwa zwei bis drei US-Dollar pro Seite, hinzu kommt noch die Telefongebühr.

Wer den Parkplatz eines Hotels in der Innenstadt von San Francisco benutzt, muss mit einer Gebühr von mindestens 20 US-Dollar pro Tag rechnen (zuzüglich eines Trinkgelds für den Parkplatzwächter). Die meisten Motels bieten kostenlose Parkmöglichkeiten. Getränke und Snacks aus der Minibar sind ebenfalls teuer, eine Dose Bier kostet etwa fünf US-Dollar. Gleiches gilt für Sendungen von Pay-TV-Stationen. Die Preise sind stets gut sichtbar angeschlagen.

Hotelangestellte, die das Gepäck auf das Hotelzimmer bringen, erhalten üblicherweise einen US-Dollar pro Gepäckstück. Zimmerkellner erwarten ein Trinkgeld von 15 Prozent der Rechnungssumme (aufgerundet zum nächsten vollen Dollar) – und dieses in bar. Gäste, die länger in einem Hotel übernachten, sollten zwischen fünf und zehn US-Dollar Trinkgeld für das Zimmerpersonal auf den Nachttisch legen.

Die luxuriöse Eingangshalle des Fairmont Hotel *(siehe S. 215)*

Ausstattung

Das Ambiente eines Hotels lässt sich oft schon durch einen Blick in die Hotelhalle beurteilen. Einige Luxushotels, etwa das Hyatt Regency mit seinem 20-stöckigen Atrium und das Fairmont *(siehe S. 215)*, sind Wahrzeichen, was den Reiz, hier zu logieren, erhöht. Die meisten besseren Hotels haben gute Restaurants, in denen Hotelgäste oft bevorzugt bedient werden. In einigen Hotels gibt es eine Pianobar oder einen Nachtclub, sodass man am Abend ausgehen kann, ohne das Haus verlassen zu müssen *(siehe S. 256f)*. Viele Hotels in San Francisco bieten zudem Räumlichkeiten für Tagungen und Konferenzen an, die von Geschäftstreffen bis zu Parteiveranstaltungen reichen. Einige der älteren Hotels besitzen Säle für Hochzeiten oder andere Feiern. In vielen Hotels gehören Toilettenartikel, oft eine Tageszeitung sowie Kabel-TV zum Standard.

King Terrace im Orchard Garden Hotel *(siehe S. 214)*

Reservierung

Von Juli bis Oktober sollte man einen Monat im Voraus buchen. Telefonische Reservierungen sind mit Kreditkarte möglich. Eine Nacht muss normalerweise im Voraus bezahlt werden. Sie sollten unbedingt Bescheid geben, wenn Sie erst nach 18 Uhr ankommen. Es gibt keine offizielle Zimmervermittlung, doch das Visitor Information Center *(siehe S. 266)* hat Hotelangebote auf seiner Website (www.sanfrancisco.travel) und bietet Hotellisten im kostenlosen *Visitor Planning Guide*. Auch einige Agenturen nehmen Reservierungen vor. Sie können Ihnen Preisnachlässe verschaffen.

Preisnachlässe

Es lohnt sich, bei Reservierungsagenturen nach Rabatten zu fragen, insbesondere in der Nebensaison von November bis März. An Wochenenden gewähren die meisten Hotels, in denen wochentags vor allem Geschäftsleute absteigen, Preisnachlässe für Familien. Einige offerieren spezielle Angebote, etwa eine kostenlose Flasche Champagner oder verbilligte Menüs, um Urlaubern den Aufenthalt schmackhaft zu machen.

Die Reservierungsagenturen berechnen übrigens keine Gebühr, weil sie von den jeweiligen Hotels eine Provision erhalten. Einige von ihnen offerieren Sonderangebote. Reisebüros können ihren Kunden in zahlreichen Hotels einen Preisnachlass von zehn bis 20 Prozent auf die normalen Zimmerpreise verschaffen. Bei Pauschalreisen werden in der Regel erhebliche Preisnachlässe gewährt.

Auch viele Fluggesellschaften bieten Sondertarife an, wenn man ein Zimmer über die Gesellschaft bucht. So kann man etwa im Rahmen eines Miles-and-More-Arrangements bis zu 50 Prozent des normalen Zimmerpreises in einem Vertragshotel sparen und außerdem für jede Übernachtung weitere Meilen gutgeschrieben bekommen.

Pet Suite im Petite Auberge *(siehe S. 213)*

Reisende mit besonderen Bedürfnissen

Alle Hotels in den USA sind seit 1992 gesetzlich verpflichtet, behindertengerechte Zimmer anzubieten. Nur ältere Gebäude sind hiervon ausgenommen. Die meisten Hotels in San Francisco erfüllen diese Auflage mittlerweile und verfügen wenigstens über ein Zimmer, das auf die Bedürfnisse von Rollstuhlfahrern zugeschnitten ist.

Das Personal der meisten Hotels ist sehr bemüht, behinderten Reisenden auf jede nur erdenkliche Art behilflich zu sein. Spezielle Bedürfnisse sollte man dem Hotel allerdings am besten schon bei der Reservierung des Zimmers mitteilen. In allen in der Hotelauswahl *(siehe S. 212 – 215)* dieses Reiseführers aufgeführten Unterkünften sind Blindenhunde zugelassen. Weitere Informationen für behinderte Reisende finden Sie unter *Praktische Hinweise (siehe S. 268)*.

Schwule und Lesben

Schwule und Lesben sind in allen Hotels in San Francisco willkommen, schließlich ist die Stadt die Metropole der Homosexuellen schlechthin. Daneben gibt es in San Francisco aber auch eine Anzahl von Unterkünften, die überwiegend oder ausschließlich homosexuelle Paare aufnehmen. Meistens handelt es sich dabei um Hotels im Castro District, dem Mekka der Schwulenszene. Einige dieser Unterkünfte sind im Kasten aufgeführt. Weitere Infos für den Aufenthalt in San Francisco erhält man auch in Buchläden für Schwule und Lesben.

Mit Kindern reisen

Kinder sind in allen Hotels San Franciscos herzlich willkommen. Nur wenige Unterkünfte berechnen Zuschläge, wenn ein oder zwei Kinder unter zwölf Jahren mit im Zimmer der Eltern übernachten. Es ist jedoch durchaus ratsam, dem Hotel schon bei der Buchung mitzuteilen, dass man mit Nachwuchs reist, da noch nicht alle Zimmer auf die Bedürfnisse von Kindern ausgerichtet sind. Manche Zimmer sind mit einem Bettsofa ausgestattet. Sollte dies nicht der Fall sein, stellt das Hotel ein Kinder- oder Klappbett auf, das in der Regel zwischen zehn und 15 US-Dollar pro Nacht kostet. Die meisten Hotels sind bei der Kinderbetreuung behilflich oder arbeiten mit entsprechenden Agenturen zusammen *(siehe S. 262)*. Viele Familien ziehen es allerdings vor, die Familiensuite eines Hotels oder ein Ferienapartment zu mieten.

Jugendherbergen und preiswerte Unterkünfte

In San Francisco gibt es mehrere Jugendherbergen, in denen preisbewusste Urlauber in einem Schlafsaal oder in kleineren Zimmern übernachten können. Es gibt drei gute und günstige Jugendherbergen, die von der Non-Profit-Organisation **Hostelling International** geleitet werden. Die bekannteste ist bei **Fisherman's Wharf**, die anderen liegen in der Ellis Street und in der Nähe des Union Square. Sie haben alle Küchen, Medienzimmer, Flachbildschirme, nächtliche Filmangebote und freundliches Personal, das bei der Organisation von Aktivitäten hilft. Es gibt auch einige privat geführte Hostels in der Stadt, etwa **Pacific Tradewind Hostels** und **Hotel Herbert**.

Ferienapartments, B & Bs und Privatunterkünfte

Vor allem bei längeren Aufenthalten kann es sinnvoll sein, ein Ferienapartment einem Hotelzimmer vorzuziehen. Auch für Familien, die großen Wert auf eine geräumige Unterkunft legen, sind Ferienapartments eine sinnvolle Option. Es gibt jedoch nur wenige solcher Ferienwohnungen. Sie werden in der Regel meist nur wochenweise vermietet. Die Kosten betragen etwa 500 bis 800 US-Dollar pro Woche. Sollten Sie den Aufenthalt in einem Ferienapartment in Erwägung ziehen, nehmen Sie mit einer Vermittlungsagentur in San Francisco Kontakt auf. Zu den bekanntesten gehören **AMSI** und **Pinnacle at Nob Hill**.

Manche Besucher bevorzugen Bed-and-Breakfast-Übernachtungen, die in San Francisco – im Vergleich mit Europa – mehr Komfort bieten. Wenn Sie privat logieren, sollten Sie daran denken, dass Sie Gast sind, und sich auch so verhalten. Für Informationen sollten Sie sich mit einer Vermittlungsagentur, z. B. **Airbnb**, **Bed and Breakfast San Francisco**, **California Association of Boutique and Breakfast Inns** oder **VRBO**, in Verbindung setzen. Für diese Art der Unterbringung gelten oft Anzahlung, Stornogebühren und Mindestaufenthalt.

Hotelkategorien

Vollkommen egal, wo Sie in San Franciso übernachten, Sie werden je nach Ihren finanziellen Möglichkeiten immer gut untergebracht sein. Zu den Hotels in Downtown zählen die Stadtteile Chinatown, Union Square, Civic Center und der Financial District. Die Hotels im Mission District und in SoMa sind zusammengefasst worden, ebenso wurde mit dem oberen und unteren Teil der Haight Street sowie Castro verfahren.

Die Hotels sind in fünf Kategorien aufgeteilt: »Bed and Breakfast«, »Boutique«, »Preiswert«, »Umweltbewusst« sowie »Luxus und Spa«. Die B & Bs in San Francisco sind immer eine gute Wahl, Frühstück inklusive. Boutique-Hotels sind meist in einzigartiger Weise thematisch gestaltet – vom japanisch inspirierten bis zum historischen Dekor. Unter der Rubrik »Preisgünstig« finden Sie günstige Hotels mit gutem Preis-Leistungs-Verhältnis. Unter »Umweltbewusst« sind Hotels aufgeführt, die für ihren umweltbewussten Umgang mit Ressourcen ausgezeichnet wurden. In Luxushotels findet man alle Annehmlichkeiten und besten Service; viele haben auch einen Spa-Bereich.

Unter **Vis-à-Vis-Tipp** sind Hotels aufgeführt, die eine unvergessliche und besondere Unterbringung in San Francisco sicherstellen – sei es aufgrund der historischen Umgebung, des fantastischen Ausblicks oder der unschlagbaren Location.

Auf einen Blick

Reservierung

Advanced Reservation Systems (ARES)
3750 Convoy St, Suite 312, San Diego, CA 92111.
1-800-434-7894.
aresdirect.com

Hotels.Com
8140 Walnut Hill Lane, Suite 203, Dallas, TX 75231.
1-214-361-7311 oder
1-800 246-8357.
hotels.com

San Francisco Reservations
360 22nd St, Suite 300, Oakland, CA 94612.
1-510-628-4450 oder
1-800 677-1500.
hotelres.com

Schwule und Lesben

Chateau Tivoli
1057 Steiner St, SF, CA 94115. **Stadtplan** 10 D1.
1-415-776-5462.
chateautivoli.com

Inn on Castro
321 Castro St, SF, CA 94114.
Stadtplan 10 D2.
1-415-861-0321.
inn oncastro.com

The Willows Inn
710 14th St, SF, CA 94114.
Stadtplan 10 E2.
1-415-431-4770.
willowssf.com

Jugendherbergen und preiswerte Unterkünfte

Hosteling International: City Center
685 Ellis St, SF, CA 94109.
Stadtplan 5 A5.
1-415-474-5721.

Downtown
312 Mason St, SF, CA 94102.
Stadtplan 5 B5.
1-415-788-5604.

Fisherman's Wharf
Bldg 240, Upper Fort Mason, SF, CA 94123.
Stadtplan 4 E1.
1-415-771-7277.

Hotel Herbert
161 Powell St, SF, CA 94102.
Stadtplan 5 B5.
1-415-362-1600.

Pacific Tradewinds Hostel
680 Sacramento St, SF, CA 94111.
Stadtplan 5 C4.
1-415-433-7970.

Ferienapartments

AMSI
2800 Van Ness, SF, CA 94109.
1-415-447-2000 oder
1-800 747-7784.
amsires.com

Pinnacle at Nob Hill
899 Pine St, SF, CA 94108.
1-415-421-1899.
thepinnacleat nobhill.com

B & Bs

Airbnb
airbnb.com

Bed and Breakfast San Francisco
PO Box 420009, SF, CA 94142.
1-800-452-8249.
bbsf.com

California Association of Boutique and Breakfast Inns
414 29th St, Sacramento, CA 95816.
1-800 373-9251.
cabbi.com

VRBO
vrbo.com

Hotelauswahl

Bed and Breakfast
Downtown

Golden Gate Hotel $$
775 Bush St, 94108
📞 1-415-392-3702   SP 5 B4 K N4
🌐 goldengatehotel.com
Hotel in Familienbesitz mit kleinen, luxuriösen Zimmern. Nachmittags gibt es Tee und hausgemachte Cookies.

Fisherman's Wharf und North Beach

Washington Square Inn $$$
1660 Stockton St, 94133
📞 1-415-981-4220   SP 5 B2 K M2
🌐 wsisf.com
Kleine, klassische Zimmer. Einfaches, aber gutes Frühstück. Gratis Weinstunde.

Haight-Ashbury und Castro

Edwardian Hotel $$
1688 Market St, 94102
📞 1-415-864-1271   SP 10 F1 K M6
🌐 edwardiansf.com
Das in einem 1913 errichteten Gebäude untergebrachte Hotel bietet moderne Ausstattung.

Parker Guest House $$
520 Church St, 94114
📞 1-415-621-3222   SP 10 E2 K L8
🌐 parkerguesthouse.com
Das schwulenfreundliche Hotel bietet gut ausgestattete Zimmer, grüne Gärten, gute Cocktails.

Willows Inn Bed & Breakfast $$
710 14th St, 94114
📞 1-415-431-4770   SP 10 E2 K KL7
🌐 willowssf.com
Saubere Zimmer und ein großes Frühstück. Hier bekommt man viel für sein Geld.

Steinstufen führen ins malerische Blackbird Inn, Napa

Hotelkategorien *siehe Seite 211*

Stanyan Park Hotel $$$
750 Stanyan St, 94117
📞 1-415-751-1000   SP 9 B2 K H7
🌐 stanyanpark.com
Im National Historic Register gelistet, verwöhnt das Hotel mit großen, viktorianischen Zimmern.

Pacific Heights und Marina

Chateau Tivoli $$$
1057 Steiner St, 94115
📞 1-415-776-5462   SP 4 D4 K K5
🌐 chateautivoli.com
Das viktorianische Haus bietet geräumige Zimmer und ein besonderes Flair.

SoMa und Mission

Sleep Over Sauce $$
135 Gough St, 94102
📞 1-415-621-0896   SP 10 F1 K M6
🌐 sleepsf.com
Charmante Unterkunft mit kleinen, komfortablen Zimmern in trendiger Gegend.

The Inn San Francisco $$
943 South Van Ness Ave, 94110
📞 1-415-641-0188   SP 10 F3 K M8
🌐 innsf.com
Urgemütliches viktorianisches Haus mit historischem Dekor. Komfortable Betten, üppiges Frühstück.

Abstecher

Point Reyes Station Inn $$
*11591 California 1,
Point Reyes, 94956*
📞 1-415-663-9372
🌐 pointreyesstationinn.com
Unterkunft an der Küste mit allen Annehmlichkeiten. Ideal für Naturliebhaber.

Rose Garden Inn $$
*2740 Telegraph Ave,
Berkeley, 94705*
📞 1-510-549-2145
🌐 rosegardeninn.com
Kleine, saubere Zimmer in viktorianischem Dekor. Ein Platz, der junge Leute anzieht.

Nordkalifornien

**Headlands Inn
Bed & Breakfast** $$
*10453 Howard St,
Mendocino, 95460*
📞 1-707-937-4431
🌐 headlandsinn.com
Offene Kamine, Federbetten, Frühstück auf dem Zimmer, ein Ort für Romantiker.

Preiskategorien
Die Preise gelten für ein Standard-Doppelzimmer pro Nacht (Hochsaison), inklusive Steuern und Service.

$	unter 150 US-Dollar
$$	150 bis 250 US-Dollar
$$$	über 250 US-Dollar

Vis-à-Vis-Tipp

Boonville Hotel $$
*14050 California 128,
Boonville, 95415*
📞 1-707-895-2210
🌐 boonvillehotel.com
Genießen Sie rustikalen, kalifornischen Charme im Anderson Valley. Saubere Zimmer mit Blick in den Kräutergarten. Vom Doppelzimmer bis zum Bungalow. 24-Stunden-Service. Das Restaurant bietet Menüs mit saisonalen Speisen zu guten Preisen.

Blackbird Inn $$$
*1755 First St,
Napa, 94559*
📞 1-888-567-9811
🌐 blackbirdinnnapa.com
Große Zimmer mit handgefertigten Möbeln und offenem Kamin.

Boutique
Downtown

Chancellor Hotel $$
433 Powell St, 94102
📞 1-415-362-2004   SP 5 B4 K T3
🌐 chancellorhotel.com
Haus mit altertümlichem Flair. Klein, ruhig, gut eingerichtete Zimmer.

Cornell Hotel de France $$
715 Bush St, 94108
📞 1-415-421-3154   SP 5 B4 K N4
🌐 cornellhotel.com
Kleine Zimmer, sympathisches Personal, komfortable Lounge, Frühstück inklusive.

Hotel des Arts $$
447 Bush St, 94108
📞 1-415-956-3232   SP 5 C4 K T3
🌐 sfhoteldesarts.com
Moderne Zimmer, von lokalen Künstlern designt, Kunstgalerie im Haus.

Hotel Tomo $$
1800 Sutter St, 94115
📞 1-415-921-4000   SP 4 E4 K L4
🌐 hoteltomo.com
Buntes Hotel mit Anime-Themen mit allen modernen Annehmlichkeiten.

HOTELS | 213

Hotel Vertigo $$
940 Sutter St, 94109
📞 1-415-885-6800 SP 5 A4 K RS3
🌐 hotelvertigosf.com
Das Hotel für alle Hitchcock-Fans, wo die Filmklassiker lebendig werden. Exzellente Ausstattung.

Vis-à-Vis-Tipp

Petite Auberge $$
863 Bush St, 94108
📞 1-415-928-6000
SP 5 B4 K N4
🌐 jdvhotels.com/hotels/sanfrancisco/petite_auberge
Vom Hotelier Joie de Vive im französischen Landstil eingerichtet, bietet das Haus eine Mischung aus Luxus und rustikal: Kupferpfannen an den Wänden, Pillow-Top-Matratzen auf den Betten. Genießen Sie das Frühstücksbuffet und die Cookies.

Phoenix Hotel $$
601 Eddy St, 94109
📞 1-415-776-1380 SP 5 A5 K M5
🌐 jdvhotels.com/phoenix
Die Pool Lounge bildet das Zentrum des renovierten Motels. Die Zimmer sind sauber und groß.

Clift Hotel $$$
495 Geary St, 94102
📞 1-415-775-4700 SP 5 B5 K T3
🌐 clifthotel.com
Eine Mischung aus alt und modern. Hier trifft man die Berühmtheiten der Stadt. Die Lobby ist eine Sammlung einzigartiger Möbelstücke.

Hotel Rex $$$
562 Sutter St, 94102
📞 1-415-433-4434 SP 5 B4 K T3
🌐 www.jdvhotels.com/rex
Ein Hotel, in dem Literatur thematisiert wurde. Freundliches Personal. Jeden Freitagabend Live-Jazz in der Library Bar.

Fisherman's Wharf und North Beach

Best Western Plus The Tuscan $$$
425 North Point St, 94133
📞 1-415-561-1100 SP 5 B1 K M2
🌐 tuscaninn.com
Die beliebte Wein-Stunde in dem italienischen Inn lässt die Hektik der Stadt vergessen.

Da Vinci Villa $$
2550 Van Ness Ave, 94109
📞 1-415-529-2500 SP 4 F2 K L3
🌐 davincivilla.com
Komfortable, gut ausgestattete Zimmer, einige mit Blick auf die Golden Gate Bridge. Außenpool.

Die vornehme Library Bar im Hotel Rex

Hotel Bohème $$$
444 Columbus Ave, 94133
📞 1-415-433-9111 SP 5 B3 K N3
🌐 hotelboheme.com
Kleine, vielseitige Zimmer zwischen Restaurants, Bars und Shops im Hotel.

Pacific Heights und Marina

Motel Capri $
2015 Greenwich St, 94123
📞 1-415-346-4667 SP 4 D2 K KL3
🌐 sfmotelcapri.com
Familiengeführtes 60er-Jahre-Motel. Saubere, komfortable Zimmer, Haustiere erlaubt. Freies Parken.

Inn at the Presidio $$
42 Moraga Ave, 94129
📞 1-415-800-7356 SP 3 B3 K G3
🌐 innatthepresidio.com
Exzellentes Hotel, alle Suiten mit offenem Kamin. Entspannen Sie sich auf der Veranda oder im Innenhof mit Feuerstelle.

Queen Anne Hotel $$$
1590 Sutter St, 94109
📞 1-415-441-2828 SP 4 E4 K KL4
🌐 queenanne.com
Authentisches, historisch elegantes Dekor findet sich in diesem viktorianischen Hotel. Freies Wi-Fi, guter Service.

SoMa und Mission

Best Western Americania Hotel $$
121 7th St, 94103
📞 1-415-626-0200 SP 11 A1 K N5–6
🌐 americaniahotel.com
Eine Oase in einem noch vernachlässigten Viertel. Saubere, freundliche Zimmer.

Best Western Carriage Inn $$
140 7th St, 94103
📞 1-415-552-8600 SP 11 A1 K N5–6
🌐 carriageinnsf.com
Berühmte Einwohner der Stadt haben die einzelnen Dekors der großen Zimmer inspiriert.

Inn at the Opera $$
333 Fulton St, 94102
📞 1-415-863-8400 SP 4 F5 K L5
🌐 shellhospitality.com/en/Inn-at-the-Opera/
Stilvolle Zimmer, alle mit Kochnische. Gut für Gruppen.

The Mosser $$
54 4th St, 94103
📞 1-415-986-4400 SP 5 C5 K P4
🌐 themosser.com
Moderne Zimmer mit elegantem, viktorianischem Charme.

Abstecher

Hotel Sausalito $$
16 El Portal St, Sausalito, 94965
📞 1-415-332-0700
🌐 hotelsausalito.com
Elegantes Hotel, das den Charme der Küstenstadt verkörpert.

Nordkalifornien

Metro Hotel & Café $
508 Petaluma Blvd South, Petaluma, 94952
📞 1-707-773-4900
🌐 metrolodging.com
Preisgünstiges Hotel mit französischem Flair.

Fireside Lodge $$
515 Emerald Bay Rd, South Lake Tahoe, 96150
📞 1-530-544-5515
🌐 tahoefiresidelodge.com
Motel im Stil der 50er Jahre, Retrokitsch-Charme.

Homestead Cottages $$
41110 Rd 600, Ahwahnee, 93610
📞 1-559-683-0495
🌐 homesteadcottages.com
Skurril, ruhig, mit gut ausgestatteten Cottages.

Queen's Inn by the River $$
41139 Hwy 41, Oakhurst, 93644
📞 1-559-683-4354
🌐 queensinn.com
Im Stil einer Ranch erbaut, exzellente, moderne Zimmer.

SP = **Stadtplan** *siehe Seiten 290–308*   K = **Extrakarte** *zum Herausnehmen*

Preiswert

Downtown

Baldwin Hotel $
321 Grant Ave, 94108
📞 1-415-781-2220   SP 5 C4 K P4
🌐 baldwinhotel.com
Altehrwürdiges Hotel mit kleinen Zimmern, antiken Badewannen, freundlichem Personal, veraltetem Dekor.

The Cartwright Hotel $$
524 Sutter St, 94102
📞 1-415-421-2865   SP 5 B4 K N4
🌐 cartwrightunionsquare.com
Offener Kamin in der Lobby, einfache Zimmer, freies Wi-Fi. Haustiere erlaubt. In der Nähe des Theater District.

Fisherman's Wharf und North Beach

San Remo Hotel $
2237 Mason St, 94133
📞 1-415-776-8688   SP 5 B2 K M2
🌐 sanremohotel.com
Kleine, gemütliche Zimmer mit gemeinsamem Bad. Exzellentes Penthouse für eine romantische Zeit.

Haight-Ashbury und Castro

Metro Hotel $
319 Divisadero St, 94117
📞 1-415-861-5364   SP 10 D1 K K6
🌐 metrohotelsf.com
Komfortable, saubere, hippe Zimmer, einige neu renoviert. Guter Service. Freies Wi-Fi.

Beck's Motor Lodge $$
2222 Market St, 94114
📞 1-415-621-8212   SP 10 E1 K LM6
🌐 becksmotorlodge.com
Einfache, saubere Zimmer, Sonnendeck. Parken und Wi-Fi frei. Nur Nichtraucher. Beliebt bei Schwulen.

Vis-à-Vis-Tipp

Red Victorian Bed & Breakfast $
1665 Haight St, 94117
📞 1-415-864-1978   SP 9 B1
🌐 redvic.com
Die Einheimischen nennen das große, mehr als 100 Jahre alte Gebäude das Red Vic. Die 18 individuell ausgestatteten Gästezimmer des Bed and Breakfast sind ein Tribut an San Franciscos Sommer der Liebe. Im Café gibt es großartiges Frühstück.

Pacific Heights und Marina

Inn on Broadway $
2201 Van Ness Ave, 94109
📞 1-415-776-7900   SP 4 E3 K L3
🌐 broadwaymanor.com
Alle Zimmer in dem Nichtraucherhotel haben Flat-Screen-TV, Kaffee- und Teemaschine. Parken und Wi-Fi frei.

Redwood Inn $
1530 Lombard St, 94123
📞 1-415-776-3800   SP 4 E2 K L2
🌐 sfredwoodinn.com
Motel mit geräumigen, preisgünstigen Zimmern. Parken und Wi-Fi frei. Nur Nichtraucher.

The Greenwich Inn $
3201 Steiner St, 94213
📞 1-415-921-5162   SP 4 D2 K K3
🌐 greenwichinn.com
Kleines, einfaches Motel mit gemütlichen Zimmern. Familienfreundlich. Parken und Wi-Fi frei.

SoMa und Mission

Hayes Valley Inn $
417 Gough St, 94102
📞 1-415-431-9131   SP 4 E5 K L6
🌐 hayesvalleyinn.com
Preisgünstiges B&B. Einfache Zimmer mit gemeinsamen Bädern. Frühstück inklusive.

Abstecher

Vis-à-Vis-Tipp

Marin Headlands Hostel $
941 Rosenstock Rd, Sausalito, 94965
📞 1-415-331-2777
🌐 norcalhostels.org/marin
Saubere, komfortable Zimmer (einzeln oder Schlafsaal) zwischen 30 und 130 $. Machen Sie eine Wanderung auf den historischen Headlands Hiking Trails oder treffen Sie die Künstler, die hier leben.

Die Roots Bar im Orchard Garden Hotel

Nordkalifornien

Pepper Tree Inn $
645 N Lake Blvd, Tahoe City, 96145
📞 1-530-583-3711
🌐 peppertreetahoe.com
Retro-Zimmer mit Seeblick unweit der Skipisten von Tahoe.

Point Reyes Hostel $
1390 Limantour Spit Rd, Point Reyes, 94956
📞 1-415-663-8811
🌐 norcalhostels.org/reyes
Historische Ranch mit Schlafsälen und Zimmern.

Umweltbewusst

Downtown

Hotel Whitcomb $$
1231 Market St, 94103
📞 1-415-626-8000   SP 11 A1 K P4
🌐 hotelwhitcomb.com
Altehrwürdiges Hotel mit kleinen, aber stil- und charaktervollen Zimmern.

Hotel Griffon $$$
155 Steuart St, 94105
📞 1-415-495-2100   SP 6 E4 K Q3
🌐 hotelgriffon.com
Boutique-Hotel mit sauberen Zimmern, Blick auf die Bay.

Orchard Garden Hotel $$$
466 Bush St, 94108
📞 1-415-399-9807   SP 5 C4 K N4
🌐 theorchardgardenhotel.com
Einfache Zimmer mit organischen Toiletten. Freundliches Personal.

Serrano Hotel $$$
405 Taylor St, 94102
📞 1-415-885-2500   SP 5 B5 K T3–4
🌐 serranohotel.com
Kirschholzdekor und weißes Leinen in den Zimmern. Fahrräder zur freien Verfügung.

Sir Francis Drake Hotel $$$
450 Powell St, 94108
📞 1-415-392-7755   SP 5 B4 K T3
🌐 sirfrancisdrake.com
Die Zimmer sind klein, aber das Hotel ist im Stil der 30er Jahre eingerichtet. Spa-Anwendungen auch auf den Zimmern.

Fisherman's Wharf und North Beach

Argonaut Hotel $$$
495 Jefferson St, 94109
📞 1-415-563-0800   SP 5 A1 K M1
🌐 argonauthotel.com
Authentischer Küstencharakter vom Dekor bis zum Restaurant. Haustiere erlaubt.

Pacific Heights und Marina

Vis-à-Vis-Tipp

Hotel del Sol $$$
3100 Webster St, 94123
📞 1-415-921-5520
SP 4 D2 **K** K2
🌐 jdvhotels.com/hotels/sanfrancisco/del_sol
Strandhotel in der City. Helle, komfortable Zimmer. Familienfreundlich: Am Nachmittag gibt es Cookies und Milch. Kontinentales Frühstück inklusive. Festgesetzte Ruhestunden. Beheizter Außenpool.

Hotel Drisco $$$
2901 Pacific Ave, 94115
📞 1-415-346-2880   **SP** 3 C3 **K** J4
🌐 hoteldrisco.com
Genießen Sie den Glamour der 40er Jahre, ohne auf die Annehmlichkeiten der Moderne zu verzichten.

Abstecher

Pigeon Point Lighthouse Hostel $
210 Pigeon Point Rd, Pescadero, 94060
📞 1-650-879-0633
🌐 norcalhostels.org/pigeon
In der Wanne liegen und Wale beobachten. Saubere Zimmer und Schlafsäle.

Bancroft Hotel $$
2680 Bancroft Way, Berkeley, 94704
📞 1-510-549-1000
🌐 bancrofthotel.com
Der frühere Women's Club des Colleges. Organische Betten und Toiletten.

Waters Edge Hotel $$$
25 Main St, Tiburon, 94920
📞 1-415-789-5999
🌐 marinhotels.com/waters-edge-hotel/home
Plüschbetten, Frühstück im Zimmer serviert. Idyllisch mit Blicken über Bay und City.

Nordkalifornien

Treebones Resort $$
71895 Hwy 1, Big Sur, 93920
📞 1-805-927-2390
🌐 treebonesresort.com
Einzigartiges Küstenhotel. Genießen Sie den Aufenthalt in den Jurten oder dem »Human Nest«. Wunderschöne Sonnenuntergänge erlebt man in der Outdoor-Sushi-Bar.

Luxus und Spa

Downtown

Hotel Kabuki $$$
1625 Post St, 94115
📞 1-415-922-3200   **SP** 4 E4 **K** KL4–5
🌐 jdvhotels.com/kabuki
Japanische Gastlichkeit mit Zen-Ambiente und japanischem Bad.

Hotel Vitale $$$
8 Mission St, 94105
📞 1-415-278-3700   **SP** 6 E4 **K** V3
🌐 hotelvitale.com
Große, luxuriöse Zimmer sind die Norm in diesem Küstenhotel. Wunderbares Spa.

Vis-à-Vis-Tipp

Mark Hopkins Inter-Continental Hotel $$$
1 Nob Hill, 94108
📞 1-415-392-3434
SP 5 B4 **K** T2
🌐 intercontinentalmarkhopkins.com
Stattlich mit durchdachtem Dekor, einfach unverkennbar. Die Zimmer sind exzellent, die Suiten extravagant. Die Bar – Top of the Mark – lockt ihre Gäste mit einem atemberaubenden 360-Grad-Blick über die Stadt.

Palace Hotel $$$
2 New Montgomery St, 94105
📞 1-415-512-1111   **SP** 5 C4 **K** P4
🌐 sfpalace.com
Prachtvolles Hotel mit ausgezeichneten Zimmern, großen Suiten und einem exzellenten Restaurant.

Ritz-Carlton San Francisco $$$
600 Stockton St, 94108
📞 1-415-296-7465   **SP** 5 C4 **K** U2
🌐 ritzcarlton.com
Edel und elegant, Opulenz in jeder Hinsicht. Die Zimmer sind mit Originalwerken örtlicher Künstler dekoriert.

San Francisco Marriott Marquis $$$
55 4th St, 94103
📞 1-415-896-1600   **SP** 5 C5 **K** ST3
🌐 marriott.com/hotels/travel/sfodt-san-francisco-marriott
Für Geschäftsreisende wie für Touristen geeignet. Große Auswahl an Zimmern.

The Fairmont $$$
950 Mason St, 94108
📞 1-415-772-5000   **SP** 5 B4 **K** T2
🌐 fairmont.com/san-francisco
Auf dem Nob Hill thront die Luxusherberge. Opulenz und bester Service.

Der Außenpool und die bunte Fassade des Hotel del Sol

SoMa und Mission

InterContinental San Francisco Hotel $$$
888 Howard St, 94103
📞 1-415-616-6500   **SP** 5 C5 **K** NP5
🌐 intercontinentalsanfrancisco.com
Geschmeidige Ästhetik, schöne Zimmer, alle Nichtraucher. Spa.

The St. Regis San Francisco $$$
125 3rd St, 94103
📞 1-415-284-4000   **SP** 5 C5 **K** P5
🌐 starwoodhotels.com/stregis
Luxus vom Feinsten, das St. Regis weiß durch vornehme Schönheit zu überzeugen.

The W Hotel $$$
181 Third St, 94103
📞 1-415-777-5300   **SP** 5 C5 **K** P5
🌐 wsanfrancisco.com
Plüschbetten, stilvolles, schickes Dekor. Spa auf dem Gelände.

Abstecher

Cavallo Point $$$
601 Murray Circle, Sausalito, 94965
📞 1-415-339-4700
🌐 cavallopoint.com
Das Spa-Resort am Fuß der Golden Gate Bridge. Gut ausgestattete, luxuriöse Zimmer.

Inn Above Tide $$$
30 El Portal St, Sausalito, 94965
📞 1-415-332-9535
🌐 innabovetide.com
Platz für Romantiker. Coole Ausblicke, heiße Bäder. Liegt am Fähranleger.

Nordkalifornien

Auberge du Soleil $$$
180 Rutherford Hill Rd, Rutherford, 94573
📞 1-707-963-1211
🌐 aubergedusoleil.com
Luxuriöse Zimmer, exzellentes Spa. Überblickt das Napa Valley.

SP = **Stadtplan** *siehe Seiten 290–308*   **K** = **Extrakarte** *zum Herausnehmen*

Restaurants

San Francisco bietet mehr als 5000 Lokale, darunter viele, in denen man preiswert sehr gut essen kann. Da die Versorgung mit frischen Produkten, u. a. mit Seafood, sehr gut ist, wurde San Francisco zur Keimzelle der innovativen »California Cuisine«. Zudem kam die Stadt als internationaler Hafen *(siehe S. 42f)* mit den Kochkulturen der verschiedensten Nationalitäten in Kontakt. In der Restaurantauswahl auf den Seiten 222 – 229 finden Sie für San Francisco typische Restaurants. Lokale für kleinere Mahlzeiten und Snacks sind auf Seite 231 aufgeführt, Cafés in San Francisco auf Seite 230.

Restaurantauswahl

Die Stärke der Gastronomie liegt in der Vielfalt der Speisen aus aller Welt, die man hier bekommt. Die beliebtesten Restaurants befinden sich im Stadtzentrum sowie im Bereich von South of Market. Auch die Chestnut Street im Marina District und der Abschnitt der Fillmore Street zwischen Bush Street und Jackson Street bieten lohnenswerte Lokale. Italienische Küche findet man in North Beach, lateinamerikanische im Mission District. In Chinatown gibt es neben vielen chinesischen auch kambodschanische, vietnamesische und thailändische Restaurants. Weitere chinesische Lokale finden Sie am Geary Boulevard und in der Clement Street im Richmond District.

Alternativen

Außer den üblichen Restaurants bietet San Francisco auch eine reiche Auswahl anderer Lokalitäten. Viele Hotels haben ausgezeichnete Restaurants, in denen nicht nur die Hotelgäste bewirtet werden. Viele besitzen auch Coffee Shops, in denen man frühstücken oder noch spätabends essen kann. Im Financial District gibt es zudem einige Delikatessenläden, die Salate und Sandwiches anbieten. Fast-Food-Lokale findet man überall in der Stadt.

Food Trucks

Eine gehobenere Version von Straßenständen sind sogenannte Food Trucks, die leckeres Essen zum Mitnehmen anbieten. Food Trucks sind oftmals die ersten Schritte in die Selbstständigkeit von späteren Sterneköchen. An Küchenrichtungen wird an diesen fahrenden Lokalen alles geboten von belgischen Waffeln über *burritos* bis zu koreanischen BBQ-Tacos.

Websites und Smartphone-Apps helfen Ihnen, jederzeit den Standpunkt Ihres Lieblings-Trucks zu ermitteln, auch gibt es ein paar Punkte, an denen sich die Trucks täglich treffen. Versuchen Sie es etwa beim Farmers Market im Ferry Building am Dienstag und Samstag.

Essenszeiten und Preise

Die Preise sind sehr unterschiedlich und hängen auch von der Tageszeit ab. Frühstück gibt es zwischen 7 und 11 Uhr. Es ist oft reichhaltig und kostet acht bis 15 US-Dollar. Brunch wird samstags und sonntags zwischen 10 und 14 Uhr serviert und kostet etwa sieben bis 20 US-Dollar. Zum Lunch, zwischen 11 und 14.30 Uhr, gibt es eine leichte Mahlzeit für etwa sechs US-Dollar. In Spitzenrestaurants ist das Essen mittags meist preiswerter als am Abend, aber keineswegs billig. Dinner gibt es ab 18 Uhr. In vielen Restaurants schließt die Küche gegen 22 Uhr.

Salate und Vorspeisen kosten zwischen fünf und acht, Hauptgerichte zwischen zehn und 25 US-Dollar. In edleren Restaurants kann ein Essen bis zu 75 US-Dollar kosten – zuzüglich 30 bis 50 US-Dollar für eine Flasche Wein.

Opulentes Dekor im Speisesaal eines gehobenen Restaurants

Preiswert essen

Zur Schonung des Geldbeutels können Sie ein gutes Frühstück einnehmen. Mittags kaufen Sie am besten frisches Obst und einen Snack. Im Stadtteil Mission sind die vielen Taquerías und Falafel-Stände ebenfalls eine gute Wahl. Im Restaurant kann man sich die meist üppigen Hauptgerichte teilen. Sie können auch die kostenlosen Speisen, die viele Bars im Zentrum zwischen 16 und 18 Uhr anbieten, nutzen. Mitunter sind im Getränkepreis Wan Tans (Teigtaschen) eingeschlossen. Empfehlungen zu Bars finden Sie auf Seite 258f. Viele Lokale offerieren verbilligte Menüs.

Tische im vegetarischen Restaurant Millennium

Steuern und Trinkgeld
In San Francisco wird eine Umsatzsteuer von 8,75 Prozent auf jede Verzehrrechnung erhoben. Ein Bedienungsgeld ist in den meisten Fällen nicht enthalten, es sei denn, Sie sind eine Gruppe von mehr als sechs Personen. Ein Trinkgeld in Höhe von 15 Prozent des Rechnungsbetrags wird von Ihnen erwartet. Einheimische geben ungefähr den doppelten Betrag der Umsatzsteuer. Das Trinkgeld wird bar auf dem Tisch hinterlegt, bei Kreditkartenzahlung zur Rechnungssumme addiert. Restaurants in San Francisco sind zur Gesundheitsvorsorge ihrer Mitarbeiter verpflichtet. Ein »Healthy San Francisco«-Aufschlag, der zwischen einem und fünf Dollar pro Tisch liegt, könnte zusätzlich auf Ihrer Rechnung auftauchen.

Kleidung
Wie meist in Kalifornien wird auch in San Francisco der Dresscode leger gehandhabt. T-Shirt und Jeans reichen meist aus. Schickere Restaurants erwarten dunklere Kleidung. Anzug und Abendkleid sind nur selten vorgeschrieben.

Reservierung
Reservierung sind sehr empfehlenswert. Beliebte Restaurants sind für Freitag- und Samstagnacht oft eine Woche oder mehr im Voraus ausgebucht. Für andere Wochentage reicht meist eine Reservierung ein oder zwei Tage im Voraus. Selbst wenn Sie eine Reservierung haben, müssen Sie manchmal auf einen Tisch warten. Genießen Sie so lange

Gäste im Greens *(siehe S. 226)*

einen schönen Cocktail oder eines der interessanten Biere der Stadt.

Rauchen
Rauchen ist in öffentlichen Räumen in ganz Kalifornien verboten. Ausnahmen sind separate, extra belüftete Räume, die verhindern, dass andere durch den Rauch belästigt werden. Diese finden sich oft in Bars und Patios.

Mit Kindern essen
Alle Restaurants heißen Kinder willkommen, obwohl schickere Restaurants nicht immer für Kinder geeignet sind. Familienorientierte Restaurants bieten vor allem an Sonntagmorgen besondere Speisen und Unterhaltung für die Kleinen. Die meisten Restaurants verfügen über Kinderstühle und bieten kleine Portionen oder spezielle Menüs für Kinder. Alkoholische Getränke werden nicht an Jugendliche unter 21 Jahren ausgeschenkt.

In Bars sind Kinder nicht erlaubt. Wenn die Bars jedoch auch Essen servieren, haben Kinder in Begleitung Erwachsener Zutritt.

Reisende mit besonderen Bedürfnissen
Seit 1992 sind alle Restaurants in San Francisco gesetzlich verpflichtet für Rollstuhlfahrer barrierefrei zu sein. Entsprechend gut sind die Zugänge zu den Restaurants und ihren sanitären Einrichtungen. Es empfiehlt sich trotzdem, vorher anzurufen, weil noch nicht alle alten Gebäude angepasst wurden.

Restaurantkategorien
Die ausgewählten Restaurants auf den folgenden Seiten repräsentieren einen Überblick über die vielfältigen, exzellenten Restaurantoptionen. Von der einfachen Küche bis zur gehobenen Cuisine – die Auswahl bietet etwas für jeden. In allen Vierteln der Stadt findet man Restaurants, die gute Speisen zu guten Preisen anbieten. Wir haben die Auswahl nach Regionen unterteilt. Chinatown, Union Square, Civic Center und Financial District sind unter Downtown zu finden. Mission und SoMa umfassen das angrenzende Viertel South of Market Street. Upper und Lower Haight Street grenzen an Castro und wurden ebenfalls zusammengefasst. Weitere Regionen sind Fisherman's Wharf und North Beach, Pacific Heights und Marina, Golden Gate Park und Land's End. Unter »Abstecher« sind die Restaurants aufgeführt, die noch gut von der Stadt aus zu erreichen sind. Unter »Nordkalifornien« sind Restaurants zu finden, die sich für Tagesausflüge anbieten. Von uns empfohlene Restaurants sind mit **Vis-à-Vis-Tipp** markiert. Diese Restaurants haben wir ausgewählt, weil sie eine besonderes Erlebnis sind, entweder wegen ihrer einzigartigen Küche, ihrer Besonderheit in San Francisco, oder weil sie einfach ihr Geld wert oder eine Mischung aus allem sind.

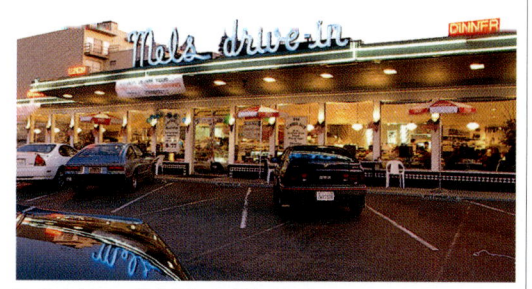

Der Parkplatz von Mel's Drive-In *(siehe S. 227)*

San Franciscos Küche

Die kulinarische Vielfalt der kalifornischen Metropole ist kaum zu überbieten – das Angebot an internationalen Küchen ist riesengroß. Viele glauben, dass man sich allein am Geruch in den Straßen San Franciscos orientieren kann. Groß ist die Auswahl an mexikanischen *taquerias*, die für ihre pikanten Gerichte bekannt sind, vor allem im Mission District. Im italienischen Viertel mischt sich der Duft von Espresso mit dem Geruch von Marinarasaucen. Über Chinatown wabern Düfte von Dim Sum und gebratenen Enten. Zum Finale versorgt man sich mit Schokolade von der Fabrik am Ghirardelli Square.

Chefkoch Yoshi Kojima bereitet einen Karpfen zu

Kalifornische Küche

Die California Cuisine hat ihren Ursprung in der Bay Area. Die Vielfalt an frischen Produkten in Nordkalifornien lässt den Köchen viel Platz für Variationen und Kreativität. Man arbeitet hier eng mit den Produzenten der Lebensmittel zusammen. Was der Kellner serviert, wurde unter Umständen erst wenige Stunden zuvor geerntet bzw. gefangen. Dies gilt z. B. für Salate, die – kaum geerntet – frisch zubereitet werden, oder für Tomaten, die noch so saftig sind, dass man beim Verzehr mit Sicherheit zur Serviette greift. Der bunte Mix von unterschiedlichsten Agrarprodukten inspiriert die Köche in San Francisco immer wieder zu neuen, einfallsreichen Kreationen, die oft genial einfach sind. Ein Genuss sind z. B. Artischockenherzen mit saftigen Zitronenscheiben oder hauchdünne Scheiben von Thunfisch über einem Reigen von buntem Gemüse der Saison.

Asiatische Küche

In Chinatown kommen Sie an der chinesischen Küche nicht vorbei. Die Qualität der Speisen hier ist legendär. Oft sieht

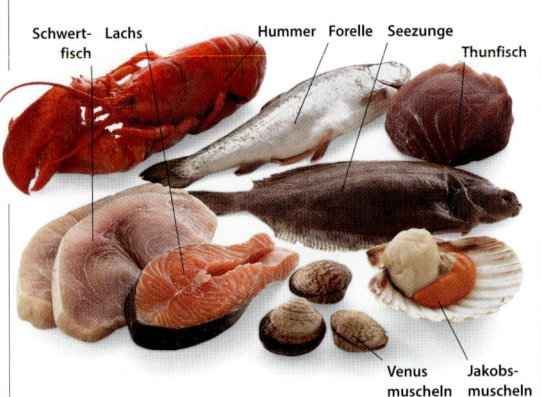

Schwertfisch   Lachs   Hummer   Forelle   Seezunge   Thunfisch   Venusmuscheln   Jakobsmuscheln

Auswahl an Fisch und Krustentieren

Typische Gerichte und Spezialitäten

Als Schmelztiegel der unterschiedlichsten Kulturen bietet San Francisco nicht nur die Küche Mexikos, Italiens und Asiens, sondern auch kreative Mischungen aus all diesen Stilen. Die einzelnen Küchen inspirieren einander. Die Köche brachten und bringen eine Vielzahl neuer Gerichte hervor, deretwegen San Francisco auch die Bezeichnung »Paradies für Feinschmecker« erhielt. Schwelgen Sie in den kulinarischen Genüssen – sie reichen von im Wok gebratenem Gemüse bis zu gedünstetem Seafood in Ingwersauce. Runden Sie Ihr Mahl dann mit einem Stück Sauerteigbrot (Sourdough bread) ab, das während der Goldgräberzeit Mitte des 19. Jahrhunderts nach San Francisco kam und den Goldgräbern den Spitznamen »Sourdoughs« eintrug.

Dim Sum

Muschelsuppe, eine cremige Suppe im Sauerteig-Brötchen, wird in Lokalen in Fisherman's Wharf serviert.

SAN FRANCISCOS KÜCHE | 219

Hinter der Theke einer typischen mexikanischen *taqueria*

der Gast die Zutaten, bevor er seine Mahlzeit bestellt: Riesige Karpfen ziehen in massiven Aquarien träge ihre Kreise, kräftige Aale bewegen sich durch das Seegras. Aus großen Säcken duften einzelne Gewürzsorten um die Wette, Holzkisten sind mit Pak Choy und Frühlingszwiebeln prall gefüllt. Werfen Sie einmal einen Blick in eine Küche, um zu sehen, wie der Koch routiniert eine ganze Ente in hauchdünne Scheiben teilt, die Ihnen auf der Zunge zergehen werden. An kaum einem anderen Platz außerhalb Asiens ist die chinesische Küche authentischer als hier, schließlich verfügt San Franciscos Chinatown über die zweitgrößte chinesische Gemeinde außerhalb des Reichs der Mitte.

Mexikanische Küche

Die Energie der Stadt zeigt sich in den herzhaften mexikanischen Speisen, die zudem ausgesprochen preiswert sind. Probieren Sie einen *burrito*, eine mit Bohnen, Reis und Rindfleischstücken gefüllte Teigtasche – für den Rest des Tages sind Sie dann satt. Von Pintobohnen und Safranreis bis zu dampfenden, mit Spinat gefüllten Tortillas und sonnengereiften Tomaten bieten die allgegenwärtigen *taquerias* reichhaltige Gaumenfreuden.

Krebse und Muscheln an einem Stand in Chinatown

Taschenkrebse

Die als *dungeness crabs* bezeichneten Taschenkrebse sind für ihr delikates Fleisch bekannt. In der Saison von Mitte November bis Juni isst man sie in allen Variationen, häufig als Suppe mit Sauerteigbrot.

Beliebte Gerichte

Cioppino Eintopf auf Tomatenbasis mit Fischstücken und Schaltieren.

Dim Sum Chinesische Mittagsspezialität. Die kleinen Teigtaschen – gedünstet oder gebraten – sind mit Fleisch, Fisch oder Gemüse gefüllt.

Hangtown fry Omelett mit panierten Austern und Speck.

Petrale sole Dieser delikate Fisch wird in der Regel leicht gedünstet serviert.

Tortilla Das flache, runde Fladenbrot zählt zu den Klassikern der mexikanischen Küche. Es bildet die Grundlage für Gerichte wie *burritos*, *quesadillas* und *tacos*.

Mariniertes Steak mit Knoblauch und Zitrone gibt es in den italienischen Restaurants in North Beach.

Thunfisch auf asiatische Art ist Ahi mit einer Salsa aus Shiitake-Pilzen und Szechuan-Pfeffer.

Ghirardelli Tiramisu heißt die süße Sünde aus Mascarpone, Ghirardelli-Schokolade, Sahne und Kaffeelikör.

Getränke

Kalifornien zählt heute zu den größten und interessantesten Weinanbaugebieten der Welt. Die besten Weine stammen aus dem Napa Valley und dem Sonoma Valley. Meist werden dort die klassischen Rebsorten angebaut, doch im Gegensatz zu Weinen aus Europa werden die kalifornischen nicht nach den Anbaugebieten, sondern nach den Traubensorten klassifiziert. Die lokalen Biersorten und Mineralwässer sind gleichfalls populär.

Das nördliche Sonoma Valley bietet das ideale Klima für die Pinot-Noir-Reben

Rotwein

Das milde Klima mit seinen kühlenden Sommernebeln ist ideal für den Weinbau. Die wichtigsten roten Traubensorten der Region sind Cabernet Sauvignon, Pinot Noir, Merlot und Zinfandel. Am verbreitetsten ist der Cabernet Sauvignon, von dem es überall erstklassige Jahrgänge gibt. Seitdem die Winzer den temperamentvollen Charakter des Pinot Noir, aus dem die Burgunderweine gekeltert werden, zu zähmen wissen, erfreut er sich wachsender Beliebtheit. Das feuchte Anderson Valley in Sonoma und die Carneros im Napa Valley haben sich zu den bedeutendsten Anbaugebieten entwickelt. Merlot und Zinfandel, eine vollmundige Rebsorte, werden überall in Kalifornien angebaut.

Pinot Noir **Cabernet Sauvignon**

Merlot – kräftig und weich, oft verschnitten, um andere Sorten fruchtiger zu machen.

Zinfandel – von leicht und fruchtig bis (bei den besten Weinen) schwer und dunkel.

Cabernet Sauvignon – Johannisbeergeschmack mit milder Eichennote.

Pinot Noir zeichnen blumige Eleganz und zartes Erdbeeraroma aus.

Rebsorte	Guter Jahrgang	Namhafte Erzeuger
Rotwein		
Cabernet Sauvignon	07, 04, 03, 02, 97, 96, 94, 93, 91, 90	Caymus Vineyards, Château Montelana, Jordan, Kistler Vineyards, Ridge, Robert Mondavi, Stag's Leap, Swanson
Pinot Noir	06, 04, 03, 02, 01, 99, 97, 96, 95, 93, 92, 91	Au Bon Climat, Byron, Calera, Cuvaison, De Loach, Etude, Sanford, Saintsbury
Merlot	05, 04, 02, 01, 99, 96, 95, 91, 90	Château St Jean, Duckhorn Vineyards, Newton, Pine Ridge, Robert Sinskey, Whitehall Lane Reserve
Zinfandel	08, 03, 01, 96, 95, 91, 90	Clos du Val, Farrell, Fetzer, Frog's Leap, Kunde, Rabbit Ridge, Ravenswood, Ridge, Turley
Weißwein		
Chardonnay	07, 05, 04, 03, 02, 01, 97, 96, 95, 94, 91, 90	Au Bon Climat, Beringer, Forman, De Loach, Far Niente, Kent Rasmussen, Kitzler, Peter Michael, Robert Sinskey, Sterling Vineyards
Semillon	06, 05, 03, 02, 96, 95, 94, 91, 90	Alban, Calera, Cline Cellars, Joseph Phelps, Niebaum-Coppola, Wild Horse
Sauvignon Blanc	06, 05, 03, 02, 99, 97, 96, 95, 94, 91, 90	Cakebread, De Loach, Frog's Leap, Joseph Phelps, Robert Mondavi, Spottswoode

GETRÄNKE | **221**

Weißwein

Wie die Rotweine werden auch die Weißweine nach der Rebsorte klassifiziert, wobei der Chardonnay am beliebtesten ist. Diese Trauben liefern sowohl Weine, die trocken und leicht (mit einem Hauch von Zitrone und Vanille) sein können, als auch schwere Weine mit Eichengeschmack. Darüber hinaus gibt es über ein Dutzend andere Weißweinsorten und Verschnitte sowie Weine aus ökologischem Anbau.

Chardonnay

Ökologischer Chardonnay

Sauvignon Blanc – von klaren und rassigen bis zu schmeichelhaft sanften Nuancen.

Chardonnay – häufig in französischen Eichenfässern gereift und mit einem zarten Vanille-Aroma.

Weißer Zinfandel – oft etwas rosafarben und lieblich, ein leichter Genuss.

Chenin Blanc – trocken und klar im Geschmack, daher für Cuvées gut geeignet.

Weinprämierung von 1976

Bei einer Blindverkostung des Weinexperten Steven Spurrier am 24. Mai 1976 verhalfen französische Preisrichter einem kalifornischen Rotwein (Stag's Leap Cabernet Sauvignon 1973, Napa Valley) und einem Weißwein (Château Montelana Chardonnay 1973, Napa Valley) auf den ersten Platz. Sechs der besten zehn Weine jeder Kategorie stammten gleichfalls aus Kalifornien, ein Ergebnis, das die Weinwelt aufrüttelte. In den folgenden zehn Jahren investierten namhafte französische Weinerzeuger wie Baron de Rothschild in eigene kalifornische Weingüter.

Schaumwein

Allein schon die Tatsache, dass die renommiertesten Weinerzeuger Frankreichs Investitionen in Kalifornien vornahmen, ist ein Beleg dafür, dass sich hier erstklassiger Sekt produzieren lässt. Moët & Chandon, Mumm u. a. haben Kellereien im Napa Valley. Gemeinsam mit den einheimischen Produzenten Schramsberg und Korbel trugen sie dazu bei, dass die Westküste einen internationalen Ruf für hervorragenden »Champagner« zu erschwinglichen Preisen genießt.

Schaumwein

Bier

Die Renaissance kleiner US-Brauereien in jüngster Zeit geht auf den Erfolg der Anchor-Brauerei in San Francisco zurück, deren Steam Beer, Liberty Ale und sonstige Produkte zeigen, dass amerikanisches Bier Charakter haben kann. Andere interessante, regionale Biere sind das kräftige Boont Amber und Red Tail Ale aus Mendocino County.

Andere Getränke

Kaffee in allen Varianten bekommt man überall in der Stadt an Kiosken, in Cafés und Restaurants. Sehr groß ist auch die Auswahl an Tees.

Espresso    **Cappuccino**    **Milchkaffee**

Wasser

Die gesundheitsbewussten Bewohner der Stadt trinken Mineralwasser aus der Region, wobei das beste aus Calistoga im Napa Valley kommt. Viele, meist kohlensäurehaltige Mineralwässer werden mit frischem Obst aromatisiert. Auch Leitungswasser ist sauber.

Mineralwasser aus Calistoga

Red Tail Ale   **Liberty Ale**   **Anchor Steam Beer**

Restaurantauswahl

Downtown

Ananda Fuara $
Vegetarisch   SP 11 A1 K M6
1298 Market St, 94103
📞 1-415-621-1994
Ein ruhige, saubere, indisch inspirierte Oase für Vegetarier. Gute Suppen und Salate, milde Currys.

Chutney $
Indisch-pakistanisch
SP 5 B5 K M5
511 Jones St, 94102
📞 1-415-931-5541
Duftende Fleisch- und vegetarische Currys, frisches Naan und so viel Chai, wie man will. Kleine Preise in einem einfachen, sauberen Restaurant.

Golden Star Vietnamese Restaurant $
Vietnamesisch   SP 5 C3 K N3
11 Walter U Lum Pl, 94108
📞 1-415-398-1215
Großen Schallen voller *pho* (Nudelsuppe) sowie schmackhaft mariniertes, gegrilltes Schwein sind die Renner. Preisgünstig und familienfreundlich.

Henry's Hunan $
Chinesisch   SP 5 C4 K U2
674 Sacramento St, 94111
📞 1-415-788-2234   ⬤ Sa, So
Das kitschige Rot-Schwarz und das Bambusdekor passen nicht zu der scharfen, authentischen Hunan-Küche. Sehr beliebt ist das Harvest Pork.

House of Nanking $
Chinesisch   SP 5 C3 K U2
919 Kearny St, 94133
📞 1-415-421-1429
Das Restaurant bietet eine breite Palette köstlicher, authentischer Gerichte. Die Warteschlangen können v. a. abends lang sein.

Lers Ros Thai $
Thailändisch   SP 4 F3 K M5
730 Larkin St, 94109
📞 1-415-931-6917
Authentische Thai-Küche. Große, umfangreiche Karte. Hayes Valley hat hier eine vornehme Schwester gefunden.

Mission Chinese Food $
Chinesisch   SP 10 F3 K M8
2234 Mission St, 94110
📞 1-415-863-2800   ⬤ Mi
Eine Gourmet-Sensation mit Diner-Preisen und -Ambiente. Atemberaubend scharfe Speisen wie in Chili eingelegte Bohnen oder gepökelte Sichuan-Gurken.

Leuchtendes Neon im House of Nanking, Chinatown

Saigon Sandwich $
Vietnamesisch   SP 5 A5 K M5
560 Larkin St, 94102
📞 1-415-474-5698
Delikate, vietnamesische Sandwiches zu Spottpreisen. Authentisch und voller Geschmack, eine Bereicherung für das Viertel.

Tommy's Joynt $
Amerikanisch   SP 4 F4 K L5
1101 Geary Blvd, 94109
📞 1-415-775-4216
Herzhafte, einfache Hausmannskost in einer etwas zwielichtigen Umgebung – eine Institution in San Francisco.

Bouche $$
Amerikanisch-französisch
SP 5 C4 K U2
603 Bush St, 94108
📞 1-415-956-0396   ⬤ So
Das gemütliche Restaurant abseits des belebten Union Square überzeugt mit Pariser Flair und köstlichen Speisen.

Dosa $$
Indisch   SP 4 D4 K K4
1700 Fillmore, 94110
📞 1-415-441-3672
Indische Crêpes – *dosas* – sind hier die Spezialität. Exzellente, würzige Speisen und eine kleine Weinkarte.

Gaylord India $$
Indisch   SP 6 D3 K V1
1 Embarcadero Ctr, 94111
📞 1-415-397-7775
Neben den Schnellrestaurants des Embarcadero Center findet man hier traditionelle, indische Küche in gastlicher Umgebung. Ein Muss ist das berühmte Tandoori Chicken.

Preiskategorien
Preise für ein Drei-Gänge-Menü pro Person mit einer halben Flasche Wein, inklusive Steuer und Service.

$	unter 40 US-Dollar
$$	40 bis 80 US-Dollar
$$$	über 80 US-Dollar

Globe $$
Amerikanisch   SP 5 C3 K TU1
290 Pacific Ave, 94111
📞 1-415-391-4132
Ein kleiner, schicker Platz mit täglich wechselndem Menü einfacher, amerikanischer Gerichte. Reiche Gemüsebeilagen, herzhafte Fleischgerichte, Pizzas.

Great Eastern $$
Chinesisch   SP 5 C3 K U1
649 Jackson St, 94133
📞 1-415-986-2500
Die Suppen mit Klößchen sind beliebt, versuchen Sie auch die Taro Cakes.

Nob Hill Café $$
Italienisch   SP 5 B4 K T3
1152 Taylor St, 94108
📞 1-415-776-6500
Ein kleiner, gemütlicher Italiener mit authentischer toskanischer Küche. Schlichte Weinkarte, gute Pasta, freundlicher Chef.

Osha Thai $$
Thailändisch   SP 6 D5 K P4
149 2nd St, 94105
📞 1-415-278-9991
Vornehm, mit klassischer und einfallsreicher Thai-Küche. Große Hauptgerichte, kleine Vorspeisen. Versuchen Sie das Volcanic Beef. Oder wie wäre es mit Angry Prawn, einer speziellen Kreation des Hauses?

R & G Lounge $$
Chinesisch   SP 5 C4 K U2
631 Kearny St, 94108
📞 1-415-982-7877
Gehobenes Restaurant mit traditionellen, kantonesischen Speisen. Sehr beliebt bei den Einheimischen: Salt and Pepper Crab, Meeresfrüchte und Beef Special.

Swan Oyster Depot $$
Seafood   SP 5 A4 K R1
1517 Polk St, 94109
📞 1-415-673-1101   ⬤ So
Muschelsuppe und Austern füllen das kleine Café vor allen zur Lunch-Zeit schnell mit Gästen. Gute, frische Meeresfrüchte.

Yank Sing $$
Chinesisch   SP 6 E4 K W2
101 Spear St, 94105
📞 1-415-957-9300

Restaurantkategorien *siehe Seite 217*

DOWNTOWN | 223

Eine typische Dim-Sum-Erfahrung. Traditionelle Speisen werden auf Servierwagen von Tisch zu Tisch gerollt. Gehobenes Ambiente, entsprechende Preise.

Vis-à-Vis-Tipp

Sam's Grill and Seafood Restaurant $$
Seafood **SP** 5 C4 **K** P4
374 Bush St, 94104
📞 1-415-421-0594 🚫 Sa, So
Zwischen den Hochhaustürmen des Financial District versteckt sich Sam's Grill and Seafood Restaurant. Meeresfrüchte und klassische Steaks für Geschäftsleute und Touristen werden in einem Ambiente aus Holz und Messing serviert. Das Licht zaubert Bilder von Gentlemen mit Hüten und Damen mit Handschuhen hervor. Ein großartiger Platz mit herzhaften Gerichten.

5A5 Steak Lounge $$$
Steakhouse **SP** 6 D3 **K** P3
244 Jackson St, 94111
📞 1-415-989-2539
Ein Gaumengenuss: Japanisches Wagyu Beef macht dieses Steakhouse so besonders. Eleganter Dresscode am Wochenende.

Acquerello $$$
Italienisch **SP** 5 A4 **K** RS2
1722 Sacramento St, 94109
📞 1-415-567-5432 🚫 So, Mo
Machen Sie sich chic und genießen Sie Acquerellos klassische und moderne Interpretationen feiner, italienischer Küche.

Vis-à-Vis-Tipp

Farallon $$$
Seafood **SP** 5 B4 **K** N4
450 Post St, 94102
📞 1-415-956-6969
Ein Dekor wie für eine Meerjungfrau: Gewölbedecke, Wände unter Wasser, goldene Details, wo ist der versunkene Schatz? Die wahren Schätze sind die Köstlichkeiten der Meere, die hier serviert werden. An der Bar gibt es Kaviar, Austern und gute Cocktails zu vernünftigen Preisen.

Fleur de Lys $$$
Französisch **SP** 5 B4 **K** ST3
777 Sutter St, 94109
📞 1-415-673-7779 🚫 So, Mo
Makkaroni mit Käse und Trüffel, Taschenkrebssalat und Steaks sind nur einige Spezialitäten, die man in diesem ausgezeichneten Restaurant serviert.

Sanftes Licht und gemütliches Ambiente im Michael Mina

Kokkari Estiatorio $$$
Griechisch **SP** 6 D3 **K** V1
200 Jackson St, 94111
📞 1-415-981-0983
Feine griechische Küche wird in einem Raum mit hoher Decke und dunklem Holz serviert. Gegrilltes Fleisch, Gemüse und exzellente griechische Weine.

Kuleto's $$$
Italienisch **SP** 5 B3 **K** T1
221 Powell St, 94102
📞 1-415-397-7720
Lassen Sie sich nicht täuschen, dieser Coffee Shop ist ein edles Restaurant. Der beste Ort zum Entspannen nach einer Shopping-Tour am Union Square.

Michael Mina $$$
Amerikanisch **SP** 6 D4 **K** T3
252 California St, 94111
📞 1-415-397-9222
Gehobene amerikanische Küche mit japanischen Einflüssen. Schmackhafte Speisen, schnörkelloses Styling.

Boulevard $$$
Amerikanisch **SP** 6 E4 **K** Q3
1 Mission St, 94105
📞 1-415-543-6084

Gäste genießen Meeresfrüchte im Swan Oyster Depot *(siehe S. 222)*

Das Restaurant gehört zu den kulinarischen Wahrzeichen der Stadt und überzeugt mit schickem Interieur. Der Inhaber ist einer der besten Köche in San Francisco. Man serviert köstliches Seafood und Fleischgerichte.

One Market $$$
Amerikanisch **SP** 6 D3 **K** W1
1 Market St, 94105
📞 1-415-777-5577 🚫 So
Fleisch steht auf den Menüs des ausgezeichneten Restaurants. Exzellentes Personal, große Weinkarte. Freitags und samstags empfiehlt sich das relativ preisgünstige »Whole Animal Dinner«.

Press Club $$$
Weinlokal **SP** 5 C5 **K** P4
20 Yerba Buena Ln, 94103
📞 1-415-744-5000
Verschiedene kleine Gerichte und großartige Weine gibt es in dieser Weinbar im Keller. Umfangreiche Auswahl an Flaschen und offenen Weinen.

Salt House $$$
Amerikanisch **SP** 6 D4 **K** P4
545 Mission St, 94105
📞 1-415-543-8900
Moderne amerikanische Küche mit Schwerpunkt auf Meeresfrüchten. Versuchen Sie die Austern oder die fangfrischen Jakobsmuscheln. Interessante Cocktail- und Weinkarte. Ziegelwände, große Fenster und offene Küche.

Tadich Grill $$$
Seafood **SP** 6 D4 **K** V2
240 California St, 94111
📞 1-415-391-1849
Ein historisches Café aus der Zeit des Goldrauschs. Dunkles Holz, Marmortresen, kräftige Drinks und Meeresfrüchte in großen Mengen. Exzellenter Cioppino (Fischeintopf). Bester Service.

SP = **Stadtplan** *siehe Seiten 290–308* **K** = **Extrakarte** *zum Herausnehmen*

Frisches Sauerteigbrot in der Auslage von Boudin

Fisherman's Wharf und North Beach

Boudin $
Amerikanisch SP 4 F1 K N1
60 Jefferson St, 94133
☎ 1-415-928-1849
Hier werden Sandwiches mit dem berühmten Sauerteigbrot serviert. Eigene Bäckerei mit Führung für die Gäste.

Caffè Greco $
Italienisch SP 5 B3 K T1
423 Columbus Ave, 94133
☎ 1-415-397-6261
In North Beach gibt es viele italienische Cafés. Aber das ist eines der besten, ob zum Leutegucken, für Tiramisu oder Espresso.

King of Thai (Noodle) $
Thailändisch SP 3 A5 K G5
639 Clement St, 94118
☎ 1-415-752-5198
Thai-Gerichte in große Portionen. Schont die Geldbörse, zieht eine Menge Gäste an und ist bis spätabends geöffnet.

The Warming Hut $
Amerikanisch SP 2 F2 K F1
Marine Dr and Long Ave, 94129
☎ 1-415-561-3040
Bei Kaffee oder heißer Schokolade genießen Sie den wunderbaren Blick in diesem Café in der Nähe der Golden Gate Bridge.

Buena Vista Café $$
Amerikanisch SP 5 A1 K U2
2765 Hyde St, 94109
☎ 1-415-474-5044
Der Geburtsort des vollmundigen Irish Coffee. Hier gibt es herzhaftes Essen und warmherziges Service.

Caffe Sport $$
Italienisch SP 5 C3 K N2–3
574 Green St, 94133
☎ 1-415-981-1251 ● So, Mo
Sie werden die Meeresfrüchte in diesem sizilianischen Restaurant lieben. Perfekt sind die in Butter gebratenen Knoblauch-Shrimps.

Fog City $$
Amerikanisch SP 5 C2 K P2
1300 Battery St, 94111
☎ 1-415-982-2000
In diesem Lokal genießt man eine für ein Diner überraschend elegante Atmosphäre. Hervorragendes Preis-Leistungs-Verhältnis, schmackhafte Pizza.

Franchino $$
Italienisch SP 5 C3 K N3
347 Columbus Ave, 94133
☎ 1-415-982-2157 ● Mo
Ein familiengeführtes Juwel. Köstliche Saucen, zarte Gnocchi, frische Pasta, privates Ambiente. Der Service ist nicht immer der beste.

The House $$
Amerikanisch-asiatisch
SP 5 C3 K N2–3
1230 Grant Ave, 94133
☎ 1-415-986-8612
Kleines Restaurant mit bemerkenswertem asiatischem Touch unter den vielen italienischen Restaurants in der Nachbarschaft. Jakobsmuscheln und Meeresfrüchte sind zu empfehlen.

Vis-à-Vis-Tipp

The Stinking Rose $$
Knoblauch SP 5 C3 K U1
325 Columbus Ave, 94133
☎ 1-415-781-7673
Sitzecken, altmodisches Dekor, skurrile Sammlerstücke und Wandmalereien, die die Knoblauchknolle zelebrieren, machen das Restaurant zu einem einzigartigen Erlebnis. Die mit Knoblauch zubereiteten Speisen sind scharf und köstlich. Es gibt aber auch Gerichte ohne Knoblauch.

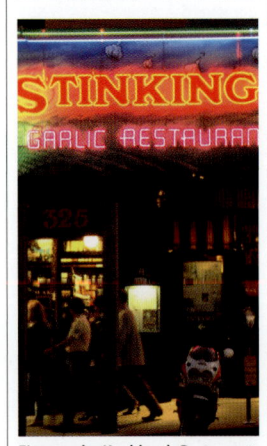

Eingang des Knoblauch-Restaurants
The Stinking Rose

Gary Danko $$$
Amerikanisch SP 5 A1 K M2
800 North Point St, 94109
☎ 1-415-749-2060
Gut zubereitete, kreative Gerichte, die mit ausgewählten Zutaten zubereitet und schön angerichtet werden. Die spezielle Wein- und Käsekarte zeugt von einzigartigen Herstellern. Einwandfreier Service.

Scoma's $$$
Seafood SP 5 A1 K M1
Pier 47, 94133
☎ 1-415-771-4383
Das historische Fischrestaurant ist nie eine Enttäuschung. Serviert wird frischer Fisch. Der Service ist freundlich, die Tischdecken sind makellos weiß.

Golden Gate Park und Land's End

Crepevine $
Amerikanisch-französisch
SP 9 A2 K G7
624 Irving St, 94121
☎ 1-415-681-5858
Eine große Speisekarte für Frühstück und Lunch. Frische, gut belegte Sandwiches, Salate und Crêpes.

Gaspare's Pizza House and Italian Restaurant $
Italienisch SP 8 E2 K E5
5546 Geary Blvd, 94121
☎ 1-415-387-5025
Bei diesem Italiener sind die Lasagne und die Pizza mit Anchovis beliebt. Kunst an den Wänden, leider keine gute Weinkarte.

Pizzetta 211 $
Pizzeria SP 2 E5 K E5
211 23rd Ave, 94121
☎ 1-415-379-9880
Täglich wechselnde Pizzas, belegt mit frischen Zutaten vom Markt. Gute Weinkarte.

San Tung Chinese Restaurant $
Chinesisch SP 8 F3 K F7
1031 Irving St, 94122
☎ 1-415-242-0828 ● Mi
Chicken Wings sind hier sehr beliebt. Aber ein Blick auf die Speisekarte lohnt immer. Lange Warteschlangen, v. a. am Abend.

Ton Kiang $
Chinesisch SP 8 E1 K EF5
5821 Geary Blvd, 94121
☎ 1-415-752-4440
Die hausgemachten Saucen verleihen den Speisen in dem Restaurant, das sich auf die Hakka-Küche spezialisiert hat, ihren besonderen Geschmack.

Preiskategorien *siehe Seite 222* Restaurantkategorien *siehe Seite 217*

FISHERMAN'S WHARF BIS CASTRO | 225

Vis-à-Vis-Tipp

Beach Chalet Brewery & Restaurant $$
Amerikanisch   SP 7 A2 K A6
1000 Great Hwy, 94122
☎ 1-415-386-8439
Bei einem Bummel durch den Golden Gate Park kommt man am Patio des Restaurants mit Meerblick vorbei. Hier genießt man die hausgebrauten Biere zusammen mit Gerichten der amerikanischen Küche. Empfehlenswert ist das Brunch-Menü an Wochenenden. Die Lobby ist mit Wandmalereien aus den 1930er Jahren geschmückt.

Beach Chalet Brewery & Restaurant ist ein Paradies für Bierliebhaber

Burma Superstar $$
Burmesisch   SP 3 A5 K G5
309 Clement St, 94118
☎ 1-415-387-2147
Genießen Sie die scharfen Speisen. Allein der Regenbogen-Salat, bestehend aus 22 Zutaten, ist die oft lange Wartezeit wert.

Cliff House $$
Seafood   SP 7 A1 K A6
1090 Point Lobos Ave, 94121
☎ 1-415-386-3330
Sie haben die Wahl zwischen zwei Restaurants und zwei Bars an diesem historischen Ort mit Blick auf den Pazifik. Klassisches Bistro, das höchstes Lob verdient.

Ebisu $$
Japanisch   SP 8 F3 K F8
1283 9th Ave, 94122
☎ 1-415-566-1770   ● Mo
Frischer Fisch, von Sushi-Köchen aufgeschnitten und unterhaltsam zubereitet. Versuchen Sie die Wachteleier mit Austern.

Plow $$
Amerikanisch   SP 11 C3 K Q8
1299 18th St, 94107
☎ 1-415-821-7569   ● Mo
Einfaches, frisches, köstliches Essen. Exzellente Limetten-Ricotta-Pfannkuchen.

The Presidio Social Club $$
Amerikanisch   SP 3 C3 K H3
563 Ruger St, 94129
☎ 1-415-005-1000
Das in einer früheren Kaserne untergebrachte Restaurant bietet alles für eine besondere kulinarische Erfahrung in nettem Dekor.

Alembic $$$
Amerikanisch   SP 9 B1 K H7
1725 Haight St, 94117
☎ 1-415-666-0822
Kommen Sie auf einen Drink – ob Bier oder Cocktail – und bleiben Sie zum Dinner. Die Speisen sind voller Inspiration und Kreativität.

Aziza $$$
Marokkanisch   SP 8 E1 K EF5
5800 Geary Blvd, 94121
☎ 1-415-752-2222   ● Di
Verlieben Sie sich in die kunstvoll gemachten Cocktails und das marokkanisch inspirierte Essen mit Aromen aus der ganzen Welt in dem ausgezeichneten Lokal.

Vis-à-Vis-Tipp

The Moss Room $$$
Amerikanisch   SP 8 F2 K F7
55 Music Concourse Drive, 94118
☎ 1-415-876-6121
Ein ungewöhnlicher Lunch-Platz findet sich in der California Academy of Sciences. Das einladende Dekor ist eine Mischung aus natürlichen Materialien und modernem Stil. Das Academy Café offeriert frische Pasta und Pfannengerichte. Anspruchsvolleres mit kreativen Aromakombinationen und wunderbar präsentiert gibt es im Moss Room.

Haight-Ashbury und Castro

Vis-à-Vis-Tipp

Amasia Hide's Sushi Bar $
Japanisch   SP 10 D2 K K7
149 Noe St, 94114
☎ 1-415-861-7000
Irasshaimase (»Willkommen« auf Japanisch) schallt es dem Gast entgegen, wenn er in die nette, kleine Sushi-Bar betritt. Frischer Fisch und eine kleine Auswahl anderer japanischer Gerichte sind hier zu vernünftigen Preisen zu haben. Bei Regenwetter gibt es Sake umsonst. Origami-Papier und Fadenspiele verkürzen die Wartezeit der Gäste.

Axum Café $
Äthiopisch   SP 10 D1 K L6
698 Haight St, 94117
☎ 1-415-252-7912
Frisches *injera* (Fladenbrot) wird zu den großen Portionen der scharfen äthiopischen Speisen gereicht. Honigwein und äthiopisches Bier komplettieren das Erlebnis. Große Speisekarte, kleine Preise.

Cha Cha Cha $$
Spanisch   SP 9 B1 K H7
1801 Haight St, 94117
☎ 1-415-386-7670
Tapas und Sangria bilden die kulinarischen Schwerpunkte dieses so kleinen wie gemütlichen spanischen Restaurants. Abends kann es hier durchaus recht laut werden.

El Castillito $
Mexikanisch   SP 10 E1 K L7
136 Church St, 94114
☎ 1-415-621-3428
Preiswert, enorme *burritos*, große Tortillas und köstliche *tacos*. Große Portionen, große Auswahl und schnelle Griller, einfach eine der besten *taquerias* der Stadt. Nichts Schickes, guter Service.

Memphis Minnie's BBQ Joint $
BBQ   SP 10 E1 K L6
576 Haight St, 94117
☎ 1-415-864-7675   ● Mo
Seit Langem der Barbecue-Treff des Viertels. Große Auswahl an langsam gekochtem und geräuchertem Fleisch. Der Platz für Fleischesser.

Mifune $
Japanisch   SP 4 E4 K L4
1737 Post St, 94115
☎ 1-415-922-0337
Große Portionen von authentischen *udon*, *soba* und *okonomiyaki* – japanischen Pfannkuchen. Der kühle San-Francisco-Nebel lässt sich hier schnell vergessen.

SP = **Stadtplan** *siehe Seiten 290–308*   K = **Extrakarte** *zum Herausnehmen*

Pork Store Café
Amerikanisch SP 9 C1 K L7 $
1451 Haight St, 94103
 1-415-864-6981
Ein guter Platz für ein herzhaftes Frühstück. Versuchen Sie das Pork Store Special, das mit Eiern, Kartoffelpuffern und Toast serviert wird. Dazu enorme Portionen von Kaffee.

Zazie
Französisch SP 9 B2 K H7 $
941 Cole St, 94117
 1-415-564-5332
Das großartige Essen und der schöne Patio vervollständigen das Ambiente eines französischen Landlokals. Beliebt für Brunch, Lunch und Dinner.

Indian Oven
Indisch SP 10 E1 K K6 $$
233 Fillmore St, 94117
 1-415-626-1628
Weiße Tischdecken, aufmerksamer Service, klassische, geschmackvolle Currys, frisches Brot. Ein kulinarisches Erlebnis. Die Samosas sollten Sie unbedingt probieren.

Magnolia Gastropub & Brewery
Amerikanisch SP 9 C1 K J7 $$
1398 Haight St, 94117
 1-415-864-7468
Diese lebhafte Brauerei serviert exzellente Hausmannskost der Südstaaten zusammen mit preisgekröntem Fassbier. Kleine, gute Weinkarte.

NOPA
Amerikanisch SP 10 D1 K K6 $$
560 Divisadero St, 94117
 1-415-864-8643
Warme, freundliche Atmosphäre, internationale Küche, fantasievolle Cocktails, preisgünstige Weine. Der hausgemachte Burger ist seinen Preis wert.

Die großen, exquisiten Räume des Jardinière

Köche beim Zubereiten von Speisen in der Küche des NOPA

Absinthe Brasserie and Bar
Amerikanisch SP 3 B5 K LM6 $$$
398 Hayes St, 94102
 1-415-551-1590
Eine Mischung aus Paris und New Orleans. Cocktails, traditionelle französische Küche mit modernem Touch. Exzellente Bar-Speisekarte.

Jardinière
Amerikanisch SP 4 F5 K M5–6 $$$
300 Grove St, 94102
 1-415-861-5555
Das romantische Restaurant und die legere Lounge Bar servieren saisonale, kalifornische Köstlichkeiten, die jeden begeistern.

Zuni Café
Amerikanisch-mediterran
SP 10 F1 K M6 $$$
1658 Market St, 94102
 1-415-552-2522   ● Mo
In einem ungewöhnlichen, keilförmigen Gebäude findet sich dieser gemütliche Platz mit freundlichem Service. Die Spezialitäten aus dem Steinofen sind ein Muss.

Pacific Heights und Marina

Gussie's Chicken and Waffles
Amerikanisch SP 4 D5 K K5 $
1521 Eddy St, 94115
 1-415-409-2529   ● Mo
Legeres Sports-Bar-Ambiente mit dem perfekte Brathähnchen, außen knusprig, innen saftig, dazu Waffeln aus Süßkartoffeln oder eine der anderen Beilagen.

Herbivore
Vegan SP 10 D1 K K6 $
531 Divisadero St, 94117
 1-415-885-7133
Genießen Sie die großen, kreativen Salate und die köstlichen Vorspeisen aus der internationalen Küche. Dazu frische Smoothies. Köstliche, hausgemachte Desserts. Alles hier ist vegan.

La Mediterranee
Arabisch SP 4 D4 K K5 $
2210 Fillmore St, 94115
 1-415-921-2956
Einfache, leckere Speisen aus dem Mittleren Osten in kunstvollem Ambiente. Köstliche Fleischspeisen vom Grill, Salate, Dips und Suppen.

Balboa Café
Amerikanisch SP 4 D2 K K3 $$
3199 Fillmore St, 94123
 1-415-921-3944
Mischen Sie sich unter San Franciscos Elite in diesem Bistro mit großer Weinkarte, saftigen Burgern und kreativen, saisonalen Spezialitäten.

Vis-à-Vis-Tipp

Betelnut
Asiatisch SP 4 E2 K L3 $$
2026 Union St, 94123
 1-415-929-8855
Die asiatische Küche des Betelnut liefert keine billigen Karikaturen fernöstlicher Speisen. Zarte Short Ribs, scharfe Szechuan-Bohnen und die würzigen Schweinefleisch- und Shrimp-Klößchen sind die Favoriten unter den jungen Gästen. An der Bar gibt es frisch gezapftes Bier und gute Cocktails.

Brazen Head
Amerikanisch SP 4 D2 K K2–3 $$
3166 Buchanan St, 94123
 1-415-921-7600
Pub und Restaurant sind Ableger des Liverpool Lil's *(siehe S. 227)*. Im Brazen Head gibt es gutes Pub Food. Sehr beliebt sind die Weinbergschnecken. Bis spät geöffnet.

Greens
Vegetarisch SP 4 E1 K KL1–2 $$
Building A, Fort Mason Center, 94123
 1-415-771-6222   ● Mo
Vegetarisches Restaurant, das die Herzen aller mit seinen köstlichen Gerichten höherschlagen lässt. Tagsüber schöner Ausblick.

Liverpool Lil's $$
Amerikanisch SP 3 C3 K J3
2942 Lyon St, 94123
 1-415-921-6664
In dem englischen Pub werden typisches Bar-Food sowie europäisch angehauchte Vorspeisen serviert. Das dunkle Interieur des Pubs ist sehr gemütlich, der Außenbereich grenzt an das Presidio.

Mel's Drive-In $$
Amerikanisch SP 3 C3 K J3
2165 Lombard St, 94123
 1-415-921-3039
Das im kitschigen Stil der 1950er Jahre eingerichtete amerikanische Restaurant ist ein wahrer Publikumsmagnet. Probieren Sie einen der Burger. Frühstück und das Menü für Kinder sind ebenfalls empfehlenswert.

SoMa und Mission

21st Amendment Brewery $
Amerikanisch SP 6 D5 K Q5
563 2nd St, 94107
 1-415-369-0900
Probieren Sie das Watermelon-Wheat-Bier und die getoasteten Sandwiches in dieser heimischen Brauerei. Große Portionen, gigantische Burger und gutes Bier.

Hi Dive $
Amerikanisch SP 6 F4 K P2
Pier 28, 94105
 1-415-977-0170
Eine Mischung aus Sports Bar und Waterfront-Charme. Die gehobene Variante des klassischen Bar-Foods wird hier köstlich, aber ohne Schnörkel serviert.

La Corneta Taqueria $
Mexikanisch SP 10 F4 K M9
2731 Mission St, 94110
 1-415-643-7001
Lebhafte Farben und grelle Lichter laden zu köstlichen, saftigen *burritos* ein. Spektakulär sind die *shrimp burritos*.

Limon Rotisserie $
Peruanisch SP 10 F3 K M8
1001 South Van Ness Ave, 94110
 1-415-821-2134
Leckere, pikant gewürzte Grillhähnchen werden mit knusprigen Yucca-Fritten serviert, dazu einzigartige Salate und Saucen zu niedrigen Preisen.

Mission Cheese $
Käse SP 10 F3 K M8
736 Valencia St, 94117
 1-415-553-8667 Mo
Käseladen und Restaurant, spezialisiert auf handgemachten US-Käse. Hausgemacht sind die Pasteten und Konfitüre. Biere und Weine runden das Angebot ab.

Pancho Villa Taqueria $
Mexikanisch SP 10 F2 K M7
3071 16th St, 94103
 1-415-864-8840
Berühmt sind die Salsas und die Platten mit frisch angerichteten mexikanischen Speisen, inklusive der enormen Burritos und Tacos.

Vis-à-Vis-Tipp

Rhea's Deli and Market $
Deli SP 10 F3 K M8
800 Valencia St, 94110
 1-415-282-5255
Lassen Sie sich nicht von der wenig glamourösen Umgebung täuschen. Hier gibt es außergewöhnliche Sandwiches mit frisch gebackenem Brot, etwa das scharfe Korean BBQ oder das Cunningham mit Salami. Keine Sitzgelegenheiten. Nehmen Sie Ihr Essen an sonnigen Tagen mit in den nahen Dolores Park.

Rosamunde Sausage Grill $
Amerikanisch SP 10 F4 K L6
2832 Mission St, 94110
 1-415-970-9015
Eine große Auswahl an Bieren vom Fass, frisch gemachte Würstchen traditioneller Art oder von Wildschwein oder Ente, dazu gute Dips und Saucen. An Wochenenden gibt es den Würstchen-Brunch.

Vis-à-Vis-Tipp

SoMa StrEat Food Park $
International SP 11 A2 K N7
428 11th St, 94103
 1-925-408-1655
Eine bunte Sammlung von Food Trucks mit kulinarischen Genüssen jeglicher Couleur streifen durch die Straßen der Stadt. Sie brauchen ihnen nicht hinterherzujagen. Eine bunte Auswahl der mobilen Küchen finden Sie auf diesem ehemaligen Parkplatz. Überdachte Sitzmöglichkeiten, Biergarten, freies Wi-Fi und TV laden zum Verweilen und Probieren ein. An Wochenenden bis spät geöffnet.

Squat and Gobble $
Amerikanisch SP 10 E1 K K6
237 Fillmore, 94117
 1-415-487-0551
Herzhaftes Frühstück und riesige Sandwiches sind der Renner hier. Patio mit Vordach und Heizstrahlern.

Stacks $
Amerikanisch SP 4 E5 K L6
501 Hayes St, 94102
 1-415-241-9011
Hier gibt es dicke Pfannkuchen voller Früchte, exzellentes Frühstück, heiße Omeletts, butterige Crêpes, köstliche Waffeln und frische Frucht-Smoothies.

Sunflower $
Vietnamesisch SP 10 F2 K L7
3111 16th St, 94103
 1-415-626-5022
Preisgünstige, herzhafte Schalen vietnamesischer Suppen sprechen Vegetarier an, aber auch Fleischesser kommen hier auf ihre Kosten.

Legeres Ambiente in der 21st Amendment Brewery

Gäste genießen Delikatessen im SoMa StrEat Food Park

SP = *Stadtplan siehe Seiten 290 – 308* K = Extrakarte *zum Herausnehmen*

Tartine Bakery $
Bäckerei SP 10 E3 K L8
600 Guerrero St, 94110
☎ 1-415-487-2600
Croissants, Brotpudding und knuspriges Brot sind die Renner dieses Eckcafés. Außerdem guter Kaffee und leckere Sandwiches.

The Grove $
Amerikanisch SP 5 C5 K P4
690 Mission St, 94105
☎ 1-415-957-0558
Ein beliebter Lunchtreff. Frühstück gibt es den ganzen Tag, ebenso wie Salate und herzhaften Chicken Pot Pie.

Thep Phanom Thai Cuisine $
Thailändisch SP 10 E1 K L6
400 Waller St, 94117
☎ 1-415-431-2526
Ein wunderbarer Platz gleich um die Ecke der Haight Street. Das Personal trägt traditionelle Thai-Kleidung. Die Gerichte sind gut, die Getränkekarte ist interessant.

Truly Mediterranean $
Arabisch SP 10 F2 K L7
3109 16th St, 94110
☎ 1-415-252-7482
Exzellente Falafel und *Shawarma*-(Kebab-)Wraps mit scharfer Sauce. Auberginen und Kartoffeln in Perfektion. Preisgünstig.

AsiaSF $$
Asiatisch SP 11 A2 K MN6
201 9th St, 94103
☎ 1-415-255-2742 ● Mo, Di
Männliche Bedienungen in Stöckelschuhen servieren zwischen ihren Auftritten bei der Drag-Show akzeptable asiatische Speisen.

Chow $$
Amerikanisch SP 10 E2 K L7
215 Church St, 94114
☎ 1-415-552-2469
Gemütliches Restaurant mit vielseitiger Speisekarte, Hausmannskost, Pizza vom Holzofen, asiatische Salate, täglich wechselnde Specials.

Eingang zum gemütlichen Lovejoy's Tea Room

Delancey Street Restaurant $$
Amerikanisch SP 6 E5 K Q5
600 Embarcadero St, 94107
☎ 1-415-512-5179 ● Mo
Das Restaurant ist ein Projekt der Delancey Street Foundation, die Jobs für sozial Schwache schafft. Gäste des Hauses genießen exzellente Küche zu günstigen Preisen.

Vis-à-Vis-Tipp

Gracias Madre $$
Mexikanisch SP 10 F2 K M8
2211 Mission St, 94110
☎ 1-415-683-1346
Ein mexikanischer Treff mit kalifornischem Touch im Mission District. Organische und vegane Ingredienzien werden zu bemerkenswerten Speisen bereitet. Scharfe Guacamole, Maistortillas, Mole reich an Schokolade und Gewürzen, Sauerrahm aus Cashewnuss, besser als das Original. Dazu gibt es Bio-Weine.

Lovejoy's Tea Room $$
Tearoom SP 10 E4 K L9
1351 Church St, 94114
☎ 1-415-648-5895 ● Mo, Di
Ein wahres Paradies für Teeliebhaber: vornehmer Tee-Service mit perfektem Teegebäck und englischen Tees. Urgemütliche Atmosphäre, die geprägt wird von nicht zusammenpassendem Silberbesteck und Zierdeckchen. Vielseitiges und genüssliches Erlebnis.

The Monk's Kettle $$
Amerikanisch SP 10 E2 K L7
3141 16th St, 94103
☎ 1-415-865-9523
Glamouröses Bar-Food und zahlreiche Biersorten sind Markenzeichen von The Monk's Kettle. Meistens gibt es lange Wartezeiten, kommen Sie früh, um diese zu vermeiden. Reservierungen können nicht entgegengenommen werden.

Pomelo $$
International SP 10 E5 K L10
1793 Church St, 94131
☎ 1-415-285-2257
Die kleine, aber feine Speisekarte umfasst einen Querschnitt klassischer Gerichte aus der ganzen Welt. Champagner-Cocktails und gute Weinkarte runden das Angebot ab.

Schmidt's $$
Deutsch SP 11 A4 K M8
2400 Folsom St, 94110
☎ 1-415-401-0200
Salate der Saison, viele verschiedene Wurst-Gerichte und unsäglich gute Spätzle mit Speck. Dazu frische Brezeln und eine gute Auswahl an deutschen Bieren.

Slow Club $$
Amerikanisch SP 11 A3 K N8
2501 Mariposa St, 94110
☎ 1-415-241-9390
Ein Umweg, der sich auf jeden Fall lohnt. Brunch, Burger und Frühstücks-Cocktails sind hier die absoluten Renner. Recht schickes Industrie-Dekor.

South Park Café $$
Französisch SP 11 C1 K Q5
108 South Park St, 94107
☎ 1-415-495-7275 ● So
Trendige Ingredienzien – Bauchspeck, Bries, Confit – und traditionelle Gerichte machen die besondere Mischung in diesem lässigen Bistro aus. Beim Essen hat man einen schönen Blick auf den Park.

Farina $$$
Italienisch SP 10 E2 K L8
3560 18th St, 94110
☎ 1-415-565-0360
Schicke, elegante italienische Küche, in der alles frisch zubereitet wird. Die Auswahl an Weinen ist herausragend und der Service sehr gut. Der Speiseraum ist umwerfend schön und sehr gut ausgeleuchtet.

Ausgestellte Glaswaren im Barbereich des Monk's Kettle

Preiskategorien *siehe Seite 222* **Restaurantkategorien** *siehe Seite 217*

Intime Baratmosphäre im überaus eleganten Gather

Range $$$
Amerikanisch SP 10 F3 K M8
842 Valencia St, 94110
1-415-282-8283
Die Speisekarte des Restaurants ist in erster Linie auf saisonale Gerichte abgestimmt. Das Range führt aber auch das ganze Jahr über die Lieblingsspeisen der Gäste, etwa die mit Kaffee eingeriebene Schweineschulter.

Abstecher

Bette's Oceanview Diner $
Amerikanisch
1807 4th St, Berkeley, 94710
1-510-644-3230
Ein Frühstückstreff im Diner-Stil, der selbst die Massen aus der Stadt über die Bay zieht. Die Portionen der berühmten Scones sind riesig.

Sunny Side Café $
Amerikanisch
2136 Oxford St, Berkeley, 94704
1-510-845-9900
Schönes Straßencafé mit großer Frühstückskarte. Der Kaffee ist besser als der Durchschnitt. Es wird Wert auf bestanderhaltende Ingredienzien gelegt.

Tamarindo Antojeria $$
Mexikanisch
468 8th St, Oakland, 94607
1-510-444-1944 So
Köstlicher Geschmack zeichnet die mexikanischen Gerichte aus. Die kleinen Platten sind gut für Gruppen, die gern Essen teilen.

Vis-à-Vis-Tipp

Gather $$$
Amerikanisch
2200 Oxford St, Berkeley, 94704
1-510-809-0400
Der geräumige Speisesaal hat von der Gemütlichkeit eines kleinen Cafés. Das Menü ändert sich ständig und richtet sich nach saisonal verfügbaren Zutaten. Kreative Gemüsegerichte sprechen Vegetarier und Fleischesser gleichermaßen an. Es gibt aber auch zahlreiche Fleischgerichte und Pizzas.

Nordkalifornien

Artemis Mediterranean Grill $
Mediterran
2229 Lake Tahoe Blvd, South Lake Tahoe, 96150
1-530-542-2500
Das Menü ist griechisch und mediterran, mit saisonalen Schwerpunkten. Versuchen Sie die hausgemachte Pasta und die Morcheln.

Bite $$
Amerikanisch
907 Lake Tahoe Blvd, Incline Village, 89451
1-775-831-1000
Die kleinen Teller mit amerikanischen Klassikern sind zum Teilen gedacht. An der langen Bar werden großartige Cocktails serviert.

Girl and the Fig $$
Amerikanisch-französisch
110 West Spain St, Sonoma, 95476
1-707-933-3000
Ein rotierendes Menü bringt die Zutaten aus Sonoma in einfachen, wunderbaren Gerichten zur Geltung. Dazu gibt es eine gut zusammengestellte Weinkarte. Großer Sonntagsbrunch: Versuchen Sie die »Cheese Station«.

Peter Lowell's $$
Amerikanisch
7385 Healdsburg Ave, Sebastopol, 95472
1-707-829-1077
In dem italienisch inspirierten Menü finden sich die frischen Produkte, die im mediterranen Klima Kaliforniens gedeihen. Sehr freundlicher Service, angenehmes Ambiente im Patio-Stil.

Table 128 $$
Amerikanisch
14050 Hwy 128, Boonville, 95415
1-707-895-2210
 saisonabhängig
Eine romantische Umgebung mit kalifornisch rustikaler Atmosphäre. Umfangreiche Speisekarte, saisonale Zutaten, unprätentiöse Gerichte, sehr gute Auswahl an Weinen. Reservierung notwendig.

Barndiva $$$
Amerikanisch
231 Center St, Healdsburg 95448
1-707-431-0100 Mo, Di
Ein großer, moderner Speiseraum. Herzlicher, freundlicher Service. Das Menü besteht aus köstlichen, lokalen Gerichten.

Das unscheinbare Äußere von Girl and the Fig, Sonoma

Cafés

Um einen schönen Platz für eine Tasse Kaffee zu finden, muss man in San Francisco nie lange suchen. Die Stadt ist bekannt als Paradies für Kaffeeliebhaber und bietet zahlreiche schöne Cafés. Kenner zieht es nach North Beach und in den Mission District, wo sich einige der gemütlichsten Cafés der Stadt befinden.

Cafés

Es gibt so viele Cafés in San Francisco, dass Sie tagelang immer wieder neue ausprobieren können. Zu den etabliertesten gehört **Peet's Coffee & Tea**, das schon seit vier Jahrzehnten starken Kaffee anbietet. **Emporio Rulli Il Caffè** am Union Square ist auch eine gute Wahl. Das **Caffè Trieste** in North Beach ist ein alter Künstlertreff mit ausgezeichnetem Kaffee und einer Musikbox, die italienische Opernarien spielt. An Wochenenden greifen Familienmitglieder der Inhaber gelegentlich selbst zum Instrument. **Caffè Greco**, **Caffè Puccini** und **Caffè Roma** in der Columbus Avenue lohnen ebenfalls einen Besuch. Ein weiteres Viertel mit vielen gemütlichen Cafés ist SoMa.

Mitglieder der Beat Generation versammelten sich regelmäßig im **Mario's Bohemian Cigar Store Café** mit Blick auf den Washington Square. Schauen Sie dort auf einen doppelten Latte mit Focaccia vorbei. **Vesuvio** *(siehe S. 258)* offeriert besten Espresso. In der **Stella Pastry** bestellen Sie zum Cappuccino am besten die Spezialität des Hauses – *Sacripantina* (Biskuitkuchen mit Zabaglione, Rum und Marsala).

Im Mission District sollten Sie das **Café La Bohème** nicht versäumen, in dem die Literaturszene verkehrt. **Café Flore** in der Market Street ist sehr elegant, während **Café Mocha** nahe dem Civic Center auch exzellentes Gebäck bietet. Frankophile werden sich im **Café Claude** wohlfühlen (mit alter Pariser Bareinrichtung). Es liegt in einer schmalen Gasse nahe dem Union Square. Im **Café de la Presse**, gleich beim Chinatown Gateway, kann man gut in internationalen Tageszeitungen schmökern. Zu den Klassikern in SoMa gehören das **Cafe du Soleil** und das **Grove Café**, das sich direkt hinter dem Museum befindet, sowie – als Mix aus Café und Waschsalon – das **Brainwash**. **Blue Danube Coffee House** und **Toy Boat Dessert Café** liegen in der Clement Street. **Momi Toby's Revolution Café & Art Bar** ist vor allem für Kunstliebhaber einen Besuch wert. Sehr gemütlich sitzt man auf der Terrasse des **Arlequin Café**. **Irving St Café** und **Beanery** sind weitere Anziehungspunkte für Kaffeeliebhaber im Sunset District.

Auf einen Blick

Cafés

Arlequin Café
384 Hayes St.
Stadtplan 4 E5.
1-415-626-1211.

Beanery
1307 9th Ave.
Stadtplan 8 F3.
1-415-661-1255.

Blue Danube Coffee House
306 Clement St.
Stadtplan 3 A5.
1-415-221-9041.

Brainwash
1122 Folsom St.
Stadtplan 11 A1.
1-415-431-9274.

Café La Bohème
3318 24th St.
Stadtplan 10 F4.
1-415-643-0481.

Café Claude
7 Claude La.
Stadtplan 5 C4.
1-415-392-3505.

Café Flore
2298 Market St.
Stadtplan 10 D2.
1-415-621-8579.

Café Mocha
505 Van Ness Ave.
Stadtplan 4 F5.
1-415-437-2233.

Café de la Presse
352 Grant Ave.
Stadtplan 5 C4.
1-415-398-2680.

Cafe du Soleil
345 3rd St.
Stadtplan 6 D5.
1-415-699-6154.

Caffè Greco
423 Columbus Ave.
Stadtplan 5 B3.
1-415-397-6261.

Caffè Puccini
411 Columbus Ave.
Stadtplan 5 B3.
1-415-989-7033.

Caffè Roma
526 Columbus Ave.
Stadtplan 5 B3.
1-415-296-7942.
Auch: 885 Bryant St.
Stadtplan 11 B2.
1-415-296-7662.

Caffè Trieste
601 Vallejo St.
Stadtplan 5 C3.
1-415-982-2605.

Emporio Rulli Il Caffè
333 Post St, Union Square.
Stadtplan 5 C5.
1-415-433-1122.

Grove Café
690 Mission St.
Stadtplan 6 D5.
1-415-957-0558.

Irving St Café
716 Irving St.
Stadtplan 9 A2.
1-415-664-1366.

Mario's Bohemian Cigar Store Café
566 Columbus Ave.
Stadtplan 5 B2.
1-415-362-0536.

Momi Toby's Revolution Café & Art Bar
528 Laguna St.
Stadtplan 10 E1.
1-415-400-5689.

Peet's Coffee & Tea
22 Battery St.
Stadtplan 6 D4.
1-415-981-4550.

Stella Pastry
446 Columbus Ave.
Stadtplan 5 B3.
1-415-986-2914.

Toy Boat Dessert Café
401 Clement St.
Stadtplan 3 A5.
1-415-751-7505.

Vesuvio
255 Columbus Ave.
Stadtplan 5 C3.
1-415-362-3370.

Frühstück, Delis und Fast Food

Wenn Sie keine Zeit für eine Mahlzeit im Restaurant haben, bekommen Sie praktisch überall in der Stadt einen schnellen Imbiss. Es gibt Fast Food für wenig Geld, doch lohnt es sich, nach solchen Lokalen Ausschau zu halten, die etwas Besonderes bieten.

Frühstück
Kaffee und Gebäck oder Eier mit Speck gibt es überall. Nach einem amerikanischen Frühstück meldet sich der Hunger erst abends wieder. **Sears Fine Foods** am Union Square ist ein geeigneter Platz für wahre Frühstücksorgien. **Le Petit Café** serviert an den Wochenenden herrlichen Brunch. Gutes Frühstück offerieren auch Hotels und einige Restaurants *(siehe S. 222–229)*.

Delis
Das beste Roggensandwich mit Corned Beef erhält man bei **David's**, dem größten Deli in San Francisco. Auch **Tommy's Joint** im Civic Center, **Miller's East Coast Deli** auf dem Russian Hill sowie **Molinari's** in North Beach lohnen einen Besuch. **Real Food Deli/Grocery**, ebenfalls auf dem Russian Hill, bietet Bio-Kost.

Hamburger
Statt Fast-Food-Ketten sollten Sie unbedingt einer der altmodischen Burger-Bars einen Besuch abstatten. **Grubstake**, das sich in einer umgebauten Straßenbahn befindet, hat bis spätabends geöffnet, **Mel's Drive-In** ist ein nettes Café im Stil der 1950er Jahre, von **Louis'** blickt man auf die Überreste von Sutro Baths *(siehe S. 29)*. **Bill's Place** im Richmond District bietet zwei Dutzend Burger-Sorten an – alle sind nach lokalen Persönlichkeiten benannt. **Sparky's** im Castro District serviert gleich 24 Stunden lang Burger.

Pizzas
Die meisten Pizzerias befinden sich in North Beach. Empfehlenswert sind das traditionelle **Tommaso's**, das populäre **North Beach Pizza** sowie das etwas hektische, aber exzellente **Golden Boy**. Exotische Pizzas erhalten Sie z. B. bei **Pauline's** im Mission District oder bei **Extreme Pizza** in Pacific Heights.

Mexikanisch
Schmackhaftes und preisgünstiges mexikanisches Essen wird fast überall in San Francisco an Straßenständen verkauft. Gute Imbisse gibt es bei **El Farolito**, **Pancho Villa Taqueria**, **Roosevelt's Tamale Parlor** oder bei **El Metate**. Vor oder nach einem Kinobesuch sollten Sie das **El Super Burrito** mit günstigen, großen Portionen testen.

Auf einen Blick

Frühstück

Le Petit Café
1 Maritime Pl.
Stadtplan 6 D3.
1-415-951-8514.

Sears Fine Foods
439 Powell St.
Stadtplan 5 B4.
1-415-986-1160.

Delis

David's
474 Geary St.
Stadtplan 5 B5.
1-415-276-5950.

Miller's East Coast Deli
1725 Polk St.
Stadtplan 4 F3.
1-415-563-3542.

Molinari's
373 Columbus Ave.
Stadtplan 5 C3.
1-415-421-2337.

Real Food Deli/Grocery
2140 Polk St.
Stadtplan 5 A3.
1-415-673-7420.

Tommy's Joint
1101 Geary Blvd.
Stadtplan 5 A5.
1-415-775-4216.

Hamburger

Bill's Place
2315 Clement St.
Stadtplan 2 D5.
1-415-221-5262.

Grubstake
1525 Pine St.
Stadtplan 4 F4.
1-415-673-8268.

Louis'
902 Point Lobos Ave.
Stadtplan 7 A1.
1-415-387-6330.

Mel's Drive-In
3355 Geary Blvd.
Stadtplan 3 B5.
1-415-387-2244.

Sparky's
242 Church St.
Stadtplan 10 E2.
1-415-626-8666.

Pizzas

Extreme Pizza
1980 Union St.
Stadtplan 4 D3.
1-415-929-8234.

Golden Boy
542 Green St.
Stadtplan 5 B3.
1-415-982-9738.

North Beach Pizza
800 Stanyan St.
Stadtplan 9 B2.
1-415-751-2300.

1462 Grant Ave.
Stadtplan 5 C2.
1-415-433-2444.

Pauline's
260 Valencia St.
Stadtplan 10 F2.
1-415-552-2050.

Tommaso's
1042 Kearny St
beim Broadway.
Stadtplan 5 C3.
1-415-398-9696.

Mexikanisch

El Farolito
2779 Mission St.
Stadtplan 10 F4.
1-415-824-7877.

El Metate
2406 Bryant St.
Stadtplan 11 A4.
1-415-641-7209.

El Super Burrito
1200 Polk St.
Stadtplan 5 A5.
1-415-771-9700.

Pancho Villa Taqueria
3071 16th St.
Stadtplan 10 F2.
1-415-864-8840.

Roosevelt's Tamale Parlor
2817 24th St.
Stadtplan 10 F4.
1-415-824-2600.

Stadtplan siehe Seiten 290–308

Shopping

Shopping in San Francisco bedeutet weitaus mehr, als nur einzukaufen – es ist ein Erlebnis, das einen Einblick in die Stadtkultur gewährt. Das riesige Warenangebot reicht von praktischen bis zu exzentrischen Dingen. Man kann sich Zeit lassen, vor allem in den vielen kleinen Fachgeschäften und Boutiquen sind Bummler willkommen. Wer kurze Wege vorzieht, steuert am besten die Shopping-Center, Malls und Department Stores an. Typisches Lokalkolorit findet man in den Geschäftsvierteln der einzelnen Stadtteile, die alle ihren ganz eigenen Charme und Charakter haben.

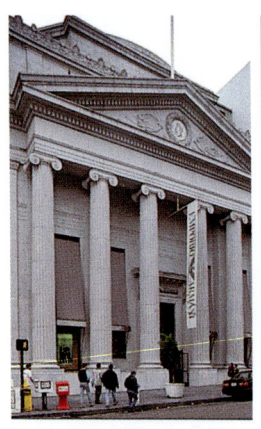

Emporio Armani *(siehe S. 239)*

Öffnungszeiten

Die meisten Läden in San Francisco haben montags bis samstags von 10 bis 20 Uhr, viele Einkaufszentren auch abends sowie am Sonntag geöffnet. Ohne Stress kauft man vormittags unter der Woche ein. Hektisch ist es dagegen in der Mittagszeit (12–14 Uhr), am Samstag, bei speziellen Sonderverkäufen und in den Schulferien.

Bezahlung

Die gängigen Kreditkarten werden in den meisten Geschäften akzeptiert (bei einer Mindesteinkaufssumme!). Wer mit Reiseschecks zahlt, muss sich ausweisen. Ausländische Schecks und Fremdwährungen werden selten angenommen. Einige kleinere Läden nehmen nur Bargeld.

Verbraucherschutz und Umtausch

Bewahren Sie den Kassenbon als Kaufbeleg auf, wenn Sie etwas gekauft haben. Jeder Laden hat seine eigenen Umtausch- und Rücknahmebedingungen. Geschäfte dürfen bei Kreditkartenzahlung keine Gebühr erheben. Bei Barzahlung erhält man mitunter einen Preisnachlass. Bei Problemen können Sie sich an eine der Verbraucherschutzorganisationen wenden:

Nützliche Telefonnummern
Consumer Protection Unit
☎ 1-415-551-9575.
California Department of Consumer Affairs ☎ 1-800-952-5210.

Sonderangebote

Sonderangebote am Monatsende, um die Feiertage und am Ende der Saison sind in vielen Läden üblich. Entsprechende Anzeigen finden Sie in den Zeitungen am Mittwoch und Sonntag. Vorsicht ist geboten, wenn Schilder wie »Going out of business« auf einen Totalausverkauf wegen Geschäftsaufgabe hinweisen. Mitunter hängen diese Schilder bereits seit Jahren aus.

Steuern

Auf alle Waren, die man in San Francisco kauft, wird eine Verkaufssteuer (Sales Tax) von 8,75 Prozent erhoben. Sie wird Reisenden aus Übersee nicht zurückerstattet, doch entfällt die Verkaufssteuer, wenn die Waren in Orte außerhalb Kaliforniens verschickt werden. Ausländer müssen dann eventuell zu Hause auf die Waren Zollgebühr zahlen.

Shopping-Touren

Wer die besten Läden für seine Bedürfnisse kennenlernen will, kann an einer Shopping-Tour teilnehmen, wie sie etwa von »Glamour Girl Shopping Tours« und »Shopper Stopper Shopping Tours« organisiert werden. Ein Führer begleitet Sie von einem Geschäft zum nächsten und weiß, wo man außergewöhnliche Dinge findet.

Nützliche Telefonnummern
Glamour Girl Shopping Tours
☎ 1-650-218-1734.
w glamourgirlshoppingtours.com
Shopper Stopper Shopping Tours
☎ 1-707-823-9076.

Shopping-Center

Im Gegensatz zu vielen Shopping Malls in den Vorstädten haben jene in San Francisco Stil, einige sind architektonisch

Fahnen vor der Pagode des Japan Center

Blumenstand am Union Square

reizvoll. Das Embarcadero Center *(siehe S. 112)* mit über 125 Läden erstreckt sich über acht Häuserblocks. Ghirardelli Square *(siehe S. 87)* war bis Anfang der 1960er Jahre eine Schokoladenfabrik. Heute ist hier ein Einkaufszentrum mit über 70 Restaurants und Läden – mit Blick auf die Bucht.

Das Westfield San Francisco Centre *(siehe S. 119)* bietet auf neun Etagen über 65 Läden. Pier 39 *(siehe S. 86)* ist ein Marktplatz am Wasser mit Restaurants, Karussell, einem Hafen und vielen Fachgeschäften. Die Cannery *(siehe S. 87)* in Fisherman's Wharf umfasst zahlreiche hübsche kleine Läden, während die Crocker Galleria *(siehe S. 118)* mit ihren drei Etagen, der hohen Glaskuppel und dem zentralen Innenhof zu den spektakulärsten Einkaufszentren der Stadt gehört.

Das Japan Center *(siehe S. 130)* mit seiner markanten Pagode bietet exotische Lebensmittel, asiatische Waren sowie Kunsthandwerk und Kunstobjekte, ein Hotel im japanischen Stil und traditionelle japanische Badeeinrichtungen. Das Rincon Center *(siehe S. 115)*, mit einer 77 Meter hohen Wassersäule im Zentrum, ist ein Einkaufs- und Schlemmerparadies im Art-déco-Stil.

Department Stores

Die meisten großen Kaufhäuser liegen am Union Square. Sie sind riesig und haben ein außergewöhnliches Warenund Serviceangebot. Aufgrund der häufigen Sonderangebote geht es hier mitunter recht hektisch zu. Den Kunden werden alle möglichen Serviceleistungen angeboten, darunter etwa Garderobenräume, wo man seine persönlichen Sachen lassen kann, Führungen mit Angestellten, kostenlose Geschenkverpackungen oder Kosmetikbehandlungen.

Macy's nimmt zwei Häuserblocks ein und offeriert auf dieser gewaltigen Verkaufsfläche eine riesige Auswahl an Waren, die hübsch präsentiert werden. Es gibt verschiedene Dienstleistungsangebote, u. a. eine Geldwechselstube und einen Dolmetscherservice. Die Herrenabteilung ist besonders groß.

Neiman Marcus, ein weiteres elegantes Warenhaus, befindet sich in einem modernen Gebäude, das für Aufsehen sorgte, als ihm 1982 ein beliebtes altehrwürdiges Kaufhaus (von 1890) zum Opfer fiel. Die sehenswerte Glaskuppel im Restaurant Rotunda war Teil des ursprünglichen Gebäudes.

Nordstrom, wo man gut Mode und Schuhe kaufen kann, heißt bei den Einheimischen auch »store-in-the-sky«. Es belegt die oberen fünf Etagen des Westfield San Francisco Centre.

Bloomingdales bietet eine riesige Auswahl an Mode von Designer-Labels, Luxushandtaschen, Accessoires, Kosmetika und Schuhen.

Ein weiteres bekanntes Kaufhaus ist **Kohl's**. Hier erhält man Damen- und Herrenmode und Schuhe zu Discountpreisen.

Lohnenswert

Feinschmecker sollten nach Seafood Ausschau halten. Kalifornischer Wein ist auch eine gute Wahl, vor allem im Napa Valley *(siehe S. 192 – 195)*. Zudem gibt es Jeans, Vintage-Mode, Ethno-Kunsthandwerk, Bücher und CDs zu günstigen Preisen.

Nützliche Adressen

Bloomingdales
865 Market St. **Stadtplan** 5 C5.
1-415-856-5300.

Kohl's
1200 El Camino Real, Colma, CA 94014. 1-650-992-0155.

Macy's
Stockton und O'Farrell St. **Stadtplan** 5 C5.
1-415-954-6271.

Neiman Marcus
150 Stockton St. **Stadtplan** 5 C5.
1-415-362-3900.

Nordstrom
Westfield San Francisco Centre, 865 Market St. **Stadtplan** 5 C5.
1-415-243-8500.

Auslage im Kaufhaus Gump's *(siehe S. 237)*

Highlights: Shopping

Es ist die Vielseitigkeit von San Francisco, die Shopping zum Vergnügen macht. Jedes der beschriebenen Viertel spiegelt einen anderen Aspekt der Stadt wider. Am Union Square laden die glitzernden Auslagen zum Schaufensterbummel ein, South of Market bietet sich vor allem für die Schnäppchenjagd an.

Street Fairs
Kunst, Kunsthandwerk und Spezialitäten gibt es auf Märkten wie diesem Junimarkt auf der Union Street.

Union Street
In den viktorianischen Häusern verkaufen über 300 Läden Antiquitäten, Bücher und Mode *(siehe S. 239)*.

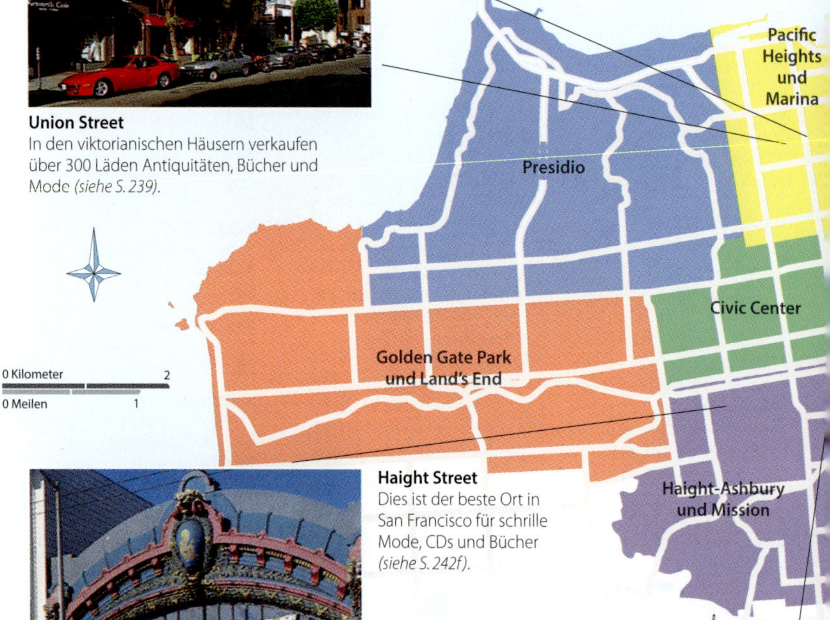

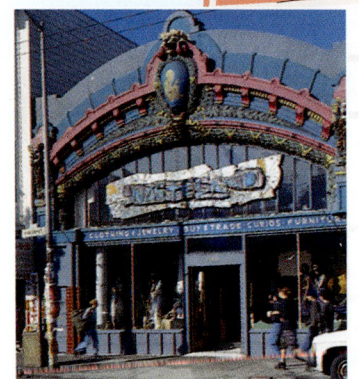

Haight Street
Dies ist der beste Ort in San Francisco für schrille Mode, CDs und Bücher *(siehe S. 242f)*.

Japan Center
Lebensmittel und andere Waren aus Japan gibt es hier ebenso wie japanische Lokale und Galerien *(siehe S. 130)*.

SHOPPING | **235**

UN Plaza
Auf dem nach den Vereinten Nationen benannten Platz findet zweimal pro Woche ein Farmers' Market statt *(siehe S. 244f).*

Grant Avenue
Mit bemalten Balkonen, Souvenirläden und Bars ist sie die Hauptstraße von Chinatown *(siehe S. 101).*

Crocker Galleria
In dem imposanten dreistöckigen Einkaufszentrum mit Glasdach gibt es elegante Läden. An sonnigen Tagen kann man auf dem Dachgarten picknicken *(siehe S. 118).*

Fisherman's Wharf und North Beach

Financial District und Union Square

Chinatown und Nob Hill

Saks Fifth Avenue
Das Kaufhaus ist ein Synonym für Exklusivität und Eleganz *(siehe S. 118)*

Jackson Square Antique Shops
Antiquitäten findet man am Jackson Square *(siehe S. 112).*

Shopping rund um den Union Square
Wer nicht nur bummeln will, sollte sich auf die Geary, Powell und Post Street sowie auf die Läden zwischen Market und Sutter Street konzentrieren. Hier bieten luxuriöse Geschäfte und preiswerte Boutiquen alles von Designer-Bettwäsche über Rassehunde bis hin zu Andenken. Hotels, elegante Restaurants und Blumenstände runden das Bild ab.

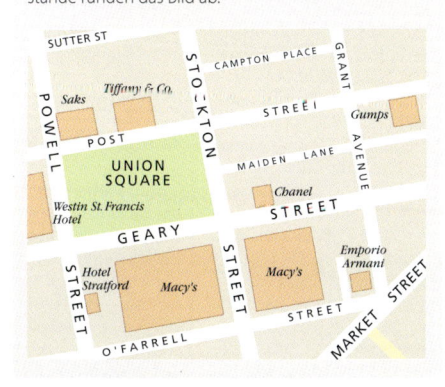

Nordstrom
Das Kaufhaus liegt im glitzernden Westfield San Francisco Centre, das ca. 400 Geschäfte auf neun Etagen bietet *(siehe S. 233).*

Außergewöhnliche Läden

Der Unternehmergeist ist in San Francisco stark ausgeprägt und führt ständig zu Innovationen. Besitzer kleiner Läden und Designer sind stolz auf ihr Sortiment außergewöhnlicher Waren und erzählen ihren Kunden oft die Entstehungsgeschichte der originellen Produkte. Von Comic-Postkarten bis zu feinem handmarmoriertem Papier, von chinesischen Kräutertees bis zu modernen Elektronikspielereien reicht das umfangreiche Angebot. Diese Läden, die oft etwas versteckt liegen oder Teil eines anderen kleinen Geschäfts sind, schaffen eine Atmosphäre, die das Einkaufen zum Erlebnis macht.

Fachgeschäfte

Erstklassige Handtaschen, Reisegepäck, Accessoires, Schals und Schultertücher bekommt man bei **Coach**, einem der herausragendsten Designer der Vereinigten Staaten. Das Personal in dem Outlet ist sehr hilfsbereit und freundlich.

Bei **Comix Experience** gibt es eine riesige Auswahl an Comics – die neuesten, aber auch sehr teure, alte Sammler- und Liebhaberstücke.

Exquisite italienische Töpferwaren (Majolika) wie handbemaltes Geschirr, Vasen und Teller gibt es bei **Biordi Art Imports** in North Beach.

Wer die authentische Atmosphäre von Chinatown erleben möchte, geht am besten zu **Ten Ren Tea Company of San Francisco**. Hier gibt es eine Riesenauswahl an Teesorten und andere exotische Kleinigkeiten.

Bei **Golden Gate Fortune Cookies** (siehe S. 101), einem Unternehmen, das von den Nachfahren chinesischer Einwanderer betrieben wird, bekommt man vor dem Kauf Kostproben der in San Francisco erfundenen »Glückskekse«.

Das schon seit rund 60 Jahren bestehende **Flax Art and Design** in der Market Street bietet handgeschöpfte Papiere und Künstlerbedarf.

Juwelen, Schmuck und sehr wertvolle Armbanduhren findet man bei **Tiffany & Co.** und **Bulgari**.

Elle-meme verkauft Handwerkskunst früherer Generationen. Die ältesten hier angebotenen Schmuckstücke wurden in den 1880er Jahren gefertigt.

Dritte-Welt-Läden und Non-Profit-Shops

Läden, die eine gute Sache unterstützen, finden in San Francisco großen Anklang. Man tut etwas Gutes und beruhigt sein Gewissen. Hier eine kleine Auswahl: Die Einnahmen von **Out of the Closet**, einer wahren Schatzkammer unter Secondhand-Läden, gehen direkt an die AIDS Healthcare Foundation. Der **Golden Gate National Park Store** ist ein Non-Profit-Shop, bei dem es Postkarten, Karten und Bücher über den Park gibt. Der Erlös von **Under One Roof** fließt verschiedenen Aids-Gruppen zu, die Menschen in der Bay Area helfen, die HIV oder Aids haben.

Souvenirläden

Bei **Only in San Francisco** und im **Cable Car Store** gibt es alle möglichen Souvenirs wie T-Shirts, Schlüsselanhänger und Weihnachtsschmuck mit typischen San-Francisco-Motiven. Andenken und Mützen in allen Farben, Formen und Größen bekommt man bei **Krazy Kaps**. In Fisherman's Wharf und in der Grant Avenue finden Sie an den Ladeneingängen Körbe mit preiswerten Mitbringseln.

Antiquitätenläden

In San Franciscos beliebtester Einkaufsgegend befindet sich die **Sacramento Street Antique Dealers Association**, eine bunte Ansammlung von Läden, die eine Vielfalt an Antiquitäten anbieten – von Möbeln bis zu Haushaltswaren. Hier kann man nach Herzenslust stöbern.

Art-déco-Fans sollten sich auf die Suche nach **Decorum** in der Market Street machen. Hier gibt es eine eindrucksvolle Auswahl an eleganten Einrichtungsgegenständen und Schmuck.

In North Beach bietet **Schein & Schein** eine eindrucksvolle Sammlung an alten Karten, Büchern und Drucken vom 14. bis zum 19. Jahrhundert.

Spielzeug, Spiele und technische Spielereien

Der **Academy Store** und der **Exploratorium Store** verkaufen Bücher, Drachen und lustige Lernspiele. Bei **Puppets on the Pier** an Pier 39 wird den neuen Besitzern der Umgang mit Marionetten gezeigt. Man kann aus über 500 Puppen auswählen, darunter Marionetten und Fingerpuppen. **Gamescape** verkauft jede Art von traditionellem Spielzeug, darunter auch Brett- und Kartenspiele.

Lassen Sie sich vom schmalen Frontbereich von **Jeffrey's Toys** nicht täuschen. Je weiter Sie im Laden vordringen, desto mehr Ecken öffnen sich zu noch mehr Puzzle-Spielen, Puppen, Comics – zu jedem erdenklichen Spielzeug.

Der **Chinatown Kite Shop** bietet eine außergewöhnliche Auswahl an bunten Drachen in verschiedensten Formen, zum breiten Angebot gehören auch Kunstflugdrachen.

Im Herzen des Inner Sunset District findet man alles, was nur im Entferntesten mit Magie zu tun hat, bei **Misdirections Magic Shop**, einem Paradies für ernsthafte Magier und solche, die sich nur ein paar Tricks aneignen wollen.

Museumsläden

Auch Museumsläden bieten hübsche und exquisite Geschenkartikel. Das Angebot reicht von technischen Bausätzen bis zu reproduzierten Schmuckstücken und Skulpturen. Im Golden Gate Park sollte man den **Academy Store** der California Academy of Sciences (siehe S. 152f) besu-

AUSSERGEWÖHNLICHE LÄDEN | 237

chen. Die Akademie gehört zu den führenden Wissenschaftsmuseen in den Vereinigten Staaten. Im Museumsladen bekommt man Nachbildungen von Dinosauriern, naturgetreue Gummitiere und umweltfreundliche Geschenkartikel. Ebenfalls verkauft werden Artikel der angeschlossenen Far Side Gallery, die die Werke des Cartoonisten Gary Larsen ausstellt. In der Nähe bietet auch der Shop im **de Young Museum** eine beachtliche Auswahl.

Im Lincoln Park findet man im Museum Store des **Legion of Honor** *(siehe S. 158f)* eine große Auswahl an Reproduktionen aus den laufenden Sonderausstellungen. Der **Asian Art Museum Shop** im Civic Center ist gut mit Büchern und Objekten zum Thema »asiatische Kunst« bestückt.

Junge Naturforscher werden vom **Exploratorium Store** *(siehe S. 94f)* begeistert sein. Hier gibt es alles, was man für Experimente braucht, aber auch Spiele zu unterschiedlichsten Wissensgebieten – von der Zoologie – sowie Bücher und Spielzeug. Der **San Francisco MOMA Museum Store** bietet ein reichhaltiges Angebot an wunderschönen Kunstbüchern, Postern, Grußkarten und farbenfrohen T-Shirts. Wärend der Renovierung des SFMOMA befindet sich der Shop in der Yerba Buena Lane.

Das exklusive Kaufhaus **Gump's** könnte man fast auch mit einem Museum verwechseln. Angeboten werden hier vor allem antiquarische Einzelstücke oder limitierte Auflagen aus Europa und den USA. Eine betuchte Kundschaft kauft hier u. a. Möbel, Gemälde, Porzellan, Kristallglas, Schmuck und Geschenke.

Auf einen Blick

Fachgeschäfte

Biordi Art Imports
412 Columbus Ave.
Stadtplan 5 C3.
📞 1-415-392-8096.

Bulgari
200 Stockton St.
Stadtplan 5 C5.
📞 1-415-399-9141.

Coach
190 Post St.
Stadtplan 5 C4.
📞 1-415-392-1772.

Comix Experience
305 Divisadero St.
Stadtplan 10 D1.
📞 1-415-863-9258.

Elle-meme
1210 Union St.
Stadtplan 4 F2.
📞 1-415-921-2100.

Flax Art and Design
1699 Market St.
Stadtplan 10 F1.
📞 1-415-552-2355.

Golden Gate Fortune Cookies
56 Ross Alley.
Stadtplan 5 C3.
📞 1-415-781-3956.

Ten Ren Tea Company of San Francisco
949 Grant Ave.
Stadtplan 5 C3.
📞 1-415-362-0656.

Tiffany & Co.
350 Post St.
Stadtplan 5 C4.
📞 1-415-781-7000.

Dritte-Welt-Läden und Non-Profit-Shops

Golden Gate National Park Store
Presidio Bldg 983.
Stadtplan 2 F2.
📞 1-415-561-3040.

Out of the Closet
1498 Polk St.
Stadtplan 4 F4.
📞 1-415-771-1503.

Under One Roof
518a Castro St.
Stadtplan 10 D1.
📞 1-415-503-2300.

Souvenirläden

Cable Car Store
Pier 39.
Stadtplan 5 B1.
📞 1-415-989-2040.

Krazy Kaps
Pier 39.
Stadtplan 5 B1.
📞 1-415-296-8930.

Only in San Francisco
Pier 39.
Stadtplan 5 B1.
📞 1-415-397-0143.

Antiquitätenläden

Decorum
1400 Vallejo St.
Stadtplan 5 B3.
📞 1-415-518-2123.

Sacramento Street Antique Dealers Association
3599 Sacramento St.
Stadtplan 3 B4.
📞 1-415-637-5837.

Schein & Schein
1435 Grant Ave.
Stadtplan 5 C2.
📞 1-415-399-8882.

Spielzeug, Spiele und technische Spielereien

Academy Store
Siehe Museumsläden.

Chinatown Kite Shop
717 Grant Ave.
Stadtplan 5 C3.
📞 1-415-989-5182.

Exploratorium Store
Siehe Museumsläden.

Gamescape
333 Divisadero St.
Stadtplan 10 D1.
📞 1-415-621-4263.

Jeffrey's Toys
685 Market St.
Stadtplan 5 C5.
📞 1-415-243-8697.

Misdirections Magic Shop
1236 9th Ave.
Stadtplan 9 A2.
📞 1-415-566-2180.

Puppets on the Pier
Pier 39.
Stadtplan 5 B1.
📞 1-415-781-4435.

Museumsläden

Academy Store
California Academy of Sciences,
55 Music Concourse Dr.
Stadtplan 8 F2.
📞 1-415-933-6154.

Asian Art Museum
200 Larkin St.
Stadtplan 4 F5.
📞 1-415-581-3500.
🌐 asianart.org

de Young Museum
50 Tea Garden Dr,
Golden Gate Park.
Stadtplan 8 F2.
📞 1-415-750-3642.

Exploratorium Store
Pier 15.
Stadtplan 6 D2.
📞 1-415-561-0393.

Gump's
135 Post St.
Stadtplan 5 C4.
📞 1-415-982-1616.

Legion of Honor Museum Store
Legion of Honor,
Lincoln Park.
Stadtplan 1 B5.
📞 1-415-750-3677.

San Francisco MOMA Museum Store
Museum of Modern Art (während der Umbauphase: 51 Yerba Buena Lane). Stadtplan 6 D5.
📞 1-415-357-4035.

Stadtplan siehe Seiten 290–308

Mode

San Francisco ist für seine Raffinesse bekannt, diesem Ruf werden auch die Modeläden der kalifornischen Stadt gerecht. Ob Sie nun ein Designermodell für den großen Anlass oder nur eine Jeans suchen, hier finden Sie alles. Im Gegensatz zu den großen Kaufhäusern *(siehe S. 233)* handelt es sich bei den unten aufgeführten Geschäften eher um kleine oder mittelgroße Läden, die häufig auf ein oder zwei Produktbereiche spezialisiert sind. Mangelt es Ihnen an der nötigen Zeit, um sich hier in aller Ruhe umzusehen, dann sind auch die Department Stores und Shopping-Center *(siehe S. 232f)* durchaus lohnenswert.

Designer

Labels von amerikanischen Designern werden in Boutiquen innerhalb der Kaufhäuser oder in Exklusivgeschäften unter ihrem Markennamen verkauft. Kleine Läden wie **Wilkes Bashford** führen Mode von aufstrebenden jungen Designern mit einem Hang zur Kreation eher konservativer Kleidung, wie man sie im Financial District trägt.

Zu den interessantesten Modehäusern in San Francisco gehören zweifellos **Diana Slavin** mit klassischen italienischen Modellen, **Upper Playground** mit lässigen T-Shirts in allen Farben und Designs sowie **Joanie Char** mit schicker Freizeitkleidung.

Die **Emporio Armani Boutique** hat eine eindrucksvolle Auswahl an Fashion und Accessoires des bekannten italienischen Modeschöpfers. Bei **Weston Wear** finden Frauen preisgünstige Strickwaren.

Die Modeschöpferin **Sunhee Moon** gibt jedem der von ihr im Stil der 1950er Jahre kreierten Einzelstücke den Namen eines Freundes. **MAC** (Modern Appealing Clothing) bietet Bekleidung von Designern aus San Francisco.

Designer-Outlets und Fabrikverkauf

Designerkleidung zu reduzierten Preisen findet man vor allem in South of Market (SoMa). Am Yerba Buena Square gibt es verschiedene Outlets, darunter die **Burlington Coat Factory**, die über 12 000 Mäntel auf Lager hat und auch herabgesetzte Kleidung ortsansässiger Modemacher verkauft.

Bei **Sketchers USA** gibt es eine riesige Auswahl an Schuhen, deren Preise unter den regulären liegen. **Jeremy's** in SoMas schickem South Park verkauft reduzierte Abendkleidung und Designerwaren für sie und ihn. **Sports Basement** bietet eine riesige Auswahl an Sportbekleidung zu günstigen Preisen.

Outlets in der Bay Area

Einen guten Einkauf kann man ebenso in den Outlets der Bay Area machen. Dort gibt es u. a. günstige Designerstücke. Auch wenn man dafür erst rund eine Stunde mit dem Auto fahren muss, finden Shopper schnell Gefallen an den Einkaufsmöglichkeiten in der Bay Area.

Zu den renommiertesten Adressen gehören Liz Claiborne und Brooks Brothers, für Kinderkleidung OshKosh und Gap. Bass und Nine West in den **Petaluma Village Premium Outlets**, etwa 70 Kilometer nördlich der Stadt, bietet Schuhe. **Great Mall** in Milpitas – etwa 80 Kilometer südöstlich von San Francisco – verkauft populärer Labels, darunter Tommy Hilfiger und Eddie Bauer.

Castro District

Auf gute Kleidung wie auf Accessoires legt man im Castro District, dem Mekka der

Umrechnungstabelle für Kleider- und Schuhgrößen

Kinderkleidung

USA	2–3	4–5	6–7	8–9	10–11	12–13
D, A, CH	92–104	–116	–128	–140	–152	–164

Kinderschuhe

USA	8½	9½	10½	11½	12½	13	1½	2½	2½
D, A, CH	24	25½	27	28	29	30	32	33	34

Damenmode: Kleider, Mäntel und Röcke

USA	4	6	8	10	12	14	16	18
D, A, CH	34	36	38	40	42	44	46	48

Damenmode: Blusen und Pullover

USA	6	8	10	12	14	16	18
D, A, CH	36	38	40	42	44	46	48

Damenschuhe

USA	5	6	7	8	9	10	11
D, A, CH	36	37	38	39	40	41	44

Herrenanzüge

USA	34	36	38	40	42	44	46	48
D, A, CH	44	46	48	50	52	54	56	58

Herrenhemden

USA	14	15	15½	16	16½	17	17½	18
D, A, CH	36	38	39	41	42	43	44	45

Herrenschuhe

USA	7	7½	8	8½	9½	10½	11	11½
D, A, CH	39	40	41	42	43	44	45	46

MODE | **239**

Schwulen, großen Wert. Hier zu shoppen ist allein schon wegen des großen Angebots ein Vergnügen. Bekannt für seine ausgefallenen Sachen ist **Citizen Clothing**.

Fillmore
Die viktorianischen Gebäude verleihen der Fillmore Street ein ganz besonderes Ambiente, in dem es sich nach Herzenslust shoppen lässt. **Joie** zählt zu den angesagtesten Boutiquen in dieser schönen Gegend.

Haight-Ashbury
Bei einem Bummel durch die Haight Street kommt man an vielen Läden vorbei, die Batik-T-Shirts und Vintage-Mode verkaufen. Besonderes Markenzeichen der **Piedmont Boutique** sind die riesigen, mit Netzstrümpfen bekleideten Beine. Hier sind Maßanfertigungen zu haben.

Hayes Valley
Der ultrahippe Shop **Acrimony** führt ein Sortiment von zeitgenössischen Modemachern, die als »street smart« und avantgardistisch gelten. Hier gibt es die Stücke der »Independents«, die ihre eigenen Stilikonen schaffen.

Noe Valley
Dem Lifestyle anspruchsvoller Frauen entspricht das Angebot in der Boutique **Rabat** in dieser Shopping-Meile des Marina District. Wer elegante Schuhe und moderne, perfekt gearbeitete Handtaschen sucht, wird hier sicher fündig.

South of Market
SoMa war früher ein Viertel voller Lagerhallen und billiger Absteigen, heute befinden sich hier schicke Ateliers und Lofts. Das Flair des Stadtviertels zieht insbesondere junge Leute an, die hier spätabends die Clubs bevölkern. **Isda & Co** ist für unprätentiöse Unisex-Kleidung bekannt.

Union Square
Hier sollte man nicht gerade nach Business-Hemden oder Krawatten suchen. Diese Filiale von **John Varvatos** führt die Markenprodukte des Designers, die vor allem bei den Celebrities von Los Angeles angesagt sind – von athletisch über Punk bis zu Vintage-Sportkleidung.

Union Street
Nur ein paar Schritte sind es von den Apartments und Villen der Umgebung bis zu dieser Straße mit ihren zahlreichen kleinen Boutiquen. **Mimi's on Union** präsentiert tragbare Schneiderkunst für Damen, darunter auch handbemalte Kimonos, Schals und Schultertücher sowie hübsche Damenjacken.

Auf einen Blick

Designer

Diana Slavin
3 Claude Lane.
Stadtplan 5 C4.
1-415-677-9939.

Emporio Armani Boutique
1 Grant Ave.
Stadtplan 5 C5.
1-415-677-9400.

Joanie Char
537 Sutter St.
Stadtplan 5 B4.
1-415-399-9867.

MAC
387 Grove St.
Stadtplan 4 F5.
1-415-863-3011.

Sunhee Moon
3167 16th St.
Stadtplan 10 E2.
1-415-355-1800.

Upper Playground
220 Fillmore St.
Stadtplan 10 E1
1-415-861-1960.

Weston Wear
569 Valencia St.
Stadtplan 10 F2.
1-415-621-1480.

Wilkes Bashford
375 Sutter St.
Stadtplan 5 C4.
1-415-986-4380.

Designer-Outlets und Fabrikverkauf

Burlington Coat Factory
899 Howard St.
Stadtplan 11 B2.
1-415-495-7234.

Jeremy's
2 South Park St.
Stadtplan 11 C1.
1-415-882-4929.

Skechers USA
2600 Mission St.
Stadtplan 10 F3.
1-415-401-6211.

Sports Basement
1590 Bryant St.
Stadtplan 11 A3.
1-415-575-3000.

Outlets in der Bay Area

Great Mall
447 Great Mall Dr,
Milpitas.
1-415-408-945-4022.

Petaluma Village Premium Outlets
2220 Petaluma Blvd,
North Petaluma.
1-415-707-778-9300.

Castro District

Citizen Clothing
489 Castro St.
Stadtplan 10 D3.
1-415-575-3560.

Fillmore

Joie
2116 Fillmore St.
Stadtplan 4 D4.
1-415-400 0367.

Haight-Ashbury

Piedmont Boutique
1452 Haight St.
Stadtplan 9 C1.
1-415-864-8075.

Hayes Valley

Acrimony
333 Hayes St.
Stadtplan 4 F5.
1-415-861-1025.

Noe Valley

Rabat
4001 24th St.
Stadtplan 10 D4.
1-415-282-7861.

South of Market

Isda & Co
21 South Park St.
Stadtplan 11 C1.
1-415-512-0313.

Union Square

John Varvatos
152 Geary St.
Stadtplan 5 C5.
1-415-986-0138.

Union Street

Mimi's on Union
2133 Union St.
Stadtplan 4 D3.
1-415-921-2178.

Stadtplan *siehe Seiten 290 – 308*

Herrenmode

Marken-Herrenbekleidung, Sportkleidung, Schuhe und Accessoires in europäischem Stil führt **Rolo**. **Brooks Brothers** war das erste amerikanische Geschäft für Herrenkonfektionskleidung in den USA. Das Unternehmen ist heute für seine eleganten Anzüge und die beliebten Button-down-Hemden bekannt.

Modische Outdoor-Kleidung gibt es bei **Eddie Bauer**. **The Gap** und **Old Navy** bieten aktuelle Casual Wear zu recht erschwinglichen Preisen. Auf der Suche nach Übergrößen werden Herren vermutlich im **Rochester Big and Tall** fündig. Das Angebot umfasst sowohl Freizeit- als auch Geschäftskleidung. **Body** in der Castro Street verkauft T-Shirts, Unterwäsche, Schuhe und mehr.

Damenmode

In San Francisco sind viele weltberühmte Modemarken vertreten, darunter auch **Chanel**, **Gucci** und **Louis Vuitton**. **Prada** ist für die feinen Strickwaren aus Merinowolle und Kaschmir bekannt.

Banana Republic und **Marciano** bieten modische, gleichwohl tragbare Kleidung an.

Schicke, schöne und bequeme Kleidung fürs Büro findet man bei **Lululemon**. **Loehmann's** verkauft neueste Designerkleidung aus New York und Europa zu reduzierten Preisen. **Ann Taylor** bietet Hosenanzüge, Abendkleider, Blusen und Jacken. Kleine, zierliche Frauen werden bei **Bebe** fündig. **Lane Bryant** verkauft Modisches auch in Übergrößen. **Urban Outfitters** bietet neue Waren, aber auch schicke Secondhand-Kleidung an. **Anthropologie** verkauft vom Vintage-Stil beeinflusste Jeans und Kleider.

Kinderkleidung

Farbenfrohe Kollektionen aus Baumwolle, darunter auch Batik- und Ethno-Modelle, sowie eine große Auswahl an Hüten bietet **Kids Only**. **Small Frys** ist für Baumwollkleidung bekannt. **Gap Kids** und **Baby Gap** haben ein reichhaltiges Angebot in vielen Größen und Farben.

Schuhe

Top-Qualität bekommt man beim bekannten Schuhdesigner **Kenneth Cole**. Auch **Kate Spade** bietet klassische, gleichwohl inspirierte Schuhe, Taschen und Accessoires. Bequeme Schuhe von Clarks, Birkenstock, Timberland, Sebago und Rockport führt **Ria's**. **Nike Town** ist ein Megastore für Sneakers. **DSW Shoe Warehouse** bietet reduzierte Ware en masse.

Shoe Biz II, einer von drei Biz-Läden an der Haight Street, ist leicht am Dinosaurier-Maskottchen zu erkennen. Musik und bequeme Stühle verführen zum Kauf des Sneaker-Angebots. **Shoe Biz I** verkauft preisgünstige Schuhe für den Alltagsbedarf. Die Schuhe bei Merrell sind stylish und bequem.

Bei **Foot Worship** fühlen sich die Freundinnen von Stilettos wohl.

Dessous

Zu den ersten Adressen für Unterwäsche und Nachthemden europäischer Marken gehört **Alla Prima Fine Lingerie**. Auch **Victoria's Secret** hat Filialen in San Francisco, u. a. am Union Square. In **Carol Doda's Champagne & Lace Lingerie** kreiert und verkauft San Franciscos erste Oben-ohne-Tänzerin ihre Dessous.

Lederwaren

Lederbekleidung schützt in San Francisco gegen den Nebel und ist gleichzeitig ein Fashion-Statement. Jacken aus Alligatorleder und Ganzkörper-Outfits gibt es bei **Fog City Leather**. Seit über 80 Jahren existiert **Golden Bear Sportswear**, wo man für modische bis klassische Jacken nur allerbestes Leder verwendet.

Outdoor-Kleidung

Entsprechend dem Angebot an Outdoor-Möglichkeiten rund um San Francisco und in ganz Nordkalifornien gibt es zahlreiche Läden für die geeignete Kleidung und Ausstattung. **REI** startet jeden ersten Samstag im Monat und an weiteren Terminen Sonderverkäufe, u. a. von Skiern, Snowboards, Fahrrädern und komfortabler Outdoor-Kleidung.

Extremsportler finden bei **North Face** seit 1966 Bekleidung, die auch bei klirrender Kälte den Körper ausreichend schützt und warm hält.

Patagonia verkauft Kleidung aus Bio-Baumwolle, die sowohl Regen als auch Hitze abweist – geradezu ideal für Bergsteiger, Kletterer, Mountainbiker, Windsurfer, Jogger bis hin zu Yoga-Anhängern.

Sportkleidung

Baseballfreunde kaufen Fanartikel in den Läden von **SF Giants Dugout**. Eine große Auswahl an Trikots von Teams der NFL und der NBA führt der **NFL College Shop** am Pier 39. Fanartikel der San Francisco 49ers gibt es bei **Champs Sports**. Trendige Sportbekleidung bietet **Lombardi Sports**. Im **Adidas Store** finden Sie eine riesige Auswahl an Sportschuhen und Sportbekleidung für Damen und Herren. Spezialkleidung und Sportausrüstung gibt es bei **Golfsmith** (Golf und Tennis) sowie bei **Athleta** mit seiner großen Auswahl an Sportbekleidung für Damen.

Wer sich an bekannten Marken orientiert und auf der Suche nach einem passenden T-Shirt oder einem Kapuzenpulli ist, findet bei **Only in San Francisco** in Fisherman's Wharf die größte Auswahl.

Vintage-Mode

Auch das Angebot an Vintage-Mode ist enorm. **Buffalo Exchange** und **Crossroads Trading** bieten ihren Kunden ein großes Angebot an Secondhand-Bekleidung. In Haight-Ashbury ist **Wasteland** eine gute Adresse. Im selben District bietet **Static** eine große und gute Auswahl an Vintage-Kleidung und -Accessoires. **Clothes Contact** bietet eine Riesenauswahl und verkauft die Klamotten pfundweise.

Auf einen Blick

Herrenmode

Body
450 Castro St. **Stadtplan** 10 D3. 1-415-575-3562.

Brooks Brothers
240 Post St.
Stadtplan 5 C4.
1-415-402-0476.

Eddie Bauer
Westfield Centre, Level 3.
Stadtplan 5 C5.
1-415-343-0146.

The Gap
2169 Chestnut St.
Stadtplan 4 D2.
1-415-929-1744.
890 Market St. **Stadtplan** 5 C5. 1-415-788-5909.

Old Navy
801 Market St. **Stadtplan** 5 C5. 1-415-344-0375.

Rochester Big and Tall
700 Mission St. **Stadtplan** 5 C5. 1-415-982-6455.

Rolo
2351 Market St.
Stadtplan 10 D2.
1-415-431-4545.

Damenmode

Ann Taylor
3 Embarcadero Center.
Stadtplan 6 D3.
1-415-989-5355.

Anthropologie
880 Market St. **Stadtplan** 5 C5. 1-415-434-2210.

Banana Republic
256 Grant Ave. **Stadtplan** 5 C4. 1-415-788-3087.

Bebe
Westfield Centre, Level 2.
Stadtplan 5 C5.
1-415-543-2323.

Chanel
156 Geary St.
Stadtplan 5 C4.
1-415-981-1550.

Gucci
240 Stockton St.
Stadtplan 5 C5.
1-415-392-2808.

Lane Bryant
2300 16th St.
Stadtplan 11 A3.
1-415-633-4275.

Loehmann's
222 Sutter St. **Stadtplan** 5 C4. 1-415-982-3215.

Louis Vuitton
233 Geary St. **Stadtplan** 5 C5. 1-415-391-6200.

Lululemon
327 Grant Ave.
Stadtplan 5 C4.
1-415-402-0914.

Marciano
Westfield Centre, Level 3.
Stadtplan 5 C5.
1-415-543-4636.

Prada
201 Post St. **Stadtplan** 5 C5. 1-415-391-8844.

Urban Outfitters
80 Powell St.
Stadtplan 5 B5.
1-415-989-1515.

Kinderkleidung

Gap Kids/Baby Gap
3491 California St.
Stadtplan 3 B4.
1-415-386-7517.

Kids Only
1608 Haight St.
Stadtplan 9 B1.
1-415-552-5445.

Small Frys
4066 24th St. **Stadtplan** 10 D4. 1-415-648-3954.

Schuhe

DSW Shoe Warehouse
400 Post St.
Stadtplan 5 B5.
1-415-956-3453.

Foot Worship
1214 Sutter St.
Stadtplan 5 A5.
1-415-921-3668.

Kate Spade
227 Grant Ave.
Stadtplan 5 C1.
1-415-216-0880.

Kenneth Cole
Westfield Centre, Level 1.
Stadtplan 5 C5.
1-415-227-4536.

Merrell
285 Geary St. **Stadtplan** 5 B5. 1-415-834-9605.

Nike Town
278 Post St. **Stadtplan** 5 C4. 1-415-392-6453.

Ria's
301 Grant Ave. **Stadtplan** 5 C4. 1-415-834-1420.

Shoe Biz I
1420 Haight St.
Stadtplan 9 C1.
1-415-864-0990.

Shoe Biz II
1553 Haight St.
Stadtplan 9 C1.
1-415-861-3933.

Dessous

Alla Prima Fine Lingerie
1420 Grant Ave.
Stadtplan 5 C2.
1-415-397-4077.

Carol Doda's Champagne & Lace Lingerie
1850 Union St. **Stadtplan** 4 E2. 1-415-776-6900.

Victoria's Secret
335 Powell St.
Stadtplan 5 B5.
1-415-433-9671.

Lederwaren

Fog City Leather
2060 Union St.
Stadtplan 4 D2.
1-415-567-1996.

Golden Bear Sportswear
200 Potrero Ave.
Stadtplan 11 A3.
1-415-863-6171.

Outdoor-Kleidung

North Face
180 Post St. **Stadtplan** 5 C4. 1-415-433-3223.

Patagonia
770 North Point St.
Stadtplan 5 A2
1-415-771-2050.

REI
840 Brannan St.
Stadtplan 11 B2.
1-415-934-1938.

Sportkleidung

Adidas Store
Westfield Centre, Level 1.
Stadtplan 5 C5.
1-415-975-0934.

Athleta
2226 Fillmore St.
Stadtplan 4 D4.
1-415-345-8501.

Champs Sports
Westfield Centre, Level LC.
Stadtplan 5 C5.
1-415-975-0883.

Golfsmith
735 Market St.
Stadtplan 5 C5.
1-415-974-6979.

Lombardi Sports
1600 Jackson St.
Stadtplan 4 F3.
1-415-771-0600.

NFL College Shop
Pier 39.
Stadtplan 5 B1.
1-415-397-2027.

Only in San Francisco
Pier 39 bei Jefferson St.
Stadtplan 5 B1.
1-415-397-0143.

SF Giants Dugout
SBC Park.
Stadtplan 11 C1.
1-415-947-3419.

Vintage-Mode

Buffalo Exchange
1555 Haight St.
Stadtplan 9 C1.
1-415-431-7733.
1210 Valencia St.
Stadtplan 10 F4.
1-415-647-8332.

Clothes Contact
473 Valencia St.
Stadtplan 10 F2.
1-415-621-3212.

Crossroads Trading
1901 Fillmore St.
Stadtplan 4 D4.
1-415-775-8885.
2123 Market St.
Stadtplan 10 E2.
1-415-552-8740.

Static
1764 Haight St.
Stadtplan 9 B1.
1-415-422-0046.

Wasteland
1660 Haight St.
Stadtplan 9 B1.
1-415-863-3150.

Stadtplan *siehe Seiten 290 – 308*

Bücher, Musik, Kunst und Antiquitäten

Es gibt Hunderte von Geschäften für die vielen in San Francisco lebenden Autoren, Künstler und Sammler. Viele Wohnhäuser der Stadt sind mit Objekten aus hiesigen Kunstgalerien und Antiquitätenläden eingerichtet. Wer schöne oder außergewöhnliche Dinge schätzt – sei es ein Einzelstück oder zeitgenössische Volkskunst –, findet hier mit Sicherheit das Passende.

Sortimentsbuchhandel

Im berühmten **City Lights Bookstore** (siehe S. 88), einer berühmten Institution San Franciscos, trafen sich die Literaten der Beat Generation in den 1960er Jahren zu Diskussionen. Der Laden hat bis spätabends geöffnet und ist auch heute noch ein beliebter Studententreffpunkt. Im **Readers Café and Bookstore** (siehe S. 175) im Fort Mason Center kann man entspannen und in Büchern schmökern. **Green Apple Books** verkauft neue und gebrauchte Bücher und ist bis 22.30 Uhr (Fr und Sa bis 23.30 Uhr) geöffnet. **Folio Books** ist ein kleiner Laden im Herzen des Noe Valley und verkauft neue wie gebrauchte Bücher. **The Booksmith** in Haight-Ashbury ist für seine große Auswahl an ausländischen und politischen Periodika bekannt. **Alexander Book Company** bietet neben dem üblichen Sortiment ebenfalls eine reichhaltige Auswahl an Kinderbüchern.

Fachbuchhandlungen

Science-Fiction, Krimis und Horror – die größte Auswahl zu diesen Themen erhalten Sie bei **Borderland Books**. Wenn Sie an Umweltthemen, Politik und Nachhaltigkeit interessiert sind, sollten Sie bei **The Green Arcade** vorbeischauen. **Omnivore Books** ist der Traum eines jeden Kochs. Hier gibt es alles rund um Lebensmittel und Kochen.

Musikgeschäfte

Eine breite Auswahl an neuen als auch an Secondhand-CDs und -Platten sowie preiswerte Angebote von DVDs und Videospielen offeriert **Streetlight Records**. Obskure Klänge sind eher das Metier von **Recycled Records** in der Haight Street, wo neue und alte Aufnahmen ebenso eifrig gehandelt werden wie Aktien im Financial District. Das 1970 eröffnete **Aquarius Records** ist der älteste unabhängige Plattenladen San Franciscos. Hier gibt es alle möglichen Musikrichtungen – von Psychedelic Rock und Indie bis zu Reggae und Bluegrass. **Amoeba Music** in Berkeley ist der größte CD- und Plattenladen der Bay Area für neue und gebrauchte CDs und Platten. 500 000 Titel der Stilrichtungen Jazz, Blues und Rock sind vorrätig – ein Paradies für jeden Sammler, der seltene Stücke zu niedrigen Preisen sucht.

Musiknoten

Die größte Auswahl an Noten, Partituren, Instrumenten und sonstigem Musikzubehör bietet **Sunset Music Company**. Hier gibt es darüber hinaus Musikunterricht, Probenräume und Instrumentenverleih. In der **Union Music Company** bekommt man Bücher und Notensammlungen zu allen Musikrichtungen.

Kunstgalerien

Kunstinteressierten stehen in San Francisco Hunderte von Galerien offen. Die **John Berggruen Gallery** (siehe S. 40) hat die größte Sammlung von Werken aufstrebender und etablierter Künstler. Die **Fraenkel Gallery** ist für ihre Sammlung mit Fotos aus dem 19. und 20. Jahrhundert bekannt. Die **Haines Gallery** im gleichen Gebäude bietet drei Abteilungen: Bilder, Skulpturen und Fotos. **SF Camerawork** verkauft limitierte Auflagen von bekannten Fotokünstlern. In **The Shooting Gallery** findet man interessante Kunstwerke. Die **Art Haus Gallery** bietet zeitgenössische Kunst in Museumsqualität. Neue Werke von amerikanischen Künstlern hängen in der **Gallery Paule Anglim**. Die **John Pence Gallery** hat sich auf Realismus spezialisiert.

Werke von Künstlern der Bay Area sind in großer Zahl bei **Hang** zu finden. **Vista Point Studios Gallery** präsentiert die wohl schönsten Fotografien der Bay Area.

Kunsthandwerk

Es gibt viele Galerien mit gutem Kunsthandwerk. Im renovierten Frank-Lloyd-Wright-Gebäude findet man bei **Folk Art International, Xanadu & Boretti** u. a. Masken, Textilien, Skulpturen und Schmuck. Wunderschöne afrikanische Masken, Schmuck und Stoffe gibt es bei **African Outlet**. Keramik und Masken aus Japan kann man bei **Ma-Shi'-Ko Folk Craft** bewundern. Traditionelle und zeitgenössische Werke von einheimischen Künstlern findet man bei **Galería de la Raza**.

Internationale Antiquitäten

Die ehemals verrufene Barbary Coast (siehe S. 28f) ist heute eine Shopping-Meile für Antiquitäten und heißt nun **Jackson Square** (siehe S. 112). In der **San Francisco Antique and Design Mall** gibt es ebenfalls viele Antiquitätenläden.

Aria Antiques bietet in seinem gut sortierten Laden wahre Fundstücke. Viktorianische, Art-nouveau-, Art-déco- und edwardianische Stücke findet man in großer Auswahl bei **Lang Antiques**. Eine einmalige Zusammenstellung von Kunstgegenständen und Antiquitäten aus der ganzen Welt gibt es bei **JRM International**. Bei **Prints Old & Rare** kann man – allerdings erst nach vorheriger Vereinbarung – alle Arten von antiquarischen Büchern, Drucken und alten Landkarten erstehen.

BÜCHER, MUSIK, KUNST UND ANTIQUITÄTEN | 243

Auf einen Blick

Sortimentsbuchhandel

Alexander Books Company
50 Second St.
Stadtplan 6 D4.
[1-415-495-2992.
W alexanderbook.com

The Booksmith
1644 Haight St.
Stadtplan 9 B1.
[1-415-863-8688.
W booksmith.com

City Lights Bookstore
261 Columbus Ave.
Stadtplan 5 C3.
[1-415-362-8193.
W citylights.com

Folio Books
3957 24th St.
Stadtplan 10 E4.
[1-415-821-3477.
W foliosf.com

Green Apple Books
506 Clement St.
Stadtplan 3 A5.
[1-415-387-2272.
W greenapplebooks.com

Readers Café and Bookstore
Zimmer 165, Building C,
Fort Mason Center.
Stadtplan 4 D1.
[1-415-771-1076.
W readerscafe.org

Fachbuchhandlungen

Borderland Books
866 Valencia St.
Stadtplan 10 F3.
[1-415-824-8203.

The Green Arcade
1680 Market St.
Stadtplan 10 F1.
[1-415-431-6800.

Omnivore Books
3885A Cesar Chavez St.
Stadtplan 10 E4.
[1-415-282-4712.

Musikgeschäfte

Amoeba Music
1855 Haight St.
Stadtplan 9 B1.
[1-415-831-1200.

Aquarius Records
1055 Valencia St.
Stadtplan 10 F3.
[1-415-647-2272.

Recycled Records
1377 Haight St.
Stadtplan 9 C1.
[1-415-626-4075.

Streetlight Records
2350 Market St.
Stadtplan 10 D2.
[1-415-282-8000.

Musiknoten

Sunset Music Company
2311 Irving St.
Stadtplan 8 E3.
[1-415-731-1725.

Union Music Company
1710B Market St.
Stadtplan 10 E1.
[1-415-775-6043.

Kunstgalerien

Art Haus Gallery
411 Brannan St.
Stadtplan 11 C1.
[1-415-977-0223.

Fraenkel Gallery
49 Geary St.
Stadtplan 5 C5.
[1-415-981-2661.

Gallery Paule Anglim
14 Geary St.
Stadtplan 5 C5.
[1-415-433-2710.

Haines Gallery
5th Floor,
49 Geary St.
Stadtplan 5 C5.
[1-415-397-8114.

Hang
567 Sutter St,
2nd Floor.
Stadtplan 3 C4.
[1-415-434-4264.

John Berggruen Gallery
228 Grant Ave.
Stadtplan 5 C4.
[1-415-781-4629.

John Pence Gallery
750 Post St.
Stadtplan 5 B5.
[1-415-441-1138.

SF Camerawork
1011 Market St.
Stadtplan 11 A1.
[1-415-487-1011.

The Shooting Gallery
886 Geary St.
Stadtplan 5 A5.
[1-415-931-8035.

Vista Point Studios Gallery
405 Florida St.
Stadtplan 11 A3.
[1-415-215-9073.

Kunsthandwerk

African Outlet
524 Octavia St.
Stadtplan 4 E5.
[1-415-864-3576.

Folk Art International, Xanadu & Boretti
Frank Lloyd Wright Bldg,
140 Maiden Lane.
Stadtplan 5 B5.
[1-415-392-9999.

Galería de la Raza
Studio 24,
2857 24th St.
Stadtplan 10 F4.
[1-415-826-8009.

Ma-Shi'-Ko Folk Craft
1581 Webster St,
Japan Center.
Stadtplan 4 E4.
[1-415-346-0748.

Internationale Antiquitäten

Aria Antiques
1522 Grant Ave.
Stadtplan 5 C2.
[1-415-433-0219.

Jackson Square Art & Antique Dealers Association
445 Jackson St
(am Jackson Square).
Stadtplan 5 C3.
[1-415-398-8115.

JRM International
2015 12th St.
Stadtplan 11 B3.
[1-415-864-8118.

Lang Antiques
323 Sutter St.
Stadtplan 5 C4.
[1-415-982-2213.

Prints Old & Rare
580 Mount Crespi Drive,
Pacifica, CA 94044.
[1-650-355-6325.

San Francisco Antique and Design Mall
1122 Howard St.
Stadtplan 5 C5.
[1-415-656-3530.
538 Castro St.
Stadtplan 10 D3
[1-415-656-3530.

Stadtplan *siehe Seiten 290–308*

Delikatessen, Märkte und Elektronik

San Francisco ist für sein gutes Essen bekannt, die Feinschmecker der Stadt sind daher ganz besonders anspruchsvoll. Isst man nicht im Restaurant, kocht man zu Hause in der bestens ausgestatteten Küche. Gute Weine, Feinkostläden und Utensilien, die dem Kochen eine künstlerische Note verleihen, findet man in San Francisco mühelos. Geschäfte, in denen man neueste Haushaltswaren, Computer sowie Foto- und Elektronikartikel bekommt, gibt es ebenfalls in großer Zahl.

Delikatessen

Feinkostläden wie **Whole Foods** haben ein breites Angebot, das von Jakobsmuscheln bis Zucchini und von frischen kalifornischen Erzeugnissen bis zu importierten Spezialitäten reicht. **Williams-Sonoma** führt Marmelade, Senf und zahlreiche andere Köstlichkeiten, die sich auch als Geschenk anbieten. **David's** ist für geräucherten Lachs *(lox)*, Bagels und New Yorker Käsekuchen bekannt. Essen zum Mitnehmen und hübsch verpackte essbare Mitbringsel bekommt man in den Lebensmittelabteilungen der Kaufhäuser, etwa in **Macy's Cellar**. Auch die großen Supermarktketten haben gute Abteilungen mit internationalem Angebot.

Italienische Feinkostläden führen neben Snacks auch Olivenöl, Polenta und Pasta aus ihrer Heimat. **Molinari Delicatessen** ist berühmt für seine frischen Ravioli und Tortellini. **Lucca Ravioli** hat freundliches Personal, das die Pasta vor Ort herstellt. **Pasta Gina** im schönen Noe Valley bietet Pasta, Pesto und andere Saucen mit großen Fleischbällchen.

Asiatische Lebensmittel kauft man am besten in den beiden chinesischen Vierteln der Stadt, in Chinatown *(siehe S. 96–102)* und in der Clement Street *(siehe S. 63)*. Spanische und lateinamerikanische Spezialitäten gibt es im **Casa Lucas Market**.

Spezialitäten und Wein

Das frische Sauerteig-Baguette der **Boudin Bakery** ist bei Einheimischen wie Besuchern beliebt. **La Boulange** hat mit das beste Brot und bringt einen Hauch von Paris nach San Francisco. Italienische Spezialitäten gibt es in der **Il Fornaio Bakery**, einem beliebten Ableger des Restaurants in der Battery Street. Für kalorienreiches Gebäck ist der **Fillmore Bake Shop** zuständig. Die den ganzen Tag über frisch gebackenen Gourmet-Cupcakes von **Kara's** sind köstlich.

In San Francisco versteht man etwas von Kaffee, deshalb gibt es viele Fachgeschäfte. **Caffè Trieste** verkauft Kaffeemischungen und Kaffeezubehör. Erstklassige Kaffeebohnen bekommt man auch bei der **Caffè Roma Coffee Roasting Company** und der **Graffeo Coffee Roasting Company**. Ebenfalls beliebt sind **Peet's Coffee & Tea** und **Blue Bottle Coffee**.

Schokoladenfans sollten **See's Candies**, **Cocoa Bella Chocolates** und San Franciscos eigene Schokoladenfabrik **Ghirardelli's** nicht versäumen. Gute Eiscreme gibt es bei **Ben & Jerry's** und **Hot Cookie Double Rainbow**. Besuchen Sie den **Bi-Rite Market** für lokal angebaute Produkte und **Cheese Plus** wegen der riesigen Auswahl an Käse.

Die Weinhandlung **California Wine Merchant** zeichnet sich durch gute Beratung und erschwingliche Preise aus.

Wochen- und Flohmärkte

Auf verschiedenen Wochen- und Bauernmärkten (Farmers' Markets) im Zentrum kann man Obst und Gemüse direkt vom Erzeuger kaufen. Der **Heart of the City** ist mittwochs (7–17.30 Uhr) und sonntags (7–17 Uhr) geöffnet, der **Ferry Plaza** samstags von 9 bis 14 Uhr. Die Lebensmittelläden in Chinatown ähneln einem exotischen Wochenmarkt und sind jeden Tag geöffnet.

Flohmärkte bieten jede Menge Schätze und Ramsch in einer basarähnlichen Atmosphäre. Der Flohmarkt in **Berkeley** ist leicht zu erreichen. Stellen Sie sich auf Tauschhandel und Barzahlung ein. Manchmal wird bei Flohmärkten Eintrittsgebühr verlangt.

Haushaltswaren

Ein Paradies für die Hobbyköche ist **Williams-Sonoma** mit seinen zahllosen Küchenutensilien und erstklassigem Kochgeschirr. Relativ günstiges Kochzubehör, das von praktischen Töpfen und Pfannen bis zu wunderschönen Servierplatten reicht, verkauft **Crate & Barrel**. Auf chinesisches Kochgeschirr hat sich **The Wok Shop** spezialisiert.

Bed, Bath & Beyond verkauft Bettwäsche, Badehandtücher, Tischdecken und verschiedene andere Haushaltsartikel. **Sue Fisher King** bietet eine große Auswahl eleganter Accessoires für Heim und Bad. Ein wahres Kaleidoskop von Stoffen, Accessoires, Baumwoll-, Seiden- und Wollwaren sowie Knöpfen, Schnüren, Bändern und sogar Polstermaterialien gibt es bei **Britex Fabrics**.

Computer, Elektronik- und Fotoartikel

Einer der besten Computerläden in San Francisco ist **Central Computers**. Software und Elektronikgeräte jedes Kalibers gibt es bei **Best Buy** – hier werden alle Computer-Nerds fündig.

Für neue und gebrauchte Kameras, Filme sowie für Reparaturen geht man zu **Adolph Gasser**. Einige Billig-Fotoläden in der Market Street haben einen zweifelhaften Ruf. Erkundigen Sie sich im Visitor Information Center *(siehe S. 119)*, wo Sie bedenkenlos einkaufen können. Filme und Fotozubehör zu sehr günstigen Preisen (mit guter Beratung) bietet **Camera Zone and Art Gallery**.

Auf einen Blick

Delikatessen

Casa Lucas Market
2934 24th St.
Stadtplan 9 C3.
1-415-826-4334.

David's
474 Geary St.
Stadtplan 5 A5.
1-415-276-5950.

Lucca Ravioli
1100 Valencia St.
Stadtplan 10 F3.
1-415-647-5581.

Macy's Cellar
191 O'Farrell St.
Stadtplan 5 C1.
1-415-296-4411.

Molinari Delicatessen
373 Columbus Ave.
Stadtplan 5 C3.
1-415-421-2337.

Pasta Gina
741 Diamond St.
Stadtplan 10 D4.
1-415-282-0738.

Whole Foods
1765 California St.
Stadtplan 4 F4.
1-415-674-0500.

Williams-Sonoma
340 Post St.
Stadtplan 5 C4.
1-415-362-9450.
williams-sonoma.com
Eine von mehreren Filialen.

Spezialitäten und Wein

Ben & Jerry's Ice Cream
1480 Haight St.
Stadtplan 9 C1.
1-415-626-4143.
benjerry.com

Bi-Rite Market
3639 18th St.
Stadtplan 10 E3.
1-415-241-9760.

Blue Bottle Coffee
1 Ferry Building.
Stadtplan 6 D3.
Eine von mehreren Filialen.

Boudin Bakery
4 Embarcadero Center.
Stadtplan 6 D3.
1-415-362-3330.
Eine von mehreren Filialen.

La Boulange
2325 Pine St.
Stadtplan 4 D4.
1-415-440-0356.

Caffè Roma Coffee Roasting Company
526 Columbus Ave.
Stadtplan 5 B2.
1-415-296-7942.

Caffè Trieste
601 Vallejo St.
Stadtplan 5 C3.
1-415-982-2605.

California Wine Merchant
2113 Chestnut St.
Stadtplan 4 D2.
1-415-567-0646.

Cheese Plus
2001 Polk St.
Stadtplan 5 A3.
1-415-921-2001.

Cocoa Bella Chocolates
2102 Union St.
Stadtplan 4 D3.
1-415-931-6213.

Fillmore Bake Shop
1890 Fillmore St.
Stadtplan 4 D4.
1-415-923-0711.

Ghirardelli's
Ghirardelli Square.
Stadtplan 4 F1.
474-3938.
42 Stockton St.
Stadtplan 5 C1.
1-415-397-3030.

Graffeo Coffee Roasting Company
735 Columbus Ave.
Stadtplan 5 B2.
1-415-986-2420.

Hot Cookie Double Rainbow
407 Castro St.
Stadtplan 10 D2.
1-415-621-2350.
Eine von mehreren Filialen.

Il Fornaio Bakery
1265 Battery St.
Stadtplan 5 C2.
1-415-986-0646.

Kara's Cupcakes
3249 Scott St.
Stadtplan 3 C2.
1-415-563-2253.

Peet's Coffee & Tea
2257 Market St.
Stadtplan 10 D2.
1-415-626-6416.
Eine von mehreren Filialen.

See's Candies
3 Embarcadero Center.
Stadtplan 6 D3.
1-415-391-1622.
Eine von mehreren Filialen.

Wochen- und Flohmärkte

Berkeley Flea Market
1937 Ashby Ave,
Berkeley, CA 94703.
1-510-644-0744.

Ferry Plaza Farmers' Market
Marktplatz am Embarcadero.
Stadtplan 6 D3.
1-415-291-3276
ferryplazafarmersmarket.com

Heart of the City Farmers' Market
United Nations Plaza.
Stadtplan 11 A1.
1-415-558-9455.

Haushaltswaren

Bed, Bath & Beyond
555 9th St.
Stadtplan 11 A4.
1-415-252-0490.

Britex Fabrics
146 Geary St.
Stadtplan 5 C5.
1-415-392-2910.

Crate & Barrel
55 Stockton St.
Stadtplan 5 C5.
1-415-982-5200.
crateandbarrel.com

Sue Fisher King
3067 Sacramento St.
Stadtplan 3 C4.
1-415-922-7276.

Williams-Sonoma
Siehe Delikatessen.

The Wok Shop
718 Grant Ave.
Stadtplan 5 C4.
1-415-989-3797.

Computer, Elektronik- und Fotoartikel

Adolph Gasser, Inc
181 Second St.
Stadtplan 6 D5.
1-415-495-3852.

Best Buy
1717 Harrison St.
Stadtplan 11 A3.
1-415-626-9682.

Camera Zone and Art Gallery
1365 Columbus St.
Stadtplan 5 A1.
1-415-359-0947.

Central Computers
837 Howard St.
Stadtplan 5 C5.
1-415-495-5888.

Stadtplan *siehe Seiten 290–308*

Unterhaltung

Seit die Stadt ab den 1850er Jahren zu boomen begann, nimmt San Francisco für sich in Anspruch, die kulturelle Hauptstadt der amerikanischen Westküste zu sein. In der Tat bewegt sich das Unterhaltungsangebot in San Francisco auf einem sehr hohen Niveau. Die meisten Opern- und Ballettaufführungen sowie Konzerte finden im Civic-Center-Komplex statt. Die jüngste Bereicherung des Kulturlebens ist das viel gepriesene Center for the Arts Theater in Yerba Buena Gardens, in dem viele internationale Tourneetruppen gastieren. Kinos *(siehe S. 250f)* gibt es in großer Zahl, der schönste alte Kinopalast der Stadt ist das Castro Theatre *(siehe S. 138)*.

Das Theater hingegen ist nicht unbedingt die Stärke von San Francisco – von einigen unabhängigen Produktionen einmal abgesehen. Das eigentliche »Zugpferd« der Stadt ist die Musik, speziell Jazz und Blues sind hier sehr stark vertreten. Gute Bands kann man in einigen intimen Lokalen oder Kneipen oft zum Preis eines Drinks hören oder auf den zahlreichen Straßenfesten und Musikfestivals, die während der Sommermonate stattfinden *(siehe S. 50 – 53)*. Und natürlich gibt es in der ganzen Stadt und in der Umgebung eine Vielzahl an Möglichkeiten, diverse Sportarten zu betreiben – von Radfahren über Golf bis hin zu Segeln.

Information

Ausführliche Informationen über das aktuelle kulturelle Angebot geben der *San Francisco Chronicle (siehe S. 275)* und der *Examiner*. Die Sonntagsausgabe des *Chronicle* enthält einen nützlichen »Terminkalender«, die »Pink Pages«, mit Veranstaltungshinweisen für die ganze Woche. Ebenfalls einen guten Überblick vermitteln die kostenlosen Wochenmagazine, etwa *San Francisco Bay Guardian* oder *San Francisco Weekly*, die es bei Zeitungsständen, Kiosken und in Cafés und Bars gibt. Man findet darin Veranstaltungstermine und Kritiken, vor allem zu Live-Musik und Filmen.

Wer weiter im Voraus planen möchte, sollte sich das *San Francisco Book* besorgen. Es wird zweimal im Jahr vom **San Francisco Visitor Information Center** herausgegeben und enthält Termine für mehrere Monate. Das Buch ist kostenlos im Visitor Information Center (Hallidie Plaza) erhältlich. Das Büro unterhält auch einen telefonischen Ansagedienst mit Veranstaltungshinweisen. Darüber hinaus gibt es für Besucher zahlreiche kostenlose Veranstaltungskalender und Magazine wie *Key This Week San Francisco* und *Where San Francisco*.

Tickets

Karten für Konzerte, Theateraufführungen und Sportveranstaltungen gibt es bei **Ticketmaster**. Das Unternehmen hält praktisch das Monopol im Kartenvorverkauf und betreibt einen telefonischen Reservierungsdienst mit Verkaufsstellen in den Tower-Records-Läden. Pro Ticket wird eine Gebühr von ca. sieben US-Dollar erhoben. Die einzige Alternative ist, die Karten direkt an den Theaterkassen zu kaufen. Doch öffnen diese meist erst unmittelbar vor Beginn der Vorstellungen. Viele Sinfoniekonzerte, Ballettaufführungen und Opern sind jedoch schon lange vorher ausverkauft, sodass man sich frühzeitig um Karten bemühen sollte. Im Abonnement kann man Tickets auch für eine ganze Saison beziehen, falls man sich länger in der Stadt aufhält.

Es gibt nur wenige Ticket-Agenturen in San Francisco, und sie sind hauptsächlich auf den Verkauf begehrter Karten zu erhöhten Preisen spezialisiert. Man findet sie in den »Gelben Seiten« des Telefonbuchs. Schwarzhändler, die bei jeder ausverkauften Veranstaltung vor dem Eingang stehen, bieten Karten zu astronomischen Preisen an. Doch wenn Sie gern handeln (und auf den Beginn der Veranstaltung verzichten), kann es sich durchaus lohnen.

Reduzierte Tickets

Für bestimmte Theater-, Ballett- und Musikveranstaltungen bekommt man bei **TIX Bay Area** (Ostseite des Union Square) Tickets zum halben Preis. Diese werden am Tag der Aufführung ab 11 Uhr verkauft und können bar oder mit Reiseschecks bezahlt werden. Samstags gibt es darüber hinaus einige redu-

Banner für das Jazz Festival

Schachpartie im Freien, Portsmouth Plaza in Chinatown

UNTERHALTUNG | **247**

Bluesgitarrist in einem der Clubs *(siehe S. 255)*

zierte Tickets für Veranstaltungen am Sonntag und Montag.

TIX Bay Area ist gleichzeitig eine normale Kartenvorverkaufsstelle, bei der man die Karten mit Kreditkarte bezahlen kann. Sie ist von Dienstag bis Freitag zwischen 11 und 18 Uhr geöffnet, am Samstag von 10 bis 16 Uhr und am Sonntag von 10 bis 15 Uhr.

Kostenlose Veranstaltungen

Neben den vielen normalen Veranstaltungen in San Francisco gibt es eine Reihe kostenloser Konzerte und Aufführungen (zumeist tagsüber). Im Spätsommer bietet die San Francisco Symphony Konzerte im Stern Grove, südlich vom Sunset District, wo auch Ballettgruppen auftreten.

Cobbs Comedy Club in Fisherman's Wharf veranstaltet im August und September die San Francisco International Comedy Competition, mit über 300 Entertainern.

Im Rahmen der Veranstaltungsreihe »Brown Bag Operas« kann man das Ensemble der San Francisco Opera auf Open-Air-Bühnen im Financial District hören. Im Sommer gibt es im Golden Gate Park das Shakespeare Festival und den Comedy Celebration Day. Auch die San Francisco Mime Troupe tritt hier auf. Die Konzertreihe »Jewels in the Square« bietet jeden Mittwoch um 12.30 und um 18 Uhr sowie jeden Sonntag um 14 Uhr Live-Konzerte am Union Square. In der Old St. Mary's Cathedral *(siehe S. 100)* gibt es bisweilen unter der Woche um 12.30 Uhr Konzerte.

Reisende mit besonderen Bedürfnissen

Kalifornien geht in vorbildlicher Weise auf die Bedürfnisse von Behinderten ein. Die meisten Theater und Konzertsäle von San Francisco sind für Behinderte problem- und mühelos zugänglich. Bei einigen kleineren Häusern muss unter Umständen ein besonderer Eingang oder der Lift benutzt werden, um zu den oberen Rängen zu kommen. Viele Kinos bieten spezielle Kopfhörer für Schwerhörige an. Um sich Gewissheit über die jeweiligen Gegebenheiten zu verschaffen, wenden Sie sich am besten direkt an die Theater. Weitere Einzelheiten finden Sie auf Seite 268.

Presidio Theatre *(siehe S. 250)*

Auf einen Blick

Nützliche Nummern

San Francisco Visitor Information Center
Powell St bei Market St,
Untergeschoss Hallidie Plaza.
📞 1-415-391-2000.
🌐 sanfrancisco.travel

California Welcome Center
Pier 39, Building B, 2. Geschoss.
📞 1-415-981-1280.
🌐 visitcwc.com

Tickets

Ticketmaster
Tel. Vorverkauf per Kreditkarte.
📞 1-800-745-3000.
🌐 ticketmaster.com oder
🌐 tickets.com

TIX Bay Area
Ostseite des Union Sq, Powell St zwischen Geary St und Post St.
📞 1-415-433-7827.
🌐 theatrebayarea.org oder
🌐 tixbayarea.com

AT&T Park, die Spielstätte der San Francisco Giants *(siehe S. 260)*

Highlights: Entertainment

Dank seines vielfältigen Unterhaltungsangebots gehört San Francisco zu den attraktivsten Städten der Welt. Namhafte Künstler aller Sparten kommen zu Auftritten, viele bleiben – fasziniert von der kreativen Atmosphäre. Die Oper, das Ballett und das Sinfonieorchester von San Francisco gehören zu den besten der Westküste. Darüber hinaus bietet die Stadt eine bunte Palette an Jazz- und Rockmusik, verschiedene Theater und Tanzgruppen. Sportfans finden zahlreiche Veranstaltungen zum Zuschauen oder Mitmachen. Weitere Attraktionen sind die Parks und Erholungsgebiete, die es Ihnen erlauben, Ihre Outdoor-Aktivitäten – oft kostenlos – zu gestalten.

Clay Theatre
Das Clay wurde 1910 erbaut und zählt zu den ältesten Filmtheatern der Stadt. Gezeigt werden viele ausländische Filme *(siehe S. 250)*.

Pacific Heights u Marina

Presidio

Civic Center

Golden Gate Park und Land's End

Haight-Ashbury und Mission

San Francisco Comedy Celebration Day
Das alljährliche Festival im Golden Gate Park präsentiert neue Talente, die vielleicht – wie Whoopi Goldberg – zum Star werden *(siehe S. 247)*.

0 Kilometer 2
0 Meilen 1

Outdoor Ballett im Stern Grove
Die Freilichtbühne eignet sich ideal für Ballettaufführungen *(siehe S. 247)*.

Fillmore Auditorium
Hier traten in den 1960er Jahren berühmte Bands auf, und auch heute ist es immer noch ein Treff der Musikszene *(siehe S. 254)*.

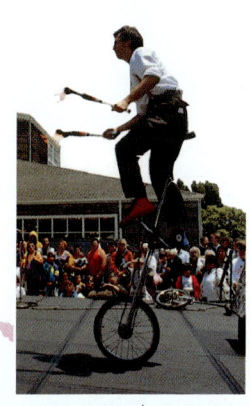

UNTERHALTUNG | **249**

Straßenkünstler in Fisherman's Wharf
Eine bunte Mischung aus Straßenmusikern, Jongleuren und anderen Improvisationstalenten unterhält die Passanten auf dem weitläufigen Areal von Fisherman's Wharf *(siehe S. 247)*.

The Saloon
In der North-Beach-Bar treten lokale Bluesbands auf. Der 1861 eröffnete Saloon bietet noch des Flair der Tage des Goldrauschs *(siehe S. 255)*.

Fairmont Hotel
In den Pianobars großer Hotels kann man gute Live-Musik hören. Im Tonga Room des Fairmont wurde einst Tony Bennett mit »I Left My Heart in San Francisco« berühmt *(siehe S. 257)*.

Fisherman's Wharf und North Beach

Chinatown und Nob Hill

Financial District und Union Square

Geary Theater
Das markante Gebäude beherbergt das berühmte American Conservatory Theater. Es wurde nach dem Erdbeben von 1989 umfangreich renoviert *(siehe S. 251)*.

War Memorial Opera House
Karten für die San Francisco Opera Association *(siehe S. 252)* sollten Sie vorab buchen.

Slim's
Einer der klassischen SoMa-Nachtclubs: Slim's bietet eine Mischung aus Jazz, Rock und Blues *(siehe S. 254)*.

Film und Theater

In San Francisco gibt es viele eifrige Kinogänger, in den Lichtspielhäusern laufen die neuesten Blockbuster. Zahlreiche Filmfestivals unterstreichen San Franciscos Ruf als Kunstzentrum. Neben dem San Francisco International Film Festival und dem Mill Valley Festival werden jedes Jahr die besten indianischen, asiatisch-amerikanischen, schwul-lesbischen und Frauenfilme gezeigt. Zudem gibt es einen Überblick über Videoproduktionen. Das Angebot an Theaterstücken ist weniger vielseitig. Zuweilen kann man die Produktionen an einer Hand abzählen. Die konventionellen Theater, in denen Gastspiele von Broadway-Produktionen und einheimische Ensembles zu sehen sind, liegen im Theater District *(siehe S. 118)* an der Geary Street westlich vom Union Square. Das Fort Mason Center *(siehe S. 74f)* ist für avantgardistisches Theater bekannt.

Premierenkinos

Das **Metreon**, ein Komplex mit 15 Leinwänden plus IMAX, Läden, Restaurants, speziellen Programmen und weiteren Attraktionen, ist ein Multimedia-Highlight beim Moscone Center. Das **Sundance Kabuki** im Japan Center *(siehe S. 130)*, das moderne **Embarcadero** sowie das **Presidio Theatre** sind andere exzellente Filmtheater für Premieren.

Weitere beliebte Erstaufführungsorte sind das **AMC Van Ness 14** und das **AMC Metreon 16**. Das **Century San Francisco Centre** im Westfield San Francisco Centre bietet neben luxuriösen Sitzen auch eine Gourmet-Snackbar. Die Vorstellungen beginnen in der Regel mittags und werden bis 22 Uhr alle zwei Stunden wiederholt. Am Wochenende gibt es zudem Mitternachtsvorstellungen. Karten zum halben Preis bekommt man gewöhnlich für die Mittagsvorstellung, allerdings sind die Regelungen unterschiedlich. Im Sundance Kabuki sind die Eintrittskarten zwischen 16 und 18 Uhr am billigsten.

Ausländische und Kunstfilme

Die wichtigsten Kinos für neue ausländische Produktionen sind das **Clay Theatre** in Pacific Heights und der Kinokomplex mit **Opera Plaza** in Civic Center mit insgesamt vier Leinwänden. Beide Kinos gehören zur Landmark-Kette, die auch Sammelkarten für fünf Vorstellungen (30 Prozent Rabatt) verkauft.

Im **Castro Theatre** *(siehe S. 138)*, dem sicher schönsten der alten Kinopaläste, wechselt das Programm täglich. Gezeigt werden Hollywood-Klassiker sowie weniger bekannte neue Filme. Auch das schicke **Roxie**, ein viel besuchtes unabhängiges Programmkino im Mission District, und das historische **Victoria Theater** zeigen regelmäßig schon längst vergessene Klassiker sowie aktuelle Filme.

Interessant ist auch das Programm der **Cinematheque**, die jeden Sonntagabend im San Francisco Art Institute und jeden Donnerstagabend im **Yerba Buena Center for the Arts** Filme zeigt.

Filmfestivals

Das im Mai stattfindende zweiwöchige **San Francisco International Film Festival** zeigt im Sundance Kabuki sowohl kommerzielle Filme als auch unabhängige und ausländische Produktionen, die sonst kaum in die Kinos kommen. Um Tickets sollte man sich drei oder vier Tage im Voraus bemühen. Das **Mill Valley Film Festival**, Anfang Oktober, ist in Cineastenkreisen ebenso bekannt wie das **Lesbian & Gay Film Festival**, das im Juni im Castro, Roxie und im Yerba Buena Center veranstaltet wird.

Konventionelle Theater

Viele Einwohner von San Francisco haben eine starke Abneigung gegen internationale

---

Film-Ratings

Filme werden in den USA wie folgt klassifiziert:
G Freigegen für Zuschauer jeden Alters.
PG Elternbegleitung ratsam. Einige Szenen sind nicht für Kinder geeignet.
PG-13 Elternbegleitung empfohlen. Einige Szenen sind für Kinder unter 13 Jahren ungeeignet.
R Eingeschränkt. Für Jugendliche unter 17 Jahren nur in Begleitung von Erwachsenen.
NC-17 Freigegeben ab 17 Jahren.

San Francisco im Film

Viele Plätze in und um San Francisco haben in Filmen eine Hauptrolle gespielt:

Alcatraz ist das berühmte Gefängnis in *Der Gefangene von Alcatraz* und *Flucht von Alcatraz*.
Im **Alta Plaza Park** fuhr Barbra Streisand in *Is' was, Doc?* mit dem Auto die Treppe hinunter.
In **Bodega Bay**, nördlich von San Francisco, spielt Hitchcocks *Die Vögel*.
Chinatown ist Schauplatz von *Chan ist verschwunden*, *Das Todesspiel*, *Dim Sum* und *Hammett*.
Die letzten Tage des **Fillmore Auditorium** mit der Band Grateful Dead sieht man in *Fillmore*.
Der **Mission District** ist Hintergrund im Thriller *Massenmord in San Francisco*.
Presidio ist der Schauplatz eines brutalen Mords im Krimi *Presidio*.
Der **Union Square** ist Kulisse für die Schlüsselszene im Film *Dialog*.

FILM UND THEATER | 251

Kassenschlager, weshalb bestimmte Theaterproduktionen hier weniger im Mittelpunkt stehen als in anderen amerikanischen Großstädten. Allerdings haben die großen Bühnen im Theater District doch einige Top-Produktionen pro Jahr zu bieten. Die drei größten Häuser sind das **Golden Gate Theater**, das **Curran Theater** und das **Orpheum Theater**, die auch Broadway-Stücke bieten. Broadway-Produktionen kann man auch im **New Conservatory Theatre Center** und im **Marines Memorial Theater** sehen. Mitten im Mission District zeigt **The Marsh Theater** neue und alte Performing-Arts-Shows.

Ein hoch geschätztes Ensemble der Stadt ist das **American Conservatory Theater (ACT)**. Seine langjährige Spielstätte, das Geary Theater, liegt ganz in der Nähe des Union Square. Während der Spielzeit von Oktober bis Mai sind hier völlig unterschiedliche Stücke zu sehen.

Alternative Theater

Mit Dutzenden von kleinen Theatern in der Stadt und zahlreichen weiteren in der Bay Area gibt es eine durchaus dynamische alternative Theaterszene, die oft nur Insidern bekannt ist. Ein Zentrum der Szene ist **Fort Mason**, wo das landesweit bekannte **Magic Theatre** und andere Gruppen auftreten und wo jeden August das Playwright Festival *(siehe S. 51)* stattfindet.

Im Mission District findet man das satirische **Theater Rhinoceros** und das risikofreudige **Theater Artaud**. Sehr renommiert ist auch das **Actors Theater of San Francisco**. Die mit Abstand beliebteste Produktion, die San-Francisco-Revue *Beach Blanket Babylon*, ist im **Club Fugazi** *(siehe S. 89)* in North Beach zu sehen.

Weitere interessante Theaterensembles sind **Intersection for the Arts**, die Multimedia-Truppe **Exit Theater** sowie das angesehene **Berkeley Repertory Theater** in der East Bay.

Auf einen Blick

Premierenkinos, ausländische und Kunstfilme

AMC Kabuki
Stadtplan 4 E4.
☎ 1-415-346-3243.

AMC Metreon 16
Stadtplan 5 C5.
☎ 1-888-262-4386 oder
☎ 1-415-369-6201.

AMC Van Ness 14
Stadtplan 4 F4.
☎ 1-888-262-4386.

Castro Theatre
Stadtplan 10 D2.
☎ 1-415-621-6120.

Century San Francisco Centre
Stadtplan 5 C5.
☎ 1-415-538-8422.

Cinematheque
Stadtplan 11 B3.
☎ 1-415-552-1990.

Clay Theatre
Stadtplan 4 D3.
☎ 1-415-561-9921.

Embarcadero
Stadtplan 6 C3.
☎ 1-415-561-9921.

Metreon
Stadtplan 5 C5.
☎ 1-415-369-6201.

Opera Plaza
Stadtplan 4 F5.
☎ 1-415-771-0183.

Presidio Theatre
Stadtplan 3 C2.
☎ 1-415-776-2388.

Roxie
Stadtplan 10 F2.
☎ 1-415-863-1087.

Victoria Theater
Stadtplan 10 F2.
☎ 1-415-863-7576.

Yerba Buena Center for the Arts
Stadtplan 5 C5.
☎ 1-415-978-2787.

Filmfestivals

Lesbian & Gay Film Festival
Stadtplan 11 A2.
☎ 1-415-703-8650.
🌐 frameline.org

Mill Valley Film Festival
38 Miller Ave, Mill Valley.
☎ 1-415-383-5256.

San Francisco International Film Festival
Stadtplan 4 D5.
☎ 1-415-561-5000.
🌐 sffs.org

Konventionelle Theater

American Conservatory Theater (ACT)
Stadtplan 5 B5.
☎ 1-415-749-2ACT.
🌐 act-sf.org

Curran Theater
Stadtplan 5 B5.
☎ 1-415-551-2000.
🌐 shnsf.com/theatres/curran

Golden Gate Theater
Stadtplan 5 B5.
☎ 1-415-551-2000.
🌐 shnsf.com/theatres/goldengate

Marines Memorial Theater
Stadtplan 5 B4.
☎ 1-415-771-6900 oder
☎ 1-415-447-0188.
🌐 marineclub.com/theatre.php

The Marsh Theater
Stadtplan 10 F3.
☎ 1-415-826-5750.
🌐 themarsh.org

New Conservatory Theatre Center
Stadtplan 10 F1.
☎ 1-415-861-8972.
🌐 nctcsf.org

Orpheum Theater
Stadtplan 11 A1.
☎ 1-415-551-2000.
🌐 orpheum-theater.com

Alternative Theater

Actors Theater of San Francisco
Stadtplan 5 B4.

Berkeley Repertory Theater
2025 Addison St, Berkeley.
☎ 1-510-647-2900 oder
☎ 1-510-647-2949.

Club Fugazi
Stadtplan 5 B3.
☎ 1-415-421-4222.
🌐 beachblanketbabylon.com

Exit Theater
156 Eddy St.
Stadtplan 5 B5.
☎ 1-415-931-1094.

Fort Mason Center
Stadtplan 4 E1.
☎ 1-415-441-3687.

Intersection for the Arts
Stadtplan 10 F2.
☎ 1-415-626-2787.

Magic Theatre
Stadtplan 4 E1.
☎ 1-415-441-8001.

Theater Artaud
Stadtplan 11 A3.
☎ 1-415-621-4240.

Theater Rhinoceros
Stadtplan 10 F2.
☎ 1-415-552-4100.

Stadtplan *siehe Seiten 290–308*

Oper, klassische Musik und Tanz

Seit den Tagen des Goldrausches von 1849 legt San Francisco Wert auf seine vielfältigen Kultureinrichtungen und seine weltberühmten Gaststars. Sponsoren und der Hotel Tax Fund unterstützen die Künste, sodass es ein breit gefächertes Angebot gibt – was das Publikum mit vollen Sälen quittiert. Die wichtigsten Spielstätten, zu denen das War Memorial Opera House und die Louise M. Davies Symphony Hall zählen, befinden sich im Civic-Center-Komplex *(siehe S. 128f)*. Die besten Jahreszeiten für Kunstfreunde sind Winter und Frühjahr, wenn die Opern-, Konzert- und Ballettsaison in vollem Gang ist. Da die Karten rasch ausverkauft sind, sollte man rechtzeitig buchen.

Oper

Bereits vor 1932, als in San Francisco die erste städtische Oper der USA gebaut wurde, fanden Opernaufführungen hier begeisterten Anklang. Seit Jahren gehört die San Francisco Opera zu den besten der Welt. Stars wie Placido Domingo und Kiri Te Kanawa gastierten hier, Künstler wie David Hockney gestalteten das Bühnenbild. Zum besseren Verständnis werden die Librettotexte auf Englisch als »supertitles« über die Bühne projiziert.

Die Spielzeit dauert von September bis Dezember, der Eröffnungsabend gehört zu den wichtigsten gesellschaftlichen Ereignissen an der Westküste. Im Juni und Juli finden einige Sommeraufführungen statt, für die man eher Karten bekommt.

Die Preise reichen von zehn bis 15 US-Dollar (Stehplatzkarte, an der Abendkasse) bis zu über 100 US-Dollar. Informationen zum Spielplan erhalten Sie bei der **San Francisco Opera Association**. Ob noch Karten erhältlich sind, erfahren Sie an der Kasse des **War Memorial Opera House**.

Auf der anderen Seite der Bucht tritt das erstklassige Ensemble der **West Edge Opera** im April und Mai im El Cerrito Performing Arts Center auf.

Klassische Musik

Die **Louise M. Davies Symphony Hall**, Teil des Civic-Center-Komplexes, wurde am 16. September 1980 eingeweiht. Wegen der schlechten Akustik wurde sie 1991/92 umgebaut. Seit ihrer Wiedereröffnung ist sie der wichtigste Veranstaltungsort in San Francisco für klassische Konzerte und außerdem das Stammhaus des renommierten **San Francisco Symphony Orchestra**.

Das Orchester gibt von September bis Juni fünf Konzerte pro Woche. Hinzu kommen Konzerte mit Gastdirigenten, Gastorchestern und Solisten. Im Juli finden hier die »Symphony Pops«-Konzerte statt. Im **Herbst Theatre**, gleich neben der Oper, sind Gastauftritte von berühmten Musikern und Sängern zu sehen.

Daneben gibt es auch viele kleinere Konzertveranstaltungen in der Bay Area. Das **Philharmonia Baroque Orchestra**, ein Instrumentalensemble, spielt an verschiedenen Orten der Stadt, und in der **Old First Presbyterian Church** finden jeden Freitagabend und Sonntagnachmittag Kammer- oder Solokonzerte statt.

Das **Florence Gould Theater** im Legion of Honor *(siehe S. 158f)* wird häufig für klassische Konzerte kleiner Ensembles, etwa Quartette, genutzt. Es werden auch alte Musikinstrumente vorgestellt, beispielsweise das Klavichord.

Auf der anderen Seite der Bucht haben im Winter und im Frühjahr in der **Hertz Hall** auf dem Campus der UC Berkeley *(siehe S. 178f)* junge Stars ihren Auftritt. Die dynamische **Oakland East Bay Symphony** ist im Paramount Theater, einem schönen Art-déco-Gebäude, zu hören.

Zeitgenössische Musik

Eines der führenden Kulturzentren San Franciscos, das **Yerba Buena Center for the Arts**, hat der zeitgenössischen Musik einen starken Aufschwung verliehen. Komponisten und Musiker aus der Bay Area wie John Adams und das international renommierte **Kronos Quartet** sowie Künstler aus aller Welt treten im Theater und im erheblich kleineren Forum des Yerba Buena Center auf. Gelegentlich finden auch in der Louise M. Davies Symphony Hall Konzerte von zeitgenössischen Komponisten statt.

Der zweite bedeutende Veranstaltungsort für neue Musik ist die **Zellerbach Hall** auf dem Universitätsgelände von Berkeley. Im **Cowell Theater** in Fort Mason gibt es beispielsweise zweimal im Monat Aufführungen.

Ein eher außergewöhnliches Musikerlebnis in San Francisco bietet sicher das **Audium**. Es handelt sich dabei um eine Art dynamische »Klangskulptur«. Das Publikum sitzt hier während der gesamten Aufführung in einem völlig abgedunkelten Raum – umgeben von Hunderten von Lautsprechern.

Ballett und Tanz

Das 1933 gegründete **San Francisco Ballet** ist das älteste professionelle Ballett der USA. Unter der Leitung von Helgi Tomasson wurde es weltberühmt. Die Veranstaltungssaison, die alljährlich mit dem *Nussknacker*, Čajkovskis Weihnachtsklassiker, beginnt, dauert von Februar bis Mai. Das Programm umfasst klassische Werke der Choreografie, u.a. bekannter Komponisten wie George Balanchine, sowie Erstaufführungen von Stars wie Mark Morris.

Kleinere Aufführungen von einheimischen Talenten finden im **Theater Artaud** und in der **ODC Performance Gallery** statt, die beide im Mission District liegen. Im **Yerba Buena Center** tritt das **LINES Contemporary Ballet** auf. In der **Zellerbach**

OPER, KLASSISCHE MUSIK UND TANZ | 253

Hall auf der anderen Seite der Bucht sind erstklassige Gastauftritte von Ensembles wie Pilobolus, dem Dance Theater of Harlem und Merce Cunningham zu sehen.

Bühnenführungen

In der Louise M. Davies Symphony Hall sowie im War Memorial Opera House kann man bei einer Führung hinter die Kulissen schauen. Die Besichtigung beider Häuser findet montags von 10 bis 14 Uhr jede halbe Stunde statt. Am Mittwoch und Samstag gibt es spezielle Führungen nur für die Louise M. Davies Symphony Hall. Die Touren starten am Eingang in der Grove Street und bieten einen aufregenden und informativen Einblick in die Welt der Bühne.

Kostenlose Veranstaltungen

Die meisten kostenlosen Konzerte und Aufführungen finden tagsüber und im Sommer im Freien statt. So gibt etwa das San Francisco Symphony Orchestra im Spätsommer Sonntagskonzerte in einem natürlichen, von Wald umgebenen Amphitheater im Stern Grove *(siehe S. 247)*. Mitglieder der San Francisco Opera Company singen im Financial District im Rahmen der »Brown Bag Operas« zur Mittagszeit beliebte Arien. Ähnliche Veranstaltungen gibt es auf der Sharon Meadow im Golden Gate Park *(siehe S. 144–157)* bei der Reihe »Opera in the Park«.

Kostenlos sind auch die Konzerte in der Old St. Mary's Cathedral *(siehe S. 100)*, immer um 12.30 Uhr. Im Sommer gibt es freitags um 12 Uhr »Music in the Park« im Redwood-Hain hinter der Transamerica Pyramid *(siehe S. 113)*.

In der **Grace Cathedral** kann man dem imposanten Gesang des 1913 gegründeten Knaben- und Männerchors der Kathedrale lauschen. Der Chor singt donnerstags um 17.15 Uhr zum Gottesdienst und am Sonntag um 11 Uhr zur Eucharistiefeier.

Nähere Informationen erhalten Sie beim San Francisco Visitor Information Center *(siehe S. 266)* oder bei der 24-Stunden-Events-Hotline (1-415-391-2001). Die »Datebook«-Seiten der Sonntagsausgabe des *San Francisco Chronicle/Examiner* geben ebenfalls Auskunft.

Auf einen Blick

Oper

San Francisco Opera Association
301 Van Ness Ave.
Stadtplan 4 F5.
📞 1-415-861-4008.

War Memorial Opera House Box Office
199 Grove St (tagsüber).
Stadtplan 4 E5.
301 Van Ness Ave (abends).
Stadtplan 4 F5.
📞 1-415-864-3330.
🌐 sfopera.com

West Edge Opera
540 Ashbury Ave,
El Cerrito.
📞 1-510-841-1903.

Klassische Musik

Florence Gould Theater
Legion of Honor,
Lincoln Park.
Stadtplan 1 C5.
📞 1-415-750-3600.

Herbst Theatre
401 Van Ness Ave.
Stadtplan 4 F5.
📞 1-415-621-6000.

Hertz Hall
UC Berkeley.
📞 1-510-642-9988.

Louise M. Davies Symphony Hall Box Office
201 Van Ness Ave.
Stadtplan 4 F5.
📞 1-415-864-6000.

Oakland East Bay Symphony Box Office
2025 Broadway, Oakland.
📞 1-510-444-0801.

Old First Presbyterian Church
1751 Sacramento St.
Stadtplan 4 F3.
📞 1-415-474-1608.

Philharmonia Baroque Orchestra Box Office
City Box Office, 180 Redwood St, Suite 100.
Stadtplan 4 F5.
📞 1-415-392-4400 oder
📞 1-415-252-1288.
🌐 cityboxoffice.com

San Francisco Symphony Box Office
201 Van Ness Ave.
Stadtplan 4 F5.
📞 1-415-864-6000.

Zeitgenössische Musik

Audium
1616 Bush St. **Stadtplan** 4 F4. 📞 1-415-771-1616.

Cowell Theater
Fort Mason Center Pier 2.
Stadtplan 4 E1.
📞 1-415-441-3687.

Kronos Quartet
🌐 kronosquartet.org

Yerba Buena Center for the Arts
701 Mission St.
Stadtplan 5 C5.
📞 1-415-978-2787.
🌐 ybca.org

Zellerbach Hall
UC Berkeley.
📞 1-510-642-9988.

Ballett und Tanz

LINES Contemporary Ballet
Yerba Buena Center for the Arts, 700 Howard St.
Stadtplan 5 C5.
📞 1-415-863-3040.

ODC Performance Gallery
3153 17th St.
Stadtplan 10 E3.
📞 1-415-863-9834.

San Francisco Ballet
301 Van Ness Ave.
Stadtplan 4 F4.
📞 1-415-861-5600 oder
📞 1-415-865-2000 (Abendkasse).
🌐 sfballet.org

Theater Artaud
450 Florida St.
Stadtplan 11 A3.
📞 1-415-621-4240.

Yerba Buena Center for the Arts
Siehe Zeitgenössische Musik.

Zellerbach Hall
Siehe Zeitgenössische Musik.

Bühnenführungen

War Memorial Performing Arts Center
401 Van Ness Ave.
Stadtplan 4 E5.
📞 1-415-621-6600.

Kostenlose Veranstaltungen

Grace Cathedral
1051 Taylor St.
Stadtplan 5 B4.
📞 1-415-749-6300.
🌐 gracecathedral.org

Stadtplan siehe Seiten 290–308

Rock, Jazz, Blues und Country

In San Francisco ist wohl jede Richtung der populären Musik vertreten – sei es Dixieland-Jazz, Country und Western, Delta Blues, Rap, Psychedelic Rock oder die neuesten Klänge aus Westafrika oder Osteuropa. Gute Gruppen spielen in den ganz normalen Stadtteilkneipen. Es gibt einige kleine Konzertbühnen, für die man nur wenig Eintritt zahlt. Die Musikszene der Stadt hat eine lange, sehr abwechslungsreiche Geschichte und verändert sich ständig. Was Sie vorfinden, lässt sich deshalb nicht voraussagen – doch was es auch sei, es ist mit Sicherheit gut.

Bühnen
Internationale Stars treten meist in den großen öffentlichen Hallen der Bay Area auf. Einer der bedeutendsten Veranstaltungsorte ist das kleine **Nob Hill Masonic Auditorium**. Zwei größere Bühnen, der **Cow Palace** und das **Shoreline Amphitheater**, liegen im Süden der Stadt. Die meisten Großveranstaltungen finden auf der anderen Seite der Bucht statt.

Im Sommer gibt es im **Greek Theatre** in Berkeley Open-Air-Konzerte. Im riesigen **Concord Pavilion** treten international renommierte Stars wie Bonnie Raitt, Dave Matthews und Santana auf.

Die beste Veranstaltungsstätte mittlerer Größe, mit einer Tanzfläche unten und Sitzreihen im oberen Rang, ist das großartige alte **Warfield** in der Market Street. Dort hört man meist Rock. Kleinere Clubs sind auf die gesamte Stadt verteilt, wobei in South of Market (SoMa) im Bereich von 11th Street und Folsom Street einige Rock- und Jazz-Kneipen dicht beieinanderliegen. Der Eintritt (»cover charge«) beträgt meist fünf bis 20 US-Dollar und ist am Wochenende am höchsten. In einigen Clubs muss man außerdem mindestens ein oder zwei Drinks bestellen. Konzertkarten kosten zwischen 15 und 25 US-Dollar und sind an der Konzertkasse oder mit Vorverkaufsgebühr bei Ticketmaster (siehe S. 247) erhältlich.

Veranstaltungshinweise finden Sie im *Bay Guardian* oder anderen lokalen Zeitungen (siehe S. 275) sowie im kostenlosen Magazin *Bay Area Music (BAM)*, das häufig in Plattenläden und Clubs ausliegt.

Rock
Angefangen bei den Counting Crows und Chris Isaac bis hin zu Bands wie Metallica und En Vogue hat San Francisco eine starke, durchaus eigenwillige Rockszene. Die lokalen Bands scheinen dem Starrummel entfliehen zu wollen. Die meisten Clubs sind klein und haben eine lockere Atmosphäre. Zur Gavin Convention der Radiosender im Februar kommen Bands und Musiker aus ganz Amerika in die Stadt. Die Events für den Rest des Jahrs sind eher unspektakulär.

Zwei der besten Rockclubs für Live-Musik sind **Slim's** und **Bimbo's 365 Club**. Bimbo's ist der Ort für Rock, Jazz, Country und R&B – und zieht ein recht unterschiedliches Publikum an. Slim's, an dem der Musiker Boz Scaggs beteiligt ist, ist etwas eleganter, hat 436 Sitzplätze und präsentiert meist bekannte Namen der Rockszene. Ebenfalls beliebt ist das renovierte **Fillmore Auditorium** – die Geburtsstätte des Psychedelic Rock der Flower-Power-Zeit in den 1960er Jahre *(siehe S. 131)*.

Zu den kleineren Clubs gehören **Bottom of the Hill** in Potrero Hill, **Hotel Utah Saloon** unter der Interstate 80, südlich der Market Street, und **Great American Music Hall**.

Die Punk-Rock-Szene der Bay Area konzentriert sich in Berkeley auf den Club **924 Gilman Street**, in dem alle Altersgruppen vertreten sind.

Jazz
In den späten 1950er Jahren, der Blütezeit der Beat Generation *(siehe S. 34)*, gehörte San Franciscos Jazz-Szene zu den aufregendsten im ganzen Land. Nachtclubs wie der legendäre Blackhawk zählten zu den heißesten Locations des Landes und engagierten Stars wie Miles Davis, John Coltrane und Thelonious Monk. Die Szene ist seither erheblich ruhiger geworden, doch man kann in der Bay Area noch immer ausgezeichneten Live-Jazz hören.

Kostenlosen Dixieland in ungezwungener Atmosphäre gibt es in der **Gold Dust Lounge** beim Union Square. Wer modernere Klänge vorzieht, sollte sich für Clubs wie **Yoshi's** am Jack London Square in Oakland entscheiden. Hier treten große Jazz- und Bluesmusiker wie B. B. King und Pat Metheny auf. Yoshi's betreibt außerdem einen Schwesterclub in San Francisco, wo man bei gutem Mainstream-Jazz japanisch isst.

Feinstein's im Hotel Nikko ist neben seinen Jazzabenden auch für Cabaret bekannt, darüber hinaus kann man hier sehr gut essen. **Club Deluxe** bietet ein breites Spektrum an Jazz, gelegentlich legen hier auch DJs auf. Außerdem präsentiert der Club von Zeit zu Zeit auch Varieté.

Savanna Jazz ist ein kleiner hipper Veranstaltungsort im Mission District, der in anheimelnder Atmosphäre gute Jazz-Gigs bietet. Wer gern tanzt, sollte mittwochs zur Swing-Night kommen. Die Gäste im italienisch-amerikanischen Verdi Club hören erstklassige Live- und Swing-Musik. Im Januar 2013 wurde in Hayes Valley das **SFJAZZ Center** eröffnet.

Zehntausende von Fans reisen jeden September nach San Francisco, um das weltberühmte **Monterey Jazz Festival** miterleben zu können, das im zwei Stunden südlich von San Francisco liegenden Monterey *(siehe S. 188f)* stattfindet.

ROCK, JAZZ, BLUES UND COUNTRY | 255

Blues
San Francisco hat wohl mehr Bluesclubs als jede andere Stadt der Welt – ausgenommen Chicago. Live-Blues gibt es allabendlich etwa im **The Saloon** oder **The Boom Boom Room**, der John Lee Hooker gehörte. Bei **Lou's Fish Shack** in Fisherman's Wharf spielen fast täglich ein oder zwei Bands. Am Wochenende gibt es Sonderveranstaltungen. Im preisgekrönten **Biscuits and Blues** spielen unter der Woche einheimische Größen, an den Wochenenden werden Shows präsentiert.

Folk, Country und Weltmusik
Auch wenn Folk heute nicht mehr die Bedeutung hat wie in den 1960er Jahren hat, als Joan Baez und Pete Seeger regelmäßig hier auftraten, gibt es ihn noch in Clubs und Cafés der Bay Area. Im **Freight & Salvage Coffeehouse** in Berkeley, dem vermutlich besten Folkclub in San Francisco und der Bay Area, treten Country- und Bluegrass-Bands sowie Liedermacher auf.

Starry Plough in Berkeley ist stark folkorientiert, auch wenn hier gelegentlich Stars der Country- und Western-Musik auftreten. Im Kellerclub des **Café Du Nord** wird wiederum ausschließlich unplugged gespielt.

Vielleicht finden Country-Fans nicht sofort etwas Passendes, doch Anhänger der Weltmusik werden in der Bay Area hervorragend bedient. Von Reggae und Soca bis hin zu Daiko-Trommlern und Klezmer-Musik ist hier alles vertreten. Im anheimelnden **Ashkenaz Music & Dance Café** treten Musiker der unterschiedlichsten Musikrichtungen auf.

Auf einen Blick

Bühnen

Concord Pavilion
2000 Kirker Pass Rd, Concord.
📞 1-925-676-8742.

Cow Palace
Geneva Ave & Santos St.
📞 1-415-404-4111.

Greek Theatre
UC Berkeley.
📞 1-510-548-3010 oder
📞 1-510-642-9988.

Nob Hill Masonic Auditorium
1111 California St.
Stadtplan 4 F3.
📞 1-415-776-7457 oder
📞 1-877-598-8497.
🌐 masonicauditorium.com

Shoreline Amphitheater
1 Amphitheater Parkway, Mountain View.
📞 1-650-967-4040.

Warfield
982 Market St.
Stadtplan 5 C5.
📞 1-415-345-0900.

Rock

924 Gilman Street
924 Gilman St, Berkeley.

Bimbo's 365 Club
1025 Columbus Ave.
Stadtplan 5 A2.
📞 1-415-474-0365.
🌐 bimbo365clubs.com

Bottom of the Hill
1233 17th St.
Stadtplan 11 C3.
📞 1-415-626-4455.

Fillmore Auditorium
1805 Geary Blvd.
Stadtplan 4 D4.
📞 1-415-346-6000.
🌐 thefillmore.com

Great American Music Hall
859 O'Farrell St.
Stadtplan 5 A5.
📞 1-415-885-0750.

Hotel Utah Saloon
500 4th St.
Stadtplan 5 C5.
📞 1-415-546-6300.

Slim's
333 11th St.
Stadtplan 10 F1.
📞 1-415-255-0333.
🌐 slims-sf.com

Jazz

Club Deluxe
1511 Haight St.
Stadtplan 9 C1.
📞 1-415-552-6949.

Feinstein's
222 Mason St.
Stadtplan 5 B5.
📞 1-415-394-1111.

Gold Dust Lounge
247 Powell St.
Stadtplan 5 B5.
📞 1-415-397-1695.

Monterey Jazz Festival
2000 Fairgrounds Rd nahe Casa Verde, Monterey.
📞 1-831-373-3366.
🌐 montereyjazzfestival.org

Savanna Jazz
2937 Mission St.
Stadtplan 10 F3.
📞 1-415-285-3319

SFJAZZ Center
201 Franklin St.
Stadtplan 4 F5.
📞 1-415-398-5655
🌐 sfjazz.org

Verdi Club
2424 Mariposa St.
Stadtplan 11 A3.
📞 1-415-861-9199.
🌐 verdiclub.net

Yoshi's
510 Embarcadero West, Jack London Sq, Oakland.
📞 1 510 238-9200
1330 Fillmore St.
Stadtplan 10 F2.
📞 1-415-655-5600.
🌐 yoshis.com

Blues

Biscuits and Blues
401 Mason St.
Stadtplan 5 B5.
📞 1-415-292-2583.

The Boom Boom Room
1601 Fillmore St.
Stadtplan 10 F2.
📞 1-415-673-8067.

Lou's Fish Shack
300 Jefferson St.
Stadtplan 5 B1.
📞 1-415-771-5687.

The Saloon
1232 Grant Ave.
Stadtplan 5 C3.
📞 1-415-989-7666.

Folk, Country und Weltmusik

Ashkenaz Music & Dance Café
1317 San Pablo Ave, Berkeley.
📞 1-510-525-5054.

Café Du Nord
2170 Market St.
Stadtplan 10 E2.
📞 1-415-861-5016.
🌐 cafedunord.com

Freight & Salvage Coffeehouse
1111 Addison St, Berkeley.
📞 1-510-548-1761.

Starry Plough
3101 Shattuck Ave, Berkeley.
📞 1-510-841-2082 oder
📞 1-510-841-0188.

Stadtplan siehe Seiten 290–308

Clubs

Wie fast alles in San Francisco ist auch das Nachtleben leger und unaufdringlich. Es herrscht nicht das gleiche Modebewusstsein wie z. B. in London, New York oder Paris. Es gibt nur wenige Glitzer-Discos. Viele der als »trendy« geltenden Clubs sind nur an ein oder zwei Abenden in der Woche geöffnet, die Preise sind meist niedrig. Wenn Sie eine Abendunterhaltung suchen, die für San Francisco typisch ist, sollten Sie die Comedy Clubs testen, deren Spezialität die Stand-up-Comedians sind. Obwohl ein paar der einst berüchtigten Clubs geschlossen wurden, findet man noch immer einige exzentrische Überbleibsel. Darüber hinaus gibt es eine ganze Reihe lässige Pianobars in luxuriösen Hotels oder Restaurants, wo man entspannt den Abend genießen kann.

Information

Namen, Öffnungszeiten und Adressen von (Nacht-)Clubs ändern sich ständig, selbst beliebte Lokale existieren mitunter nur ein Jahr. Am besten schauen Sie sich die Anzeigen und Kritiken in *SF Weekly*, *Bay Times* und *Bay Guardian* (siehe S. 275) an. Die meisten Clubs befinden sich in South of Market (SoMa) und haben von etwa 21 bis 2 Uhr geöffnet. Einige sind die ganze Nacht offen, vor allem am Wochenende. Doch nirgendwo wird nach 2 Uhr noch Alkohol ausgeschenkt. Nehmen Sie Ihren Pass mit, denn Sie müssen im Zweifelsfall nachweisen, dass Sie älter als 21 Jahre sind.

Tanzen

Einer der umtriebigsten Clubs in San Francisco ist **Ruby Skye** in der Mason Street – bekannt für schrilles Dekor, ausgezeichneten Sound und normales, modisches Publikum. R&B, Hip-Hop und Jazz werden bei **Nickie's** in Haight-Ashbury gespielt. **Sound Factory** und **City Nights**, beide in der Harrison Street, bieten Rock und moderne Dancefloor-Musik. Für die Heimfahrt sollten Sie ein Taxi nehmen, da die Gegend nicht gerade die beste ist.

Elbo Room im historischen Mission District verfügt über Lounges, die sich über mehrere Ebenen ziehen, und Pool-Tische, falls man mal mit dem Tanzen pausieren will. **The Mexican Bus** ist tatsächlich ein Bus, der seine Gäste an einem Abend zu drei verschiedenen Salsa-Clubs fährt. **The Cellar** ist ein beliebter Underground-Treff, der einen guten Mix aus den Sounds der 1980er und 1990er Jahre und etwas Hip-Hop kreiert. **Ten 15** bietet verschiedene Musikstile in elektrisierender Atmosphäre. In derselben Gegend findet man den **Cat Club**. Dort werden Acid Jazz und alternativer Sound gespielt. **Hemlock Tavern** bietet eine Jukebox mit großer Auswahl und einen Raum mit Live-Musik.

Für Salsa-Süchtige gibt es im **Cafe Cocomo** Salsa live sowie unter der Woche ab 20 Uhr Tanzstunden.

Schwule und Lesben

Einige der populärsten Clubs sind vorwiegend, wenn auch nicht ausschließlich Schwulenclubs. Dazu gehört das **Endup**, das von Freitagabend bis Montagmorgen rund um die Uhr geöffnet hat – zum Durchtanzen. Weitere sehr angesagte Schwulen- und Lesbenclubs sind **El Rio** im Mission District und **440 Castro**.

Um die 18th Street im Castro District liegen mehrere Discos, darunter **Midnight Sun** und **The Café**, das mit großem Dancefloor und drei Bars aufwartet. In der East Bay gibt es im **White Horse Inn** seit den frühen 1960er Jahren eine viel besuchte Bar mit Disco.

Schwulenclubs tendieren dazu, sich noch rascher zu verändern als die übrigen Nachtclubs, sodass man sich in der Presse, etwa bei *Bay Times* und *Bay Area Reporter*, informieren sollte. Weitere Informationen für Männer gibt es im *Betty and Pansy's Severe Queer Review*.

Pianobars

Die Bezeichnung »Pianobar« wird der Mischung aus einladenden Bars und Nachtclubs, die hier aufgeführt werden, nicht gerecht. In allen ist allabendlich – zum Preis eines Drinks – Live-Musik (normalerweise Jazz) zu hören. Einige der besten befinden sich in Vier-Sterne-Hotels. Ein paar Blocks vom Theaterviertel entfernt, gibt es in der **Lush Lounge** trockene Martinis in reizvollem Ambiente. Die Art-déco-Bar **Top of the Mark** befindet sich im obersten Stockwerk des Mark Hopkins Hotel auf dem Nob Hill. Eine »Wolkenkratzer-Bar« ist auch die **Four Seasons Bar**, eine elegante Hotelbar mit anheimelnden Kaminen und Ledersesseln. Mit etwas Glück bekommt man einen Tisch am Fenster und kann den spektakulären Blick auf den Financial District genießen.

Pianobars findet man in San Francisco in fast allen besseren Restaurants. Hier können Sie vor, während oder nach dem Essen Live-Musik hören. Gute Pianomusik hört man auch bei **Lefty O'Doul's** – neben irischen Melodien und einer superben Auswahl an Ale-Bieren. Eine Alternative ist **The Burritt Room**, eine modern eingerichtete Location, in der man sehr gutes amerikanisches Essen genießen kann. **Zingari**, ein italienisches Restaurant, bietet in seiner Piano Lounge Live-Musik.

Im Theaterviertel westlich des Union Square gibt es viele quirlige Bars, etwa **Johnny Foley's Irish Bar**. Pianisten liefern sich im schummrigen Basement »Duelle«, die die Leute zum Mitsingen anregen.

CLUBS | 257

Westlich davon liegt die romantische **Sheba's Piano Lounge**, die allabendlich zu Live-Musik äthiopisches Essen serviert. In **Harry Denton's Starlight Room** im 20. Stock des Sir Francis Drake Hotel erklingt Musik in klassischem Ambiente. Jenseits der Market Street kann man im **Martuni's** Martinis zu Swing genießen. Der **Tonga Room** im Fairmont Hotel *(siehe S. 215)* ist eine Cocktailbar im polynesischen Stil, wo man tanzen, Jazz hören und halbstündlich künstliche Wolkenbrüche erleben kann.

Comedy Clubs

Die einst blühende Comedy-Szene brachte Stars wie Robin Williams und andere Comedians hervor. Seither hat sich das Angebot erheblich verringert. Dennoch findet jeden Abend in irgendeiner Bar oder einem Café eine Comedy-Show statt. Orte und Termine finden Sie in den Zeitungen *(siehe S. 275)*.

Einige der besten Shows laufen in **Tommy T's Comedy House** mit Entertainern wie Bobby Slayton, Will Durst und Richard Stockton. Andere Clubs mit Stand-up-Comedians und improvisierten Acts sind **Marsh's Mock Cafe-Theater** im Mission District und **Cobb's Comedy Club** in North Beach. Gleiches gilt für **The Punchline**. **Kimo's** ist seit Jahrzehnten ein Wahrzeichen der Polk Street. Hier gibt es jede Woche Drag-Shows, Cabaret und Comedy.

Die Shows beginnen meist um 20 Uhr, Spätvorstellungen am Wochenende um 22 Uhr. Der Eintritt beträgt um die 15 US-Dollar. Bisweilen muss man mindestens ein oder zwei Drinks konsumieren.

Auf einen Blick

Tanzen

Cafe Cocomo
650 Indiana
(bei Mariposa).
Stadtplan 11 C3.
1-415-824-6910.
cafecocomo.com

Cat Club
1190 Folsom St.
Stadtplan 11 A2.
1-415-703-8965.
catclubsf.com

The Cellar
685 Sutter St.
Stadtplan 5 B4.
1-415-441-5678.

City Nights
715 Harrison St.
Stadtplan 5 D5.
1-415-546-7938.

Elbo Room
647 Valencia.
Stadtplan 10 F2.
1-415-552-7788.

Hemlock Tavern
1131 Polk St.
Stadtplan 5 A5.
1-415-923-0923.

The Mexican Bus
Haltestellen telefonisch erfragen.
1-415-546-3747.
mexicanbus.com

Nickie's
466 Haight St.
Stadtplan 10 E1.
1-415-255-0300.

Ruby Skye
420 Mason St.
Stadtplan 5 B5.
1-415-693-0777.

The Sound Factory
525 Harrison St.
Stadtplan 5 D5.
1-415-546-7938.

Ten 15
1015 Folsom St.
Stadtplan 11 B1.
1-415-431-1200.

Schwule und Lesben

440 Castro
440 Castro St.
Stadtplan 10 D3.
1-415-621-8732.

The Café
2369 Market St.
Stadtplan 10 D2.
1-415-834-5840.

El Rio
3158 Mission St.
Stadtplan 10 F4.
1-415-282-3325.
elriosf.com

Endup
401 6th St.
Stadtplan 11 B1.
1-415-646-0999.

Midnight Sun
4067 18th St.
Stadtplan 10 D3.
1-415-861-4186.

White Horse Inn
6551 Telegraph Ave, Oakland.
1-510-652-3820.

Pianobars

The Burritt Room
417 Stockton St.
Stadtplan 5 C4.
1-415-400-0561.

Four Seasons Bar
Four Seasons Hotel,
757 Market St.
Stadtplan 5 C5.
1-415-633-3000.

Harry Denton's Starlight Room
450 Powell St.
Stadtplan 5 B5.
1-415-395-8595.

Johnny Foley's Irish Bar
243 O'Farrell St.
Stadtplan 5 B5.
1-415-954-0777.

Lefty O'Doul's
333 Geary St.
Stadtplan 5 B5.
1-415-982-8900.

Lush Lounge
1221 Polk St.
Stadtplan 5 A5.
1-415-771-2022.
lushlounge.com

Martuni's
4 Valencia St.
Stadtplan 10 F1.
1-415-241-0205.

Sheba's Piano Lounge
1419 Fillmore St.
Stadtplan 4 D5.
1-415-440-7414.

Tonga Room
950 Mason St.
Stadtplan 5 B4.
1-415-772-5278.

Top of the Mark
Mark Hopkins InterContinental Hotel, 1 Nob Hill.
Stadtplan 5 B4.
1-415-616-6916.

Zingari
501 Post St.
Stadtplan 5 B5.
1-415-885-8850.

Comedy Clubs

Cobb's Comedy Club
915 Columbus Ave.
Stadtplan 5 B2.
1-415-928-4320.

Marsh's Mock Cafe-Theater
1062 Valencia St.
Stadtplan 10 F3.
1-415-826-5750.

Our Little Comedy Club
287 Ellis St.
Stadtplan 5 B5.
1-415-378-4413.

The Punchline
444 Battery St.
Stadtplan 6 D3.
1-415-397-7573.
punchlinecomedyclub.com

Tommy T's Comedy House
5104 Hopyard Rd, Pleasanton.
1-925-227-1800.
tommyts.com

Stadtplan siehe Seiten 290–308

Bars

Seit den frühen Tagen des Goldrauschs *(siehe S. 26f)*, als auf 50 Bewohner ein Saloon kam, gibt es in San Francisco viele Orte, wo man gemütlich ein Bier trinken oder einen Drink zu sich nehmen kann. Die eher unzüchtigen »Trinkanstalten«, wie es sie Mitte des 19. Jahrhunderts gab, sind längst Geschichte. Doch auch heute ist die Auswahl groß: Bier von einheimischen Brauereien in einer netten Bierstube, Cocktails in einer eleganten Lounge, ein kalifornischer Tropfen in einem Weinlokal. Vielleicht zieht es Sie in eine Sports Bar, um ein Match live zu sehen, oder Sie bevorzugen ein Irish Pub mit Folk-Klängen.

Rooftop Bars

Wer seinen Drink gern in schwindelerregender Höhe einnimmt, sollte die Bars in den Hochhäusern im Zentrum aufsuchen. Dort hat man eine fantastische Aussicht über die Hügel der Stadt. Die **View Lounge** im Marriott Hotel und **Top of the Mark** im Mark Hopkins *(siehe S. 104)* sind dazu ideal – Jazz oder Tanzmusik inklusive. Beliebte Rooftop Bars sind auch **El Techo de Lolinda** im Mission District und das **Jones**, nur wenige Gehminuten vom Union Square entfernt.

Bierlokale

Ein bodenständiges Erlebnis bieten die zahlreichen Bierlokale bzw. -bars, in denen man sich nach der Arbeit oder am Wochenende trifft. Die besten von ihnen führen Biere von Brauereien der Westküste, darunter Anchor Steam und Liberty Ale aus San Francisco.

Eines der besten Pubs, das englische **Mad Dog in the Fog**, liegt in der Haight Street. Das **Magnolia Pub & Brewery** ist in einem viktorianischen Haus von 1903 untergebracht. Hier trinkt man sein Bier immer noch an der originalen Holztheke. Für seine Tapas bekannt ist **Thirsty Bear**, das renommierte Lokal **Monk's Kettle** braut sein Bier vor Ort. **The Church Key** in North Beach ist ein charmanter Ort mit großer Bierauswahl. Den beliebten Hangout kann man leicht verfehlen. Am Eingang hängt nur ein »Schlüssel«-Schild. Vom **Beach Chalet** blickt man schön auf den Pazifik.

Cocktailbars

Traditionelle Cocktailbars mit einem gesprächigen Barkeeper, der einem mit geübter Hand einen Drink mixt, gibt es viele in San Francisco.

Singles treffen sich in **Harry Denton's Starlight Room**. Prominentensüchtige landen im **Redwood Room** des Clift Hotel mit von hinten beleuchteter Bar und höheren Preisen. Ein eher ungezwungenes Völkchen trifft sich in der Columbus Avenue in Lokalen wie **Specs'**, **Tosca** und **Vesuvio**. Letzteres war früher ein Hangout von Literaten der Beat Generation. Deswegen heißt der Cocktail des Hauses auch Jack Kerouac (Rum, Tequila, Orangen-/Cranberrysaft und Limette). Die Leute von North Beach entspannen sich bei gehaltvollen Drinks auf Bänken im Dekor der Rat-Pack-Ära im **Tony Niks**.

Wer im Mission District ausgehen möchte, landet eventuell im **Elixir**. Die Bar – auch ein Treff für Dart-Spieler – ist in einem schönen viktorianischen Haus untergebracht, das einst einen Stiefelputzer beschäftigte. Auch im Viertel liegt die **Nihon Whiskey Lounge**. Sie bietet die größte Auswahl an Single Malts an der Westküste sowie kreative Whiskey- und Champagner-Cocktails und japanisches Essen. Das **Buena Vista Café** machte 1952 den Irish Coffee international bekannt – heute serviert es etwa 2000 Gläser pro Tag. **Rickhouse** ist eine klassische Lounge. **Café Du Nord**, ein früheres Speakeasy, und das **Biscuits and Blues** bieten Live-Jazz.

Weinlokale

Nicht nur wegen der Nähe zum Weinanbaugebiet ist die **Ferry Plaza Wine Merchant Bar** der ideale Ort, um kalifornische Weine zu genießen – um die Ecke liegen edle Käse- und Gourmetläden.

Champagner und Kerzenlicht prägen die Atmosphäre der **Bubble Lounge**. Nicht weit vom Union Square liegt der **Press Club**, wo Weine aus den sechs renommiertesten Kellereien Nordkaliforniens probiert werden können. Im **Hidden Vine**, ebenfalls Union Square, trinkt man erfreuliche kalifornische Tropfen und Raritäten aus anderen Regionen. Im vibrierenden Marina District entzückt das **BIN38** mit einer Weinauswahl kleiner, aber feiner Kellereien. **Amelie** ist ein ruhiges Lokal, in dem man feine Weine und Käse genießen kann.

Themen-Bars

Um die Leidenschaft der Kalifornier für Sportevents zu erleben, geht man am besten in die **Knuckles Sports Bar**. 24 Bildschirme zeigen Sport aus aller Welt. In der **Greens Sports Bar** gibt es nur Getränke, das Essen kann aber mitgebracht werden. **Buckshot Restaurant, Bar & Gameroom** bietet Essen und Trinken, Musik, Billard, altmodische Video-Spiele und Skee ball. Irische Lebensart und Ströme von Guinness locken die Gäste zu **The Irish Bank** und **The Chieftain**.

Schwulenbars

Treffpunkte für Schwule, Lesben, Bisexuelle und Transsexuelle gibt es in San Francisco zuhauf. Das Castro-Viertel, SoMa und der Mission District wirken als wahre Magneten. **The Twin Peaks Tavern** hat eine relaxte, warme Atmosphäre, **The Stud** und **Endup** sind Tanz- und Trinklokale. **The Last Call Bar** ist wie ein freundliches Pub. Das **Divas** ist ein bekannter Treff für die Transsexuellen-Community.

Auf einen Blick

Rooftop Bars

El Techo de Lolinda
2518 Mission St.
Stadtplan 10 F3.
1-415-550-6970.

Jones
620 Jones St.
Stadtplan 5 C5.
1-415-496-6858.
w 620-jones.com

Top of the Mark
18. Stock, Mark Hopkins
InterContinental Hotel,
999 California St.
Stadtplan 5 B4.
1-415-392-3434.
w intercontinental
markhopkins.com

View Lounge
38. Stock, Marriott Hotel,
55 4th St.
Stadtplan 5 C5.
1-415-896-1600.
w sfviewlounge.com

Bierlokale

Beach Chalet
1000 Great Hwy.
Stadtplan 7 A2.
1-415-386-8439.

The Church Key
1402 Grant Ave.
Stadtplan 5 C3.
1-415-963-1713.

Mad Dog in the Fog
530 Haight St.
Stadtplan 10 E1.
1-415-626-7279.

Magnolia Pub & Brewery
1398 Haight St.
Stadtplan 9 C1.
1-415-864-7468.

Monk's Cattle
314 16th St.
Stadtplan 10 F2.
1-415-865-9523.

The Thirsty Bear
661 Howard St.
Stadtplan 6 D5.
1-415-974-0905.

Cocktailbars

Biscuits and Blues
401 Mason St.
Stadtplan 5 B5.
1-415-292-2583.

Buena Vista Café
2765 Hyde St.
Stadtplan 4 F1.
1-415-474-5044.

Café Du Nord
2170 Market St.
Stadtplan 10 D2.
1-415-861-5016.

Elixir
3200 16th St
(nahe Guerrero St).
Stadtplan 10 E2.
1-415-552-1633.

Harry Denton's Starlight Room
450 Powell St.
Stadtplan 5 B4.
1-415-395-8595.

Nihon Whiskey Lounge
1779 Folsom St.
Stadtplan 10 F2.
1-415-552-4400.

Redwood Room
495 Geary St
(im Clift Hotel).
Stadtplan 5 B5.
1-415-929-2372.

Rickhouse
246 Kearny St.
Stadtplan 5 C4.
1-415-398-2827.

Specs'
12 Adler Pl
(vom Vesuvio aus über
die Columbus Avenue).
Stadtplan 5 C3.
1-415-421-4112.

Tony Niks
1534 Stockton St.
Stadtplan 5 B2.
1-415-693-0990.

Tosca
242 Columbus Ave.
Stadtplan 5 C3.
1-415-986-9651.

Vesuvio
255 Columbus Ave.
Stadtplan 5 C3.
1-415-362-3370.

Weinlokale

Amelie
1754 Polk St.
Stadtplan 4 F3.
1-415-292-6916.

BIN38
3232 Scott St.
Stadtplan 3 C2.
1-415-567-3838.

Bubble Lounge
714 Montgomery St.
Stadtplan 5 C3.
1-415-434-4204.

Ferry Plaza Wine Merchant Bar
One Ferry Building,
Shop 23.
Stadtplan 6 E3.
1-415-391-9400.

Hidden Vine
408 Merchant St.
Stadtplan 5 B5.
1-415-674-3567.

Press Club
20 Yerba Buena Lane.
Stadtplan 5 C5.
1-415-744-5000.

Themen-Bars

Buckshot Restaurant, Bar & Gameroom
3848 Geary Blvd.
Stadtplan 3 A5.
1-415-831-8838.

The Chieftain
198 5th St.
Stadtplan 11 B1.
1-415-615-0916.

Greens Sports Bar
2239 Polk St.
Stadtplan 5 A3.
1-415-775-4287.

The Irish Bank
10 Mark Lane
(nahe Bush St).
Stadtplan 5 B4.
1-415-788-7152.

Knuckles Sports Bar at Hyatt Fish Wharf
555 North Point St.
Stadtplan 5 A1.
1-415-563-1234.

Schwulenbars

Divas
1081 Post St.
Stadtplan 4 F4.
1-415-474-3482.

Endup
401 6th St.
Stadtplan 11 B2.
1-415-646-0999.

The Last Call Bar
3988 18th St.
Stadtplan 10 D3.
1-415-861-1310.

The Stud
399 9th St.
Stadtplan 11 A2.
1-415-863-6623.

Twin Peaks Tavern
401 Castro St.
Stadtplan 10 D2.
1-415-864-9470.

Stadtplan *siehe Seiten 290–308*

Sport und Aktivurlaub

Die Einwohner San Franciscos sind Sportfans. Deshalb ist das Angebot an Fitness-Centern, Schwimmbädern, Tennis- und Golfplätzen groß. Wer lediglich zuschauen möchte, kann dies beispielsweise bei Spielen der beiden Baseballteams, beim American Football, Basketball und Eishockey tun. Das Umland bietet u. a. Möglichkeiten zum Skifahren, zu Radtouren und Kajakfahrten. Ein spezielles Abenteuer ist der Bootsausflug zur Walbeobachtung vor der Küste. Karten erhält man über **Ticketmaster** *(siehe S. 247)* oder andere Ticket-Agenturen *(siehe S. 261)*.

American Football
Das neue Heimstadion der **San Francisco 49ers** ist das Levi's Stadium, der Austragungsort des Super Bowl 2016. Die **Oakland Raiders** spielen im Coliseum. Gute Footballteams stellen auch die **University of California** (»Cal«) in Berkeley und die **Stanford University** in Palo Alto.

Baseball
In der Bay Area gibt es zwei Profi-Baseball-Mannschaften. Die **San Francisco Giants**, eine Mannschaft der National League, spielen im grandiosen AT&T Park. Die **Oakland Athletics** (die »A's«), die in der American League antreten, sind im O.co Coliseum in Oakland aktiv.

Basketball
Das einzige NBA-Basketballteam der Gegend sind die **Golden State Warriors**, die in der Oracle Arena spielen. Auch die Golden Bears der **UC Berkeley** treten hier von Zeit zu Zeit an, doch finden ihre Heimspiele – ebenso wie die der **Stanford University** – meist auf dem jeweiligen Campus statt.

Eishockey
Die Heimspiele der **San José Sharks**, der einzigen Profi-Mannschaft der Bay Area, werden im SAP Center im Zentrum von San José (etwa eine Stunde südlich von San Francisco) ausgetragen.

Fitness-Center
Alle großen Hotels verfügen über eigene Fitness-Areale oder haben Abkommen mit privaten Clubs, sodass Hotelgäste deren Einrichtungen benutzen können. Bietet sich keine dieser Möglichkeiten, hat man etwa die Wahl zwischen dem eleganten **Bay Club** nahe dem Financial District, dem **Crunch Fitness** und dem **24-Hour Nautilus Fitness Center**.

Bootsfahrten
Wer die Bucht von San Francisco vom Wasser aus erkunden will und nicht das Glück hat, auf einer Privatyacht mitgenommen zu werden, kann sich z. B. bei **Cass' Marina** in Sausalito ein Boot mieten. Hier bekommt man auch Unterricht und kann Chartertouren buchen. Für kürzere Touren kann man sich auch beim **Sea Trek Ocean Kayak Center** ein Kajak mieten. Ruderboote, Tretboote und Motorboote verleiht das **Stow Lake Boathouse** im Golden Gate Park.

Golf
Golfern stehen in San Francisco zahlreiche Anlagen zur Verfügung, darunter die öffentlichen Golfplätze im **Lincoln Park** und im **Golden Gate Park** sowie der schöne **Presidio Golf Club**. Etwas weiter entfernt, am Pazifik in Carmel *(siehe S. 188f)*, liegen einige der berühmtesten Golfplätze der Welt, etwa die **Pebble Beach Golf Links**, wo man für eine Gebühr von 275 bis 300 US-Dollar sein Können unter Beweis stellen kann.

Skisport
Zum Skisport fahren die Bewohner von San Francisco in die östlich gelegenen Berge am Lake Tahoe *(siehe S. 198f)*, wo Skigebiete wie **Heavenly Ski Resort** und **Alpine Meadows** erstklassige Abfahrten aller Schwierigkeitsgrade sowie wunderbares Bergpanorama bieten. Das nördlich des Sees liegende **Squaw Valley**, das größte Skigebiet am Lake Tahoe, war 1960 Austragungsort der Olympischen Winterspiele. Von der Bay Area aus gut zu erreichen sind auch der **Badger Pass** im Yosemite National Park *(siehe S. 202 – 205)* und das Langlaufgebiet des **Kirkwood Ski Resort**. In allen Skisportorten kann man entsprechendes Equipment ausleihen und an Kursen teilnehmen.

Schwimmen
Die meisten öffentlichen Schwimmbäder liegen in den Vororten. Informationen zu Öffnungszeiten und Eintrittspreisen erhält man telefonisch beim **City of San Francisco Recreation and Parks Department**. Einziger ungefährlicher Strand der Stadt ist China

---

Walbeobachtung
Wer im Winter nach San Francisco reist, sollte keinesfalls das Naturschauspiel der jährlichen Grauwalwanderung versäumen. Die riesigen Säugetiere sind etwa von Point Reyes *(siehe S. 162)* aus zu sehen, doch am besten lassen sie sich von einem Charterboot auf dem Meer aus beobachten. Karten sind bei **Tickets.com** oder **Ticketmaster** *(siehe S. 247)* erhältlich. Informative Fahrten bietet **Oceanic Society Expeditions**. Die Boote dieses Anbieters fahren nach Westen zu den Farallon Islands, wo man außer den Grauwalen auch Blauwale und viele seltene Seevögel sehen kann. Ausgangspunkt vieler Fahrten ist die Half Moon Bay *(siehe S. 188f)*, 32 Kilometer südlich von San Francisco.

Tickets.com
w tickets.com
Oceanic Society Expeditions
Fort Mason. Stadtplan 4 E1.
📞 1-415-256-9604.

SPORT UND AKTIVURLAUB | 261

Beach. Wer im Pazifik schwimmen will, kann dem Polar Bear Club beitreten oder einem der beiden Schwimmclubs im Aquatic Park *(siehe S. 174f)*, z. B. **Dolphin Club** oder **South End Rowing Club**. Wenn Sie an Silvester in San Francisco sind, können Sie sich das Neujahrsschwimmen ansehen, das am 1. Januar veranstaltet wird *(siehe S. 53)*.

Radfahren

Mit dem Rad die Hügel der Stadt zu erklimmen scheint auf den ersten Blick keine gute Idee zu sein. Wenn man aber die Route plant, sind Fahrradtouren durchaus lohnend. Vor allem am Wochenende bietet sich im Embarcadero und auf der Golden Gate Promenade ein herrlicher Blick auf die Bucht. Presidio und Golden Gate Park sind ideal für Fahrradtouren. Dort befinden sich auch die meisten Fahrradverleiher, darunter auch **Stow Lake Bike Rentals**. In North Beach verleiht **Blazing Saddles** Räder.

Backroads Bicycle Tours organisiert Radtouren durch das Weinanbaugebiet Napa-Valley *(siehe S. 192–195)*. Meist handelt es sich dabei um Mehrtagesfahrten mit Zwischenstopps in Sonoma, Napa und Alexander Valley.

Tennis

In fast allen Parks gibt es gute Tennisplätze, die meisten im Golden Gate Park. Alle städtischen Plätze sind renoviert und haben sogar Flutlicht für Nachtspiele. Betrieben werden sie alle vom **San Francisco Recreation and Parks Department** (Einzelheiten am Info-Telefon).

Der **Bay Club SF Tennis**, der über Plätze im Freien und in der Halle verfügt, hat 24 Stunden lang geöffnet und bietet auch Unterricht an. Gäste des berühmten **Claremont Resort and Spa** *(siehe S. 165)* können auch an Golfkursen teilnehmen und die Anlage nach Herzenslust nutzen.

Auf einen Blick

Tickets

Golden State Warriors
Oracle Arena.
☎ 1-888-479-4667.

Oakland Athletics
☎ 1-510-638-0500.

Oakland Raiders
☎ 1-800-724-3377.

San Francisco 49ers
Levi's Stadium.
☎ 1-415-464-9377.

San Francisco Giants
AT&T Park.
☎ 1-415-972-2000.
W sfgiants.com

San José Sharks
SAP Center.
☎ 1-408-287-7070.

Stanford University Athletics
Stanford University.
☎ 1-800-STANFORD.

Tickets.com
W tickets.com

UC Berkeley Intercollegiate Athletics
UC Berkeley.
☎ 1-800-462-3277.

Fitness-Center

Bay Club
150 Greenwich St.
Stadtplan 5 C2.
☎ 1-415-433-2550.

Crunch Fitness
345 Spear St. Stadtplan 6 E4. ☎ 1-415-495-1939.
W crunch.com
Eine von mehreren Filialen.

24-Hour Nautilus Fitness Center
1200 Van Ness St.
Stadtplan 4 F4.
☎ 1-415-776-2200.
W 24hourfitness.com
Eine von mehreren Filialen.

Bootsfahrten

Cass' Marina
1702 Bridgeway, Sausalito.

Sea Trek Ocean Kayak Center
Schoonmaker Point Marina, Sausalito.
☎ 1-415-488-1000.

Stow Lake Boathouse
Golden Gate Park.
Stadtplan 8 E2.
☎ 1-415-386-2531.

Golf

Golden Gate Park
(Städtisch, 9 Löcher).
Stadtplan 7 B2.
☎ 1-415-751-8987.

Lincoln Park
(Städtisch, 18 Löcher).
Stadtplan 1 C5.
☎ 1-415-221-9911.

Pebble Beach Golf Links
Pebble Beach.
☎ 1-831-624-3811.

Presidio Golf Club
300 Finley Rd.
Stadtplan 3 A3.
☎ 1-415-561-4653.

Skisport

Alpine Meadows
Tahoe City.
☎ 1-530-583-4232.

Badger Pass
Yosemite National Park.
☎ 1-209-372-8430.

Heavenly Ski Resort
Stateline, Nevada.
☎ 1-775-586-7000.

Kirkwood Ski Resort
Kirkwood.
☎ 1-209-258-6000.

Squaw Valley USA
Squaw Valley.
☎ 1-530-583-6985.

Schwimmen

City of San Francisco Recreation and Parks Department
☎ 1-415-831-2700.
W parks.sf.gov.org

Dolphin Club
502 Jefferson St.
Stadtplan 4 F1.
☎ 1-415-441-9329.
W dolphinclub.com

South End Rowing Club
500 Jefferson St.
Stadtplan 4 F1.
☎ 1-415-776-7372.
W southend.org

Radfahren

Backroads Bicycle Tours
1516 Fifth St, Berkeley.
☎ 1-510-527-1555.
W backroads.com

Blazing Saddles
1095 Columbus Ave.
Stadtplan 5 A2.
☎ 1-415-202-8888.
W blazingsaddles.com
Eine von zwei Filialen.

Stow Lake Bike Rentals
Golden Gate Park.
Stadtplan 8 E2.
☎ 1-415-386-2531.

Tennis

Bay Club SF Tennis
645 5th St.
Stadtplan 11 B1.
☎ 1-415-777-9000.

City of San Francisco Recreation and Parks Department
☎ 1-415-831-2700.
W parks.sf.gov.org

Claremont Resort, Spa & Tennis Club
41 Tunnel Rd, Berkeley.
☎ 1-510-843-3000.
W claremontresort.com

Stadtplan *siehe Seiten 290–308*

San Francisco mit Kindern

San Francisco ist voller interessanter Attraktionen für Kinder. Viele Ausstellungen sind auf die jungen Besucher zugeschnitten und ermöglichen es ihnen, aktiv zu werden. Farbenfrohe Straßenmärkte gibt es von Frühjahr bis Herbst. Historische Schauplätze lassen die Tage des Goldrauschs, den Wilden Westen und das Geschehen auf der Gefängnisinsel Alcatraz lebendig werden. Im Zoo gibt es exotische Tiere zu bewundern. Auch der Golden Gate Park ist anziehend. San Francisco ist eine ideale Stadt für Familien. Vielerorts wird für Kinder kein oder nur ein geringer Eintritt erhoben.

Information

San Francisco ist eine familienfreundliche Stadt. In vielen Hotels können Kinder kostenlos im Zimmer der Eltern übernachten, meist stehen auch Kinderbetten zur Verfügung. Viele Hotels organisieren Babysitter oder Kinderbetreuung. Ansonsten können Sie sich an eine Agentur wie **American Child Care, Inc.** wenden.

Parken in der Stadt ist teuer, doch gibt es ein gutes öffentliches Verkehrsnetz *(Plan siehe hintere Umschlaginnenseiten)*. Eine kombinierte Tour mit Bus, Tram und Cable Car ist abwechslungsreich und für den Nachwuchs ein Abenteuer. Unter fünf Jahren fahren Kinder kostenlos. Kinder und Jugendliche von fünf bis 17 Jahren erhalten Fahrpreisermäßigungen. Für alle Altersgruppen gibt es verbilligte »Muni Passports« für ein, drei oder sieben Tage *(siehe S. 282)*. Benutzen Sie die öffentlichen Toiletten *(siehe S. 267)* oder die meist sauberen »rest rooms« der Hotels und Kaufhäuser. Windeln und Medikamente bekommt man rund um die Uhr in den Walgreens Drug Stores *(siehe S. 271)*. Veranstaltungstipps für Familien finden Sie im *San Francisco Book* und in *Arts Monthly*.

Crazy Castle im Zoo

Tierwelt

Tierfreunde kommen in der Bay Area auf ihre Kosten: Fahren Sie mit dem Auto oder der Fähre zu **Six Flags Discovery Kingdom** in Vallejo, wo man auf Elefanten reiten und Delfine aus der Nähe bewundern kann. Im Marine Mammal Center der Marin Headlands *(siehe S. 176f)* werden verletzte Seelöwen gepflegt. Der Zoo von San Francisco *(siehe S. 162)* bietet sich für einen Tages- oder Halbtagesausflug an. Man kann in der Gorilla World die beeindruckenden Menschenaffen beobachten und Pinguine füttern, die hier überaus erfolgreich gezüchtet werden. Das **Josephine D. Randall Junior Museum** hat einen Streichelzoo und Naturlehrpfad. Bootstouren zum rund 40 Kilometer entfernten Farallones National Marine Sanctuary organisieren Oceanic Society Expeditions *(siehe S. 287)*. Die Touren finden ganzjährig statt. Grauwale kann man von Dezember bis April sehen.

Museen

Viele der Museen sind auch für Kinder attraktiv. In der California Academy of Sciences *(siehe S. 152f)* kann man im Earthquake! Theater ein Erdbeben sicher überstehen. Die Academy beherbergt auch das Morrison Planetarium und das Steinhart Aquarium. Im **Children's Creativity Museum** in Yerba Buena Gardens kommen Kinder interaktiv mit der Medienwelt in Berührung. Hier gibt es auch eine Eislaufbahn und ein Karussell von 1906.

Das **Bay Area Discovery Museum** bietet Kindern zwischen zwei und zwölf Jahren viele die Fantasie anregende Exponate. Das **Exploratorium** *(siehe S. 94f)* ist für seine über 700 Exponate zum Anfassen bekannt. Sein Tactile Dome ist etwas für Mutige, die sich hier in völliger Dunkelheit ihren Weg ertasten müssen. Den Wilden Westen und die Zeit des Goldrauschs kann man im Wells Fargo History Museum *(siehe S. 112)* erleben, wo Kinder eine Kutsche

Kontakt mit einem Barbados-Schaf im San Francisco Zoo

Freundlicher Empfang für Kinder

SAN FRANCISCO MIT KINDERN | 263

besteigen, einen Telegrafen bedienen und Gold finden können. Der Eintritt ist frei. Ebenfalls kostenlos ist der Maritime Historical Park *(siehe S. 87)* mit seinen Schiffsmodellen und Seefahrtsreliken. Drei der historischen Museumsschiffe kann man am Hyde Street Pier sehen.

Die Museen von Fisherman's Wharf bieten Unterhaltendes, Geheimnisvolles, Gruseliges und Faszinierendes. Einen Besuch lohnen auch Ripley's Believe It Or Not! *(siehe S. 86f)* und Madame Tussaud's *(siehe S. 86)*. Jeder kann das intakte Marschland, die Dünen und den Strand von Crissy Field in Presidio genießen.

Spaß im Freien

Besonders spannend ist es für Kinder, wenn man die Stadt per Cable Car *(siehe S. 284f)* erkundet. Eine rasante »Talfahrt« bietet das letzte Stück der Linie Powell–Hyde zum Aquatic Park *(siehe S. 174f)*. In der Nähe legen Fähren nach Alcatraz Island *(siehe S. 82–85)* ab. Der Golden Gate Park *(siehe S. 144–159)* bietet Reitställe, Fahrradwege, Bootsfahrten, ein Karussell auf dem Kinderspielplatz sowie eine Bisonherde. In South Bay liegt **Great America**, ein Themenpark für Kinder.

Shopping

Bei **Built-A-Bear** kann man die Werkstätten besichtigen, sich einen Teddy aussuchen und dann selbst ausstopfen. **Gamescape** verkauft eine riesige Auswahl an Spielen. In der Ghirardelli Chocolate Manufactory *(siehe S. 87)* sieht man, wie Schokolade hergestellt wird, und kann Kostproben kaufen.

Reitställe im Golden Gate Park

Kinder am Strand von Crissy Field *(siehe S. 62)*

Spaß in der Halle

Größere Kinder können sich an den **Mission Cliffs** austoben, einer riesigen Hallen-Kletterwand. Kreativen Spaß haben Kinder bei den zahlreichen Mitmachexponaten des Exploratoriums. Das Children's Creativity Museum ist ein Muss für Kinder.

AcroSports ist eine Akrobaten-Arena sowohl für Kinder als auch für Erwachsene. Hier kann man einen Zirkus-Workshop machen, Unterricht in akrobatischer Gymnastik nehmen oder einfach nur einer Vorstellung zusehen.

Essen gehen

Fast Food gibt es überall in San Francisco – von Dim Sum zum Mitnehmen in Chinatown bis zu den Hamburgern am Union Square. Auch in den meisten Lokalen kann man entspannt mit Kindern essen. In vielen Restaurants gibt es Kinderstühle und eine eigene Speisekarte für die Kleinen. **California Pizza Kitchen** ist bekannt für ausgezeichnete Pizzas mit geradezu traumhaften Belägen, Sandwiches und Salate. Ein Erlebnis für die ganze Familie bietet ein Essen im **Rainforest Café**.

Auf einen Blick

Kinderbetreuung

American Child Care Services, Inc.
1-415-285-2300.

Tierwelt

Josephine D. Randall Junior Museum
199 Museum Way. Stadtplan 10 D2. 1-415-554-9600.
w randallmuseum.org

Six Flags Discovery Kingdom
Marine World Parkway, Vallejo.
1-707-643-ORCA.

Museen

Bay Area Discovery Museum
557 East Fort Baker, Sausalito.
1-415-339-3900.
w badm.org

Children's Creativity Museum
221 4th St. Stadtplan 5 C5.
1-415-820-3320.

Exploratorium
Pier 15. Stadtplan 5 D2.
1-415-563-7337.

Spaß im Freien

Great America
1-408-988-1776.

Shopping

Build-A-Bear Workshop
Hillsdale Mall San Mateo.
1-650-577-8713.

Gamescape
333 Divisadero St.
Stadtplan 10 D1.
1-415-621-4263.

Spaß in der Halle

AcroSports
639 Frederick St. Stadtplan 9 B2.
1-415-665-2276.

Mission Cliffs
2295 Harrison St. Stadtplan 11 A4.
1-415-550-0515.

Essen gehen

California Pizza Kitchen
53 3rd St. Stadtplan 5 C5.
1-415-278-0443.

Rainforest Café
145 Jefferson St. Stadtplan 5 A1.
1-415-440-5610.

Stadtplan *siehe Seiten 290–308*

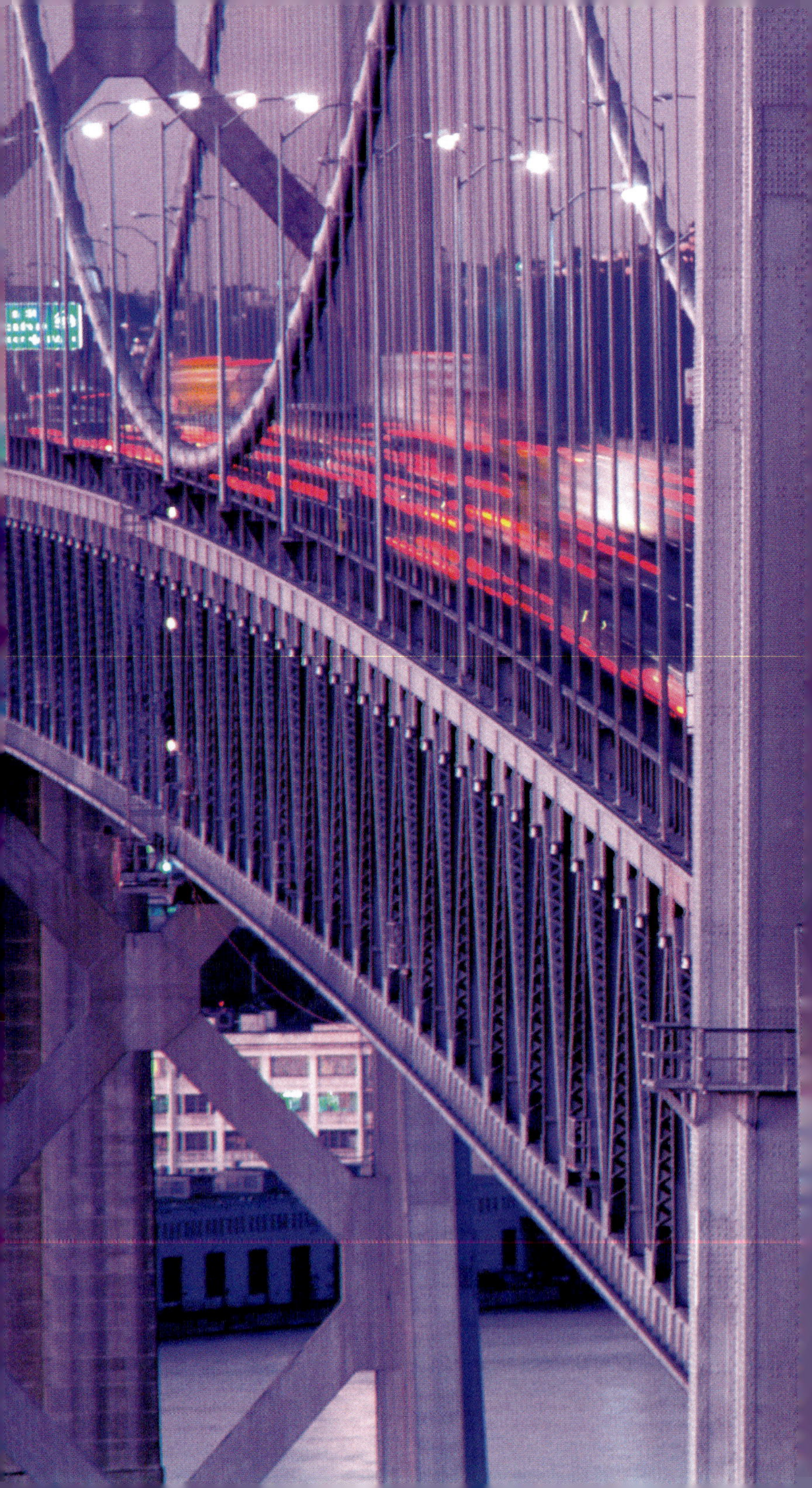

GRUND-INFORMATIONEN

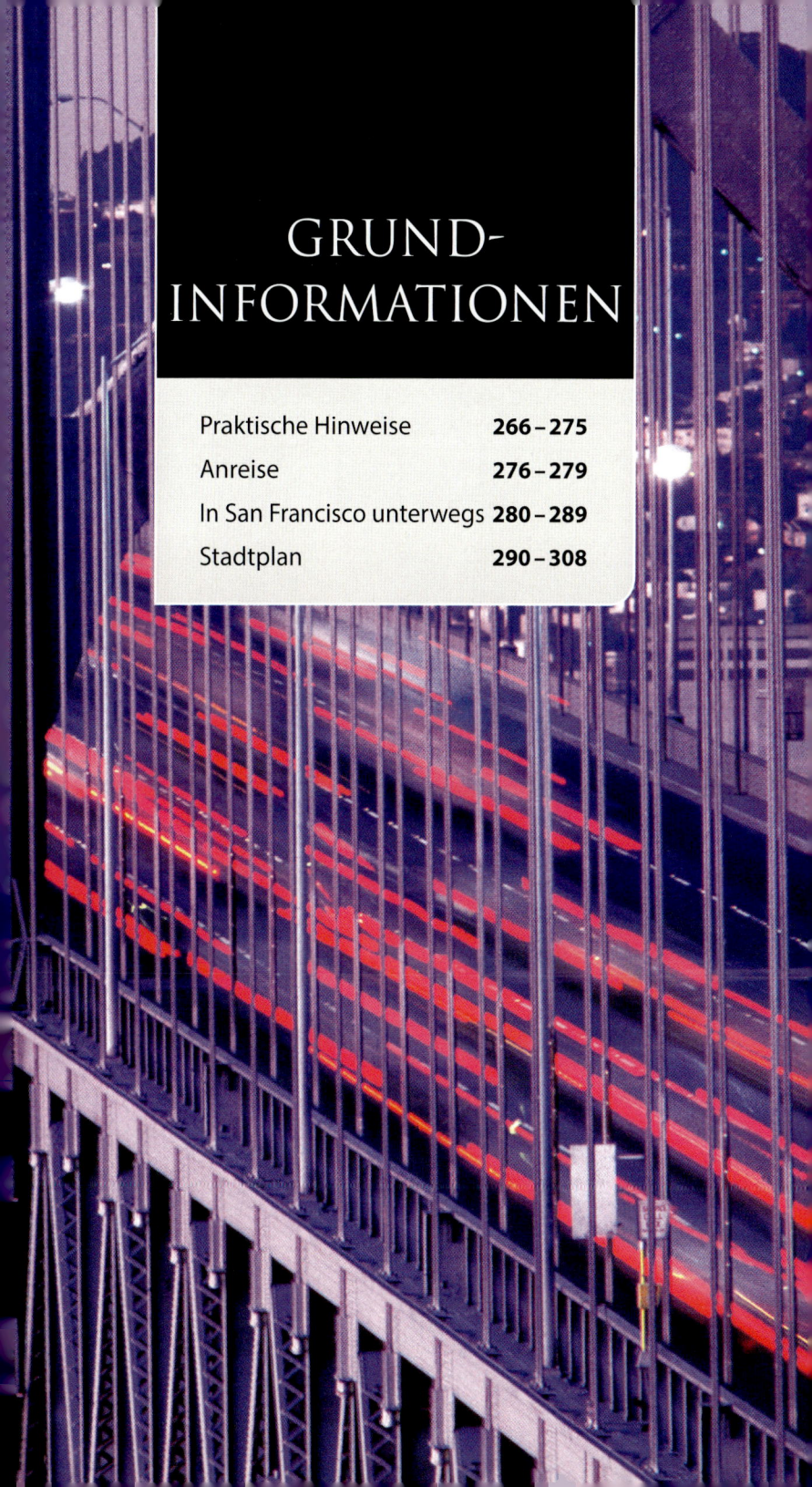

Praktische Hinweise	**266 – 275**
Anreise	**276 – 279**
In San Francisco unterwegs	**280 – 289**
Stadtplan	**290 – 308**

Praktische Hinweise

San Francisco bezeichnet sich als »Everybody's Favorite City« (»Jedermanns Lieblingsstadt«) – kein ganz bescheidenes Urteil, das aber von Reisemagazinen bestätigt wird. Besucher – ob anspruchsvoll oder preisbewusst – finden unter den Hotels *(S. 212–215)*, Restaurants *(S. 222–229)* und Läden *(S. 232–245)*, dem Unterhaltungsangebot *(S. 246–263)* und auch den Führungen *(S. 281)* sicherlich etwas, das ihrem Budget entspricht. Wer die üblichen Vorsichtsmaßnahmen *(S. 270)* befolgt, kann sich ohne Gefahr in der Stadt bewegen. Im Folgenden finden Sie nützliche Infos zu Banken *(S. 272f)*, medizinischer Versorgung *(S. 271)* oder zu Fahrten mit den Cable Cars *(S. 284f)*.

Einreise und Zoll

Bürger aus Deutschland, Österreich und der Schweiz können im Rahmen des Visa Waiver Program (VWP) bis zu 90 Tage visumfrei in die USA einreisen. Sie müssen dafür eine ESTA-Reisegenehmigung (zwei Jahre lang gültig) beantragen – spätestens 72 Stunden vor Antritt der Reise. Der Antrag kann nur auf der ESTA-Website gestellt werden (https://esta.cbp.dhs.gov). Hierbei werden 14 US-Dollar Gebühr fällig, zahlbar per Kreditkarte. Achtung: Sie sollten schon hier Ihre erste Adresse in den USA nennen.

Erforderlich für die Einreise ohne Visum ist ein maschinenlesbarer Reisepass. Pässe, die nach dem 26. Oktober 2005 ausgestellt wurden, brauchen ein digitales Lichtbild, Pässe, die nach dem 26. Oktober 2006 ausgestellt wurden, einen Chip mit biometrischen Daten. Auch Kinder jeden Alters benötigen einen maschinenlesbaren Pass – und eine eigene ESTA-Genehmigung.

Seit 2004 werden von allen Reisenden bei der Einreise digitale Fingerabdrücke genommen und ein digitales Foto gemacht. Seit Oktober 2005 müssen alle, die in die USA einreisen, vor Reiseantritt ein APIS-Formular ausfüllen. Diese Daten werden vor Abflug an die US-Behörden übermittelt. Das Formular erhalten Sie von Ihrer Fluglinie bzw. unter www.drv.de

Bei der Ankunft auf dem San Francisco International Airport *(siehe S. 276f)* sollten Besucher aus Europa dem Schild »Other than American Passports« folgen. Rechnen Sie für Zollprozeduren bis zu 60 Minuten ein.

Broschüren im San Francisco Visitor Information Center

Während des Flugs erhalten Sie ein blaues Formular für die Zollerklärung – hier brauchen Sie eine Übernachtungsadresse in den USA. Es erleichtert die Einreise, wenn Sie das Formular auf Englisch in Großbuchstaben ohne Umlaute (stattdessen AE, OE, UE) und mit der US-Schreibweise für die Ziffern 1 und 7 (**1** und **7**) ausfüllen.

Information

Stadtpläne, Veranstaltungskalender sowie Fahrkarten erhalten Sie im Infozentrum des **San Francisco Visitor Information Center** *(siehe S. 119)*. Es gibt auch zwei kostenlose Magazine heraus: Das *San Francisco Book* geht auf Konzerte, Shows, Clubs und Lokale ein. *San Francisco Arts Monthly* listet Filme, Theater, Ausstellungen, Musik- und Tanzevents auf. *This Week in San Francisco* und *Where Magazine* liegen kostenlos in Hotels und Läden aus.

Die »Datebook«-Rubrik der Sonntagsausgabe des *San Francisco Chronicle* verzeichnet größere Kunst- und Unterhaltungsveranstaltungen. Gleiches gilt für die Freitagsausgabe des *San Francisco Examiner* und die Infos in *The Bay Guardian* und *SF Weekly* (beide kostenlos).

CityPASS-Ticket

Eintrittspreise

Obwohl es auch einige kostenlose Events *(siehe S. 247, 253)* gibt, zahlt man bei den meisten Attraktionen Eintritt, meist zwischen fünf und zehn US-Dollar. Das Conservatory of Flowers und der Japanese Tea Garden im Golden Gate Park *(siehe S. 144–157)* verlangen acht US-Dollar. Ein Ausflug nach Alcatraz *(siehe S. 82–85)*, inklusive Fahrt mit der Fähre, kostet 30 US-Dollar (37 $ für die Nachttour). Rabatte gibt es für Senioren und Kinder unter elf Jahren. Kostenlos ist es für Kinder unter vier Jahren *(siehe S. 287)*.

San Francisco ist für seine Live-Musik-Szene bekannt. Hier treten sowohl einheimi-

◀ **Dichter Straßenverkehr auf der abendlichen Bay Bridge** *(siehe S. 166f)*

sche Bands als auch internationale Künstler auf. Konzertkarten schlagen mit fünf bis 30 US-Dollar zu Buche. Im Sommer finden kostenlose Konzerte unter den Redwoods im Stern Grove statt – man sollte frühzeitig aufbrechen, um einen Sitzplatz zu bekommen.

Große Museen können bis zu 20 US-Dollar Eintritt verlangen, für Senioren, Kinder und Studenten gibt es jedoch oftmals Rabatt. Viele Museen sind an bestimmten Wochentagen günstiger. Die meisten großen Institutionen gewähren einmal pro Monat freien Eintritt. Hinzu kommen kostenlose Führungen und Infoveranstaltungen. Kleine Museen sind entweder kostenlos oder wünschen eine Spende.

Im Fort Mason *(siehe S. 74f)*, in den Yerba Buena Gardens *(siehe S. 116f)* und im Golden Gate Park gibt es mehrere Museen. Der de Young Museum CityPASS gewährt kostenlosen Eintritt zu beiden Museen im Golden Gate Park. Der San Francisco CityPASS (im Visitor Information Center an der Hallidie Plaza erhältlich) macht die meisten Sehenswürdigkeiten sowie Fahrkarten billiger.

Öffnungszeiten

Bürozeiten in San Francisco sind werktags von 9 bis 17 Uhr. Läden *(siehe S. 232)* haben meist bis 20 Uhr offen. Banken öffnen montags bis freitags von 10 bis 15 Uhr, einige Banken auch schon um 7.30 Uhr. Andere Banken schließen erst um 18 Uhr, manche haben auch samstagvormittags geöffnet. Praktisch alle Banken bieten rund um die Uhr Geldautomaten.

Einige Museen sind montags und/oder dienstags und an den Feiertagen geschlossen. Einige haben abends länger geöffnet (siehe die einzelnen Einträge dieses Reiseführers). Sperrstunde für Bars ist um 2 Uhr. Zwischen 2 und 6 Uhr gibt es in Kalifornien keinen Alkoholausschank.

Lobby des San Francisco Museum of Modern Art

Etikette und Rauchen

Nordkalifornien ist nicht ganz so locker wie die Sandalen-und-Shorts-Szene Südkaliforniens, doch auch hier geht es leger zu. Sogar in den eleganteren Restaurants San Franciscos sieht man Jeans, allerdings meist in Schwarz, kombiniert mit einem edlen Shirt.

Nehmen Sie gegebenenfalls Ihren Ausweis mit: Bars und Restaurants dürfen jeden, der jünger als 40 aussieht, nach dem Ausweis fragen, bevor Sie ihm Alkohol servieren. Die USA haben bei Kreditkarten noch kein PIN-System, wie in Europa üblich. Wenn Sie mit Kreditkarte bezahlen, müssen Sie daher oft Ihren Ausweis zeigen und eine Unterschrift leisten.

Rauchen am Arbeitsplatz, in Läden, Bars und Restaurants sowie an öffentlichen Orten und mittlerweile auch an Stränden und in Naturparks ist verboten. Hotels müssen 35 Prozent der Zimmer und 75 Prozent der Lobby rauchfrei halten. Viele sind komplette Nichtraucherhotels. Erkundigen Sie sich deshalb bei der Buchung eines Zimmers danach.

Öffentliche Toiletten

In Busbahnhöfen und BART-Stationen *(siehe S. 286)* halten sich häufig Obdachlose und Drogenabhängige auf. Gleiches gilt für die großen, grünen, sich selbst reinigenden Toiletten entlang der Market Street. Als Alternative bieten sich die Anlagen *(rest rooms)* großer Hotels und Kaufhäuser an, die kostenlos benutzt werden können.

Steuern und Trinkgeld

In San Francisco beträgt die Verkaufssteuer 8,75 Prozent und wird auf fast alles aufgeschlagen, außer auf Essen zum Mitnehmen. In Restaurants beträgt das Trinkgeld 15 Prozent der Rechnung (verdoppeln Sie einfach die Steuer). Taxifahrer, Barkeeper und Friseure erhalten 15 Prozent. Hotelportiers und Gepäckträger auf Flughäfen erwarten einen halb US-Dollar pro Gepäckstück, Zimmerpersonal ein bis zwei Dollar pro Tag Aufenthalt.

SS *Balclutha*, SF Maritime National Historical Park

Muni-Bus mit Rampe für Rollstuhlfahrer

Reisende mit besonderen Bedürfnissen

Der überwiegende Teil des öffentlichen Nahverkehrs der Stadt ist behindertengerecht, Informationen hierzu bietet der **Muni Access Guide**. Die meisten Hotels in San Francisco bieten einige behindertengerecht ausgestattete Zimmer, auch viele der großen Unterhaltungsstätten verfügen mittlerweile über entsprechende Einrichtungen. Erkundigen Sie sich aber bei der Reservierung nach den jeweiligen Gegebenheiten.

Wegweiser, Toiletten und Eingänge entsprechen den Anforderungen für Sehbehinderte und Menschen mit eingeschränkter Mobilität. Theater und Kinos in San Francisco und der Bay Area bieten bisweilen Hörhilfen für Schwerhörige. Parkplätze für Behinderte sind durch ein blau-weißes Schild, eine blaue Einfassung und oft auch durch ein Rollstuhl-Symbol gekennzeichnet.

Senioren

Senioren haben vielleicht etwas Mühe mit den vielen Hügeln im Stadtgebiet, doch das dichte und sehr effiziente Netz an öffentlichen Verkehrsmitteln erleichtert das Fortkommen in San Francisco erheblich.

Auch für ältere Menschen gibt es in der Stadt eine Vielzahl an Attraktionen. Kino- und Theaterkarten, Eintritte zu Sehenswürdigkeiten und einige Sportveranstaltungen sind für Senioren über 65 Jahre – bei Vorlage eines entsprechenden Ausweises – preisgünstiger. Der Nahverkehr ist billiger (75 Cent anstatt 2 $). Auch viele Restaurants locken mit Rabatten.

Weitere hilfreiche Informationen gibt es bei der **American Association of Retired People (AARP)**.

Mit Kindern reisen

San Francisco ist ein überaus familienfreundliches Reiseziel: Viele Hotels bieten kostenlose Übernachtungen für die Kleinen. Die meisten Restaurants haben spezielle Gerichte. Kinder erhalten auch Ermäßigungen bei Eintritten zu Sportveranstaltungen, in Kinos und in Museen.

Kinder unter vier Jahren können kostenlos in öffentlichen Verkehrsmitteln fahren, im Alter von fünf bis 17 Jahren kostet das Ticket 75 Cent (Erwachsene 2 $). Eine Ausnahme hiervon bilden die Cable Cars, für deren Benutzung jeder Fahrgast sechs Dollar zu entrichten hat.

San Francisco bietet etliche Parks und Spielplätze (Liste auf der Website von **City and County of San Francisco**). Weitere Infos und Anregungen gibt es auf der Website von **Travel for Kids**.

Schwule und Lesben

San Francisco gehört zweifellos zu den schwulenfreundlichsten Metropolen der ganzen Welt. Gleichgeschlechtliche Paare sind hier seit vielen Jahren Teil des Stadtbilds. San Francisco war auch unter den ersten amerikanischen Städten, die die Heirat von Homosexuellen gestatteten. Das Gesetz wurde später zwar wieder gekippt, doch jetzt ist es wieder eingeführt worden.

Die jedes Jahr Ende Juni veranstaltete Gay Pride Parade *(siehe S. 51)* gehört zu den spektakulärsten Events der Community. Der Castro District ist das Zentrum der Schwulenszene, an der Ecke von Market und Castro Street weht stolz die Regenbogenfahne. In San Francisco gibt es eine Reihe von Hotels, die ausschließlich auf Schwule und Lesben zugeschnitten sind (Infos auf www.sfgay.org).

Studenten

Studenten, die sich ausweisen können, erhalten in vielen Museen und Theatern sowie bei einer Reihe weiterer Attraktionen Ermäßigungen. Die **International Student Identity Card (ISIC)** wird überall akzeptiert. Beantragen Sie einen solchen Ausweis rechtzeitig vor der Reise.

ISIC – International Student Identity Card

Umrechnungstabellen

US-Standard in metrisch

1 inch = 2,54 Zentimeter
1 foot = 30 Zentimeter
1 yard = 91 Zentimeter
1 mile = 1,6 Kilometer
1 ounce = 28 Gramm
1 pound = 454 Gramm
1 US pint = 0,5 Liter
1 US quart = 0,947 Liter
1 US gallon = 3,8 Liter

Metrisch in US-Standard

1 Zentimeter = 0,4 inch
1 Meter = 3 feet 3 inches
1 Kilometer = 0,6 mile
1 Gramm = 0,04 ounce
1 Kilogramm = 2,2 pounds
1 Liter = 1,1 US quarts

Zeitzone

San Francisco liegt in der Pacific Time Zone. Die Sommerzeit, zu der die Uhren um eine Stunde vorgestellt werden, beginnt am zweiten Sonntag im März und endet am ersten Sonntag im November. Der Zeitunterschied zu Berlin und Wien liegt bei minus neun Stunden.

Elektrizität

Die Netzspannung in den Vereinigten Staaten liegt bei 110/120 Volt (Wechselstrom). Um 230-Volt-Geräte betreiben zu können, benötigen Sie einen Spannungsumschalter (Konverter) sowie einen Adapter für Steckdosen (meist zweipolig), den Sie vorher in Europa kaufen sollten. Auch zum Aufladen von Akku-Geräten sind Adapter und Umschalter nötig.

Umweltbewusst reisen

San Francisco und die Bay Area sind Vorreiter in Sachen Umweltschutz in den USA. Es gibt eine ganze Reihe von Öko-Unterkünften, die meist Mitglied bei **Green Hotels** sind. Auch Bio-Kost ist in Nordkalifornien angesagt. Eine große Anzahl von Restaurants beziehen ihre Zutaten von heimischen Farmen. In der ganzen Gegend gibt es wöchentliche Farmers' Markets. Zu den interessantesten gehört derjenige am **Ferry Building Market Place**, wo Bauern frische Produkte und delikat zubereitete Speisen verkaufen.

Große Teile unverbauter Flächen – darunter Presidio, Golden Gate Park, Marin Headlands und Muir Woods – wurden unter Naturschutz gestellt. San Francisco unterstützt darüber hinaus ökologische Bauvorhaben, etwa bei der California Academy of Sciences *(siehe S. 152f)*.

Informationen zu Unternehmen, die nachhaltig wirtschaften, finden Sie auf der Website von **Bay Area Green Business Program**.

Marktstand auf einem Farmers' Market in San Francisco

Auf einen Blick

Botschaften und Konsulate

Deutsches Generalkonsulat
1960 Jackson St,
San Francisco,
CA 94109.
Stadtplan 4 E3.
📞 1-415-775-1061.
🌐 san-francisco.diplo.de

Österreichisches Honorarkonsulat
580 California St,
Suite 1500,
San Francisco,
CA 94104.
Stadtplan 5 C4.
📞 1-415-765-9576.
🌐 bmaa.gv.at

Schweizer Generalkonsulat
456 Montgomery St,
Suite 1500,
San Francisco,
CA 94104-1233.
Stadtplan 5 C4.
📞 1-415-788-2272.
🌐 eda.admin.ch/sf

US-Botschaften in D, A und CH

Deutschland
Clayallee 170,
14191 Berlin.
📞 +49 30 830 50.
🌐 germany.usembassy.gov

Österreich
Boltzmanngasse 16,
1090 Wien.
📞 +43 05 313 390.
🌐 austria.usembassy.gov

Schweiz
Sulgeneckstrasse 19,
3007 Bern.
📞 +41 031 357 7011.
🌐 bern.usembassy.gov

Information

San Francisco Visitor Information Center
900 Market St/Ecke Powell St, untere Ebene der Hallidie Plaza.
Stadtplan 5 B5.
📞 1-415-391-2000.
🌐 sanfrancisco.travel

Visit California
📞 1-877-225-4367.
🌐 visitcalifornia.com

Reisende mit besonderen Bedürfnissen

Mayor's Office on Disability
📞 1-415-554-6789 oder
📞 1-415-554-6799.
🌐 sfgov.org/mod

Muni Access Guide
949 Presidio Ave.
Stadtplan 3 C4.
📞 311 oder
📞 1-415-415-701-2311 (von außerhalb).
🌐 sfmta.com

Studenten

International Student Identity Card (ISIC)
🌐 isic.org

Mit Kindern reisen

City and County of San Francisco
🌐 sfrecpark.org

Travel for Kids
🌐 travelforkids.com

Senioren

American Association of Retired People (AARP)
📞 1-888-687-2277.
🌐 aarp.org

Schwule und Lesben

Gay and Lesbian Convention Visitors Bureau
📞 1-415-437-3800.
🌐 glcvb.org

Umweltbewusst reisen

Bay Area Green Business Program
🌐 greenbiz.ca.gov

California Farmers' Markets Association
📞 1-800-806-3276.
🌐 cafarmersmkts.com

Ferry Building Market Place
🌐 ferrybuildingmarketplace.com

Green Hotels
🌐 greenhotels.com

Stadtplan siehe Seiten 290–308

Sicherheit und Gesundheit

San Francisco ist eine der sichersten amerikanischen Großstädte. Polizisten patrouillieren in allen für Besucher interessanten Gegenden. Dort gibt es nur selten Übergriffe. Im Civic Center, in Tenderloin, Western Addition und im Mission District tragen Bürgerwehren dazu bei, dass es auch hier sicherer wird. Allerdings sollte man am späten Nachmittag und abends in Vierteln, in denen die Sehenswürdigkeiten etwas abseits liegen, ein Taxi nehmen. Wenn Sie sich an die Empfehlungen des Police Department halten und Ihrem gesunden Menschenverstand folgen, werden Sie einen angenehmen Aufenthalt haben.

Polizei

In San Francisco sind Tag und Nacht Polizeistreifen zu Fuß, zu Pferd, mit dem Motorrad und per Auto unterwegs. Größere Events werden von der Polizei überwacht, vor allem abends im Theater District von Tenderloin. Polizeiwachen befinden sich in Chinatown, Japantown, am Union Square, im Mission District sowie an der Hallidie Plaza.

Verkehrspolizisten patrouillieren zu Fuß oder in kleinen dreirädrigen Fahrzeugen. Flughäfen, Läden, Hotels und die Verkehrsbetriebe haben eigene Sicherheitskräfte in Uniform oder Zivil.

Persönliche Sicherheit

Mildes Klima, tolerante Einwohner und die Sozialprogramme locken viele Obdachlose nach San Francisco. Die sind meist ungefährlich, doch bisweilen psychisch instabil und drogenabhängig. Seien Sie also vorsichtig. Geben Sie sich nicht als Tourist zu erkennen. Planen Sie Ihre Route im Hotelzimmer und tragen Sie Stadtpläne nicht offen mit sich herum. Treten Sie sicher auf, auch in Gegenden, die Sie nicht kennen. Wer verloren wirkt, ist leichter ein Angriffsziel. Verlassen Sie Ecken, die Ihnen unsicher vorkommen. Fragen Sie nur Personal in Hotels und Läden oder Polizeibeamte nach dem Weg – nicht Fremde auf der Straße. Tragen Sie keine größeren Geldbeträge mit sich herum. Verwenden Sie am besten Reiseschecks *(siehe S. 272)*. Zeigen Sie Ihr Bargeld vor allem nicht offen. Gürteltaschen unter der Kleidung sind sicherer als Taschen. Kann man auf eine Tasche nicht verzichten, hält man sie fest unter dem Arm. Brieftaschen steckt man vorn in die Innentasche der Jacke oder in die Hosentasche. Es empfiehlt sich, etwas Bargeld und eine Kreditkarte in einer zweiten, versteckten Brieftasche bei sich zu tragen. Achten Sie auf Ihre Wertsachen, wenn in Läden, an Bushaltestellen oder in öffentlichen Verkehrsmitteln großes Gedränge herrscht. Fertigen Sie von allen Dokumenten Kopien an, tragen Sie diese getrennt bei sich.

Achten Sie im Hotel bei Ankunft und Abreise auf Ihr Gepäck. Nennen Sie nicht jedem Ihren Namen oder Ihre Zimmernummer. Lassen Sie keine Wertsachen im Zimmer herumliegen. Viele Hotels haben Safes im Zimmer, andere Aufbewahrungsmöglichkeiten an der Rezeption. Fertigen Sie eine Liste der Dinge an, die Sie im Zimmer- oder Hotelsafe haben. Verschließen Sie die Zimmertür zweifach. Schauen Sie zuerst durch den Spion, bevor Sie jemand in Ihr Zimmer hereinlassen. Informieren Sie sich, woran das Hotelpersonal zu erkennen ist. Lassen Sie den Reparaturservice nur nach Rücksprache mit der Rezeption ins Zimmer, vor allem wenn Sie niemanden angefordert haben.

Falls Sie mit dem Auto unterwegs sind, lassen Sie keine Wertsachen darin liegen. Parken Sie es in beleuchteten, belebten Gegenden.

Notfälle

Im Notfall rufen Sie die 911 (Polizei, Feuerwehr, Ambulanz) an. In den Blauen Seiten des Telefonbuchs sind städtische Krankenhäuser (mit Ambulanz) aufgelistet. Sie können zwar überlaufen sein, sind aber um einiges billiger als Privatkliniken, die in den Gelben Seiten zu finden sind.

Hotels können (Zahn-)Ärzte organisieren, die auch zu Ihnen ins Hotel kommen.

Streifenwagen (SFPD)

Feuerwehrfahrzeug

Krankenwagen

Medizinische Versorgung

Falls Sie nicht ausreichend versichert sind, kann der Besuch beim Arzt oder im Krankenhaus recht teuer werden. Eine Behandlung müssen Sie immer zunächst privat bezahlen. Danach können Sie die Erstattung bei Ihrer Kasse beantragen. Viele Ärzte, Zahnärzte und Krankenhäuser akzeptieren zwar Kreditkarten, doch bei ausländischen Besuchern fordern viele Reiseschecks oder Barzahlung.

Für kleinere medizinische Probleme gibt es in San Francisco eine Handvoll Ambulanzen zu vernünftigen Preisen. Informieren Sie sich beim Visitor Information Center *(siehe S. 269)*. Auch am San Francisco International Airport gibt es eine Klinik.

Wenn Sie vom Arzt ein Rezept bekommen, sollte es auf eine Apotheke in der Nähe Ihres Hotels ausgestellt sein. Einige Drugstores von **Walgreens** haben spät bzw. rund um die Uhr geöffnet. Wenn Sie regelmäßig Medikamente einnehmen, sollten Sie unbedingt ein Reserverezept dabei haben.

Apothekenschild von Walgreens

Fundbüros

Wenn Sie etwas auf der Straße verloren haben, können Sie die **Police Non-Emergency Line** anrufen. Die **Muni**- und **BART**-Verkehrsbetriebe haben eigene Fundbüros – **Lost-and-Found** –, ebenso viele Läden und Restaurants.

Notieren Sie bei Taxifahrten den Firmennamen, die Farbe und die Nummer des Wagens. Sie brauchen diese Angaben, wenn Sie etwas im Taxi verloren haben und den Verlust später bei dem Taxiunternehmen melden.

Versicherungen

Die medizinische Versorgung in den USA ist erstklassig, jedoch sehr teuer. Eine Reiseversicherung in Kombination mit einer Auslands-Krankenversicherung ist unabdingbar. Unfall- und Zahnarztversorgung, ein eventueller Rücktransport, Diebstahl und Verlust sowie Stornogebühren sollten mit in der Versicherungsleistung eingeschlossen sein.

Erdbeben

Die Bay Area liegt an mehreren Erdverwerfungen, was in der Vergangenheit zu verheerenden Erdbeben geführt hat. Laut US Geological Service (USGS) bebt die Erde in der Bay Area durchschnittlich alle vier Jahre. Seit dem Beben von 1906 (7,8 auf der Richterskala) gab es zwar weniger seismische Aktivität, da die Spannungen nachgelassen haben. Doch der USGS warnt, dass sich diese Spannungen wieder aufbauen. Mit einer Wahrscheinlichkeit von 62 Prozent wird bis 2032 in der Region ein Beben mit mindestens 6,7 auf der Richterskala stattfinden.

Die gute Nachricht ist, dass der Erdbebenschutz stark verbessert wurde. Es ist gesetzlich vorgeschrieben, dass Bauten einem solchen Beben standhalten müssen. Erdbeben dauern meist nur ein paar Sekunden. Im Fall eines Bebens sollte man unter einem Tisch oder unter einem Tür- bzw. Torrahmen Schutz suchen.

Auf einen Blick

Notfälle

Alle Notfälle
📞 911 (Polizei, Feuerwehr und Ambulanz).

Victims of Crime Resource Center
📞 1-800-842-8467.
🌐 1800victims.org

Krankenhäuser

Saint Francis Memorial Hospital
900 Hyde St. **Stadtplan** 5 A4. 📞 1-415-353-6000 (für Besucher).
📞 1-415-353-6300 (24-Stunden-Notfallversorgung).
📞 1-800-333-1355 (24-Stunden-Service ärztliche Einweisung).
🌐 saintfrancismemorial.org

San Francisco General Hospital
1001 Potrero Ave. **Stadtplan** 11 A3.
📞 1-415-206-8000.

Traveler Medical Group
490 Post St, Suite 225. **Stadtplan** 5 A5.
📞 1-415-981-1102.
🌐 travelermedicalgroup.net

Apotheken

Four-Fifty Sutter Pharmacy
450 Sutter St, 6. Stock. **Stadtplan** 5 B4.
📞 1-415-392-4137.

Saint Francis Medical Center
901 Hyde St. **Stadtplan** 5 A4.
📞 1-415-776-4650.

Walgreens
135 Powell St. **Stadtplan** 5 B5. 📞 1-415-391-7222.
498 Castro St. **Stadtplan** 10 D3. 📞 1-415-861-3136 (24 Stunden).
3201 Divisadero St. **Stadtplan** 3 C2.
📞 1-415-931-6417 (24 Stunden).

Ambulanzen

Concentra Medical Center
26 California St. **Stadtplan** 6 D4.
📞 1-415-397-2881.

University of California San Francisco Clinic
400 Parnassus Ave. **Stadtplan** 9 B2.
📞 1-415-353-2602.

Wall Medical Group
2001 Union St. **Stadtplan** 4 E3.
📞 1-415-447-6800.

Zahnärzte

Emergency Dentist 24/7
📞 1-415-702-4543.

San Francisco Dental Society Referral Service
📞 1-415-928-7337 (24 Std).

Fundbüros

Lost-and-Found BART
🌐 bart.gov/guide/lostandfound

Lost-and-Found Muni
📞 1-415-701-2311.

Police Non-Emergency Line
📞 1-415-553-0123.

Stadtplan *siehe Seiten 290 – 308*

Banken und Währung

San Franciscos Financial District *(siehe S. 108–123)* ist das Bankenzentrum der amerikanischen Westküste. Imposante Verwaltungsgebäude der großen US-Banken sind in dem prestigeträchtigen Areal ebenso vertreten wie Niederlassungen führender internationaler Bankinstitute. Zudem gibt es in der Stadt Hunderte von Geldautomaten, an denen man rund um die Uhr Bargeld bekommt.

Geldautomat (ATM) von Wells Fargo

Banken und Geldwechsel

In San Francisco haben alle Banken montags bis freitags von 10 bis 15 Uhr geöffnet. Es gibt jedoch auch Banken, die bereits um 7.30 Uhr öffnen, andere schließen erst um 18 Uhr, manche haben am Samstagvormittag geöffnet.

Erkundigen Sie sich, ob und in welcher Höhe Gebühren für Transaktionen anfallen. In fast allen Banken können Sie Reiseschecks, die in US-Dollar ausgestellt sind, gegen Bargeld eintauschen, müssen sich jedoch ausweisen.

Bargeld zu wechseln ist in den Vereinigten Staaten in Banken schwierig geworden und nur noch am Flughafen möglich. Oft wird von Banken für Bargeldumtausch die Eröffnung eines Kontos verlangt. Sie bedienen meist nur ihre eigenen Kunden.

Wechselstuben gibt es an den internationalen Flughäfen (SFO, Oakland und San José; *siehe S. 276f*). Wechselstuben tauschen gegen Gebühren Fremdwährungen und haben an Werktagen von 9 bis 17 Uhr geöffnet. Zu den am weitesten verbreiteten Anbietern gehört **Travelex American Currency Exchange**. Das Unternehmen betreibt im International Airport mehrere Geldwechselstuben und Geldautomaten.

Geldautomaten

Fast alle Banken haben Geldautomaten in der Vorhalle oder außen installiert. An diesen »automated teller machines« (ATMs) kann man rund um die Uhr mit Kreditkarten Geld in US-Währung (zumeist in 20-Dollar-Noten) abheben. Die Automaten akzeptieren Kreditkarten wie **Visa**, **MasterCard**, **American Express** und **Diners Club**. An Geldautomaten erhalten Sie bessere Wechselkurse als in einer Wechselstube.

Neben den Kreditkarten kommen auch Debitkarten immer öfter zum Einsatz. Die bekannteste Debitkarte ist die **girocard** (früher EC-Karte). Sie gibt es in zwei Ausführungen – mit dem Maestro-Logo und mit dem VPay-Logo. Beachten Sie, dass in den USA – anders als in den meisten Ländern Europas – nur Debitkarten mit Maestro-Logo akzeptiert werden, Karten mit VPay-Logo hingegen nicht.

Im Fall eines Kartenverlusts sollten Sie Ihre Karte(n) so schnell wie möglich sperren lassen *(Telefonnummern siehe Kasten)*.

Leider ereignen sich gelegentlich Überfälle auf ATM-Kunden. Nutzen Sie am besten die Automaten innerhalb der Bankgebäude. Gehen Sie lieber tagsüber und in belebten Gegenden an den Geldautomaten. Achten Sie bei der Eingabe der PIN darauf, dass Sie nicht beobachtet werden.

Reiseschecks und Kreditkarten

Auch wenn Reiseschecks allmählich an Bedeutung verlieren – sie werden (wie auch Kreditkarten) in San Francisco fast überall akzeptiert, Sie müssen allerdings meist Ihren Pass vorweisen.

In Dollar ausgestellte Reiseschecks von **American Express** werden in fast allen Läden, Restaurants und Hotels gebührenfrei akzeptiert. Reiseschecks in anderer Währung kann man bei einer Bank oder in einem großen Hotel eintauschen. In den Geschäftsstellen von American Express werden American-Express-Reiseschecks gebührenfrei eingewechselt.

In den USA werden auch kleine Beträge oft mit Kreditkarte bezahlt. Kreditkarten erlauben Ihnen nicht nur, mit wenig Bargeld zu reisen, sondern sie fungieren häufig auch als Sicherheitsleistung, etwa bei Hotels, Autovermietungen und Krankenhäusern. Autovermietungen verlangen meist eine Kaution zwischen 100 und 300 US-Dollar. Falls Sie keine Kreditkarte haben, müssen Sie sehr viel höhere Beträge in bar hinterlegen.

Meist müssen Sie in Läden einen Beleg unterzeichnen. Achtung: In einigen seltenen Fällen drucken Läden Ihre Kreditkartennummer auf die Rechnung. Dann sollten Sie diese Nummer schwärzen.

Für kleine Einkäufe, Trinkgelder, Telefone, Verkehrsmittel und Taxis sollten Sie immer etwas Bargeld zur Hand haben.

Große Filiale der Chase Bank im Finanzzentrum von San Francisco

BANKEN UND WÄHRUNG | 273

Münzen

In den USA sind folgende Münzen (coins) in Umlauf: 1, 5, 10, 25 und 50 Cent (selten) sowie 1 US-$. Jede Münze hat einen Namen: 1-Cent-Münzen heißen pennies, 5-Cent-Münzen nickels, 10-Cent-Münzen dimes, 25-Cent-Münzen quarters und 1-Dollar-Münzen (und -Scheine) bucks.

25-Cent-Münze *(quarter)*

10-Cent-Münze *(dime)*

5-Cent-Münze *(nickel)*

1-Cent-Münze *(penny)*

1-Dollar-Münze *(buck)*

Banknoten

Banknoten (bills) gibt es im Wert von 1, 2 (selten), 5, 10, 20, 50 und 100 US-$. Die neue Golden Dollar-Münze hat die 1-Dollar-Banknote noch bei Weitem nicht ersetzt. Seit einiger Zeit sind neue Scheine im Wert von 10, 20 und 50 US-$ mit leicht geänderten Farben, größeren Porträts und neuen Sicherheitsmerkmalen im Umlauf.

Auf einen Blick

Geldwechsel

Travelex
San Francisco International Airport.
📞 1-650-821-0934.

Kartenverlust

Allgemeine Notrufnummer
📞 011-49-116 116.
🌐 116116.eu

American Express
📞 1-800-528-4800.
🌐 americanexpress.com

Diners Club
📞 1-800-234-6377.
🌐 dinersclub.com

MasterCard
📞 1-800-627-8372.
🌐 mastercard.com

Visa
📞 1-800-847-2911.
🌐 visa.com

girocard
📞 011-49-69-740 987.

1-Dollar-Note
(George Washington, 1. US-Präsident)

5-Dollar-Note
(Abraham Lincoln, 16. US-Präsident)

10-Dollar-Note (Alexander Hamilton, einer der Gründerväter der USA)

20-Dollar-Note
(Andrew Jackson, 7. US-Präsident)

50-Dollar-Note
(Ulysses S. Grant, 18. US-Präsident)

100-Dollar-Note (Benjamin Franklin, einer der Gründerväter der USA)

Kommunikation

Der Hightech-Boom entstand in der Bay Area. Aus diesem Grund ist es nicht verwunderlich, dass an vielen Orten in San Francisco WLAN-Hotspots bestehen. Viele Hotels und Cafés bieten ihren Gästen kostenlosen Internet-Zugang. Da San Francisco kulturell und international orientiert ist, stößt man oft auf ausländische Zeitungen, Filme und TV-Sendungen. Münztelefone sind seltener geworden, doch es gibt sie noch an Flughäfen und in einigen Straßen des Zentrums. Denken Sie daran, dass Hotels für Telefonate eigene Gebühren berechnen. Telefonate vom Hotelzimmer aus können um einiges teurer sein als von öffentlichen Fernsprechern oder vom Mobiltelefon aus.

Nationale und internationale Anrufe

Bei *Telefonaten innerhalb der USA* wählen Sie unabhängig von Ihrem Standort mit Handy oder Festnetztelefon *immer* die **1**, dann den dreistelligen *area code*, dann die siebenstellige Telefonnummer. Die Vorwahl *(area code)* von San Francisco ist **415**. Die südlichen Vororte haben die Vorwahlen **650** und **408**. Für Oakland, Berkeley und die East Bay gilt die **510**, für Napa und Sonoma **707**. Diese Vorwahlen erfordern Ferngespräche.

Die *area codes* in den USA werden zurzeit (2015) reorganisiert. Immer öfter muss man alle elf Ziffern wählen.

Die Nummern **1-800**, **1-866**, **1-877** und **1-888** sind gebührenfrei.

Für *Auslandsgespräche* wählen Sie erst 011, anschließend die Ländervorwahl *(siehe Kasten)*, die Ortsvorwahl (ohne 0) und die Rufnummer. Sie können an öffentlichen Telefonen internationale Gespräche führen, brauchen dafür aber viel Kleingeld und werden vom Operator gegebenenfalls aufgefordert, Münzen nachzuwerfen.

Als Besucher ist man gut beraten, sich für internationale Anrufe eine Prepaid-Telefonkarte zu kaufen. Man bekommt sie im Drugstore, in einem Laden an der Ecke oder im Internet.

Ferngespräche sind nachts und am Wochenende billiger.

Öffentliche Telefone

Münzfernsprecher sind in San Francisco auf dem Rückzug. Man findet sie noch in Flughäfen, großen Straßen und einigen Einkaufszentren. Die meisten öffentlichen Telefone werden von AT&T betrieben, erkennbar am blau-weißen Symbol mit Hörer und dem Wort *phone* oder an einer Glocke in einem Kreis. Folgende Angaben müssen offengelegt sein: Gebühren, kostenlose Nummern und die Einwahl in andere Telefongesellschaften. Bei Beschwerden wählen Sie die **0**.

Mobiltelefone

Alte europäische Handys (in den USA *cell phone* oder *mobile phone*) funktionieren nur als Triband- oder Quadband-Mobiltelefone. Smartphones hingegen funktionieren problemlos. Auch für ankommende Anrufe übernehmen Sie einen Teil der Gebühr.

Erkundigen Sie sich bei Ihrem Provider über anfallende Roaming-Gebühren. Schalten Sie während Ihres Aufenthalts das meist sehr kostspielige Daten-Roaming am besten ab.

Für günstige Telefonate brauchen Sie eine US-Handykarte. **Cellion** etwa bietet gratis eine SIM-Karte mit eigener amerikanischer Rufnummer, bei der nur die Telefonate von Ihrem deutschen Bankkonto abgebucht werden.

Telefonzelle, Chinatown

Vorwahlen

- Die Vorwahl für die USA lautet: **001**.
- Internationale Direktwahl: Wählen Sie **011**, dann die Landesvorwahl (Deutschland: **49**, Österreich: **43**, Schweiz: **41**), die Ortsnetzkennzahl ohne »0« und anschließend die Teilnehmernummer.
- Geht das Auslandsgespräch über die Vermittlung, wählen Sie **01**, dann die Landesvorwahl, die Ortsvorwahl (die erste **0** weglassen) und dann die Rufnummer.
- Für Ferngespräche innerhalb der USA wählen Sie **1**.
- Internationale Fernsprechauskunft: **00**.
- Bei Telefonaten in den USA wählen Sie **1**, dann den dreistelligen *area code* (San Francisco: 415) und siebenstellige Rufnummer.
- Nummern mit den Vorwahlen **800**, **866**, **877** oder **888** sind kostenfrei (die **1** muss immer vorangestellt werden).
- Deutschland Direkt: **1-800 292 0049**.

Große US-Provider sind **T-Mobile**, **Verizon**, **AT&T** und **Sprint**. Sie bieten »Pay-as-you-go«-Handys mit einer Start-SIM-Karte (Sprechzeit 10–15 Min.) ab 30 US-Dollar. Orts- und Ferngespräche sind damit sehr günstig, internationale allerdings nicht.

Internet und E-Mail

Highspeed-Internet (häufig kabellos) gibt es überall in der Stadt sowie in Zügen und den Unterwassertunneln, die San Francisco mit Oakland verbinden. Viele Cafés, etwa **Ritual Roasters**, bieten kostenloses WLAN. Sie sollten allerdings etwas verzehren, wenn Sie es nutzen. Hotels haben oft auch kostenloses WLAN – entweder in der Lobby oder in den Zimmern. Ansonsten werden davon zehn bis 15 US-Dollar verlangt. Auch in den Internet-Cafés kann man (gegen Gebühr) online gehen.

Eines der vielen Cafés in San Francisco mit WLAN

Auf einen Blick

Nützliche Nummern

Telefonauskunft (innerhalb der USA)
411.

Mobiltelefone

AT & T
att.com

Cellion
cellion.de

Sprint
sprint.com

T-Mobile
t-mobile.com

Verizon
verizonwireless.com

Virgin Mobile
virginmobileusa.com

Internet und E-Mail

Ritual Roasters
1026 Valencia St.
Stadtplan 10 F2.
1-415-641-1011.
ritualroasters.com
Eine von mehreren Filialen.

Post

DHL
1-800-225-5345.

FedEx
1-800-463-3339.

Hauptpostamt
1300 Evans Ave.
1-415-550-5134.
Mo – Fr 7 – 20.30, Sa 8 – 14 Uhr.

UPS
1-800-742-5877.

US Postal Service
1-800-275-8777.
usps.com

Zeitungen, Zeitschriften und Websites

The Bold Italic
thebolditalic.com

Café de la Presse
352 Grant Ave. **Stadtplan** 5 C4.
1-415-398-2680.

Fog City News
455 Market St. **Stadtplan** 6 D4.
1-415-543-7400.

Yelp
yelp.com

Post

Briefmarken gibt es in Postämtern, an Hotelrezeptionen oder an Automaten. Auch einige Geldautomaten bieten Briefmarken. Banken verlangen für diesen Service eine kleine Gebühr, allerdings tun das auch die meisten Nicht-Post-Servicestellen. Die Gebühren für Briefmarken finden Sie auf der Website des **US Postal Service**.

Das Porto für einen Standardbrief (bis 20 g) bzw. eine Postkarte nach Europa beträgt 1,15 Dollar (Stand 2015). Briefe können Sie in Postämtern, im Hotel, am Flughafen und in Briefkästen auf der Straße einwerfen. Die Leerungszeiten stehen innen auf der Klappe.

Bei normaler Briefbeförderung *(first class)* werden Inlandsbriefe innerhalb von ein bis fünf Tagen zugestellt. Briefe ohne Postleitzahl brauchen länger. Luftpostbriefe sind fünf bis zehn Werktage unterwegs. Pakete nach Übersee zum Normaltarif brauchen vier bis sechs Wochen. Die Post bietet verschiedene Expressleistungen. Priority Mail wird schneller befördert als normale Post. Die teurere Express Mail wird innerhalb der USA am nächsten Tag zugestellt und im Ausland meist innerhalb von 72 Stunden. Express-Mail-Briefe können Sie auch bei privaten Zustelldiensten, etwa bei **DHL**, **FedEx** und **UPS**, aufgeben.

Postlagernde Sendungen gehen an: General Delivery, Civic Center, 101 Hyde Street, San Francisco, CA 94142. Sie werden dort 30 Tage aufbewahrt (Abholung ausschließlich mit Ausweis).

Zeitungen, Zeitschriften und Websites

Ausländische Zeitungen und Zeitschriften sind in mehreren Läden und Zeitungskiosken erhältlich, etwa bei **Fog City News** und **Café de la Presse**. Die hiesige Tageszeitung ist der *San Francisco Chronicle*. Zwei kostenlose Wochenblätter – *SF Weekly* und *Bay Guardian* – enthalten Veranstaltungskalender. *San Francisco Magazine* und *7 x 7* sind Hochglanzmagazine, die über die kulturellen Events der Stadt berichten.

Nützlich für Besucher sind die Websites von **Yelp** (mit Kritiken von Nutzern über Spas, Restaurants, Cafés oder Bars) und **The Bold Italic**, die auflisten, wo es z. B. den besten Kaffee oder den besten Brunch in der Stadt gibt.

TV und Radio

In San Francisco gibt es vier Fernsehsender: CBS auf Kanal 5 (KPIX), ABC auf Kanal 7 (KGO), NBC auf Kanal 11 (KNTV) und Fox auf Kanal 2 (KTVU). Der Lokalsender PBS bietet Kultur. BBC-Shows sind auf Kanal 9 (KQED) zu sehen. Über Kabel empfängt man CNN, ESPN, BBC und verschiedene Bezahlsender. Einige der Letzteren, etwa HBO und Showtime, sind in den meisten Hotels kostenlos zu empfangen.

AM-Radiosender sind u. a. KCBS (740 Hz; Nachrichten), KOIT (1260 Hz; Rock) und KNBR (680 Hz; Sport). Weitere Sender sind u. a. KALW (91,7 FM; Nachrichten), KLLC Alice (97,3 FM; Pop), KBLX (102,9 FM; Jazz) und KDFC (102,1 FM; Klassik).

Stadtplan *siehe Seiten 290 – 308*

Anreise

Einige internationale Airlines bieten Direktflüge nach San Francisco an. Zudem gibt es eine Vielzahl von Charter- und Inlandsflügen. Züge von Amtrak fahren aus allen Ecken der Vereinigten Staaten nach Oakland. Ab dort pendeln Busse nach San Francisco. Überlandbusse sind eine bequeme und dazu preiswerte Verbindungsmöglichkeit von einer nordamerikanischen Stadt zur anderen.

Einige Schifffahrtslinien legen auf dem Weg gen Norden nach Alaska oder gen Süden zur mexikanischen Riviera am Pier 35 in San Francisco an. Erkundigen Sie sich in Reisebüros nach den Preisen. Besuchern, die mit dem Auto (oder per Bus) anreisen, bietet sich beim Überqueren der Golden Gate Bridge oder der Bay Bridge ein herrlicher Blick auf die Stadt.

Flughäfen in der Bay Area

Mit dem Flugzeug

Der San Francisco International Airport (SFO) ist einer der größten der Vereinigten Staaten und nach dem Flughafen von Los Angeles der zweitgrößte an der US-Westküste. Zu den großen Fluglinien, die ihn anfliegen, gehören **Lufthansa**, **Swiss**, **American Airlines**, **Delta**, **KLM**, **US Airways**, **Virgin Atlantic**, Air Canada, British Airways, Qantas, United.

Weitere Flughäfen in der Nähe von San Francisco sind San José International Airport (SJC), der etwa eine Stunde von San Francisco entfernt liegt, und Oakland International Airport (OAK), der in etwa 30 Minuten Autofahrt zu erreichen ist.

San Francisco International Airport (SFO)

Der Flughafen liegt ungefähr 21 Kilometer südlich des Stadtzentrums. Die Hauptlandebahn befindet sich fast direkt an der San Francisco Bay. SFO bedient den Großraum San Francisco, die Metropolregion Bay Area und das Silicon Valley – mit internationalen Verbindungen in den pazifischen Raum, nach Europa und Lateinamerika. Die Abflug- und Ankunftshallen sind um vier Terminals angeordnet (1, 2, 3 und international). Alle internationalen Airlines sind im internationalen Terminal angesiedelt. Allerdings gehen die Inlandsflüge von **Virgin America**, **Southwest** und **JetBlue** ebenfalls von diesem Terminal ab, während Kanada-Flüge in den Terminals für Inlandsflüge abgewickelt werden. Informationen gibt es auf der Website der **Airport Information**.

Rolltreppen und Fußgängerwege verbinden die Terminals, die rund um einen Kurzzeit-Parkplatz angelegt sind. Langzeit-Parkplätze, das Global Communications Center, Autovermietungen sowie die Flughafenstation des Bay Area Rapid Transit (BART) *(siehe S. 286)* sind mit den einzelnen Terminals durch einen effizienten Stadtbahn-Shuttle-Service verbunden.

Reisende finden bei der Ankunft auf der unteren Ebene des Flughafens die Zollabfertigung, Gepäckausgabe, Information, Mietwagenfirmen und Verkehrsverbindungen in die Stadt. Auf der oberen Ebene befindet sich die Abflughalle mit Gepäckdiensten, Ticket- und Versicherungsschaltern, Restaurants, Bars, Läden und Sicherheits-Checks. Alle Taxis, Flughafenbusse, öffentlichen Buslinien und Mini-Shuttles setzen die Passagiere auf dieser Ebene ab (und nehmen sie auch von hier mit). Der Flughafenbus, der rund um die Uhr zwischen Terminals und Langzeit-Parkplätzen verkehrt, hält alle fünf bis 20 Minuten an der mittleren Insel in der Nähe der Kartenschalter.

Filialen der Bank of America und Wechselstuben haben in allen Terminals von 7 bis 23 Uhr geöffnet. In allen Bereichen gibt es Geldautomaten von Wells Fargo.

Jeder Terminal bietet Zeitungsläden, Restaurants, Cafés und Snackbars. Andere Serviceangebote sind Baby-Wickelräume, WLAN-Spots, Briefkästen und Automaten, an denen man Briefmarken ziehen

Rolltreppen verbinden die Ebenen im internationalen Terminal des SFO

kann. Für Menschen mit Gesundheitsproblemen gibt es eine Klinik *(siehe S. 271)*.

Für behinderte Reisende stehen Rollstühle, Telekommunikationsgeräte (TDD-Terminals für Hörgeschädigte) und ein Transportdienst zur Verfügung. Alle Flughafendienste erreicht man gebührenfrei von den überall aufgestellten weißen Servicetelefonen aus.

Im gesamten Flughafenbereich präsentieren Galerien Wechselausstellungen mit unterschiedlichster Thematik. Im internationalen Terminal gibt es darüber hinaus ein Museum zur Geschichte der Luftfahrt.

Flughafentransfer

Auskunft über die vorhandenen Verkehrsverbindungen in die Stadt, über Abfahrtszeiten, Tarife und Haltestellen erteilen die Informationsschalter auf der unteren Ebene des Airports. Folgen Sie den Pfeilen und Schildern »Ground Transportation«.

Die Busse von **SuperShuttle** verkehren alle 20 Minuten zwischen 5 und 23 Uhr. Sie fahren drei zentrale Viertel an und halten an großen Hotels. Andere Unternehmen bieten einen Tür-zu-Tür-Service, etwa **BayPorter Express** und **American Airporter Shuttle**. Die Minibusse bzw. Limousinen für mehrere Gäste fahren direkt zu einer Adresse. Sie teilen die Fahrtkosten mit Ihren Mitfahrern, im Schnitt 20 bis 40 US-Dollar.

Eine Taxifahrt nach San Francisco kostet ungefähr 45 US-Dollar. Die Fahrtzeit beträgt etwa 25 Minuten, während der Rush Hour (7–9 und 14–19 Uhr) 40 Minuten oder länger.

Preisbewusste Reisende mit genügend Zeit können mit dem Flughafen-Shuttle des SFO zur BART-Station fahren und dort die Züge nach San Francisco, zur East Bay oder zum CalTrain-Bahnhof nehmen. Die einfache Fahrt kostet ca. 4,50 US-Dollar.

Außenbereich des Oakland International Airport

SuperShuttle-Minibus

Weitere internationale Flughäfen

Die meisten internationalen Flüge landen auf dem SFO, doch die Flughäfen von **Oakland** und **San José International** bieten sich als Alternativen an. Beide haben durch Busse und Limousinen eine gute Verkehrsanbindung an San Francisco. Oakland International Airport hat eine BART-Station, die Fahrgäste in einer Stunde nach San Francisco bringt.

Wer auf dem San José International Airport landet, kann den **SamTrans**-Bus zum CalTrain-Bahnhof *(siehe S. 278)* nehmen, der in 90 Minuten nach San Francisco fährt. Der Flughafen wurde erweitert und soll bald an das Stadtbahn-System von San Francisco angebunden werden.

Der luftige Innenbereich des San José International Airport

Tickets und Preise

Flüge nach San Francisco (und auch Hotelpreise) sind im Sommer am teuersten. Doch die beste Reisezeit für die Stadt ist eigentlich der Herbst. Im September und Oktober werden die Preise etwas günstiger. Ende Juni, zur Zeit der Gay Pride Parade *(siehe S. 51)*, ist San Francisco besonders teuer und überfüllt. Günstige Angebote gibt es im Internet. Websites wie **Expedia** und **Travelocity** bieten reduzierte Flugtickets (und Hotelzimmer) an. **Opodo** u. a. vergleichen die Preise der verschiedenen Airlines.

Pauschalangebote

Besonders preisgünstig sind Packetangebote, die Flug und Hotel kombinieren – bisweilen sogar mit Einschluss eines Mietwagens. Websites von Expedia und Travelocity bieten Kombinationen, die Sie nicht in Reisebüros buchen können. Sie sollten sich dabei allerdings das Hotel genau ansehen, denn bisweilen bündeln solche Websites sehr mittelmäßige Hotels mit preisgünstigen Flügen.

Beachten Sie darüber hinaus, dass Sie bei Buchungen über eine dritte Partei alle Änderungen und Beschwerden mit dieser verhandeln müssen und nicht mehr direkt umbuchen können.

Checken Sie auch die Websites von Hotels. Manche haben günstige Online-Angebote, die die Mahlzeiten, einen Mietwagen, Sightseeing-Touren oder Wellness-Behandlungen einschließen können.

Mit dem Zug

Die Bahngesellschaft **Amtrak** bietet Verbindungen zu den meisten Großstädten der USA. Es gibt Bus-, Fähr- und Fluganschlüsse sowie grenzübergreifende Verbindungen zu Rail Canada. Die für ihren Komfort bekannten Langstreckenzüge haben Schlafabteile, Speisewagen und häufig auch einen Panoramawagen, von dem aus man die Landschaft bewundern kann. Manche der Züge sind mittlerweile leider etwas veraltet. Auch gibt es oft Verspätungen auf langen Strecken. Wer allerdings Zeit hat, sollte sich davon nicht abschrecken lassen. Zugfahrten sind nämlich eine fantastische Möglichkeit, Teile des Landes zu sehen, derer man sonst nie ansichtig würde.

Auf vielen Strecken ist eine Platzreservierung erforderlich (während der Hauptreisezeit überall). Amtrak offeriert zahlreiche Sondertarife und Pauschalangebote, etwa einen Pass für 15 oder 30 Tage, der unbegrenzte Fahrten innerhalb festgelegter Zonen ermöglicht. Erkundigen Sie sich beim Reisebüro nach Einzelheiten.

Besucher, die mit dem Zug nach San Francisco reisen, kommen am Amtrak-Bahnhof in Emeryville im Norden Oaklands an. Der Bahnhof liegt im Industriegebiet und ist daher nicht sehr einladend. Amtrak bietet von hier aus einen kostenlosen Shuttle-Bus ins Zentrum (Fahrtzeit ca. 45 Min.). Der Bus fährt über die Bay Bridge und endet am Ferry Building *(siehe S. 114)*. Von hier aus verkehren Fähren, Busse, BART-Linien und Trams *(siehe S. 282f)* in jeden Teil der Stadt.

Amtrak-Reisende, die in San José ankommen, können mit dem **CalTrain** nach San Francisco gelangen. Für die Fahrt ist ein Extraticket (8,75 US-Dollar einfach) erforderlich, das man im Zug kaufen kann. Die meisten Shuttle-Busse aus Oakland halten auch am CalTrain-Bahnhof in San Francisco (Ecke Fourth/Townsend Street).

Mit dem Auto

Wer über die Golden Gate Bridge oder die Bay Bridge anreist, hat bei schönem Wetter einen tollen Blick auf die Stadt. Auf beiden Brücken muss man Maut bezahlen, jedoch nur in einer Richtung (6 US-$ für die Golden Gate Bridge; je nach Tageszeit 4 bis 6 US-$ für die Bay Bridge). Kommt man von Norden über den U.S. 101, wird die Mautgebühr am Ende der Golden Gate Bridge erhoben. Der Weg zurück nach Marin County ist mautfrei. Um von der Golden Gate Bridge ins Zentrum zu gelangen, folgen Sie dem U.S. 101 zur Lombard Street und Van Ness Avenue.

Wenn Sie von Osten auf der I-80 durch Oakland nach San Francisco fahren, müssen Sie auf der Bay Bridge Maut bezahlen. Die Brücke hat zwei Abschnitte *(siehe S. 166f)* – dazwischen liegt Treasure Island – und verläuft in ihrer Verlängerung durch den Financial District. Die ersten beiden Ausfahrten führen ins Stadtzentrum. Von Süden kann man auf dem U.S. 101 oder 280 in die Stadt gelangen. Beide sind gut ausgeschildert und gebührenfrei.

Achtung: In den USA muss man an Stoppschildern immer halten. Verkehrsregeln und weitere Tipps für das Autofahren in San Francisco finden Sie auf Seite 288.

Die Bay Bridge – in Richtung San Francisco mautpflichtig

Mit dem Fernbus

Die **Greyhound Bus Line** unterhält regelmäßige Verbindungen zu fast allen Teilen der Vereinigten Staaten. Die modernen, sauberen Busse bieten WLAN und Steckdosen. Informieren Sie sich am Greyhound-Schalter oder Online über Rabatte. Die achtstündige Fahrt von San Francisco nach Los Angeles etwa kostet 56,50 US-Dollar (einfach). Ermäßigungen gibt es bei Online-Ticketkauf zwei Wochen vor Reiseantritt, für Studenten, Kinder und Senioren. Ausländische Besucher können Tickets online buchen und sie am Will-Call-Schalter des jeweiligen Busbahnhofs abholen. Wenn Sie Ihre Reise mehrmals unterbrechen oder eine Rundreise unternehmen möchten, gibt es möglicherweise ein passendes Pauschalarrangement.

Busfahrten mit **Green Tortoise** sind preiswert, unkonventionell, manchmal abenteuerlich – und nicht gerade jedermanns Sache. Es gibt nur wenig Komfort und wenige Zwischenstopps, die Passagiere müssen sich selbst verpflegen. Auf manchen Strecken halten

Amtrak-Zug am Bahnhof Emeryville bei Oakland

die Busse an einem Nationalpark oder an einer heißen Quelle, damit sich die Fahrgäste erfrischen können. Die beliebte Coastal-Crawler-Tour führt eine Woche lang an der Küste entlang, von San Francisco nach Los Angeles, mit Halt in Monterey, Big Sur und Hearst Castle (Rundfahrt 320 US-$; Übernachtung in Los Angeles kostet extra). Andere Strecken umfassen Los Angeles, Grand Canyon, Yosemite National Park, Death Valley und Seattle. Für die Fahrten muss man Zeit mitbringen.

Wer zu einem bestimmten Termin an einem bestimmten Ort sein muss, nimmt besser einen Greyhound-Bus oder den Zug.

Der Transbay Terminal (www.transbaycenter.org), der bis 2017 an der Ecke Main und Howard Street liegt, ist sowohl Bahnhof für Fernbusse als auch für regionale Linienbusse und einige Sightseeing-Busse.

Unter der Golden Gate Bridge hindurchsegeln – ein grandioses Erlebnis

Mit dem Schiff

Unter der Golden Gate Bridge hindurch in den Hafen einzulaufen ist sicherlich der Höhepunkt jeder Seereise nach San Francisco. Kreuzfahrtschiffe legen am Pier 35 in der Nähe von Fisherman's Wharf an. Viele Schiffe nach Alaska und an die mexikanische Riviera laufen auch San Francisco an. Mit Taxis und öffentlichen Verkehrsmitteln wie BART-Linien, Bussen und den Trams der Muni-Metro ist man vom Pier in wenigen Minuten im Stadtzentrum.

Auf einen Blick

Fluglinien

Air France/Delta/KLM
- 1-800-221-1212.
- delta.com

American Airlines
- 1-800-433-7300.
- aa.com

Austrian
- 1-800-843-0002 (USA).
- +43 05 1766 1000 (A).
- austrian.com

Lufthansa
- 1-800-645-3880 (USA).
- +49 69 86 799 799 (D).
- lufthansa.com

Swiss
- 1-877-359-7947 (USA).
- +41 848 700 700 (CH).
- swiss.com

US Airways
- 1-800-428-4322.
- usairways.com

Virgin Atlantic
- 1-800-862-8621.
- virgin-atlantic.com

San Francisco International Airport (SFO)

Airport Information
- 1-650-821-8211 oder
- 1-800-435-9736.
- flysfo.com

Airport Paging
- 1-650-821-8211 oder
- 1-800-435-9736.

Flughafenpolizei
- 1-650-821-7111.

Information
- 1-650-821-HELP.

JetBlue
- 1-800-538-2583.

Parken (Garage)
- 1-650-821-7900.

Reisehilfe
- 1-650-821-2730.

Virgin America
- 1-877-359-8474.

Weitere internationale Flughäfen

Oakland Airport Information
- 1-510-577-4000.
- oaklandairport.com

San José Airport Information
- 1-408-277-4759.
- sjc.org

Flughafentransfer

American Airporter Shuttle
- 1-415-202-0733 (Reservierung empfohlen).

BayPorter Express
- 1-415-467-1800 (Liniendienst zwischen den Flughäfen San Francisco und Oakland).

SamTrans
- 1-800-660-4287.
- samtrans.com

SuperShuttle
- 1-800-258-3826.
- supershuttle.com

Tickets und Preise

- expedia.com
- opodo.com
- travelocity.com

Mit dem Zug

Amtrak
- 1-800-872-7245.
- amtrak.com

CalTrain
- 1-800-660-4287.
- caltrain.com

Mit dem Fernbus

Green Tortoise
- 1-415-956-7500.
- greentortoise.com

Greyhound Bus Line
- 1-800-231-2222.
- greyhound.com

Mit dem Schiff

Port of San Francisco
Pier 1,
The Embarcadero.
- 1-415-274-0400.
- sfgov.org

In San Francisco unterwegs

San Francisco hat ein relativ kompaktes Stadtzentrum. Viele der bekanntesten Sehenswürdigkeiten liegen nur wenige Gehminuten voneinander entfernt. Das öffentliche Verkehrsnetz ist effizient und einfach zu benutzen. Buslinien kreuzen die Stadt in allen Richtungen. Sie führen an vielen Sehenswürdigkeiten vorbei. Die Trams der Muni-Metro und die BART-Linien bedienen die Vororte und Randbereiche der Stadt. Die meisten Besucher wollen in San Francisco zumindest einmal mit den Cable Cars fahren. Taxis sind in San Francisco bisweilen nicht ganz einfach zu finden, vor allem außerhalb der touristischen Gegenden. Passagierfähren und Ausflugsboote fahren regelmäßig östlich und nördlich über die San Francisco Bay.

San Franciscos Green Cabs sind Elektroautos oder haben Hybridmotoren

Trams bis zur Bucht. Sie sind alle elektrisch, genau wie die Busse – dank der vielen Stromleitungen der Stadt.

Öffentlicher Nahverkehr

Den öffentlichen Nahverkehr sollte man während der Rush Hour (Mo–Fr 7–9, 16–19 Uhr) meiden. Fragen Sie im Hotel nach Routen oder nutzen Sie den Routenplaner auf der Website von **511**. Es gibt unterschiedliche Tickets. Einfache Tickets gelten fast überall. Ein Muni Passport *(siehe S. 282)* berechtigt zu unbegrenzten Fahrten mit Stadtbahn, Trams, Bussen und Cable Cars für einen, drei oder sieben Tage. Die Clipper Card (prepaid) bucht Fahrten elektronisch ab und gilt für Muni und BART. Informationen erteilt die **SFMTA**.

Umweltbewusst reisen

Abgesehen davon, dass San Francisco ein zuverlässiges, sauberes und sicheres Nahverkehrsnetz besitzt, lässt sich die Stadt auch gut zu Fuß erkunden. Es gibt zudem viele Radwege. In der Bay Area fahren mehr Hybridautos als in jedem anderen Teil der USA. Die Hälfte der Taxiflotte besteht aus »grünen« Taxis (Elektro-, Hybridmotor oder Biodiesel). Entlang der Market Street fahren

Straßen und Hausnummern

Die meisten Straßen in San Francisco sind rasterförmig angelegt. Die Market Street verläuft von Südwesten nach Nordosten und teilt die Stadt in einen nördlichen und einen südlichen Bereich. Meist umfasst jeder Block 100 Hausnummern, die bei null beginnen. So hat der erste Block der Market Street Hausnummern zwischen 1 und 99, der zweite Block Hausnummern zwischen 100 und 199 etc.

Bei Straßen, die von Osten nach Westen verlaufen, steigen die Hausnummern nach Westen hin an. Wenn Straßen von Norden nach Süden führen, steigen die Hausnummern sowohl nördlich als auch südlich der Market Street an.

Wenn Sie nach einer Adresse fragen, sollten Sie sich unbedingt auch nach der nächsten Querstraße und dem Stadtviertel erkundigen.

Einheimische bezeichnen die numerisch benannten *avenues* im Richmond District als »The Avenues«. Numerisch benannte *streets* beginnen südlich der Market Street im Stadtzentrum von San Francisco und enden im Mission District. Der Stadtplan *(siehe S. 290–308)* gibt einen umfassenden Überblick mit vielen Details.

Von der Market Street steigen die Hausnummern nach Norden und Süden, von der San Francisco Bay nach Westen hin an

Zu Fuß unterwegs

Am besten lässt sich San Francisco zu Fuß erkunden. Die wichtigsten Areale mit den Sehenswürdigkeiten liegen nicht weiter als 15 bis 20 Minuten auseinander. Die Hügel, vor allem Nob Hill *(siehe S. 103 – 105)* und Telegraph Hill *(siehe S. 90 – 93)*, sind zwar steil, doch der wunderbare Blick auf die Stadt und die Bucht entschädigt für den Aufstieg.

Bei Fußgängerampeln leuchtet eine weiße Figur auf, wenn die Straße überquert werden darf. Kurz bevor die Ampel auf »stehen bleiben« umschaltet, blinkt die Schrift einige Sekunden rot auf, dann ist die rote Stopp-Hand zu sehen.

Verkehrswidriges Überqueren von Straßen (nicht an der Ampel oder wenn die Ampel »Stopp« zeigt) zieht eine Geldstrafe von mindestens 50 US-Dollar nach sich.

Schauen Sie nach beiden Seiten, bevor Sie eine Straße überqueren. Vorsicht bei Ampeln: Autos dürfen auch bei Rot nach rechts abbiegen, wenn der Weg frei ist.

Motorräder und Mopeds

Um ein Motorrad oder Moped zu leihen, braucht man einen internationalen Motorradführerschein, einen Helm, eine Kaution und genügend Fahrpraxis. Parkplätze sind entweder kostenlos oder betragen nur eine geringe Gebühr. Parkverbot gilt für Highways und Brücken.

Radfahren

Radfahren ist in San Francisco überaus beliebt. Es gibt Radwege in vielen Teilen der Stadt und der Bay Area. Alle Busse haben an der Außenseite Fahrradträger. Auch in die Stadtbahn und in BART-Züge kann man Räder mitnehmen – außer in den Stoßzeiten (Mo – Fr 7 – 9 und 16 – 19 Uhr). Es gibt zwei gut ausgeschilderte Panorama-Radwege. Einer führt vom Golden Gate Park *(siehe S. 144 – 159)* nach Süden zum Lake Merced. Der andere beginnt am Südende der Golden Gate Bridge *(siehe S. 64 – 67)* und führt durch Marin County nach Norden. Räder, Zubehör, Reparaturen und Touren gibt es bei **Bay City Bike** und **Blazing Saddles**. Beide verleihen Fahrräder zu 32 US-Dollar pro Tag (220 US-$ pro Woche), Blazing Saddles auch E-Bikes.

Touren

GoCar Tours vermietet kleine Fahrzeuge, die GPS-geleitet zu Attraktionen führen. **Extranomical Tours** bietet Touren in kleinen Gruppen zu bezahlbaren Preisen, **Cable Car Charters** veranstaltet Touren mit motorisierten Cable Cars. Im Angebot sind auch halb- oder ganztägige **Bustouren** und thematische **Stadtführungen**. Es gibt zudem **Segway-Touren** und **Helikopterflüge**. Der **Wine Country Tour Shuttle** führt aus San Francisco hinaus ins Napa Valley. Fahrrad-Rikschas und Pferdekutschen findet man in der Nähe von Fisherman's Wharf *(siehe S. 80 f)*.

GoCar mit GPS

Auf einen Blick

Umweltbewusst reisen

Green Cab
1-415-626-4733.

Öffentlicher Nahverkehr

511
511. 511.org

Transport Agency
sfmta.com

Motorrad- und Mopedverleih

Eagle Rider Rentals
488 8th St.
Stadtplan 11 A2.
1-415-503-1900.

Fahrradverleih

Bay City Bike
2661 Taylor St.
Stadtplan 5 A1.
1-415-346-2453.

Blazing Saddles
1095 Columbus Ave,
2715 Hyde Park u.
550 North Point.
Stadtplan 5 A2, 5 A1 u. 5 A1.
1-415-202-8888.

City Bike Hotline
311.

Touren

Bustouren: Gray Line of San Francisco
Pier 43½ u. Transbay Term.
Stadtplan 5 B1 u. 6 D4.
Auch Transbay Terminal
1-415-401-1860.
sanfrancisco
sightseeing.com

Cable Car Charters and Ride the Ducks
1-415-922-2425.
cablecarcharters.com

GoCar Tours
1-415-441-5695.
gocartours.com

SF Comprehensive Shuttle Tours
1-866-991-8687.

Helikopterflüge: SF Helicopter Tours
1-800-400-2404.
sfhelicopters.com

Kutschfahrten: Hackney Horse & Carriage
Pier 41.
1-408-535-0277.

Real SF Tour: Wine Bars and Cable Cars
1-888-9-SF-TOUR.
therealsftour.com

Segway-Touren: City Segway Tours
505 Beach St.
Stadtplan 3 C2.
1-415-409-0672.
citysegwaytours.com

Stadtführungen: All About Chinatown
660 California St.
Stadtplan 5 C4.
1-415-982-8839.
allaboutchinatown.com

Cruisin' the Castro Tours
1-415-255-1821.
cruisinthecastro.com

Extranomical Tours
501 Bay St.
Stadtplan 5 A1.
1-415-357-0700.

Heritage Walks
2007 Franklin St.
Stadtplan 4 E3.
1-415-441-3000.
sfheritage.org

San Francisco Parks Alliance
451 Hayes St.
Stadtplan 9 B1.
1-415-621-3260.
sfparksalliance.org

Weintouren: Wine Country Tour Shuttle
1-415-513-5400.
winecountry
tourshuttle.com

Stadtplan siehe Seiten 290 – 308

Mit Bus und Muni-Metro unterwegs

Die San Francisco Municipal Railway, kurz Muni genannt, betreibt alle öffentlichen Verkehrsmittel der Stadt. Ein Muni Passport berechtigt zur Benutzung aller Muni-Busse, der Muni-Metro (Elektro-Trams) und der drei Cable-Car-Linien *(siehe S. 284f)*. Mit Bussen und Trams erreicht man die meisten Sehenswürdigkeiten und alle Stadtviertel. Mit dem Übersichtsplan der hinteren Umschlaginnenseiten und dem Muni Passport können Sie den ganzen Tag lang die öffentlichen Verkehrsmittel benutzen – zum Bruchteil der Kosten, die Mietautos und Parkgebühren verursachen.

Preise und Tickets

Busse und Trams kosten zwei US-Dollar (einfache Fahrt). Beim Bezahlen können Sie ein »free transfer« (Umsteigeticket, 90 Minuten gültig) verlangen, mit dem Sie auf andere Busse bzw. Trams wechseln können.

Wenn Sie öfter mit Muni fahren, ist ein Muni Passport sinnvoll, der einen, drei oder sieben Tage lang gilt (15–29 US-$). Man erhält ihn in vielen Läden, bei Informationsstellen, einschließlich des Informationsschalters am Flughafen SFO und beim **Visitor Information Center**.

Die Clipper Card ist eine bequeme Alternative, sie gilt für alle Verkehrsmittel von Muni. Die elektronische Prepaid-Karte ist auf der Website von **SFMTA** (www.sfmta.com) und bei allen Muni-Metro-Stationen erhältlich. Man führt sie an ein Lesegerät bei Barrieren oder im Verkehrsmittel selbst. Der exakte Betrag wird dann abgebucht.

Muni-Busse

Busse halten nur an Bushaltestellen, etwa alle zwei oder drei Blocks. Beim Einsteigen sollten Sie den genauen Betrag in die entsprechende Box einwerfen oder dem Fahrer Ihren Muni Passport zeigen. Bitten Sie den Fahrer, Ihre Haltestelle anzusagen, oder sehen Sie auf die Anzeige über dem Kopf des Fahrers, wo der Name der nächsten Station angezeigt wird. Ältere Fahrgäste und Behinderte dürfen vorn im Bus sitzen. Bitte machen Sie gegebenenfalls Ihren Sitzplatz frei. Rauchen, Trinken, Essen und Musik sind verboten. Blindenhunde dürfen umsonst mitfahren. Andere Tiere können zu bestimmten Zeiten (und wenn der Fahrer einverstanden ist) mitgenommen werden.

Um anzuzeigen, dass Sie an der nächsten Haltestelle aussteigen wollen, ziehen Sie die Schnur entlang den Fenstern. Dann leuchtet das »Stop Requested«-Schild auf. Anleitungen zum Öffnen der Türen finden Sie beim Ausstieg. Achten Sie beim Aussteigen auf den Verkehr – vor allem bei Haltestellen, die auf Inseln mitten in der Straße liegen.

Die Nummer der Buslinie steht vorn und seitlich am Bus

Die Nummer der Buslinie und die Endstation stehen an der Front und an der Türseite der Busse. Nummern mit Buchstaben (L, X, AX, BX etc.) kennzeichnen entweder Express-Linien oder Strecken mit begrenzten Stopps. Fragen Sie den Fahrer, wenn Sie unsicher sind. Auf manchen Strecken verkehren Nachtbusse (24–6 Uhr). Allerdings sind Taxis *(siehe S. 289)* nachts die sichersten Transportmittel.

Bushaltestellen

Bushaltestellen sind mit dem Muni-Logo oder durch gelbe Schilder gekennzeichnet. Die jeweiligen Buslinien sind unter dem Schild oder Logo auf der Außenseite aufgelistet. Die meisten Haltestellen haben mittlerweile Digitalanzeigen, auf denen die Linien angezeigt sind bzw. welcher Bus als Nächstes ankommt. Streckenverlauf und Abfahrtszeiten finden sich im Innern der Haltestelle.

Muni-Metro-Trams

Im Stadtzentrum verkehren die Muni-Trams sowohl ober- als auch unterirdisch. Die Linien J (Church), K (Ingleside), L (Taraval), M (Ocean View), N (Judah) und T (Third) fahren alle auf derselben Strecke unter der Market Street. Wenn Sie also in der Market Street zusteigen, sollten Sie genau hinsehen, um nicht in die falsche Linie einzusteigen.

Entlang der Market Street werden vier der sieben unterirdischen Stationen sowohl von den Muni-Metro-Trams als auch von BART *(siehe S. 286)*

Muni-Bushaltestelle mit Glasverkleidung und digitaler Anzeige

BUS UND MUNI-METRO | 283

In Silber und Rot – Muni-Metro-Tram mit den typischen Farben

angefahren. Die Eingänge zu Muni und BART sind klar ausgeschildert. In der Station selbst sollten Sie nach dem separaten Muni-Eingang Ausschau halten.

Nach dem Bezahlen eines Tickets, dem Einlesen der Clipper Card oder Vorzeigen Ihres Muni Passports steigen Sie zum Bahnsteig hinunter. Um nach Westen zu fahren, gehen Sie zum Bahnsteig Richtung »Outbound«. Für die Strecken nach Osten nehmen Sie den Zugang »Downtown«. Den elektronischen Anzeigen entnehmen Sie, welche Tram einfährt. Die Türen öffnen sich automatisch – falls sie das nicht tun, ziehen Sie den Hebel beim Ausstieg.

Oberirdische Haltestellen werden durch ein orangebraunes Metallschild oder durch ein gelbes Schild mit »Muni« oder »Car Stop« angezeigt. Die Linien J, K, L, M, N und T haben silberrote Waggons und werden als Light Rail Vehicles (LRVs) bezeichnet. Historische Trams der Linie F fahren auf der Market Street.

Auf einen Blick

Muni Information

- 331 (in San Francisco);
- 1-415-701-2311 (außerhalb);
- TTY: 1-415-701-2323
- sfmta.com

Muni Passports

Hyde and Beach Public Transit Kiosk
Hyde/Beach St. **Stadtplan** 4 F1.

Visitor Information Center
Untere Ebene Hallidie Plaza, Market, Ecke Powell St.
Stadtplan 5 B5.
- 1-415-391-2000.
- onlyinsanfrancisco.com

Sightseeing mit Bus und Tram

Beliebte Routen sehen Sie auf dem Plan unten. Historische Trams der Linie F fahren die Market Street entlang zu den Wharves. Die Linie N verkehrt oberirdisch vom Ferry Building zum CalTrain-Bahnhof. Weitere Infos erhalten Sie bei Muni oder im Visitor Information Center. Weitere Linien finden Sie auf den hinteren Umschlaginnenseiten.

Historische Tram (Linie F) beim Ferry Building

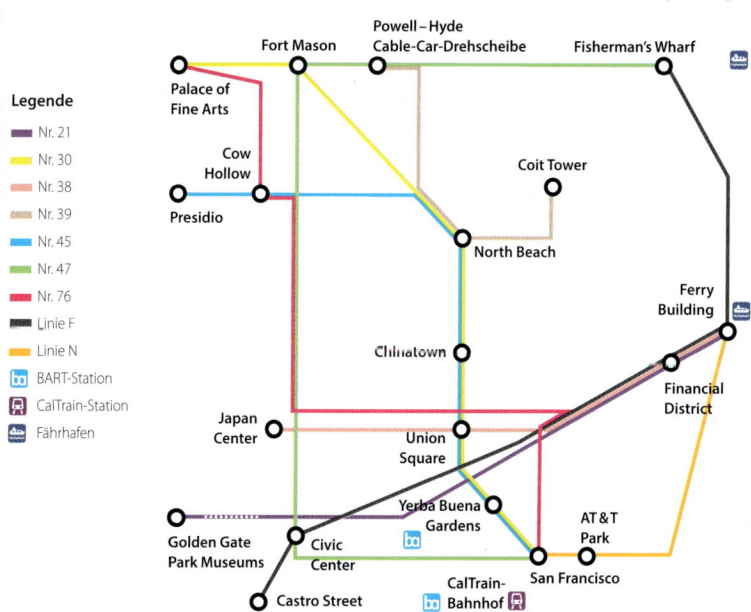

Legende
- Nr. 21
- Nr. 30
- Nr. 38
- Nr. 39
- Nr. 45
- Nr. 47
- Nr. 76
- Linie F
- Linie N
- BART-Station
- CalTrain-Station
- Fährhafen

Stadtplan *siehe Seiten 290–308*

Mit den Cable Cars unterwegs

Die Cable Cars von San Francisco, das einzige »moving national monument« der USA, sind weltberühmt *(siehe S. 106f)*, und jeder Besucher möchte zumindest einmal damit fahren. Die Bahnen verkehren täglich von 6.30 bis 0.30 Uhr. Eine Fahrt kostet sechs Dollar, Senioren und behinderte Reisende zahlen nach 21 Uhr und vor 7 Uhr weniger. Mit den Cable Cars zu fahren ist aufregend, praktischer für das Sightseeing sind allerdings die Busse *(siehe S. 282f)*.

Cable-Car-Linien

Es gibt drei Cable-Car-Linien. Am beliebtesten ist die Linie Powell – Hyde. Sie beginnt an der Drehscheibe Powell/Market Street *(siehe S. 119)*, führt am Union Square vorbei den Nob Hill hinauf und bietet einen schönen Blick auf Chinatown. Dann passiert sie das Cable Car Museum *(siehe S. 105)*, kreuzt die Lombard Street *(siehe S. 88)* und fährt die Hyde Street hinunter bis zur Drehscheibe nahe dem Aquatic Park *(siehe S. 174f)*.

Die Strecke Powell – Mason beginnt auch an der Ecke von Powell und Market Street und folgt der gleichen Strecke bis zum Cable Car Museum *(siehe S. 105)*. Von dort geht es über North Beach bis zur Bay Street. Wenn Sie sich so in den Wagen setzen, dass Sie nach Osten schauen, haben Sie den besten Ausblick.

Die California-Linie fährt von der Endstation in der Market Street die California Street entlang und streift dabei den Financial District und Chinatown. Am Nob Hill kreuzt sich die California-Linie mit den beiden Powell-Linien. Wenn Sie hier umsteigen und nur ein einfaches Ticket haben, brauchen Sie eine neue Fahrkarte. Die California-Linie führt weiter über den Nob Hill bis zur Van Ness Avenue. Für alle drei Cable-Car-Linien gilt, dass die Rückfahrt für Passagiere einen Seitenwechsel bedeutet, so genießen sie eindrucksvolle Ausblicke von beiden Seiten.

Da auch die Einheimischen die Cable Cars nutzen, sollten Sie die Stoßzeiten meiden (Mo – Fr 7 – 9 und 16 – 19 Uhr). Doch egal zu welcher Zeit Sie fahren, Sie bekommen eher einen Sitzplatz, wenn Sie am Ende der Linie zusteigen.

Tickets

Wenn Sie keinen Muni Passport *(siehe S. 282)* haben, können Sie beim Schaffner ein Ticket oder einen Ein-Tages-Pass kaufen. Muni Passports, Tickets und Streckenpläne gibt es bei den Kiosken Powell/Ecke Market Street und Hyde/Ecke Beach Street oder im Visitor Information Center *(siehe S. 282)* zu kaufen.

Haltestellen

Sie können an den Endstationen oder an einer Haltestelle zusteigen. Winken Sie einfach dem Fahrer zu. Steigen Sie erst ein, wenn die Wagen wirklich stehen, dann allerdings schnell. Haltestellen sind durch weinrote Schilder mit einem weißen Cable-Car-Umriss gekennzeichnet oder aber durch eine

Kennzeichnung der Cable Car

Derzeit fahren 40 Wagen auf den drei Cable-Car-Linien. Jeder Wagen hat 29 bis 34 Sitzplätze und – je nach Typ – weitere 20 bis 40 Stehplätze.

Vorn, hinten und an den Seiten steht der Name der Linie: Powell – Hyde, Powell – Mason oder California Street. Auch die Nummer des Wagens ist angegeben. Die Wagen der California-Linie sind leicht zu erkennen, denn sie haben an jedem Ende ein Führerhaus. Die Wagen der Powell-Linien besitzen dagegen nur eines.

Schaffner und Fahrer sind freundlich und hilfsbereit. Fragen Sie also einen der beiden, wenn Sie nicht sicher sind, mit welcher Linie Sie zum gewünschten Ziel kommen.

- Signalglocke
- Haltestange
- Schild mit Linienangabe
- Wagennummer
- Trittbrett (für bis zu acht Personen)
- Scheinwerfer
- Signalglocke
- Fahrziel
- Seitliche Sitze
- Trittbrett
- Gitter

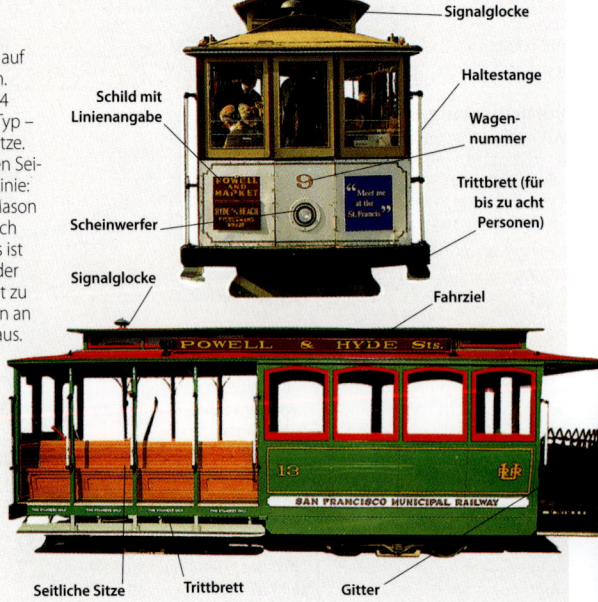

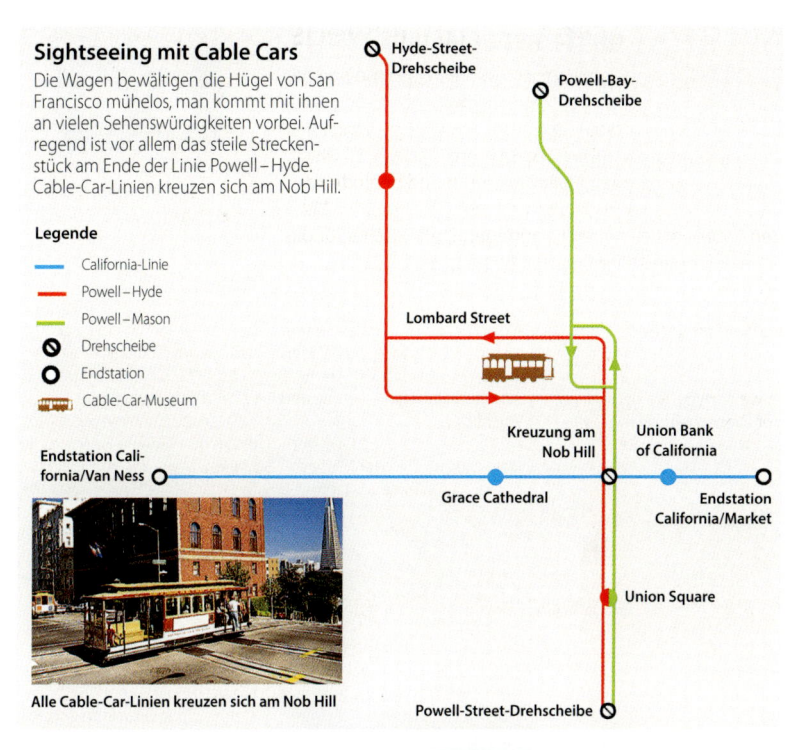

CABLE CARS | 285

Sightseeing mit Cable Cars

Die Wagen bewältigen die Hügel von San Francisco mühelos, man kommt mit ihnen an vielen Sehenswürdigkeiten vorbei. Aufregend ist vor allem das steile Streckenstück am Ende der Linie Powell – Hyde. Cable-Car-Linien kreuzen sich am Nob Hill.

Legende

- California-Linie
- Powell – Hyde
- Powell – Mason
- Drehscheibe
- Endstation
- Cable-Car-Museum

Hyde-Street-Drehscheibe
Powell-Bay-Drehscheibe
Lombard Street
Kreuzung am Nob Hill
Union Bank of California
Endstation California/Van Ness
Grace Cathedral
Endstation California/Market
Union Square
Powell-Street-Drehscheibe

Alle Cable-Car-Linien kreuzen sich am Nob Hill

---

gelbe Linie auf der Straße. An den Wochenenden sind die Haltestellen an der Powell und Market Street und bei Fisherman's Wharf üblicherweise sehr überlaufen – dann muss man mindestens mit 30 Minuten Wartezeit rechnen.

Vorsichtsmaßnahmen

Wenn die Cable Cars nicht überfüllt sind, können Sie frei entscheiden, ob Sie im Wagen sitzen oder stehen wollen oder aber außen auf einer Bank sitzen bzw. am Ende stehen wollen. Wagemutigere Fahrgäste fahren lieber auf dem Trittbrett mit.

Ganz gleich, wo Sie einen Platz finden – halten Sie sich immer gut fest. Stehen Sie dem Fahrer nicht im Weg herum. Er braucht genügend Platz, um den Hebel zu bedienen. Der Fahrerbereich ist durch gelbe Linien abgegrenzt.

Lehnen Sie sich nicht zu weit aus dem Wagen heraus, insbesondere nicht, wenn sich zwei Wagen begegnen – sie fahren sehr dicht aneinander vorbei.

Fahrgäste auf dem Trittbrett einer Cable Car

Passen Sie auch beim Ein- oder Aussteigen auf. Cable Cars halten oft an Kreuzungen zwischen Autos und anderen Fahrzeugen.

An den Endstationen müssen alle Passagiere aussteigen. Sobald die Wagen der beiden Powell-Linien gewendet haben oder der Fahrer der California-Linie das Führerhaus gewechselt hat, können Sie wieder für eine Rundfahrt zusteigen.

Auf einen Blick

Nützliche Nummern

Cable Car Museum
1201 Mason St.
Stadtplan 5 B3.
1-415-474-1887.

Muni Information
1-415-673-6864.
sfmta.com
Infos zu Cable Cars, Preisen und Muni Passports.

Stadtplan *siehe Seiten 290 – 308*

Mit BART unterwegs

Die Halbinsel von San Francisco und die East Bay sind durch BART (Bay Area Rapid Transit), ein 165 Kilometer langes Schnellbahnnetz, verbunden. Die Züge sind alle für Rollstuhlfahrer zugänglich. Mit BART kommt man auch zu zwei Flughäfen der Bucht.

BART-Logo

Fahrten mit BART

1 BART-Züge verkehren Mo – Fr 4 – 24, Sa 6 – 24 und So 8 – 24 Uhr. Sie halten an vier Stationen unter der Market Street: Civic Center, Powell, Montgomery und Embarcadero. Alle Züge von Daly City halten an den Stationen im Zentrum, bevor sie durch einen sechs Kilometer langen Unterwassertunnel zur East Bay fahren. Umsteigestationen der East Bay sind MacArthur und Oakland City Center – 12th Street.

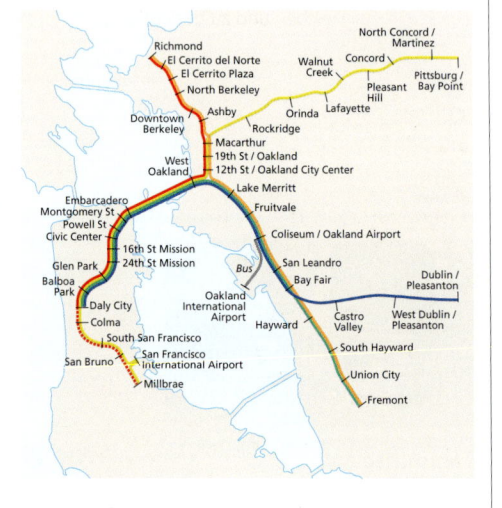

Legende

- Richmond – Daly City/Millbrae
- Millbrae – Bay Point
- Fremont – Daly City
- Fremont – Richmond
- Pleasanton – Daly City

2 BART-Tickets gibt es an Automaten. Die Fahrpreise hängen neben den Automaten aus. Clipper Cards (siehe S. 282) gelten auch für BART-Züge.

4 Der eingeworfene Geldbetrag ist hier zu sehen. Eine Rückfahrkarte ist doppelt so teuer wie eine Einfachkarte.

5 Der Fahrpreis wird automatisch auf den Magnetstreifen des Tickets (unten) übertragen und auch auf das Ticket gedruckt.

Tickets in Pfeilrichtung einführen **Magnetstreifen**

3 Hier werden Münzen oder Geldscheine eingeführt. An den meisten Automaten kann man auch per Kreditkarte zahlen. Die Maschinen können bis zu zehn US-Dollar Wechselgeld herausgeben.

6 Hier wird das Ticket ausgegeben. Jeder Fahrgast muss ein Ticket oder eine Clipper Card haben.

7 Um zum Bahnsteig zu gelangen, müssen Sie das Ticket in den Entwerter einführen oder Ihre Clipper Card lesen lassen. Der Fahrpreis wird dann elektronisch abgezogen. Bevor Sie eine Station verlassen, müssen Sie Ihr Ticket wieder einführen. Falls Ihr Ticket noch eine Fahrt hat (etwa bei einer Rückfahrkarte), wird es Ihnen automatisch wieder ausgegeben.

8 Alle Züge sind mit dem Namen der Endhaltestelle versehen: beispielsweise westwärts nach San Francisco/Daly City oder ostwärts nach Oakland, Richmond, Bay Point oder Fremont. Die Zugtüren öffnen sich automatisch. Das Zugende ist auf dem Bahnsteig markiert.

9 In den BART-Stationen gibt es Personal, das Ihre Fragen beantwortet oder Ihnen bei den Automaten behilflich ist (weitere Informationen telefonisch unter 1-415-989-BART (1-415-989-2278) oder unter www.bart.gov).

Fähren und Bootsausflüge

Bevor die Golden Gate Bridge und die Bay Bridge gebaut wurden, verkehrten Fähren in der Bucht, um Pendler und Waren aus den nördlichen Bezirken und der East Bay zu transportieren. Heute wären diese Fähren überflüssig, doch sie werden noch immer sehr gern genutzt, um die an der Bucht liegenden Städte San Francisco und Oakland *(siehe S. 166 – 169)* sowie die Orte Tiburon und Sausalito *(siehe S. 163)* zu erreichen und zu besichtigen.

Fähren

Die Bewohner der Bay Area lieben ihre Fähren. Unter der Woche werden sie von Pendlern genutzt. Am Wochenende lassen viele ihre Autos in den Vororten stehen und fahren mit der Fähre nach San Francisco.

Auf den Fähren gibt es keine Erläuterungen zu den Sehenswürdigkeiten, doch sie sind natürlich um einiges billiger als Sightseeing-Boote (Tour von San Francisco nach Sausalito: 11 US-$ einfach). An Bord kann man Snacks und Getränke kaufen. Fähren befördern nur Passagiere und Räder, aber keine Motorfahrzeuge.

Das Ferry Building am Embarcadero *(siehe S. 114)* – ein eigenes Ausflugsziel mit vielen Läden, einem Farmers' Market sowie etlichen Restaurants – ist die Anlegestelle der **Golden Gate Ferries**. Die **Blue & Gold Fleet** legt in der Nähe von Fisherman's Wharf an *(siehe S. 80f)*.

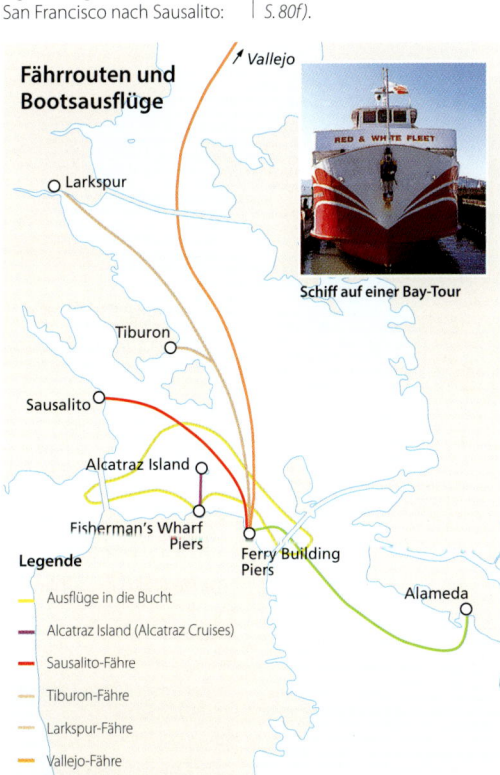

Bootsausflüge

Von Fisherman's Wharf aus unternehmen Blue & Gold Fleet und **Red & White Fleet** Rundfahrten durch die Bucht. Die Touren führen zu Angel Island und Küstenorten im Norden der Bucht *(siehe S. 162f)*. Es gibt auch kombinierte Schiffs- und Bustouren für San Francisco und Muir Woods *(siehe S. 162f)*. Sie kosten zwischen 31 und 100 US-Dollar.

Bei vielen Bootsausflügen kommt man zwar an Alcatraz *(siehe S. 82 – 85)* vorbei, doch nur **Alcatraz Cruises** verkauft Touren zu The Rock.

Hornblower Dining Yachts bieten freitags Lunch- und am Wochenende Brunch- und täglich Dinner-Fahrten an (ab 58 US-$).

Oceanic Society Expeditions organisiert naturkundliche Touren zu den Farallon Islands, die 40 Kilometer vor der Küste liegen. Auf den Fahrten kann man von März bis Mai oft Wale beobachten. Es gibt auch Walbeobachtungen vor San Franciscos Westküste (ab $120 US-$, *siehe S. 260)*. Erkundigen Sie sich bei den Veranstaltern.

Fährrouten und Bootsausflüge

Schiff auf einer Bay-Tour

Legende
- Ausflüge in die Bucht
- Alcatraz Island (Alcatraz Cruises)
- Sausalito-Fähre
- Tiburon-Fähre
- Larkspur-Fähre
- Vallejo-Fähre
- East-Bay-Fähre

Auf einen Blick

Fähren

Blue & Gold Fleet
Pier 39, 41. **Stadtplan** 5 B1.
1-415-705-8200.
blueandgoldfleet.com

Golden Gate Ferry
1-415-455-2000.
goldengate.org

Bootsausflüge

Alcatraz Cruises
Pier 33. **Stadtplan** 5 C1.
1-415-981-7625.
alcatrazcruises.com

Hornblower Dining Yachts
Pier 3. **Stadtplan** 6 D3. 1-415-438-8300. hornblower.com

Oceanic Society Expeditions
1-415-256-9604.
oceanicsociety.org

Red & White Fleet
Pier 43½. **Stadtplan** 5 B1.
1-415-673-2900.
redandwhite.com

Mit dem Auto unterwegs

Staus, wenige, dafür aber teure Parkplätze und strikte Parkverbote halten viele Besucher davon ab, in San Francisco mit dem Auto zu fahren. Die Tempolimits variieren, doch sind höchstens 35 mph (56 km/h) erlaubt. Es gibt viele Einbahnstraßen und in der Innenstadt fast an jeder Ecke eine Ampel.

Mietwagen

Um ein Auto mieten zu können, müssen Sie 25 Jahre alt (Ausnahme bei höheren Preisen: 21 Jahre) und im Besitz eines Führerscheins (der internationale ist empfehlenswert) sein. Ferner verlangen alle Unternehmen die Vorlage einer Kreditkarte – oder eine hohe Kaution. Man sollte eine umfassende Versicherung abschließen. Bringen Sie das Auto vollgetankt zurück, sonst werden Ihnen erhöhte Benzinpreise berechnet. Viele Mietwagenunternehmen bieten eine erste Tankfüllung zu reduzierten Preisen an. Es ist billiger, am Flughafen ein Auto zu mieten, die Preise liegen etwa zwei US-Dollar niedriger als in der Stadt.

Verkehrsschilder

Farbige Schilder und Symbole weisen den Weg zu Touristenvierteln wie Chinatown (Laterne), Fisherman's Wharf (Krebs) oder North Beach (Umriss von Italien). Stoppschilder und Einfahrt-verboten-Schilder sind rot und weiß. Schilder mit der Aufschrift »Caution« (»Vorsicht«) und »Yield« (»Vorfahrt gewähren«) sind gelb und schwarz, »One Way«-Schilder (»Einbahnstraße«) schwarz-weiß. An roten Ampeln darf rechts abgebogen werden.

Parken

Parkuhren sind meist von montags bis samstags, bisweilen auch sonntags, von 8 bis 18 Uhr gebührenpflichtig. An Feiertagen darf kostenlos geparkt werden. Die Parkdauer ist in vielen Fällen auf eine Stunde beschränkt. Parkhäuser kosten 15 bis 30 US-Dollar pro Tag, die meisten akzeptieren Barzahlung oder Kreditkarten.

Bordsteine sind farbig markiert: Rot bedeutet Halteverbot. Ladezonen sind gelb gekennzeichnet. An grünen Markierungen kann man zehn Minuten parken, an weißen fünf Minuten zu Geschäftszeiten. Blaue Zonen sind für Behinderte reserviert. An einigen Parkplätzen wird zu bestimmten Zeiten abgeschleppt. Bei starkem Straßengefälle ist das Einschlagen der Räder zum Bordstein hin (bergab) bzw. zur Straße hin (bergauf) gesetzlich vorgeschrieben.

Strafen

Wenn Sie Ihr Auto an einer defekten Parkuhr abstellen, Bushaltestellen, Hydranten und Einfahrten blockieren oder eine rote Ampel überfahren, müssen Sie mit einem Strafzettel rechnen, den Sie umgehend bezahlen sollten. Einzelheiten erfahren Sie beim **Department of Parking and Transportation**. Nach fünf Strafzetteln wegen Falschparkens kann Ihr Auto mit einer Wegfahrsperre versehen werden, bis Sie die Strafe bezahlt haben. Wurde Ihr Auto abgeschleppt, rufen Sie bei der **Police Department Towed Vehicle Information** an. Sie müssen zum Department of Parking and Transportation oder zu **Auto Return** gehen, je nachdem, ob die Stadt oder ein privates Unternehmen Ihr Auto abgeschleppt hat. Bezahlt werden muss das Abschleppen plus Gebühren für das »Parken«. Bei einem Mietwagen müssen Sie den Mietvertrag vorlegen. Für Autos, die auf einen städtischen Parkplatz abgeschleppt wurden, müssen dafür zusätzliche Parkgebühren bezahlt werden.

Fahrten ins Umland

Wer die Stadt über die Bay Bridge oder die Golden Gate Bridge verlässt, muss keine Maut bezahlen – nur wer wieder zurückkommt. Die Geschwindigkeitsbegrenzungen außerhalb San Franciscos liegen bei 55 mph bis 70 mph (88 km/h bis 112 km/h). In Stoßzeiten können Autos mit drei oder vier Personen die spezielle Mitfahrerspur nutzen, um Staus und Maut zu umgehen. Weiter östlich, nördlich und südlich reichen dafür zwei Personen. Außerhalb der Stoßzeiten kann jeder auf dieser Spur fahren, zahlt allerdings Maut. Zuwiderhandlungen werden bestraft.

Autos und Fußgänger auf der Golden Gate Bridge *(siehe S. 64–67)*

Stadtplan *siehe Seiten 290–308*

Auf einen Blick

Autovermietungen

Avis
📞 1-800-831-2847.
🌐 avis.com

Hertz
📞 1-800-654-3131.
🌐 hertz.com

Nützliche Nummern

Auto Return
150 7th St.
Stadtplan 11 B2.
📞 1-415-621-8605.

Department of Parking and Transportation
📞 1-415-553-1631.

Police Department Towed Vehicle Information
📞 1-415-553-1235.

Mit dem Taxi unterwegs

Taxis fahren in San Francisco zwar rund um die Uhr, trotzdem ist es nicht immer einfach, ein freies zu finden. Dies gilt vor allem für die Außenbezirke der Stadt. Taxifahrer sind zumeist freundlich und hilfsbereit. Viele sind »alte Hasen«, die viel über die Stadt zu erzählen wissen. Taxis sind lizenziert und unterliegen gesetzlichen Vorschriften, sodass Sie stets auf Höflichkeit, guten Service und einheitliche Tarife stoßen werden.

Innenraum eines »Green Cab« mit Hybridmotor *(siehe S. 280)*

Taxifahren

Taxis haben ein Schild auf dem Dach, das leuchtet, wenn sie frei sind. Die einzelnen Unternehmen haben unterschiedliche Farben: Rot-Weiß-Blau, Gelb, Gelborange und Grün. Auf jedem Taxi steht der Name des Unternehmens, dessen Telefonnummer und die Taxinummer.

Taxis bekommt man am Taxistand, durch Herbeiwinken auf der Straße oder durch telefonische Bestellung. Bei telefonischer Anforderung geben Sie Ihre genaue Adresse und Ihren Namen an. Sie sollten dann vor dem Haus warten, doch die Vermittlung ruft auch automatisch an, wenn der Fahrer vor dem Haus wartet. Falls Sie länger als 15 Minuten warten, sollten Sie Ihrerseits in der Zentrale zurückrufen.

Taxis zum Flughafen sind meist pünktlich. Man sitzt im Taxi auf dem Rücksitz (teilweise gibt es keine Gurte). Das Taxameter befindet sich vorn am Armaturenbrett. Notieren Sie sich Taxinummer und Unternehmen oder den Namen des Fahrers und die Taxinummer. Nennen Sie Ihr Fahrziel und nach Möglichkeit auch die nächstgelegene Querstraße. Das Taxi sollte Sie auf dem schnellsten Weg dorthin bringen. Bei Staus ist allerdings auch der beste Fahrer machtlos. Es ist dann oft das Beste, den aktuellen Fahrpreis zu bezahlen und die letzten Meter zu laufen.

Taxifahrer haben wenig Bargeld bei sich, zahlen Sie also in kleinen Scheinen oder mit Kreditkarte. Zehn bis 15 Prozent Trinkgeld sind üblich. Auf Wunsch erhalten Sie eine Fahrtquittung. Wenn Sie etwas im Taxi vergessen haben, rufen Sie das Taxiunternehmen an und geben die Taxinummer und/oder den Namen des Fahrers an.

Preise

Die Fahrpreise hängen im Taxi aus. Die Grundgebühr beträgt ca. 3,50 US-Dollar für die erste Meile (1,6 km). Jede weitere Meile kostet 2,25 US-Dollar (45 Cent pro Minute bei Wartezeiten vor dem Haus oder in Staus). Die Fahrt vom San Francisco International Airport in die Stadt schlägt mit etwa 45 US-Dollar zu Buche, vom Ferry Building zu den Pazifikstränden zahlt man ca. 30 US-Dollar (ungefähre Angaben). Die Preise beinhalten noch kein Trinkgeld oder Extragebühren.

Vorschriften

Taxifahrer müssen immer einen Ausweis mit Lichtbild sowie ihre Taxilizenz (»medallion«) vorweisen können. Seit 2010 ist es gesetzlich vorgeschrieben, dass in allen Taxis nicht mehr geraucht werden darf. Bei Beschwerden rufen Sie die **Police Department Taxicab Complaint Line** an.

Auf einen Blick

Taxiunternehmen

Big Dog City Cab
1-415-920-0711.

De Soto Cab
1-415-970-1300.

Green Cab
1-415-626-4733.

Luxor Cab
1-415-282-4141.

Yellow Cab
1-415-333-3333.

Information

Police Department Taxicab Complaint Line
1-415-553-9844.

| Taxi-nummer | Name des Taxi-unternehmens | Offizielle Taxilizenz | Telefonnummer des Taxiunternehmens |

Mit gelbem Outfit – lizenziertes Taxi in San Francisco

Stadtplan

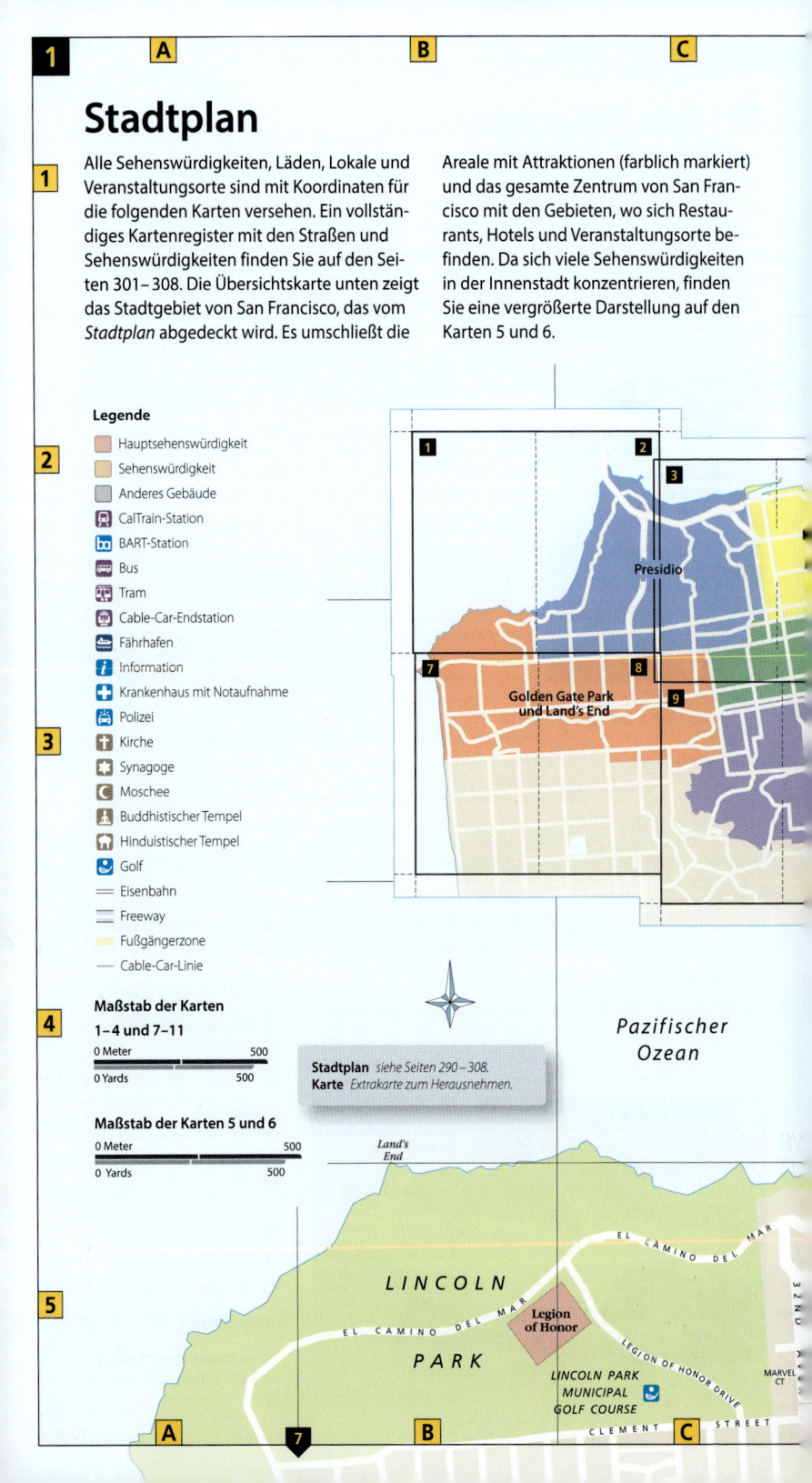

Alle Sehenswürdigkeiten, Läden, Lokale und Veranstaltungsorte sind mit Koordinaten für die folgenden Karten versehen. Ein vollständiges Kartenregister mit den Straßen und Sehenswürdigkeiten finden Sie auf den Seiten 301–308. Die Übersichtskarte unten zeigt das Stadtgebiet von San Francisco, das vom *Stadtplan* abgedeckt wird. Es umschließt die Areale mit Attraktionen (farblich markiert) und das gesamte Zentrum von San Francisco mit den Gebieten, wo sich Restaurants, Hotels und Veranstaltungsorte befinden. Da sich viele Sehenswürdigkeiten in der Innenstadt konzentrieren, finden Sie eine vergrößerte Darstellung auf den Karten 5 und 6.

Legende

- Hauptsehenswürdigkeit
- Sehenswürdigkeit
- Anderes Gebäude
- CalTrain-Station
- BART-Station
- Bus
- Tram
- Cable-Car-Endstation
- Fährhafen
- Information
- Krankenhaus mit Notaufnahme
- Polizei
- Kirche
- Synagoge
- Moschee
- Buddhistischer Tempel
- Hinduistischer Tempel
- Golf
- Eisenbahn
- Freeway
- Fußgängerzone
- Cable-Car-Linie

Maßstab der Karten

1–4 und 7–11

0 Meter 500
0 Yards 500

Maßstab der Karten 5 und 6

0 Meter 500
0 Yards 500

Stadtplan *siehe Seiten 290–308.*
Karte *Extrakarte zum Herausnehmen.*

Pazifischer Ozean

Presidio

Golden Gate Park und Land's End

Land's End

LINCOLN PARK

EL CAMINO DEL MAR

Legion of Honor

LEGION OF HONOR DRIVE

LINCOLN PARK MUNICIPAL GOLF COURSE

32ND AVE

MARVEL CT

CLEMENT STREET

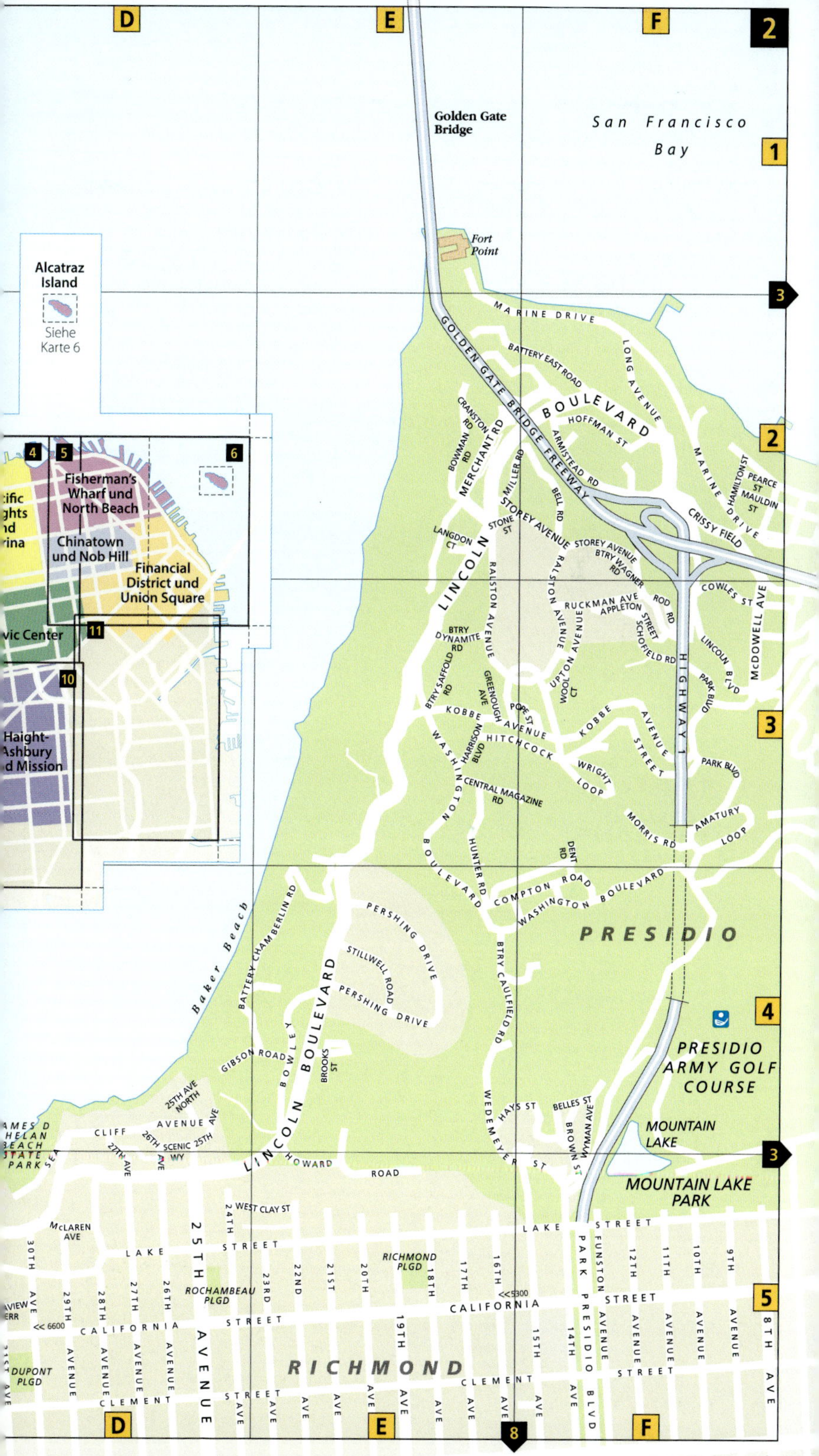
D
E
F
2
Golden Gate Bridge
San Francisco Bay
1
Fort Point
3
Alcatraz Island
Siehe Karte 6
MARINE DRIVE
GOLDEN GATE BRIDGE FREEWAY
BATTERY EAST ROAD
LONG AVENUE
BOULEVARD
HOFFMAN ST
ARMISTEAD RD
CRANSTON RD
BOWMAN RD
MERCHANT RD
MILLER RD
BELL RD
MARINE DRIVE
HAMILTON ST
PEARCE ST
MAULDIN ST
CRISSY FIELD
4
5
6
Fisherman's Wharf und North Beach
Chinatown und Nob Hill
Financial District und Union Square
Civic Center
11
10
Haight-Ashbury und Mission
LANGDON CT
STONE ST
STOREY AVENUE
LINCOLN
RALSTON AVENUE
BTRY WAGNER RD
ROD RD
COWLES ST
McDOWELL AVE
RUCKMAN AVE
APPLETON STREET
SCHOFIELD RD
HIGHWAY 1
LINCOLN BLVD
PARK BLVD
BTRY DYNAMITE RD
BTRY SAFFOLD RD
GREENOUGH AVE
UPTON AVENUE
WOOL CT
KOBBE AVENUE
POPE ST
HITCHCOCK
KOBBE
AVENUE
STREET
WRIGHT LOOP
PARK BLVD
WASHINGTON BOULEVARD
HARRISON BLVD
CENTRAL MAGAZINE RD
MORRIS RD
AMATURY LOOP
HUNTER RD
DENT RD
COMPTON ROAD
WASHINGTON BOULEVARD
PRESIDIO
PERSHING DRIVE
STILLWELL ROAD
PERSHING DRIVE
BATTERY CHAMBERLIN RD
Baker Beach
LINCOLN BOULEVARD
BTRY CAULFIELD RD
4
PRESIDIO ARMY GOLF COURSE
GIBSON ROAD
BOWLEY
BROOKS ST
25TH AVE NORTH
AVENUE
CLIFF
26TH
SCENIC WY
25TH AVE
27TH AVE
WEDEMEYER ST
HAYS ST
BELLES ST
WYMAN AVE
BROWN ST
MOUNTAIN LAKE
MOUNTAIN LAKE PARK
JAMES D PHELAN BEACH STATE PARK
SEA
HOWARD ROAD
WEST CLAY ST
McLAREN AVE
LAKE STREET
24TH AVE
25TH AVENUE
LAKE STREET
PARK PRESIDIO BLVD
FUNSTON AVENUE
12TH AVENUE
11TH AVENUE
10TH AVENUE
9TH AVENUE
8TH AVE
30TH AVE
29TH AVENUE
28TH AVENUE
27TH AVENUE
26TH AVENUE
ROCHAMBEAU PLGD
23RD AVE
22ND AVE
21ST AVE
20TH AVE
RICHMOND PLGD
18TH AVE
17TH AVE
16TH AVE
<<5300
CALIFORNIA STREET
5
<<6600
CALIFORNIA STREET
19TH AVE
15TH AVE
14TH AVE
DUPONT PLGD
RICHMOND
CLEMENT STREET
CLEMENT STREET
D
E
8
F

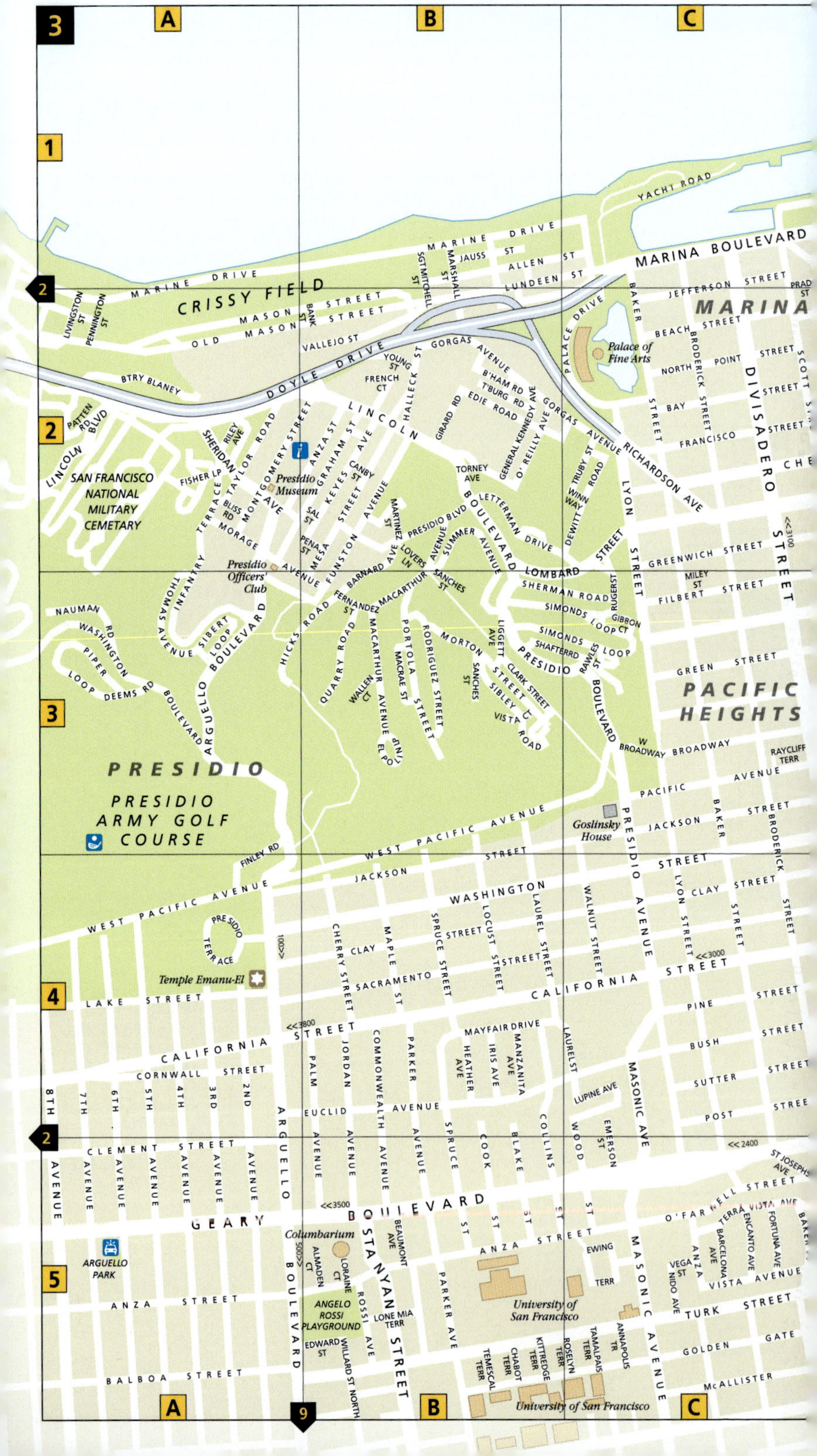
3
A
B
C
1
2
3
4
5
9
MARINE DRIVE
CRISSY FIELD
LIVINGSTON ST
PENNINGTON ST
OLD MASON STREET
MASON STREET
BANK ST
VALLEJO ST
YACHT ROAD
MARINA BOULEVARD
MARINA
JAUSS ST
ALLEN ST
LUNDEEN ST
SGT MITCHELL ST
MARSHALL ST
JEFFERSON STREET
PRADO ST
BEACH STREET
NORTH POINT STREET
BAY STREET
FRANCISCO STREET
CHE
BAKER STREET
BRODERICK STREET
DIVISADERO STREET
SCOTT ST
PALACE DRIVE
Palace of Fine Arts
DOYLE DRIVE
BTRY BLANEY
GORGAS AVENUE
YOUNG ST
FRENCH CT
HALLECK ST
B'HAM RD
T'BURG RD
EDIE ROAD
GIRARD RD
GENERAL KENNEDY AVE
O'REILLY AVE
RICHARDSON AVE
LINCOLN BLVD
PATTEN RD
SAN FRANCISCO NATIONAL MILITARY CEMETERY
FISHER LP
SHERIDAN AVE
RILEY AVE
TAYLOR ROAD
MONTGOMERY STREET
ANZA ST
GRAHAM ST
KEYES AVE
CANBY ST
STREET
AVENUE
Presidio Museum
TERRACE
BLISS RD
MORAGE AVE
SAL ST
PENA ST
MESA
FUNSTON AVENUE
TORNEY AVE
LETTERMAN DRIVE
TRUBY ST
WINN WAY
DEWITT ROAD
LYON STREET
MARTINEZ ST
PRESIDIO BLVD
LOVERS LN
SUMMER AVENUE
INFANTRY
Presidio Officers' Club
BARNARD AVE
FERNANDEZ ST
MACARTHUR AVE
SANCHES ST
LOMBARD
SHERMAN ROAD
SIMONDS LOOP
RUGER ST
GIBBON CT
GREENWICH STREET
MILEY ST
FILBERT STREET
NAUMAN
WASHINGTON RD
PIPER LOOP
DEEMS RD
THOMAS AVENUE
SIBERT LOOP
BOULEVARD
HICKS ROAD
QUARRY ROAD
MACARTHUR AVENUE
PORTOLA STREET
MACRAE ST
RODRIGUEZ STREET
MORTON ST
SANCHES ST
LIGGETT AVE
CLARK STREET
SIBLEY CT
VISTA ROAD
SHAFTER RD
RAWLES ST
PRESIDIO BOULEVARD
WALLEN CT
EL POLIN
ARGUELLO BOULEVARD
GREEN STREET
PACIFIC HEIGHTS
W BROADWAY
BROADWAY
RAYCLIFF TERR
PRESIDIO
PRESIDIO ARMY GOLF COURSE
WEST PACIFIC AVENUE
PACIFIC AVENUE
Goslinsky House
JACKSON STREET
FINLEY RD
PRESIDIO AVENUE
WASHINGTON STREET
CLAY STREET
PRESIDIO TERRACE
CHERRY STREET
MAPLE ST
SPRUCE STREET
LOCUST STREET
LAUREL STREET
WALNUT STREET
SACRAMENTO STREET
Temple Emanu-El
LAKE STREET
CALIFORNIA STREET
PINE STREET
MAYFAIR DRIVE
<<3800
<<3000
<<3100
<<2400
<<3500
1000>>
500>>
CORNWALL STREET
8TH AVENUE
7TH AVENUE
6TH AVENUE
5TH AVENUE
4TH AVENUE
3RD AVENUE
2ND AVENUE
ARGUELLO BOULEVARD
PALM AVENUE
JORDAN AVENUE
COMMONWEALTH AVENUE
PARKER AVENUE
HEATHER AVE
IRIS AVE
MANZANITA AVE
LAUREL ST
LUPINE AVE
MASONIC AVE
BUSH STREET
SUTTER STREET
POST STREET
EUCLID AVENUE
SPRUCE ST
COOK ST
BLAKE ST
COLLINS ST
WOOD ST
EMERSON ST
CLEMENT STREET
ST JOSEPHS AVE
GEARY BOULEVARD
O'FARRELL STREET
TERRA VISTA AVE
BARCELONA AVE
ENCANTO AVE
FORTUNA AVE
Columbarium
ALMADEN CT
LORAINE CT
BEAUMONT AVE
STANYAN STREET
ANZA STREET
EWING TERR
VEGA ST
NIDO AVE
VISTA AVENUE
ARGUELLO PARK
ANGELO ROSSI PLAYGROUND
ROSSI AVE
LONE MIA TERR
EDWARD ST
WILLARD ST NORTH
PARKER AVE
University of San Francisco
TURK STREET
GOLDEN GATE
MASONIC AVENUE
TEMESCAL TERR
CHABOT TERR
KITTREDGE TERR
ROSELYN TERR
TAMALPAIS TR
ANNAPOLIS TR
McALLISTER
BALBOA STREET

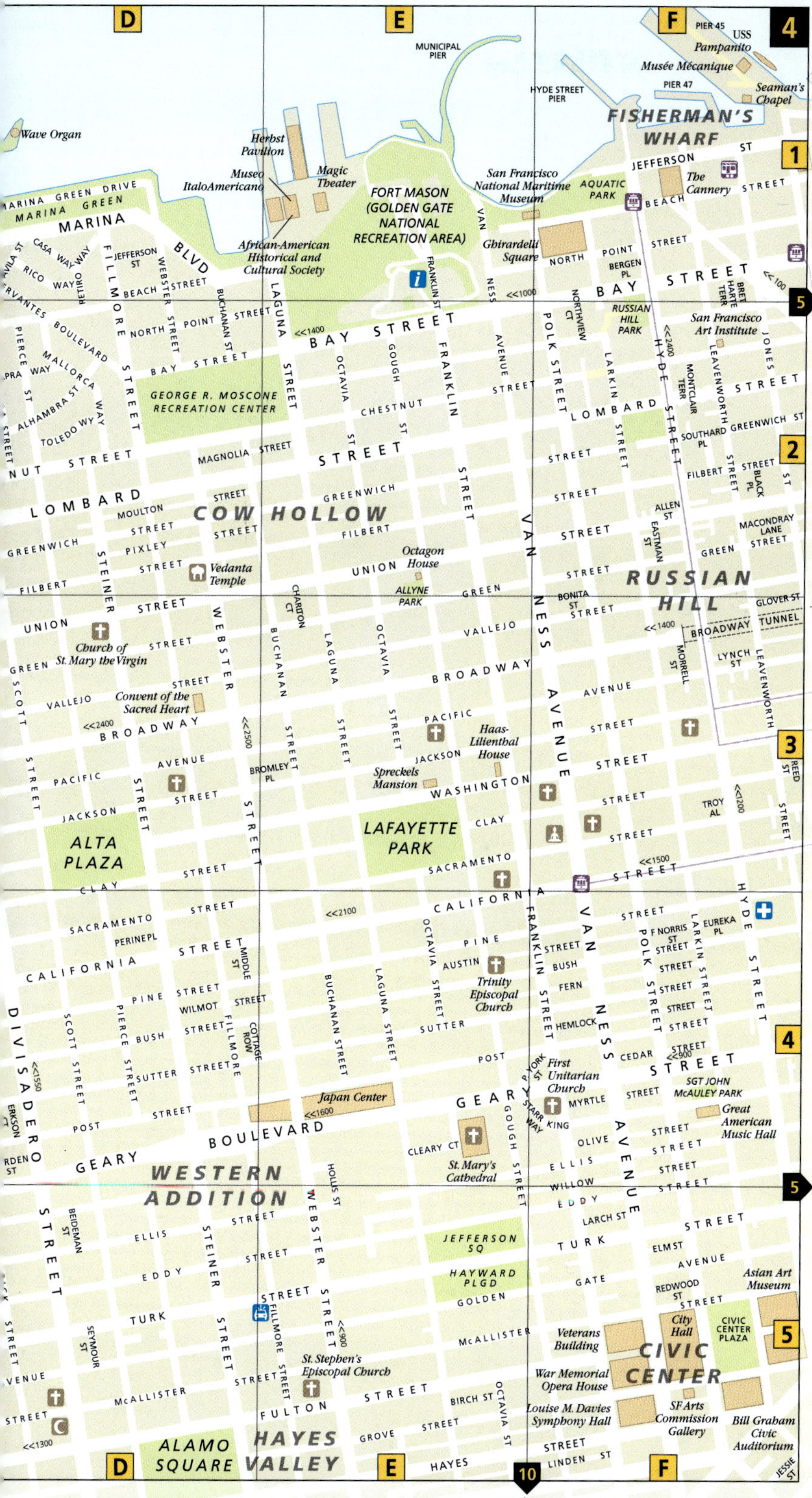
D
E
F
4
1
2
3
4
5
5
5
10
PIER 45
USS Pampanito
Musée Mécanique
PIER 47
Seaman's Chapel
MUNICIPAL PIER
HYDE STREET PIER
FISHERMAN'S WHARF
Wave Organ
Herbst Pavilion
Museo ItaloAmericano
Magic Theater
FORT MASON (GOLDEN GATE NATIONAL RECREATION AREA)
African-American Historical and Cultural Society
San Francisco National Maritime Museum
AQUATIC PARK
The Cannery
Ghirardelli Square
MARINA GREEN DRIVE
MARINA GREEN
MARINA BLVD
JEFFERSON ST
BEACH STREET
NORTH POINT STREET
BAY STREET
BERGEN PL
RUSSIAN HILL PARK
San Francisco Art Institute
GEORGE R. MOSCONE RECREATION CENTER
CHESTNUT STREET
LOMBARD STREET
GREENWICH STREET
FILBERT STREET
UNION STREET
GREEN STREET
VALLEJO STREET
BROADWAY
PACIFIC AVENUE
JACKSON STREET
WASHINGTON STREET
CLAY STREET
SACRAMENTO STREET
CALIFORNIA STREET
PINE STREET
BUSH STREET
SUTTER STREET
POST STREET
GEARY BOULEVARD
ELLIS STREET
EDDY STREET
TURK STREET
GOLDEN GATE AVENUE
McALLISTER STREET
FULTON STREET
GROVE STREET
HAYES
COW HOLLOW
Octagon House
Vedanta Temple
ALLYNE PARK
RUSSIAN HILL
BROADWAY TUNNEL
Church of St. Mary the Virgin
Convent of the Sacred Heart
Haas-Lilienthal House
Spreckels Mansion
ALTA PLAZA
LAFAYETTE PARK
VAN NESS AVENUE
DIVISADERO
FILLMORE STREET
WEBSTER STREET
BUCHANAN STREET
LAGUNA STREET
OCTAVIA STREET
GOUGH STREET
FRANKLIN STREET
POLK STREET
LARKIN STREET
HYDE STREET
LEAVENWORTH STREET
JONES STREET
STEINER STREET
PIERCE STREET
SCOTT STREET
Trinity Episcopal Church
First Unitarian Church
SGT JOHN McAULEY PARK
Great American Music Hall
Japan Center
St. Mary's Cathedral
WESTERN ADDITION
JEFFERSON SQ
HAYWARD PLGD
St. Stephen's Episcopal Church
Asian Art Museum
City Hall
CIVIC CENTER PLAZA
Veterans Building
CIVIC CENTER
War Memorial Opera House
Louise M. Davies Symphony Hall
SF Arts Commission Gallery
Bill Graham Civic Auditorium
ALAMO SQUARE
HAYES VALLEY

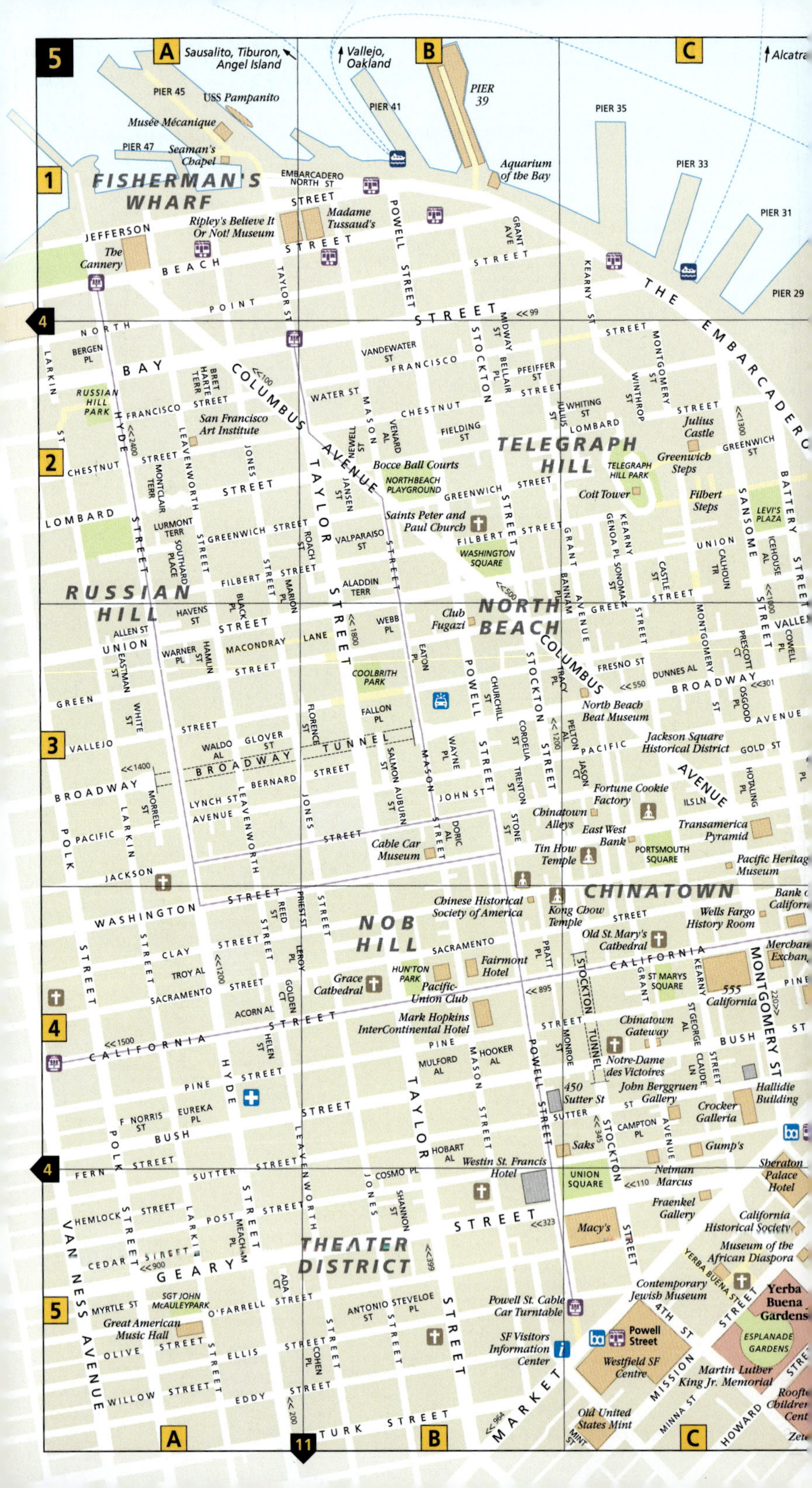

5
A
B
C
Sausalito, Tiburon, Angel Island
Vallejo, Oakland
Alcatra
PIER 45
USS Pampanito
PIER 41
PIER 39
PIER 35
PIER 33
PIER 31
PIER 29
Musée Mécanique
PIER 47
Seaman's Chapel
Aquarium of the Bay
FISHERMAN'S WHARF
EMBARCADERO NORTH ST
Madame Tussaud's
Ripley's Believe It Or Not! Museum
JEFFERSON
The Cannery
BEACH
POINT
THE EMBARCADERO
NORTH
STREET
BAY
FRANCISCO
CHESTNUT
LOMBARD
GREENWICH
FILBERT
UNION
GREEN
VALLEJO
BROADWAY
PACIFIC
JACKSON
WASHINGTON
CLAY
SACRAMENTO
CALIFORNIA
PINE
BUSH
SUTTER
POST
GEARY
O'FARRELL
ELLIS
EDDY
TURK STREET
COLUMBUS AVENUE
TAYLOR ST
POWELL STREET
STOCKTON
KEARNY ST
MONTGOMERY ST
SANSOME
BATTERY
LARKIN
HYDE
LEAVENWORTH
JONES
MASON
GRANT AVE
VAN NESS AVENUE
POLK
RUSSIAN HILL PARK
San Francisco Art Institute
RUSSIAN HILL
TELEGRAPH HILL
TELEGRAPH HILL PARK
Coit Tower
Julius Castle
Greenwich Steps
Filbert Steps
LEVI'S PLAZA
Bocce Ball Courts
NORTHBEACH PLAYGROUND
Saints Peter and Paul Church
WASHINGTON SQUARE
NORTH BEACH
Club Fugazi
COOLBRITH PARK
North Beach Beat Museum
Jackson Square Historical District
Fortune Cookie Factory
Chinatown Alleys
East West Bank
Transamerica Pyramid
PORTSMOUTH SQUARE
Tin How Temple
Pacific Heritage Museum
Cable Car Museum
CHINATOWN
Chinese Historical Society of America
Kong Chow Temple
Old St. Mary's Cathedral
Wells Fargo History Room
NOB HILL
Fairmont Hotel
HUN'TON PARK
Grace Cathedral
Pacific-Union Club
Mark Hopkins InterContinental Hotel
ST MARYS SQUARE
555 California
Chinatown Gateway
Notre-Dame des Victoires
STOCKTON TUNNEL
BROADWAY TUNNEL
450 Sutter St
John Berggruen Gallery
Hallidie Building
Crocker Galleria
Saks
Gump's
UNION SQUARE
Westin St. Francis Hotel
Neiman Marcus
Sheraton Palace Hotel
Fraenkel Gallery
Macy's
California Historical Society
Museum of the African Diaspora
Contemporary Jewish Museum
Yerba Buena Gardens
ESPLANADE GARDENS
THEATER DISTRICT
Powell St. Cable Car Turntable
SF Visitors Information Center
Powell Street
Westfield SF Centre
Martin Luther King Jr. Memorial
Old United States Mint
MARKET
MISSION
HOWARD
4TH ST
MINNA ST
Great American Music Hall
SGT JOHN McAULEYPARK
11

Map Grid References

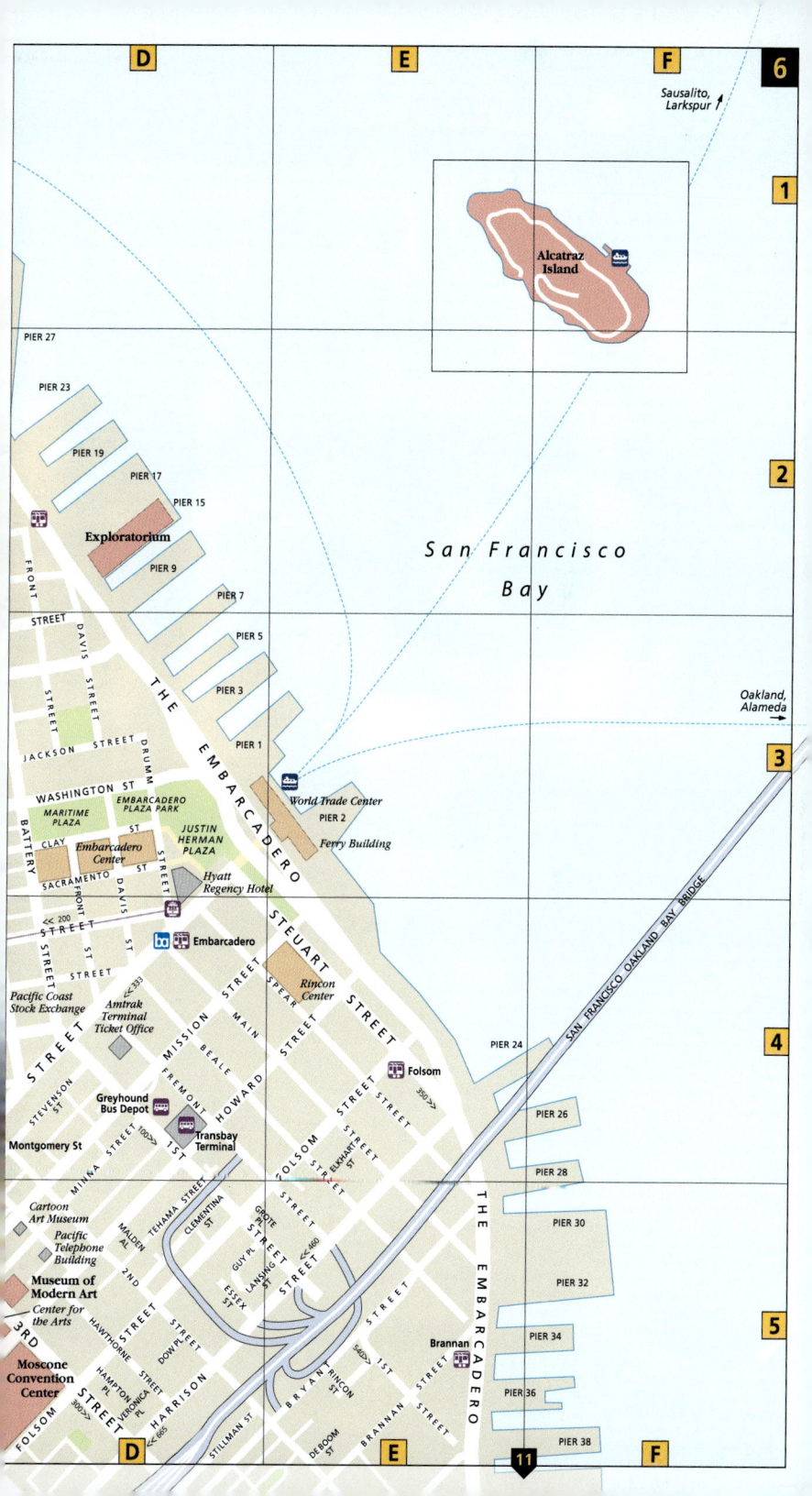

Columns: D, E, F
Rows: 1, 2, 3, 4, 5, 6

Locations and Labels

- Sausalito, Larkspur
- Alcatraz Island
- San Francisco Bay
- Oakland, Alameda
- San Francisco–Oakland Bay Bridge

Piers
PIER 27, PIER 23, PIER 19, PIER 17, PIER 15, PIER 9, PIER 7, PIER 5, PIER 3, PIER 1, PIER 2, PIER 24, PIER 26, PIER 28, PIER 30, PIER 32, PIER 34, PIER 36, PIER 38

Streets
- FRONT STREET
- DAVIS STREET
- BATTERY STREET
- DRUMM STREET
- THE EMBARCADERO
- SPEAR STREET
- MAIN STREET
- BEALE STREET
- FREMONT STREET
- 1ST STREET
- 2ND STREET
- 3RD STREET
- STEUART STREET
- MISSION STREET
- HOWARD STREET
- FOLSOM STREET
- HARRISON STREET
- BRYAN STREET
- BRANNAN STREET
- JACKSON STREET
- WASHINGTON ST
- CLAY ST
- SACRAMENTO ST
- STEVENSON ST
- JESSIE ST
- NATOMA ST
- MINNA ST
- TEHAMA ST
- CLEMENTINA ST
- HAWTHORNE STREET
- MALDEN AL
- GUY PL
- LANSING ST
- ESSEX ST
- ELKHART ST
- RINCON ST
- DE BOOM ST
- STILLMAN ST
- DOW PL
- HAMPTON PL
- VERONICA PL
- GROTE ST

Points of Interest
- Exploratorium
- World Trade Center
- Ferry Building
- Maritime Plaza
- Embarcadero Plaza Park
- Embarcadero Center
- Justin Herman Plaza
- Hyatt Regency Hotel
- Embarcadero (BART)
- Pacific Coast Stock Exchange
- Amtrak Terminal Ticket Office
- Rincon Center
- Folsom
- Greyhound Bus Depot
- Transbay Terminal
- Montgomery St
- Cartoon Art Museum
- Pacific Telephone Building
- Museum of Modern Art
- Center for the Arts
- Moscone Convention Center
- Brannan

7
A
B
C
1
2
3
4
5
Seal Rocks
Cliff House
SUTRO HEIGHTS PARK
SEAL ROCK DRIVE
ALTA MAR WY
POINT LOBOS AVENUE
GEARY BOULEVARD
<<7900
SHORE VIEW AVE
ANZA STREET
SUTRO HEIGHTS AVE
BALBOA STREET
CABRILLO STREET
CABRILLO PLAYGROUND
FULTON STREET
<<6900
LA PLAYA STREET
48TH
47TH
46TH
45TH AVENUE
44TH AVENUE
43RD AVENUE
42ND AVENUE
41ST AVENUE
40TH AVENUE
39TH AVENUE
38TH AVENUE
37TH AVENUE
36TH AVENUE
35TH AVENUE
34TH AVENUE
33RD AVENUE
32ND AVENUE
GREAT HIGHWAY
Queen Wilhelmina Tulip Garden
SPRECKELS LAKE
Spreckels Lake
36TH AVENUE
Buffalo Paddock
N LAKE RD
CHAIN OF LAKES DRIVE WEST
CHAIN OF LAKES DRIVE EAST
GOLDEN GATE PARK GOLF COURSE
JF KENNEDY DRIVE
Polo Fields
GOLDEN
Chain of Lakes
Fly Casting Pool
MIDDLE DRIVE WEST
METSON
MARTIN LUTHER KING JR DRIVE
Ocean Beach
LINCOLN WAY
<<4700
IRVING STREET
JUDAH STREET
PINO AL AVENUE
AVE
<<3400
KIRKHAM STREET
SUNSET BOULEVARD
Pazifischer Ozean
LAWTON STREET
MORAGA STREET
NORIEGA STREET
<<3500
<<1750
ORTEGA STREET
PACHECO STREET
QUINTARA STREET
WEST SUNSET PLAYGROUND
RIVERA STREET

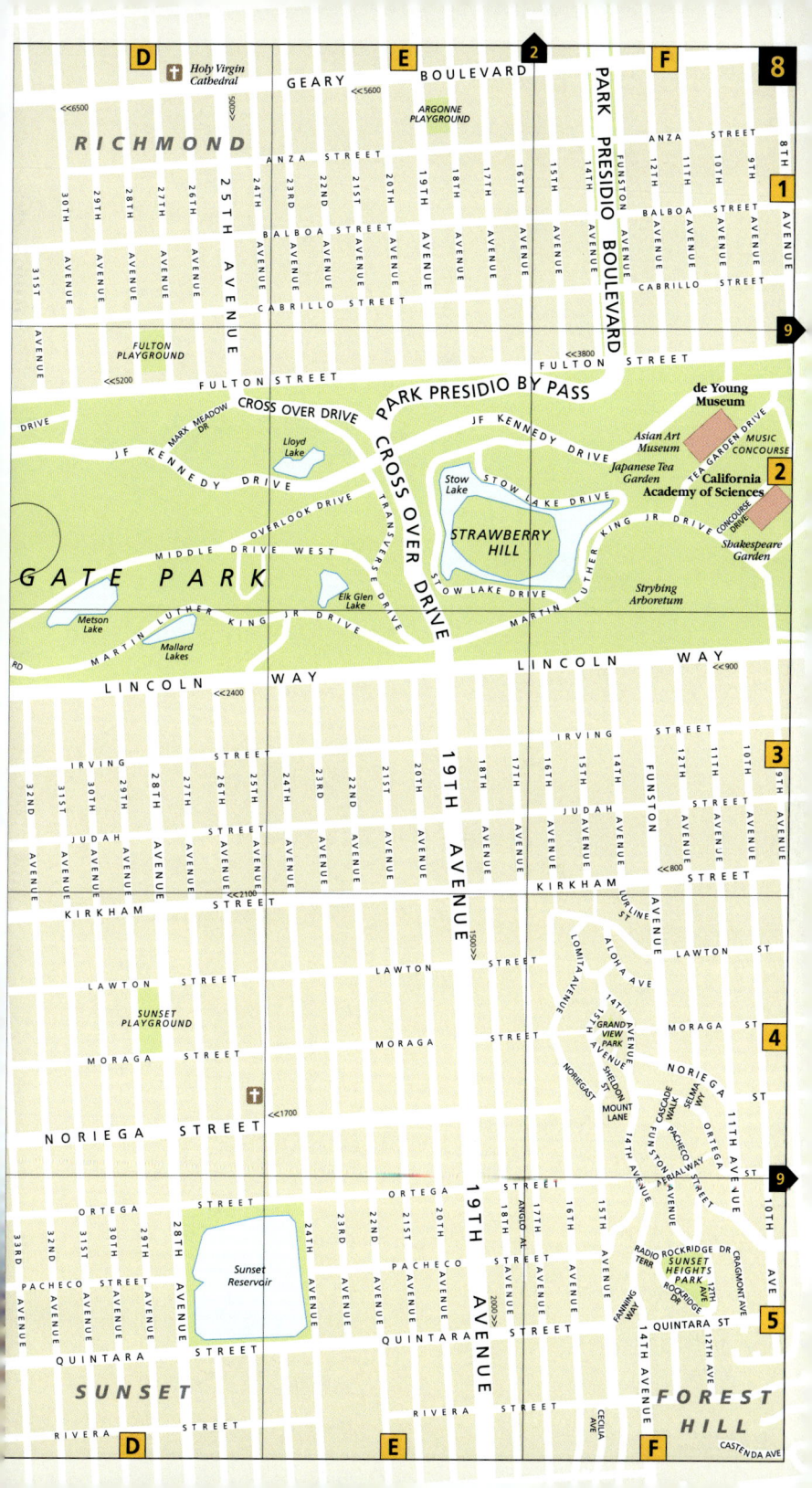

Map: Richmond / Golden Gate Park / Sunset / Forest Hill

Landmarks:
- Holy Virgin Cathedral (D8)
- Argonne Playground (E8)
- Fulton Playground (D9)
- de Young Museum (F9/F2)
- Asian Art Museum (F2)
- Japanese Tea Garden (F2)
- Music Concourse (F2)
- California Academy of Sciences (F2)
- Shakespeare Garden (F2)
- Lloyd Lake
- Stow Lake
- Strawberry Hill
- Strybing Arboretum
- Metson Lake
- Elk Glen Lake
- Mallard Lakes
- Sunset Playground (D4)
- Grand View Park (F4)
- Sunset Reservoir (D5)
- Sunset Heights Park (F5)

Neighborhoods:
- RICHMOND
- GOLDEN GATE PARK
- SUNSET
- FOREST HILL

Major Streets:
- GEARY BOULEVARD
- PARK PRESIDIO BOULEVARD
- Anza Street
- Balboa Street
- Cabrillo Street
- Fulton Street
- PARK PRESIDIO BY PASS
- JF Kennedy Drive
- Cross Over Drive
- Marx Meadow Dr
- Overlook Drive
- Transverse Drive
- Middle Drive West
- Stow Lake Drive
- Martin Luther King Jr Drive
- Tea Garden Drive
- Concourse Drive
- Lincoln Way
- Irving Street
- Judah Avenue
- Kirkham Street
- Lawton Street
- Moraga Street
- Noriega Street
- Ortega Street
- Pacheco Street
- Quintara Street
- Rivera Street
- Funston Avenue
- Lurline Avenue
- Lomita Avenue
- Aloha Ave
- 14th Avenue / 15th Avenue
- Sheldon
- Noriegast
- Mount Lane
- Cascade Walk
- Selma Way
- Railway Street
- Anglo Al
- Fanning Way
- Radio Terr
- Rockridge Dr
- Cragmont Ave
- Rockridge
- Cecilia Ave
- Castenada Ave

Avenues (numbered, west to east): 33rd, 32nd, 31st, 30th, 29th, 28th, 27th, 26th, 25th, 24th, 23rd, 22nd, 21st, 20th, 19th, 18th, 17th, 16th, 15th, 14th, 12th, 11th, 10th, 9th, 8th

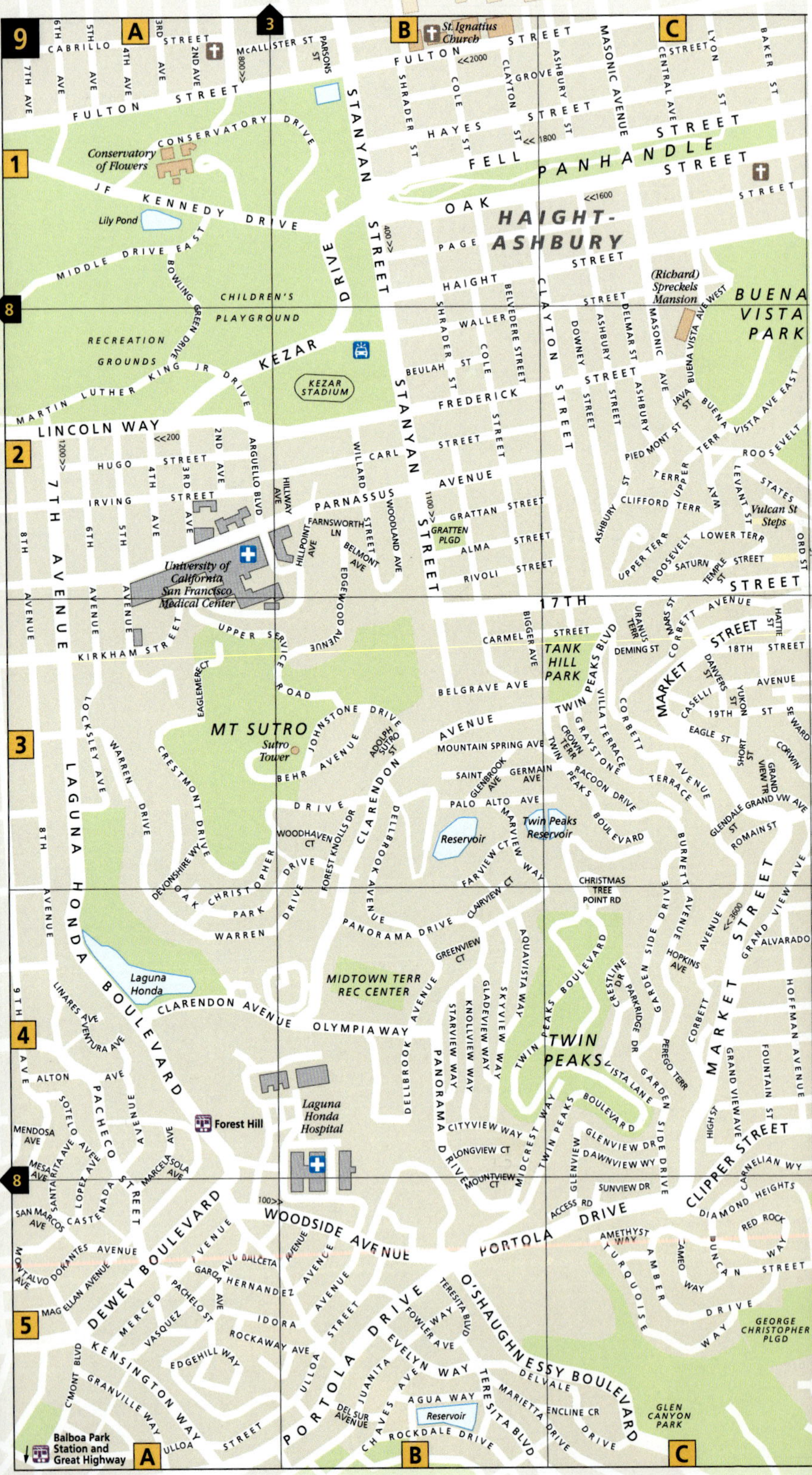
9
A
B
C
3
8
1
2
3
4
5
St. Ignatius Church
Fulton Street
Cabrillo Street
McAllister St
Parsons St
Stanyan Street
Shrader St
Cole St
Clayton St
Ashbury St
Masonic Avenue
Central Ave
Lyon St
Baker St
Grove Street
Hayes Street
Fell Street
Panhandle
Oak Street
Page Street
Haight Street
Waller Street
Beulah St
Frederick Street
Carl Street
Parnassus Avenue
Grattan Street
Alma Street
Rivoli Street
17th Street
Haight-Ashbury
(Richard) Spreckels Mansion
Buena Vista Park
Buena Vista Ave West
Buena Vista Ave East
Belvedere Street
Downey Street
Delmar St
Java St
Piedmont St
Upper Terr
Roosevelt Way
Levant St
States St
Vulcan St Steps
Clifford Terr
Lower Terr
Saturn Street
Temple St
Ord St
Conservatory of Flowers
Conservatory Drive
JF Kennedy Drive
Lily Pond
Middle Drive East
Bowling Green Drive
Children's Playground
Recreation Grounds
Kezar Drive
Kezar Stadium
Martin Luther King Jr Drive
Lincoln Way
Hugo Street
Irving Street
2nd Ave
3rd Ave
4th Ave
5th Ave
6th Ave
7th Avenue
8th Avenue
Arguello Blvd
Hillway Ave
Willard St
Farnsworth Ln
Hillpoint Ave
Belmont Ave
Edgewood Avenue
Woodland Ave
Gratten Plgd
University of California San Francisco Medical Center
Kirkham Street
Upper Service Road
Carmel Street
Tank Hill Park
Bigger Ave
Uranus Terr
Mars St
Corbett Avenue
Deming St
Hattie St
18th Street
Market Street
Danvers St
Caselli Ave
Yukon St
19th St
Seward St
Eagle St
Short St
Corwin St
Grand View Tr
Glendale St
Grand View Ave
Romain St
Belgrave Ave
Twin Peaks Blvd
Villa Terrace
Crown Terr
Graystone Terr
Racoon Drive
Mt Sutro
Sutro Tower
Johnstone Drive
Adolph Sutro St
Behr Avenue
Clarendon Avenue
Mountain Spring Ave
Saint Germain Ave
Glenbrook Ave
Palo Alto Ave
Marview Way
Reservoir
Twin Peaks Reservoir
Locksley Ave
Warren Drive
Crestmont Drive
Eaglemere Ct
Laguna Honda Boulevard
Devonshire Wy
Oak Park Drive
Christopher Drive
Woodhaven Ct
Forest Knolls Dr
Dellbrook Avenue
Farview Ct
Clairview Ct
Christmas Tree Point Rd
Burnett Avenue
Hopkins Ave
Panorama Drive
Greenview Ct
Aquavista Way
Midtown Terr Rec Center
Laguna Honda
Linares Ave
Ventura Ave
Olympia Way
Starview Way
Knollview Way
Gladeview Way
Skyview Way
Twin Peaks
Vista Lane
Crestline Dr
Parkridge Dr
Garden Side Drive
Perego Terr
Alvarado
Hoffman Avenue
Fountain St
Grand View Ave
High St
Alton Ave
Sotelo Ave
Pacheco Street
Mendosa Ave
Forest Hill
Laguna Honda Hospital
Cityview Way
Longview Ct
Midcrest Way
Mountview Ct
Glenview Dr
Dawnview Wy
Sunview Dr
Clipper Street
Carnelian Wy
Diamond Heights
Red Rock Way
Mesa Ave
Santa Rita Ave
Lopez Ave
Castenada Ave
Marcela Ave
Sola Ave
San Marcos Ave
Woodside Avenue
Access Rd
Portola Drive
Amethyst Way
Turquoise Way
Amber Drive
Cameo Way
Duncan Street
Montalvo Ave
Dorantes Avenue
Magellan Avenue
Dewey Boulevard
Garcia Ave
Balceta Ave
Hernandez Ave
Pachelo St
Merced Ave
Vasquez Ave
Idora Ave
Rockaway Ave
Edgehill Way
Ulloa Street
Kensington Way
Granville Way
C'Mont Blvd
Fowler Ave
Teresita Blvd
Evelyn Way
O'Shaughnessy Boulevard
Delvale Drive
Marietta Drive
Juanita Way
Chaves Ave
Del Sur Avenue
Agua Way
Rockdale Drive
Encline Cr
George Christopher Plgd
Glen Canyon Park
Balboa Park Station and Great Highway

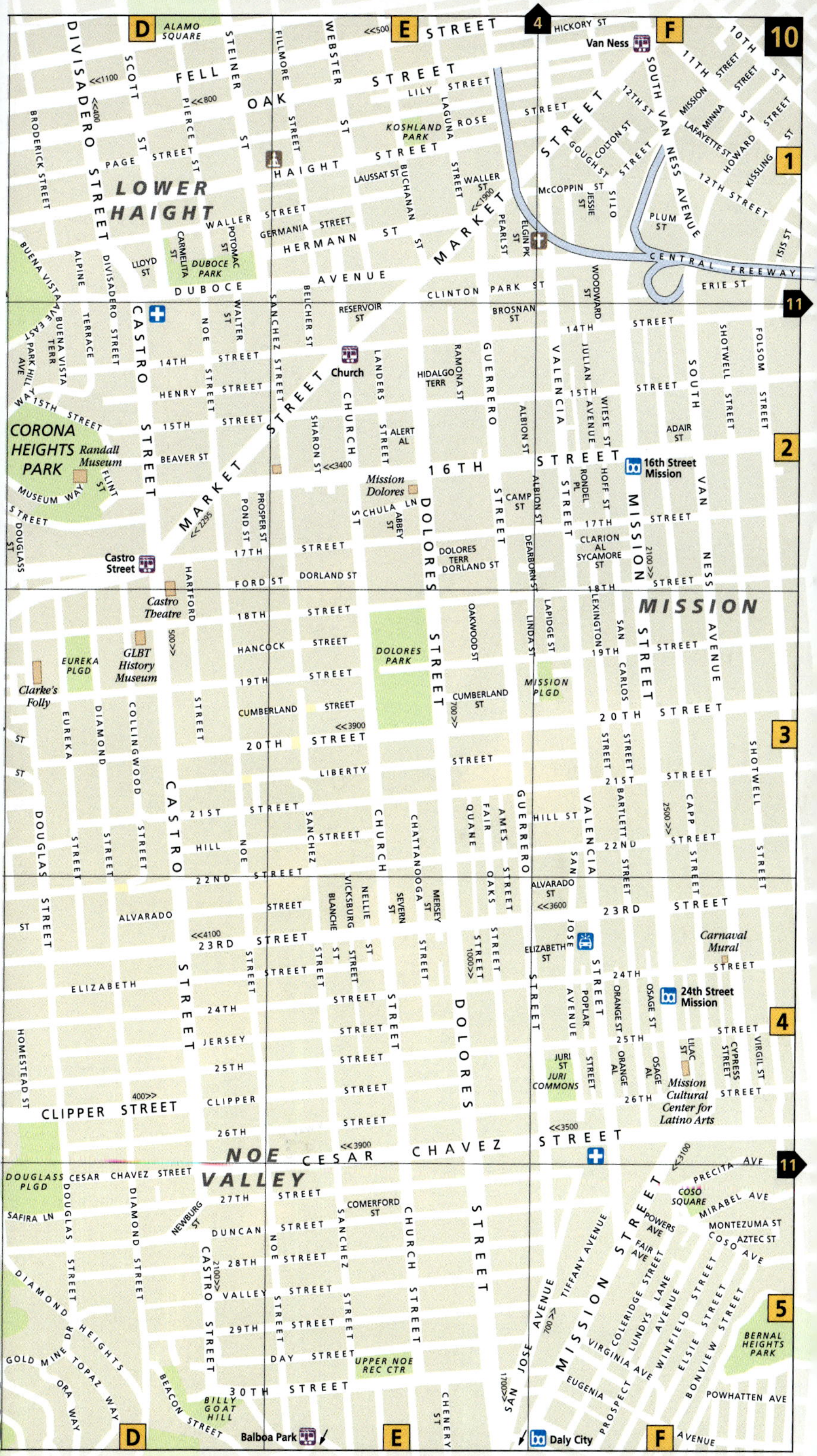
10
D
E
F
4
11
1
2
3
4
5
ALAMO SQUARE
Van Ness
HICKORY ST
LOWER HAIGHT
DIVISADERO STREET
SCOTT ST
FELL STREET
OAK ST
STEINER ST
FILLMORE ST
WEBSTER ST
LILY STREET
LAGUNA ST
ROSE
KOSHLAND PARK
PAGE STREET
PIERCE ST
HAIGHT STREET
LAUSSAT ST
BUCHANAN ST
WALLER ST
WALLER STREET
GERMANIA STREET
HERMANN ST
MARKET
PEARL ST
ELGIN PK
McCOPPIN ST
JESSIE ST
OTIS
GOUGH ST
COLTON ST
12TH ST
SOUTH VAN NESS AVENUE
11TH STREET
10TH ST
MISSION
MINNA
LAFAYETTE ST
HOWARD
KISSLING
12TH STREET
PLUM ST
CENTRAL FREEWAY
ISIS ST
ERIE ST
BRODERICK STREET
BUENA VISTA AVE EAST
ALPINE
LLOYD ST
CARMELITA
POTOMAC ST
DUBOCE PARK
DUBOCE AVENUE
CLINTON PARK ST
WOODWARD ST
BROSNAN ST
RESERVOIR ST
BELCHER ST
SANCHEZ STREET
WALTER ST
NOE STREET
CASTRO STREET
TERRACE
DIVISADERO STREET
BUENA VISTA TERR
PARK HILL AVE
14TH STREET
14TH STREET
HENRY STREET
15TH STREET
15TH STREET
Church
LANDERS
HIDALGO TERR
RAMONA ST
GUERRERO
VALENCIA
JULIAN AVENUE
WIESE ST
SOUTH VAN NESS
SHOTWELL STREET
FOLSOM STREET
CORONA HEIGHTS PARK
Randall Museum
MUSEUM WAY
FLINT ST
BEAVER ST
SHARON ST
CHURCH STREET
ALERT AL
ADAIR ST
16TH STREET
16th Street Mission
Mission Dolores
CHULA LN
ABBEY ST
DOLORES STREET
CAMP ST
ALBION ST
RONDEL PL
HOFF ST
17TH STREET
CLARION AL
SYCAMORE ST
DOUGLASS ST
PROSPER ST
POND ST
17TH STREET
DOLORES TERR
DORLAND ST
DEARBORN ST
Castro Street
HARTFORD ST
FORD ST
DORLAND ST
Castro Theatre
18TH STREET
18TH STREET
LAPIDGE ST
LEXINGTON
MISSION
SAN CARLOS
OAKWOOD ST
LINDA ST
DOLORES PARK
GLBT History Museum
EUREKA PLGD
Clarke's Folly
HANCOCK STREET
19TH STREET
19TH STREET
CUMBERLAND STREET
CUMBERLAND ST
MISSION PLGD
20TH STREET
20TH STREET
LIBERTY
EUREKA
DIAMOND
COLLINGWOOD
21ST STREET
21ST STREET
HILL ST
HILL
QUANE
FAIR
AMES
22ND STREET
22ND STREET
BARTLETT
CAPP STREET
ALVARADO
ALVARADO ST
CHATTANOOGA
VICKSBURG
BLANCHE ST
NELLIE ST
SEVERN ST
MERSEY ST
OAKS STREET
23RD STREET
23RD STREET
JOSE
ELIZABETH ST
ELIZABETH
Carnaval Mural
24TH STREET
24th Street Mission
POPLAR
ORANGE ST
OSAGE ST
HOMESTEAD ST
JERSEY
25TH STREET
CYPRESS STREET
VIRGIL ST
LILAC ST
JURI ST
JURI COMMONS
ORANGE AL
OSAGE AL
Mission Cultural Center for Latino Arts
CLIPPER STREET
CLIPPER
26TH STREET
26TH
NOE VALLEY
CESAR CHAVEZ STREET
CESAR CHAVEZ STREET
PRECITA AVE
COSO SQUARE
MIRABEL AVE
DOUGLASS PLGD
27TH STREET
COMERFORD ST
NEWBURG ST
SAFIRA LN
DUNCAN STREET
POWERS AVE
MONTEZUMA ST
AZTEC ST
COSO AVE
FAIR AVE
28TH STREET
TIFFANY AVENUE
COLERIDGE STREET
LANE
VALLEY STREET
WINFIELD STREET
DIAMOND HEIGHTS
29TH STREET
SAN JOSE AVENUE
LUNDYS
ELSIE STREET
BONVIEW STREET
BERNAL HEIGHTS PARK
GOLD MINE DR
TOPAZ WAY
ORA WAY
DAY STREET
UPPER NOE REC CTR
VIRGINIA AVE
30TH STREET
BEACON STREET
BILLY GOAT HILL
CHENERY ST
EUGENIA
PROSPECT
POWHATTEN AVE
Balboa Park
Daly City
AVENUE

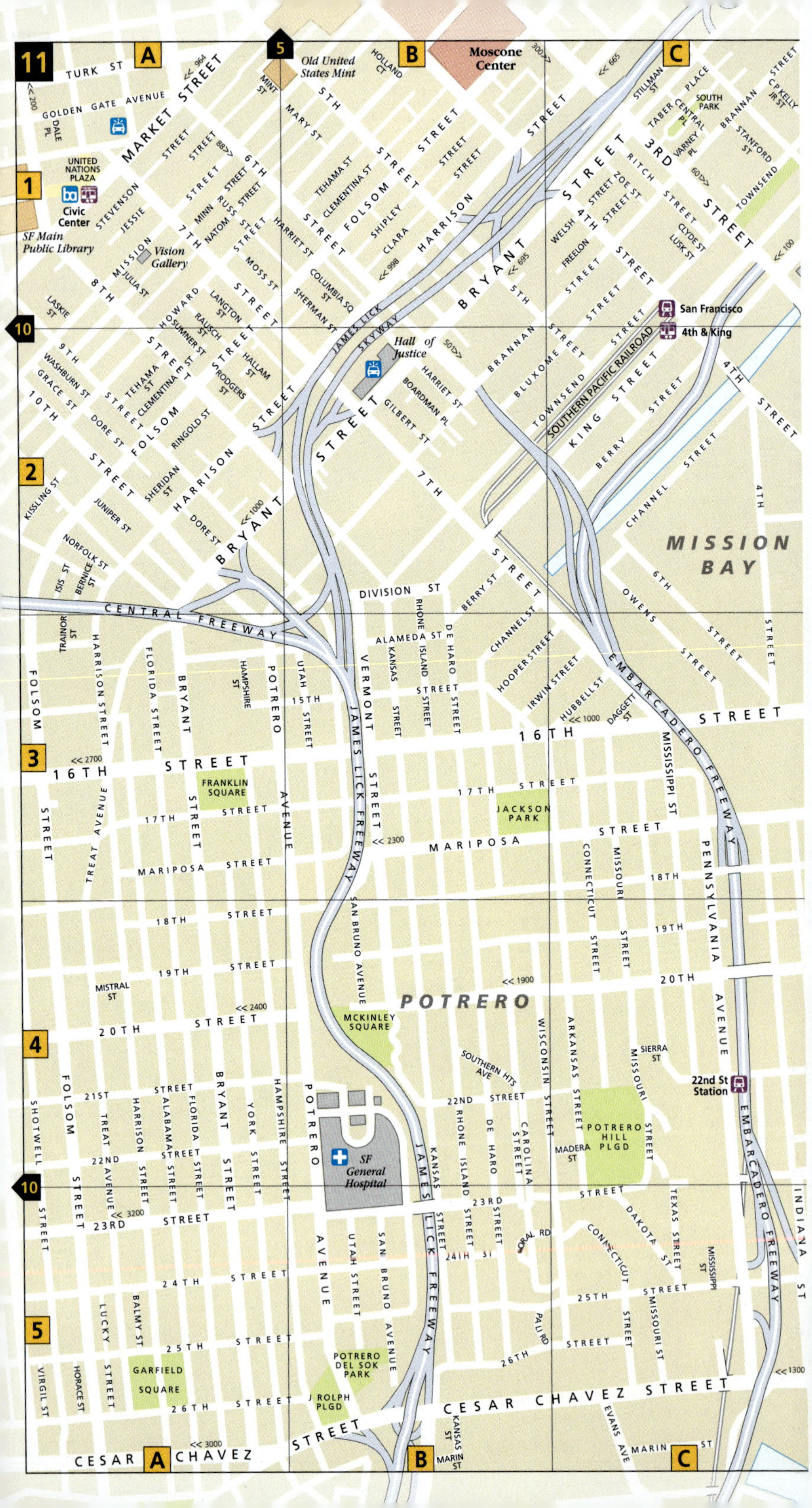

11
A
B
C
1
2
3
4
5
10
Moscone Center
Old United States Mint
MINT ST
HOLLAND CT
TURK ST
GOLDEN GATE AVENUE
MARKET STREET
DALE PL
UNITED NATIONS PLAZA
Civic Center
SF Main Public Library
STEVENSON
JESSIE
MISSION
Vision Gallery
JULIA ST
8TH
7TH
6TH
5TH
MARY ST
MINN
NATOM
RUSS ST
MOSS ST
LANGTON ST
HOWARD
HOSUMMER ST
RAUSCH ST
HALLAM ST
RODGERS ST
LASKIE ST
9TH
WASHBURN ST
GRACE ST
10TH
TEHAMA ST
CLEMENTINA ST
FOLSOM
RINGOLD ST
DORE ST
SHERIDAN ST
HARRISON
BRYANT
KISSLING ST
JUNIPER ST
NORFOLK ST
ISIS ST
BERNICE ST
HARRIET ST
SHIPLEY
CLARA
COLUMBIA SQ ST
SHERMAN ST
JAMES LICK SKYWAY
Hall of Justice
BOARDMAN PL
GILBERT ST
BRANNAN
BLUXOME
TOWNSEND
SOUTHERN PACIFIC RAILROAD
KING STREET
BERRY
WELSH
4TH
FREELON
ZOE ST
RITCH
3RD
STILLMAN ST
SOUTH PARK
TABER PL
CENTRAL PL
VARNEY PL
STANFORD ST
CP KELLY JR ST
CLYDE ST
LUSK ST
San Francisco 4th & King
CHANNEL STREET
MISSION BAY
CENTRAL FREEWAY
DIVISION ST
ALAMEDA ST
RHONE ISLAND STREET
DE HARO STREET
BERRY ST
CHANNEL ST
HOOPER STREET
IRWIN STREET
HUBBELL ST
DAGGETT ST
OWENS STREET
16TH STREET
TRAINOR ST
HARRISON STREET
FLORIDA STREET
HAMPSHIRE ST
POTRERO AVENUE
UTAH STREET
15TH
VERMONT STREET
KANSAS STREET
JAMES LICK FREEWAY
EMBARCADERO FREEWAY
MISSISSIPPI ST
FRANKLIN SQUARE
17TH STREET
TREAT AVENUE
JACKSON PARK
MARIPOSA STREET
CONNECTICUT STREET
MISSOURI STREET
PENNSYLVANIA AVENUE
18TH STREET
19TH STREET
20TH STREET
SAN BRUNO AVENUE
MISTRAL ST
POTRERO
MCKINLEY SQUARE
SOUTHERN HTS AVE
WISCONSIN STREET
ARKANSAS STREET
SIERRA ST
22nd St Station
21ST STREET
SHOTWELL STREET
ALABAMA STREET
YORK STREET
22ND STREET
SF General Hospital
CAROLINA STREET
MADERA ST
POTRERO HILL PLGD
TEXAS STREET
DAKOTA ST
INDIANA ST
23RD STREET
CORAL RD
24TH ST
24TH STREET
25TH STREET
26TH STREET
PALI RD
LUCKY STREET
BALMY ST
VIRGIL ST
HORACE ST
GARFIELD SQUARE
POTRERO DEL SOL PARK
J ROLPH PLGD
CESAR CHAVEZ STREET
EVANS AVE
MARIN ST
KANSAS ST

Kartenregister

1st Street	6 D4	19th Avenue	2 E5	39th Avenue	7 C1
2nd Avenue	3 A4	*Fortsetzung*	8 E1	40th Avenue	7 B1
Fortsetzung	9 A1	19th Street	9 C3	41st Avenue	7 B1
2nd Street	6 D5	*Fortsetzung*	11 A4	42nd Avenue	7 B1
3rd Avenue	3 A4	20th Avenue	2 E5	43rd Avenue	7 B1
Fortsetzung	9 A1	*Fortsetzung*	8 E1	44th Avenue	7 B1
3rd Street	5 C5	20th Street	10 D3	45th Avenue	7 B1
Fortsetzung	11 D2	*Fortsetzung*	11 A4	46th Avenue	7 B1
4th Avenue	3 A4	21st Avenue	2 E5	47th Avenue	7 B1
Fortsetzung	9 A1	*Fortsetzung*	8 E1	48th Avenue	7 A1
4th Street	5 C5	21st Street	10 D3		
Fortsetzung	11 B1	*Fortsetzung*	11 A4	**A**	
5th Avenue	3 A4	22nd Avenue	2 E5		
Fortsetzung	9 A1	*Fortsetzung*	8 E1	Abbey Street	10 E2
5th Street	11 B1	22nd Street	10 D4	Access Road	9 C5
6th Avenue	3 A4	*Fortsetzung*	11 A4	Acorn Alley	5 A4
Fortsetzung	9 A1	22nd Street Station	11 C4	Ada Court	5 A5
6th Street	11 A1	23rd Avenue	2 E5	Adair Street	10 F2
7th Avenue	3 A4	*Fortsetzung*	8 E1	Adolph Sutro Street	9 B3
Fortsetzung	9 A1	23rd Street	10 D4	Aerial Way	8 F5
7th Street	11 A1	*Fortsetzung*	11 A5	Agua Way	9 B5
8th Avenue	3 A4	24th Avenue	2 D5	Ahlers Court	4 D2
Fortsetzung	8 F1	*Fortsetzung*	8 D1	Alabama Street	11 A4
Fortsetzung	9 A2	24th Street	10 D4	Aladdin Terrace	5 B2
8th Street	11 A1	*Fortsetzung*	11 A5	Alameda Street	11 B3
9th Avenue	2 F5	24th Street Mission Station	10 F4	Alamo Square	4 D5
Fortsetzung	8 F1	25th Avenue	2 D4	*Fortsetzung*	10 D1
Fortsetzung	9 A4	*Fortsetzung*	8 D1	Albion Street	10 E2
9th Street	11 A2	25th Avenue North	2 D4	Alcatraz Island	6 F1
10th Avenue	2 F5	25th Street	10 D4	Alert Alley	10 E2
Fortsetzung	8 F1	*Fortsetzung*	11 A5	Alhambra Street	4 D2
10th Street	10 F1	26th Avenue	2 D4	Allen Street	3 B1
Fortsetzung	11 A2	*Fortsetzung*	8 D1	Allen Street	4 F2
11th Avenue	2 F5	26th Street	10 D4	*Fortsetzung*	5 A3
Fortsetzung	8 F1	*Fortsetzung*	11 A5	Allyne Park	4 E2
11th Street	10 F1	27th Avenue	2 D4	Alma Street	9 B2
12th Avenue	2 F5	*Fortsetzung*	8 D1	Almaden Court	3 B5
Fortsetzung	8 F1	27th Street	10 D5	Aloha Avenue	8 F4
12th Street	10 F1	28th Avenue	2 D5	Alpine Terrace	10 D1
14th Avenue	2 F5	*Fortsetzung*	8 D1	Alta Mar Way	7 B1
Fortsetzung	8 F1	28th Street	10 D5	Alta Plaza	4 D3
14th Street	10 D2	29th Avenue	2 D5	Alton Avenue	9 A4
15th Avenue	2 F5	*Fortsetzung*	8 D1	Alvarado Street	9 C4
Fortsetzung	8 F1	29th Street	10 D5	Amatury Loop	2 F3
15th Street	10 D2	30th Avenue	2 D5	Amber Drive	9 C5
Fortsetzung	11 A3	*Fortsetzung*	8 D1	American Indian Contemporary Arts Gallery	5 C5
16th Avenue	2 E5	30th Street	10 D5	Ames Street	10 E3
Fortsetzung	8 E1	31st Avenue	2 D5	Amethyst Way	9 C5
16th Street	10 E2	*Fortsetzung*	8 D1	Amtrak Terminal Ticket Office	6 D4
Fortsetzung	11 A3	32nd Avenue	1 C5	Angelo Rossi Playground	3 B5
16th Street Mission Station	10 F2	*Fortsetzung*	7 C1	Anglo Alley	8 E5
17th Avenue	2 E5	33rd Avenue	7 C1	Annapolis Terrace	3 C5
Fortsetzung	8 E1	34th Avenue	7 C1	Antonio Street	5 B5
17th Street	9 B3	35th Avenue	7 C1	Anza Street	3 A2
Fortsetzung	11 B3	36th Avenue	7 C1		
18th Avenue	2 E5	37th Avenue	7 C1		
Fortsetzung	8 E1	38th Avenue	7 C1		
18th Street	9 C3				
Fortsetzung	11 A4				

Anza Street	3 A5	Beideman Street	4 D5	Buffalo Paddock	7 C2	Chattanooga
Fortsetzung	7 B1	Belcher Street	10 E1	Burnett Avenue	9 C3	Street	10 E3
Anza Vista Avenue	3 C5	Belgrave Avenue	9 B3	Bush Street	3 C4	Chaves Avenue	9 B5
Appleton Street	2 F3	Bell Road	2 F2	Fortsetzung	5 A4	Chenery Street	10 E5
Aquavista Way	9 B4	Bellair Place	5 B2			Cherry Street	3 B4
Argonne		Belles Street	2 F4	**C**		Chestnut Street	3 C2
Playground	8 E1	Belmont Avenue	9 B2			Fortsetzung	5 A2
Arguello		Belvedere		Cable Car Barn	5 B3	Child Street	5 C2
Boulevard	3 A3	Street	9 B1	Cabrillo		Children's
Fortsetzung	9 A2	Bergen Place	4 F1	Playground	7 C2	Playground	9 A1
Arguello Park	3 A5	Fortsetzung	5 A2	Cabrillo Street	7 B2	China Basin Street	11 D1
Arkansas Street	11 C4	Bernal Heights		Fortsetzung	9 A1	Chinatown Alleys	5 B3
Armistead Road	2 F2	Park	10 F5	Calhoun Terrace	5 C2	Chinatown
Ashbury Street	9 C1	Bernard Street	5 A3	California Academy		Gateway	5 C4
Ashbury Terrace	9 C2	Bernice Street	11 A2	of Sciences	8 F2	Chinese Historical
Asian Art Museum	8 F2	Berry Street	11 B2	California Street	2 D5	Society	5 C3
Auburn Street	5 B3	Beulah Street	9 B2	Fortsetzung	3 A4	Christmas Tree
Austin Street	4 E4	Bigger Avenue	9 B3	Fortsetzung	5 A4	Point Road	9 C3
Avery Street	4 D4	Bill Graham Civic		CalTrain Depot	11 C1	Christopher Drive	9 A4
Avila Street	4 D1	Auditorium	4 F5	Cameo Way	9 C5	Chula Lane	10 E2
Aztec Street	10 F5	Billy Goat Hill	10 D5	Camp Street	10 E2	Church of Saint
		Birch Street	4 E5	Campton Place	5 C4	Mary the Virgin	4 D3
B		Birmingham Road	3 B2	Canby Street	3 B2	Church Station	10 E2
		Black Place	4 F2	Capp Street	10 F3	Church Street	10 E1
Baker Beach	2 D4	Fortsetzung	5 A3	Capra Way	4 D2	Churchill Street	5 B3
Baker Street	3 C2	Blake Street	3 B4	Carl Street	9 B2	Circle Gallery	5 C4
Fortsetzung	9 C1	Blanche Street	10 E4	Carmel Street	9 B3	City Hall	4 F5
Balboa Street	3 A5	Bliss Road	3 A2	Carmelita Street	10 D1	Cityview Way	9 B4
Fortsetzung	7 B1	Bluxome Street	11 B2	Carnaval Mural	10 F4	Civic Center
Balceta Avenue	9 A5	Boardman Place	11 B2	Carnelian Way	9 C4	Station	11 A1
Balmy Street	11 A5	Bocce Ball Courts	5 B2	Carolina Street	11 B4	Clairview Court	9 B4
Bank of America	5 C4	Bonita Street	4 F2	Casa Way	4 D1	Clara Street	11 B1
Bank of California	5 C4	Bonview Street	10 F5	Cascade Walk	8 F4	Claredon Avenue	9 A4
Bank of Canton	5 C3	Bowley Street	2 E4	Caselli Avenue	9 C3	Claremont
Bank Street	3 B2	Bowling Green		Castenada Avenue	8 F5	Boulevard	9 A5
Bannam Place	5 C2	Drive	9 A1	Fortsetzung	9 A5	Clarion Alley	10 F2
Barcelona Avenue	3 C5	Bowman Road	2 E2	Castle Street	5 C2	Clark Street	3 B3
Barnard Avenue	3 B3	Brannan Street	6 E5	Castro Street	10 D1	Clarke's Folly	10 D3
Bartlett Street	10 F3	Fortsetzung	11 C1	Castro Street		Claude Lane	5 C4
Bartol Street	5 C3	Bret Harte Terrace	4 F1	Station	10 D2	Clay Street	3 B4
Battery Blaney		Fortsetzung	5 A2	Castro Theatre	10 D2	Fortsetzung	5 A4
Road	3 A2	Broadway	3 C3	Cecila Avenue	8 F5	Clayton Street	9 B1
Battery Caulfield		Fortsetzung	5 A3	Cedar Street	4 F4	Cleary Court	4 E4
Road	2 E4	Broadway Tunnel	4 F3	Fortsetzung	5 A5	Clement Street	1 C5
Battery Chamberlin		Fortsetzung	5 A3	Central Avenue	9 C1	Fortsetzung	3 A5
Road	2 D4	Broderick Street	3 C2	Central Freeway	10 F1	Clementina Street	6 D5
Battery Dynamite		Fortsetzung	10 D1	Fortsetzung	11 A2	Fortsetzung	11 A2
Road	2 E3	Bromley Place	4 D3	Central Magazine		Cliff House	7 A1
Battery East Road	2 E2	Brooks Street	2 E4	Road	2 E3	Clifford Terrace	9 C2
Battery Saffold		Brosnan Street	10 E2	Central Place	11 C1	Clinton Park Street	10 E1
Road	2 E3	Brown Street	2 F4	Cervantes		Clipper Street	9 C5
Battery Street	5 C2	Bryant Street	6 E5	Boulevard	4 D1	Club Fugazi	5 B3
Battery Wagner		Fortsetzung	11 A2	Cesar Chavez		Clyde Street	11 C1
Road	2 F2	Buchanan Street	4 D1	Street	10 D5	Codman Place	5 B3
Day Street	3 C2	Fortsetzung	10 E1	Fortsetzung	11 A5	Cohen Place	5 B5
Fortsetzung	5 A2	Buena Vista		Chabot Terrace	3 B5	Coit Tower	5 C2
Beach Street	3 C2	Avenue East	9 C2	Chain of Lakes	7 B2	Cole Street	9 B1
Fortsetzung	5 A1	Buena Vista Avenue		Chain of Lakes		Coleridge Street	10 F5
Beacon Street	10 D5	West	9 C2	Drive East	7 B2	Colin P. Kelly
Beale Street	6 D4	Buena Vista Park	9 C1	Chain of Lakes		Junior Street	11 C1
Beaumont Avenue	3 B5	Buena Vista		Drive West	7 B2	Collingwood
Beaver Street	10 D2	Terrace	10 D2	Channel Street	11 B3	Street	10 D3
Behr Avenue	9 B3			Charlton Court	4 E2		

KARTENREGISTER | 303

Collins Street	3 B4
Colton Street	10 F1
Columbarium	3 B5
Columbia Square Street	11 B1
Columbus Avenue	5 A2
Comerford Street	10 E5
Commonwealth Avenue	3 B4
Compton Road	2 E4
Concourse Drive	8 F2
Connecticut Street	11 C3
Conservatory Drive	9 A1
Conservatory of Flowers	9 A1
Convent of the Sacred Heart	4 D3
Cook Street	3 B5
Coolbrith Park	5 B3
Coral Road	11 B5
Corbett Avenue	9 C3
Cordelia Street	5 B3
Cornwall Street	3 A4
Corona Heights Park	10 D2
Corwin Street	9 C3
Cosmo Place	5 B5
Coso Avenue	10 F5
Coso Square	10 F5
Cottage Row	4 D4
Cowell Place	5 C3
Cowles Street	2 F3
Cragmont Avenue	8 F5
Cranston Road	2 E2
Crestline Drive	9 C4
Crestmont Drive	9 A3
Crissy Field	2 F2
Crissy Field	3 A2
Crocker Galleria	5 C4
Cross Over Drive	8 D2
Crown Terrace	9 C3
Cuesta Court	9 C4
Cumberland Street	10 D3
Custom House Place	5 C3
Cypress Street	10 F4

D

Daggett Street	11 C3
Dakota Street	11 C5
Dale Place	11 A1
Danvers Street	9 C3
Davis Street	6 D3
Dawnview Way	9 C4
Day Street	10 D5
De Boom Street	6 E5
De Haro Street	11 B3
de Young Museum	8 F2
Dearborn Street	10 E2

Deems Road	3 A3
Del Sur Avenue	9 B5
Dellbrook Avenue	9 B3
Delmar Street	9 C2
Delvale Drive	9 B5
Deming Street	9 C3
Dent Road	2 F3
Devonshire Way	9 A4
Dewey Boulevard	9 A5
Dewitt Road	3 C2
Diamond Heights	9 C5
Diamond Street	10 D3
Divisadero Street	3 C2
Fortsetzung	10 D1
Division Street	11 B2
Dolores Park	10 E3
Dolores Street	10 E2
Dolores Terrace	10 E2
Dorantes Avenue	9 A5
Dore Street	11 A2
Doric Alley	5 B3
Dorland Street	10 E2
Douglas Street	10 D3
Douglass Playground	10 D5
Douglass Street	10 D2
Dove Loop	2 E3
Dow Place	6 D5
Downey Street	9 C2
Doyle Drive	3 A2
Drumm Street	6 D3
Duboce Avenue	10 D1
Duboce Park	10 D1
Duncan Street	9 C5
Dunnes Alley	5 C3
Dupont Playground	2 D5

E

Eagle Street	9 C3
Eaglemere Court	9 A3
Eastman Street	4 F2
Fortsetzung	5 A3
Eaton Place	5 B3
Eddy Street	4 D5
Fortsetzung	5 A5
Edgehill Way	9 A5
Edgewood Avenue	9 B2
Edie Road	3 B2
Edward Street	3 B5
El Camino del Mar	1 B5
El Polin Loop	3 B3
Elgin Park Street	10 E1
Elizabeth Street	10 D4
Elk Glen Lake	8 E2
Elkhart	6 E4
Ellis Street	4 D5
Fortsetzung	5 A5
Elm Street	4 F5
Elsie Street	10 F5

Embarcadero Center	6 D3
Embarcadero Freeway	11 C3
Embarcadero North Street	5 A1
Embarcadero Plaza Park	6 D3
Embarcadero Station	6 D4
Emerson Street	3 C4
Encanto Avenue	3 C5
Encline Crescent	9 C5
Erie Street	10 F1
Erkson Court	4 D4
Essex Street	6 D5
Euclid Avenue	3 B4
Eugenia Avenue	10 F5
Eureka Place	4 F4
Fortsetzung	5 A4
Eureka Playground	10 D3
Eureka Street	10 D3
Evans Avenue	11 C5
Evelyn Way	9 B5
Ewing Terrace	3 C5
Exploratorium	6 D2

F

F. Norris Street	4 F4
Fortsetzung	5 A4
Fair Avenue	10 F5
Fair Oaks Street	10 E3
Fairmont Hotel	5 B4
Fallon Place	5 B3
Fanning Way	8 F5
Farnsworth Lane	9 B2
Farview Court	9 B3
Fell Street	9 B1
Fern Street	4 E4
Fortsetzung	5 A5
Fernandez Street	3 B3
Ferry Building	6 E3
Fielding Street	5 B2
Filbert Steps	5 C2
Filbert Street	3 C3
Fortsetzung	5 A2
Fillmore Street	4 D1
Fortsetzung	10 E1
Finley Road	3 A4
Fisher Loop	3 A2
Flint Street	10 D2
Florence Street	5 B3
Florida Street	11 A3
Fly Casting Pool	7 C2
Folsom Street	6 D5
Fortsetzung	10 F2
Fortsetzung	11 A3
Ford Street	10 D2
Forest Hill Station	9 A4
Forest Knolls Drive	9 B4

Fort Mason (Golden Gate National Recreation Area)	4 E1
Fort Point	2 E1
Fortuna Avenue	3 C5
Fortune Cookie Factory	5 C3
Fountain Street	9 C4
Fowler Avenue	9 B5
Fraenkel Gallery	5 C5
Francisco Street	3 C2
Fortsetzung	5 A2
Franklin Square	11 A3
Franklin Street	4 E1
Frederick Street	9 B2
Freelon Street	11 C1
Fremont Street	6 D4
French Court	3 B2
Fresno Street	5 C3
Friends of Photography Gallery	5 C5
Fortsetzung	11 B1
Front Street	6 D2
Fulton Playground	8 D2
Fulton Street	4 E5
Fulton Street	7 B2
Fortsetzung	9 A1
Funston Avenue	2 F5
Fortsetzung	8 F1
Funston Avenue	3 B3

G

Garcia Avenue	9 A5
Garden Side Drive	9 C4
Garden Street	4 D4
Garfield Square	11 A5
Geary Boulevard	3 A5
Fortsetzung	7 A1
Geary Street	4 E4
Fortsetzung	5 A5
General Kennedy Avenue	3 B2
Genoa Place	5 C2
George Christopher Playground	9 C5
George R. Moscone Recreation Center	4 D2
Germania Street	10 D1
Ghirardelli Square	4 F1
Gibbon Court	3 C3
Gibson Road	2 D4
Gilbert Street	11 B2
Girard Road	3 B2
Gladeview Way	9 B4
Glen Canyon Park	9 C5
Glenbrook Avenue	9 B3
Glendale Street	9 C3
Glenview Drive	9 C4

Glover Street	4 F3	Hampshire Street	11 A3	Hyde Street	4 F2	Julius Castle	5 C2
Fortsetzung	5 A3	Hampton Place	6 D5	*Fortsetzung*	5 A2	Julius Street	5 C2
Gold Street	5 C3	Hancock Street	10 D3	Hyde Street Pier	4 F1	Juniper Street	11 A2

Glover Street 4 F3
Fortsetzung 5 A3
Gold Street 5 C3
Golden Court 5 A4
Golden Gate Avenue 3 C5
Fortsetzung 11 A1
Golden Gate Bridge 2 E1
Golden Gate Bridge Freeway 2 E2
Golden Gate Park 7 C2
Golden Gate Park Golf Course 7 B2
Goldmine Drive 10 D5
Gorgas Avenue 3 B2
Goslinsky House 3 C3
Gough Street 4 E2
Fortsetzung 10 F1
Grace Cathedral 5 B4
Grace Street 10 F1
Fortsetzung 11 A2
Graham Street 3 B2
Grand View Avenue 9 C4
Grand View Park 8 F4
Grand View Terrace 9 C3
Grant Avenue 5 B1
Granville Way 9 A5
Grattan Street 9 B2
Gratten Playground 9 B2
Graystone Terrace 9 C3
Great American Music Hall 4 F4
Fortsetzung 5 A5
Great Highway 7 A2
Green Street 3 C3
Fortsetzung 5 A3
Greenough Avenue 2 E3
Greenview Court 9 B4
Greenwich Steps 5 C2
Greenwich Street 3 C2
Fortsetzung 5 A2
Greyhound Bus Depot 6 D4
Grote Place 6 D5
Grove Street 4 E5
Fortsetzung 9 B1
Guerrero Street 10 E2
Gump's 5 C4
Guy Place 6 D5

H

Haas-Lilienthal House 4 E3
Haight Street 9 B1
Hall of Justice 11 B2
Hallam Street 11 A2
Halleck Street 3 B2
Hamilton Street 2 F2
Hamlin Street 5 A3

Hampshire Street 11 A3
Hampton Place 6 D5
Hancock Street 10 D3
Harriet Street 11 A1
Harrison Boulevard 2 E3
Harrison Street 6 D5
Fortsetzung 11 A2
Hartford Street 10 D2
Hattie Street 9 C3
Havens Street 5 A3
Hawthorne Street 6 D5
Hayes Street 4 E5
Fortsetzung 9 B1
Hays Street 2 E4
Hayward Playground 4 E5
Heather Avenue 3 B4
Helen Street 5 A4
Hemlock Street 4 F4
Fortsetzung 5 A5
Henry Street 10 D2
Hermann Street 10 E1
Hernandez Avenue 9 A5
Hickory Street 10 E1
Hicks Road 3 A3
Hidalgo Terrace 10 E2
High Street 9 C4
Highway 1 2 F3
Hill Street 10 D3
Hillpoint Avenue 9 B2
Hillway Avenue 9 B2
Hitchcock Street 2 E3
Hobart Alley 5 B4
Hodges Alley 5 C3
Hoff Street 10 F2
Hoffman Avenue 9 C4
Hoffman Street 2 F2
Holland Court 5 C5
Fortsetzung 11 B1
Hollis Street 4 E4
Holy Virgin Cathedral 8 D1
Homestead Street 10 D4
Hooker Alley 5 B4
Hooper Street 11 B3
Hopkins Avenue 9 C4
Horace Street 11 A5
Hotaling Place 5 C3
Howard Road 2 E5
Howard Street 5 C5
Fortsetzung 10 F1
Fortsetzung 11 A1
Hubbell Street 11 C3
Hugo Street 9 A2
Hunter Road 2 E3
Huntington Park 5 B4
Hyatt Regency Hotel 6 D3

Hyde Street 4 F2
Fortsetzung 5 A2
Hyde Street Pier 4 F1

I

Icehouse Alley 5 C2
Idora Avenue 9 A5
Illinois Lane 5 C3
Illinois Street 11 D3
Indiana Street 11 C5
Infantry Terrace 3 A3
Iris Avenue 3 B4
Irving Street 7 B3
Fortsetzung 9 A2
Irwin Street 11 B3
Isis Street 10 F1
Fortsetzung 11 A2

J

J. Rolph Playground 11 B5
Jackson Park 11 B3
Jackson Square Historical District 5 C3
Jackson Street 3 B4
Fortsetzung 5 A3
James D Phelan Beach State Park 2 D4
James Lick Freeway 11 B3
James Lick Skyway 11 B2
Jansen Street 5 B2
Japan Center 4 E4
Japanese Tea Garden 8 F2
Jason Court 5 C3
Jauss Street 3 B1
Java Street 9 C2
Jefferson Square 4 E5
Jefferson Street 3 C2
Fortsetzung 5 A1
Jersey Street 10 D4
Jessie Street 4 F5
Fortsetzung 11 A1
Jessie Street 10 F1
John Berggruen Gallery 5 C4
John F. Kennedy Drive 7 A2
Fortsetzung 9 A1
John McLaren Lodge 9 B1
John Street 5 B3
Johnstone Drive 9 B3
Jones Street 4 F2
Fortsetzung 5 A2
Jordan Avenue 3 B4
Juanita Way 9 B5
Judah Street 7 B3
Julia Street 11 A1
Julian Avenue 10 F2

Julius Castle 5 C2
Julius Street 5 C2
Juniper Street 11 A2
Juri Commons 10 F4
Juri Street 10 F4
Justin Herman Plaza 6 D3

K

Kansas Street 11 B3
Kearny Street 5 C1
Kensington Way 9 A5
Keyes Avenue 3 B2
Kezar Drive 9 A2
Kezar Stadium 9 B2
King Street 11 C2
Kirkham Street 7 B4
Fortsetzung 9 A3
Kissling Street 10 F1
Fortsetzung 11 A2
Kittredge Terrace 3 B5
Knollview Way 9 B4
Kobbe Avenue 2 E3
Kong Chow Temple 5 B4
Koshland Park 10 E1

L

La Playa Street 7 A1
Lafayette Park 4 E3
Lafayette Street 10 F1
Laguna Honda 9 A4
Laguna Honda Boulevard 9 A3
Laguna Honda Hospital 9 B4
Laguna Street 4 E1
Fortsetzung 10 E1
Lake Street 2 D5
Fortsetzung 3 A4
Land's End 1 B5
Landers Street 10 E2
Langdon Court 2 E2
Langton Street 11 A1
Lansing Street 6 D5
Lapidge Street 10 F3
Larch Street 4 F5
Larkin Street 4 F2
Fortsetzung 5 A2
Laskie Street 11 A1
Laurel Street 3 B4
Laussat Street 10 E1
Lawton Street 7 B4
Leavenworth Street 4 F2
Fortsetzung 5 A2
Legion of Honor 1 C5
Legion of Honor Drive 1 C5
Leroy Place 5 A4
Letterman Drive 3 B2

KARTENREGISTER | 305

Levant Street	9 C2
Levi's Plaza	5 C2
Lexington Street	10 F3
Liberty Street	10 E3
Liggett Avenue	3 B3
Lilac Street	10 F4
Lily Pond	9 A1
Lily Street	10 E1
Linares Avenue	9 A4
Lincoln Boulevard	2 E5
Fortsetzung	3 A2
Lincoln Park	1 B5
Lincoln Park Municipal Golf Course	1 C5
Lincoln Way	7 B3
Fortsetzung	9 A2
Linda Street	10 E3
Linden Street	4 E5
Livingston Street	3 A2
Lloyd Lake	8 E2
Lloyd Street	10 D1
Locksley Avenue	9 A3
Locust Street	3 B4
Lombard Street	3 B3
Fortsetzung	5 A2
Lomita Avenue	8 F4
Lone Mia Terrace	3 B5
Long Avenue	2 F2
Longview Court	9 B4
Lopez Avenue	9 A5
Loraine Court	3 B5
Louise M. Davies Symphony Hall	4 F5
Lovers Lane	3 B2
Lower Terrace	9 C2
Lower Vista Terrace	9 C2
Lucky Street	11 A5
Lundeen Street	3 B1
Lundys Lane	10 F5
Lupine Avenue	3 C4
Lurline Street	8 F3
Lurmont Terrace	5 A2
Lusk Street	11 C1
Lynch Street	4 F3
Fortsetzung	5 A3
Lyon Street	3 C2
Fortsetzung	9 C1

M

MacArthur Avenue	3 B3
Macondray Lane	4 F2
Fortsetzung	5 A3
Macrae Street	3 B3
Macy's	5 C5
Madame Tussaud's	5 B1
Madera Street	11 C4
Magellan Avenue	9 A5
Magnolia Street	4 D2
Main Street	6 D4
Malden Alley	6 D5
Mallard Lakes	8 D3
Mallorca Way	4 D2
Manzanita Avenue	3 B4
Maple Street	3 B4
Marcela Avenue	9 A4
Marietta Drive	9 B5
Marin Street	11 B5
Marina Boulevard	3 C1
Marina Green	4 D1
Marina Green Drive	4 D1
Marine Drive	2 E2
Fortsetzung	3 A2
Marion Place	5 A2
Mariposa Street	11 A3
Maritime Plaza	6 D3
Mark Hopkins InterContinental Hotel	5 B4
Market Street	5 C5
Fortsetzung	9 C4
Fortsetzung	11 A1
Mars Street	9 C3
Marshall Street	3 B1
Martin Luther King Junior Drive	7 A3
Fortsetzung	9 A2
Martinez Street	3 B2
Marvel Court	1 C5
Marview Way	9 B3
Marx Meadow Drive	8 D2
Mary Street	11 B1
Mason Street	3 A2
Mason Street	5 B2
Masonic Avenue	3 C4
Fortsetzung	9 C1
Mauldin Street	2 F2
Mayfair Drive	3 B4
McAllister Street	3 C5
Fortsetzung	9 A1
McArthur Avenue	4 E1
McCoppin Street	10 F1
McDowell Avenue	2 F3
McKinley Square	11 B4
McLaren Avenue	2 D5
Meacham Place	5 A5
Mendosa Avenue	9 A4
Merced Avenue	9 A5
Merchant Road	2 E2
Merchant Street	5 C3
Merchant's Exchange	5 C4
Mersey Street	10 E4
Mesa Avenue	9 A4
Mesa Street	3 B2
Metson Lake	8 D2
Metson Road	7 C3
Midcrest Way	9 B5
Middle Drive East	9 A1
Middle Drive West	7 C3
Middle Street	4 D4
Midtown Terrace Recreation Center	9 B4
Midway Street	5 B1
Miley Street	3 C3
Miller Road	2 E2
Minna Street	5 C5
Fortsetzung	10 F1
Fortsetzung	11 A1
Minnesota Street	11 C5
Mint Street	5 C5
Fortsetzung	11 A1
Mirabel Avenue	10 F5
Mission Cultural Center	10 F4
Mission Dolores	10 E2
Mission Playground	10 F3
Mission Rock Street	11 D2
Mission Street	5 C5
Fortsetzung	10 F1
Fortsetzung	11 A1
Mississippi Street	11 C3
Missouri Street	11 C3
Mistral Street	11 A4
Monroe Street	5 C4
Montalvo Avenue	9 A5
Montclair Terrace	4 F2
Fortsetzung	5 A2
Montezuma Street	10 F5
Montgomery Street	3 A2
Montgomery Street	5 C2
Montgomery Street Station	5 C4
Moraga Street	7 B4
Morage Avenue	3 A2
Morrell Street	4 F3
Fortsetzung	5 A3
Morris Road	2 F3
Morton Street	3 B3
Moscone Center	6 D5
Fortsetzung	11 B1
Moss Street	11 A1
Moulton Street	4 D2
Mount Lane	8 F4
Mount Sutro	9 A3
Mountain Lake	2 F4
Mountain Lake Park	2 F5
Mountain Spring Avenue	9 B3
Mountview Court	9 B5
Mulford Alley	5 B4
Municipal Pier	4 E1
Museum Way	10 D2
Myrtle Street	4 F4
Fortsetzung	5 A5

N

Natoma Street	10 F1
Fortsetzung	11 A1
Nauman Road	3 A3
Neiman Marcus	5 C5
Nellie Street	10 E4
Newburg Street	10 D5
Newell Street	5 B2
Nido Avenue	3 C5
Noe Street	10 D2
Norfolk Street	11 A2
Noriega Street	7 B4
North Beach Museum	5 B3
North Beach Playground	5 B2
North Lake Road	7 B2
North Point Street	3 C2
North Point Street	5 A2
Northview Court	4 F1
Number One Market Street	6 D3

O

O'Farrell Street	3 C5
O'Farrell Street	5 A5
O'Reilly Avenue	3 B2
O'Shaughnessy Boulevard	9 B5
Oak Park Drive	9 A4
Oak Street	9 B1
Oakwood Street	10 E3
Ocean Beach	7 A2
Octagon House	4 E2
Octavia Street	4 E2
Old Mason Street	3 A2
Old Saint Mary's Church	5 C4
Old United States Mint	5 C5
Fortsetzung	11 B1
Olive Street	4 F4
Fortsetzung	5 A5
Olympia Way	9 B4
Ora Way	10 D5
Orange Alley	10 F4
Orange Street	10 F4
Ord Court	9 C2
Ord Street	9 C2
Ortega Street	7 B5
Osage Alley	10 F4
Osage Street	10 F4
Osgood Place	5 C3

Otis Street	10 F1	Pier 24	6 E4	Presidio Avenue	3 C3	Rockridge Drive	8 F5
Overlook Drive	8 D2	Pier 26	6 F4	Presidio		Rod Road	2 F3
Owens Street	11 C2	Pier 27	6 D2	Boulevard	3 B2	Rodgers Street	11 A2
		Pier 28	6 F4	Presidio Museum	3 B2	Rodriguez	
P		Pier 29	5 C1	Presidio Officers'		Street	3 B3
Pacheco Street	7 B5	Pier 30	6 F5	Club	3 A2	Romain Street	9 C3
Fortsetzung	9 A4	Pier 31	5 C1	Presidio Terrace	3 A4	Rondel Place	10 F2
Pachelo Street	9 A5	Pier 32	6 F5	Priest Street	5 B4	Roosevelt Way	9 C2
Pacific Avenue	3 C3	Pier 33	5 C1	Prospect Avenue	10 F5	Rose Street	10 E1
Fortsetzung	5 A3	Pier 34	6 F5	Prosper Street	10 D2	Roselyn Terrace	3 C5
Pacific Coast		Pier 35	5 C1			Rossi Avenue	3 B5
Stock Exchange	5 C4	Pier 36	6 E5	**Q**		Ruckman	
Pacific Heritage		Pier 38	6 F5			Avenue	2 F3
Museum	5 C3	Pier 39	5 B1	Quane Street	10 E3	Ruger Street	3 C3
Pacific Telephone		Pier 41	5 B1	Quarry Road	3 B3	Russ Street	11 A1
Building	6 D5	Pier 43	5 B1	Queen Wilhelmina		Russian Hill Park	4 F2
Pacific Union Club	5 B4	Pier 45	4 F1	Tulip Gardens	7 A2	*Fortsetzung*	5 A2
Page Street	9 B1	*Fortsetzung*	5 A1	Quintara Street	7 B5		
Palace Drive	3 C2	Pier 47	4 F1			**S**	
Palace of Fine Arts	3 C2	*Fortsetzung*	5 A1	**R**		Sacramento Street	3 B4
Palace Hotel	5 C4	Pierce Street	4 D2	Racoon Drive	9 C3	*Fortsetzung*	5 A4
Pali Road	11 B5	Pierce Street	10 D1	Radio Terrace	8 F5	Safira Lane	10 D5
Palm Avenue	3 B4	Pine Street	3 C4	Ralston Avenue	2 E2	Saint George	
Palo Alto Avenue	9 B3	*Fortsetzung*	5 A4	Ramona Street	10 E2	Alley	5 C4
Panhandle	9 C1	Pino Alley	7 C3	Rausch Street	11 A1	Saint Germain	
Panorama Drive	9 B4	Piper Loop	3 A3	Rawles Street	3 C3	Avenue	9 B3
Pardee Alley	5 B2	Pixley Street	4 D2	Raycliff Terrace	3 C3	Saint Ignatius	
Park Boulevard	2 F3	Pleasant Street	5 B4	Recreation		Church	9 B1
Park Hill Avenue	10 D2	Plum Street	10 F1	Grounds	9 A2	Saint Joseph's	
Park Presidio		Point Lobos		Red Rock Way	9 C5	Avenue	3 C5
Boulevard	2 F5	Avenue	7 A1	Redwood Street	4 F5	Saint Mary's	
Fortsetzung	8 F1	Polk Street	4 F2	Reed Street	4 F3	Cathedral	4 E4
Park Presidio		*Fortsetzung*	5 A3	*Fortsetzung*	5 A4	Saint Mary's	
By Pass	8 E2	Polo Fields	7 C2	Reservoir	9 B3	Square	5 C4
Parker Avenue	3 B4	Pond Street	10 D2	Reservoir	9 B5	Saints Peter and	
Parkridge Drive	9 C4	Pope Street	2 E3	Reservoir Street	10 E2	Paul Church	5 B2
Parnassus Avenue	9 B2	Poplar Street	10 F4	Retiro Way	4 D2	Saks	5 C4
Parsons Street	9 B1	Portola Drive	9 B5	Rhone Island		Sal Street	3 B2
Patten Road	3 A2	Portola Street	3 B3	Street	11 B2	Salmon Street	5 B3
Pearce Street	2 F2	Post Street	3 C4	Richard Spreckels		San Bruno	
Pearl Street	10 E1	*Fortsetzung*	5 A5	Mansion	9 C2	Avenue	11 B4
Pelton Alley	5 C3	Potomac Street	10 D1	Richardson		San Carlos Street	10 F3
Pena Street	3 B2	Potrero Del Sok		Avenue	3 C2	San Francisco Art	
Pennington Street	3 A2	Park	11 B5	Richmond		Institute	4 F2
Pennsylvania		Potrero Hill		Playground	2 E5	*Fortsetzung*	5 A2
Avenue	11 C4	Playground	11 C4	Rico Way	4 D1	San Francisco Arts	
Perego Terrace	9 C4	Potrero Avenue	11 A3	Riley Avenue	3 A2	Commission	
Perine Place	4 D4	Powell Street	5 B1	Rincon Center	6 E4	Gallery	4 F5
Pershing Drive	2 E4	Powell Street Cable		Rincon Street	6 E5	San Francisco	
Peter York Street	4 E4	Car Turntable	5 B5	Ringold Street	11 A2	Center	5 C5
Pfeiffer Street	5 B2	Powell Street		Ripley's Believe It		San Francisco General	
Piedmont Street	9 C2	Station	5 C5	Or Not! Museum	4 F1	Hospital	11 B4
Pier 1	6 D3	Powers Avenue	10 F5	*Fortsetzung*	5 A1	San Francisco Main	
Pier 2	6 E3	Powhatten		Ritch Street	11 C1	Library	4 F5
Pier 3	6 D3	Avenue	10 F5	Rivera Street	7 C5	San Francisco Museum	
Pier 5	6 D3	Prado Street	3 C1	Rivoli Street	9 B2	of Modern Art	6 D5
Pier 7	6 D2	Pratt Place	5 B4	Roach Street	5 B2	San Francisco	
Pier 9	6 D2	Precita Avenue	10 F5	Rochambeau		National Maritime	
Pier 15	6 D2	Prescott Court	5 C3	Playground	2 D5	Museum	4 E1
Pier 17	6 D2	Presidio Army Golf		Rockaway		San Francisco	
Pier 19	6 D2	Course	2 F4	Avenue	9 A5	National Military	
Pier 23	6 D2	*Fortsetzung*	3 A3	Rockdale Drive	9 B5	Cemetery	3 A2

KARTENREGISTER | 307

San Francisco New Public Library	4 F5	South Van Ness Avenue	10 F1	Taylor Street	4 F1	Upper Noe Recreation	
Fortsetzung	11 A1	Southard Place	4 F2	Fortsetzung	5 A1	Center	10 E5
San Francisco Oakland Bay Bridge	6 E4	Fortsetzung	5 A2	Tea Garden Drive	8 F2	Upper Service Road	9 A3
		Southern Heights Avenue	11 B4	Tehama Street	6 D5	Upper Terrace	9 C2
San Francisco Visitors Information Center	5 B5	Southern Pacific Railroad	11 C2	Fortsetzung	11 A2	Upton Avenue	2 F3
				Telegraph Hill Park	5 C2	Uranus Terrace	9 C3
		Spear Street	6 E4	Temescal Terrace	3 B5	USS Pampanito	4 F1
San José Avenue	10 F4	Spreckels Lake	7 C2	Temple Emanu-El	3 A4	Fortsetzung	5 A1
San Marcos Avenue	9 A5	Spreckels Lake Drive	7 C2	Temple Street	9 C2	Utah Street	11 B3
Sanches Street	3 B3	Spreckels Mansion	4 E3	Tennessee Street	11 D4		
Sanchez Street	10 E1	Spruce Street	3 B4	Teresita Boulevard	9 B5	**V**	
Sansome Street	5 C2	Stanford Street	11 C1	Terra Vista Avenue	3 C5	Valencia Street	10 F2
Santa Rita Avenue	9 A5	Stanyan Street	3 B5	Texas Street	11 C5	Vallejo Street	3 B2
Saturn Street	9 C2	Fortsetzung	9 B1	The Cannery	4 F1	Vallejo Street	4 D3
Scenic Way	2 D4	Starr King Way	4 F4	Fortsetzung	5 A1	Fortsetzung	5 A3
Schofield Road	2 F3	Starview Way	9 B4	The Embarcadero	5 C1	Vallejo Street Stairway	5 B3
Scott Street	3 C2	States Street	9 C2	Thomas Avenue	3 A3	Valley Street	10 D5
Fortsetzung	10 D1	Steiner Street	4 D4	Thornburg Road	3 B2	Valparaiso Street	5 B2
Sea Cliff Avenue	2 D5	Fortsetzung	10 D1	Tiffany Avenue	10 F5	Van Ness Avenue	4 E1
Seal Rock Drive	7 A1	Steuart Street	6 E4	Tin How Temple	5 C3	Fortsetzung	5 A5
Seal Rocks	7 A1	Steveloe Place	5 B5	Toledo Way	4 D2	Van Ness Station	10 F1
Seaview Terrace	2 D5	Stevenson Street	6 D4	Topaz Way	10 D5	Vandewater Street	5 B2
Selma Way	8 F4	Fortsetzung	11 A1	Torney Avenue	3 A2	Varennes Street	5 C2
Sergeant John McAuley Park	4 F4	Stillman Street	6 D5	Townsend Street	11 B2	Varney Place	11 C1
		Fortsetzung	11 C1	Tracy Place	5 B3	Vasquez Avenue	9 A5
Fortsetzung	5 A5	Stillwell Road	2 E4	Trainor Street	10 F1	Vedanta Temple	4 D2
Sergeant Mitchell Street	3 B1	Stockton Street	5 B1	Fortsetzung	11 A3	Vega Street	3 C5
Severn Street	10 E4	Stockton Tunnel	5 C4	Transamerica Pyramid	5 C3	Venard Alley	5 B2
Seward Street	9 C3	Stone Street	2 E2	Transbay Terminal	6 D4	Ventura Avenue	9 A4
Seymour Street	4 D5	Stone Street	5 B3	Transverse Drive	8 E2	Vermont Street	11 B3
Shafter Road	3 B3	Storey Avenue	2 E2	Treat Avenue	11 A3	Veronica Place	6 D5
Shakespeare Garden	8 F2	Stow Lake	8 E2	Trenton Street	5 B3	Veterans Building	4 F5
Shannon Street	5 B5	Stow Lake Drive	8 E2	Trinity Street	5 C4	Vicksburg Street	10 E4
Sharon Street	10 E2	Strawberry Hill	8 E2	Troy Alley	4 F3	Villa Terrace	9 C3
Sheldon Street	8 F4	Strybing Arboretum	8 F2	Fortsetzung	5 A4	Vinton Court	5 C4
Sheridan Avenue	3 A2	Summer Avenue	3 B2	Truby Street	3 C2	Virgil Street	10 F4
Sheridan Street	11 A2	Sumner Street	11 A1	Tubbs Street	11 D4	Fortsetzung	11 A5
Sherman Road	3 B3	Sunset Boulevard	7 C4	Turk Street	3 C5	Virginia Avenue	10 F5
Sherman Street	11 B1	Sunset Heights Park	8 F5	Fortsetzung	5 B5	Vision Gallery	11 A1
Shipley Street	11 B1	Sunset Playground	8 D4	Fortsetzung	11 A1	Vista Court	3 B3
Shore View Avenue	7 C1	Sunset Reservoir	8 D5	Turquoise Way	9 C5	Vista Lane	9 C4
Short Street	9 C3	Sunview Drive	9 C5	Twin Peaks	9 C4		
Shotwell Street	10 F2	Sutro Heights Avenue	7 A1	Twin Peaks Boulevard	9 B4	**W**	
Fortsetzung	11 A4	Sutro Heights Park	7 A1	Twin Peaks Reservoir	9 B3	Waldo Alley	5 A3
Shrader Street	9 B1	Sutro Tower	9 B3			Wallen Court	3 B3
Sibert Loop	3 A3	Sutter Street	3 C4	**U**		Waller Street	9 B2
Sibley Road	3 B3	Fortsetzung	5 A5	Ulloa Street	9 A5	Walnut Street	3 C4
Sierra Street	11 C4	Sycamore Street	10 F2	Union Square	5 C5	Walter Street	10 D1
Simonds Loop	3 B3			Union Street	3 C3	War Memorial Opera House	4 F5
Skyview Way	9 B4	**T**		Fortsetzung	5 A3	Warner Place	5 A3
Sola Avenue	9 A4	Taber Place	11 C1	University of California Medical Center	9 A2	Warren Drive	9 A3
Sonoma Street	5 C2	Tamalpais Terrace	3 C5			Washburn Street	11 A2
Sotelo Avenue	9 A4	Tank Hill Park	9 C3	University of San Francisco	3 B5	Washington Boulevard	2 E3
South Park	11 C1	Taylor Road	3 A2			Fortsetzung	3 A3

Washington Square	5 B2	West Broadway	3 C3	Willow Street	4 F5	Worth Street	10 D4
Washington Street	3 B4	West Clay Street	2 D5	*Fortsetzung*	5 A5	Wright Loop	2 F3
Fortsetzung	5 A4	West Pacific Avenue	3 A4	Wilmot Street	4 D4	Wyman Avenue	2 F5
Water Street	5 B2	West Sunset Playground	7 C5	Winfield Street	10 F5		
Wave Organ	4 D1	Westin Saint Francis Hotel	5 B5	Winn Way	3 C2	**Y**	
Wayne Place	5 B3	Wetmore Street	5 B3	Winthrop Street	5 C2	Yacht Road	3 C1
Webb Place	5 B3	White Street	5 A3	Wisconsin Street	11 B4	Yerba Buena Gardens	5 C5
Webster Street	4 D1	Whiting Street	5 C2	Wood Street	3 C4	York Street	11 A4
Fortsetzung	10 E1	Wiese Street	10 F2	Woodhaven Court	9 B3	Young Street	3 B2
Wedemeyer Street	2 E4	Willard Street	9 B2	Woodland Avenue	9 B2	Yukon Street	9 C3
Wells Fargo History Room	5 C4	Willard Street North	3 B5	Woodside Avenue	9 A5	**Z**	
Welsh Street	11 C1			Woodward Street	10 F1	Zeno Place	6 E4
				Wool Court	2 F3	Zoe Street	11 C1
				World Trade Center	6 E3		

Textregister

Seitenzahlen in **Fettdruck** verweisen auf den Haupteintrag.

17-Mile Drive 187
49-Meilen-Rundfahrt **56f**
49ers 52
555 California 113
   Detailkarte 111

A

Abakanowicz, Magdalena
   Four on a Bench 120
Abstecher **160–171**
Academy Store 236f
Achenbach Foundation 40, 158
Acrimony 239
AcroSports 263
Adams, John 252
Adidas 240f
Adolph Gasser 244f
A. F. Morrison Memorial Library 178
African Outlet 243
Afroamerikaner 43
Ahwahnee Hotel 202
Aids 45
Airbnb 211
Alamo Square **131**, 137
   Viktorianische Häuser 48
Alcatraz Cruises 83, 242
Alcatraz Island 13, **82–85**
   Berühmte Insassen 85
   Filmschauplatz 238
   Gefängnis 82–85
   Gefängnishof 83
   Infobox 83
   Leuchtturm 82
   Zeitskala 85
   Zellenblock 84f
Alexander Books 242f
All About Chinatown Tours 281
Alla Prima Fine Lingerie 240
Alpine Meadows 260
Alta Plaza **73**
   Detailkarte 70
Alta Plaza Park
   Filmschauplatz 238
Alte Frau (de la Tour) 157
Alvarado, Juan Batista 27
AMC Van Ness 14 238f
American Child Care, Inc 262
American Conservatory Theater 251
American Express 272f
American Football 260
   49ers 50
   The Big Game 52
Amerikanische Indianer 24
Amoeba Music 242f
AMSI 211
Amtrak 278f
Anchor Steam Beer 221
Anchorage (Shopping-Center) 80
Angel Island **163**
Anglin Brothers 85
Ann Taylor (Laden) 240f
Año Nuevo State Park 188
Anreise **276–279**
Anthropologie 240f
Antiquitätenläden 236f, 242f
Apartments 211
Apotheken 271
Apple Cider Press (Shields-Clarke) 147
Applegarth, George
   Legion of Honor 72, 158
   Spreckels Mansion 72
Aquatic Park 173
   Spaziergang 174f
Architektur **46–49**, 76f
   Highlights 46f
   SF Museum of Modern Art 122f
   siehe auch Arts-and-Crafts-Stil; Beaux-Arts-Stil
Aria Antiques 242f
»Arks«, Tiburon 143
Armani 238f
Art déco
   1360 Montgomery Street 91
   450 Sutter Street 49
Art Haus Gallery 242f
Arts-and-Crafts-Stil 48, 74
Asawa, Ruth, Skulpturen 130
Ashkenaz Music & Dance Café 255
Asian Art Museum 10, 39f, 128
   Detailkarte 127
   Gemälde und Skulpturen 42
   Laden 237
Athleta 240f
AT&T 275
AT&T Park 39, 53, 247, 260f
ATMs (Automated teller machines/ Geldautomaten) 272
Audio-Führungen 281
Audium 252f
Austrian 279
Autofahren 278f, 288
Autos 187, 278f, 288
Avalon Ballroom 131
Avis 288

B

Backroads Bicycle Tours 261
Badger Pass 260f
Baker Beach **62**
Baker, Senator Edward 30
Balclutha 75, 87
Ballett
   Open-Air-Ballett im Stern Grove 248
   San Francisco Ballet 246f, 252f
Balmy-Street-Wandbilder 140, 143
Banana Republic 240f
Bank of America 272f
Banken und Währung **272f**
Barbary Coast 28f
Bars 258f
BART *siehe* Bay Area Rapid Transit
Baseball 50f, 260
Basketball 260
Bauernmarkt *siehe* Farmers' Market
Bay Area **16f**
   Erdbeben 21
   siehe auch San Francisco Bay
Bay Area Discovery Museum 262f
Bay Area Mall Outlets 238
Bay Area Rapid Transit (BART) 286
   Eröffnung 35
   Streckennetz 286
Bay Bridge **166f**
Bay City Bike 281
Bay Club 260f
Bay Club SF Tennis 261
Bay Model, Sausalito 163
Bay to Breakers Race 50
Beach Blanket Babylon 89, 246, 251
Beat Generation 34, 254
Beaulieu Vineyard 192
Beaux-Arts-Stil 49
   Civic Center 125, 128
   Ritz-Carlton 202
   Spreckels Mansion 72
Bebe 240f
B&Bs 208, 211
Bed and Breakfast San Francisco 211
Bed, Bath & Beyond 244f
Behinderte Reisende *siehe* Reisende mit besonderen Bedürfnissen
Belluschi, Pietro, St. Mary's Cathedral 130
Ben & Jerry's Ice Cream 244f
Beringer Vineyards 192
Berkeley 164f
   Hotels 212, 215
   Restaurants 229
   Spaziergang 178f
   Sport 260f
   University of California 164f, 173
Berkeley Flea Market 244f
Berkeley Repertory Theater 251
Best Buy 244f
Best Western El Rancho Inn 279
Bibliotheken
   A. F. Morrison Memorial Library 178
   Blumenthal Library 165
   Doe Library 178
   San Francisco New Main Library 127
   San Francisco Old Main Library (Asian Art Museum) 32, 39, 49
   UC Berkeley 178
Bier 221

Bierlokale 258f
»Big Four« 28, 97, 104
Bill Graham Civic Auditorium 49, **128**
   Detailkarte 127
Bimbo's 365 Club 254f
BIN38 258f
Biordi Art Imports 236f
Bird Island 176
Bi-Rite Market 244f
Biscuits and Blues 255
Black Bart (Charles Boles) 112
Black History Month 53
Blazing Saddles 261, 281
Bliss and Faville, Flood Mansion 73
Bloomingdales 233
Blue & Gold Fleet 287
Blues 254f
Blues Festival 247, 255
Blumenthal Library 165
Boardwalk Amusement Park 188
Bocce Ball Courts **92**
Bodega Bay 190
   Filmschauplatz 238
Body 240f
Booksmith 242f
Boom Boom Room 255
Bootsfahrten 260f
Borderland Books 242f
Boretti Jewelry 242f
Botanischer Garten, Tilden Park 164
Botschaften und Konsulate 269
Botta, Mario 120
Bottom of the Hill 254f
Boudin Sourdough Bakery 81, 236f, 244f
Boulangerie 244
Bourn, William II 171
Brände
   Brand von 1906 23, 30f
   Brand von 1992 35
   siehe auch Erdbeben
Brannan, Sam 26f
Brauereien 191
Briefe 275
Britex Fabrics 244f
Brooks Brothers 240f
Brown, Arthur
   City Hall 49, 129
   Coit Tower 92f
   Temple Emanu-El 63
   Veterans Building 49
   War Memorial Opera House 49, 129
»Brown Bag Operas« 247, 241
Buchläden 242f
Buckshot Restaurant, Bar & Gameroom 258f
Buena Vista Café 175, 258f
Buena Vista Park **137**
   Detailkarte 134f
Buffalo Exchange 240f
Buffalo Paddock **155**
Bühnenführungen 241
Build-A-Bear 263
Bulgari 236f

Burlington Coat Factory 238f
Burnham, Daniel 30
Burton, Phillip, Statue 175
Busse 187, 282f
   Buskennzeichnung 282
   Bustouren 281
   Fernbusse 278f
   Haltestellen 282
   Preise und Tickets 282
   Shuttle-Busse 277, 279

C

Cabernet Sauvignon 220
Cable Car Charters and Ride the Ducks 281
Cable Car Museum 105, 284
Cable Car Store 236
Cable Cars **106f**, 263, 284f
   Eröffnung 28
   Funktion 106f
   Powell Street 30
   Signalglocken-Wettbewerb 107
   Strecken 283, 285
   Tickets 282, 284
   Vorsichtsmaßnahmen 285
Cabrilho, João 23f
Cabs *siehe* Taxis
Cafe Cocomo 256f
Café de la Presse 275
Café Du Nord 255
Café Grace 179
Café, The 256
Cafés 230
Caffè Delle Stelle 235 179
Caffè Roma Coffee Roasting Co 244f
Caffè Strade 179
Caffè Trieste 89, 230, 244f
Čajkovski, Pjotr, *Nussknacker* 53, 252
Calaveras-Grab 21
California Academy of Sciences 109, **152f**, 181
   Academy Store 236f
   African Hall 152
   California Coast Tank 153
   Detailkarte 147
   Grundriss 152f
   Highlights 38
   Indianische Geräte 25
   Kinder 262
   Morrison Planetarium 152
   Regenwälder der Erde 153
   Steinhart Aquarium 153
   Tyrannosaurus Rex 153
California Association of Bed & Breakfast Inns 211
California Department of Consumer Affairs 232
California Hall 173
California Historical Society 40f, **115**, 180
California Midwinter Fair 148f
California Music Awards 50
California Palace of the Legion of Honor *siehe* Legion of Honor
California Pizza Kitchen 263

California Street 110f
California Wine Merchant 244f
CalTrain 277–279
Camera obscura 159
Camp Curry 202
Candlestick Park 35
Cannery, The 80, **87**
   Shopping 233
Cap Street, Nr. 173–179
Capone, Al 85
Carmel 188f
   Information 189
   Zwei-Tages-Tour 188f
Carmel Mission 48, 188f
Carnaval 50, 140
Carnaval Mural **140**, 142
Carnes, Clarence 85
Carol Doda's Champagne and Lace Lingerie 240f
Casa Lucas Market 244f
Casino (Maritime Museum) 174
Cass' Marina 260f
Cassady, Neal 34
Castro District 44, 133
   Hotels 212, 214
   Shopping 238
Castro Street **138**
Castro Street Fair 52
Castro Theatre **138**, 250f
Cat Club 256f
Cave, Tsankawee, Mexico (Connor) 123
Cellar, The 256f
Center for the Arts
   siehe Yerba Buena Gardens
Central Computers 244f
Central Pacific Railroad 28, 104
Cervantes, Miguel de (Mora) 147
Cha Cha Cha 133, 134
   Detailkarte 134
Champs 240f
Chanel Boutique 240f
Chardonnay 221
Chase 272
Chateau Tivoli 76f, 208, 211, 212
Cheese Plus 244
Chenin Blanc 221
Cherry Blossom Festival 50, 130
Chestnut Street **75**
Chez Panisse 164
Children's Art Center 74
Children's Creativity Museum 116, 262f
Children's Discovery Museum 171
Children's Playground, Golden Gate Park 149
Chinatown 42, 98
   Detailkarte 98f
   Erdbeben von 1906 30
   Filmschauplatz 238
   Hotels 212, 214, 215
   Wandbilder 123

| TEXTREGISTER | **311**

Chinatown Alleys **101**
  Detailkarte 98
Chinatown Gateway **100**
  Detailkarte 99
Chinatown Kite Shop 236f
Chinatown und Nob Hill **96–107**
  Detailkarte 98f, 103
  Hotels 212, 213, 214, 215
  Restaurants 222f
  Stadtteilkarte 97
Chinese Cultural Center
  Detailkarte 99
Chinese Historical Society of America 41, **102**
  Detailkarte 99
  Highlights 39
Chinese New Year Parade 53
Chinesische Sammlung, Asian Art Museum 128
Choris, Ludovic
  Tanz in der Mission Dolores 25
Christmas Displays (Weihnachtsschaufenster) 53
Chronicle Pavilion 254f
Church Key, The 258f
Church of Christ, Scientist 46f
Church of St. Mary the Virgin **74**
Cinco de Mayo 50
Cinematheque 250f
Citizen Cake 229f
Citizen Clothing 239
City College of San Francisco Art Campus 74
City Hall 10, 49, **129**
  Detailkarte 126f
  Erdbeben von 1906 30
  Highlights 46
City Lights Bookstore 88, 233, 242f
City Nights 256
CityPASS 267
City Segway Tours 281
City Tennis Courts 261
Civic Center **124–131**
  49-Meilen-Rundfahrt 56f
  Detailkarte 126f
  Hotels 212, 214, 215
  Kunstkomplex 252
  Restaurants 222f
  Stadtteilkarte 125
Civic Center Plaza 124f
  Detailkarte 126f
Claremont Resort Spa and Tennis Club **165**, 261
Clarke's Folly 46, **141**
Clay Cinema 250f
Clay Theatre 248
Clement Street **63**
Cliff House 18, **159**
Clift Hotel 208, 256
Clos du Val Winery 192
Clos Pegase Winery 192
Clothes Contact 240f
Club Deluxe 254, 255
Club Fugazi **89**, 251

Clubs 256f
Coach 236f
Cobb's Comedy Club 247, 257
Cocktailbars 258f
Cocoa Bella Chocolates 244f
Coit Tower **92f**
  49-Meilen-Rundfahrt 57
  Detailkarte 90f
  Highlights 47
  Wandbilder 142f
Columbarium **149**
Comedy Clubs 257
Comix Experience 236
Computer, Zubehör 244f
Comstock Lode, Silberminen 28f
Concord Pavilion 254, 255
Condor Club 88
Connick, Charles, Grace Cathedral 105
Connor, Linda
  Cave, Tsankawee, Mexico 123
Conservatory of Flowers **154**
Consumer Protection Unit 232
Contemporary Jewish Museum 41, 115, 180
Convent of the Sacred Heart **73**
Coon, H. P. 148
Copeland's Sports 240f
Corona Heights Park **137**
Cottage Row 48, **130**
Coulter, William 114
Country Dog Gentlemen (De Forest) 121
Country Music 254f
Cow Hollow **73**, **74**
Cow Palace 254f
Cowell Theater 252f
Craft and Folk Art Museum 75
Crash Palace 254f
Crate & Barrel 244f
Crissy Field 32, 62, 263
  Detailkarte 61
Crocker, Charles 104f
Crocker Galleria **118**
  Damenmode 240
  Shopping 233, 235
Cruisin' the Castro Tours 281
Crunch Fitness 260
Curran Theater 251

D

David's 244f
De Anza, Juan Bautista 25
de Ayala, Juan Manuel 25, 85
De Forest, Roy
  Country Dog Gentlemen 121
de la Tour, Georges
  Alte Frau 159
de Young Fine Arts Museum of SF **149**
  Detailkarte 146
  Eröffnung (1921) 32, 40
  Highlights 38
Degas, Edgar
  Der Impresario 159

Delikatessen 244f
Delis 231
Denker, Der (Rodin) 40, 158
Department Stores 233
Design, Museen 40f
Designer-Outlets und Fabrikverkauf 238
DHL 275
Día de los Muertos (Tag der Toten) 52
Diana Slavin 238f
Diego Rivera Gallery 89
Diners Club 272f
Dioramen, Oakland Museum 169
DL Bliss State Park 198
Doe Library 178
Dolores Park **140**
Dolores Street **140**
Dolphin Club 261
Domain Chandon 192
Domes, Yosemite 203
Drachentor
  siehe Chinatown Gateway
Drake, Sir Francis 23f, 162
Drake's Bay 24, 162
DSW Shoe Warehouse 240f
Duarte's Tavern 171
Dubuffet, Jean
  La Chiffonière 110
Duckhorn Vineyards 192
Duran, Pater Narciso 25

E

Eagle Rider Rentals 281
East West Bank 102
  Detailkarte 98
Easter Sunrise Services 50
Eastlake, Charles 77
EC-Karte siehe girocard
Eclipse (Perry) 112
Ecology Trail 61
Eddie Bauer 240f
Ehrman Mansion und Visitor Center 198
Einkaufszentren 232f
Einreise und Zoll 266
Eintrittspreise 266f
Einwohnerzahl 14
Eishockey 260
El Rio 256f
El Techo de Lolinda 258, 259
Elbo Room 256f
Elektrizität 269
Elektronik, Zubehör 244
Elle-meme 236f
E-Mails 274
Embarcadero Center 10, **112**, 232
  Comedy Club 257
  Detailkarte 110
  Kino 250f
Emerald Bay State Park 198
Endup 256f
Entertainment
  siehe Unterhaltung

Erdbeben **20f**
 Beben von 1906 23, **30f**, 97
 Beben von 1989 37
 Verhalten bei 271
Esplanade Ballroom 117
Esplanade Gardens 116
Essen und Trinken
 Bars 258f
 Frühstück, Delis und Fast Food 231
 Getränke 220f
 Küche 218f
 Preiswert essen 216
 Restaurantauswahl **222–229**
 siehe auch Cafés; Restaurants; Snacks
Ethnische Gruppen 143
Etikette 267
Eureka, Fähre 174
Exit Theater 251
Exploratorium **94f**
 Grundriss 94f
 Kinder 262
 Museumsshop 237
Express Mail, Priority Mail 275
Extranomical Tours 281

F

Fähren 263, **287**
Fair, James 104
Fair Oelrichs, Tessie 104
Fairmont Hotel **104**
 Detailkarte 103
 Tonga Room 257
 Wiedereröffnung 30f
Fantoni, Charles, Saints Peter and Paul Church 92
Farmers' Market 235, 244
Farquharson, David, UC Berkeley 164
Federal Building
 Detailkarte 127
FedEx 275
Feiertage 53
Feinkostgeschäfte 231
Feinstein's 254, 255
Ferlinghetti, Lawrence 88
Fernsehen und Radio 275
Ferry Building **114**
 Detailkarte 111
 Erdbeben von 1906 30
 Fährhafen 287
 Rundfahrt 55
Ferry Plaza Market 244f
Festivals **50–53**
Feuer
 siehe Brände
Feuerwerk, Fourth of July 53, 75
Filbert Steps **93**
 Detailkarte 91
Fillmore Auditorium 131, 254f
 Fillmore 238
 Highlights 248
Fillmore Bake Shop 244f
Fillmore Street **73**
 Shopping 239

Filme 250f
 Ausländische 250
 Filmfestivals 250
 Filmkategorien (Freigabe) 250
 siehe auch Kinos
Filoli **171**
Financial District 110f
Financial District und Union Square **108–123**
 Detailkarte 110f
 Hotels 212, 214, 215
 Restaurants 222f
 Stadtteilkarte 109
Fire Department Memorial 90
First Interstate Center 111
First Unitarian Church 48
Fish Alley 80
Fisherman's and Seaman's Chapel 80
Fisherman's Wharf 10
 Bau 29
 Monterey 189
 Straßenkünstler 249
Fisherman's Wharf und North Beach **78–95**
 Detailkarte 80f, 90f
 Hotels 212, 213, 214
 Restaurants 224
 Stadtteilkarte 79
Fitness-Center 260f
Fläche 14
Flax Art and Design 236
Fleet Week 52
Flohmärkte 244
Flood, James (»Bonanza King«) 104
Flood Mansion 31, 73
Florence Gould Theater 252f
»Flower Power« 131, 136
Flughäfen 276f, 279
 Oakland International Airport 277, 279
 San Francisco International Airport 276f, 279
 San José International Airport 277, 279
Fluglinien 276, 279
Fog City Leather 240f
Fog City News 275
Folio Books 242f
Folk Art International 242f
Folk Music 255
Folsom Street Fair 52
Food Trucks 216
Football siehe American Football
Fort Mason **74f**
 Center for the Arts 75, 251
 Highlights 39
 Mexican Museum 74
 Militärlager 74
 Museen 74f
 Spaziergang 175
 Wandbilder 143
Fort Mason Center 251
Fort Mason Officers' Club 74
Fort Point **62**
Fort Ross State Historic Park 190f

»Forty-Niners« 29
Fotografie
 Ansel Adams Center (Friends of Photography) 116
 Fraenkel Gallery 40f
 Oakland Museum 40
 SF Camerawork 40, 242f
 SF Museum of Modern Art 38, 123
 Vision Gallery 40
Fotografie und Drucke, Museen 41
Fotozubehör 244
Fountain of Energy (Stirling Calder) 32
Four on a Bench (Abakanowicz) 120
Four-Fifty Sutter Pharmacy 271
Four Seasons Bar 256f
Fourth Street **164**
Fraenkel Gallery 40, 242f
Franklin, Benjamin, Statue 90
Franklin Street, Wandbilder 123
Frau mit Hut (Matisse) 122
Frauen von Algier (Picasso) 122
Fredell, Gail
 Graphite to Taste 123
Freight & Salvage Coffeehouse 255
Fremont, John 27, 85
Friedhöfe
 Columbarium 149
 Military Cemetery 61
 Mission Dolores 139
 Pet Cemetery (Tierfriedhof) 60
Fringe Festival 52
Frog's Leap Winery 192
Frühling in San Francisco 50
Fundsachen 271

G

Galería de la Raza 242f
Galerien siehe Museen und Sammlungen
Gallery Paule Anglim 242f
Gambler Specials 187
Gamescape 236f, 263
Gandhi-Denkmal 111
Gap, The 240f
 Baby Gap 240f
 Gap Kids 240f
Gay and Lesbian Film Festival 138
Geary Theater 249
Gefängnis, Alcatraz Island 11, **82–85**
Geführte Touren 281
Geldautomaten 272
Geldwechsel 272f
Gemälde und Skulpturen
 Museen allgemein 340f
 SF Museum of Modern Art 122
Geschichte von San Francisco **22–35**
Ghirardelli-Schokoladenfabrik 87, 263
Ghirardelli Square 87, 232f
Ghirardelli's 244f
Giannini, A. P. 113
Gibbs House (Polk) 73

Gilman Street, Nr. 924 254f
girocard 272f
Glacier Point 202
Glamour Girl Shopping Tours 232
GLBT History Museum **138**
Globe 233
GoCar Tours 281
Gold Dust Lounge 254f
Golden Bear Sportswear 240f
Golden Era Building 110
Golden Gate Bridge 11, 56, **64–67**
   Detailkarte 60f
   Eröffnung 33
   Infobox 65
   Mautgebühr 278
   Visitor Gift Center 60
   Zahlen und Fakten 66
   Zeitskala 65
Golden Gate Ferries 287
Golden Gate Fortune Cookies 101, 236f
   Detailkarte 98
Golden Gate Hostel 177
Golden Gate National Recreation Area (GGNRA) 175f
   Hauptverwaltung 75
Golden Gate Park 11, 136, **146–148**, 149
   CityPASS 267
   Golf 260f
   Kinder 263
Golden Gate Park und Land's End **144–159**
   Detailkarte 146f
   Restaurants 224f
   Stadtteilkarte 144f
Golden Gate Park Panhandle **136**
   Detailkarte 134
Golden Gate Park Store 236f
Golden Gate Promenade 175
Golden Gate Theater 251
Golden State Warriors 260f
Goldene Zwanziger 32f
Goldrausch **26f**, 109
   Architektur 48f
Golfplätze 260f
Golfsmith 240f
Goslinsky House 48f
   Highlights 46
Gothic Revival Architecture *siehe* Neogotik
Gotteshäuser
   siehe Kirchen und Tempel
Gough Street, Nr. 2004 71
Gourmet Ghetto **164**
Grace Cathedral **105**
   Chormusik 253
   Detailkarte 103
Graffeo Coffee Roasting Company 244f
Graham, Bill 128, 131
Granizo, Guillermo 139
Grant Avenue **101**
   Detailkarte 98f
   Shopping 235
Grant, Ulysses S. 101
Graphite to Taste (Fredell) 123

Grateful Dead
   Anfänge 136
   Sound der Sixties 131
Grauwalwanderung 188
Gray Line of San Francisco 281
Great America 263
Great American Music Hall **129**, 255
Great Mall (Shopping) 238f
Great Meadow 175, 255
Greek Theatre *siehe* Hearst Greek Theatre
Green Apple Books 242f
Green Cab 281
Green Tortoise (Busse) 278f
Greens Restaurant 175
   Fort Mason 74f
Greenwich Steps **93**
   Detailkarte 91
Greyhound-Busse 187, 278f
Großer Buddha, Japanese Tea Garden 146
Guardians of the Secret (Pollock) 122
Gucci 240f
Guerneville 190
Gump's **118**, 237

H

Haas, William 29
Haas-Lilienthal House 48, **72**
   Detailkarte 71
   Highlights 46
   Viktorianische Zeit 28f
Hagiwara, Makota 101, 149
Haight-Ashbury **134f**, 136
   Detailkarte 134f
   Hotels 212, 214
   Shopping 239
Haight-Ashbury und Mission **132–143**
   Detailkarte 134f
   Hotels 212, 213, 214, 215
   Restaurants 225f
   Stadtteilkarte 133
Haight Street 234
Haight Street Fair 51
Haines Gallery 242f
Half Moon Bay 188
Hall, William H. 148
Hallidie, Andrew Smith 106f
Hallidie Building 49
   Highlights 47
Halloween 50
Halprin, Lawrence, Levi's Plaza 93
Handys *siehe* Mobiltelefone
Harding, Warren G. 32
Harry Denton's Starlight Room 257
Hatch, Herbert 107
Hatch House 107
Haushaltswaren 244
Hayes Valley 10, **130**
Hayward-Graben 21
Hearst Greek Theatre
   (UC Berkeley) 178, 254, 255

Hearst Mining Building 178
Hearst Museum of Anthropology 41, 164, 179
Hearst, Patty 35
Heart of the City Market 244f
Heavenly Ski Resort 260f
Helen Crocker Horticultural Library 154
Helicopter Tours 281
Hemlock Tavern 256
Hendrix, Jimi 136
Herbst in San Francisco 52
Herbst Theatre 129, 252f
   Detailkarte 126
Heritage Walks (Touren) 281
Herman, Justin 130
Hertz (Autovermietung) 288
Hertz Hall 252f
Hess Collection Winery 192
Hetch-Hetchy-Damm 31, 33
Hidden Vine 258f
Hippodrome 112
Historic Firearms Museum 170
History Museum of San José 171
History Room, Main Library 41
   Goldene Zwanziger 33
Hitchcock, Alfred
   Die Vögel 190
Hl. Wenzel, Statue 158
Hobart, Lewis P., Grace Cathedral 105
Holy Virgin Cathedral **63**
Homewood 198
Hoover Tower 171
Hopkins, Mark 88, 104
Hopper, Edward
   Portrait of Orleans 157
Hornblower Dining Yachts 287
Hosteling International 210f
Hot Cookie Double Rainbow 244f
Hotaling Building
   Highlights 47
Hotaling Place 110
Hotaling's Warehouse and Distillery 48
Hotels **208–215**
   Ausstattung 209
   B&Bs 208, 211
   Ferienapartments 211
   Hotelauswahl 208–211
   Hotelkategorien 211
   Hotelketten 208
   Hotelpreise 208
   Hotelsuche 208
   Jugendherbergen 210f
   Kinder 210
   Preisnachlässe 210
   Reisende mit besonderen Bedürfnissen 210
   Reservierung 210
   Trinkgeld 209
   Schwule und Lesben 210
   Versteckte Preisaufschläge 208f
Hotels.Com 211
Howard, John Galen
   Civic Auditorium 49, 128
   Hearst Mining Building 178
Huntington, Collis P. 154

Huntington Hotel
    Detailkarte 103
Huntington Park
    Detailkarte 103
Hyatt Hotel, San José 279
Hyatt Regency Hotel
    Detailkarte 111
Hyde Street Pier 173
    Spaziergang 10, 174

I

Il Fornaio Bakery 244f
Images of the North 242f
Impresario, Der (Degas) 159
Incline Village 198
Indianer 24
Indians of All Tribes 34, 82
International Auto Show 52
Internet 274
Intersection for the Arts 251
Iren 42
Isda & Co 239
Italiener 42f
Italienisierter Stil 76

J

Jack London Museum 167
Jack London Square **167**
Jackson Square,
    Antiquitätenläden 235, 242f
Jackson Square Historical District
    48, **112**
    Detailkarte 110
Japan Center 43, 50, **130**
    Shopping 233f
Japaner 43
Japanese Cherry Blossom Festival
    50
Japanese Tea Garden **149**
    Detailkarte 146
Jazz 254f
Jeffrey's Toys 236f
Jenner 190
Jeremy's 238f
Joanie Char 238f
Johannes der Täufer (Preti) 40
John Berggruen Gallery 40,
    242f
John McClaren Rhododendron
    Dell, Detailkarte 147
John Pence Gallery 242f
John Verbatos 239
Johnny Foley's Irish Bar 256f
Jones 258f
Joplin, Janis 34, 131
Joseph Phelps Vineyard 193
JRM International 242
Jüdische Gemeinde 43
Jugendherbergen 210f
Julius Castle 93
Juneteenth (Kulturfest) 51
Justin Herman Plaza **114**
    Detailkarte 111

K

Kara's 244f
Karneval 50, 140
Kartenvorverkauf 246f
Kate Spade 240f
Kaufhäuser 233
Kelham, George
    Main Library 49, 128
    Palace Hotel 115
Kelly, George 85
Kenneth Cole 240f
Kerouac, Jack 34, 79, 88
Kid's Only 240f
Kimo's 257
Kinder 262f
    Babysitter 262
    Children's Creativity Museum
    116
    Children's Discovery Museum
    171
    Golden Gate Park Playground
    149
    Hotels 211, 262
    Reisen mit Kindern 268f
    Restaurants 263
    San Francisco mit Kindern
    262f
    San Francisco Zoo 162
    Tilden-Park-Karussell 164
King Oliver's Creole Band 32
Kino, Pater 25
Kinos 250f
    AMC Van Ness 14 250f
    Embarcadero 250
    Metreon 250
    Sundance Kabuki 130, 250f
    Verbilligter Eintritt 250
Kirchen und Tempel
    Architektur 48
    Carmel Mission 48, 188f
    Church of Christ, Scientist 48f
    First Presbyterian Church
    252f
    First Unitarian Church 48f
    Grace Cathedral 101, 105,
    241
    Holy Virgin Cathedral 63
    Kong Chow Temple 98, 100
    Memorial Church, Stanford
    University 171
    Mormon Temple 166
    Noe Valley Ministry 140
    Old St. Mary's Cathedral 47,
    99f
    Saints Peter and Paul 90, 92
    St. Boniface 49
    St. Ignatius 131
    St. Mary the Virgin 74
    St. Mary's Cathedral 130
    St. Paulus 49
    St. Stephen's 48f
    Temple Emanu-El 63
    Tin How Temple 98, 101
    Vedanta Temple 74
    Yosemite Chapel 202
Kirkwood Ski Resort 260f
Klassische Musik 252f
Kleidung
    Damenmode 240
    Designer 238
    Größentabelle 238
    Herrenmode 240
    Kinder 240
    Lederwaren 240
    Schuhe 240
Klima **50–53**
Kohl's 233
Kolumbus, Christoph 43, 52
    Statue 90
Kommunikation 274f
Kong Chow Temple **100**
    Detailkarte 98
Koons, Jeff
    Michael Jackson and Bubbles
    123
Korbel Winery 221
Krankenhäuser 271
Krankenversicherung 271
Krazy Kaps 236f
Kreditkarten 272
    Notrufnummern 273
Kronos Quartet 252f
Kruse Rhododendron Reserve
    191
Kuan-Di-Statue, Kong Chow
    Temple 100
Kule-Loklo-Indianer (Refregier)
    23
Kunst
    Asiatisch 128
    Ethnisches und amerikanisches
    Kunsthandwerk 43, 242f
    Kalifornische Kunst 123, 168
    Zeitgenössische Kunst 123
    siehe auch Museen und
    Sammlungen
Kunst und Antiquitäten
    Läden 242f
Kunsthandwerk 242f
Kunstsammlungen 242f
    siehe auch Museen und
    Sammlungen

L

Läden und Märkte
    siehe Shopping
Lafayette Park **72f**
    Detailkarte 71
Lake Merritt **166f**
Lake Tahoe **198–201**, 260
    Emerald Bay 201
    Hotels 213, 214
    Restaurants 229
    Skifahren 199
    Squaw Valley 200
Lake Tahoe State Park 198
Lake Tahoe Visitors Authority
    199
Land's End **159**
Lane Bryant 240f
Lang Antiques 242f
Larson, Gary, Cartoons 152
Lassen Volcanic National Park
    196
Laver, Augustus, Pacific-Union
    Club 104
Lawrence Hall of Science,
    UC Berkeley 41, **164**

Lederwaren 240
Lee, Clayton, Chinatown Gateway 100
Lefty O'Doul's 256f
Legion of Honor 40, **158f**
   Europäische Kunst 158f
   Grundriss 158
   Highlights 38
Leland Stanford Jr. Museum 171
Leonard, Joseph A., Vedanta Temple 74
Lesben *siehe* Schwule und Lesben
Lesbian & Gay Film Festival 250f
Lesbian and Gay Pride Day 51
Lesende (Richter) 121
Levi Strauss & Co **137**
Levi's Plaza **93**
Levi's Stadium 260, 261
Liberty Ale 221
Liberty Cap 203
Liberty Ships 175
Lin, T.Y. 116
Lincoln Park 144, **159**
   Golf 260f
LINES Contemporary Ballet 252f
Lobos Creek
   Detailkarte 60
Loehmann's 240f
Loire, Gabriel, Fenster der Grace Cathedral 105
Loma-Prieta-Erdbeben 20f
Lombard Street 19, **88**
Lombardi Sports 240f
London, Jack 30, 136, 167
Louise M. Davies Symphony Hall **128**, 252
   Bühnenführungen 241
   Detailkarte 126
Lou's Fish Shack 255
Lower Haight **137**
Lucca Ravioli 244f
Lucky Tours 267
Lufthansa 276, 279
Lush Lounge 256

M

MAC (Modern Appealing Clothing) 238f
Mackay, John 104
Macy's 233
Macy's Cellar 244
Madame Tussaud's 81, 86, 263
Magic Theater 74, 251
Man Ray 121
Manchester State Beach 191
Marciano 240f
Marin County 190
Marin Headlands 173
   Spaziergang 176f
Marina Green 56, **75**
Marine Drive
   Detailkarte 60
Marine Mammal Center 177
Marines Memorial Theater 251
Mariposa Grove 203
Maritime Historical Park 10, 57, **87**
   siehe auch San Francisco Maritime National Historical Park Visitors' Center
Maritime Library 75
Mark Hopkins InterContinental
   Detailkarte 103
   Hotel **104**
Märkte 244f
   siehe auch Shopping
Marriott Hotel 49, 209
Marsh, George Turner 149
Marsh, The (Theater) 251
Marsh's Mock Cafe-Theater 257
Marshall, John 27
Martin Eden (London) 30
Martin Luther King Jr. Memorial 116
Martuni's 257
Ma-Shi'-Ko Folk Craft 242f
Masonic Avenue, Nr. 1220
   Detailkarte 134f
Maße 268
MasterCard 272f
Matisse, Henri
   Frau mit Hut 122
Mautgebühren 278
Maybeck, Bernard
   Church of Christ, Scientist 48
   Goslinsky House 48
   Palace of Fine Arts 49
   San Francisco Museum of Modern Art 123
   UC Berkeley Faculty Club 179
Mays, Willie 34
McBean Theater 61
McLaren, John 29, 148f
   Lincoln Park 159
McLaren Lodge **149**
McTeague (Norris) 29
Medienkunst, SF Museum of Modern Art 123
Medizinische Versorgung 271
Melodious Double Stops (Shaw) 121
Mel's Drive-In Diner 231
Memorial Church, Stanford University 171
Mendocino
   Hotels 212
   Zwei-Tages-Tour 190f
Mendocino Coast Chamber of Commerce 191
Mendocino Headlands State Park 191
Merced River 202
Merchant's Exchange 49, **114**
   Detailkarte 110
Merlot 220
Messen 50–53
Metreon 181, 250f
Mexican Bus 256
Mexican Museum 74, 175
Mexikanische Revolution (1822) 24
Mexikanisches Essen 231
MH de Young Memorial Museum
   siehe de Young Museum
Michael Jackson and Bubbles (Koons) 123
Midnight Sun 256f
Mietwagen 288
Mile Rocks 159
Milk, Harvey 34, 45, 138
Mill Valley Film Festival 250f
Mills Field 32
Mimi's on Union 239
Mirror Lake 202
Misdirections Magic Shop 236f
Mission Cliffs 263
Mission Cultural Center **140**
Mission District 10, 133
   Filmschauplatz 238
   Wandbilder 143
Mission Dolores 25, 41, **139**
   Architektur 48f
Mission High School 140
Missionsstationen 25f
   Architektur 48f
   siehe auch Carmel Mission; Mission Dolores
Mobiltelefone 274
Mode **238–241**
Moderne Architektur 49
Molinari Delicatessen 244f
Monet, Claude
   Seerosen 158
Montana, Joe 35
Monterey 188f
Monterey Bay Aquarium 189
Monterey County Convention and Visitors Bureau 189
Monterey Jazz Festival 34, 254f
Monterey Peninsula Chamber of Commerce 189
Montgomery Street 109f
   1852: Straßenszene 26f
   Nr. 1360 91
Mora, Jo, Statue von Cervantes 147
Morgan, Julia 104
Mormon Temple **166**
Morrison Planetarium 152, 262
   siehe auch California Academy of Sciences
Moscone Center 20, 116
Moscone, George 34, 45, 138
Motorisierte Cable Cars 281
Motorräder und Mopeds 281
Mount Tamalpais **163**
Mountain Lake
   Detailkarte 61
Mountain Theater 163
Muir, John 162f
Muir Woods und Muir Beach **162f**
Mumm Napa Valley 192
Muni Information 282, 285
Muni Lost-and-Found 271
Muni-Metro 282
Muni-Metro-Trams 282f
Muni Passports 262, 282, 284

Museen und Sammlungen
(allgemein) Eintritt 266f
  Highlights 38–41
  Kinder 262f
  Museumsläden 236f
  Öffnungszeiten 267
Museen und Sammlungen
(einzeln)
  American Indian Contemporary
  Arts Gallery 41
  Asian Art Museum 10, 39f, 127,
  128
  Balmy-Street-Bilder 140
  Bay Area Discovery Museum
  262f
  Berkely Art Museum 40, 164,
  179
  Cable Car Museum 105, 284
  California Academy of Sciences
  152f
  Camera obscura 159
  Cantor Arts Center 40
  Children's Creativity Museum
  116, 262f
  Children's Discovery Museum
  171
  Chinese Historical Society of
  America 102
  Contemporary Jewish Museum
  41, 115, 180
  de Young Museum 38, 40, 146,
  149
  Diego Rivera Gallery 89
  Exploratorium 94f
  Fort Mason 39, 74f
  GLBT History Museum 138
  Hearst Museum of
  Anthropology 41, 164, 179
  Historic Firearms Museum 170
  History Museum of San José
  171
  Jack London Museum 167
  John Berggruen Gallery 40
  Lawrence Hall of Science 41, 164
  Legion of Honor 40, 158f
  Leland Stanford Jr. Museum
  171
  Madame Tussaud's 81, 86, 263
  Magnes Collection of
  Jewish Art and Life 165
  Maritime Historical Park Visitors'
  Center 57, 87, 263
  Mexican Museum 74
  Mission Dolores 139
  Museo Italo Americano 41, 75
  Museum of the African
  Diaspora 115
  Museum of the City of
  San Francisco 80, 87
  Museum of Modern Art
  siehe San Francisco
  Museum of Modern Art
  North Beach Beat Museum 89
  Oakland Museum of California
  168f
  Octagon House 40
  Pacific Heritage Museum 99, 102
  Palace of Fine Arts 62
  Presidio Visitor Center and
  Museum 41
  Randall Museum 137, 262f
  Ripley's Believe It Or Not!
  Museum 81, 86f
  Rosicrucian Egyptian Museum
  und Planetarium 170
  San Francisco Craft and Folk Art
  Museum 41
  San Francisco Museum of
  Modern Art 10, **120–123**, 180
  SF Camerawork 40f, 242f
  Tech Museum of Innovation
  41, 170
  The Walt Disney Family Museum
  62
  Wells Fargo History Museum
  112
  Yerba Buena Center for the Arts
  10, 40, 116f
  Yosemite Museum 202
Museo Italo Americano 41, 75
Museum of the African Diaspora
  115, 180
Museum of the City of San
  Francisco 80, 87
Museum of Modern Art
  siehe San Francisco Museum of
  Modern Art
Music Concourse, Golden Gate
  Park
  Detailkarte 147
»Music in the Park« 247, 241
Musik 252f
  Ballett und Tanz 252f
  Blues 254f
  Feste und Festivals 50–53
  Folk, Country und Weltmusik
  255
  Jazz 254f
  Klassische Musik 252f
  Musiknoten 242f
  Oper 252f
  Rock 254f
  Sound der Sixties 131
Musikläden 242f

N

Nagari, Masayi
  Transcendence 113
Napa Valley **192–195**
  Heißluft- und Fesselballons 195
  Hotels 212
  Kunstgalerien 194
  Napa Valley Welcome Center
  193
  Napa Valley Wine Train 192
  Shopping 195
  Spas 195
  Weingüter 220
  Weinproben 194
Napa-Weinanbaugebiet **192–195**
Napier Lane
  Detailkarte 91
Natural Bridges State Beach 188
Naturgeschichtliche Museen 39
Neiman Marcus 233
Neogotik 76
Nervi, Pier Luigi, St. Mary's
  Cathedral 130
Neujahrsschwimmen 53
Nevada Fall 202
Nevada Shore 199
New Conservatory Theatre Center
  251
New York Giants 34
Newton, Huey 34
NFL College Shop 240f
Nickie's 256f
Nihon Whiskey Lounge 258f
Nike Town 240f
Nob Hill 11, 28, 97
  Detailkarte **103**
  Erdbeben von 1906 31
  »Nobs« 104
  Restaurants 222f
Nob Hill Masonic Auditorium 103,
  254f
Noe Valley **140f**
  Shopping 239
Noe Valley Ministry 140
Nordkalifornien **184–205**
  Hotels 212, 213, 214, 215
  Regionalkarte 186f
  Restaurants 229
Nordstrom 233, 235
Norris, Frank
  McTeague 29
North Beach
  Spaziergang 88f
North Beach Beat Museum **89**
North Beach Festival 51
North Face (Shopping) 240f
North Lake Tahoe Visitors Bureau
  199
Norton, Joshua 28, 112
Notfälle
  Kreditkartenverlust 273
  Notfallnummern 270
Notre-Dame des Victoires 49
Nussknacker (Tschaikowski) 53, 252

O

O.co Coliseum 50, 51
Oak Street, Nr. 1131 74
Oakland 166f
  Chinatown **167**
  Erdbeben 21
Oakland Athletics 260f
Oakland East Bay Symphony 252f
Oakland International Airport
  277, 279
Oakland Museum of California
  40f, **168f**
  Erdbeben-Exponate 31
  Gallery of California Art 168
  Gallery of Natural Sciences 169
  Goldrausch 27
  Grundriss 168
  Ikone des hl. Petrus 25
  Infobox 169
  Kunstgalerie 168
  Missions-Exponate 25
  Rund um die Eisenbahn
Oakland Raiders 52, 260

O'Brien, William 104
Ocean Beach **155**
Oceanic Society Expeditions 260, 287
Octagon House 40f, **75**
  Highlights 46
  Viktorianische Häuser 48
ODC Performance Gallery 252f
Öffentliche Toiletten 267
Öffentlicher Nahverkehr
  siehe Verkehr und Transport
Öffnungszeiten 232, 267
Old Faithful Geyser 192
Old First Presbyterian Church 252f
Old Navy 240f
Old Oakland **167**
Old St. Mary's Cathedral **100**
  Detailkarte 99
  Highlights 47
Old United States Mint **119**, 181
  Goldene Zwanziger 33
Olmsted, Frederick Law 148
  UC Berkeley 164
Omnivore Books 242f
Only in San Francisco 240f
Oper 247, 252f
»Opera in the Park« 253
Opera Plaza 250f
Orpheum Theater 251
Out of the Closet 236f
Outdoor Exploratorium 175
Outdoor-Kleidung 240

P

Pacific Coast Stock Exchange **114**
  Detailkarte 111
Pacific Grove 189
Pacific Heights
  Detailkarte 70f
Pacific Heights und Marina **68–77**
  Detailkarte 70f
  Hotels 212, 213, 214, 215
  Restaurants 226f
  Stadtteilkarte 69
Pacific Heritage Museum 99, **102**
Pacific Tradewinds Hostel 210f
Pacific-Union Club **104**
  Detailkarte 103
Palace of Fine Arts 58, 61, 62
  49-Meilen-Rundfahrt 56
  Beaux-Arts-Stil 49
  Geschichte 32f
Palace Hotel **115**
Palace of Horticulture 32
Palace of the Legion of Honor
  siehe Legion of Honor
Pan American Clippers 33
Panama-Pazifik-Ausstellung (1915) 62, **72**
  Geschichte 31, **32**
Paramount Theater 252
Park Branch Library, Wandbilder 123
Parken 288
  Hotels 209

Parking and Traffic Department 288
Parks und Gärten
  Alta Plaza 70
  Angel Island 163
  Aquatic Park 173
  Buena Vista Park 134f, 137
  Corona Heights Park 137
  Dolores Park 140
  Esplanade Gardens 116
  Golden Gate Panhandle 134, 136
  Golden Gate Park 11, 136, 146–149
  Japanese Tea Garden 146, 149
  Lafayette Park 71, 72
  Lincoln Park 144, 159
  Mount Tamalpais 163
  Muir Woods und Muir Beach 162f
  Queen Wilhelmina Tulip Garden 155
  San Francisco Zoo 162
  Shakespeare Garden 147, 149
  Tilden Park 164
  University Botanical Gardens 165
  Victorian Park 174
Pässe 266
Pasta Gina's 244f
Patagonia (Shopping) 240f
Pater Junipero Serra, Statue (Putnam) 138f
Paul Klee Gallery, SF Museum of Modern Art 122
Pauschalangebote (Reisen) 277
Pearl Harbor 33
Pebble Beach Golf Links 260f
Peet's Coffee & Tea 230, 244f
Pelican Inn 163
Pelosi Nancy 35
Pereira, William, Transamerica Pyramid 49
Perry, Charles
  Eclipse 112
Persönliche Sicherheit 270
Pescadero **171**
Pet Cemetery
  Detailkarte 60
Petaluma Village Premium Outlets 238f
Pflueger, Timothy
  Castro Theatre 138
  Sutter Street, Nr. 450 47
Philharmonia Baroque Orchestra 252f
Picasso, Pablo
  Frauen von Algier 122
Piedmont Boutique 132, 239
Pier 39 10, **86**, 263
  Detailkarte 81
  Shopping 233
Pierce Street, Nr. 2931 77
Pigeon Point Lighthouse 188
Pinnacle at Nob Hill 211
Pinot Noir 220
Pizzerias 243
Point Arena 191

Point Reyes 24
Point Reyes National Seashore **162**, 190
Police Department Taxicab Complaint Line 289
Police Department Towed Vehicle Information 288
Police Non-Emergency Line 271
Polizei 270
Polk, President 27
Polk, Willis 73
  Hallidie Building 47
  Merchant's Exchange 49, 114
  SF Museum of Modern Art 123
Pollock, Jackson
  Guardians of the Secret 122
Polo Fields **155**
Portolá, Gaspar de 25, 188
Portsmouth Square **102**
  Detailkarte 99
Post 275
Powell Street, Cable Cars 30
Powell Street Cable Car Turntable (Cable-Car-Drehscheibe) **119**
Prada 240f
Precita Eyes Mural Arts Association 142
  Balloon Journey 142
  Mosaik-Wandbild 142
  Stop the Violence 142
Preisnachlässe
  Hotels 208
  Kleidung 238
  Tickets 247
Presidio **58–67**
  Detailkarte 60f
  Stadtteilkarte 59
Presidio Golf Club 260f
Presidio Officers' Club 41, **62**
  Detailkarte 61
Press Club 258f
Princeton 188
Prints, Achenbach Foundation for Graphic Arts 40
Prints Old & Rare 242f
Prohibition 32f
Pumpkin Festival 188
Punchline, The 257
Puppets on the Pier 236f
Purcell, Charles H., Bay Bridge 166
Putnam, Arthur, Statue von Pater Junipero Serra 139

Q

Queen-Anne-Stil 77, 131
  Haas-Lilienthal House 72
  (Richard) Spreckels Mansion 136
Queen Wilhelmina Tulip Garden **155**

R

Rabat (Laden) 239
Radfahren 261, 281
Radio 275
Rainforest Café 263
Ralston, William 114f

Randall Museum 137, 262
Rauchen 267
    Restaurants 217
Readers Café and Bookstore 242f
Reblaus 194
Recycled Records 242f
Red & White Fleet 287
Red Tail Ale 221
Red Victorian Hotel
    Detailkarte 134
Redwood National Park **196**
Refregier, Anton 115
    Kule-Loklo-Indianer 25
REI 240f
Reisende mit besonderen
    Bedürfnissen 210, 268f
    Hotels 210
    Restaurants 217
    Servicebereiche Flughafen 276f
    Unterhaltung 247
Reiseschecks 272
Reiseversicherung 271
Reservierungsagenturen
    (Hotels) 211
Restaurants **216–231**
    Essenszeiten und Preise 216
    Etikette 217
    Fisherman's Wharf 80
    Food Trucks 216
    Julius Castle 93
    Kinder 217, 263
    Kleidung 217
    Preiswert essen 216
    Rauchen 217
    Reisende mit besonderen
        Bedürfnissen 217
    Reservierung 217
    Restaurantauswahl 216
    Restaurantkategorien 217
    Steuern und Trinkgeld 217
Ria's 240f
(Richard) Spreckels Mansion **136f**
    Detailkarte 133
Richardson, William A. 26, 101
Richter, Gerhard
    Lesende 121
Rincon Center **115**, 233
    Wandbilder 25
Ripley's Believe It Or Not!
    Museum 81, **86f**, 263
Ritual Roasters 274f
Robert Mondavi Winery 192
Roche, Kevin, Oakland Museum of
    California 168
Rochester Big and Tall 240f
Rockmusik 254f
Rockridge **166**
Rodeo Beach 176
Rodeo Lagoon 176
Rodin, Auguste
    Der Denker 40, 158
Rolo 240f
Rolph, »Sunny Jim« 31, 125
Roosevelt, F.D. Präsident 67,
    90
Rosicrucian Egyptian Museum
    und Planetarium **170**
Roxie Cinema 250f

Rubicon Estate 192, 194
Ruby Skye 256f
Ruef, Abe 29f
Rundfahrten
    17-Mile Drive 189
    49-Meilen-Rundfahrt 56f
Russen 43
Russian Hill
    Spaziergang 182f
Russian Orthodox Christmas 53
Russian River 190
Russisch-orthodoxe Kapelle,
    Fort Ross 191

S

Sacramento 197
    Hotels 215
Sacramento Street
    Nr. 1913 76
    Nr. 2151 71
Sacramento Street Antique
    Dealers Association 236f
Saint Francis Medical Center
    271
Saints Peter and Paul Church
    92
    Detailkarte 90
Sakralbauten 48f
Saks Fifth Avenue 235
Saloon, The 89, 249, 255
SamTrans (Bus) 277, 279
San-Andreas-Graben 20f, 162
San Carlos (Schiff) 25
San Francisco 49ers 260f
San Francisco Antique and Design
    Mall 242
San Francisco Art Institute **88f**,
    104
San Francisco Arts Commission
    Gallery **128**
    Detailkarte 126f
San Francisco Ballet 246f, 252f
San Francisco Bay 17
    Entdeckung 24f
San Francisco Book
    Veranstaltungskalender 246,
    262
San Francisco Craft and Folk Art
    Museum 51
San Francisco Fire Engine Tours
    and Adventures 80
San Francisco Flower Show 51
San Francisco Giants 260f
San Francisco Helicopter Tours
    281
San Francisco History Room 128
San Francisco International
    Airport (SFO) 266, **276f**, 279
    Eröffnung 34
San Francisco International
    Comedy Competition 247f
San Francisco International Film
    Festival 50, 250f
San Francisco Marathon 51
San Francisco Maritime National
    Historical Park Visitors' Center
    57, **87**, 174, 263

San Francisco Museum of Modern
    Art 117, **120–123**
    Architektur und Design 122f
    Fotografie 123
    Gemälde und Skulpturen 122
    Grundriss 120f
    Highlights 39
    Infobox 121
    Kalifornische Kunst 121, 123
    Kurzführer 120
    Medienkunst 123
    Museumsladen 237
    Paul Klee Gallery 122
    Zeitgenössische Kunst 123
San Francisco National Cemetery
    61
San Francisco New Main Library
    Detailkarte 127
San Francisco Opera 246f, 252
    Eröffnungsveranstaltung 52
San Francisco Opera Association
    249, 252f
San Francisco Parks Trust 281
San Francisco Playwright's Festival
    51
San Francisco Recreation
    and Parks Department 260f
San Francisco Symphony
    Orchestra 246f, 252f
San Francisco Visitor Information
    Center **119**, 246f, 253, 266, 269
San Francisco Zoo and Gardens
    56, **162**, 262
San José International Airport 277,
    279
San José, Mission 23
San José Sharks 260f
Santa Cruz 188
Sather Tower 164, 178
Sausalito **163**
Sausalito-Werften 32f
Sauvignon Blanc 221
Savanna Jazz 254f
Schein & Schein 236
Schiffsreisen 279
Schockley, Sam 85
Schramsberg Vineyards & Winery
    192, 221
Schuhe 240f
Schwimmen 260f, 263
Schwule und Lesben **44f**, 138
    Bars 258f
    Clubs 256
    GLBT History Museum 138
    Hotels 210f
    Reisen 268
    Veranstaltungen 45
Sea Trek Ocean Kayak Center
    260f
Seal Rocks **155**
Seelöwen 81
Seerosen (Monet) 158
See's Candies 244, 245
Senioren 268f
Sentinel Dome and Rock
    202
Sequoia-Bäume 203
Serra, Pater Junipero 139, 188

TEXTREGISTER | 319

SF Camerawork 40, 242f
SF Comprehensive Shuttle Tours 281
SF Giants Dugout 240f
SF Litquake 52
SFJAZZ Center 49, 254f
SFMOMA Artist Gallery 74f
Shakespeare Garden **149**
 Detailkarte 147
»Shakespeare in the Park« 52
Shaw, Richard
 Melodious Double Stops 121
Sheba's Piano Lounge 257
Shields-Clarke, Thomas
 Apple Cider Press 147
Shoe Biz 240f
Shopper Stopper Shopping Tours 232
Shopping **232–245**
 Bezahlung 232
 Bücher und Musik 242f
 Computer 244f
 Delikatessen 244f
 Department Stores 233
 Embarcadero Center 232
 Fachgeschäfte 236f
 Ghirardelli Square 232f
 Highlights 234f
 Kunst und Antiquitäten 236f, 242f
 Mode 238–241
 Museumsläden 236f
 Öffnungszeiten 232
 Shopping mit Kindern 263
 Shopping-Center 232f
 Shopping-Touren 232
 Sonderangebote 232
 Souvenirs 236f
 Spiele 236f
 Steuern 232
 Umtausch 232
 Union Square 118f, 239
 Verbraucherschutz 232
 Wochen- und Flohmärkte 244f
Shoreline Amphitheater 254f
Shooting Gallery 242f
Sicherheit und Gesundheit 270f
Sightseeing
 Busse 283
 Cable Cars 285
Silverado Hill Cellars 192
Silverado Trail 192
Sing for your Life 53
Sing-It-Yourself Messiah 53
Six Flags Discovery Kingdom 262f
Sketchers USA 238f
Skidmore, Owings and Merrill
 Bank of Canton 102
 Crocker Galleria 118
 Louise M. Davies Symphony Hall 126, 128
 State Building 126
Skifahren 260f
 Lake Tahoe 199
»Skunk Train« 190f
Slim's 249, 254f

Small Frys 240f
Smith, Jedediah 26
Snacks 231
SoMa (South of Market) 180f
 siehe auch South of Market
Sommer in San Francisco 51
Sonoma Valley 196f
 Weingüter 220
 Weinkellereien 197
Sound Factory, The 256f
South End Rowing Club 261
South Lake Tahoe 198
South of Market (SoMa) 180f
 Hotels 212, 213, 214, 215
 Restaurants 227f
 Shopping 239
 Spaziergang 180f
Spaziergänge **172–183**
 Aquatic Park 174f
 Campus der University of San Francisco at Berkeley 178f
 Marin Headlands 176f
 North Beach 88f
 Russian Hill 182f
 South of Market 180f
 siehe auch Geführte Touren
Sport und Aktivurlaub **260f**
Sportkleidung 240
Spreckels, Adolph 72
Spreckels, Alma
 Legion of Honor 158
Spreckels, Claus 136
Spreckels Mansion **72**
 Detailkarte 71
Spreckels Temple of Music 146
Sprint 275
Sproul Plaza 179
Spurrier, Steven 221
Squaw Valley USA 200, 260f
St. Boniface Church 47
St. Ignatius Church 131
St. Mary the Virgin Church 74
St. Mary's Cathedral **130**
St. Mary's Square
 Detailkarte 99
St. Patrick's Church 180
St. Patrick's Day Parade 42, 50
St. Paulus Church 49
St. Stephen's Church 48f
Stackpole, Ralph 114
Stadtführungen 281
Stadtplan **290–308**
Stanford Court Renaissance
 Detailkarte 103
Stanford, Leland 105, 171
Stanford University **171**
 Bibliothek 41
 Cantor Arts Center 40
 Sport 260f
Starry Plough 255
State Building
 Detailkarte 126
Stateline 198
Static (Shopping) 240f
Steinbeck, John 189
Steiner Street, Häuser im Queen-Anne-Stil 77

Steinhart Aquarium 153, 262
 siehe auch California Academy of Sciences
Sterling Vineyard 193
Stern Grove
 Konzerte 248, 241
Steuern 217, 232, 267
Stick-Stil (Architektur) 77
Still, Clyfford 122
Stinson Beach **162**
Stirling Calder, A.
 Fountain of Energy 32
Stow Lake 56, **154**
Stow Lake Bike Rentals 261
Stow Lake Boathouse 260f
Strände
 Baker Beach 60, 62
 Crissy Field Beach 62, 263
 Gray Whale Cove 188
 Lake Tahoe 199
 Manchester State Beach 191
 Muir Beach 163
 Natural Bridges State Beach 188
 Point Reyes National Seashore 190
 Rodeo Beach 176
 Stinson Beach 162
Straßen und Hausnummern in San Francisco 280
Straßenbahnen *siehe* Trams
Straßenkünstler, Fisherman's Wharf 249
Strauss, Joseph B. 65, 67
Strauss, Levi 28, **137**
Streetlight Records 242f
Strip, The 88
Stroud, Robert 85
Strybing Arboretum **154**
Studenten 268
Sue Fisher King (Laden) 244
»Summer of Love« (1967) 131, 136
Sundance Kabuki 130, 250f
Sunset Music Company 242f
Suntree Moon 238f
SuperShuttle 277, 279
Sutro, Adolph 29, 141
 Cliff House 159
Sutro Baths 29
Sutro Tower **141**
Sutter Street, Nr. 450 49
Swain, Edward, John McLaren Lodge 149
Swiss 276, 279

T

Tahoe Legends 198
Tanz 252f
Tanz in der Mission Dolores (Choris) 25
Tanzen 256
Taxis 277, **289**
Taxiunternehmen 289
Tech Museum of Innovation 41, **170**

Telefonieren
  Gebühren 208f, 274
  Mobiltelefone 274
  Nützliche Nummern 275
  Öffentliche Telefone 274
  Vorwahlen 274
Telegraph Avenue **165**, 179
Telegraph Hill 90f, 93
  Detailkarte 90f
Temple Emanu-El **63**
Ten 15 256f
Ten Ren Tea Company of San Francisco 236f
Tenaya Creek and Canyon 202
Tennis 261
Theater 238f
  Alternative Theater 251
  Konventionelle Theater 238f
  Lam Research Theater at Yerba Buena Center for the Arts 117
  Theater District **118**
Theater Artaud 251–253
Theater District **118**
Theater Rhinoceros 251
Thomas, Dylan 88
Thompson, Marion 85
Three Bags Full 240f
Tiburon **163**
Ticketmaster 246f, 260f
Tickets
  Öffentliche Verkehrsmittel 282
  Oper 252
  Verkaufsstellen 246
Tiere
  Marin Headlands 177
Tiffany & Co. 236f
Tilden Park **164**
Tin How Temple **101**
  Detailkarte 98
TIX Bay Area 246f
T-Mobile 275
Toiletten 267
Tomales Bay 190
Tommy T's Comedy House 257
Tonga Room 257
Top of the Mark 104, 256f
  Detailkarte 101
Tosca 88
Touristeninformation 266
Trams
  Preise und Tickets 282
  Sightseeing 283
Transamerica Pyramid 49, **113**
  Detailkarte 110
  Fertigstellung 35
Transcendence (Nagari) 113
Travelex America Currency Exchange 272f
Trefethen Vineyards 192
Trigunatitananda, Swami 74
Trinity Episcopal Church **73**
Trinkgeld 209, 217, 267
Tuolumne Meadows 203
TV 275

Twain, Mark 113, 198
Twin Peaks 56, 133, **141**
Twin Peaks (Bar) 138

U

Umweltbewusst reisen 269, 280f
UN *siehe* Vereinte Nationen
Under One Roof 236, 237
Union Bank of California **114**
  Detailkarte 110
Union Music Company 242f
Union Pacific Railroad 27
Union Square 109, **118**
  Filmschauplatz 238
  Hotels 212, 214, 215
  Restaurants 222f
  Shopping 234, 239
Union Square Frank Lloyd Wright Building 47, 49
United Nations
  siehe Vereinte Nationen
United Nations Plaza
  Detailkarte 127
  Shopping 235
United States Mint 140
  siehe auch Old United States Mint
University of California
  Medizinisches Zentrum 141
University of California at Berkeley **164**
  Berkeley Art Museum 40, 164, 179
  Bibliothek 41
  Botanical Gardens **165**
  Faculty Club 179
  Hearst Museum of Anthropology 41
  Lawrence Hall of Science 41
  Spaziergang über den Campus 178f
  Sport 260f
University of San Francisco **131**
Unterhaltung **246–261**
  Bars 258f
  Clubs 256f
  Highlights 248f
  Kino 250f
  Klassische Musik 252f
  Oper 252f
  Reisende mit besonderen Bedürfnissen 247
  Tanz 252f
  Theater 250f
  Tickets 246f
  Veranstaltungskalender 241, 246, 266, 275
  siehe auch Kino; Musik; Theater
Unterwegs in San Francisco **280–289**
Upper Grant Avenue 89
Upper Montgomery Street **93**
UPS 275
Urban Outfitters 240f
US Forest Service Visitor Center 198
US Geological Service 271

Used Rubber USA Shop 137
USS *Pampanito* 80, **86**

V

V. Sattui Vineyard 193
Vaillancourt-Brunnen 114
Vallejo, General 26
Vallejo Street Stairway **89**
Valley of the Moon Vintage Festival 52
Valley Visitor Center, Yosemite National Park 202
Van Damme State Park 191
Vedanta Temple **74**
Verbraucherschutz 232
Verdi Club 254f
Vereinte Nationen
  Charta 33
  Friedenskonferenz 33
Verizon 275
Verkehr und Transport **276–289**
  Autos 278, 288f
  BART 286
  Busse 282f
  Cable Cars 284f
  Fähren und Bootsausflüge 287
  Fahrt in die Stadt 279
  Fernbusse 278f
  Kinder 262f
  Mietwagen 288
  Muni 282f
  Öffentlicher Nahverkehr 280f
  Schiffe 279
  Taxis 277, 289
  Trams 282
  Züge 278
  siehe auch Busse; Cable Cars; Taxis; Trams; Züge
Verkehrsschilder 288
Vernal Falls 203
Versicherungen 271
Vesuvio 88f, 230
Veterans Building 47, **129**
  Detailkarte 126
Victoria Theater 250f
Victorian Park 174
Victoria's Secret 240f
Vikingsholm Castle 198
Viktorianische Häuser 48f, **76f**
  Alamo Square 131
  Cottage Row 48, 130
  Haas-Lilienthal House 28f
  Haight-Ashbury 133, 137
  Highlights 46f
  Octagon House 75
  Washington Street 70
Viktorianische Zeit 28f
Vintage-Mode 240
Virgin Mobile 275
Visa (Kreditkarte) 272f
Visa Waiver Program 266
Visitor Centers
  Point Reyes 162
  Rodeo Beach 176
Visitor Information Center 244, 269
  San Francisco Book 246, 262

TEXTREGISTER | 321

Vista Point Studios Gallery 242f
Vizcaíno, Sebastian 24
Vögel, Die (Hitchcock) 190
Vulcan Street Steps **141**

W

Wachsfigurenmuseum *siehe* Madame Tussaud's
Währung **272f**
   Banknoten und Münzen 273
   Geldwechsel 272f
Walbeobachtung 260, 262
Walfang 26
Walgreens Drugstores 283
Wandbilder **142f**
   Rincon Center 25
War Memorial Opera House **129**, 252f
   Bühnenführung 241
   Detailkarte 126
   Highlights 249
Warfield 254f
Washington Column 202
Washington Square **92**
   Detailkarte 90
Washington Street, Wandbilder 143
   Detailkarte 70
Wasserfälle, Yosemite National Park 203f
Wasteland 134, 240f
Wave Organ **75**
Wax Museum *siehe* Madame Tussaud's
Websites 275
Webster Street, Häuser 70
Weeks und Day (Architekten), Mark Hopkins InterContinental Hotel 104
Wein 220f
   1976er Blindverkostung 221
   Jahrgänge 220
   Ökologischer Anbau 221
   Produzenten 220
   Rebsorten 220
   Rotwein 220
   Schaumwein 221
   Weinlokale 258f
   Weißwein 221
Weinanbaugebiet und Weinkellereien, Napa Valley 192–195
Weinberge 220f
Weinläden 244f
Weintouren 281
   Wine Country Tour Shuttle 281
Wells Fargo History Museum 41, **112**
   Detailkarte 110
   Goldrausch 27
   Highlights 39
   Kinder 262f
Weltkrieg, Zweiter 33f
Weltmusik 255
Westfield San Francisco Centre **119**, 233, 235
Westin St. Francis Hotel 118
Weston Wear 238f
White, Dan 35
White Horse Inn 256f
Whole Foods 244f
Wilkes Bashford 238f
Willett, Henry, Fenster der Grace Cathedral 105
William Pereira & Associates, Transamerica Pyramid 113
Williams, Robin 257
Williams-Sonoma 244f
Winchester Mystery House **170**
Winchester, Sarah 170
Winter in San Francisco 53
Within (Lieberman) 179
Wok Shop, The 244f
Wright, Frank Lloyd, 47, 49

X

Xanadu Gallery 242f

Y

Yerba Buena, Stiftung 24
Yerba Buena Center for the Arts 250f, 252f
   Architektur 49
   Gemälde und Skulpturen 40f
   Highlights 39
   Sammlungen 116
   Theater 117, 246
   Yerba Buena Gardens 117
Yerba Buena Gardens 10, 15, **116f**, 180f
Yerba Buena Island 166f
Yosemite Chapel 202
Yosemite Falls 202, 204
Yosemite Museum and Village 202
Yosemite National Park **202–205**, 260
   Half Dome 204
Yoshi's 255f
Young Performers Theater, Fort Mason 75

Z

Zeitgenössische Kunst, SF Museum of Modern Art 122f
Zeitgenössische Musik 252f
Zeitungen und Zeitschriften 275
   Veranstaltungskalender 246, 241, 266, 275
Zeitzone 269
Zellerbach Symphony Hall 179, 252f
Zephyr Cove und MS *Dixie* 198
Zinfandel 220f
Zingari 256, 257
Zoll 266
Zoos, San Francisco 56, 162
Züge 278

Danksagung und Bildnachweis

Dorling Kindersley bedankt sich bei allen, die bei der Herstellung dieses Buchs mitwirkten.

Hauptautoren
Jamie Jensen wuchs in Los Angeles auf und zog nach San Francisco, um an der University of California at Berkeley Architektur zu studieren. Er ist Autor von *Built to Last*, einer Biografie über die Rockgruppe Grateful Dead, und zahlreicher Reiseführer. Sein neuestes Werk ist *Road Trip: USA*, ein Reiseführer über die »alten« Straßen der USA.

Barry Parr wurde in der San Francisco Bay Area geboren. Er studierte Englische Literatur an der University of California at Berkeley und in Cambridge, Großbritannien. Er ist Autor von verschiedenen Reiseführern und schrieb zahlreiche Beiträge für Zeitschriften.

Ergänzende Fotografien
Lisa M. Cope, John Heseltine, Trevor Hill, Andrew McKinney, Rough Guides/Nelson Hancock, Rough Guides/Angus Oborn, Ian O'Leary, Robert Vente, Peter Wilson.

Ergänzende Illustrationen
James A. Allington, Annabelle Brend, Craig Draper, Steve Gyapay, Kevin Jones Associates, Simon Roulston, Sue Sharples, Paul Williams, Ann Winterbotham.

Kartografie
Jennifer Skelley, Jane Hugill, Phil Rose, Rachel Hawtin.

Index
Indexing Specialists, 202 Church Road, Hove, East Sussex, UK.

Grafik und Redaktion
Pardoe Blacker Publishing Limited
Managing Editor Alan Ross
Managing Art Editor Simon Blacker
Project Secretary Cindy Edler
Dorling Kindersley Limited
Managing Editors Douglas Amrine, Carolyn Ryden
Managing Art Editor Stephen Knowlden
US Editor Mary Ann Lynch
Kartenkoordination Simon Farbrother, David Pugh
Produktion Hilary Stephens
Karten Lovell Johns Ltd., Oxford UK
Die Stadtpläne basieren auf digitalen Daten und wurden mit Erlaubnis von ETAK INC 1984–1994 bearbeitet.
Revisionteam Namrata Adhwaryu, Tora Agarwala, Asad Ali, Shruti Bahl, Meghna Baruah, Sreemoyee Basu, Marta Bescos, Subhashree Bharati, Michael Blacker, Dawn Brend, Laaren Brown, Maxine Cass, Aaron Chamberlin, Kelly Chamberlin, Peter Cieply, Sherry Collins, Lisa M. Cope, Imogen Corke, Melissa Corrigan, Caroline Elliker, Emer FitzGerald, Jo Gardner, Emily Green, Fay Franklin, Kyra Freestar, Sally Hibbard, Paul Hines, Katie Hogg, Rose Hudson, Claire Jones, Heather Jones, Bharti Kakatoki, Rupanki Arora Kaushik, Sumita Khatwani, Esther Labi, Maite Lantaron, Celeste LeCompte, Hayley Maher, Nicola Malone, Alison McGill, Joanne Miller, Karen Misuraca, Sonal Modha, Adam Moore, Mary Ormandy, Rakesh Kumar Pal, Catherine Palmi, Susie Peachey, Helen Peters, Marianne Petrou, Andrea Pinnington, Schchida Nand Pradhan, Mani Ramaswamy, Lucy Richards, Steve Rowling, Dan Rubin, Sands Publishing Solutions, Azeem Siddiqui, Mary Sutherland, Hollie Teague, Sylvia Tombesi-Walton, Nikky Twyman, Conrad van Dyk, Ajay Verma, Deepika Verma, Ros Walford, Amy Westerwelt, Hugo Wilkinson.

Weitere Hilfe gewährten
Marcia Eymann und Abby Wasserman vom Oakland Museum of California, Stacia Fink von der Foundation for San Francisco's Architectural Heritage, Richard Fishman, Debbie Freedon von Legion of Honor, Michael Lampen von der Grace Cathedral, Dan Mohn, Chefingenieur der Golden Gate Bridge, Dr. John R. Nudds vom Manchester University Museum, Richard Ogar von der Bancroft Library, Peppers, Riggio Café, Royal Thai Restaurant, Scott Sack von der Golden Gate National Recreation Area, Sandra Farish Sloan und Jennifer Small vom San Francisco Museum of Modern Art, Stella Pastry and Cafe, Stephen Marcos Landscapes, Dawn Stranne vom San Francisco Convention and Visitors Bureau, The Little Cafe, Carl Wilmington.

Recherche
Christine Bartholomew, Jennifer Bermon, Cathy Elliott, Kirsten Whatley, Jon Williams, Michael Wrenn.

Genehmigungen für Fotografien
Dorling Kindersley dankt den folgenden Institutionen für die freundliche Genehmigung zum Abdruck: Asian Art Museum, Cable Car Barn Museum, California Academy of Sciences, Cha Cha Cha, Chinese Historical Society, City Hall, Coit Tower, Columbarium, Crocker Galleria, Ernie's, The Exploratorium, Fort Mason Center, Fortune Cookie Factory, Foundation for San Francisco's Architectural Heritage (Haas-Lilienthal House), Golden Gate National Recreation Area (Alcatraz), Gump's, Hyatt Regency Hotel, Kong Chow Temple, Kuleto's, de Young Fine Arts Museum of SF, Mission Dolores, Nordstrom, Oakland Museum of California, Palace Hotel, Presidio Museum, Rincon Annexe, Saints Peter and Paul Church, San Francisco History Room, San Francisco Main Library, San Francisco National Historical Park, St. Mary's Cathedral, Temple Emanu-El, Tosca, USS *Pampanito*, Veterans Building, Wells Fargo History Room.

Bildnachweis
l = links; m = Mitte; o = oben; r = rechts; u = unten.

Kunstwerke wurden mit Genehmigung folgender Institutionen abgelichtet:

© ADAGP, Paris und DACS, London 2011 120ol; © ARS, NY und DACS, London 2011 40um; *Creativity Explored* © Creativity Explored 1993. All rights reserved 143o; © Suc-

BILDNACHWEIS | 323

cession Picasso/DACS, London 2011 122ml; © Kate Rothko Prizel & Christopher Rothko ARS, NY und DACS London 2011 120m; *Carnival* © David Galvez 1983. Alle Rechte vorbehalten: 140ul. Mit Genehmigung von Jeff Koons 123om. Mit Genehmigung des Estate of Philip Guston 39mru; *8 Immortals (Bok-Sen) & 3 Wisdoms* © Josie Grant 1979. Alle Rechte vorbehalten 143ur; (*Eclipse*, 1973, Aluminum); *Untitled* © Michael Rios 1978. Alle Rechte vorbehalten 142or. Mit Genehmigung von Wendy Ross, Ross Studio 175ul.

Dorling Kindersley dankt zudem folgenden Personen, Institutionen und Bildbibliotheken für die freundliche Genehmigung zur Reproduktion ihrer Fotografien:

21st Amendment Brewery: 227or.

Alamy Images: BANANA PANCAKE 184/185; Patrick Batchelder 13ur; Danita Delimont/Darrell Gulin 145; David Taylor Photography 96; DB Images/Jeremy Graham 138ur; Eagle Visions Photography/Craig Lovell 172; Michele Falzone 67ur; Mark Gibson 264/265; Robert Holmes 102om; Brian Jannsen 68; Douglas Peebles Photography 219m; Prisma Bildagentur AG/Malherbe Marcel 150/151; Emily Riddell 222om; Robert Harding Picture Library Ltd. 219ol; Roberto Soncin Gerometta 218mlo.

Roger Allen Lee: 188m.
Allsport: Otto Greule, 52m.
Archive Photos: 34um, 104ul.
Armstrong Redwoods State Reserve: 190m.
Attaché Communications: Phil Gosney für Amtrak 278ul.
Bancroft Library, University of California, Berkeley: 24mlo/mlu/ur, 24 – 25m, 25mlo/ur, 26ur, 28mlu, 29mru, 148m.
Morton Beebe: 181or.
Berkeley Convention and Visitors Bureau: 164ol.
Blackbird Inn/Foursisters.com: 212ul.
Simon Blacker: 41ol, 192or.
Boudin: 224ol.
Bridgeman Art Library: *Der Denker (Le Penseur)* von Auguste Rodin (1840–1917), Musée Rodin, Paris 158or.
Marilyn Blaisdell Collection: 29mro.
California Academy of Sciences: 152 – 153; Caroline Kopp 147mr; Dong Lin 38ur, Susan Middleton 37mlo.
California Historical Society, San Francisco: 29u, 30mlo, 31mru, 48mru, 148u.
Camera Press: Gary Freedman 34or.
Carolyn Cassady: 34ol, 88um.
Center for Urban Education about Sustainable Agriculture: 269mro.
Cephas Picture Library: Mick Rock 195ur.
Chateau Tivoli Bed and Breakfast: 208mro.
CityPASS: 266mru
Club Fugazi: Charles Zukow Associates/Rick Markovich 89om.
Colorific!: Chuck Nacke 51ul.
Corbis: 8 – 9; Morton Beebe 181ur; 45ul, 200or; Jan Butchofsky-Houser 129ur, 180mlo; Richard Cummins 10mlo, 180um; Kevin Fleming 10ur; Gerald French 201o, 206/207; Lowell Georgia 127ur; Robert Holmes 40um, 194ur, 195ol, 224um, 232ur, 249mro; Catherine Karnow 183or; Latitude/Jean-Pierre Lescourret 108; Craig Lovell 47ur; Charles O'Rear 194ml; Proehl Studios 136mlu; Reuters Newmedia Inc 247ul; Royalty Free 182mlo; San Francisco Chronicle/Deanne Fitzmaurice 45om; Phil Schermeister 11o; Michael T Sedam 75ur.
Culver Pictures, Inc: 33ol.

Dreamstime.com: Card76 13or; Cecoffman 176ml; Elf0724 12mro; Jewhyte 1; Fabrizio Mariani 93ur; Photoquest 12ol; Rglinsky 288ul.
Embarcadero Center: 110or; Donna Ewald/Peter Clute/Vic Reyna/Ed Rogers: 72mru.
Exploratorium, www.exploratorium.edu: 94 – 95.
Fairmont Hotel: 209or.
Fog City: Ellipses PR/Cesar Rubio 11ur.
The Fine Arts Museums of San Francisco: *Segelboot auf der Seine*, um 1874, von Claude Monet, Schenkung von Bruno und Sadie Adrian, 38mlo; *Johannes der Täufer*, von Matti Preti, 40mlo; High chest, Schenkung von Mr. und Mrs. Robert A. Magowan, 146or; *Heiliger Wenzel*, nach einem Modell von Johann Gottlieb Kirchner (vor 1706), Roscoe and Margaret Oakes Income Fund, 158ul; *Seerosen*, um 1914–17, von Claude Monet, Mildred Anna Williams Collection, 158ml; *Alte Frau*, um 1618, von Georges de la Tour, Roscoe and Margaret Oakes Collection, 159mlo; *Der Impresario (Pierre Ducarre)*, um 1877, von Edgar Degas, 159ul.

Gallery of California, Oakland Museum of California, 2012: Arlen Ness, Harley Davidson, QuickNess, 168ul.
Steven Gerlick: 107ul.
Gather Restaurant/Fortune Public Relations: 229o.
Getty Images: Flickr/Can Balcioglu 2/3, fuminana 54/55, Michael Kitromilides 156/157, Phoenix Wang 78, vns24@yahoo.com 58, William Storage 36; Mitchell Funk 132; Lonely Planet Images/Thomas Winz 124; News/Justin Sullivan 44mru; Robert Harding World Imagery/Yadid Levy 279or; Stone 52um, Roy Giles 80mlo; Justin Sullivan 272or; UpperCut Images/Robert Houser 160.
The Girl & the Fig: Steven Krause 229ur.
GoCar: 281mo.
GLBT History Museum: Daniel Nicoletta 138m.
Golden Gate Bridge Highway and Transportation District: 64 – 65, 66ol/ul, 66 – 67om, 67ur.
Golden Gate National Recreation Area: Don Denevi Collection 67mlu, 82ml, 84mlu, 85mlu/ur.
Stephen D. Gross, G-WIZ G&P: 190ul.
Robert Holmes Photography: Markham Johnson 39ul, 51mr.
Hulton Getty: 35ur.
Ine Tours: 235mr.
The Image Works: Lisa Law 131mr.
Joie de Vivre Hotels: 210ur, 213ur, 215ur.
JP Morgan Chase: 272ul.
Landmark Theatres: 248or.
Lawrence Hall of Science, University of California: Peg Skorpinskin 164ur.
Lengendary Napa Valley: 193um.
Levi Strauss & Co., San Francisco: 137m.
LoveJoy's Tea Room: 228om.
Neil Lukas: 202ur.
Andrew Mckinney Photography: 5or, 5mlu, 26mlo, 30um, 31um, 32ul, 33om/mro, 34ur, 49mu, 51mo, 53ul, 57mro, 66ur, 72ul, 111mru, 171ul, 173mo, 186ml/ul, 187or/ur, 188ul, 189ol, 191ur, 193ol/or, 198ur, 199ul, 202or, 203ol/or.
Alain Mclaughlan: 276ur.
Magnes Museum Permanent Collections: Kultgewand (19. Jh.) 165om.
Magnum Photos: Michael K. Nichols 35ul.
Mark Hopkins InterContinental Hotel: 104om, 208ul.
The Mexican Museum: 41um.

Michael Mina Restaurant: 223or.
Mineta San José International Airport: 277um.
Monk's Kettle: 228ul.
Museo Italo Americano: *Muto*, 1985, von Mimmo Paladino, Schenkung von Pasquale Lannetti, 39ol; *Meta III*, 1985, von Italo Scanga, Schenkung von Alan Shepp, 75ul.
Museum of the City of San Francisco: Richard Hansen 21ur, 30mlu, 30–31m, 31om/mlu.
Napa Valley Visitors Bureau: 192mu.
Peter Newark's American Pictures: 4o, 25ul, 27ol/mru/ul/ur; 28ul, 85ul, 107mru.
N.H.P.A.: David Middleton 196ul; John Shaw 205mr.
NOPA: 226or.
Bob von Normann: 191ol.

Oakland Convention Bureau: 167or.
Oakland International Airport: 277or.
Oakland Museum History Department: 21ul, 25mro, 26mro/mlu, 27mro, 28mlo, 29or, 31mroa, 32ml, 33mru.
Oakland Museum of California: 169ol; Phyllis Diebenkorn, Trustee, Ocean Park No.107, 1978, Richard Diebenkorn 168ml; Matthew Millman Photography 168or, 169mr; Jeff Warrin 169ur.
Orchard Garden Hotel: 209u, 214um.

Pacific Union Railroad Company: 29ol.
Pier 39 Corporation: 249ol.
Pictorial Press Limited: J. Cummings/SF 34mo, 131ul, 248ur.
www.photographersdirect.com: Justin Bailie 198ol, 200mlo, 201ur; Ann Purcell Travel Journalism 200ur; Nancy Warner 182um, 183ur.
Picturepoint: 85ol.
Precita Eyes Mural Arts and Visitors Centre: *Balloon Journey* © 2008 Precita Eyes Muralists, von Kristen Foskett 142mru; Hillcrest Elementary School © 2007 Precita Eyes Muralists 142mu; *Oakland, Stop the Violence* © 2007 Precita Eyes Muralists, angeleitet von Joshua Stevenson, gestaltet und gemalt von AYPAL (Asian Pacific Islander Youth Promoting Advocacy and Leadership) mit Recy, Marcus u. a. Acryl auf Tyvek 142u.
Presidio of San Francisco: NPS Staff 61ol.

Red and White Fleet: 287ol.
Rex Features: B. Ward, 35ol.
Ritual Coffee Roasters: Jeff Wenzel 275ol.

San Francisco Arts Commission Gallery: 128om.
San Francisco Blues Festival: 247ol.
San Francisco Cable Car Museum: 28ur, 107ol.
San Francisco Comedy Celebration Day: 248ml.
San Francisco Convention and Visitors Bureau: 42um, 50mro/ul, 52mro, 53mr, 163u, 248ul, 266mro, 278mro.
San Francisco Examiner: 50ur.
San Francisco Fire Department: 270mlu.
San Francisco Maritime National Historical Park: 267ul.
San Francisco Municipal Transportation Agency: 268ul, 282mo/ur, 283ol/mr, 285mru.
San Francisco Museum of Modern Art: *Back View*, 1977, von Philip Guston, Schenkung des Künstlers, 39mru; *Orange Sweater*, 1955, von Elmer Bischoff, Schenkung von Mr. und Mrs. Mark Schorer, 117mru; *Les Valeurs personnelles*, 1952, von René Magritte, Schenkung von Phyllis Wattis 120or; *No. 14*, 1960, von Mark Rothko, 120m; *Four on a Bench*, 1980–1990, von Magdalena Abakanowicz, Privatsammlung, mit freundlicher Genehmigung der Marlborough Gallery, New York, 120mlu; *Country Dog Gentlemen*, 1972, von Roy De Forest, Schenkung der Hamilton-Wells Collection, 121ur; *Koret Visitor Education Center*, Foto © Richard Barnes 121mru; *Lesende* (1994) © Gerhard Richter 121mr; *Melodious Double Stops*, 1980, von Richard Shaw, durch den National Endowment for the Arts, Frank O. Hamilton, Byron Meyer und Mrs. Peter Schlesinger, 121ol; *'92 Chaise*, 1985–92, von Holt, Hinshaw, Pfau, Jones Architecture, Accessions Committee Fund, 122ur; *Les Femmes d'Alger (Frauen von Algier)*, 1955, von Pablo Picasso, Albert M. Bender Collection, Schenkung von Albert M. Bender in Erinnerung an Caroline Walter, 122ml; *Cave, Tsankawee, New Mexico*, 1988, von Linda Connor, Schenkung von Thomas und Shirley Ross Davis, 123ur; *Graphite To Taste*, 1989, von Gail Fredell, Schenkung von Shirley Ross Davis, 123m; *Michael Jackson and Bubbles*, 1988, von Jeff Koons, gekauft über den Marian and Bernard Messenger Fund, 123om.
San Francisco Opera: 126mlu.
San Francisco Public Library, San Francisco History Center: 24ul, 30ul/ur, 31ul, 33mlu/ul, 34mro/ul, 44ml, 82m, 85or, 104mru, 148or.
San Francisco War Memorial & Performing Arts Center: 249ul.
San Francisco Zoo and Gardens: 162ol.
San José Convention and Visitors Bureau: 170o/m, 171o.
Science Photo Library: Peter Menzel, 20or; David Parker, 20ml, 21or/mr.
SF Green Cab, LLC: 280mlo, 289mlo.
SoMa StrEat Food Park: 227ul.
Mark Snyder Photography: 234ol.
Sonoma Valley Visitors Bureau: Bob Nixon 197mr, 220or.
Spectrum Color Library: 189ur.
STA Travel Group: 268mr.

Tahoe North Visitors and Convention Bureau: 198or; Deacon Chapin 199or.

University of California, Berkeley: *Within*, 1969, von Alexander Lieberman, Schenkung des Künstlers, University Art Museum, 179u.

Vision Bank: Michael Freeman 193mro.

Walgreen Co.: 271mo.
Wells Fargo Bank History Room: 23u, 26–27m, 27om, 112ur.
Val Wilmer: 32mru.

Yellow Cab Cooperative: Lunchana 289ul.
Yerba Buena Center for the Arts Galleries: 39ur; Ken Friedman 116or.
Yerba Buena Center of the Arts Theater/Margaret Jenkins Dance Company: 117ol.

Innere Umschlaginnenseiten
Alamy Images: Danita Delimont/Darrell Gulin Lmlo; David Taylor Photography Rmru; Brian Jannsen Rol.
Corbis: Latitude/ Jean-Pierre Lescourret Rum.
Getty Images: Flickr/Phoenix Wang Rmro; Flickr/vns24@yahoo.com Lor; Mitchell Funk Lur; Lonely Planet Images/Thomas Winz Lul.

Extrakarte
Rough Guides: Martin Richardson.

Umschlag
Vorderseite und Buchrücken: **Rough Guides:** Martin Richardson.
Rückseite: Dorling Kindersley.

Alle anderen Bilder **Dorling Kindersley**.
Weitere Informationen unter **www.dkimages.com**

VIS-À-VIS-REISEFÜHRER

Ägypten · Alaska · Amsterdam · Apulien · Argentinien · Australien · Bali & Lombok · Baltikum · Barcelona & Katalonien · Beijing & Shanghai · Belgien & Luxemburg · Berlin · Bodensee · Bologna & Emilia-Romagna · Brasilien · Bretagne · Brüssel · Budapest · Chicago · Chile · China · Costa Rica · Dänemark · Danzig & Ostpommern · Delhi, Agra & Jaipur · Deutschland · Dresden · Dublin · Florenz & Toskana · Florida · Frankreich · Griechenland · Griechische Inseln · Großbritannien · Hamburg · Hawaii · Indien · Irland · Istanbul · Italien · Italienische Riviera · Japan · Jerusalem · Kalifornien · Kambodscha & Laos · Kanada · Kanarische Inseln · Karibik · Kenia · Korsika · Krakau · Kroatien · Kuba · Las Vegas · Lissabon · Loire-Tal · London · Madrid · Mailand · Malaysia & Singapur · Mallorca, Menorca & Ibiza · Marokko · Mexiko · Moskau · München & Südbayern · Myanmar · Neapel · Neuengland · Neuseeland · New Orleans · New York · Niederlande · Nordspanien · Norwegen · Österreich · Paris · Peru · Polen · Portugal · Prag · Provence & Côte d'Azur · Rom · San Francisco · St. Petersburg · Sardinien · Schottland · Schweden · Schweiz · Sevilla & Andalusien · Sizilien · Slowenien · Spanien · Sri Lanka · Stockholm · Straßburg & Elsass · Südafrika · Südtirol & Trentino · Südwestfrankreich · Thailand · Thailand – Strände & Inseln · Tokyo · Tschechien & Slowakei · Türkei · USA · USA Nordwesten & Vancouver · USA Südwesten & Las Vegas · Venedig & Veneto · Vietnam & Angkor · Washington, DC · Wien · Zypern

www.dorlingkindersley.de

Vis-à-Vis

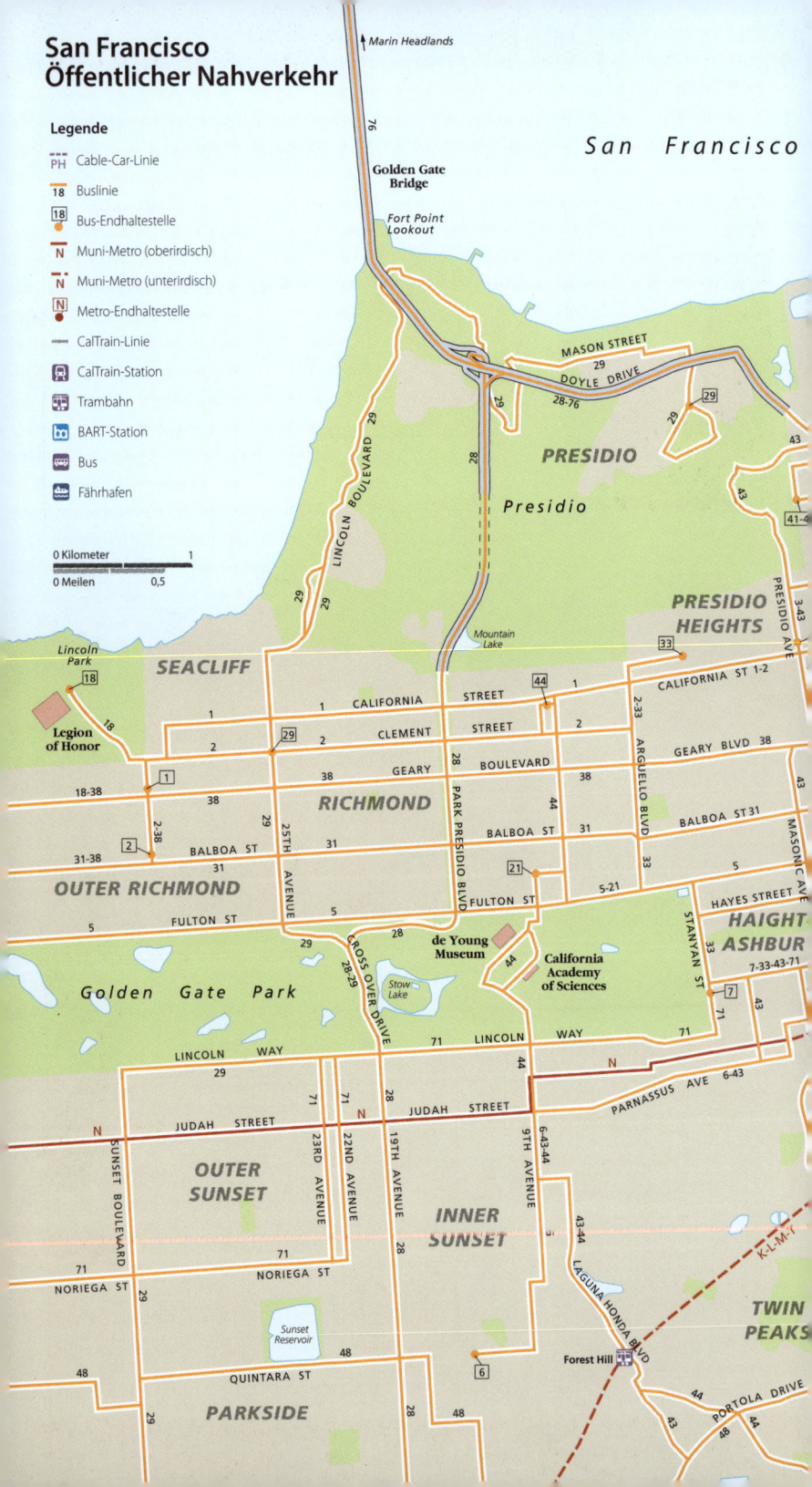

San Francisco
Öffentlicher Nahverkehr

Legende

- PH Cable-Car-Linie
- 18 Buslinie
- 18 Bus-Endhaltestelle
- N Muni-Metro (oberirdisch)
- N Muni-Metro (unterirdisch)
- N Metro-Endhaltestelle
- CalTrain-Linie
- CalTrain-Station
- Trambahn
- BART-Station
- Bus
- Fährhafen